Tausend Jahre Taufen
in Mitteldeutschland

Das Tauffbüchlin

verdeudsch / Vnd auffs
new zugericht / durch
D. Mart. Luth.
Wittemberg.

Gehet hin jnn alle Welt /

Tausend Jahre Taufen in Mitteldeutschland

Eine Ausstellung der Evangelischen Kirche
der Kirchenprovinz Sachsen
und des Kirchenkreises Magdeburg

unter der Schirmherrschaft des Vizepräsidenten
des Deutschen Bundestages Wolfgang Thierse

im Dom zu Magdeburg
20. August bis 5. November 2006

Katalog
herausgegeben von Bettina Seyderhelm

im Auftrag der Evangelischen Kirche
der Kirchenprovinz Sachsen

SCHNELL † STEINER

DIE AUSSTELLUNG UND DER KATALOG WURDEN ERMÖGLICHT DURCH DIE GROSSZÜGIGE HILFE UND FREUNDLICHE FÖRDERUNG

 der Ostdeutschen Sparkassenstiftung im Land Sachsen-Anhalt gemeinsam mit der Stadtsparkasse Magdeburg

 der Lotto-Toto GmbH Sachsen-Anhalt

 des Landes Sachsen-Anhalt

 der Kirchlichen Stiftung Kunst- und Kulturgut in der Kirchenprovinz Sachsen

 der Stiftung Kunst- und Kultur der Stadtsparkasse Magdeburg

 der Evangelischen Kirche in Deutschland

 der Kunststiftung des Landes Sachsen-Anhalt

 der Bauunternehmung Toepel GmbH, Magdeburg

 der Evangelischen Landeskirche Baden

 der Evangelischen Propstei Erfurt und Nordhausen

 der Evangelischen Kirche in Hessen und Nassau

 der Evangelischen Kirche von Kurhessen-Waldeck

 der Evangelischen Kirche im Rheinland

 der Union Evangelischer Kirchen in der EKD

 der Arbeitsgemeinschaft Missionarische Dienste im Diakonischen Werk der EKD und

 der Öffentlichen Versicherungen Sachsen-Anhalt (ÖSA)

 **Medienpartner:**
Die Kirche

Wir danken ferner für die freundliche Unterstützung
dem Börde-Museum Burg Ummendorf, dem Freilichtmuseum Diesdorf / Altmark und den Staatlichen Museen zu Berlin, Stiftung Preußischer Kulturbesitz, Museum Europäischer Kulturen

Den Gemeindekirchenräten, Pfarrerinnen und Pfarrern der zahlreichen Kirchenge-meinden der Evangelischen Kirche der Kirchenprovinz Sachsen sowie den vielen Privatpersonen, die durch ihre Leihgaben die Ausstellung unterstützt haben, sei herz-lich gedankt. Die Domgemeinde Magdeburg und die Stiftung Dome und Schlösser in Sachsen-Anhalt, die der Präsentation im Dom zu Magdeburg nicht nur zustimmten, sondern sie nach Kräften förderten, leisteten ihrerseits einen erheblichen Beitrag zu unserem Projekt. Für diese Hilfe und die aller anderen, die hier nicht namentlich genannt werden können, danken wir ebenfalls herzlich.

DER WISSENSCHAFTLICHE BEIRAT DER AUSSTELLUNG

- Prof. Dr. Dr. h. c. Arnold Angenendt, Münster
- Dr. h. c. Heinrich Apel, Magdeburg
- Pröpstin Elfriede Begrich, Erfurt
- Prof. Dr. Reimund Blühm, Hannover
- Dr. Michael Brandt, Hildesheim
- Prof. Dr. Erhard Brepohl, Bad Doberan
- Prof. Dr. Peter Cornehl, Hamburg
- Prof. Dr. Klaus Fittschen, Wolfenbüttel
- Kultusminister Prof. Dr. Jens Goebel, Erfurt
- Prof. Dr. Christian Grethlein, Münster
- Prof. Dr. Ellen Hickmann, Hannover
- Dr. Antje Heling-Grewolls, Kiel
- Prof. Dr. Benedikt Kranemann, Erfurt
- Dr. Dr. h. c. Renate Kroos, München
- Prof. Dr. Hartmut Mai, Leipzig
- Geistlicher Rat Hans-Joachim Marchio, Halle/Saale
- Dr. Harald Meller, Halle/Saale
- Ministerialrat Ingo Mundt, Magdeburg
- Prof. Dr. Helga Neumann, Wernigerode
- Kultusminister Prof. Dr. Jan-Hendrik Olbertz, Magdeburg
- Prof. Dr. Josef Pilvousek, Erfurt
- Prof. Dr. Peter Poscharsky, Nürnberg
- Hauptkonservator Dr. Hasso von Poser, Hannover
- Prof. Dr. Ing. Helmut Reihlen, Berlin
- Ministerialdirigent Boje Schmuhl, Leitzkau
- Superintendent Michael Seils, Magdeburg
- Prof. Dr. Christoph Stiegemann, Paderborn
- KOBR Michael Sußmann, Magdeburg
- Prof. Dr. Jörg Ulrich, Halle/Saale
- Superintendentin i. R. Waltraud Zachhuber, Magdeburg
- Dr. Ursula Zehm, Wolfenbüttel

Wir danken den nachfolgend genannten Persönlichkeiten und Institutionen für Rat und Unterstützung bei der Vorbereitung der Ausstellung und des Kataloges

- Kirchenamtspräsidentin Brigitte Andrae, Magdeburg
- Katharina Andrae, Potsdam
- Anerkannte Werkstatt für Behinderte des Matthias-Claudius-Hauses Oschersleben
- Wolfgang Angenendt, Magdeburg
- Franziska Auersch, Halle/S.
- Dr. Gerhard Begrich, Drübeck
- Thomas Begrich, Hannover
- Bistum Magdeburg, Kath. Kirche in Sachsen-Anhalt, Teilen Brandenburgs und Sachsens
- Clemens Bley, Potsdam
- Werner Bley, Quedlinburg
- Börde-Museum Burg Ummendorf
- Gertraud Bogumil, Magdeburg
- Karlotto Bogumil, Magdeburg
- Dr. Gitta Böth, Hagen
- Brandenburgisches Landesamt für Denkmalpflege und Archäologisches Landesmuseum, Wünsdorf
- Brandenburgisches Landeshauptarchiv Potsdam
- Gabriele Bremer, Halberstadt
- Sigrid Brückner, Tangermünde
- Manon Bursian, Halle
- Dr. Reinhard Creutzburg, Stendal
- Karoline Danz, Halle
- Dr. Thomas Danzl, Halle
- Horst Eckert, Magdeburg
- Holger Eggert, Magdeburg
- KR Otmar Ellinger, Eisenach
- Prof. Dr. Detlev Ellmers, Bremerhaven
- Waltraud Elstner, Berlin
- Prof. Dr. Peter Findeisen, Halle/S.
- OKR Dietrich Franke, Dessau/Mallorca (E)
- Freilichtmuseum Diesdorf
- Christine Freund, Hannover
- Gisela Gademann, Magdeburg
- Matthias Geraldi, Magdeburg
- Reinhold Gonschior, Dahrendorf
- Heike Goyer, Berlin
- OKR Stefan Große, Eisenach
- Christopher Hanf, Magdeburg
- Martin Hanusch, Magdeburg
- OKR Christoph Hartmann, Magdeburg
- Vivian Harwart, Magdeburg
- Astrid Heilmeyer, Magdeburg
- Friedhelm Heinicke, Diesdorf
- Heinrich-Heine-Institut, Düsseldorf
- Gabriele Herbst, Magdeburg
- Dr. Rolf Heydlauf, Magdeburg
- Bärbel Hocke, Magdeburg
- Renate und Dr. Reinhard Höppner, Magdeburg
- Carola Holdt, Frankfurt/O.
- Steffi Hoyer, Wernigerode
- Klaus Ingelmann, Weferlingen
- Horst Jurga, Magdeburg
- Christine Kelm, Dresden
- Hans-Jürgen Kernchen, Magdeburg
- Dr. Wolfgang Kirkamm, Magdeburg
- Ursula Klinger, Magdeburg
- Cornelia Knuth, Magdeburg/Stendal
- Tilman Krause, Magdeburg
- Katharina Kreschel, Brandenburg
- Altabt Dr. Adalbert Kurzeja, Maria Laach
- Landesamt für Denkmalpflege und Archäologie Sachsen-Anhalt, Halle
- Landesamt für Denkmalpflege Sachsen, Dresden
- Landesamt für Denkmalpflege und Archäologie, Dienststelle Weimar
- Landeshauptarchiv Sachsen-Anhalt, Wernigerode
- Eike Langer, Magdeburg
- Steffen Langusch, Salzwedel
- Dorothea Laser-Merker, Magdeburg
- Dr. Friedrich Leffler, Magdeburg
- Christine Lehmann, Diesdorf
- Christine Lehmann, Tangermünde

Das Kuratorium „Paten für Engel"

AUSSTELLUNGSIMPRESSUM

KATALOG UND AUSSTELLUNG
KONZEPTION UND GESAMTLEITUNG
Bettina Seyderhelm

HERAUSGEBERIN DES KATALOGES
Bettina Seyderhelm

RECHERCHEN EXPONATE
Bettina Seyderhelm, Christina Neuß, Rüdiger Muschke und Patrick Melber mit Unterstützung des Beirats der Ausstellung, der landeskirchlichen Inventarisierung und der Kunstbeauftragten der Kirchenkreise der Evangelischen Kirche der Kirchenprovinz Sachsen

ARCHIV- UND LITERATURRECHERCHEN
Nordregion der Landeskirche Elke Bujok (München),
insbesondere für die Katalog-Nrn, A 5, 8, 10, 12, 19, 22, B 6, 12, Ca 2, 3, Cc 8
Südregion der Landeskirche Kathrin Ellwardt (Karlsruhe),
insbesondere für die Katalog-Nrn, A 3, 4, 6, B 17, 18, 19, 20, 28, 29, Ca 7, Cb 2, Cc 3, Cc 4, 6

KATALOGREDAKTION
Friederike Börngen, Diana Grundmann, Christina Neuß, Bettina Seyderhelm
unter Mitarbeit von Patrick Melber

BILDREDAKTION
Rüdiger Muschke, Bettina Seyderhelm

LEKTORAT
Friederike Börngen, Diana Grundmann, Christina Neuß, Thomas Theise

AUSSTELLUNGSSEKRETARIAT
Christina Neuß, Regina Morgenthal, Patrick Melber, Friederike Börngen, Bärbel Hocke

LEIHVERKEHR
Friederike Börngen, Elke Krtschil, Patrick Melber

AUSSTELLUNGSARCHITEKTUR
Entwurf und Planung
Susann Bähre
Beratung
Albrecht von Kirchbach (Erfurt)
Durchführung
Kerstin Steller, Jürgen Krietsch, Harald Lenze, Oliver Steuer und Horst Jünemann
Beteiligte Firmen
bodeto-striebing GmbH (Magdeburg), Meyer Metallbau GbR (Magdeburg),
F. Beckmann & N. Rentner METALLBAU Bellingen (Bellingen), Grzywatz GbR Tischlerei (Magdeburg), Elbe-Werbung (Hermsdorf), Lutz Gärlich Domglas Naumburg (Naumburg)

AUSSTELLUNGSTEXTE
Michael Domsgen, Antje Heling-Grewolls, Renate Kroos, Josef Pilvousek, Bettina Seyderhelm, Susann Bähre, Patrick Melber

AUSSTELLUNGSGRAFIK/BESCHRIFTUNGEN

Susann Bähre, Rüdiger Muschke, Jürgen Krietsch, Firma Elbe-Werbung, Hermsdorf

RESTAURATORISCHE BERATUNG UND BETREUUNG

Karoline Danz (Halle), Evemarie Schaper (Stendal) und Ulrich Sieblist (Questenberg)

RESTAURIERUNGEN

Sebastian Anastasow (Hundisburg), Paul Brockhage (Schwarzenberg), Lutz Gärlich (Domglas Naumburg), Gabriele Georgi (Halle), Reinhold Gonschior (Dahrendorf), Helma Konstanze Groll (Magdeburg), Angela Günther (Dessau), Vivian Harward (Magdeburg), Hiltrud Hornemann (Neudietendorf), Dirk Jacob (Berlin), Grit Jehmlich (Potsdam), Bettina Kath (Leipzig), Ekkehard Koch (Börnicke/Berlin), Tilman Krause (Magdeburg), Katharina Leubner (Berlin), Christine Machate (Erfurt), Maria Meussling (Plötzky), Elke Müller (Halle), Christina Nehrkorn-Stege (Dresden), Anke Noczinski (Leipzig), Jeanette Pfeiler (Berlin), Daniel Priese (Halberstadt), Martina Runge (Berlin), Evemarie Schaper (Stendal), Iris Schönfelder (FH Hildesheim), Ulrich Sieblist (Questenberg), Beate Skasa-Lindermeir (Groß-Oesingen), Anja Stadler (Hornburg), Bernd Staschull (Magdeburg), Christiane Thiel (Potsdam)

VORBEREITUNG UND KOORDINATION BEGLEITPROGRAMM

Christina Neuß

ÖFFENTLICHKEITSARBEIT

Jürgen Kohtz, Christina Neuß, Bettina Seyderhelm und Oliver Vorwald

EDV-BETREUUNG

Rüdiger Muschke

INTERNET

Pegasus New Media (Magdeburg)

FUNDRAISING FÜR AUSSTELLUNG UND RESTAURIERUNGEN

Bettina Seyderhelm
Arbeitskreis zur Unterstützung der Arbeit der Kirchlichen Stiftung Kunst- und Kulturgut (AUDAKS):
Gertraud Bogumil, Gisela Gademann, Astrid Heilmeyer, Martina Mangels, Ulrike Meyer-Ravenstein, Christina Neuß, Helmut Reif, Heidi Osterwald

TRANSPORTE

Bauunternehmung Toepel GmbH (Magdeburg), Hasenkamp – Internationale Transporte GmbH (Berlin), Spedition Fischer (Magdeburg), Lippelt-Umzüge (Magdeburg), Albert Schorr, Rüdiger Muschke Magdeburg sowie eine große Zahl der genannten ausführenden Restauratoren

VERSICHERUNG

Öffentliche Versicherungen Sachsen-Anhalt (ÖSA)

AUSBILDUNG DER AUSSTELLUNGSFÜHRERINNEN UND -FÜHRER

Christina Neuß, Peter Poscharsky, Bettina Seyderhelm, Kathrin Ellwardt, Julia Krings, Jutta Speer

DIDAKTISCHE MATERIALIEN

Rätselführer Schülerinnen und Schüler der Klassen 5 und 6 des Ökumenischen Domgymnasiums Magdeburg mit ihren Lehrerinnen und Lehrern Helga Mathieu, Nicole Metzger und Gordon Voigt
Frottagevorrichtung Max Sauk, Kandern / Holzen

Inhalt

Eine Ausstellung zum Thema Taufe, wie sie jetzt im Magdeburger Dom gezeigt wird, hat es so zuvor noch nicht gegeben. Die ausgestellten Gegenstände aus mitteldeutschen Kirchen, kulturgeschichtlichen Sammlungen und aus Privatbesitz spannen den Bogen über rund eintausend Jahre und zeigen, wie eng die Geschichte Mitteldeutschlands mit dem Christentum und mit der Taufe verbunden ist. Die Beiträge in dem vorliegenden Katalog ergänzen das Bild und beleuchten die christliche Geschichte des Landes auch für die Zeit, vor der die präsentierten Sachzeugnisse entstanden.

Die kürzlich gebildete Föderation Evangelischer Kirchen in Mitteldeutschland, deren Teil die Evangelische Kirche der Kirchenprovinz Sachsen ist, erstreckt sich über ein Gebiet, das heute annähernd deckungsgleich mit den Bundesländern Sachsen-Anhalt und Thüringen ist und Teile Brandenburgs und Sachsens einschließt. Bereits im sechsten und siebten Jahrhundert kamen Thüringer mit dem Christentum in Berührung. Seit dem 10. Jahrhundert ist die mitteldeutsche Kulturlandschaft eng verbunden mit der Geschichte der christlichen Könige und Kaiser, später mit der Reformation, der Aufklärung und dann mit der Industrialisierung und ihren Folgen. Diese historischen Umbrüche haben die Einstellung des Einzelnen und der Gesellschaft zum Christentum und damit auch zur Taufe einem steten Wandel unterworfen. Die Ausstellung über die Taufe in Mitteldeutschland im Magdeburger Dom hat damit einen vielschichtigen kulturhistorischen Bezug und ist zugleich von hoher Aktualität.

Aus Anlass der Ausstellung wurde in der gesamten Föderation Evangelischer Kirchen in Mitteldeutschland (EKM) ein „Jahr der Taufe" ausgerufen, das bei den Gemeinden hohen Anklang und Resonanz findet. Viele melden sich zur Ausstellung an, arbeiten in Gemeindekreisen über das Thema oder veranstalten kleine regionale Ausstellungen zur Taufe. Sogar auf der Landesgartenschau in Wernigerode wird das Thema Taufe präsent sein.

Die Ausstellung zeigt nicht nur historische Stücke, die bis heute in Nutzung sind, es werden auch Taufgeräte gezeigt, die im 20. und 21. Jahrhundert entstanden sind.

Die Kunststiftung des Landes Sachsen-Anhalt hat zur Ausstellung einen Wettbewerb für einen zeitgenössischen Taufengel ausgeschrieben. Im Magdeburger Dom werden sowohl die acht eingegangenen Entwürfe als auch der Taufengel des Künstlers Thomas Leu aus Halle gezeigt. Anschließend erhält der moderne Engel einen Platz in der Stadtkirche Wettin.

Bereits während der Vorbereitungen wurden diesem Projekt der Evangelischen Kirche der Kirchenprovinz Sachsen und des Kirchenkreises Magdeburg großes Interesse und viel Unterstützung aus ganz Deutschland zuteil. Dies zeigt, dass ein solches Thema weit über Mitteldeutschland hinaus relevant ist. Als Vizepräsident des Deutschen Bundestages habe ich die Schirmherrschaft über diese Ausstellung gern übernommen. Ich wünsche ihr viele Besucherinnen und Besucher!

Wolfgang Thierse
Vizepräsident des Deutschen Bundestages

GELEITWORT DES
BISCHOFS DER EVANGELISCHEN KIRCHE
DER KIRCHENPROVINZ SACHSEN

Für unsere ganze Kirche und ihre Gemeinden ist die Ausstellung zur Taufe in Geschichte und Gegenwart ein großes und wichtiges Ereignis. Sie zeigt ebenso historische Stücke, die bis heute gebraucht werden, wie Taufgeräte, die im 20. und 21. Jahrhundert entstanden sind. Wir haben aus diesem Anlass in der gesamten Föderation Evangelischer Kirchen in Mitteldeutschland für 2006 ein „Jahr der Taufe" ausgerufen, an dem sich erstaunlich viele Gemeinden mit Projekten und Ideen aktiv beteiligen. Die Beschäftigung mit der Taufe allgemein und mit der eigenen Taufe im Besonderen in den Gemeinden einmal wieder intensiv aufzunehmen und sie auch Menschen nahe zu bringen, die vielleicht noch niemals Gelegenheit hatten, etwas darüber zu erfahren, ist eine Chance, die wir in diesem Zusammenhang gern ergreifen. Und die Resonanz bei Tausenden von Besuchern aus ganz Deutschland, die ihr Kommen in den Magdeburger Dom bereits Monate vorher angekündigt haben, hat uns gezeigt, dass diese erste derart umfangreiche Ausstellung zum Thema Taufe allgemein auf großes Interesse trifft. Dem entspricht, dass sich das Projekt der Hilfe von Förderern aus ganz Deutschland erfreut. Ihnen, deren Namen in diesem Katalog aufgeführt sind, sei auch an dieser Stelle herzlich gedankt.

Im Sakrament der Taufe wissen wir uns mit allen christlichen Kirchen in einer Gemeinschaft. Dies zeigte sich auch bei den Vorbereitungsarbeiten. Sie wurden von einem ökumenisch zusammengesetzten Beirat begleitet, dem für seine Unterstützung herzlich gedankt sei. Großen Dank sage ich zugleich allen Förderern und Spendern, die bei der Restaurierung der Engel und Taufen, Schalen und Kannen, Textilien und vieler anderer Stücke maßgeblich geholfen haben. Mein Dank gilt auch den Museen in Berlin, Magdeburg, Diesdorf und Burg Ummendorf, den privaten Leihgeberinnen und Leihgebern sowie allen Kirchengemeinden, die durch die Leihgabe ihrer liturgischen Geräte zur Ausstellung beigetragen haben. Die große Bereitschaft, unsere Ausstellung zu unterstützen führte dazu, dass das Ausstellungsteam nur dort auf Leihgaben verzichten musste, wo konservatorische Gründe dafür den Ausschlag gaben. Angesichts unseres Bemühens um die Erhaltung der Kunst in unseren Kirchen, für die sich gerade unsere Kirchliche Stiftung Kunst- und Kulturgut in der Kirchenprovinz Sachsen engagiert einsetzt, haben diese konservatorischen Gründe für uns ein besonders großes Gewicht. Es sei daher auch die Unterstützung der vielen Restauratorinnen und Restauratoren sowie der Denkmalämter für das Projekt ausdrücklich hervorgehoben.

Große Anerkennung verdienen die Mitarbeiterinnen und Mitarbeitern im Kirchenamt in Magdeburg, die die Ausstellung mit hohem Engagement vorbereitet haben. Zu nennen sind hier Susann Bähre, die die Planung der Ausstellungsbauten übernahm, Christina Neuß, Friederike Börngen, Patrick Melber, Regina Morgenthal, Bärbel Hocke, Jürgen Kohtz und Elke Krtschil im Ausstellungsbüro, die Architektin Kerstin Steller sowie Diana Grundmann und Rüdiger Muschke, die das Projekt zusammen mit allen anderen Erfassern des Kirchlichen Kunst- und Kulturgutes in der Kirchenprovinz Sachsen nach Kräften unterstützten. Die Idee zur Ausstellung hatte unsere Kunstreferentin Dr. Bettina Seyderhelm. In ihren Händen lagen und liegen auch die Konzeptarbeit, die Auswahl und Prüfung des Materials, Kontakte zu den Förderern und Unterstützern der Ausstellung, Leitung und Koordination des gesamten Projektes und die Herausgeberarbeit für den Katalog. Ich danke ihr herzlich für dieses Engagement.

Martin Luther sagte in seiner Predigt zur Einweihung der Schlosskapelle in Torgau am 5. Oktober 1544: *Also das ein kindlein getaufft wird, das thut nicht allein der Pfarher, sondern auch die Bathen als zeugen, ja die gantze Kirche. Denn die Tauffe gleich wie das Wort und CHRistus selbs ist ein gemein gut aller Christen.*

Auf diesem Hintergrund möchte ich allen Besucherinnen und Besuchern wünschen, dass sie neben der Freude an dem ausgestellten Reichtum und dem Gewinn von neuen Erkenntnissen sich auch mit der Frage auseinandersetzen: Wie steht es eigentlich mit mir? Was bedeutet mir meine Taufe oder was hat es bisher verhindert, dass ich getauft worden bin?

Axel Noack
Bischof der Evangelischen Kirche
der Kirchenprovinz Sachsen

Tausend Jahre Taufen in einer Ausstellung und in einem Katalog – was für ein Unterfangen!

Die vorliegende Publikation – bereits vor ihrem Erscheinen von Fachleuten als „Evangelisches Handbuch zur Taufe" bezeichnet – sowie die Ausstellung „Tausend Jahre Taufen in Mitteldeutschland" belegen eindrucksvoll, dass dies möglich ist!

Gern hat sich die Ostdeutsche Sparkassenstiftung im Land Sachsen-Anhalt gemeinsam mit der Stadtsparkasse Magdeburg für diese Ausstellung und den dazu erscheinenden Katalog eingesetzt. Taufsteine, -schalen, -engel, -bekleidung und viele andere Gegenstände aus Kirchen, Museen und Privatbesitz – vielfach seit Jahrhunderten in Gebrauch – dokumentieren die bedeutende liturgische Ausstattung unserer Kirchen.

Das Projekt präsentiert dabei nicht nur die mehr als tausendjährige Geschichte und Gegenwart der Taufe in Mitteldeutschland, sondern steht zudem als Korrespondenzstandort in engem inhaltlichen Zusammenhang mit der ebenfalls von Stiftung und Sparkasse geförderten 29. Ausstellung des Europarates „Heiliges Römisches Reich Deutscher Nation. 962 bis 1806. Von Otto dem Großen bis zum Ausgang des Mittelalters", die vom 28. August bis zum 10. Dezember 2006 im Kulturhistorischen Museum Magdeburg zu sehen sein wird. Beide Ausstellungen unterstreichen gemeinsam, wie sehr kirchlicher Glaube und politische Macht in ihrem Mit - und Gegeneinander Mitteldeutschland über Jahrhunderte hinweg zu einer Region von europäischer Bedeutung geformt haben.

Natürlich wünschen wir uns als Förderer, dass möglichst viele Besucher aus allen Teilen des Landes und weit darüber hinaus den Weg in diese Ausstellungen finden und sich an den außergewöhnlichen Exponaten aus Stadt und Land erfreuen.

Rainer Voigt
Vorsitzender des Vorstands der Ostdeutschen Sparkassenstiftung
Geschäftsführender Präsident des Ostdeutschen Sparkassenverbandes

BETTINA SEYDERHELM

Tausend Jahre Taufen in Mitteldeutschland – Einführung

Denn ob wir wol on unser werck und gutes leben zu der gnade sind komen, das wir die Taufe recht erlangt haben, So sollen wir doch hinfurt uns mit worten und wercken und unserm gantzen leben vleissigen, das wir dieselbige ehren und schmücken, Denn darumb stehen Tauffstein, Altarstein und predigtstul da, das sie uns des erinnern, Und weil sie solchs zeugen sollen, das wir getaufft und Christen sind, das wir auch dencken und den lieben Tauffstein ehren und so leben, das wir in dürffen frölich ansehen, auff das er nicht wider uns zeugen müsse.[1]

Nach diesen Worten aus einer 1534 datierten Predigt verstand Martin Luther Taufgeräte nicht allein als Mittel, Täuflinge in die christliche Gemeinde aufzunehmen. Sie sollen zugleich die Gemeindeglieder beständig an die eigene Taufe erinnern und dabei zu einem Lebenswandel ermutigen, welcher der unauflösbaren Gemeinschaft mit Gott, die in der Taufe begründet wird, gemäß ist. Im Kernland der lutherischen Reformation, das wesentlich das Gebiet der heutigen Evangelischen Kirche der Kirchenprovinz Sachsen umfasst, sind nahezu alle gottesdienstlich genutzten Räume mit einem Taufstein, einer Bronzetaufe, einem Taufständer, einem Taufengel oder zumindest einer Taufschale ausgestattet. Viele dieser Geräte werden bereits seit Jahrhunderten zur Taufe genutzt, der antike Porphyrtaufstein des Magdeburger Domes sogar seit mehr als eintausend Jahren.

Für die Ausstellung im Jahr 2006 wurden Taufgeräte zusammengetragen, die den Bogen vom 10. Jahrhundert bis in unsere Gegenwart schlagen. Sie gehören zu den ältesten bis heute genutzten Zeugnissen der Christianisierung Mitteldeutschlands. Das gab den Ausschlag für den Titel: „Tausend Jahre Taufen in Mitteldeutschland“. Der Tatsache, dass es in diesem Gebiet auch in den Jahrhunderten zuvor schon christliches Leben und damit Taufen gab, tragen die Beiträge von Josef Pilvousek, *Christianisierung Mitteldeutschlands,* und Arnold Angenendt, *Der Taufritus im Mittelalter,* im Katalog Rechnung. Von den Anfängen der christlichen Taufe berichtet Jörg Ulrich unter dem Titel *Taufpraxis und Tauffrömmigkeit im frühen Christentum.* Dem ältesten Stück der Ausstellung und seiner Nutzung im Mittelalter widmen sich die Texte von Renate Kroos, *Weihe der Heiligen Öle und der Taufe nach dem Magdeburger Dom-Ordinarius,* und Klaus Fittschen, *Der antike Taufstein des Magdeburger Domes.*

Einen grundlegenden Überblick darüber, wo im Laufe der Jahrhunderte getauft werden konnte, gibt Peter Poscharsky in seinem Aufsatz *Der Ort der Taufe.* Benedikt Kranemann widmet sich unter dem Titel *Durch das Todeswasser zum neu geschenkten Leben* den Gebeten und Betrachtungen über das Taufwasser. Der *Geschichte der evangelischen Taufe* hat sich Peter Cornehl in seinem Beitrag zugewandt. Auf volkskundliche und historische Aspekte des Themas lenken die Aufsätze von Christine Lehmann, *Altmärkisches Taufbrauchtum und der „Atlas der deutschen Volkskunde“,* und Kathrin Ellwardt, *Taufe zwischen Familienfest und Polizeiordnung,* die Aufmerksamkeit. Klaus Raschzok widmet sich der *Taufe* als einer *„Symbolische*[n] *Handlungsinsel in einem Meer von Wörtern“,* und Christina Neuß stellt die Frage nach dem *Gebrauch alter und neuer Lieder zur Taufe.*

Historische Taufsteine, Bronzetaufen, hölzerne Taufständer und Taufengel, Schalen und Taufkannen werden bis in unsere Tage genutzt. Die heutige Taufpraxis betrachtet Christian Grethlein in seinem Beitrag *Taufe heute – zwischen Kontinuität und Wandel*. Die folgenden Aufsätze stehen wie die beiden Texte zum Porphyrtaufstein im Magdeburger Dom in enger Verbindung zum Katalogteil. Da dieser farbig gedruckt werden konnte, wurden längere Textbeiträge aus technischen Gründen vorn in den Aufsatzteil gesetzt. Hartmut Mai erläutert hier begleitend zum Katalogteil A in seinem Aufsatz *Taufsteine, Taufbecken und Taufständer – Geschichte und Ikonografie* Bildprogramme und theologische Hintergründe. Ein Text der Verfasserin dieser Zeilen erklärt die *Herstellung mittelalterlicher Bronze- und Metalltaufbecken*, von denen sieben in der Ausstellung zu sehen sind. Den mitteldeutschen *Taufengel*n, die bereits im Vorfeld der Ausstellung große Aufmerksamkeit und Hilfe für ihre Restaurierung erfuhren, und die vornehmlich in evangelischen Kirchen zu finden sind, widmet sich Peter Poscharsky. Beschreibungen der einzelnen Engel sind dann im Teil B des Kataloges zu finden.

Taufschalen und -kannen wurden aus verschiedenen Materialien hergestellt. Neue Überlegungen zum *Beckenschlägerhandwerk* präsentiert Erhard Brepohl, und Ursula Zehm befasst sich mit der *Ikonografie der Beckenschlägerschalen*. Zu den Zinn- und Silbergeräten finden sich kurze Einleitungen vor den jeweiligen Katalogteilen im Teil C.

Einen wichtigen Anteil an der Ausgestaltung der Tauffeiern hatten für die Taufgesellschaft stets die Festtagstrachten, denen sich ein Text von Thomas Ruppel mit dem Titel *Zum Erscheinungsbild ländlicher Taufgesellschaften während des 19. Jahrhunderts im Magdeburgischen* im Katalogteil D widmet. Ein Beitrag der Verfasserin zur *Bekleidung der Täuflinge* ist im Aufsatzteil zu lesen. Auch die Geschenke für den Täufling spielten eine wichtige Rolle (Katalogteil E). Ulf Dräger erläutert die Zusammenhänge um *Patengeld und Taufmedaillen*, die dann in Teil F vorgestellt werden. Über die *Patenbriefe* berichtet Antje Heling-Grewolls. Diese sind zusammen mit anderen Gegenständen um die Taufe aus Papier in Teil G im Detail beschrieben. Teil H zeigt noch einige Bilder von Taufgesellschaften. In Katalogteil I werden dann die zeitgenössischen Werke vorgestellt, und Manon Bursian und Ines Janet Engelmann erläutern den *Wettbewerb zur Gestaltung eines Taufengels – Das erste Initiativprojekt der Kunststiftung des Landes Sachsen-Anhalt*. Den Abschluss bildet Teil K mit einer Zusammenstellung aller in der Evangelischen Kirche der Kirchenprovinz Sachsen bis zum Redaktionsschluss des Kataloges ermittelten Taufengel, die wesentlich von den Mitarbeiterinnen und Mitarbeitern der Inventarisierung des Kunst- und Kulturgutes in der Landeskirche erarbeitet wurde. Am Ende des Bandes befindet sich eine Karte der Evangelischen Kirche der Kirchenprovinz Sachsen.

Präsentation

Die Ausstellung bezieht weite Bereiche des Magdeburger Domes ein. Im südlichen Seitenschiff sind historische Taufsteine, Bronzetaufen und Taufständer aus allen Teilen der Landeskirche aufgestellt. Sie werden bis heute fast alle in ihrer ursprünglichen Funktion gebraucht. Viele von ihnen haben „ihre" Kirche noch nie verlassen, doch waren nach Jahrhunderten der Nutzung nun Restaurierungsarbeiten erforderlich. Diese wurden im Zusammenhang der Ausstellungsvorbereitung möglich, sodass die Transporte nach Magdeburg jeweils schonend mit den für die Restaurierung notwendigen Bewegungen verbunden werden konnten.

In den Kirchen sind Taufsteine in der Regel Einzelstücke. Die Ausstellungsarchitektur ist deshalb so angelegt, dass jede Taufe von einer eigenen Fahne hinterfangen wird, auf der auch die Informationen über ihre Herkunftskirche und ihre Geschichte zu finden sind. Dabei ist bemerkenswert, dass die mittelalterlichen Taufen aus der Diözese Magdeburg nun an den Ort kommen, von dem aus vor der Reformation die am Gründonnerstag liturgisch geweihten Heiligen Öle zu ihnen in die Pfarrkirchen gebracht wurden. Zu diesen Ölen gehörte das Katechumenenöl, mit dem die Täuflinge vor der Spendung der Taufe gesalbt wurden, und das Chrisam, das nach vollzogener Taufe zur Salbung ihres Scheitels verwendet wurde.[2]

Auch die barocken Taufengel in der Ausstellung wurden aus den verschiedenen Regionen der Landeskirche zusammengetragen. Zur Vermeidung möglicher Schäden durch unnötige Transporte und Klimaveränderungen wurden wiederum solche Stücke ausgewählt, die zu einer Konservierung ohnehin transportiert werden mussten. Die Engel haben im Magdeburger Dom ihren eigenen Raum im Umgang des Hohen Chores, wo sie fliegend, stehend oder kniend präsentiert werden. Soweit wie möglich sind jeweils die einer Kunstlandschaft angehörenden Engel einander zugeordnet. Den Abschluss dieser Präsentation bilden die Entwürfe aus dem Wettbewerb für einen zeitgenössischen Taufengel. Auf sie folgen im nördlichen Seitenschiff der 2006 ausgeführte Taufengel des Wettbewerbgewinners Thomas Leu und weitere moderne Taufgeräte.

Die überwiegende Zahl der Gegenstände, die eine Präsentation in Vitrinen erfordern, wird in der Großen Sakristei des Domes gezeigt. Dazu gehören die Taufkleider. Die präsentierten Textilien sind zwar noch nicht so lange in Gebrauch wie die meisten historischen Taufgeräte aus den Kirchen, doch werden viele von den für die Ausstellung aus Privatbesitz bereitgestellten Stücken in den Familien schon seit Generationen zur Taufe genutzt. Hinzu kommen an diesem Ort die Taufschalen und -kannen, Patenmedaillen und Taufgeschenke, Gegenstände aus Papier und ein Bildteppich mit dem Motiv der Kindersegnung. Zur Verdeutlichung dessen, wie eine Taufhandlung mit all den ausgestellten Gegenständen in der Vergangenheit ausgesehen hat und wie sie in der Gegenwart vorgenommen wird, ist ein Taufzug mit ländlichen und städtischen Festtagstrachten aus dem 19. Jahrhundert aufgebaut, und dazu wird das Geschehen bei der Taufe in einem Film gezeigt.

DER BEIRAT

Die Idee zur Ausstellung erwuchs aus der Arbeit der Verfasserin, die als Kunstreferentin der Evangelischen Kirche der Kirchenprovinz Sachsen über eine langjährige Kenntnis mitteldeutscher Kirchen und ihrer Ausstattungen verfügt. Der wissenschaftliche Beirat, dem zahlreiche Experten angehören, leistete bei der Ausarbeitung der Ausstellungskonzeption und bei der Vorbereitung des Kataloges unschätzbare Hilfe. Zum Dank für die vielfältige Unterstützung der Beiratsmitglieder zu diesem Projekt reichen Worte kaum aus. Über das erhoffte wissenschaftliche Engagement hinaus leisteten viele von ihnen durch ihre Bereitschaft zu öffentlichen Vorträgen oder zu Seminarbeiträgen für die Ausbildung der Ausstellungsführerinnen und -führer Großartiges. Von hohem Wert für das gesamte Team im Ausstellungsbüro war auch manches ermutigende Wort des Beirates und die Möglichkeit, Freude über Erreichtes zu teilen.

DIE KIRCHLICHE STIFTUNG KUNST- UND KULTURGUT IN DER KIRCHENPROVINZ SACHSEN UND DIE AKTION PATEN FÜR ENGEL

Im Magdeburger Dom weisen nun 2006 steinerne, bronzene und hölzerne Taufen, Taufengel aus Holz oder Metall und Taufschalen und -kannen aus Messing, Zinn oder Silber aus einem Zeitraum von mehr als tausend Jahren auf das Sakrament der Taufe hin. Sie stehen zugleich für die Schönheit und Bedeutung der liturgischen Kirchenausstattungen in Mitteldeutschland insgesamt und sollen auf die großen damit verbundenen Aufgaben der Restaurierung und Pflege aufmerksam machen.

Das in den Kirchen bewahrte Kunst- und Kulturgut bedarf dringend der Hilfe und Pflege, da die vielfach sehr kleinen Kirchengemeinden mit der Sicherung dieses Erbes oft überfordert sind. Dies ist vor allem dort der Fall, wo Gemeinden zugleich mit Bauaufgaben belastet sind.

Die Kirchenprovinz Sachsen hat 1995 zunächst einen Fonds zur Sicherung gefährdeter Kunstwerke in den Kirchen eingerichtet. 1999 wurde die „Kirchliche Stiftung Kunst- und Kulturgut in der Kirchenprovinz Sachsen" (KSKK) gegründet, die sich der Erhaltung der künstlerisch gestalteten Ausstattungen widmen kann, ohne zugleich für Bauaufgaben in Anspruch genommen zu werden. Sie arbeitet im Gebiet einer Landeskirche, zu welcher der größte Teil des Landes Sachsen-Anhalt, große Bereiche im Freistaat Thüringen mit Erfurt und dem Südharzgebiet sowie Teile Sachsens und Brandenburgs gehören. Schätzungen sprechen davon, dass beispielsweise im Bundesland Sachsen-Anhalt etwa siebzig Prozent der überlieferten Kunstgegenstände aus allen Jahrhunderten in den Kirchen bewahrt werden. Es ist möglich, alle diese Stücke bis heute an dem Ort, für den sie geschaffen wurden, und vielfach in ihrer ursprünglichen Funktion zu erleben. Sie sind damit auch wichtige Geschichtsquellen. In erster Linie aber gehören sie zur liturgischen Ausstattung der Kirchen. Sie wurden zum Lob und zur Ehre Gottes geschaffen und dienen dem bis heute.

Die Arbeit der Stiftung seit ihrer Gründung ist vielversprechend. Sie konnte bereits viele Freunde und Förderer für einzelne Projekte gewinnen. Die 2001 und 2002 in Magdeburg, Quedlinburg und Wittenberg gezeigte Ausstellung „Goldschmiedekunst des Mittelalters – Im Gebrauch der Gemeinden über Jahrhunderte bewahrt", zog im National Museum of Western Art in Tokio im Jahr 2004 noch einmal nahezu 40.000 Besucher an. Geradezu überwältigend ist die Resonanz auf die aktuelle Aktion „Paten für Engel" im Zusammenhang der Vorbereitung dieser Ausstellung unter der aktiven Schirmherrschaft von Bischof Axel Noack. Sie wird von einem Kuratorium unterstützt, und der Arbeitskreis zur Unterstützung der Arbeit der Kirchlichen Stiftung (AUDAKS) setzt sich engagiert dafür ein.

Noch immer aber warten Taufengel und Taufsteine, Bilder und Altäre, Wand- und Deckenmalereien, Goldschmiedearbeiten und Glasfenster wie viele andere Kunstgegenstände in den Kirchen auf Hilfe. Den überwiegend ehrenamtlich tätigen Mitarbeiterinnen und Mitarbeitern der Stiftung sind daher weitere Freunde und Förderer für die Stiftung selbst und für einzelne ihrer Projekte herzlich willkommen. Die Aktion „Paten für Engel" wird unter dem Motto „Kein Engel darf verloren gehen" über die Ausstellung hinaus fortgesetzt.

Anmerkungen
[1] Martin Luther, Predigt zur Taufe 1534, WA 37, S. 670, Zeile 18–25.
[2] S. dazu den Beitrag von Renate Kroos, *Weihe der Heiligen Öle und der Taufe nach dem Magdeburger Dom-Ordinarius*, S. 54.

Peter Poscharsky

Der Ort der Taufe

Die Taufe ist die Aufnahme eines Menschen in die Gemeinschaft mit Christus. „Man kommt nicht als Christ auf die Welt, sondern man wird Christ".[1] Die Taufe ist ein Sakrament, das heißt eine von Christus eingesetzte Handlung, die mit einem äußeren Zeichen (hier dem Wasser) verbunden ist. Das zweite Sakrament der lutherischen Kirche ist das Abendmahl. Mit der Taufe ist die Gabe des Heiligen Geistes verbunden.[2] Die Taufe ist mit der Verheißung verbunden „wer da glaubt und getauft wird, wird selig werden",[3] und sie ist ein Zeichen der Einheit der Getauften „ein Herr, ein Glaube, eine Taufe".[4]

FRÜHCHRISTLICHE ZEIT

Der Mensch tauft sich nicht selbst, sondern wird getauft, so wie schon Jesus vom Täufer Johannes getauft wurde.[5] Die Apostelgeschichte berichtet vielfach, dass die Menschen sich nach der Annahme des Glaubens an Christus taufen ließen.[6]

Der Täufling wurde in fließendem Wasser untergetaucht, dabei werden die Sünden abgewaschen.[7] Auch die Kirchenordnung der Didache aus dem Anfang des zweiten Jahrhunderts schreibt das vor: „taufe auf den Namen des Vaters und des Sohnes und des Heiligen Geistes in fließendem Wasser".[8] Bei der Taufe wurde stets, bis heute, diese von Matthäus[9] überlieferte Formulierung des so genannten Taufbefehls gesprochen. Anstelle der Dämonen, denen abgesagt wird („ich sage dir ab, Satan, deinem ganzen Dienst und allen deinen Werken"[10]) ergreift nun Gott nach dem Bekenntnis des Glaubens durch die Taufe Besitz vom Täufling und verleiht ihm den Heiligen Geist. Der Getaufte gehört nun zu Christus, über den Tod hinaus.

Die einmalige, von allen Kirchen gegenseitig anerkannte Taufe ist durch nichts rückgängig zu machen. Paulus schreibt im Römerbrief: „Wisst ihr denn nicht, dass wir alle, die wir auf Christus Jesus getauft wurden, auf seinen Tod getauft worden sind? Wir wurden mit ihm begraben durch die Taufe auf den Tod; und wie Christus durch die Herrlichkeit des Vaters von den Toten auferweckt wurde, so sollen auch wir als neue Menschen leben".[11]

In der frühchristlichen Zeit wurden in der Regel Erwachsene getauft. Wenn ganze Familien getauft wurden,[12] waren aber auch die Kinder dabei.

Getauft wurde durch Untertauchen, wie es in den orthodoxen Kirchen bis heute üblich ist. Obwohl um 200 bei Tertullian die Kindertaufe erwähnt wird und Cyprian am Ende des dritten Jahrhunderts die Taufe wegen des Heils am zweiten oder dritten Lebenstag verlangt, blieb die Erwachsenentaufe das Übliche und wurde im vierten Jahrhundert oftmals erst kurz vor dem Tod begehrt, weil die mit ihr verbundene totale Vergebung aller Sünden so nicht wiederholbar ist. Dieser Taufaufschub wurde sowohl von westlichen (Augustin, Anfang des fünften Jahrhunderts) wie östlichen Theologen (Basilius, Gregor von Nazianz, beide Ende des vierten Jahrhunderts) befürwortet.

Johannes der Täufer taufte im Jordan. Bis zum Bau von Kirchengebäuden wurde in der Regel in fließendem Wasser getauft. Daran wurde auch beim Bau von Kirchen zunächst festgehalten. Man brauchte einen Raum mit einem Becken und Wasserzu- und -abfluss in der Nähe des Gottesdienstraumes. In Trier legte man die beiden parallel gelagerten östlichen Kirchen am Anfang des vierten Jahrhunderts so an, dass zwischen ihnen ein Bach floss, der das acht mal acht Meter große Becken speiste.

Die Taufe fand in der Regel nur in der Osternacht statt, seltener am Epiphaniasfest am 6. Januar, dem Gedenktag der Taufe Jesu, um den engen Bezug zu Tod und Auferstehung Jesu sinnfällig zu machen. Die neu Getauften zogen neue, weiße Gewänder an, die sie eine Woche lang, bis zum heute deshalb so genannten „weißen Sonntag" trugen, dessen lateinischer Name „Quasimodogeniti = wie die neu Geborenen" an das neue Leben mit Christus erinnert. Sie zogen dann in die Kirche, um zum ersten Mal an der Eucharistie teilzunehmen, die sie bisher nie auch nur passiv miterlebt hatten, da lediglich der erste Teil des Gottesdienstes mit der Predigt für jedermann zugänglich war und danach alle Nichtgetauften aus der Kirche gewiesen wurden.

All die mit der Taufe verbundenen Handlungen konnten in einem einzigen Raum vollzogen werden. In großen Kirchenanlagen hatte man dafür aber Nebenräume, für das Ausziehen, die Absage an den Teufel (*exorcitorium*) vor der Taufe und für die nach der Taufe vollzogene Salbung (*confirmatio*) ein Consignatorium, ebenso zum Unterricht, dem Katechumenat, der vor der Taufe stattfand.

Das Recht zur Taufe hatte nur der Bischof. Deshalb gibt es in frühchristlicher Zeit Tauräume nur bei Bischofskirchen.

Beim Bau der Tauräume (Baptisterium genannt nach dem griechischen Wort baptizein = untertauchen) orientierte man sich an den spätantiken Baderäumen und errichtete sie teilweise auch direkt an deren Stelle wie das Baptisterium der Bischofskirche in Rom, wo man das Frigidarium des abgerissenen Palastes der Laterani kurz nach 313 überbaute.[13] Die antiken Baderäume hatten meist einen quadratischen Grundriss, oft eine Kuppel und waren stets Zentralräume. Das heißt: die Achse des Raumes verläuft nicht in der horizontalen Längsrichtung (wie in den Gottesdiensträumen), sondern vertikal. Die Ausrichtung des Raumes ist ganz auf seine Mitte bezogen, in der sich das Becken befindet. Nur ein einziger Mensch steht im Zentrum. Das entspricht der dem Einzelnen geltenden Taufhandlung. Eine solch zentrale Stellung hat der Mensch nur noch im Mausoleum, dem antiken Grabbau, als Toter. Sterben und Auferstehen werden somit in der Architektur versinnbildlicht.

Die (nur in wenigen Beispielen erhaltene) Ausmalung der Tauräume zeigt ebenfalls die enge Verbindung von Taufe und Tod auf. Die einzige aus der Zeit vor Konstantin erhaltene, vor 256 entstandene Taufkapelle in Dura Europos wurde deshalb lange als Grabraum gedeutet.[14]

Das Quadrat (oder das Rechteck) ist die weit überwiegend verwendete Raumform (70 Prozent). Sie war auch deshalb sehr geeignet, da das Baptisterium in der Regel nicht frei stand, sondern Teil eines Kirchenkomplexes war, der außer dem Gottesdienstraum nötige Nebenräume und das Episkopium, Wohnhaus und Amtssitz des Bischofs, umfasste. Ein Beispiel dafür ist die Bischofskirche von Neapel, S. Genarro, deren Baptisterium um 400 zwischen dem Episkopium und der Kirche errichtet wurde.

Das zentrale Becken hat die spätantiken Wasserbecken zum Baden und für Fische zum Vorbild und übernimmt seine Bezeichnung „Piscina" (*piscis* = Fisch) auch von dort und geht nicht auf das Wort Jesu zurück, das er zu Petrus und Andreas sprach: „Ich werde euch zu Menschenfischern machen".[15]

Die vielfältigen Formen der Piscina in den Baptisterien kommen sämtlich auch in profanen Bauten vor. Rund 30 Prozent sind rund, 23 Prozent rechteckig oder quadratisch. Die kreuzförmigen Piscinen, rund 16 Prozent, legen zwar eine christliche Deutung nahe, kommen aber auch vorher schon in Profanbauten vor. Manchmal kommt ein Überbau des Beckens, ein Ciborium, vor, an dem sich Vorhänge befinden konnten, die bei der Taufhandlung zugezogen werden konnten. Da die Menschen nackt getauft wurden, wurde die Taufe von Frauen durch Diakoninnen vorgenommen.

Die geringe Tiefe der Becken – zwischen 0,80 und 1 Meter – und ihr geringer Durchmesser erlaubten kein Untertauchen des Täuflings, wie es vorher beim Taufen in fließendem Gewässer üblich war. Der Täufling stand etwa bis zur Hüfte im Wasser und wurde dreimal mit der Hand mit Wasser übergossen. Das entsprach der antiken Sitte beim Baden. Oft gab es Stufen, die in das Becken auf der einen Seite hinunter und auf der anderen Seite empor führten, so dass das Begrabenwerden und Auferstehen mit Christus durch den Täufling symbolisch erlebt wurde.

In besonders reich ausgestatteten Baptisterien sah der am Rand des Beckens stehende Täufling das Spiegelbild des zentralen Deckenmosaiks. In Neapel (um 400) zeigt dies vor dem sternenübersäten Himmel das Symbol Christi, das XP, mit dem ersten und dem letzten Buchstaben des griechischen Alphabets, Alpha und Omega („Ich bin das A und O, spricht Gott der Herr, der Anfang und das Ende"),[16] die Hand Gottes, die einen Siegeskranz hält und das Bild des Phönix, der als Symbol der Auferstehung angesehen wurde. Im orthodoxen Baptisterium neben dem Dom in Ravenna (Bildschmuck um 458) sah der Täufling das Bild der Taufe Jesu und stieg somit wie dieser in den Jordan.[17]

Rund 16 Prozent der Piscinen sind achteckig wie auch 10 Prozent der Baptisterien. Diese vor allem in Oberitalien und Frankreich (den römischen Provinzen Gallia cisalpina und transalpina) auftretende Form ist auch von antiken Bauwerken übernommen, aber sie wurde vom Bischof Ambrosius beim Bau des Theklabaptisteriums in Mailand im Jahr 386 christlich interpretiert. Das Gedicht, das im (nur in Grundmauern erhaltenen) Baptisterium zu lesen war, lautet: *Mit acht Nischen erhebt sich der Tempel zu heiligem Brauch, achtseitig ist der Brunnen gefasst, würdig der Gabe. In der Achtzahl musste das Haus der heiligen Taufe entstehen, in der den Völkern heimkehrte in Wahrheit das Heil. Im Licht des siegend erstehenden Christus, der löset die Riegel des Todes und aus den Gräbern die Toten erweckt und von der Macht der Sünde befreit die reuig bekennenden Sünder, da er sie reinigt im Wasser des kristallklar fließenden Taufquells. Wer sich sehnt danach, abzulegen des Lebens schimpfliche Taten – hier ist die Stätte für ihn, das Herz zu baden, um reines Gewissen zu tragen. Hierher sollen sie eilen in seliger Freude: wenn auch schwarz ist die Seele, so fass er den Mut doch zu kommen, weißer wie Schnee wird er fortgehen. Auch wer rein sich wähnt, soll kommen in Eile: Keiner ist rein, der nicht teilhat an diesen Gewässern. Sie gewähren das Reich Gottes, traute Gemeinschaft der Gerechtigkeit herrliche Krone. Was kann göttlicher sein, als dass nach kurzem Bemühen die Schuld des Volkes dahin sinkt?*[18]

Ambrosius spricht hier von der Bedeutung des achten Tages als Hinweis auf die Auferstehung Christi. Diese Deutung begegnet schon im zweiten Jahrhundert[19] und ist auch im Osten üblich.[20]

Das nur selten vorkommende Sechseck wurde als Hinweis auf den sechsten Tag, den Freitag, gewählt, mit Verweis auf den Tod Christi am Karfreitag. Die Piscina wurde nach dem Römerbrief[21] und dem Kolosserbrief („mit Christus wurdet ihr in der Taufe begraben, mit ihm auch auferweckt")[22] als Hinweis auf das Grab Christi gedeutet.

Im fünften Jahrhundert weisen fast alle neu gebauten Baptisterien eine Apsis auf der Ostseite auf. Sie ist nicht für einen Altar bestimmt, den man im Baptisterium nicht braucht, sondern für die Kathedra des Bischofs.

Etwa ab 500 wurde die Erwachsenentaufe allgemein durch die Kindertaufe abgelöst. Das hatte zur Folge, dass keine Baptisterien mehr gebaut wurden außer gelegentlich in Italien, wo die großen Baptisterien von Florenz, Siena und Pisa im 12. und 13. Jahrhundert die letzten Beispiele sind.

MITTELALTER

Bei der Missionierung Deutschlands im achten Jahrhundert (Bonifatius) wurden, wie in der Anfangszeit des Christentums, Erwachsene durch Untertauchen in Flüssen getauft. Bischof Otto von Bamberg, der am Anfang des zwölften Jahrhunderts vor allem in Pommern taufte, ließ drei große Fässer eingraben und über jedem ein Zelt errichten, weil die Menschen nackt getauft wurden.

Seit etwa 800 setzte sich in den schon länger christlichen Gebieten Westeuropas vermehrt die Kindertaufe durch. Das war dann auch in den missionierten Gebieten von der zweiten Generation an üblich.

In den bescheidenen ersten hölzernen Kirchenbauten fanden keine Taufen statt, sondern nur in zentralen Taufkirchen, die für ein größeres Gebiet zuständig waren. Diese waren an einem fließenden Wasser errichtet.

Hatte bis etwa 900 nur der Bischof das Recht zur Taufe, so ging dies nun auf die Pfarrer über. Seitdem haben die Pfarrkirchen, nicht aber die Filial- und die Klosterkirchen, einen Taufort. Dieser befand sich immer in der Nähe des Eingangs, im Westen. Die Kirchen waren nach Osten gerichtet, weil man die Wiederkunft Christi am Ende der Zeiten von Osten her, von der Richtung der aufgehenden Sonne, erwartete. Folge dieses Weltbildes war, dass das Böse und die Dämonen im Westen sind. Deshalb musste der Täufling nach Westen hin dem Teufel absagen und in seine Richtung spucken. Erst als getaufter Christ durfte er an den Ort des Gottesdienstes, der in der Kirche im westlichen Bereich der Christenheit stets mit Predigt und Eucharistie/Abendmahl gefeiert wurde. Denn das Abendmahl unterlag der so genannten Arkandisziplin, das heißt, während seiner Feier durften nur Getaufte anwesend sein.

Beim Bischof blieb aber weiterhin, bis heute, das alleinige Recht zur Firmung, die deshalb zeitlich nicht mehr direkt nach der Taufe stattfinden konnte. Offiziell wurde die Firmung dann durch das vierte Laterankonzil 1215 vom Taufakt getrennt.

Seit dem 13. Jahrhundert wird von vielen führenden Theologen das Untertauchen nicht mehr als wesensnotwendig bezeichnet. Dennoch erhielt sich diese Sitte lange, denn deutsche Gottesdienstvorschriften, die Ritualien, kennen noch im 15. und 16. Jahrhundert neben dem häufigeren Übergießen des Täuflings (infusio) das Untertauchen (immersio).

Seit dem neunten Jahrhundert wird das Taufbecken in Deutschland nicht mehr Piscina genannt wie in frühchristlicher Zeit, sondern Fünte, nach dem lateinischen fons = Brunnen. Schon diese Bezeichnung ist ein Hinweis auf fließendes frisches Wasser.

Die ersten Fünten waren aus Holz und haben sich nicht erhalten im Unterschied zu den steinernen Fünten, die seit dem elften Jahrhundert üblich waren. Ihr Becken ist wegen des Untertauchens der Kinder groß, meist rund oder achteckig und steht auf einem massiven Sockel. Die dort mitunter dargestellten Dämonen mit grausamen Fratzen sind ein Zeichen der Absage an ihre Macht und ihre Überwindung durch die Taufe, indem sie nun gezwungen sind, das Taufbecken zu tragen. Die seit dem zwölften Jahrhundert an die Stelle des Sockels tretenden tragenden Figuren sind oft die vier Paradiesesströme (wie in Halberstadt, St. Martini, Katalog-Nr. A 3), ein Hinweis, dass die Getauften wie Adam und Eva im Paradies in engster Gemeinschaft mit Gott verbunden sind, nachdem ihre Sünden abgewaschen sind. Apostelfiguren sind ein Hinweis auf die Nachfolge Christi. Solche Figuren kommen vor allem bei den Erzfünten vor, die aus Metall gegossen wurden, meist von den Glockengießerwerkstätten. Ihre nach unten sich etwas verjüngende Form erinnert an eine kopfstehende Glocke. Und wie die Glocken bildlichen Schmuck in Form von flachen Reliefs aufweisen, so auch die Erztaufen, bei denen die biblischen Szenen aber oft ein tieferes Relief haben.

Weil die Kinder fast ausnahmslos am zweiten Lebenstag getauft wurden (und dabei oft den Namen des Heiligen des Tages erhielten), gibt es eine Reihe gotischer Taufbecken, die im Unterbau des Beckens eine Heizmöglichkeit besitzen, um das Wasser anzuwärmen. Erhalten haben sich solche Taufbecken z. B. in Salzwedel, St. Marien.

Die gotischen Taufbecken hatten alle einen Deckel. Er war nötig, weil das Taufwasser damals nur einmal im Jahr, meist in der Osternacht, geweiht wurde und vor Entweihung oder Verunreinigung geschützt werden musste. Der in der Gotik meist sehr hohe und wie das Becken mit Schmuck versehene Deckel zeigte im Kirchenraum schon von weitem deutlich den Ort der Taufe an. Allerdings war dieser nicht weiter architektonisch fixiert, etwa durch eine vertiefte Aufstellung, so dass man den Ort verändern konnte und sich die ursprüngliche Aufstellung nicht mehr überall feststellen lässt.

DIE ZEIT SEIT DER REFORMATION

Luthers „Taufbüchlein" von 1526,[23] das vielen Taufliturgien als Vorlage diente, gibt dem Täufer die Anweisung, „dann nehme er das Kind und tauche es in die Taufe". Wegen der Symbolik des Sterbens und Auferstehens mit Christus wird an dem Untertauchen festgehalten. Auch in der katholischen Kirche wurde dies praktiziert, wie zum Beispiel aus Äußerungen von Carl Borromäus gegen Ende des 16. Jahrhunderts hervorgeht und wie es im Rituale Romanum von 1614 vorgeschrieben wird.

In der katholischen Kirche steht der Taufstein weiterhin in der Nähe des Kircheneingangs.

Die lutherische Kirche aber stellt den Taufstein von Anfang an in den Bereich des Altares (zum Beispiel Pommersche Kirchenordnung 1539, Lüneburger Kirchenordnung 1564). In der Lauenburgischen Kirchenordnung von 1585 wird dies so begründet: Die Taufe soll im Angesicht der Gemeinde stattfinden, und zwar im Gottesdienst, vor der Predigt. Der Taufstein wurde oft in der Mittelachse vor dem Altar aufgestellt, auf der Ebene der Gemeinde. Manchmal erhielt der Taufstein seinen Ort seitlich vom Altar und wurde mit einem Gitter umgeben, damit nicht „die Leute in der

Kirche, sonderlich das Weibervolk, um den Altar und Taufstein sitzen und den Prediger bei der Verrichtung seines Amtes oftmals ganz umgeben", wie es in der Lauenburgischen Kirchenordnung von 1686 heißt. Ein Beispiel, schon von 1620, findet sich in Osterwohle (siehe Katalog-Nr. A 14 sowie den Aufsatz von Hartmut Mai, *Taufbecken, Taufsteine und Taufständer – Geschichte und Ikonografie*).

Durch ein solches Gitter wurde die Taufe außerdem im Raum fest verortet. Sie war weithin sichtbar, weil sie (in der gotischen Tradition) von einem hohen Deckel bekrönt wurde. Dieser war nicht mehr wie in der katholischen Kirche zur Sicherung des Wassers nötig, denn außerhalb der Taufen war das Becken leer. Erst zur Taufe wurde Wasser hineingegossen mit einer besonderen Taufkanne, die ein speziell lutherisches Gerät ist. Der Deckel war nur aus formalästhetischen Gründen da, weil man es für notwendig hielt, dass ein offenes Becken einen entsprechenden oberen Abschluss hat. Eine Parallele dazu ist der so genannte Schalldeckel der Kanzel, der keine Reflexion des gesprochenen Wortes bewirkt, sondern auch nur formaler horizontaler Abschluss des oben offenen Kanzelkörpers ist.

Der Taufstein führt die alten Formen fort, die allmählich Renaissancedekor erhalten und oft außer mit Bildern auch mit Inschriften versehen sind. Als Material tritt neben den Stein zunehmend auch Holz, so dass man dann eigentlich nicht mehr vom Taufstein sprechen kann. Trotzdem ist diese Bezeichnung, unabhängig vom Material, bis heute üblich.

Beim Schmuck treten neben biblischen Szenen seit der Renaissance zunehmend Engel auf, am Deckel, am Korpus und als Träger des Taufbeckens. Etwa um 1700 begegnet dann eine völlig neue Form, und zwar ausschließlich in den lutherischen Kirchen, der Taufengel. Er kann knien oder stehen, zumeist aber fliegt er und hält das relativ kleine Taufbecken in den Händen. Nur zur Taufhandlung wird er heruntergelassen, sonst schwebt er hoch über der Gemeinde.[24]

19. UND 20. JAHRHUNDERT

Die Ablehnung des Barock im 19. Jahrhundert brachte es mit sich, dass die Taufengel fast überall entfernt und häufig auf die Kirchenböden verbannt wurden, wo sich eine erstaunlich große Zahl erfreulicherweise in mehr oder minder gutem Zustand erhalten hat. Sie wurden seit dem Ende des 18. Jahrhunderts durch neue Taufsteine, in der Mehrzahl aus Holz, ersetzt, die dem Zug der Zeit entsprechend neugotisches Dekor hatten.

Im Kirchenbau des 20. Jahrhunderts griffen einige wenige Architekten bei katholischen Kirchen die alte Form des freistehenden Baptisteriums wieder auf, dessen Bodenfläche oftmals auch vertieft und das durch einen ansteigenden Gang mit der Kirche verbunden war (zum Beispiel Köln-Marienburg 1954). Eigene Taufkapellen in der Nähe des Eingangs begegnen in katholischen Kirchen wie auch die traditionelle Stellung direkt am Eingang in der Mittelachse. Das Becken ist dort wie früher mit einem Deckel verschlossen. Bei einigen Taufsteinen läuft ein kleiner Wassergraben für das Weihwasser um das Taufbecken und erinnert so sinnfällig an die reinigende Kraft des Taufwassers.

Bei lutherischen Kirchen sind eigene Taufkapellen im Westen der Kirche selten (zum Beispiel Nienburg/Weser, St. Michael). Am häufigsten stehen sie im Altarraum, und zwar seitlich vom Altar als formales Pendant zur ebenfalls in diesem Bereich platzierten Kanzel.

Als Material für den Taufstein begegnen Stein, Metall, Holz und Glas. In seltenen Fällen fließt dort stetig Wasser (zum Beispiel Stockholm, Väntorskirche).

Im 19. Jahrhundert hatte sich die Haustaufe eingebürgert. Vorwiegend die bürgerlichen Kreise ließen ihre Kinder in ihrer Wohnung taufen, wozu eine kleine, transportable Taufschale verwendet wurde. Dahinter standen wohl hygienische Bedenken, die auch dazu geführt hatten, dass der Täufling nicht mehr mit Wasser begossen wurde (*infusio*), sondern nur noch mit wenigen Tropfen an der Stirn benetzt wurde (*aspersio*). Das hatte zur Folge, dass die katholische Kirche für zu ihr übertretende so Getaufte die so genannte Konditionaltaufe einführte, aus der Befürchtung heraus, dass das Wasser nicht mehr dem Taufbefehl und der gesamtkirchlichen Tradition gemäß verwendet worden war. Sowohl Haustaufe wie Konditionaltaufe gibt es heute nicht mehr. Die evangelischen Kirchen sind längst zum Begießen (*infusio*) zurückgekehrt, und in manchen Landeskirchen, wie in der Kirchenprovinz Sachsen, ist die Taufe nur noch im Gemeindegottesdienst üblich. Zumindest finden alle Taufen in der Kirche statt. So gibt es auch die der Haustaufe entsprechende Kliniktaufe nicht mehr.

Notwendig ist zur Taufe nur das dreimalige Begießen des Täuflings mit Wasser, wobei sein Name genannt und die Taufformel gesprochen wird. Das Recht zur Taufe hat im Notfall jeder getaufte Christ.

Anmerkungen
[1] Tertullian, Apologeticum 18,4, um 200.
[2] Apostelgeschichte 8,17.
[3] Markus 16,16.
[4] Epheserbrief 4,5.
[5] Markus 1,9–11.
[6] Apostelgeschichte 8,13; 8,36–37; 9,18; 10,48; 19,5.
[7] Apostelgeschichte 22,16. Zur *Taufpraxis und Tauffrömmigkeit im frühen Christentum* vgl. den Aufsatz von Jörg Ulrich, in diesem Katalog.
[8] Didache (Zwölf-Apostel-Lehre), übersetzt und eingeleitet von Georg Schöllgen, Fontes Christiani 1, Freiburg 1991, Kapitel 7.
[9] Matthäus 28,16–19.
[10] Traditio Apostolica. Apostolische Überlieferung. Übersetzt und eingeleitet von Wilhelm Geerlings, Fontes Christiani 1, Freiburg 1991, S. 141 ff. Dieses Werk stammt vom Anfang des 13. Jahrhunderts.
[11] Römer 6,3–4.
[12] Apostelgeschichte 16,33; 18,8; 1. Korintherbrief 1,16.
[13] Seine jetzige Gestalt erhielt der Bau zwischen 432 und 440.
[14] Zum Bildschmuck vgl. den Beitrag von Hartmut Mai, *Taufsteine, Taufbecken und Taufständer – Geschichte und Ikonografie*, in diesem Katalog.
[15] Markus 1,17.
[16] Offenbarung 1,8 und 21,6.
[17] Zum Bildprogramm vgl. den Beitrag von Hartmut Mai, *Taufsteine, Taufbecken und Taufständer – Geschichte und Ikonografie*, in diesem Katalog.
[18] Zit. n. Franz Joseph Dölger, Antike und Christentum, Band IV, 1934, S. 157.
[19] Im Barnabasbrief, in: Die Apostolischen Väter, hrsg. v. Andreas Zimmermann und Henning Paulsen, Tübingen 1992, Kapitel 15,9.
[20] Gregor von Nyssa und Gregor von Nazianz, Ende des vierten Jahrhunderts.
[21] Römer 6,3–4.
[22] Kolosser 2,12.
[23] Weimarer Ausgabe Band 19, S. 527–541.
[24] Vgl. den Aufsatz von Peter Poscharsky, *Taufengel,* in diesem Katalog.

JÖRG ULRICH

Taufpraxis und Tauffrömmigkeit im frühen Christentum

Fragt man nach Taufpraxis und Tauffrömmigkeit im frühen Christentum, so ergibt sich ein außerordentlich vielfältiges Bild. Insgesamt zeigt sich, dass sowohl die Praxis als auch die mit der Taufe verbundenen religiösen Vorstellungen in der Frühzeit alles andere als homogen gewesen sind, dass vielmehr zeitlich und regional erhebliche Unterschiede bestanden. Auf der anderen Seite lassen sich Gemeinsamkeiten herausarbeiten, die verstehen lassen, warum die Taufe trotz mannigfacher Unterschiede in der Handhabung als allgemein verbindliches Aufnahmeritual in die Christenheit überall Akzeptanz fand.

Der Taufe geht in der frühen Christenheit in aller Regel eine vorbereitende Unterweisung der Täuflinge voraus. Personen, die sich im Status der Taufvorbereitung befinden, heißen „Hörer" oder „Katechumenen". Auch die Bezeichnung „Kinder" findet sich immer wieder – sie bezeichnet Taufbewerber und darf nicht im Sinne der Kindertaufe verstanden werden. Die Unterweisung zur Taufvorbereitung ist – wie man an der Didache (der „Zwölf-Apostel-Lehre")[1], einer Kirchenordnung des frühen 2. Jahrhunderts, aber auch beim Apologeten Justin[2] in der Mitte des 2. Jahrhunderts sehen kann – ethisch orientiert: Der Unterwiesene wird auf die sittlichen Konsequenzen seines Beitritts zum Christentum aufmerksam gemacht. Er entscheidet sich für den „Weg des Lebens", der durch Befolgung der Zehn Gebote und zahlreicher Tugenden wie Freigebigkeit, Friedfertigkeit, Milde u. ä. gekennzeichnet ist, und wendet sich vom „Weg des Todes" ab. Ganz ähnlich sind die ethischen Unterweisungen, die wir in der wohl an den Anfang des 3. Jahrhunderts gehörenden Traditio apostolica[3] vorfinden, die Hippolyt von Rom zugeschrieben worden ist: Die Täuflinge sollen ein tugendhaftes Leben führen, tätige Nächstenliebe üben und sich aller Sünden und Verfehlungen enthalten.

Neben dem ethischen Schwerpunkt der Taufunterweisung gibt es auch eine Einweisung in die dogmatischen Grundlehren des Christentums; die Zustimmung des Täuflings zu diesen Lehren wird bei der Taufe durch mit „Ja" oder „Ich glaube" zu beantwortende Fragen eingeholt. Die Traditio apostolica gibt uns Einblick in den konkreten Ablauf dieser Vorgänge. Da heißt es: „Sobald der Täufling ins Wasser hinabgestiegen ist, legt der Täufer ihm die Hand auf und fragt: ‚Glaubst du an Gott, den allmächtigen Vater?', und der Täufling soll antworten: ‚Ich glaube.' Und sogleich, während die Hand auf seinem Haupt liegt, tauft er ihn zum ersten Mal. Und darauf fragt er: ‚Glaubst du an Christus Jesus, den Sohn Gottes, der geboren ist vom Heiligen Geist aus der Jungfrau Maria, der unter Pontius Pilatus gekreuzigt wurde, gestorben, am dritten Tage lebend von den Toten auferstanden und zum Himmel aufgestiegen ist, zur Rechten des Vaters sitzt, der kommen wird, zu richten die Lebenden und die Toten?' Und wenn jener gesagt hat: ‚Ich glaube', soll er ein zweites Mal getauft werden. Erneut fragt er: ‚Glaubst du an den Heiligen Geist, die heilige Kirche und an die Auferstehung des Fleisches?' Der Täufling soll sagen: ‚Ich glaube.' Und so soll er ein drittes Mal getauft werden."[4] An diesem Punkte stehen Glaubensfrage und -antwort anlässlich der Taufe und frühchristliche Bekenntnisbildung in den Gemeinden in engem Zusammenhang.

Die Unterweisungsphase, das Katechumenat, ist regional und zeitlich unterschiedlich lang und nicht in allen Fällen eindeutig bezeugt. Sie währt seit dem 3. Jahrhundert oft drei Jahre, jedoch sind individuell begründete Verkürzungen oder Verlängerungen möglich, je nach Fortschritt des Bewerbers.[5] Der normale Tauftermin ist Ostern oder die Zeit zwischen Ostern und Pfingsten, so dass sich, da der Zeitpunkt der Anmeldung nicht näher bestimmt war, ohnehin eine unterschiedliche Dauer der Vorbereitungszeit ergeben konnte.

Häufig, aber nicht überall sind im Zusammenhang mit christlichen Taufen Exorzismushandlungen belegt, die zeigen, dass die Täuflinge von Satan, bösen Geistern oder Dämonen befreit werden sollen. Der Exorzismus ist als eine dem Teufel zugefügte Qual zu interpretieren, die diesen davon abhalten soll, auf den Taufbewerber weiterhin Anspruch zu erheben. Die Traditio apostolica setzt eine regelrechte Reihe von Exorzismushandlungen voraus, die die gesamte Katechumenatszeit durchziehen und im Vorfeld der eigentlichen Taufe gehäuft durchgeführt werden. Dabei muss der letzte und entscheidende Exorzismus vor der Taufe vom Bischof persönlich vollzogen werden.[6] Ausdrückliches Abschwören spielt bei den Exorzismen, aber auch bei ohne Exorzismen vorgenommenen Taufhandlungen eine zentrale Rolle: Der Täufling verspricht, den vom Teufel inspirierten bösen Werken und ihrem Verursacher zu entsagen.[7] Die Angst der Menschen, von solch widergöttlichen Mächten „besessen" zu sein, kommt hier ebenso zum Ausdruck wie der Wunsch, sich ganz und vorbehaltlos Gott als neuem „Besitzer" zu übergeben und so dem Einflussbereich des Bösen zu entkommen.

Nach erfolgter Unterweisung gelobt der Täufling, dem Erlernten entsprechend zu leben sowie Satan und den Dämonen nicht länger Folge zu leisten. Der eigentlichen Taufe geht in der Regel eine kurze Fastenzeit voraus, die nicht nur für die Täuflinge, sondern für die gesamte Gemeinde gilt – mit pragmatischen Ausnahmeregelungen: Die bereits genannte Didache spricht davon, dass aus der Gemeinde fasten soll, „wer kann".[8] Die späteren Kirchenordnungen zeigen, dass der Vollzug der Taufe mit Entstehen des kirchlichen Amtes fest an dieses gebunden wurde. Tertullian, der erste große lateinischsprachige christliche Schriftsteller, den wir kennen, will um die Wende vom 2. zum 3. Jahrhundert nur für den Notfall zugestehen, dass „Laien" taufen; in der Regel ist der Bischof oder der Presbyter (= Pfarrer, Priester) dafür zuständig, während dem Diakon assistierende Aufgaben zukommen können. Dass zu diesen Presbytern nicht nur Männer, sondern zumindest in einigen Regionen bis ins 3. Jahrhundert hinein auch Frauen gezählt haben, die dann auch tauften, lässt sich aus diesbezüglichen Vorwürfen gegen Frauen indirekt erschließen. In der syrischen Didaskalie, einer Kirchenordnung aus dem frühen 3. Jahrhundert, ist solche Polemik gut belegt.[9]

Der Taufakt selbst geht so vonstatten, dass der Täufling entweder dreimal im Wasser untergetaucht oder aber dreimal am Kopf mit Wasser übergossen wird. Die Didache sagt, dass bevorzugt „lebendiges", also fließendes und kaltes Wasser benutzt werden soll, da fließendes Wasser im Alten Testament für die kultische Reinigung vorgesehen ist (4. Mose 19,17): Es könne aber, wenn kein fließendes Wasser da sei, auch stilles und warmes Wasser benutzt werden.[10] In der Mitte des 2. Jahrhunderts ist bei Justin von einem Bad die Rede, das die Täuflinge nehmen;[11] im Barnabasbrief hören wir von Hinab- und Hinaufsteigen (offensichtlich in ein Wasserbad);[12] in der Traditio apostolica Anfang des 3. Jahrhunderts ist ein dreimaliges Untertauchen in einem Taufbecken vorausgesetzt, in dem die Täuflinge stehen.[13] Durchgängig bezeugt ist, dass die Taufe entsprechend Matthäus 28,19 auf den Namen des Vaters und des Sohnes und des Heiligen Geistes erfolgt. Allerdings ist schwer zu entscheiden, ob diese triadische Formel tatsächlich unmittelbar beim Ritus des dreimaligen Untertauchens oder Übergießens gesprochen wurde oder ob sie diesen „nur" begleitet oder nachträglich theologisch interpretiert. Bei Tertullian lässt sich erkennen, dass bei der Taufe tatsächlich je eine Untertauchung für die „Personen" des dreieinigen Gottes vorgenommen wurde.[14] An vielen Stellen ist bezeugt, dass die Taufe „auf den Namen des Herrn" erfolgt. Mit dieser Formulierung ist der oben erwähnte Besitzerwechsel angesprochen: Das Leben des Täuflings ist von nun an als ein Leben im Wirkbereich Gottes zu verstehen. In diesem Zusammenhang ist es theologisch von zentraler Bedeutung, dass die Taufe stets als Vergebung der Sünden gedeutet wird; in manchen Texten ist das Bekenntnis aller zuvor begangenen Sünden fester Bestandteil der vorausgesetzten Liturgie.[15] Von einer „Abwaschung" ist häufig die Rede, aber es finden sich auch andere deutende Begriffe wie z. B. „Erleuchtung", „Wiedergeburt" oder „Erneuerung".[16] Begriffe wie diese zeigen, dass für die frühen Christen die Taufe eng mit der Vorstellung vom Beginn eines neuen, nunmehr sündlosen Lebens verbunden war. Das frühchristliche Denken knüpft dabei stets eine enge Verbindung zwischen dem leiblichen Tod und dem „Tod" in der Taufe im Anschluss an Römer 6: Der alte Mensch wird durch die Taufe regelrecht ersäuft, wodurch ein neuer Mensch (wieder-)geboren wird, und für diesen Identitätswechsel wurde die Macht Gottes als des neuen Besitzers dieses neuen Menschen beschworen.

Eine Salbung mit Myron – mit Duftstoffen angereichertes Öl – oder eine Verwendung von Chrisma ist ein weiterer Bestandteil der Taufe oder zählt zu den vor der Taufe vollzogenen oder sich unmittelbar anschließenden Riten. Mit dieser Salbung konnten sich unterschiedliche Vorstellungskreise verbinden: In einem Brief des Ignatius von Antiochien finden wir zu Anfang des 2. Jahrhunderts den Hinweis, dass auch Jesus Myron auf sein Haupt empfangen habe.[17] Hier könnte sich also der Gedanke einer Gleichgestaltung mit Christus nahe legen. Weitere mögliche Deutungen bestehen im Hinweis auf den Schutz gegen Satan und die Dämonen, auf Dank und Freude nach der Wassertaufe oder auf die Symbolisierung der neuen, „wohlriechenden" Identität. Es kann sich mit der Salbung aber auch die Vorstellung einer „Versiegelung" verbinden, und zwar in dem Sinn, dass der Getaufte gegen mögliche neuerliche Einflussnahme der bösen Mächte gleichsam abgeschlossen wird. Allerdings ist der Begriff der „Versiegelung" schillernd: Er kann sich hier und da auf die Gesamtheit der in der Taufe vollzogenen Riten beziehen, kann aber gelegentlich auch eine vor der Taufe eigens vollzogene Salbung mit Öl bezeichnen – möglicherweise in Zusammenhang mit einem Exorzismus.

Theologisch ist neben dem Aspekt der Sündenvergebung und dem Entstehen eines neuen, gottgemäß lebenden Menschen die Übertragung des Heiligen Geistes bei der Taufe von entscheidender Bedeutung. Indes sind erhebliche Differenzen und auch Unklarheiten ins Auge zu fassen, wenn es um den konkreten rituellen Vollzug der Geistübertragung geht. In der Traditio apostolica tritt an dieser entscheidenden Stelle die Textüberlieferung auseinander,[18] was auf eine grundlegende Differenz zwischen lateinischer und orientalischer Tradition schließen lassen könnte: Die lateinische Fassung scheint nämlich vorauszusetzen, dass der Täufling den Heiligen Geist bereits im Taufwasser empfängt oder empfangen hat, die orientalischen Überlieferungen hingegen betrachten die Wassertaufe als Sündenvergebung und erst eine nach der Taufe durch den Bischof erfolgende Handauflegung als die eigentliche Übertragung des Heiligen Geistes. Eine ähnliche Unklarheit findet sich bei Tertullian: Er sagt einerseits, dass der Geist nach der Anrufung Gottes in der Taufe sogleich auf das Wasser hinabkomme – mithin der Geist in der Wassertaufe übertragen werde –, behauptet aber andererseits, dass die Täuflinge in der Taufe nicht den Geist empfangen, sondern auf ihn vorbereitet werden.[19] Solche Unsicherheiten signalisieren für die frühe Zeit einfach eine gewisse Offenheit der Handhabung und Deutung der Taufe, zu der zwar eine Anzahl von rituellen Elementen und Vorstellungen offensichtlich konstitutiv gehört, jedoch ohne dass deren Reihenfolge oder gar Deutung fest fixiert und verbindlich festgelegt gewesen ist.

Deutlich ist, dass die Taufe die Voraussetzung für die Teilnahme an der Eucharistie ist, die sich – bisweilen nach einem Übergangsritus wie z. B. dem Friedenskuss – oft unmittelbar an die vollzogene Taufhandlung anschließt.[20] Da die Neugetauften nunmehr zur Gemeinde gehören, dürfen und sollen sie auch am elementaren Vollzug des christlichen Abendmahls teilnehmen. Justin bezeugt eine regelmäßige sonntägliche Eucharistiefeier,[21] an der die neuen Glieder der Gemeinde selbstverständlich teilnehmen.

Relativ häufig bezeugt ist der Brauch, den Neugetauften einen Kelch mit einem Gemisch aus Milch und Honig zu reichen.[22] Dieser Brauch versinnbildlicht die Ankunft des neuen Christen im verheißenen Land, in dem nach alttestamentlicher Überlieferung Milch und Honig fließen (2. Mose 3,8). Die Milch wird dabei gelegentlich in Anlehnung an 1. Korinther 3,2 als die Speise für Neugeborene im Unterschied zur festen Speise für die Erwachsenen gedeutet, während der Honig die Süße des Wortes Gottes repräsentiert, die dem Neugetauften das Wort schmackhaft macht.

In Tertullians Schrift über die Taufe begegnet die Vorstellung, dass ein Engel beim Taufvorgang herzutritt und dem Täufling gleichsam zur Seite steht.[23] Das Auftauchen dieses Taufengels in einem frühchristlichen Traktat über die Taufe ist frömmigkeitsgeschichtlich als ein Indiz dafür zu sehen, dass die frühen Christen sich in der antiken Welt, die sie als von guten und bösen Mächten und Geistern durchwaltet ansahen, der Anwesenheit der Macht des Guten zu vergewissern suchten. So wie Satan und die bösen Dämonen vom Menschen Besitz ergreifen und ihn zum Sündigen bringen, so bedarf es beim Eintritt des Menschen in die Sphäre Gottes der Anwesenheit seiner Boten, die an die Stelle der Mächte des Bösen treten und über den Täufling wachen.

Das Spektrum der für die Taufe verwendeten Bilder und Allegorien ist außerordentlich breit. Tertullians Traktat „Über die Taufe" weist exemplarisch die Vielfalt der aus der Bibel entnommenen und auf die Taufe und das Taufwasser gedeuteten Bilder aus: Da ist die Deutung des Taufwassers als Wasser der Sintflut, in dem der alte Mensch untergeht, vor der die Gerechten aber gerettet werden, oder als das Wasser des Roten Meeres, in welchem die Ägypter ertrinken, das die Israeliten aber lebendig durchqueren.[24] Auch der Bezug zu den Urwassern der Schöpfungsgeschichte (1. Mose 1,1 f.) wird immer wieder hergestellt, wie auch der Vergleich mit dem Wasser des Jordan, mit welchem Jesus selbst getauft und das durch seine Taufe geheiligt worden ist.[25] Das Wasser von Mara (2. Mose 15,23–25), das durch das Holz des Kreuzes süß geworden ist, wird ebenso allegorisch auf das Taufwasser hin interpretiert wie das Wasser, das Mose in der Wüste aus dem Felsen geschlagen hat (2. Mose 17,6).[26] Das Leben spendende Wasser gehört konstitutiv zum Heilsgeschehen in Christus, weshalb Tertullian formulieren kann: „Niemals ist Christus ohne Wasser."[27] Der Reichtum der Bilder für das Taufwasser wird von vielen späteren christlichen Schriftstellern der Alten Kirche und des Mittelalters übernommen, wobei Einzelheiten der Deutung variieren können. Die Bildprogramme, mit der die frühchristlichen Baptisterien ausgestaltet wurden, nehmen die Deutungstraditionen auf, die sich auch in den Tauftraktaten, wie etwa dem Tertullians, niedergeschlagen haben, ergänzen sie jedoch um zahlreiche weitere. Besonders populär wird das Bild des Hirsches, weil die Stelle aus Psalm 42,1: „Wie der Hirsch lechzt nach frischem Wasser, so schreit meine Seele, Gott, zu dir", auf die Taufe gedeutet wurde. Auch die Frauen am Grab, der gute Hirte und der auf dem Wasser wandelnde Christus sind Motive, die in den Bildprogrammen frühchristlicher Baptisterien immer wieder auftauchen. Aus der frühen Zeit ist das Baptisterium der Hauskirche von Dura Europos in Syrien erhalten (um 230), das die ersten sicher datierbaren christlichen Wandmalereien überhaupt besitzt. Das Bildprogramm ist überwiegend neutestamentlich orientiert: Jesus als guter Hirte (Johannes 10), die Heilung des Gichtbrüchigen (Markus 2), der Meerwandel mit dem sinkenden Petrus (Matthäus 14,22–32), die Samariterin am Brunnen (Johannes 4) sowie der Kampf zwischen David und Goliath (1. Samuel 17) sind die biblischen Erzählungen, denen sich die Täuflinge, die das Baptisterium in Dura Europos anlässlich ihrer Taufe betraten, gegenüber sahen. Die Decke des Raumes ist mit einer Darstellung des Firmaments gestaltet, das wahrscheinlich als Gleichnis für das Himmelreich zu interpretieren ist, an dem die Täuflinge in ihrer Taufe Anteil gewinnen.

In der frühen Christenheit wurde man in der Regel als Erwachsener getauft. Die Kindertaufe hat zunächst keine Rolle gespielt; für das 2. Jahrhundert sind durchgängig Erwachsenentaufen vorauszusetzen. Nach der Jahrhundertwende ist in der Traditio apostolica allerdings auch von Kindern und gar von Kleinkindern die Rede, die vor den Erwachsenen getauft werden, wohingegen Tertullian die Kindertaufe ausdrücklich kritisiert.[28] Erst im weiteren Verlauf des 3. Jahrhunderts setzt sich die Kindertaufe langsam durch. Für Bischof Cyprian von Karthago gibt es keinen Grund, Säuglinge nicht zu taufen, zumal keinem neugeborenen Menschen die Gnade Gottes verweigert werden darf;[29] getaufte Kleinkinder sind in der Gemeinde offensichtlich zur Eucharistie zugelassen.[30]

Bei Tertullian wie auch in der Traditio apostolica sind zu Anfang des 3. Jahrhunderts erste Vorläufer des Patenamtes zu erkennen, und zwar keineswegs nur im Blick auf die Kindertaufe. Zu denken ist an Christen, die (auch) den (erwachsenen) Täufling geistlich begleiten und wohl schon in der Phase seiner Erstunterweisung in der christlichen Lehre eine Rolle gespielt haben. Ihre Aufgabe konnte auch darin bestehen, Zeugnis für die Taufwürdigkeit und Eignung der Taufbegehrenden abzulegen. Im Falle der Kindertaufe legen die Paten, bisweilen auch die Eltern anstelle der noch nicht sprachfähigen Kinder das Taufgelöbnis oder auch Taufbekenntnis ab. Im Zusammenhang der verstärkten Ausbreitung der Kindertaufe in späterer Zeit spielt das Patenamt dann eine immer wichtigere Rolle.

In der frühen Christenheit zeigt sich eine Tendenz, die Taufe erst relativ spät im Leben zu empfangen. Tertullian empfiehlt den Aufschub der Taufe wenigstens bis zur Heirat oder bis zur definitiven Entscheidung für die Enthaltsamkeit, da dann Unzucht besser zu vermeiden sei.[31] Dieses Phänomen des Taufaufschubs hängt damit zusammen, dass das Bußinstitut im 2. und 3.

Jahrhundert noch nicht ausgeprägt und die Frage nach der möglichen Vergebung von nach der Taufe begangenen Sünden theologisch umstritten oder weitgehend offen war. Die Gefahr, dass etwaige nach der Taufe begangene schwere Sünden wie Apostasie (Abfall vom Glauben) oder Ehebruch möglicherweise nicht mehr vergeben werden könnten, ließ auch solche Menschen, die ganz offensichtlich mit dem Christentum sympathisierten oder sich selbst durchaus als Christen verstanden, letztlich doch zögern, den endgültigen Schritt zur Taufe auch tatsächlich zu vollziehen.

Da die Taufe einhellig als heilsnotwendig und als Bedingung für die Teilhabe am ewigen Reich Gottes angesehen wurde, entsteht in der Alten Kirche früh das seelsorgerlich bedrängende Problem, was mit denjenigen geschieht, die zwar dem Christentum nahe gestanden oder sich selbst als Christen angesehen haben, die jedoch gestorben sind, ehe sie sich taufen lassen konnten. Für Märtyrer, die wegen ihres Bekenntnisses zu Christus den Tod erlitten, aber nicht getauft waren, wurde die Theorie von der so genannten Bluttaufe entwickelt, die besagte, dass die Betreffenden durch ihr beim Martyrium vergossenes Blut als getauft galten.[32] Bei Menschen, die ungetauft starben, aber keine Märtyrer waren, ging man, wenn sie sich zur Gemeinde gehalten und die Taufe ohne eigenes Verschulden nicht empfangen hatten, davon aus, dass der bei ihnen vorhandene Wunsch nach der Taufe sie im Letzten Gericht vor Strafe schützen werde.[33] Diese Beispiele zeigen, wie ernst das Problem der Teilhabe am eschatologischen Gottesreich für die Frömmigkeit der frühen Christen war; wenn die Taufe Bedingung der Heilszuwendung war, mussten für ungetaufte Sympathisanten der Gemeinde „Ersatzlösungen" gefunden werden, aufgrund derer man glauben konnte, dass sie im Gericht vor der Auslieferung an das Reich der Finsternis bewahrt würden.

Die Taufe ist von den frühesten Anfängen an *das* Initiationsritual der Christenheit gewesen und hat bei aller Verschiedenheit in theologischer Deutung und ritueller Ausformung diesen identitätsstiftenden und -sichernden Charakter behalten. Die Buntheit und Vielfalt der altkirchlichen Taufpraxis und -frömmigkeit wiederum zeigt, welch großes Spektrum an religiösen Ausdrucks- und Deutungsmöglichkeiten sich den Menschen der alten Zeit durch die eine Taufe auf den dreieinigen Gott und die damit verbundene Zugehörigkeit zur christlichen Kirche erschloss.

Anmerkungen

1 Vgl. Didache. Zwölf-Apostel-Lehre, übersetzt und eingeleitet von Georg Schöllgen, Fontes Christiani 1, Freiburg u. a. 1991, S. 23–139.

2 Vgl. Justinus des Philosophen und Märtyrers Rechtfertigung des Christentums (Apologie I und II), eingeleitet, verdeutscht und erläutert von H. Veil, Strassburg 1894.

3 Vgl. Traditio apostolica. Apostolische Überlieferung, übersetzt und eingeleitet von Wilhelm Geerlings, Fontes Christiani 1, Freiburg u. a. 1991, S. 141–313.

4 Traditio apostolica 21. – Mit dem „Taufen zum zweiten bzw. dritten Mal" ist natürlich keine dreifache Taufe gemeint, sondern die Dreigliedrigkeit der einen Taufe auf den dreieinigen Gott.

5 Vgl. Traditio apostolica 17.

6 Vgl. Traditio apostolica 20–21.

7 Vgl. Tertullian: Vom Kranze der Soldaten, in: Tertullians ausgewählte Schriften Bd. 2, Bibliothek der Kirchenväter 24, Kempten 1915, S. 230–263. – Zum Abschwören vom Teufel und seinen Werken vgl. 3,2.

8 Didache 7,4.

9 Vgl. Die syrische Didaskalia, übersetzt und erklärt von Hans Achelis und Johannes Flemming, Texte und Untersuchungen zur Geschichte der altchristlichen Literatur 25/2 (Neue Folge 10/2), Leipzig 1904. – Zur Polemik vgl. 3, 6, 1 u. ö.

[10] Vgl. Didache 7,2.

[11] Vgl. 1. Apologie 61,3.

[12] Der Barnabasbrief, in: Die Apostolischen Väter. Griechisch-deutsche Parallelausgabe, neu übersetzt und hrsg. von Andreas Zimmermann und Henning Paulsen, Tübingen 1992, S. 26–75. – Zum Hinab- und Hinaufsteigen vgl. 11,11.

[13] Vgl. Traditio apostolica 21.

[14] Tertullian: Adversus Praxean. Gegen Praxeas, übersetzt und eingeleitet von Hermann Joseph Sieben, Fontes Christiani 34, Freiburg u. a. 2001 – Zum dreimaligen Untertauchen vgl. 26,9.

[15] Tertullian: Über die Taufe, in: Tertullians ausgewählte Schriften Bd. 1, Bibliothek der Kirchenväter 7, Kempten 1912, S. 274–299. – Zum Sündenbekenntnis in der Taufliturgie vgl. 20,1.

[16] Vgl. Justin, 1. Apologie 61.

[17] Ignatius an die Epheser, in: Die Apostolischen Väter. Griechisch-deutsche Parallelausgabe, neu übersetzt und hrsg. von Andreas Zimmermann und Henning Paulsen, Tübingen 1992, S. 178–191. – Zur Salbung Jesu vgl. 17,1.

[18] Vgl. Traditio apostolica 21.

[19] Vgl. Tertullian, Über die Taufe 4,4 gegenüber 6,1.

[20] Vgl. Didache 9,5; Justin, 1. Apologie 65,3; Traditio apostolica 21.

[21] Vgl. Justin, 1. Apologie 67,5.

[22] Vgl. Tertullian, Vom Kranze der Soldaten 3,3; Traditio apostolica 21.

[23] Vgl. Tertullian, Über die Taufe 5,6.

[24] Vgl. Tertullian, Über die Taufe 8,4; 9,1.

[25] Vgl. Ignatius an die Epheser 18,2; Tertullian, Über die Taufe 3,2–6.

[26] Vgl. Tertullian, Über die Taufe 9,2 f.

[27] Tertullian, Über die Taufe 9,4.

[28] Vgl. Tertullian, Über die Taufe 18,4–6.

[29] Cyprian: Vierundsechzigster Brief, in: Des heiligen Kirchenvaters Caecilius Cyprianus sämtliche Werke, Bd. 2, Bibliothek der Kirchenväter 60, Kempten 1928, S. 271–275. – Zur Säuglingstaufe vgl. 64,2.5 f.

[30] Cyprian: Über die Gefallenen, in: Des heiligen Kirchenvaters Caecilius Cyprianus sämtliche Werke, Bd. 1, Bibliothek der Kirchenväter 34, Kempten 1918, S. 83–124. – Zur Zulassung zur Eucharistie vgl. 25.

[31] Vgl. Tertullian, Über die Taufe 18,1–4.

[32] Zur sog. Bluttaufe vgl. Traditio apostolica 19.

[33] Gregor von Nazianz: Auf die heilige Taufe, in: Ausgewählte Schriften des heiligen Gregor von Nazianz 1. Bd., Bibliothek der Kirchenväter, Kempten 1874, S. 48–91. – Zum Schutz im eschatologischen Strafgericht durch den Wunsch nach der Taufe vgl. S. 23.

Arnold Angenendt

Taufe im Mittelalter

Das Mittelalter setzte die aus der Alten Kirche übernommene Taufe fort. Von ihrem Erstverständnis her ist die Taufe ein Bekehrungsritus; denn als christlich muss gelten, wie es im Markus-Evangelium heißt: „Wer glaubt und sich taufen lässt …" (Markus 16,16). So war ein bewusster Glaubensentscheid gefordert, konkret das Verstehen des Glaubensbekenntnisses, ebenso die Einübung in die christliche Lebensweise, mit Bewährung noch in der Sozialarbeit. Der Vollzug der Taufe gestaltete sich theologisch wohl überlegt und liturgisch klar gegliedert: als eine Waschung, welche die Reinigung, die Befreiung von allen Sünden anzeigt; darauf folgt die Salbung, welche in der Geistbegabung die Gotteskindschaft bewirkt. Das „Taufet im Namen des Vaters, des Sohnes und des Heiligen Geistes" (Matthäus 28,19b) strukturiert die Abfolge mit den drei Fragen: Glaubst du an den Vater, den Sohn und den Heiligen Geist? Diese drei Fragen sind dann biblisch und dogmatisch noch weiter präzisiert, wie wir es bis heute im Glaubensbekenntnis vorfinden. Die Taufe betrifft den Bekehrungswilligen in seiner Person wie in seiner Lebensführung, wirkt aber zugleich überindividuell: Sie gliedert in die Kirche ein.[1] Auf diese Weise ratifiziert die Taufe das Christwerden.

Das Mittelalter übernahm, wie gesagt, den altkirchlichen Taufritus[2] und setzte doch mancherlei Akzente neu. Fangen wir an mit den äußeren Umständen. Regulärer Taufspender war ursprünglich der Bischof, so dass nur in der Bischofskirche getauft wurde. Mit der Christianisierung des Umlandes traten neue Erfordernisse auf: Nun wurde Gottesdienst auch in Dörfern gehalten. Es entstand zunächst ein lockeres Netz von Kirchen, jeweils mit Taufbrunnen und Altar. Diese Landkirchen galten als „Taufkirchen", denn die Taufe begründete die Kirchenzugehörigkeit, und das Christenleben sollte sich in Bindung an diese Kirchen fortsetzen, von der Taufe bis zur Beerdigung. Auf diese Weise bildeten die Kirchengründungen Zentralorte, die sogar das Siedlungsbild und das Wegenetz neu bestimmten.[3] Weiter bedurfte es der Anwesenheit eines Klerikers, des Ortspfarrers, der zudem unterhalten werden musste. In seiner „Sachsen-Kapitulation" befahl Karl der Große, für jede Kirche zwei Mansen — Land in Bauernhofgröße — bereitzustellen, dazu noch auf 120 Einwohner einen Knecht und eine Magd.[4] So verfügte der Pfarrer über einen Pfarrhof samt Dienstleuten, dazu über einen Teil der Altargaben,[5] wofür er dann die Sakramente und zumal die Taufe unentgeltlich zu spenden hatte.

Auch im inneren Verständnis der Taufe geschahen vom andersgearteten religiösen und sozialen Umfeld her nicht unerhebliche Veränderungen. Die Taufe wurde jetzt zum Geburtsritual, denn wirklich Kind wird ein Neugeborenes erst durch das „Ritual der Aufnahme", das der leibliche Vater vollzieht und das im Aufheben von der Erde bei gleichzeitiger Namensgebung besteht, womit auch die Aufnahme in die (sakrale) Gemeinde vollzogen ist.[6] Der deutsch-französische Religionsforscher Arnold van Gennep († 1957) hat die Riten, die ins Leben einführen, dann durch die einzelnen Lebensphasen geleiten und am Ende im Todesritual wieder hinausführen, „Übergangsriten" (*rites de passage*) genannt. Am Anfang steht — wie es im „Handbuch religionswissenschaftlicher Grundbegriffe" heißt — das „Lebenslaufritual"[7], als welches nun die

Taufe verstanden wurde, die dem Kind den Segen fürs Leben gab und nicht mehr zuerst Eintritt in die Kirche oder gar die Bekehrung vermittelte. Die Kinder-Taufe war schon in der Antike praktiziert worden; das resultierte nicht zuletzt aus der Augustinischen Erbsünden-Lehre, dass, gemäß dem Psalm-Wort: „In Sünden hat mich meine Mutter empfangen" (Psalm 51,7), das neugeborene Kind eine Reinigung nötig habe, was eine unverzügliche Taufspendung erforderte.

Neuakzentuierungen ergaben sich auch dadurch, dass sich das frühmittelalterliche Weltbild halb dualistisch gestaltete, wähnte man sich doch in einem scharfen Antagonismus zwischen Gottes- und Teufelsreich, wobei alle Nichtgetauften als vom Teufel beherrscht galten.[8] Tatsächlich sahen die frühmittelalterlichen Missionare ihre Erstaufgabe darin, die Menschen dem Teufel zu entreißen.[9] Karls des Großen Hoftheologe, der Angelsachse Alkuin († 804), nennt seine Vorfahren, die vom Kontinent nach England gegangen waren, „beste Christen" und die auf dem Kontinent verbliebenen ein dämonisches Sündenbabel, die es zu retten gelte.[10] Dafür mussten die Heidengötter, allesamt nur Teufelsgesellen, demonstrativ überwunden werden. Schon die Vita des heiligen Martin († 397) hatte gezeigt, dass die heidnischen Tempel und heiligen Bäume, die gerade auch die bevorzugten Versammlungsorte der Dämonen waren, zerstört werden mussten.[11] So sollte im Frühmittelalter mit dem Fällen von Donar-Eichen und überhaupt der Zerstörung der Götter-Heiligtümer demonstrativ die Überlegenheit des Christengottes bewiesen und die Heidengötter als machtlose Unholde abqualifiziert werden.

Die Mission wurde dadurch konfrontativ: Sie „hatte kein Interesse am Dialog zwischen Religion und Kultur; Ziele waren die Befreiung der Heiden von der Teufelsherrschaft und Beseitigung ihres Kultwesens".[12] Die Predigt wurde zur „Predigt ohne Worte", wurde zur „Tatmission".[13] Das wirkte sich auch auf die Taufe aus. Schon seit der Antike verlangte das Taufritual nicht mehr nur eine Zusage an Gott, sondern zuvor noch eine Absage an den Teufel. Das bedeutete einen Herrschaftswechsel: Zunächst und normalerweise unterstand der Mensch dem Teufel, und erst die Taufe befreite ihn davon; eine sozusagen neutrale Mittelposition gab es nicht.[14]

Die ursprünglich ganz wesentlichen Momente der persönlichen Vorbereitung und Bekehrung konnten von Kindern nicht vollzogen werden, und so verdrängte der Ritus die Katechese: „Die Taufordnung war fortan ein heiliger Ritus …, der im allgemeinen tradiert und vollzogen wurde, auch wenn man ihn nicht mehr verstehen konnte."[15] Die im Mittelalter mögliche Vorbereitung wie auch das zu fordernde Glaubenswissen waren situations- und gesellschaftsbedingt nur minimal. Denn hier lebte eine weithin mündlich kommunizierende Gesellschaft, ohne Unterricht und Bücher. Wie aber dann den christlichen Glauben vermitteln? Man beschränkte sich auf das Glaubensbekenntnis und das Vaterunser. Bonifatius († 754) führte Klage darüber, dass Taufspendungen ohne Erfragung des Glaubensbekenntnisses erfolgten, wofür damals erste Übersetzungen ins Altdeutsche angefertigt wurden.[16] In Wirklichkeit aber dürften solche Verständnisbemühungen dürftig geblieben sein, denn „eine Revolution der ganzen germanischen Vorstellungswelt war erforderlich, damit das ‚Vaterunser' … überhaupt nur verstanden werden konnte"[17]. So hatten die Germanen keinerlei Vorstellung von einem Vater-Gott. Und wie erst musste es um das Glaubensbekenntnis bestellt sein mit seiner teilweise philosophisch-dogmatischen Redeweise! Ein „sich zu den Höhen geistiger Abstraktion und subtiler Begrifflichkeit aufschwingendes Denken, differenzierende Betrachtungsweisen waren in dieser Laiengesellschaft kaum zu erwarten"[18].

Gleichwohl wurde die Kindertaufe ob der fehlenden Bewusstheit als ein zu ergänzender Akt

angesehen, und so entstand die Idee einer zweiten Bekehrung, ja sogar einer zweiten Taufe. Im Mönchtum vor allem galt zeitweilig der Klostereintritt als vollbewusste und vollgültige „zweite Taufe". Schon der Klostereintritt ist bis in Einzelriten hinein der Taufordnung nachempfunden: zuerst eine Probezeit für den Kandidaten, während derer die Klosterregel vorgelesen wird, dann die Aufnahme als individuelle Entscheidung. Lautete das Schlüsselwort des antiken Taufritus *credo* (ich glaube), so fordern die Klosterregeln ein *promitto* (ich verspreche). Am Ende des Probejahres wiederholt der Kandidat sein Versprechen ein letztes Mal und bekräftigt es durch eine eigenhändig niedergeschriebene Urkunde. Wie die Tauf- und Professzusagen einander entsprechen, so auch die Absagen; wie bei der Taufe seit der Spätantike eine Absage gegen den Teufel erfolgte, so bei der Mönchsprofess nun gegen den verderblichen Eigenwillen, was sich im Ablegen der Weltkleider und im Abschneiden der Haare, vornehmlich jedoch im Eigentumsverzicht konkretisiert.[19] Die „zweite Taufe" ließ eine Art „Oberkirche" entstehen und die Normalgetauften als zweitklassig erscheinen, was dann die Reformation kritisieren sollte.

Als Besonderheit der römischen Liturgie, die sich im Mittelalter allgemein ausbreitete, ist die Firmung anzusehen. Die nach der Tauchung gespendete Salbung sollte die Geistbegabung, die die Getauften zu Söhnen und Töchtern Gottes machte, versinnbildlichen. In Rom wurde diese Salbung zweimal vollzogen: einmal direkt im Anschluss an die Tauchung durch den Tauf-Priester oder Diakon und später noch einmal durch den Bischof. Mit der frühmittelalterlichen

Ausbreitung der römischen Liturgie über ganz Westeuropa setzte sich diese zweite, bischöflich vollzogene Salbung allgemein durch – eben als Firmung.[20]

Weiter ist die Patenschaft anzuführen. Üblicherweise hatten die Täuflinge zum besseren Hineinwachsen in den Glauben Betreuer erhalten, die „geistlicher Vater" oder „geistliche Mutter" hießen.[21] Während anfangs die Eltern oder die Verwandten und überhaupt jedermann diese Begleitung ausüben konnte, taten das seit dem 6. Jahrhundert speziell bestellte „geistliche Eltern"; sie hatten bei der nun üblichen Kindertaufe die Tauffragen zu beantworten und hoben die Täuflinge auch aus dem Taufbrunnen auf. Was das Patenamt in besonderer Weise auszeichnete, war eine neuartige geistliche Deutung: Man dachte Paten und Täufling durch ein vom Geist Gottes gewirktes Band zu geistlicher Verwandtschaft verbunden, die mehr gelten sollte als die nur „fleischliche"[22]. Diese geistliche Verwandtschaft avancierte im Mittelalter zu einer der beliebtesten Formen künstlicher Verwandtschaftsbildung.[23] Sogar bis in die Politik hinein wirkte die Patenschaft; wie schon Heiraten der politischen Bündnispolitik dienen mussten, so auch die Patenschaften. So waren die Päpste nach 751 oft genug die Paten der Karolinger-Kinder.[24]

Eine tiefgreifende Veränderung betraf die Freiwilligkeit der Taufe. Der Taufritus lief auf die Frage hinaus: „Willst du getauft werden?" Im Mittelalter konnte demgegenüber die Zwangstaufe erfolgen. In Karls des Großen Gewaltmission der Sachsen hieß es alternativlos: „Wer sich fortan vom Stamm der Sachsen ungetauft unter ihnen verbirgt, es verachtet zur Taufe zu kommen und Heide bleiben will, der soll des Todes sterben."[25] Schon die Zeitgenossen sprachen von Karls „eiserner Zunge"[26]. Die erschreckende Alternative „Taufe oder Tod" ist daraus zu erklären, dass mit dem unter Kaiser Theodosius († 395) erlassenen Verbot des heidnischen Kultes im Imperium Romanum sich die Frage nach den verbleibenden Heiden stellte. Das römische Recht war zu konsistent, um Nichtchristen einfach alle Bürgerrechte abzusprechen; dennoch wurde offiziell Druck zur Taufe ausgeübt. Verschärft stellte sich dieselbe Frage für all diejenigen, die durch Eroberung ins Imperium eingegliedert wurden. Natürlich wurden Missionare zur Bekehrungspredigt entsandt, aber praktisch war es oft genug die Alternative „Taufe oder Tod".

Die Massentaufen, wie sie gerade auch im eroberten Sachsenland stattfanden, unterschritten alle gebotenen Erfordernisse. Der damals bedeutendste Theologe, der schon erwähnte Hoftheologe Karls des Großen, Alkuin, kritisierte diese Zwangstaufen.[27] Die Sachsen hätten deshalb „so oft das Taufsakrament verloren, weil sie nie das Fundament des Glaubens im Herzen hatten"[28]; denn wie könne man „einen Menschen zwingen zu glauben, was er nicht glaubt"[29]. Die wahre Taufe hatte Alkuin zufolge frei und wissend zu geschehen:

„Denn unser Herr Jesus Christus … hat seinen Aposteln geboten: ,Gehet, lehret alle Völker und taufet sie im Namen des Vaters und des Sohnes und des heiligen Geistes. Lehret sie alles halten, was ich euch geboten habe.' Zuerst ist der Glaube zu lehren, dann können die Sakramente der Taufe empfangen werden und zuletzt müssen die evangelischen Weisungen übermittelt werden. Wenn aber von diesen drei Stücken eines fehlt, vermag der Hörer nicht das Heil seiner Seele zu erlangen. Denn der Glaube ist, wie der heilige Apostel sagt, eine freiwillige Angelegenheit, nicht eine erzwungene. Zum Glauben kann der Mensch wohl gezogen, nicht aber gezwungen werden. Natürlich kann man zur Taufe zwingen, aber das ist kein Gewinn im Glauben […]. Ein Mensch im Erwachsenenalter muss für sich selbst antworten, was er glaubt und was er will, wenn er trügerisch den Glauben bekennt, wird er in Wahrheit nicht das Heil gewinnen."[30]

Das „für sich antworten" bezieht sich offenkundig auf die der Taufe seit alters vorausgehenden Fragen nach dem Glauben an den Vater, Sohn und Heiligen Geist (vgl. Mt 28,19). Tatsächlich sind uns solche Tauffragen in sächsischer Sprache überliefert, ein für die Missionsweise wie die germanisch-sächsische Religion hochbedeutsames Zeugnis. Zuerst erfolgt die Absage an die alten Götter und dann die Zusage an den dreifaltigen Christen-Gott:

„Entsagst du dem Teufel? Die Antwort soll sein: Ich entsage dem Teufel und allem Teufelsgeld [= Opfer]. Antwort: Und ich entsage allem Teufelsgeld und allem Teufelswerk. Antwort: Und ich entsage allem Teufelswerk und -wort, Donar und Wodan und Saxnot und all den Unholden, die ihre Genossen sind. Glaubst du an Gott den allmächtigen Vater? Ich glaube an Gott den allmächtigen Vater. Glaubst du an Christ Gottes Sohn? Ich glaube an Christ Gottes Sohn. Glaubst du an den Heiligen Geist? Ich glaube an den Heiligen Geist."[31]

Infolge der Zwangstaufe ist das Christentum, das grundsätzlich Gewaltlosigkeit wollte, in eine Lage geraten, die von seinem originären Selbstverständnis her mehr als nur eine Schieflage ist. Nur, wie anders hätte man Religionsgruppen, welche die Götterwelt jeweils nach Kriegs- und Siegesstärke einschätzten, bekehren sollen? Und so blieb die ganze weitere mittelalterlich-deutsche Missionierung gespalten: Sie war einerseits Gewaltakt und erbrachte andererseits eine welthistorische Wirkung. Der Frankfurter Mediävist Johannes Fried bringt das auf die Formel: „Ohne die römischen Legionen [in der Antike] und ohne die christlichen Missionare [im Frühmittelalter] gäbe es keinen Anschluss an die reiche Tradition und die überlegene Kultur der mittelmeerischen Welt, keine höhere Zivilisation im werdenden Deutschland."[32] Und wir müssen hinzufügen: Es gäbe auch keine höhere Religion, selbst nicht die Friedensreligion des Christentums. Bei allem heutigen Erschrecken über den mitwirkenden Gewaltfaktor ist darum der pure militärgeschichtliche Blickwinkel als zu eng anzusehen, wie Robert Bartlett in seinem Buch mit dem nur in der deutschen Übersetzung zugespitzten Titel „Die Geburt Europas aus dem Geist der Gewalt" bestätigt: „Genauso wichtig ist der mit der reinen Militärgeschichte verwobene kulturelle Wandlungsprozess, der nicht allein eine Funktion der kriegerischen Entwicklung war."[33] Das mittelalterliche Europa war also nicht nur ein Ergebnis von imperialer Gewalt und erzwungener Christianisierung. Vielmehr geschah hier eine Veränderung – wie Hans-Dietrich Kahl, der erstmals religions- und sozialwissenschaftliche Erkenntnisse für die mittelalterliche Mission berücksichtigte, bemerkt – „von wahrhaft weltgeschichtlichem Rang": nicht die militärische Imperialität, sondern die Christianisierung sei am wichtigsten gewesen.[34] Trotz vielfacher Gewaltmission kam mit der Christianisierung ein Prozess von grundsätzlicher Bedeutung in Gang, nämlich ein Religions- und zugleich Kulturübergang.

Erst die nach 1100 neu einsetzende Theologie, die Scholastik, hob wieder die Freiwilligkeit hervor. Die fürs Mittelalter maßgebliche Kirchenrechtssammlung des Gratian († um 1140) erklärte knapp und klar: „Zum Glauben ist niemand zu zwingen" (*ad fidem nullus est cogendus*).[35] Thomas von Aquin († 1274) bekräftigte: „Von den Ungläubigen haben einige niemals den Glauben angenommen, wie die Heiden und Juden. Solche sind denn auf keine Weise zum Glauben zu nötigen … denn Glauben ist Sache des [freien] Willens."[36] Diese Stellungnahme des Scholastikers, der bald als der wichtigste angesehen wurde, wirkte autoritativ, wurde fürderhin immer wieder gegen Zwangsmission angeführt und vermittelte im 16. Jahrhundert einen ersten Ansatz für das Völkerrecht.[37] Im Grunde ist die hier geforderte Freiwilligkeit die Konsequenz des theistischen Gottes, der nur innerlich Gewolltes akzeptiert, weswegen sich aller Zwang erübrigt.[38]

In der religiösen Gesamtentwicklung bildete die Taufe ein entscheidendes Antriebsmoment: Sie sollte gläubig vollzogen werden. Da aber die Kindertaufe allgemein in Übung war, musste der bewusste Entscheid nachgeholt werden, nämlich im späteren herangewachsenen Alter. Zur Vorbereitung diente der Religionsunterricht. Ein solcher wurde aber erst im 15. Jahrhundert allgemein ermöglicht und praktiziert. Die Forderung, das Glaubensbekenntnis und das Vaterunser auswendig zu können und auch zu verstehen, ging zwar durch das ganze Mittelalter, erfuhr aber erst im Hoch- und Spätmittelalter eine wirkliche Realisierung. Zum verpflichtenden Glaubenswissen gehörten jetzt zusätzlich noch die Zehn Gebote und das Ave Maria, und diese zusammen bildeten den Katechismus.[39] Wer die Grundgebete nicht auswendig hersagen konnte, dem sollte sogar die Lossprechung in der Beichte verweigert werden.[40] Die Vermittlung allerdings bereitete außerordentliche Schwierigkeiten. Johannes Gerson († 1429), Kanzler der Pariser Universität und Initiator einer „Frömmigkeitstheologie", schlug vor, Schautafeln mit diesen Grundtexten anzufertigen und öffentlich anzubringen. Nikolaus von Kues († 1401), der als Kardinal 1451 Deutschland visitierte, veranlasste zum Beispiel in Hildesheim, dass in der Lambertikirche eine große Holztafel mit den Zehn Geboten aufgehängt wurde.[41] Erst die Papierproduktion und der Buchdruck ermöglichten eine Verbreitung von Katechismen für jedermann. Neben dem Glaubensbekenntnis und dem Vaterunser wurden hier vielfach noch Erbauungstraktate oder auch ein Beichtspiegel geboten.[42] 1529 erschien Luthers „Kleiner Katechismus" als „kleine, schlichte, einfältige Form": die Zehn Gebote, der Glaube, das Vaterunser, jeweils mit kurzen Erklärungen, dazu noch Belehrungs- und Segenstexte für den Hausvater.[43]

Der moderne Zeitgenosse muss sich vergegenwärtigen, welch ungeheure Anstrengungen für die Vermittlung des für die Taufe geforderten Minimums an Glaubenswissen nötig waren und was dadurch ausgelöst worden ist: Lernen von Texten, Lesenkönnen, Volksschulen, Buchbesitz, Gewissenhaftigkeit und zuletzt noch das Verstehen von Dogmen. Man wird schwerlich ein anderes Erfordernis nennen können, das in ähnlichem Maße Buchkultur und Innerlichkeit befördert hat. Insofern ist die Taufe ein Akt, der nicht nur jeweils die individuelle Person prägte, vielmehr eine fundamentale Kultur- und Religionsrevolution auslöste.

Anmerkungen

[1] Angenendt, Arnold: Der Taufritus im Frühen Mittelalter, in: Segni e riti nella Chiesa Altomedievale Occidentale (SSAM = Settimana di Studio del Centro Italiano di Studi Sull' Alto Medioevo 33), Spoleto 1987, S. 278–321. • Kretschmar, Georg: Die Geschichte des Taufgottesdienstes in der alten Kirche, in: Leiturgia. Handbuch für den Evangelischen Gottesdienst 5 (1971), S. 1–348.

[2] Vgl. den Aufsatz von Jörg Ulrich, *Taufpraxis und Tauffrömmigkeit im frühen Christentum*, in diesem Katalog.

[3] Vgl. den Aufsatz von Josef Pilvousek, *Die Christianisierung Mitteldeutschlands bis zur ersten Jahrtausendwende*, in diesem Katalog.

[4] Capitulatio de partibus Saxoniae 15; MGH.Cap. I, S. 69[29] (MGH.Cap = Capitularia regum francorum).

[5] Angenendt, Arnold: Das Offertorium. In liturgischer Praxis und symbolischer Kommunikation, in: Althoff, Gerd (Hrsg.): Zeichen – Rituale – Werte. Internationales Kolloquium des Sonderforschungsbereichs 496 an der Westfälischen Wilhelms-Universität Münster (Symbolische Kommunikation und gesellschaftliche Wertesysteme. Schriften-

reihe des Sonderforschungsbereichs 496, Bd. 3), Münster 2004, S. 71–150; S. 92–94. • Lutterbach, Hubertus: Sexualität im Mittelalter. Eine Kulturstudie anhand von Bußbüchern des 6. bis 12. Jahrhunderts (BAKG = Beihefte zum Archiv für Kulturgeschichte 43), Köln u. a. 1999.

6 Auffarth, Christoph: Art.: Geburt, in: Handbuch religionswissenschaftlicher Grundbegriffe Bd. 2 (1990), S. 468–473, S. 469.

7 Ebd.

8 Angenendt, Arnold: Das Frühmittelalter. Die abendländische Christenheit von 400–900, Stuttgart ³2001, S. 185 f. • Padberg, Lutz E. von: Mission und Christianisierung. Formen und Folgen bei Angelsachsen und Franken im 7. und 8. Jahrhundert, Stuttgart 1995, S. 32–41.

9 Angenendt, Arnold: Kaiserherrschaft und Königstaufe. Kaiser, Könige und Päpste als geistliche Patrone in der abendländischen Missionsgeschichte (Arbeiten zur Frühmittelalterforschung 15), Berlin/New York 1984, S. 54–57.

10 Alkuin, Epistola 174; MGH.Ep 4, S. 289[9] (MGH.Ep = Epistolae).

11 Sulpicius Severus: Vie de Saint Martin 1, 13 und 22, ed. Jacques Fontaine (Sources chrétiennes 133), Paris 1967, S. 280 ff. und S. 300 ff.

12 Padberg, Lutz E. von: Art. Mission, Missionar, Missionspredigt, in: RGA = Reallexikon der Germanischen Altertumskunde 20 (2002), S. 81–89, S. 82, 84 f.

13 Ders.: Die Inszenierung religiöser Konfrontationen. Theorie und Praxis der Missionspredigt im frühen Mittelalter (Monographien zur Geschichte des Mittelalters, Bd. 51), Stuttgart 2003, S. 244–315.

14 Angenendt, Arnold: Der Taufexorzismus und seine Kritik in der Theologie des 12. und 13. Jahrhunderts, in: Albert Zimmermann (Hrsg.): Die Mächte des Guten und Bösen. Vorstellungen im 12. und 13. Jahrhundert über ihr Wirken in der Heilsgeschichte, Berlin/New York 1977, S. 388–409.

15 Kretschmar, Georg: Die Geschichte des *Taufgottesdienstes* in der alten Kirche, in: Leiturgia. Handbuch für den Evangelischen Gottesdienst, Bd. 5 (1971), S. 1–348, S. 251.

16 Bonifatius, Epistula 26 und 80; AQDGMA = Ausgewählte Quellen zur deutschen Geschichte des Mittelalters IV b, S. 92[13] und S. 262[12].

17 Eggers, Hans: Deutsche Sprachgeschichte, Bd. 1: Das Althochdeutsche und das Mittelhochdeutsche, Reinbek/Hamburg 1986, S. 197.

18 Fried, Johannes: Der Weg in die Geschichte. Die Ursprünge Deutschlands bis 1024 (Propyläen Taschenbuch), Berlin 1998, S. 120.

19 Adalbert de Vogüe: Die Regula Benedicti. I. Das Monasterium und die Kirche; ed. Bernd Jaspert, Die Regula Benedicti. Theologisch-spiritueller Kommentar (Regula Benedicti studia. Supplementa 16), Hildesheim 1983, S. 10–52. • Für die mittelalterliche Mönchwerdung siehe: Giles Constable: The ceremonies and symbolism of entering religious life and taking the monastic habit, from the fourth to the twelfth century, in: Segni e riti nella chiesa altomedievale occidentale, 11–17 aprile 1985 (SSAM = Settimana di Studio del Centro Italiano di Studi Sull' Alto Medioevo 33,1), Spoleto 1987, S. 771–834.

20 Angenendt, Arnold: Bonifatius und das Sacramentum initiationis. Zugleich ein Beitrag zur Geschichte der Firmung, in: Thomas Flammer, Daniel Meyer (Hrsg.), Liturgie im Mittelalter. Ausgewählte Aufsätze zum 70. Geburtstag (Ästhetik – Theologie – Liturgik 35), Münster 2004, S. 35–87.

21 Ders. 1984 (s. Anm. 9), S. 91.

22 Lynch, Joseph H.: Godparents and Kinship in Early Medieval Europe, Princeton/New Jersey 1986.

23 Jussen, Bernhard: Patenschaft und Adoption im frühen Mittelalter. Künstliche Verwandtschaft als soziale Praxis, Göttingen 1991.

24 Angenendt, Arnold: Das geistliche Bündnis der Päpste mit den Karolingern (754–796), in: Historisches Jahrbuch 100 (1980), S. 1–94.

25 Capitulatio de partibus Saxoniae 8; MGH.Cap I, S. 69[5].

26 Paderborner Anonymus, Translatio sancti Liborii 7; ed. Volker de Vry (Hrsg.), Liborius. Brückenbauer Europas. Die mittelalterlichen Viten und Translationsberichte, Paderborn u. a. 1997, S. 187–221, S. 194.

27 von Padberg 2003 (s. Anm. 13), S. 349–358.

28 Alkuin, Epistola 113; MGH.Ep 4, S. 164[25].

29 Alkuin, Epistola 113; MGH.Ep 4, S. 164[28].

30 Alkuin, Epistola 111; MGH.Ep 4, S. 160[13].

31 Taufgelöbnisse XVI. 2. II., in: Braune, Wilhelm: Althochdeutsches Lesebuch, Tübingen ¹⁷1994, S. 39.

32 Fried 1998 (s. Anm. 18), S. 34.

33 Barlett, Robert: Die Geburt Europas aus dem Geist der Gewalt. Eroberung, Kolonisierung und kultureller Wandel von 950–1350, München 1998 (‹dt.› engl.: The Making of Europe. Conquest, Colonization and Cultural Change, 950–1350, London 1993), S. 500.

34 Kahl, Hans-Dietrich: Was bedeutet: ‚Mittelalter‘, in: Saeculum 40 (1989), S. 15–38, S. 33, 37 f.

35 Gratian, Decretum, pars II, c. 23, q. 5, c. 33; ed. Emil Friedberg, Corpus Iuris Canonici, Bd. 1, Leipzig 1879, Sp. 939.

36 Thomas von Aquin, Summa theologica II–II, 10,8; Die deutsche Thomas-Ausgabe 15, Heidelberg u. a. 1950, S. 212 f.

37 Deckers, Daniel: Gerechtigkeit und Recht. Eine historisch-kritische Untersuchung der Gerechtigkeitslehre des Francisco de Vitoria (1483–1546) (Studien zur theologischen Ethik 35), Fribourg 1991.

38 Angenendt, Arnold: Gewalttätiger Monotheismus – Humaner Polytheismus?, in: Stimmen der Zeit 223 (2005), S. 319–328.

39 Weidenhiller, Egino: Untersuchungen zur deutschsprachigen katechetischen Literatur des späten Mittelalters. Nach den Handschriften der Bayerischen Staatsbibliothek (MTUDL = Münchner Texte und Untersuchungen zur deutschen Literatur des Mittelalters 10), München 1965, S. 5–24. • Röthlisberger, Hugo: Kirche am Sinai. Die Zehn Gebote in der christlichen Unterweisung (SDGSTh = Studien zur Dogmengeschichte und Systematischen Theologie 19), Zürich 1965, S. 62–78. • Paul, Eugen: Geschichte der christlichen Erziehung, Bd. 1, Freiburg i. Br. u. a. 1993, S. 238–299.

40 Oediger, Friedrich Wilhelm: Über die Bildung der Geistlichen im späten Mittelalter (STGMA = Studien und Texte zur Geistesgeschichte des Mittelalters 2), Leiden – Köln 1953, S. 105 f.

41 Rieckenberg, Hans J.: Die Katechismus-Tafel des Nikolaus von Kues in der Lamberti-Kirche zu Hildesheim, in: DA 39 (1983), S. 555–581, S. 562. • Hartmut Boockmann, Über Schrifttafeln in spätmittelalterlichen deutschen Kirchen, in: DA = Deutsches Archiv für Geschichte/Erforschung des Mittelalters 40 (1984), S. 210–224.

42 Weidenhiller 1965 (s. Anm. 39), S. 25–200.

43 Luther, Martin: Der kleine Katechismus für die gemeinen Pfarrherrn und Prediger (WA 30,1), S. 239–345. • Üb. Hans Heinrich Borcherdt – Georg Merz, Werke 3, S. 167–185.

Josef Pilvousek

Die Christianisierung Mitteldeutschlands
bis zur ersten Jahrtausendwende

Eine exakte geographische Umschreibung dessen, was heute unter Mitteldeutschland verstanden wird, ist nicht möglich. Die folgende Darstellung nimmt das Gebiet in den Blick, welches heute annähernd deckungsgleich mit den Bundesländern Sachsen-Anhalt und Thüringen ist und kleinere Territorien in Brandenburg und Sachsen einschließt.[1] Zeitlich ist ein Abschnitt zu behandeln, der mit dem ersten Auftreten der Christen in diesem Territorium beginnt. Ein vorläufiger Abschluss ist mit der Eingliederung thüringischer Gebiete in das Erzbistum Mainz und der Gründung der Bistümer Halberstadt, Verden, Brandenburg, Havelberg, Magdeburg, Merseburg und Zeitz (Naumburg) erreicht.

Die Christianisierung Mitteldeutschlands, also der Stämme der Thüringer und Sachsen wie der (West-)Slawen, war ein mit Rückschlägen ablaufender Prozess von vielen hundert Jahren.[2] „Die Hinwendung zum Christentum und der damit verbundene Wandel in Kultübung und Lebensstil waren […] in einer gentil verfassten Welt kaum eine Frage der individuellen Überzeugung, sondern des Konsenses in Sippe und Dorf, Stamm und Volk, die zu ihrem Bestand auf eine gemeinsame religiöse Fundierung angewiesen waren."[3]

In Mitteldeutschland waren es zuerst die Thüringer, die mit dem Christentum in Berührung kamen. Unter dem thüringischen Königsgeschlecht hatte sich im fünften Jahrhundert zwischen Harz und Thüringer Wald das Kernland eines „Großreiches" herausgebildet. Sein Herrschaftsbereich erstreckte sich schließlich bis zum ersten Drittel des sechsten Jahrhunderts von der unteren Elbe im Norden bis zur Donau im Süden und vom heutigen Brandenburg im Osten bis zur Rheinmündung im Nordwesten.[4] Auch wenn das eigentliche Kernland der Thüringer wesentlich kleiner war, so hat dieses Königreich doch beinahe ein Jahrhundert die politische Geschichte von Teilen Mitteleuropas bestimmt.[5]

Die erste Missionierung ging von den arianischen[6] Ostgoten aus. 509/510 heiratete Amalaberga, die Schwester des ostgotischen Königs Theoderichs des Großen, den Thüringer König Herminafrid.[7] Es war ein homöisch (arianisch) geprägtes Christentum, das am thüringischen Königshof geherrscht, aber im Volk kaum Verbreitung gefunden hatte.[8] 531 wurden die Thüringer von den Franken in einer Schlacht an der Unstrut entscheidend besiegt, und ihr Reich wurde dem Frankenreich eingegliedert.[9] Von nun an waren es die Franken und ihre „römisch"-christliche Prägung, die die theologische Ausrichtung des Christentums in Europa bestimmten. Oft ist die These vertreten worden, dass die hl. Radegunde, die von Chlothar entführte und zur Ehe gezwungene thüringische Prinzessin, Christin gewesen sei.[10] Ob Radegunde schon in Thüringen getauft worden ist und inwieweit ihre Familie christianisiert war, kann nicht eindeutig beantwortet werden, da in den Lebensbeschreibungen – abweichend vom überkommenen Schema – keinerlei Faktum aus ihrer frühen Jugend berichtet wird. Es wird auch nirgends von ihrer Taufe gesprochen. Wenn diese erst im Frankenreich stattgefunden hätte, wäre sie erwähnt und sogar besonders hervorgehoben worden. Möglicherweise war Radegunde arianische Christin.

Archäologische Funde aus dem so definierten Mitteldeutschland weisen für die Frühzeit vereinzelte „christliche Zeugnisse" auf. Münzen mit dem Bild eines römischen Kaisers (380 bis 400) wurden in Großbodungen gefunden.[11] Der „Schatz" könnte der Sold eines reichen Thüringers gewesen sein, der in römischen Diensten stand und zweifellos Christen kannte, ganz sicher aber keiner war.

1965 wurde in Oßmannstedt das Grab einer jungen Adligen entdeckt.[12] Die Grabbeigaben weisen auf eine Angehörige des ostgotischen Adels hin. Ein zerbrochener hunnischer Spiegel deutet auf die damals im Niedergang befindliche Herrschaft der Hunnen hin und ein Knochenkamm mit Kreuzsymbolik auf die christliche-arianische Abstammung der Frau. Sie könnte nach 454 gestorben sein, war aber wohl keine Thüringerin.

Ein Silberlöffel aus der ersten Hälfte des sechsten Jahrhunderts mit der Aufschrift Basenae und dem Christusmonogramm sowie eine Münze, die als Anhänger diente und auf der Rückseite ebenfalls das Christusmonogramm trug, wurden in Weimar gefunden.[13] In der hier Bestatteten darf man eine Christin vermuten.

Auf einem Gräberfeld in Deersheim bei Halberstadt wurde ein Tremissis (Geldmünze) des Kaisers Basiliskus (475–477) gefunden, der als Anhänger getragen wurde, wobei der Träger eindeutig Wert auf das byzantinische Kreuz auf der Rückseite legte. Die Beigabe dieser Münze datiert auf Anfang des sechsten Jahrhunderts.[14]

Aus dem sechsten Jahrhundert stammt ein Spangenhelm, der in Stössen in der Nähe Naumburgs gefunden wurde.[15] Die Spangen weisen christliche Symbole auf. An der Stirnseite befindet sich ein lateinisches Kreuz, unter dessen Seitenbalken Alpha und Omega eingeprägt sind. Es sind wahrscheinlich Symbole des arianischen Christentums, zu dem sich der Hof Theoderichs des Großen bekannte. So könnte es sich hier um ein Zeugnis frühen Christentums handeln.

Am Ortsrand von Schlotheim (bei Mühlhausen) wurde das Grab eines Mannes entdeckt, der Ende des sechsten Jahrhunderts offenbar in christlicher Mission nach Thüringen kam.[16] Unter der Ausrüstung, die ihm ins Grab gelegt wurde, befanden sich eine Lanze und ein Musikinstrument, eine Leier. Auf beiden Seiten der Lanzenspitze sind christliche Symbole (Fisch, Kreuz, Dreifaltigkeitssymbole) aufgebracht. Der aus fränkischem oder alamannischem Adel stammende Mann scheint ein Missionar gewesen zu sein.

Eine Reihe von frühmittelalterlichen Bildsteinen aus der Nähe von Morsleben (Ohrekreis), Hornhausen (Bördekreis), Groß-Twülpstedt (Landkreis Helmstedt) und vom Gelände der Wüstung Marsleben bei Quedlinburg weisen eine christliche Symbolik auf.[17] Die im siebenten/achten Jahrhundert entstandenen Steine könnten vor den Sachsenkriegen entstanden sein und so auf eine christliche Führungsschicht im Nordharzvorland hinweisen, die möglicherweise schon vor der angelsächsischen Mission Kontakte zum fränkischen Reich pflegte.

Aus dem siebenten Jahrhundert stammt die Fibel einer Frau, die mit biblischen Darstellungen (Daniel in der Löwengrube) ausgestattet ist und die in einem Grab in Kaltenwestheim (Landkreis Schmalkalden-Meiningen) gefunden wurde.[18] Hier handelt es sich wohl um eine einheimische Christin.

Sichere schriftliche Quellen über die Anfänge des Christentums lassen sich erst Anfang des siebenten Jahrhunderts finden.[19] Für Thüringen ist unter dem fränkischen König Dagobert I. (623–639) ein Herzog Radulf bezeugt, der die Verbreitung des Christentums förderte.[20] Obwohl in Thüringen eine durchgängige iroschottische Mission auszuschließen ist, könnten vereinzelt irische Missionare bis zu den Randgebieten Thüringens vorgedrungen sein. Ausdrücklich bezeugt ist eine Mission in Thüringen erst zu Beginn des achten Jahrhunderts. Der Angelsachse Willibrord wirkte, unterstützt durch den fränkisch-thüringischen Herzog Heden II., dessen Geschlecht schon im siebenten Jahrhundert christlich war,[21] nördlich des Thüringer Waldes als Missionar. 704 hatte er in Arnstadt, Mühlberg und Großmonra umfangreiche Besitzungen als persönliches Eigentum von Heden erhalten.[22] Willibrord traf hier bereits auf „thüringische Große", die offenbar durch den Kontakt mit den Franken Christen geworden waren. Der weitaus überwiegende Teil des Volkes war dagegen mit dem christlichen Glauben nicht in Berührung gekommen, oder aber heidnischer Glaube und Synkretismus kennzeichneten die religiösen Lebensformen. „Als 719 Bonifatius erstmals nach Thüringen kam, traf er unterschiedlich christianisierte Volksgruppen und strukturierte Verhältnisse an."[23] Bonifatius fand also in seinen Missionsgebieten zwischen Friesland und Bayern „weniger ein Heidentum im Urzustand an […] als die Auswirkungen vorangegangener oberflächlicher Christianisierung."[24] Neben ungetauften Heiden gab es einen massiven heidnisch-christlichen Synkretismus, eine Mischform aus alter und neuer Religion. Statt Missionierung ging es daher in Thüringen in beträchtlichem Maß um die „Christianisierung" oder „Verchristlichung" der längst Getauften.[25] Seit 723/24 schuf Bonifatius trotz anfänglicher Konkurrenz angelsächsischer Geistlicher[26] die Grundlagen für eine weitere Ausbreitung und Vertiefung des Christentums in Thüringen. Mit der Errichtung des Klosters Ohrdruf um 723/24 als wichtigstem geistlichen Zentrum begann er seine intensive Predigt- und Aufbauarbeit.[27] Bei seiner dritten Romreise 737/38 konnte er u. a. seine Verwandten Willibald und Wunibald für das Wirken in Thüringen gewinnen.[28] Wunibald übertrug er die Leitung von sieben Kirchen, darunter Sülzenbrücken bei Arnstadt. In Sülzenbrücken wurde Willibald, der spätere Bischof von Eichstätt, 741 zum Bischof geweiht. Schließlich konnte Bonifatius mit der Errichtung der Bischofssitze Würzburg, Büraburg und Erfurt 741/742 aus Missionsgebieten kirchlich strukturierte, mit Rom verbundene, den binnenfränkischen Raum übergreifende Bezirke schaffen. Die Bistümer Büraburg und Erfurt wurden schon wenige Jahre nach ihrer Gründung wieder aufgehoben und beide Territorien um 755 dem Bistum Mainz angegliedert.[29] Dieser Anteil Mitteldeutschlands gelangte nun zum späteren Erzbistum Mainz.

Bonifatius' Vermächtnis war es, den noch halbheidnischen Völkern im heutigen Mitteldeutschland „das Tor aufgestoßen zu haben zu der größeren Welt der lateinischen Christenheit nicht mit einem einzelnen König, sondern mit dem Papst in Rom an der Spitze."[30] Außerdem wurde erst „im Zusammenwirken von missionarischer und fränkisch-herrscherlicher Expansion"[31] über die Klöster als Keimzellen künftiger Schriftkultur und christlich-monastischer Bildung das römische Erbe schriftlicher Rechtskultur in die rechtsrheinischen Gebiete verpflanzt. Zwangsläufig wuchsen allmählich Bistümer, Klöster und Pfarreien in die Rolle nicht nur geistlicher, sondern auch finanzieller, kultureller wie wirtschaftlich-sozialer Zentren.[32] Die wenig entwickelte feudale Kultur der Germanen führte dazu, dass statt der urbanen bischöflichen Stadtgemeinden der Antike größere Territorien in die Kompetenz eines Bischofs fielen und die Delegation von Seelsorge und bischöflicher Zuständigkeit an Pfarreien erfolgte. Im Mittelalter lehnten sich so die Bistumssprengel stets an Volks-, Stammes- und Sprachgrenzen an.[33]

Nimmt man an, dass zu Beginn des achten Jahrhunderts sächsische Gebiete im Norden bis zur Eider und Eckernförder Bucht, im Süden bis zu Unstrut und Helme und in die Randzonen der Mittelgebirge, im Osten bis zu Elbe und Saale und im Westen bis zu den Sumpfniederlassungen westlich der Ems sowie ins westliche Münsterland und in den Raum zwischen Lippe und Ruhr östlich von Essen reichten, dann standen große Teile des heutigen Mitteldeutschlands unter sächsischer Herrschaft.[34] Auch wenn umstritten ist, ob es je eine politische Einheit des Landes gegeben hat und ob Sachsen nicht eine karolingische Sammelbezeichnung für das Land im nordwestlichen Deutschland gewesen ist, bleibt festzuhalten: Es gab drei Großgruppen – Westfalen, Engern, Ostfalen –, die sich zusammenschlossen, um gegenüber Karl dem Großen militärisch bestehen zu können.[35] In diesem Gebiet verlief auch die Christianisierung völlig anders als bei den Thüringern. Die Sachsen hatten schon den Merowingern Tribut geleistet und galten als „Nebenland" des Frankenreiches. Ende des siebenten Jahrhunderts war zunächst unter Willibrord (seit 690) der Versuch einer Missionierung gescheitert; ein weiterer, nur geplanter Versuch von Bonifatius kam erst gar nicht zur Ausführung.[36] Als Karl der Große 772 gegen die Sachsen zog, wollte er offenbar allen früheren Konflikten ein Ende setzen, seine Überlegenheit zeigen und offenbar auch die Dominanz seines Christengottes demonstrieren.[37] Eine Eingliederung ins Reich ohne Christianisierung schien nicht denkbar.[38]

So wurden die zahlreichen Kriegszüge zur Unterwerfung der Sachsen gleichzeitig zu Missionsunternehmen. Dabei wurde ähnlich der Fällung der Donareiche durch Bonifatius[39] nunmehr durch Karl die Irminsul zerstört.[40] Zur Brechung des Widerstands wurde anscheinend nach 785 die brutale „Capitulatio pro partibus Saxoniae" in voller Härte angewandt und erst 797 gemildert.[41] Zahlenmäßig war der Erfolg der Missionare nach dem militärischen Sieg ungewöhnlich groß; einige Jahre nach der Taufe Widukinds 785 war das ganze sächsische Volk getauft. Doch begann auch hier der eigentliche Christianisierungsprozess erst nach der Taufe.[42] Karl wurde nun zum Kirchenorganisator. Die Sachsen erhielten jedoch kein Erzbistum, sondern die neuen Bistümer – so auch Halberstadt und Verden – wurden an zwei fest in Karls Hand befindliche Erzsitze angebunden, an Köln und Mainz.[43]

Der Ausbau des Bistums Halberstadt, das der Kirchenprovinz Mainz zugeordnet wurde, erfolgte wahrscheinlich erst unter Ludwig dem Frommen.[44] Der Süden (Hassegau) der späteren Diözese dürfte Missionsgebiet des Klosters Hersfeld gewesen sein. Die drei Urpfarreien Allstedt, Riestedt und Osterhausen mit St. Wigbert als Patron und die Errichtung eines fränkischen Kastells in Halle im Jahre 806 lassen vermuten, dass westlich der mittleren Saale das Christentum Ende des achten Jahrhunderts festen Fuß gefasst hatte.[45] Der Norden (Nordschwabengau), unter Einfluss des Fuldaer Klosters stehend, dürfte von einem in „Seligenstadt" (vermutlich dem späteren Osterwieck) bestehenden Stift christianisiert worden sein. Wenige Jahrzehnte später bildeten die Saale von Merseburg bis zur Mündung und die Elbe bis unterhalb Magdeburgs die Grenze des Bistums. Leiter dieses Sprengels wurde der Bruder des Bischofs Luidger von Münster, Bischof Hildegrim von Châlons-sur-Marne. Er verlegte das Seligenstädter Stift nach Halberstadt und begründete dort nach dem Vorbild von Châlons-sur-Marne die Stephansverehrung. Bis zu seinem Tod 827 blieb er Leiter der Halberstädter Missionskirche, die mittlerweile zu einem Bistum herangewachsen war.[46] Erster Bischof von Halberstadt wurde sein Neffe

Thietgrim (827–840). Als Gründungsjahr des Bistums gilt 814, in dem Ludwig der Fromme dem Domstift seine Immunität bestätigte.[47]

Um 800 wurde das Bistum Verden gegründet. Die ersten Bischöfe waren zugleich Äbte des Klosters Amorbach.[48] Zur Mainzer Kirchenprovinz gehörend, erfolgte die endgültige Abgrenzung jedoch erst 848/49, wobei die Südostgrenze eine Linie bildete, die sich im Groben von Calvörde über Gardelegen und Osterburg bis an die Elbe erstreckte, sich also bis in die Altmark ausdehnte.[49] Zwar waren in die Altmark schon seit dem sechsten Jahrhundert Slawen aus den Gebieten östlich der Elbe eingewandert, zur Zeit Karls des Großen war aber die gesamte Altmark in das karolingische Reichsgebiet einbezogen. Dabei besiedelten die Slawen vornehmlich die Gebiete der östlichen und mittleren Altmark, während im Westen und Süden eine locker bewohnte Zone zwischen slawischen und sächsischen Siedlungsgebieten entstand.[50] Während des neunten Jahrhunderts nahmen in Sachsen Klostergründungen und Reliquienübertragungen in erheblichem Maße zu.[51]

Nach der Christianisierung der Germanen gilt es diejenige der Slawen in den Blick zu nehmen. Slawen – nach ihren vermuteten Siedlungsorten als Ost- oder Westslawen, Elb- und Ostseeslawen u. ä. bezeichnet – und ihre Stämme (Abodriten, Lutizen, Heveller, Lusizen, Sorben, Wilzen, Daleminzier, Milzener) sickerten vom dritten bis siebenten Jahrhundert vom mittleren Russland aus in den Balkan, den Donauraum und bis zu Elbe und Saale ein.[52] Um 600 wanderten Sorben aus dem böhmischen Gebiet in das heutige sächsische Elbtal und breiteten sich allmählich im Gebiet östlich der Saale aus. Fortwährend bis zum achten Jahrhundert wurde das Gebiet zwischen Saale und Neiße einschließlich der Oberlausitz von Slawen besiedelt.[53] Vermutet wird, dass erst im Zusammenhang mit der Expansion in diesen Raum und der damit zusammenhängenden Christianisierung eine Ausdifferenzierung der verschiedenen Ethnien mit eigenem Stammes- oder Volksbewusstsein erfolgte.

Karl der Große unternahm zwar Kriegszüge gegen die in Mitteldeutschland lebenden westslawischen Völker der Wilzen und der mit ihnen verbündeten Abodriten (östliches Holstein, Mecklenburg, Vorpommern), dehnte seine direkte Herrschaft aber nicht über die Elbe hinaus aus und unternahm dort keine Missionsversuche.[54] Der entscheidende Impuls zur Verbreitung des Christentums im Raum zwischen Elbe und Oder ging von den Sachsenkönigen Heinrich I. und vor allem Otto I. (936–973, seit 968 Kaiser) aus. Nach verschiedenen Kriegszügen gegen slawische Stämme und der Errichtung von Markgrafschaften sollte nach den Vorstellungen Otto I. die Errichtung von Bistümern eine neue Qualität der Herrschaftsausübung ermöglichen.[55] Herrschaft und Religion waren eng miteinander verbunden; daher sahen die Slawen – wie vorher die Sachsen – in den Boten des Christentums zugleich Vertreter der aufgenötigten Herrschaftsordnung.[56] Als Ergebnis der Kriegszüge Heinrich I. und Otto I. gegen die Slawen östlich der Elbe, der Errichtung von Marken und des Erzbistums Magdeburg 968 galten die Elb- und Ostseeslawen als christianisiert und ihr Territorium als Bestandteil des Reiches. Diese Annahme erwies sich als Irrtum. Im großen Slawenaufstand von 983 kam bereits sicher geglaubtes Terrain wieder unter slawische Herrschaft.[57] Die Sorben beteiligten sich nicht am Slawenaufstand. In der Lausitz hielt sich über den Eindeutschungsprozess durch „Ostkolonisation" hinweg der slawische Kleinstamm der Sorben. Kurz nach der Eroberung und Missionierung sind in diesem Gebiet Kulturleistungen christlichen Ursprungs nachzuweisen, die zu einer Blütezeit führten.

Bei den elb- und ostseeslawischen Stämmen, die zudem keine dauerhafte großräumige Herrschaftsbildung kannten, scheiterte die Christianisierung hingegen lange;[58] beim Aufstand 983 wurde Havelberg erobert und der Bischofssitz zerstört, in Brandenburg musste Bischof Volkmar fliehen. Wie der viermalige Besitzwechsel der Burg Brandenburg zeigt, war eine dauerhafte Eingliederung ins Reich lange nicht möglich. Nach den Ereignissen von 983 vergingen anderthalb Jahrhunderte bis zur „Wiederbesetzung" der Bistümer.[59]

Der erste entscheidende Schritt zur Slawenmission war 947/948 durch König Otto I. und Markgraf Gero erfolgt. „In diesen Jahren erfolgte die Einrichtung von nicht weniger als fünf Grenz- und Missionsbistümern im Norden und Nordosten des Reiches: Schleswig, Ripen und Aarhus in Dänemark sowie Havelberg und Brandenburg im Slawenland."[60] Die Bistümer wurden nicht mehr wie bei Bonifatius nach weitgehend erfolgter Taufe der Bevölkerung errichtet, sondern waren Missionszentren, die sich an die Burgen und Grenzmarken des Königs anschlossen. Die Kathedralkirchen wie die ältesten Pfarrkirchen zwischen Saale, Elbe und Neiße lehnten sich eng an die deutschen Burgen an; die Bischöfe lebten in diesen Burgen.[61]

Havelberg und Brandenburg sind vermutlich im gleichen Jahr 948 gegründet worden.[62] Das Bistum Havelberg[63] sollte im Süden durch die Stremme, nach Nordosten durch die Peene, nach Norden durch die Ostsee und nach Nordwesten durch die Elde begrenzt sein. Im Westen dürfte die Elbe eine Grenzmarke gebildet haben. Erster Bischof war Dudo; die Zugehörigkeit zum Erzbistum Mainz ging 968 an das neue Erzbistum Magdeburg über. Der Zerstörung im Slawenaufstand folgte eine jahrzehntelange Vakanz.

Am 1. Oktober 948 errichtete Otto I. auf seinem Eigengut im Hevellergau in dem ehemaligen slawischen Fürstensitz an der unteren Havel das Bistum Brandenburg.[64] Als Ostgrenze wurde die Oder, als Westgrenze die Elbe angegeben. Burg im Westen, Zerbst, Coswig und Wittenberg im Süden gehörten zum neuen Bistum. Auch Brandenburg wurde 968 an Magdeburg übertragen und erlebte im Slawenaufstand das gleiche Schicksal wie Havelberg.

„968 wurde die lange vorbereitete Ergänzung der Bistumskette durch die Gründung von Oldenburg (in Holstein) sowie der ‚Sorbendiözesen' Meißen, Zeitz und Merseburg abgeschlossen und das ganze Werk durch die spätestens seit dem Sieg über die Ungarn auf dem Lechfeld im Jahr 955 angestrebte Erhebung Magdeburgs zum Erzbistum gekrönt."[65] Otto plante ein Erzbistum Magdeburg zur Missionierung, das für alle Slawen jenseits von Elbe und Saale zuständig sein sollte. Die Stadt, die seit 937 im Reichskloster St. Mauritius eine der meist privilegierten geistlichen Institutionen des Reiches und den Ausgangspunkt der ottonischen Slawenmission besaß, war zur „Hauptstadt" des Reiches avanciert. Nach Klärung territorialer Fragen (955–968) gelang schließlich die Gründung des Erzbistums.[66] Geschaffen wurde es aus Territorien der Diözesen Halberstadt und Merseburg, auf die Mainz verzichtet hatte und die nun als Suffraganbistümer ebenso wie Brandenburg, Havelberg, Meißen und Zeitz (Naumburg) zum Erzbistum Magdeburg kamen. Die Unterstellung benachbarter polnischer Bistümer, vor allem Posen, wurde nicht eindeutig geregelt und blieb strittig. Erster Erzbischof wurde Adalbert (968–981). Der Dom ging aus dem von Otto gestifteten Mauritiuskloster hervor. Der Slawenaufstand brachte auch für Magdeburg einen großen Rückschlag in der Missionierung der Gebiete östlich der Elbe.[67] Die Stellung des Erzbistums, das wesentlich die Mission mittragen sollte, wurde stark beeinträchtigt. Erst durch die Erzbischöfe Norbert und Wichmann gewann das Erzbistum im zwölften Jahrhundert wieder an Bedeutung.

Zwar hatte Otto der Große schon lange die Gründung eines Bistums Merseburg in den Blick genommen, realisiert wurde sie aber erst im Zusammenhang mit der Gründung des Bistums Magdeburg 968, dessen Suffraganbistum Merseburg wurde.[68] Ein aus St. Emmeram stammender Mönch Boso wurde erster Bischof; das Gebiet umfasste aus dem Bistum Halberstadt entnommene Gebiete westlich der Saale und war auf den sorbischen Gau Chutizi zwischen Saale und Mulde zuzüglich eines kleinen Streifens östlich der Mulde beschränkt. 981 wurde das Bistum aufgehoben, 1004 aber wiedererrichtet.

Ebenfalls 968 gründete Otto das Bistum Zeitz, dessen erster Bischof Hugo in Magdeburg konsekriert wurde.[69] Das Bistum umfasste das Gebiet um den Ober- und Mittellauf von Weißer Elster und Pleiße sowie um den Oberlauf der Zwickauer Mulde, ferner südliche Teile der Leipziger Bucht, des ostthüringischen-westsächsischen Hügellandes, des Frankenwaldes und des Erzgebirges. Das Territorium wurde später um Altenburg und Territorien im Pleißenland- im Elster-, Rippach- und Wethaugebiet sowie um Gera, Plauen, Bürgel und Schleiz erweitert. 1028 wurde der Bischofssitz nach Naumburg verlegt, seit den 80er Jahren des 13. Jahrhunderts residierten die Bischöfe wieder in Zeitz.

Die Christianisierung Mitteldeutschlands erfolgte im Gegensatz zu den Taufen in den romanisierten Gegenden links des Rheins – mit Ausnahme der Thüringer – im Gefolge von Macht- und Herrschaftsausdehnung. Auch blutige Eroberungen und Zwangstaufen gehören in diese frühe Phase der Christianisierung Mitteldeutschlands. Der kirchenhistorische Befund könnte allerdings den Eindruck erwecken, Missionsgeschichte sei nahezu ausschließlich als Zwangs- und Unterdrückungsgeschichte zu definieren. Eine Alternative gab es seinerzeit nicht, was einerseits an der herrschaftlichen Einbindung des Christentums wie auch an der Identität konstituierenden Einheit von Sippe und Glaube bei den germanischen und slawischen Stämmen sowie an den damaligen „staatlichen" Interessen auf beiden Seiten lag. Der „Destruktion des Überkommenen"[70] aber hatte die Hinführung zu dem einen, für alle Völker maßgeblichen Gott zu entsprechen, was offenbar in unzähligen Fällen gelang. Denn daran sei erinnert, dass zwangsgetaufte Germanen und Slawen auch dann Christen blieben, als sich Machtausübung und Herrschaftsstrukturen änderten. Die damals begründete Gläubigkeit hatte die nächsten tausend Jahre Bestand.

Anmerkungen
[1] Hierher gehört auch das Gebiet der heutigen Kirchenprovinz Sachsen. Sie ist gemeinsam mit dem Kirchenkreis Magdeburg Träger der Taufausstellung und berührt als größte mitteldeutsche evangelische Landeskirche Gebiete der Bundesländer Sachsen-Anhalt, Brandenburg, Sachsen und Thüringen. Sie bildet seit dem Jahr 2004 zusammen mit der Evangelisch-Lutherischen Kirche in Thüringen die Föderation Evangelischer Kirchen in Mitteldeutschland (EKM).
[2] Pilvousek, Josef: Christen in Thüringen – thüringische Christen?, in: Heimat Thüringen 11 (2004) H. 1, S. 16.
[3] Schieffer, Rudolf: Der Gottesmann aus Übersee. Die christliche Botschaft öffnet eine größere Welt, in: Archiv für mittelrheinische Kirchengeschichte 57 (2005), S. 15.
[4] Vgl. Sigrid Dušek u. a. (Hrsg.): Ur- und Frühgeschichte Thüringens. Ergebnisse archäologischer Forschung in Text und Bild, Stuttgart 1999, S. 149.
[5] Schmidt, Berthold: Das Königreich der Thüringer und seine Eingliederung in das Frankenreich, in: Die Franken. Wegbereiter Europas (Vor 1500 Jahren. König Chlodwig und seine Erben), Bd. 1, Mainz 1996, S. 285.

6 Die aus dem 3./4. nachchristlichen Jahrhundert stammende Lehre des Arianismus steht im Gegensatz zur definierten Trinitätslehre. Arianische Christen lehnten die Wesenseinheit von Gott-Vater und Gott-Sohn ab. Seit dem Konzil von Nizäa 325 wird ihre Lehre als Häresie angesehen.

7 Vgl. Pilvousek 2004, S. 16.

8 Vgl. ebd.

9 Vgl. Schmidt 1996, S. 290–292.

10 Vgl. Pilvousek 2004, S. 16.

11 Vgl. Dušek 1999, S. 144–146.

12 A. a. O., S. 147.

13 Schrader, Franz: Die Gründung der Bistümer Halberstadt, Verden und Magdeburg und die damit begonnene Christianisierung der Gebiete der ehemaligen DDR nördlich der Unstrut und westlich von Saale und Elbe, in: Schrader, Franz: Auf dem Weg durch die Zeit. Beiträge zur Geschichte der Kirche in Sachsen-Anhalt, Paderborn 1994, S. 9.

14 Vgl. Schrader 1994, S. 9.

15 Vgl. Dušek 1999, S. 149.

16 A. a. O., S. 178.

17 Ludowici, Babette: Frühe Christen im östlichen Sachsen, in: Matthias Puhle (Hrsg.): Magdeburg 1200, Mittelalterliche Metropole, Preußische Festung, Landeshauptstadt. Die Geschichte der Stadt von 805 bis 2005, Stuttgart 2005, S. 37.

18 Vgl. Dušek 1999, S. 179.

19 Schlesinger, Walter: Das Frühmittelalter, in: Hans Patze, Walter Schlesinger (Hrsg.): Geschichte Thüringens, Bd. 1 (Mitteldeutsche Forschungen 48/1), Köln 1968, S. 342.

20 Vgl. Werner, Matthias: Iren und Angelsachsen in Mitteldeutschland. Zur vorbonifatianischen Mission in Hessen und Thüringen, in: Heinz Löwe (Hrsg.): Die Iren in Europa im frühen Mittelalter, Bd. 1, Stuttgart 1982, S. 278 f. • Vgl. Pilvousek 2004, S. 16.

21 Vgl. Schlesinger 1968, S. 343.

22 Vgl. Werner, Matthias: Die Ersterwähnung Arnstadts im Jahre 704, Wechmar 2004, S 17. • Vgl. Löwe, Heinz: Pirmin, Willibrord und Bonifatius. Ihre Bedeutung für die Missionsgeschichte ihrer Zeit, in: Knut Schäferdiek (Hrsg.): Kirchengeschichte als Missionsgeschichte, Bd. 2, München 1978, S. 205. • Vgl. Pilvousek 2004, S. 17.

23 Pilvousek 2004, S. 17. • Vgl. auch Heinemeyer, Karl: Bonifatius in Mitteldeutschland, in: Uwe Schierz u. a. (Hrsg.): Bonifatius. Heidenopfer, Christuskreuz, Eichenkult, Erfurt 2004, S. 78.

24 Schieffer 2005, S. 16. • Vgl. auch Felten, Franz J.: Zur Einführung in die Vortragsreihe: Bonifatius – Apostel der Deutschen. Mission und Christianisierung vom 8. bis ins 20. Jahrhundert, in: Franz J. Felten (Hrsg.): Bonifatius – Apostel der Deutschen. Mission und Christianisierung vom 8. bis ins 20. Jahrhundert (Mainzer Vorträge 9), Stuttgart 2004, S. 13 f.

25 Vgl. z. B. den knappen Hinweis bei Padberg, Lutz E. von: Bonifatius – Missionar und Reformer, in: Felten 2004, S. 60.

26 Vgl. Werner 1982, S. 283–297. • Vgl. Heinemeyer 2004, S. 78.

27 Vgl. Werner 2004, S 17.

28 Vgl. Schipperges, Stefan: Bonifatius ac socii eius. Eine sozialgeschichtliche Untersuchung des Winfried-Bonifatius und seines Umfeldes (Quellen und Abhandlungen zur mittelrheinischen Kirchengeschichte 79), Mainz 1996, S. 326 • Vgl. Heinemeyer 2004, S. 79. • Zu Ohrdruf vgl. auch Schauerte, Franz: Der heilige Wigbert, erster Abt von Fritzlar. Sein Leben und Wirken und seine Verehrung, Paderborn 1895, S. 19–23; zur Erfurter Bistumsgründung vgl. auch Jäschke, Kurt-Ulrich: Die Gründungszeit der mitteldeutschen Bistümer und das Jahr des Concilium Germanicum, in: Helmut Beumann (Hrsg.): Festschrift für Walter Schlesinger, Bd. 2 (Mitteldeutsche Forschungen 74/2), Köln-Wien 1974, S. 71–136. • Michels, Helmut: Das Gründungsjahr der Bistümer Erfurt, Büraburg und Würzburg, in: Archiv für mittelrheinische Kirchengeschichte 39 (1987), S. 11–42. • Zum Widerstand Karl Martells gegen die rechtsrheinischen Bistumsgründungen vgl. Angenendt, Arnold: Kaiserherrschaft und Königstaufe. Kaiser, Könige und Päpste als Geistliche Patrone in der abendländischen Missionsgeschichte, Berlin 1984, S. 202 f.

29 Zur Diskussion über Gründung und Untergang des Bistums Erfurt und eines möglichen Vorpostens zur Missionierung der Sachsen und Slawen vgl. Schlesinger 1968, S. 347–350.

30 Schiefer 2005, S. 23.

31 Kölzer, Theo: Bonifatius und Fulda. Rechtliche, diplomatische und kulturelle Aspekte, in: Archiv für mittelrheinische Kirchengeschichte 57 (2005), S. 30.

32 Vgl. Aufsatz von Arnold Angenendt, *Taufe im Mittelalter*, S. 40 in diesem Katalog.

33 Vgl. Blaschke, Karlheinz: Geschichte Sachsens im Mittelalter, München 1990, S. 46.

34 Vgl. Schäferdiek, Knut: Art. Sachsen I, in: Theologische Realenzyklopädie XXIX, Berlin – New York 1998, S. 551.

35 Vgl. Angenendt, Arnold: Ludger. Missionar – Abt – Bischof im frühen Mittelalter, Münster 2005, S. 78 f.

36 Vgl. Schäferdiek 1998, S. 552.

37 Vgl. Angenendt 2005, S. 79.

[38] Vgl. Kurze, Dietrich: Christianisierung und Kirchenorganisation zwischen Elbe und Oder, in: Wichmann, Jahrbuch des Diözesangeschichtsvereins Berlin NF 1 (1990/1991), S. 13.

[39] Vgl. die Abbildung „Bonifatius fällt die Donareiche" im Aufsatz von Arnold Angenendt, *Taufe im Mittelalter*, in diesem Katalog, S. 37.

[40] Die Irminsul ist ein Baumheiligtum „auf oder bei der Eresburg bei Obermarsberg an der Diemel." Vgl. Padberg, Lutz E. von: Die Christianisierung Europas im Mittelalter (Reclam Universal-Bibliothek 17015), Stuttgart 1998, S. 93.

[41] Vgl. Mulders, Alfons: Missionsgeschichte. Die Ausbreitung des katholischen Glaubens, Regensburg 1960, S. 124 f.

[42] Vgl. a. a. O., S. 126.

[43] Vgl. Angenendt 2005, S. 88.

[44] Vgl. Zöllner, Walter: Bistum Halberstadt, in: Erwin Gatz (Hrsg.): Die Bistümer des Heiligen Römischen Reiches von ihren Anfängen bis zur Säkularisation, Freiburg i. Br. 2003, S. 238.

[45] Vgl. Neuß, Erich: Die Gründung des Erzbistums Magdeburg und die Anfänge des Christentums im erzstiftischen Südterritorium (Saalkreis), in: Franz Schrader (Hrsg.): Beiträge zur Geschichte des Erzbistums Magdeburg (Studien zur katholischen Bistums- und Klostergeschichte 11), Leipzig 1969, S. 45.

[46] Vgl. Schrader 1994, S. 16.

[47] Vgl. Zöllner 2003, S. 238. • Vgl. hierzu auch Schrader, Franz: Stadt-, Kloster- und Seelsorgegeschichte im Raum der mittelalterlichen Bistümer Magdeburg und Halberstadt. Gesammelte Aufsätze (= Studien zur Katholischen Bistums- und Klostergeschichte 29), Leipzig 1988.

[48] Vgl. Vogtherr, Thomas: Bistum Verden, in: Erwin Gatz (Hrsg.): Die Bistümer des Heiligen Römischen Reiches von ihren Anfängen bis zur Säkularisation, Freiburg i. Br. 2003, S. 786. • Vgl. Schrader 1994, S. 29, der die Errichtung des Bistums in das Jahr 810 oder 814 datiert.

[49] Vgl. Schrader 1994, S. 14.

[50] Vgl. a. a. O., S. 27.

[51] Vgl. Mulders 1960, S. 128. • Vgl. auch Felten 2004, S. 22.

[52] Vgl. Lübke, Christian: Die Ausdehnung ottonischer Herrschaft über die slawische Bevölkerung zwischen Elbe/Saale und Oder, in: Matthias Puhle (Hrsg.): Otto der Große, Magdeburg und Europa, Bd. 1: Essays, Mainz 2001, S. 65–67.

[53] Vgl. Blaschke 1990, S. 43–45.

[54] Vgl. Kurze 1990/1991, S. 13. Zum traditionell guten Verhältnis des Karolingerreiches zu beiden Völkern und der Taufe Fürst Ceadrags in Sachsen vor seinem Tod 821 vgl. Angenendt, Arnold: Kaiserherrschaft und Königstaufe. Kaiser, Könige und Päpste als Geistliche Patrone in der abendländischen Missionsgeschichte, Berlin 1984, S. 214 f.

[55] Vgl. Lübke 2001, S. 71.

[56] Vgl. Kurze 1990/1991, S. 14.

[57] Vgl. Lübke 2001, S. 74.

[58] Vgl. ebd.

[59] Vgl. Kurze 1990/1991, S. 16.

[60] Blaschke 1990, S. 46.

[61] Vgl. a. a. O., S. 63.

[62] Vgl. Kurze, Dietrich: Bistum Havelberg, in: Erwin Gatz (Hrsg.): Die Bistümer des Heiligen Römischen Reiches von ihren Anfängen bis zur Säkularisation, Freiburg i. Br. 2003, S. 249.

[63] Kurze nimmt an, dass das Gründungsdatum, 9. Mai 946, erst später in die nur als kopiale Überlieferung vorhandene Gründungsurkunde eingefügt wurde. Ebd.

[64] Vgl. Kurze, Dietrich: Bistum Brandenburg, in: Gatz 2003, S. 102.

[65] Kurze 1990/1991, S. 14. • Vgl. auch Claude, Dietrich: Geschichte des Erzbistums Magdeburg bis in das 12. Jahrhundert, Teil II, Köln und Wien 1975, S. 484.

[66] Vgl. Vogtherr, Thomas: Erzbistum Magdeburg, in: Gatz 2003, S. 388.

[67] Vgl. Schrader 1994, S. 33 f.

[68] Vgl. Brodkorb, Clemens: Bistum Merseburg, in: Gatz 2003, S. 435.

[69] Vgl. ders.: Bistum Naumburg (bis 1028: Zeitz), in Gatz 2003, S. 488.

[70] Schieffer 2005, S. 17.

RENATE KROOS

Weihe der Heiligen Öle und der Taufe
nach dem Magdeburger Dom-Ordinarius*

Da der Magdeburger Dom zur Zeit viele Denkmäler der christlichen Taufpraxis birgt, nach protestantischem wie nach katholischem Ritus, soll dieser knappe Beitrag darstellen, was hier in diesem Bau für Täuflinge und Taufe bereitstand, nur aus vorreformatorischer Zeit, für deren Liturgie er ja geschaffen worden war (sein Gebrauch nach lutherischen Vorschriften wäre ein eigenes großes Thema).

Das geschieht anhand des spätmittelalterlichen Dom-Ordinarius. Ein Ordinarius ist sozusagen das Regiebuch für den feierlichen Gottesdienst in großen Kirchen, ob Kathedrale, Stift oder Abtei. Er verzeichnet mehr oder minder ausführlich alle Aktionen des Klerus, beim Hochamt zu Festen, bei prozessionsähnlichen Gängen durch die eigene Kirche oder bei den großen Bittwegen durch die Stadt. Er zählt das Zubehör aller dieser liturgischen Aktivitäten auf, also etwa Vortragekreuze und Leuchter, Evangelienbücher, Reliquienbehälter. Er schreibt die Stoffe und/oder Farben der Paramente vor, je nach den Festen und Zeiten des Kirchenjahres, die Altarbehänge, Wand- und Fußteppiche. Er fixiert auch Reihenfolge und Standplätze der Geistlichen, nennt dazu feste Ausstattungsstücke wie Altäre, Steinpulte oder auch die Taufe. Vom wichtigsten, den zugehörigen (lateinischen) Texten verzeichnet der Ordinarius nur die Anfangsworte, komplett fanden sie sich in anderen Handschriften. Es entsteht so ein kompliziertes Wort„mosaik", das dann mit dem zugehörigen Kirchenraum abzugleichen ist, eine schwierige Aufgabe, weil sich einerseits die Liturgie fortentwickelte, durch Stiftung neuer Feste, auch von Hymnen und Gebeten, durch reichere Ausgestaltung von Prozessionen oder durch die Institution einer jährlichen Heiltumsschau, also einer feierlichen Reliquienweisung; andererseits veränderte sich die Bauhülle der Liturgie: Kathedralaltäre und -kapellen wurden neu fundiert und gebaut, der Lettner modernisiert, Gestühle errichtet. Wenn sich ein hochmittelalterlicher Ordinarius mit Nachträgen oder mehrere Exemplare aus verschiedenen Jahrhunderten erhielten, dann lassen sich die Zeitschichten einigermaßen auseinandersortieren; hat man nur eine späte egalisierende Abschrift, dann sind oft nur vereinzelte Passagen zu datieren, manchmal nur im Groben. So ist es auch bei der Magdeburger Überlieferung. Sie begann 1891 mit dem noch immer hochnützlichen Aufsatz von Georg Sello:[1] Zwischen vielen anderen Quellen zitierte er ausgiebig aus einer Handschrift des Dom-Ordinarius, er sah sie als Werk des frühen 15. Jahrhunderts mit einem Kernbestand des späten 13. Jahrhunderts, d. h. sie war für den jetzigen Bau geschaffen. Diese Handschrift ging allem Anschein nach im Zweiten Weltkrieg verloren. Durch Vergleich mit den Auszügen bei Sello konnte ich eine Handschrift in Berlin (Staatsbibliothek Preußischer Kulturbesitz cod. theol. lat. qu. 113) als Abschrift dieses verlorenen Magdeburger Dom-Ordinarius identifizieren,[2] bald nach 1508 entstanden; inzwischen fand sich eine weitere Teilabschrift in einem prunkvollen Breviarium in der Stadtbibliothek Dessau aus der Zeit gegen Ende des 15. Jahrhunderts.[3] Welche Textpartien der Berliner Handschrift beträchtlich älter sind und wie exakt sie kopiert wurden, läßt sich also derzeit nicht festmachen, dafür wäre erforderlich, die vielen ungedruckten Urkunden des Domkapitels und der Erzbischöfe, auch erhaltengebliebene Statuten, Kapitelsprotokolle und andere Akten durchzuarbeiten. Volle Gültigkeit hat die Berliner Handschrift für die Zeit um 1510, d. h. für unangefochten katholischen Gottesdienst kurz vor der Reformation. Daß hier aus einer sorgfältigen neuen Transskription zitiert werden kann, verdanken wir der großzügigen Hilfsbereitschaft von Altabt Adalbert Kurzeja / Maria Laach, der vor seiner Edition des Ordinarius die Texte zum Triduum sacrum, also zu den drei letzten Tagen der Karwoche, zur Verfügung stellte.

Die Skizze der Überlieferungsgeschichte zeigte, daß die folgenden Abschnitte nur provisorisch zu werten sind, als eine vorläufige Hilfe für Besucher und Leser, um die vom Protestantismus abgelehnten, im Katholizismus modern veränderten Weihezeremonielle zu verstehen. Es geht zunächst um die Konsekration der Heiligen Öle am Gründonnerstag, denn sie wurden aus dem Dom in alle Pfarrkirchen der Diözese Magdeburg getragen, um dort gültig die Sakramente der Taufe (und der Krankensalbung, früher Letzte Ölung genannt) spenden zu können; sie gehörten ehemals zu allen hier ausgestellten vorreformatorischen Taufbecken, -schalen, -fünten, zu denen, die in Dorf- und Stadtkirchen überdauerten und zu denen, die nun als Geranienkübel Friedhöfe oder Pfarrgärten schmücken. – Im zweiten Teil geht es um die Weihe des Taufwassers im Dom am Ostersamstag.

Durch den technischen, damit auch zeitlichen Aufwand, die große Kathedrale vielfältig zu zieren (und zu entzieren), ergeben sich zwangsläufig Überschneidungen, von den festlichen Gründonnerstags-Aktionen zum kargen und kahlen Karfreitag, vom Karfreitag zum schon wieder freudigeren Karsamstag und weiter zum Osterjubel. Es hätte ja wohl seltsam ausgesehen und sonderbar gewirkt, wenn erst beim Anstimmen des Tedeum in der Osternacht durch Erzbischof oder Dompropst Küster und Handwerker Leitern angeschleppt und Fahnen am Lettner befestigt hätten (s. u.). Die sehr genauen Vorschriften des Ordinarius beweisen, daß beim Verlesen der kanonischen Texte die von Ort zu Ort wechselnden Fest"dekorationen" schon montiert bzw. vorbereitet waren. Geistliche wie zuschauende Laien haben dieses Nebeneinander von liturgischer Gegenwart und Zukunft gewiß wahrgenommen, auch wohl nicht nur als Wechsel bei Stoff oder Metall, sondern als Blick auf den geistlichen Wandel im Kirchenjahr.

Zwischen Palmsonntag und Gründonnerstag wird der Dom mit seinen Nebengebäuden gesäubert.[4] Das Streben nach Reinheit manifestiert sich mehrfach in den Kartagen: Ausscheuern von Ölgefäßen und Taufbecken, Waschen von Haupt- und Kreuzaltar, vorgeschriebenes Bad für alle Domkleriker am Ostersamstag (s. u.), äußere Zeichen für die innere Reinigung der Gläubigen zum Gedenken an die Erlösung der Menschheit durch den Kreuzestod Jesu und danach in der die ewige Seligkeit vorbildenden österlichen Zeit, bezeichnet durch weiße Gewänder, Bergkristall und Gold (s. u.). In gleiche Richtung weist, wenn Altes abgetan und Neues erhoben wird: Der Subcustos verbrennt mit Sorgfalt alle Reste der geweihten Öle vom Vorjahr (wiewohl kostbar und auch sakral zu brauchen, z. B. in den Domampeln); alle alten Feuer im Dom werden am Karsamstag gelöscht, vom Neugeweihten die Lichter wieder entzündet, ebenso die Kohlen im Rauchfaß,[5] auch dies handgreiflicher Hinweis auf die Erneuerung des inneren Menschen durch Buße und Annahme der Gnade (vor Ostern sollten die Laien beichten, zu Ostern die Kommunion empfangen).

Die Aktionen am Gründonnerstag vor der Ölweihe sind kurz zu memorieren, damit ein heutiger Besucher oder Leser erkennt, wie dieser Ritus eingebettet war. In der Frühe teilte der Erzbischof selbst eine große Armenspende aus, vor dem Dom. Später führte er diejenigen, die ihre Kirchenbuße abgeleistet hatten, feierlich wieder in die Kirche ein; Männer und Frauen liegen hingestreckt im Mittelschiff, bis der Erzbischof sie mit seinem Stab berührt und aufstehen heißt (Steh auf, der du schläfst, steh auf von den Toten und Christus möge dich erleuchten).[6] Viele Laien bleiben in der Kathedrale, denn es wird für sie vom Lettner aus gepredigt. Auch Fürsten, Grafen und andere Adlige können anwesend sein, denn sie dürfen dem Erzbischof folgen, wenn er in den Chor zum Hochaltar geleitet wird.[7]

Nach dem Ordinarius ist es Aufgabe des Domcustos, beizeiten reines Olivenöl für die Weihen zu beschaffen.[8] Im Spätmittelalter setzt das komplizierte Transporte aus Italien oder Südfrankreich voraus, mögliche Handelswege wären, nach Auskunft von Prof. Detlev Ellmers/ Bremerhaven, am ehesten per Schiff vom Mittelmeer über Rhône und Saône zum Rhein entweder bis Köln (ab dann Transport über Land) oder aber auf Main und Saale bis möglichst nah an Magdeburg heran (telephonischer Bescheid vom 14.2.2006). Die gleiche Frage könnte man für den Weihrauch stellen und für die Myrrhenkörner, die in die große Osterkerze gedrückt werden, für den von der erzbischöflichen Verwaltung zu beschaffenden Balsam (in Öl zu mischen, heißt dann Chrisam) – auch für jenen guten Wein, der zum Zeichen der Osterfreude im Bischofsgang den Domklerikern gereicht wurde, aus schöngezierten Bechern.[9]

Der Subcustos stellt die drei mit Olivenöl gefüllten Henkelgefäße mit ihren weißen Tragetüchern in der Marienkapelle bereit (S. Maria rotunda, im Langhaus). Drei zukünftige Domherren, noch im Schulalter, fungieren als Träger, legen dazu gute weiße Alben an. Zum feierlichen Geleit gehören zwei goldene Vortragekreuze, Rauchfaß und zwei Leuchter, der Custos, zwei Prälaten und drei Priester-Domherren, sie bringen das Krankenöl zur Weihe zum Hochaltar.[10] Beim zweiten Weg tragen sie die Gefäße mit dem heiligen (=Katechumenen-) Öl und mit dem zukünftigen Chrisam zum weihenden Erzbischof,[11] also die beiden (u. a.) für den gültigen Vollzug der Taufe benötigten sakramentalen Stoffe. Diese Prozession zieht auch durch den Chorumgang. Das Geleit ist noch größer und feierlicher: Den Trägern folgen ein Subdiakon mit einem kostbaren Evangelienbuch und der Succentor mit zwei Singknaben, außer den erwähnten Prälaten und Domherren gehen auch zwölf Pfarrer mit, sechs von ihnen halten einen Baldachin über den Hll. Ölen, einen Behang auf Stangen.[12] Sie machen deutlich, daß diese Weihehandlung der ganzen Diözese zugute kommt. Auch ertönt, wenn sich diese Prozession in Bewegung setzt, noch einmal das volle Domgeläut über die Stadt, danach wird bis zum Ende des Ostersamstags die „tabula" benutzt, ein Holzbrett, auf das mit Schlägeln oder Hämmern geklopft wurde.[13] Höchsten Respekt verrät auch, daß der Domcustos den jungen Chrisamträger sorgsam festhält, damit er nicht stolpert oder gar stürzt.[14] Nach der Weihe dürfen die Ölgefäße geküßt werden, anscheinend auch von Laien. Man trägt sie dann zum Secundus-Altar, dort überwacht der Custos die Verteilung.[15] Am Abend werden die Domaltäre abgedeckt, also alle seidenen und leinenen Behänge entfernt, nur der nackte Stein ist dann sichtbar. Die letzte Demutsübung in der Nachfolge Christi vollzieht sich in der Nacht zum Karfreitag. So wie Christus die Füße seiner Jünger gewaschen hatte, so leisten das nun die Ranghöchsten des Domklerus (Erzbischof, Propst, Dekan, Senior) an ihren Domherren und die zukünftigen Domherren an den Vikaren und Schülern. Vorher wird die erwähnte Tabula geschlagen, im Dombereich, zwischen den Domherrenhöfen. Dann zieht man in Prozession vom Chor zum Refektorium. Nach der Zeremonie werden Oblaten – es waren ja strenge Fastentage – zu Wein und Bier gereicht, beschafft/bezahlt von Erzbischof und Dompropst.[16]

Wieder nur einige Hinweise zum Karfreitag, damit man die Aktionen des Ostersamstag ein wenig in ihrem Kontext sieht. Das Abdecken der Altäre wurde erwähnt, entsprechend gibt es nur schlichte Alben, d. h. die weißleinenen liturgischen Untergewänder, darüber Kaseln im Rot von Blut und Martyrium, auch sie ohne Goldzier. Trauer und Demut zeigen sich darin, daß der Gottesdienst barfuß gehalten wird (eine harte Bußübung in prinzipiell ungeheizten Kirchen) und daß man dem Erzbischof einen schlichten Drechselstuhl neben den Kreuzaltar stellt.[17] Im Gegensatz zum Hohn auf Golgatha verehren alle Kleriker ein Kreuz mit Kruzifixus, sonst über dem Hochaltar, ausgestreckt auf dem Pflaster des Langhauses (wie am Vortag die Büßer), später im Chor durch Kuß der Fußwunden. Der Kommentar dazu: Jeder Kluge weiß, daß er nicht eine Holzfigur am Kreuz anbetet, sondern den gekreuzigten Christus (das Kreuz wird nur ehrfürchtig gegrüßt).[18] Dieses Bild wird in dem beim Laurentiusaltar aufgebauten Heiligen Grab beigesetzt, wohl einer Art Hütte aus Holz und Stoff. Alle Kleriker, vom Erzbischof bis zum Schüler, lesen in der Zeit des Kreuzbegräbnisses die 150 Psalmen,[19] wie das auch bei verstorbenen Menschen geschah.

Unter der Predigt für die Laien wird der Dom schon für Ostern vorgeziert, die Küster hängen in Chor und Langhaus Seidentücher und andere Behänge auf; das riesige Seidentuch zwischen Chor und Mittelschiff wird so drapiert, daß das Triumphkreuz sichtbar ist. Leuchter und Lichtkronen bekommen neue Kerzen.[20]

Früh am Ostersamstag wird weiterer Kirchenschmuck angebracht, Fußteppiche, Banklaken über dem Chorgestühl; auch das Grabmal Ottos I. bekommt eine schöne Decke.[21] Weiße Fahnen werden an Kreuzstäbe gebunden, denn Fahnen sind Siegeszeichen, Bild für den Triumph des auferstandenen Christus über den Tod, d. h. auch für die Auferstehung aller Gläubigen am Jüngsten Tag.[22] Nach der Terz folgt das Bad aller Kleriker, danach legen sie weiße Gewänder an, diese verbildlichen die Klarheit des Körpers (nach der Auferstehung), allgemein bezeichnen sie Zeiten des Jubels und der Freude.[23] Reinigendes Wasser und weiße Kleider erinnern im Vorhinein an Wirkung und Ritus der Taufe.

Der Subcustos hatte das Taufbecken mit warmem Wasser gereinigt. Nach der Weihe des neuen Feuers, mit dem dann die Kerzen neu entzündet werden, nach dem Lobgesang „Exultet" (Nun freut sich die Schar der Engel) zieht man in Prozession durch das festlich behängte Langhaus zum Taufbecken. Zwei Schüler mit Vortragekreuzen und zwei mit Osterkerzen gehen dem Priester voran, der das Taufwasser weihen soll. Wieder tragen zwei Schüler-Domherren die benötigten Heiligen Öle – Chrisam und Katechumenenöl – in Kelchen aus dem Chor herbei. Für den Weiheritus wird nur auf die Agenden verwiesen,[24] eine frühere Notiz sichert, daß dann, wie vielerorts in der Osternacht, Kinder getauft wurden;[25] die Gültigkeit der Weihe wird also gleich konkret demonstriert. Bevor der Klerus in den Chor zurückzieht, wird eine Kerze beim Taufbecken aufgestellt, sie brennt die ganze Osterwoche hindurch, Tag und Nacht.

Nun steigert sich der Glanz im Dom, die Lichtkronen brennen und zur feierlichen Messe ertönt wieder das Geläut, mit der größten Glocke beginnend, dann stimmen die Glocken der Stadt ein.[26] Aber die Festfreude bleibt noch gedämpft. So fehlen bei dem Gang zur Evangelienlesung die sonst üblichen brennenden Kerzen, denn Christus, das wahre Licht, ist ja noch in der

Unterwelt verborgen; aber das Rauchfaß wird mitgetragen, weil die Frauen (mit Spezereien) zu seinem Grabe kamen.[27]

Wieder wird beizeiten vorgearbeitet, nun erhält der Hochaltar viele Reliquiare und seine goldene Tafel als Antependium,[28] ebenso der Lettner außer den erwähnten Fahnen noch zwei Scheibenkreuze mit angebundenen golddurchwirkten Fahnentüchern, im Zentrum das Banner des Hl. Mauritius, seitlich zwei Löwenfiguren aus Bergkristall, von ungewöhnlicher Größe für ihr Material, denn sonst hätte man sie ja nicht wahrgenommen.[29] Von Fahnen als Siegeszeichen war die Rede; der Löwe bezeichnet nach der Tierfabel (Physiologus) den Auferstandenen, der Bergkristall den Glanz der Unsterblichkeit bei dem Auferstandenen und bei seinen Gläubigen im Ewigen Leben.[30] Diesen bedeutungsvollen Schmuck sehen auch die Laien im Langhaus (dort findet auch das Osterspiel statt, also der Besuch der Drei Marien am leeren Grab Christi und der Lauf der Apostel Petrus und Johannes zum Grabe), erwiesen wird das durch die Notiz, daß sie nach Verkünden der Auferstehung deutsch singen,[31] wohl das weitverbreitete „Christ ist erstanden".

* Auf Wunsch der Autorin wurde in diesem Beitrag die bis zum Jahr 2005 gültige Rechtschreibung beibehalten.

Anmerkungen

1 Georg Sello, Dom=Altertümer, in: Geschichts=Blätter für Stadt und Land Magdeburg 26, 1891, S. 108–200.

2 Renate Kroos, Niedersächsische Bildstickereien des Mittelalters, Berlin 1970, S. 20, Anm.7, mit älterer Literatur, ebd. im Quellenanhang Nr. 189 und 197. – Weitere Excerpte in: Farbe, liturgisch. In der kath. Kirche (Mittelalter, Neuzeit bis zum Tridentinum), in: RDK Bd. 7, 1974, Sp. 54 ff. – Ernst Ullmann (Hg.), Der Magdeburger Dom, ottonische Gründung und staufischer Neubau, Leipzig 1989, S. 88–97.

3 Georg Hs. 17, Liber ordinarius ecclesiae Magdeburgensis. Pars hiemalis und Georg Hs. 18a, Liber ordinarius ecclesiae Magdeburgensis. Pars aestivalis. Entgegen der Beschreibung im Band, Die lateinischen Handschriften der Stadtbibliothek Dessau. Bestandsverzeichnis aus dem Zentralinventar mittelalterlicher Handschriften, bearb. von Jutta Fliege, Berlin 1986, S. 16–20, handelt es sich allerdings nicht um einen Ordinarius, sondern um ein zweibändiges Brevier mit einem Auszug aus dem Dom-Ordinarius. Freundliche Auskunft von Altabt Adalbert Kurzeja OSB, Maria Laach. Für Hinweis auf die Handschrift danke ich Markus Leo Mock.

4 Sello 1891, S. 171 (so auch vor Pfingsten, dem Mauritiusfest und Weihnachten).

5 Ordinarius fol. 75r: *subcustos cum magna diligentia et reverentia crisma vetus et oleum sanctum et oleum infirmorum igne consumet.* – fol. 86r: *archiepiscopus benedicet ignem. Hoc facto incendentur de benedicto igne cerei et thuribulum eodem igne replebitur.*

6 Ordinarius fol. 76v: *archiepiscopus diluculo consurget et … dabit elemosinam pauperibus.* – fol. 77v (Büßer geführt) *ad medium monasterii, ubi in oratione prosternentur toto corpore super terram …* (78r) *archiepiscopus … punctione baculi pastoralis suscitabit singulos dicens „Exurge qui dormis, exurge a mortuis et illuminabit te Christus".*

7 Ordinarius fol. 78r: *archiepiscopus … sermonem faciet in ambone.* – fol. 78v: *principes et comites et alii nobiles cum eorum sequacibus subsequentur. Et sic conducetur archiepiscopus ad altare.*

8 Ordinarius fol. 76v: *Custos vero ecclesie procurabit … tres ampullas de oleo mundissimo olivarum plenas.*

9 Ordinarius fol. 76v: *Archiepiscopus vero providebit de balsamo quod ad* (fol. 77r) *consecrationem crismatis oleo miscetur.* – fol. 86v: *diaconus mirra et thure crucem imprimet cereo.* – Kroos 1989 (wie Anm. 2), S. 90 mit Anm. 43. – Ein Statut von 1278 erwähnt Würzburger Wein, vgl. Sello 1891, S. 153.

10 Ordinarius fol. 79r: *tres scolares canonici preparabuntur in sacrario bonis et solemnibus albis ad portandum tres ampullas … Subcustos … ampullas … ponet in capellam sancte Marie rotundam … cum tribus bonis et mundis lintheis … Due extremitates unius manutergii per duas ansas unius ampulle fortiter connectentur … duo thuribula … duo candelabra … duas cruces aureas baculis infixas …* (Pluvialien) *custodi et … duobus prelatis et …* (fol. 79v) *canonicis sacerdotibus … in conductione vasorum crismalium … Oleum infirmorum prius consecratur, quod secundum statuta sanctorum patrum fieri solet ante finem canonis.* – Drei erhaltene Exemplare aus Silber, 4. V. 13. Jh., aber als Flaschen ohne Henkel, im Domschatz Regensburg, Stifter und Zweckbestimmung durch Inschriften gesichert, vgl. Achim Hubel, Der Regensburger Domschatz, München/Zürich 1976, Kat.-Nr. 58, Farbtaf. IV. Auch da heißt das Katechumenenöl oleum sanctum.

11 Ordinarius fol. 80r: *subdiaconus canonicus … qui portabit evangeliarium ornatum. Debent etiam adesse duodecim sacerdotes plebani … sex portabunt velamen super vasa baculis extentum … Succentor etiam adesse debet indutus cappa et cum ipso duo pueri … qui cantabunt versus „Audi iudex mortuorum"* … (fol. 80v) *decenter procedentes conducent vasa in circuitu chori et revertentes ad occidentalem partem chori intrabunt ad ostium aquilonare.*

12 Eine Handschrift dafür, noch aus der Zeit des früheren Dombaus: *Libellus de consecratione crismatis* von 1214, für Erzbischof Albert von Heinrich von Jerichow geschrieben und aufwendig geziert, (ehem.) Bibliothek des Domgymnasiums Magdeburg Nr. 152, vgl. Arthur Haseloff, Eine thüringisch-sächsische Malerschule des 13. Jahrhunderts, Studien zur Deutschen Kunstgeschichte Heft 9, Straßburg 1897, S. 332 ff.

13 Ordinarius fol. 80v: *versus „Audi iudex", ad quorum inceptionem compulsatur solemniter cum omnibus campanis. Et postea non audientur alique campane in aliqua ecclesia huius civitatis usque ad Sabbatum sanctum, cum in maiori ecclesia fuerint pueri baptizati.* – Zur Tabula vgl. auch Anm. 16.

14 Ordinarius fol. 80v: *custos quidem scolarem simul cum vase tenebit firmiter, ne labatur.*

15 Ordinarius fol. 79v: *ministri et alii et honorabiles qui voluerint deosculando salutabunt illud* (das geweihte Krankenöl). – fol.: 81r: *Consecrato autem crismate ministri et alii honorabiles qui voluerint osculando salutabunt illud … Postea cum multa reverentia et apparatu … portabitur utrumque vas ad altare sancti Secundi, ubi custos ea diligentissime custodiri et a sacerdotibus dividi procurabit.* – Zu den kleinen Ölgefäßen der Pfarreien vgl. Ausstellung Domschatzkammer und Diözesanmuseum Osnabrück 2005, Faltblatt von Marie-Luise Schnackenburg, die es mir freundlich zugänglich machte (Zwillingsgefäße für die Taufe Nr. 10 und 11).

16 Ordinarius fol. 81v: *altaria denudabuntur … dabitur signum ad Completorium dicendum percutiendo in tabulam. Percutiens autem incipiet in monasterio et perambulabit claustrum et curias dominorum … processio ad refectorium … domini maiores de quolibet choro duo, archiepiscopus et prepositus in dextro choro, decanus vero et post eum senior in sinistro, cappis suis depositis lavabunt flexis genibus … pedes omnium* (fol. 82r) *dominis … Deinde iuniores domini … lavabunt omnibus vicariis et scolaribus … duo domini … ministrabunt dominis oblatas … propinabunt dominis et vinum et cerevisiam … Vinum autem et cerevisiam dabunt episcopus et prepositus … custos et duo sacerdotes vel diaconi quibus iniunget lavabunt summum altare et altare sancte crucis cum vino.*

17 Ordinarius fol. 82v: *quando datur signum ad Sextam et Nonam omnes exuent calcios, quia omnes de conventu erunt nudipedes usque ad finem officii … rufa casula … rufa cappa … sedebit archiepiscopus ad dexteram partem altaris sancte crucis in sede tornali et non in cathedra pontificali.*

18 Ordinarius fol 83v: *omnes de conventu adorantes proni super terram prosternentur in longum tribus vicibus …* (Kreuz wird in den Chor getragen) (fol. 84r) *salutabunt omnes crucem … genuflectione adorans osculabitur vulnera pedum crucis … Et nullus sapiens crucem, sed Christum crucifixum adorat, crucem tantum venerando salutat.*

19 Ordinarius fol. 82v: *Parabunt etiam imaginarium sepulcrum Domini ante altare sancti Laurentii.* – fol. 84v: *archiepiscopus et seniores domini tollent crucem et devotissime ferent ad preparatum locum imaginarii sepulcri.* – fol. 85r: *Statim etiam legentur psalteria quamdiu crux fuerit in sepulcro … Post dominos autem legent vicarii maiores et ad ultimum scolares canonici. Leget autem de quolibet choro unus, incipiendo ab archiepiscopo et decano.*

20 Ordinarius fol. 85r: *Post Sepulturam crucis statim infra sermonem ecclesiastici ornabunt chorum et monasterium dorsalibus sericis et cortinis que pendebunt usque post octavam Penthecostes. Velum etiam sericeum inter chorum et monasterium suspendi debet non ante crucem, sed retro … Candele etiam in circuitu chori et in coronis ponentur.*

21 Ordinarius fol. 85r: *summo mane totum sanctuarium sternetur tapetibus. Sedilia ministrorum, cantoris, rectorum operientur … Sepulcrum imperatoris operietur bona palla.*

22 Ordinarius fol. 85v: *vexilla appendentur ad cruces usque ad octavam Penthecostes, quia istud est tempus triumphale quo Christus triumphavit de morte. Et etiam significat resurrectionem secundam, quando devicto mortis aculeo in Spiritu Sancto ad patriam revertemur ecclesie triumphantis.* – fol. 85r: *Propterea ecclesia nunc utitur vexillis que sunt signa victorie … color albus glorificati corporis claritatem exprimit, quo Christus resurgens victor ascendit.*

23 Ordinarius fol. 85v: *Post Tertiam fiet balneum. De cetero omnes albi erunt … maxime albis vestimentis tunc est utendum, quia istud tempus est tempus gaudii et letitie. Et etiam significat … resurrectionem secundam.*

24 Vgl. Anm. 13. – Wer im Dom getauft wurde, geht aus dem Ordinarius nicht hervor. Es heißt, daß alle Bewohner der Domburg nach St. Ambrosius in der Sudenburg eingepfarrt waren, vgl. Dietrich Claude, Geschichte des Erzbistum Magdeburg bis in das 12. Jahrhundert, Teil II, Köln/Wien 1975, S. 447. Ob das auch für die Zeit um 1500 und ohne Ausnahme zutraf, wird m. W. nicht deutlich. In der Immunität, dem eigenen Rechtsbezirk von Erzbischof und Domkapitel, wohnten zweifellos viele Laien, also auch Familien: Verwaltungspersonal, Handwerker, die Domküster und ihre Hilfskräfte (z. B. für das Läuten), die Dienstleute vom Roßknecht bis zur Küchenmagd in den Domherrenhöfen.

25 Ordinarius fol. 85r: *Subcustos etiam aqua calida baptisterium cum diligentia lavabit.* – 87r: *ibit processio ad fontem quam scolares cum cereis pascalibus et cum crucibus precedent … ministri lectores ibunt post cruces sequente eos sacerdos qui baptisterium consecrabit … Tunc benedicetur fons secundum formam expressam in agendis … duo scolares canonici preparati bonis albis portabunt crisma et oleum sanctum in duobus calicibus … exeuntes per duo ostia chori occidentalia descendent decenter et disciplinate … Consecrato baptisterio ponetur ibi candela ardens que continuabitur per totam septimanam die ac nocte.*

26 Ordinarius fol. 87v: *accendentur candele in coronis … compulsatur solemniter cum omnibus campanis incipiendo a maiori campana, deinde ad alias ecclesias civitatis.*

27 Ordinarius fol. 87v: *Ad evangelium non portabuntur candele, quia Christus verum lumen adhuc apud inferos abscondebatur. Sed thuribulum cum incenso portabitur, quia per hec a mulieribus visitabatur.*

28 Ordinarius fol. 88r: *summum altare ornabitur omnibus reliquiis et duodecim plenariis ornatis et quinque aureis crucibus appensis albis vexillis. Tabula etiam aurea ponetur ante altare.*

29 Ordinarius fol. 88r: *Solita ornamenta ponentur in ambone, videlicet due cruces argentee circulares deaurata et gemmis ornate appensis vexillis auro consutis. In quorum medio ponetur crux aurea appenso vexillo sancti Mauritii. Item super parietem chori ad latera ambonis ponentur duo leunculi cristallini.*

30 Renate Kroos, Der Schrein des heiligen Servatius in Maastricht, München 1985, S. 119 f. (Rupert von Deutz, Richard von St. Victor) mit weiteren Nachweisen.

31 Sello 1891, S. 173 (die Darsteller der drei Marien kommen zurück und stehen) *inter locum baptismale et conventum.* Es folgt der Lauf der Apostel zum Grab. Der Erzbischof stimmt das Tedeum an. *Layci in monasterio existentes ad singulos versus laudem dominice resurrectionis cantu vulgari respondebunt.* Dazu ertönt das feierliche Domgeläut.

KLAUS FITTSCHEN

Der Taufstein im Magdeburger Dom*

Der Taufstein im Magdeburger Dom steht nicht ohne Grund im Mittelpunkt der Ausstellung Tausend Jahre Taufen in Mitteldeutschland (Abb. 1). Er ist nicht nur das älteste erhaltene Taufbecken im Magdeburger Raum, sondern er besitzt auch eine für Deutschland einzigartige Geschichte. Obwohl es keine schriftlichen Quellen gibt, die über seine Herkunft und die Zeit seiner Entstehung Auskunft geben, sind dazu gleichwohl erstaunlich präzise Angaben möglich. Das liegt einzig am Material, aus dem der Taufstein besteht: Porphyr. Alle Gegen-

Abb. 1: Taufstein im Magdeburger Dom

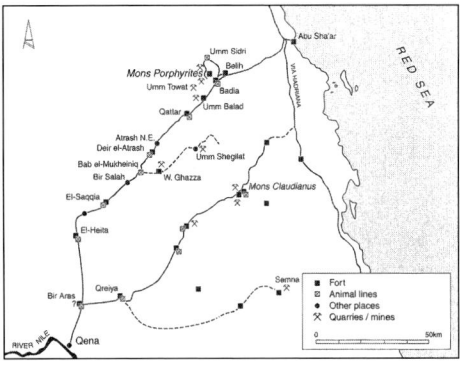

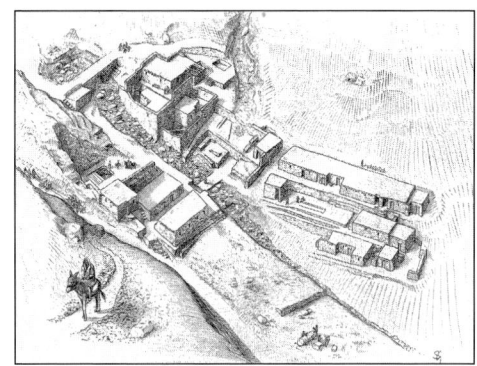

| Abb. 2: Karte mit Lage der oberägyptischen Steinbrüche | Abb. 3: Rekonstruktion der Nordwest-Siedlung am Mons Porphyrites |

stände, die aus diesem seltenen Stein bis in die Neuzeit hergestellt worden sind, haben denselben Herkunftsort: Sie stammen **alle** aus den Steinbrüchen am Mons Porphyrites (Porphyrberg) in Ägypten.[1]

Der Mons Porphyrites liegt in dem auch heute noch schwer zugänglichen Gebirge zwischen Nil und Rotem Meer auf Höhe der Stadt Qena[2] (Abb. 2). In der Nähe befinden sich auch die Steinbrüche anderer seltener, in der Antike hochgeschätzter Gesteine (Grauer Granit am Mons Claudianus, Grauwacke im Gebiet des Wadi Hamamet). Während diese Areale seit einigen Jahren von der Küstenstraße am Roten Meer aus leichter zu erreichen sind, mußte der Steintransport in der Antike auf schwierig zu befahrenden und zeitraubenden Pisten zum Nil abgewickelt werden (s. u.).

Die Porphyrgewinnung scheint am Mons Porphyrites schon seit dem zweiten Jahrhundert v. Chr. aufgenommen worden zu sein;[3] in großem Stil ist der Abbau jedoch erst in der römischen Kaiserzeit betrieben worden. Aus einer dort gefundenen Inschrift ergibt sich, daß ein gewisser Caius Cominius Leugas von sich behauptete, im Jahre 18 n. Chr., d. h. unter der Regierung des Kaisers Tiberius, die Porphyrvorkommen entdeckt zu haben.[4] (Vielleicht handelte es sich um eine besonders ergiebige Abbaustelle oder eine mit besonders reinen Gesteinsformationen.)

Die intensivste Ausbeutung fand in der mittleren Kaiserzeit (zweites Jahrhundert n. Chr.) und noch einmal unter den Kaisern Diocletian und Constantin statt. Spätestens in der ersten Hälfte des fünften Jahrhunderts, vielleicht schon etwas früher, jedenfalls lange vor der Eroberung Ägyptens durch die Araber (641), wurden die Steinbrüche aus noch nicht geklärten Gründen aufgegeben.[5] Aber der Abbau in den vorausgegangenen Jahrhunderten war so gewaltig und die in Alexandria und Rom angehäuften Vorräte so groß, daß der Bedarf auch in der Folgezeit, vor allem im porphyrhungrigen Byzanz, daraus problemlos befriedigt werden konnte. In Italien waren in der Antike so viele Denkmäler aus Porphyr errichtet worden, daß sich ganz Europa vom Mittelalter bis in das 19. Jahrhundert daraus bedienen konnte.

Das Taufbecken im Magdeburger Dom stammt also vom Mons Porphyrites. Da die dort abgebauten Steinblöcke zur Gewichtsreduzierung ihre endgültige Gestalt schon in den Steinbrüchen selbst erhielten, teils nur in bossierter Form, teils aber auch schon in der Endform,

Abb. 4: Beckenträger in Rom, Antiquarium
auf dem Celio

Abb. 5: Taufbecken in Verona, San Zeno

darf angenommen werden, daß der Taufstein mindestens seine Grundform bereits in Ägypten erhalten hat.[6]

Er besteht aus zwei Teilen, aus einer achtseitigen Basisplatte und aus dem ebenfalls achtseitigen Becken mit seinem kelchartigen Fuß. Beide Teile gehörten ursprünglich **nicht** zusammen.[7] Das ergibt sich aus der leicht zu erkennenden unterschiedlichen Zusammensetzung des Porphyrs und der unterschiedlichen Qualität der Bearbeitung. Der Porphyr der Basisplatte weist mehr leuchtend rote Anteile auf als der des Beckens. Diese Porphyrqualität war besonders in der ersten Hälfte des zweiten Jahrhunderts n. Chr. gefragt.[8] Die Platte ist sorgfältig poliert und besitzt an ihren Kanten präzise ausgeführte Profile (s. Abb. 8), die – angesichts des schwer zu bearbeitenden Materials – als ein Zeichen hoher handwerklicher Qualität gelten können. Die Basisplatte dürfte demnach aus der Blütezeit der Porphyrbearbeitung, d. h. aus trajanischer oder hadrianischer Zeit stammen.[9]

Das Becken ist dagegen zwar geglättet, aber nicht poliert. Die beiden wulstförmigen Profile unterhalb des achteckigen Randes und am Fuß sind weniger anspruchsvolle Schmuckformen, die sich deswegen auch weniger leicht datieren lassen.[10] In Rom ist vor kurzem ein nahezu gleichgroßes Gegenstück mit einem ganz ähnlichen Wulstprofil gefunden worden (Abb. 4), und zwar in der Nähe des Tempels des vergöttlichten Kaisers Hadrian († 138 n. Chr.). Es könnte zur Ausstattung des Tempelbezirks gehört haben und ist von den Ausgräbern in das zweite Jahrhundert n. Chr. datiert worden.[11] Es handelt sich um den Untersatz für ein – verlorenes – Brunnenbecken, genau wie im Fall des Magdeburger Taufsteins (s. das Folgende). Die Datierung des Untersatzes in Rom dürfte auch für das Magdeburger Becken gelten.[12] Ganz ähnlich ist auch der Träger eines porphyrnen Beckens in der Kirche San Zeno in Verona, das früher als Taufbecken gedient hat, gestaltet (Abb. 5).[13]

Der Magdeburger Taufstein weist in seiner Mitte ein – heute mit Mörtel (?) verfülltes – Bohrloch auf (Abb. 7). Da die Herstellung einer solchen Bohrung im harten Porphyr äußerst mühsam und für ein Taufbecken ein Abfluß nicht zwingend erforderlich ist, wurde einleuchtend geschlossen, daß der Taufstein ursprünglich Teil eines Brunnens gewesen ist: Die gebohrte Röhre hat der Zuführung von Wasser gedient. (Auch die Basisplatte besitzt ein – jetzt nicht sichtbares – Bohrloch, hat also ebenfalls einmal zu einem – anderen – Brunnen gehört, s. Katalogtext.) Ein

so hoher und breiter und vor allem achteckiger Rand, wie ihn das Magdeburger Becken besitzt, kommt an antiken Brunnenbecken aus Porphyr nicht vor, wie ein Blick auf das von Richard Delbrueck gesammelte Material zeigt:[14] Sie besitzen eine viel dünnere Lippe, die gerundet ist oder scharfgratig endet, laden viel weiter aus und sind **immer** kreisrund. Daraus ergibt sich eine ganz einfache Erkenntnis: Der heutige Taufstein war nicht selbst das Brunnenbecken, sondern nur der Untersatz einer – verlorenen – Brunnenschale. Um seine ursprüngliche Funktion zu verstehen, muß er einfach auf den Kopf gestellt werden (Abb. 6).[15] Wie das Ganze in der Antike einmal ausgesehen hat, kann das schon oben erwähnte Taufbecken in San Zeno in Verona illustrieren (Abb. 5).[16]

Natürlich bedarf nun die kreisförmige Mulde auf der – ehemaligen – Unterseite des Beckenträgers, die in Magdeburg das eigentliche Taufbecken bildet, einer Erklärung: Es wäre denkbar, daß diese Mulde erst hergestellt wurde, als man den ehemaligen Beckenträger in einen Taufstein umfunktionierte (s. u.). Da die – schwierige – Bearbeitung des Porphyrs nicht zu allen Zeiten beherrscht wurde,[17] in der Oberflächenbehandlung Unterschiede zwischen der Beckeninnenseite und der Außenseite des Taufsteins aber nicht zu beobachten sind, besitzt eine andere Erklärung vielleicht mehr Plausibilität: Die Aushöhlung könnte schon im Steinbruch hergestellt worden sein, um für den Transport das Gewicht zu verringern. Allerdings steht die Bestätigung für die Erklärung noch aus, solange die Unterseiten der anderen erhaltenen antiken Beckenträger daraufhin nicht untersucht werden können (der oben erwähnte Beckenträger aus dem Bereich des Hadrianstempels in Rom z. B. scheint auf der Unterseite nicht ausgehöhlt zu sein, s. Abb. 4).

Noch nicht geklärt ist auch die nachträglich zugefügte Pickung rings um das Bohrloch im Beckengrund des Magdeburger Taufsteins (Abb. 7). Daß hier etwas ursprünglich Erhabenes, ein Schmuckmedaillon oder gar eine Figur, nachträglich weggemeißelt worden sei, ist nicht möglich, da diese Stelle, wie oben dargelegt, auf der ursprünglich nicht sichtbaren Unterseite des Beckenträgers liegt. Solche Pickungen sind ein Indiz dafür, daß etwas hinzugefügt und mit einem Bindemittel befestigt werden sollte. Im Falle des Magdeburger Taufsteins kann das erst

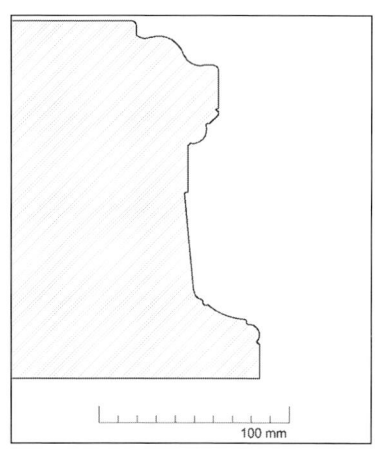

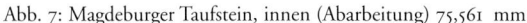

Abb. 7: Magdeburger Taufstein, innen (Abarbeitung) 75,561 mm

Abb. 8: Basisplatte, Zeichnung Profil

geschehen sein, als man den ehemaligen Beckenträger auf den Kopf gestellt und dessen Unterseite zur Oberseite gemacht hatte. Um was es sich gehandelt hat, muß vorerst offenbleiben.
Denkbar wäre eine einfache Metallscheibe, mit der man die Röhre verschließen konnte, bevor
sie endgültig mit Mörtel verstopft worden ist. Aber natürlich käme auch ein ornamentaler oder
gar figuraler Aufsatz in Betracht, von dem sich allerdings nichts erhalten hätte.

Während über die antike Geschichte des Magdeburger Taufsteins also einige zuverlässige
Angaben möglich sind – die Herkunft des Materials aus Ägypten, die Entstehung seiner beiden
Teile in der mittleren Kaiserzeit und deren Zugehörigkeit zu Brunnenbecken –, wissen wir über
seine nachantike Geschichte viel weniger. Es ist nicht bekannt, wann der antike Beckenträger in
einen Taufstein umgewandelt und mit der so schön dazu passenden achteckigen Basisplatte verbunden worden ist. Das wird nicht erst in Magdeburg geschehen sein, vielmehr wird das Monu-
ment bereits in dieser Zusammensetzung aus Italien hergebracht worden sein. Denn nur dort
bestand die Möglichkeit, nicht mehr vollständig erhaltene antike Denkmäler mit Werkstücken
zu verbinden, die in Bezug auf Größe, Form und Material passend waren. Der Magdeburger
Taufstein wird also auch schon vor seiner Überführung nach Magdeburg als Taufstein gedient
haben. Wie das Taufbecken in San Zeno (Abb. 5) zeigt, war die Wiederverwendung paganer
Wasser- und Brunnenbecken in christlichen Kirchen Italiens nicht ungewöhnlich.[18] Die achteckige Form der Träger vieler dieser Becken mag durch eine *interpretatio christiana* diese Zweitverwendung begünstigt haben.[19]

Aus den vorhandenen archivalischen Quellen geht nicht hervor, wann der porphyrne Taufstein
nach Magdeburg gekommen ist. Doch bestehen keine begründeten Zweifel an der Annahme,
daß das auf Veranlassung durch Otto I. geschehen ist: Der Taufstein war offenkundig für den von
ihm nach 955 begonnenen Dom bestimmt. Mit seinem antiken Ursprung steht er in Magdeburg
ja nicht allein. Auch die Säulen aus buntem Stein, die im Chor des nachottonischen Doms und
im Remter am Kreuzgang in auffälliger Weise eingebaut sind,[20] sowie zahlreiche Kapitle stammen aus der Antike und sind schon in die Architektur des ottonischen Doms integriert gewesen.
(Die Säulen aus Porphyr und Granit stammen natürlich – wie der Taufstein – ebenfalls aus den

Steinbrüchen Ägyptens.) Auf alle diese Spolien kann man wohl die oft zitierte Mitteilung Thietmars von Merseburg (Chron. II 17) beziehen, wonach Otto neben Gold und Edelsteinen auch wertvollen Marmor (*preciosum marmor*) aus Italien nach Magdeburg habe bringen lassen.[21]

Es ist auch nicht bekannt, aus welcher Stadt Italiens Otto den Taufstein (und die anderen Spolien) hat herbeischaffen lassen. Ob es tatsächlich Ravenna war, wie man oft liest, ist keineswegs gesichert; der Name wird vor allem deswegen immer wieder genannt, weil überliefert ist, daß Karl der Große für seine Pfalzkapelle in Aachen antike Säulen aus dieser Stadt (und aus Rom!) bezogen hat (s. u.). Im Prinzip kommen alle Städte in Italien in Betracht, in denen sich antike Ruinen erhalten haben und die Otto I. auf seinen Italienzügen besucht hat, neben Ravenna also z. B. Aquileia, Mailand, Pavia, Verona und natürlich vor allem Rom, von wo die meisten antiken Porphyrbecken stammen.

Die Annahme, daß der Magdeburger Taufstein ursprünglich in Konstantinopel (Byzanz) gestanden hätte, ist zwar nicht grundsätzlich auszuschließen, aber doch wenig wahrscheinlich, da als Geschenke – und um ein Geschenk müßte es sich in diesem Fall handeln – damals üblicherweise kleinere Kostbarkeiten, die sich leicht transportieren ließen, bevorzugt wurden.[22]

Wie Otto I. in den Besitz des Taufsteins (und der anderen Spolien) gelangt ist, bleibt unbekannt. Vielleicht handelt es sich um ein Beutestück im Wortsinn (*spolia*), das sich der Kaiser während seiner langjährigen Kampagnen in Italien selbst ausgewählt hat. Vielleicht hat er ihn aber auch nur aus einer im Verfall begriffenen spätantiken Kirche mitgenommen.

Für seine Wahl dürfte neben der konkreten Funktion als künftiges Taufbecken im neuen Dom zu Magdeburg zwei Aspekte maßgebend gewesen sein: das Alter des Taufsteins und sein Material. Das Wissen, daß der Taufstein aus dem Altertum stammt, darf im Italien Ottos I. als sicher vorausgesetzt werden.[23] Mit der Wahl eines solchen Denkmals stellte sich Otto – vermutlich bewußt – in die Nachfolge Karls des Großen, der seine Grabkirche in Aachen ebenfalls mit Werken aus der Antike ausgestattet hat.[24] Der damit verbundene imperiale Anspruch ist unübersehbar, zumal, wenn man die vielen anderen antiken Spolien in Magdeburg mit einbezieht.

Daß Porphyr der kaiserliche Stein schlechthin ist, dürfte Otto ebenfalls bekannt gewesen sein, spätestens seit der Aufnahme diplomatischer Kontakte zum kaiserlichen Hof in Byzanz (seit 967). Es liegt deshalb nahe, die Wahl eines Taufsteins gerade aus diesem Material mit dem Bestreben Ottos in Verbindung zu bringen, den von ihm gegründeten Magdeburger Dom der Aachener Pfalzkapelle, der Grabkirche Karls des Großen, gleichzustellen.

Durch seine monumentale Gestalt und das exotische Material stellt der Taufstein im heutigen Magdeburger Dom eine auffällige Erscheinung dar; im ottonischen Vorgängerbau dürfte es kaum anders gewesen sein. Die Einzigartigkeit dieses Denkmals nördlich der Alpen ist auch daran zu erkennen, daß es – fast – ohne Nachahmung geblieben ist. Spätere Taufbecken in der Magdeburger Region, von denen eine kleine Auswahl in dieser Ausstellung gezeigt wird, weisen andere Formen auf und sind anderen Vorbildern verpflichtet. Nur einmal scheint es tatsächlich zitiert worden zu sein, bezeichnenderweise in Halberstadt, der alten Rivalin von Magdeburg: Der Taufstein im dortigen Dom,[25] der gegen Ende des zwölften Jahrhunderts in den alten romanischen Dom gestiftet und in den noch heute bestehenden Nachfolgebau übernommen worden ist, steht wie in Magdeburg auf einem dreistufigen, achteckigen Unterbau; er selbst ist zwar rund, nicht achteckig, und das Becken schwingt nicht so weit aus, er besteht aber ebenfalls aus kostbarem Material (Marmor) und besitzt einen Beckenträger, dessen Profil mit dem auffälligen Wulst dem Magdeburger Vorbild offenkundig nachempfunden ist.

Wo der Taufstein im ottonischen Dom aufgestellt war, entzieht sich unserer Kenntnis, zumal von diesem Bau bisher nur wenige Reste ergraben worden sind.[26] Doch darf wohl angenommen werden, daß er darin eine ähnlich herausragende Stellung eingenommen hat wie im heutigen Dom.

Gänzlich ungeklärt ist bisher die Frage, auf welchem Wege der Taufstein (und die anderen Spolien aus der Antike) von Italien nach Magdeburg transportiert worden sind.[27] Die Frage betrifft nicht so sehr Italien, wo die alten Römerstraßen damals vermutlich noch benutzbar waren, als vielmehr den weiteren Weg nach Norden. Wurden die Spolien über die Alpen gebracht und dann auf dem Landweg durch die deutschen Lande nach Magdeburg transportiert?[28] In der Altstraßenforschung ist man sich darüber einig, daß keiner der damals benutzten Alpenpässe, auch nicht der Brennerpaß, für Fuhrwerke passierbar war,[29] schon gar nicht für Schwertransporte. Wegen des Gewichtes der Ladung böte sich viel eher ein Transport über See an.[30] Doch ist auch diese Möglichkeit wohl auszuschließen, da die Meerenge von Gibraltar damals von den Kalifen in Cordoba kontrolliert wurde,[31] die Straße von Dover aber in der Hand der Normannen war, ganz abgesehen davon, daß für diesen Seeweg damals noch alle logistischen Voraussetzungen fehlten und es auch in Pisa oder Venedig kaum Seeleute gegeben haben dürfte, die mit dieser Route vertraut gewesen wären. Wenn denn tatsächlich der Brennerpaß nicht zur Verfügung stand, muß eine Kombination aus Flußschiffahrt und Landweg gewählt worden sein. Am wahrscheinlichsten ist der Weg über die Rhone in den Rhein.[32] Von dort bestanden zwei Möglichkeiten, nach Magdeburg zu gelangen: Am einfachsten war es wohl, von der Rheinmündung an der Nordseeküste entlang die Elbe zu erreichen. Doch ist damals auch eine binnenländische Verbindung benutzt worden: über den Main durch den Frankenwald in die Saale; dies war vielleicht sogar der schnellere Weg.[33]

Welche Lösung auch immer die richtige ist: Der Transport im Ganzen hat auf jeden Fall sehr viel Zeit erfordert.[34] Daß das Transportgut in Magdeburg überhaupt angekommen ist, stellt für die damalige Zeit eine beachtliche technische Leistung dar, die wohl auch nur deshalb möglich geworden ist, weil der Kaiser selbst der Auftraggeber war.

EXKURS: ÜBER DIE STEINBRÜCHE AM MONS PORPHYRITES IN ÄGYPTEN

Die Steinbrüche am Mons Porphyrites, deren Existenz aus der antiken Literatur stets wohlbekannt war, sind erst 1822 von dem Engländer James Burton wiederentdeckt worden. Danach sind sie in unregelmäßigen Abständen von wagemutigen Forschern aufgesucht worden, die sich von der unwirtlichen und lebensfeindlichen Umgebung nicht haben abschrecken lassen. Umfangreiche Surveys und regelrechte Ausgrabungen sind dort aber erst gegen Ende des 20. Jahrhunderts durchgeführt worden, die unsere Kenntnis dieses Gebietes auf eine neue Grundlage gestellt haben.[35]

Wie alle antiken Steinbrüche waren auch die Porphyrbrüche am Mons Porphyrites kaiserlicher Besitz. Sie lieferten das Material, mit dem die römischen Kaiser ihre Paläste und andere

Bauten ausstatteten, die sie im ganzen Reich errichteten. Da sich Porphyr aber auch in nichtkaiserlichen Gebäuden nachweisen läßt, muß auch für Privatleute die Möglichkeit bestanden haben, legal oder illegal in den Besitz dieses Materials zu gelangen. Die Verwaltung der Steinbrüche lag in den Händen kaiserlicher Verwaltungsbeamter, die in Alexandria und Rom bzw. später in Constantinopel saßen; aber auch an den Steinbrüchen selbst muß es kaiserliche Procuratoren gegeben haben, die die Arbeiten beaufsichtigten und koordinierten.

Der Abbau des Porphyrs und sein Transport lagen in den Händen ganz verschiedenartiger Personengruppen. Beteiligt waren daran freiwillige Handwerker (also freie oder freigelassene Bürger) und Soldaten sowie Strafgefangene, die zur Arbeit in den Steinbrüchen (*ad metalla*) verurteilt waren. Die Letzteren waren in der Regel für die technisch anspruchsvollen Aufgaben nicht ausgebildet und ohne fachliche Anleitung nicht einsetzbar. Die abkommandierten Soldaten waren nicht nur zum Schutz der Arbeiter und zu ihrer Überwachung da, sondern wurden auch selbst in den Steinbrüchen eingesetzt. Die Unterkünfte dieser unterschiedlichen Gruppen haben sich recht gut erhalten und lassen die Rangordnung oft klar erkennen (Abb. 3). Die Strafgefangenen waren in kleinen Zellen untergebracht, die in Reihen nebeneinander liegen. Größere Häuser mit mehreren Zimmern waren offenbar den freien Handwerkern vorbehalten, die hier mit Frau und Kindern wohnten. (In den benachbarten Nekropolen hat man ihre Knochen gefunden und untersuchen können: sie zeigen keine Merkmale mangelhafter Ernährung.) Die Siedlungen lagen jeweils in der Nähe der Steinbrüche, die gerade ausgebeutet wurden. Die Soldaten waren dagegen in zwei Lagern kaserniert, die an strategisch wichtigen Punkten errichtet waren.

Die Versorgung dieser Menschen wie auch die der vielen unverzichtbaren Zugtiere mit Wasser und Nahrungsmitteln hat offenbar keine Schwierigkeiten bereitet. Da mehrere Zisternen und sogar ein beheizbares Bad nachgewiesen worden sind, muß man schließen, daß es in diesem trockenen Gebiet doch hin und wieder regnete; Wasser und Nahrungsmittel konnten aber auch leicht auf dem Rückweg vom Nil auf den leeren Transportwagen herangebracht werden. Den religiösen Bedürfnissen der paganen Bewohner dienten zwei kleine Tempel für Isis und Serapis. Eine christliche Kirche ist am Mons Porphyrites bisher nicht nachgewiesen worden, obwohl die Steinbrüche noch in Betrieb waren, als die christliche Religion offiziell zugelassen wurde (313 n. Chr.). Sicher hat es auch davor schon Christen am Mons Porphyrites gegeben, sei es als Strafgefangene, sei es als freie Steinmetzen. Zu den letzteren gehören vier Bildhauer, die Heiligen Quatuor Coronati (die Vier Gekrönten), die vom Kaiser Diocletian mit weiterem Personal zum Mons Porphyrites geschickt worden sind, damit sie dort für den Kaiser neben Säulen und Kapitellen auch Gefäße aus Porphyr, Wannen und Becken herstellten, Gegenstände also wie den Magdeburger Taufstein (der allerdings, wie oben dargelegt, vermutlich früher entstanden ist). Da sie sich aber weigerten, auch (heidnische) Götterbilder zu schaffen, wurden sie 304 n. Chr. in Sirmium (an der Save in Kroatien) zum Tode verurteilt, wie die sie betreffenden Märtyrerakten überliefern. In Rom werden sie in der Kirche SS. Quattro Coronati noch heute von Bildhauern als Schutzheilige verehrt.

Die Porphyrblöcke wurden schon im Steinbruch bearbeitet und teils im bossierten, teils im fertigen Zustand zum Nil transportiert, der 150 km entfernt ist. Der nähere Weg zum Roten Meer kam nicht in Betracht, da ein Weitertransport zur See wegen der dort herrschenden Windverhältnisse nicht möglich war. Auf einer noch vorhandenen Verladerampe wurden die Blöcke auf Wagen oder – bei besonders großen und schweren Objekten – auf Schlitten verladen, wie sie in Ägypten bereits seit dem Alten Reich im Einsatz waren. Wie sich aus den Viehhürden ergibt, die sich sowohl am Mons Porphyrites wie am Weg zum Nil erhalten haben, wurde der Transport mit Tieren, vermutlich Ochsen, bewerkstelligt. In Alexandria mußte das Transportgut von den Nilschiffen auf hochseegängige Schiffe umgeladen werden, die die Fracht direkt bis Ostia und Rom bzw. Constantinopel brachten. Der Magdeburger Taufstein hatte also bereits eine weite Reise hinter sich, bevor er auf den nicht ganz so weiten, aber viel schwierigeren Weg nach Magdeburg geschickt wurde.

---

* Auf ausdrücklichen Wunsch des Verfassers wurde in diesem Aufsatz die bis 2005 gebräuchliche Rechtschreibung beibehalten.

Anmerkungen

1 Dazu vgl. Delbrueck 1932, das grundlegende und noch immer gültige Werk zu den Denkmälern aus diesem Stein. • Vgl. ferner Lucci, Maria Luisa: Il porfido nell'antichità, in: Archeologia Classica 16, 1964, S. 226–271. • Gnoli 1971, S. 98 ff. • Maxfield – Peacock 2001, S. 319 ff. • Malgouyres 2003, S. 11 ff. In der neueren deutschen Forschung zum Magdeburger Dom ist der ägyptische Ursprung des Porphyrs gelegentlich angezweifelt worden (vgl. etwa Schubert, Ernst: Der Dom in Magdeburg, Leipzig 1994, S. 90. • Meckseper 1996, S. 180 Anm. 10), doch sind solche Bedenken unbegründet: Einerseits hat ein vom Staatlichen Museum für Mineralogie und Geologie in Dresden 1987 angefertigtes Gutachten (Brief von Dr. Beege an Dr. Krause vom Institut für Denkmalpflege in Halle vom 27.11.1987) den ägyptischen Ursprung bestätigt, andererseits ist seit langem bekannt, daß vor der zweiten Hälfte des 19. Jahrhunderts in Europa keine Porphyrbrüche von der Qualität der ägyptischen entdeckt worden sind. Das mußten z.B. die Franzosen erfahren, als sie Napoleon I. unbedingt in einem Sarkophag aus Porphyr beisetzen wollten: Nur beim ehemaligen Gegner Rußland konnten sie schließlich etwas Passendes finden, aber der gelieferte Stein war kein echter Porphyr, sondern sah nur so aus (vgl. Malgouyres 2003, S. 187 ff.).
2 Vgl. Gnoli 1971, S. 101 Abb. R. • Maxfield – Peacock 2001, S. 2 f. Abb. 1. 1–2. • Malgouyres 2003, Abb. S. 11.
3 Vgl. Delbrueck 1932, S. 13 f. • Malgouyres 2003, S. 26 f., 42 ff. Nr. 2–3 mit Abb.
4 Vgl. Maxfield – Peacock 2001, S. 60 f. mit Abb. 3. 5–6. Nach Plinius, naturalis historia XXXVI 57 sind Statuen aus Porphyr in Rom erst unter Kaiser Claudius (41–54 n. Chr.) bekannt geworden und haben dort zunächst keinen Beifall gefunden.
5 Vgl. Delbrueck 1932, S. 12, 29 f. • Gnoli 1971, S. 98 f. • Maxfield – Peacock 2001, S. 319.
6 Zur Arbeitsweise vgl. Delbrueck 1932, S. 3 ff. • Maxfield – Peacock 2001, S. 131 ff.
7 Das ist schon von Delbrueck 1932, S. 173 festgestellt worden.
8 Vgl. a. a. O., S. 3.
9 Vgl. etwa die Profile an den Basisplatten marmorner Kandelaberbasen aus dem späten 1. Jh. n. Chr.: Cain, Hans-Ulrich: Römische Marmorkandelaber, Mainz 1985, S. 196 Nr. 124; S. 198 Nr. 127 Taf. 31–32. Bei den Ausgrabungen in der Krypta des Magdeburger Domes wurde 1926 eine flache Basis aus rötlichem Kalkstein mit ganz ähnlichen Profilen gefunden: vgl. Koch, Alfred: Die Ausgrabungen am Dom zu Magdeburg im Jahre 1926, Montagsblatt 68 vom 20. Dez. 1926, S. 16. • Bettauer 1995/96, S. 25 Anm. 30 mit Abb. 3. Die leider vorerst nicht auffindbare Basis ist vermutlich ebenfalls eine antike Arbeit. Gern wüßte man, welche Funktion sie im ottonischen Dom hatte (Basis für einen Thron wie im Aachener Dom?).
10 Ähnliche Wulstringe kommen auch an den Füßen antiker Marmorkratere seit dem 1. Jahrhundert v. Chr. vor, vgl. Grassinger, Dagmar: Römische Marmorkratere, Mainz 1991, S. 175 ff. Nr. 18 und 19 mit Abb. 23–25 und 200–203 (1. Jh. v. Chr.); S. 208 f. Nr. 48 Abb. 181 (Mitte 1. Jh. n. Chr.); S. 183 Nr. 26 Abb. 228 (2. Hälfte 1. Jh. n. Chr.); da an diesen Denkmälern der ornamentale und figürliche Schmuck reicher ist, lassen sie sich zeitlich genauer einordnen.
11 Vgl. Violante, Sabrina: in: De Nuccio, Marilda und Lucrezia Ungaro (Hrsg.), I marmi colorati della Roma imperiale, Kat. Ausst. Rom 2002/3, S. 398 Nr. 103 mit Abb. – Ein ganz ähnlicher Untersatz aus Porphyr steht in der römischen Kirche Santi Nereo e Achille und trägt dort die Kanzel. Ein Beckenträger mit sechseckiger Fußplatte befindet sich in der Katakombe des Pamphilus, vgl. Delbrueck 1932, S. 185 f. Abb. 92 (vielleicht aus dem 4. Jh. n. Chr.).
12 Doch kann ein etwas früherer oder späterer Ansatz nicht ausgeschlossen werden.
13 Vgl. Delbrueck 1932, S. 190 Abb. 96 Taf. 86 (mit Datierung ins 2.–3. Jh. n. Chr.) • Gnoli 1971, S. 99 Abb. Q (mit dem Magdeburger Taufstein verglichen). • Brandl 2005, S. 91 Anm. 3 Abb. 5.
14 Vgl. Delbrueck 1932, S. 173 ff. Taf. 83 ff.

15 Diese Lösung war schon für Delbrueck 1932, S. 174 Abb. 76 selbstverständlich; ebenso Gnoli 1971, S. 99 Abb. Q. In der Literatur zum Magdeburger Dom wird dagegen noch immer der Taufstein selbst als antikes Brunnenbecken bezeichnet (zuletzt etwa Brandl 2005, S. 91), doch scheint sich der wahre Sachverhalt allmählich herumzusprechen, vgl. Peter, Michael: in: Antike Welt 32, 2001, S. 296: „… Porphyrtaufstein […], von dem vermutet worden ist, daß er ursprünglich den Fuß einer antiken Porphyrschale bildete".

16 Es ist allerdings nicht sicher, ob die Schale schon ursprünglich zu dem Fuß gehörte, auf dem sie heute steht, da dazwischen eine nichtantike Ausgleichszone eingefügt ist. Die Schale in Verona weist zwar ein Mittelmotiv im Zentrum auf, wie es auch an anderen Brunnenschalen vorkommt, ist aber nicht durchbohrt, diente also nur als Wasser-, aber nicht als Brunnenbecken.

17 Sogar in der Renaissance hatte man noch Schwierigkeiten, die technischen Fähigkeiten der Antike wieder zu erreichen, vgl. Delbrueck 1932, S. 32. • Maxfield – Peacock 2001, S. 320. • Malgouyres 2002, S. 90 ff.

18 In San Marco in Venedig dient ein solches Becken als Weihwasser-Becken, vgl. Delbrueck 1932, S. 188 Abb. 95.

19 Vgl. die Verbindung der Zahl acht mit der Taufe im 1. Petrus-Brief des Neuen Testaments 3,20–21. Viele Taufsteine des Mittelalters und der frühen Neuzeit sind aus diesem Grunde achteckig. Vgl. auch hier die Katalogaufsätze von Peter Poscharsky, *Der Ort der Taufe,* und Hartmut Mai, *Taufsteine, Taufbecken und Taufständer – Geschichte und Ikonografie.*

20 Über diese Architektur-Spolien ist in den letzten Jahren viel geschrieben worden, vgl. Bettauer 1995/96, S. 2 ff. • Meckseper 1996, S. 179 ff. • Meckseper 1997, S. 51 ff. • Schubert, Ernst: Imperiale Spolien im Magdeburger Dom, in: Gerd Althoff und Ernst Schubert (Hrsg.): Herrschaftsrepräsentation im ottonischen Sachsen, Sigmaringen 1998, S. 9 ff. • Meckseper 2001, S. 367 ff. • Peter 2001, S. 295 ff. • Huschner 2003, S. 711 ff. – Die Säulen waren möglicherweise auch schon in Italien in zweiter Verwendung verbaut, bevor sie nach Magdeburg kamen.

21 Vgl. dazu Meckseper 1996, S. 188, der versucht, aus dem Kontext, in dem diese Nachricht bei Thietmar steht, den Zeitraum des Spolientransportes genauer einzugrenzen, nämlich auf die Zeit des 3. Italienaufenthalts des Kaisers (966 –972). Doch kann dieser Ansatz nicht überzeugen: Wie hätte man die Architekturspolien noch in den Dom einbauen können, der beim Tod Ottos I. 973 bereits ganz oder doch weitgehend vollendet gewesen sein muß (vgl. Thietmar, Chron. II 43)?

22 Vgl. Effenberger, Arne: in: Ausst. Kat. Magdeburg 2001, S. 149 ff.

23 Vgl. Weigel, Thomas: Spolien und Buntmarmor im Urteil mittelalterlicher Autoren, in: Joachim Poeschke (Hrsg.): Antike Spolien in der Architektur des Mittelalters und der Renaissance, München 1996, S. 117–151.

24 Vgl. Grimme, Ernst Günther: Der Dom zu Aachen. Architektur und Ausstattung, Aachen 1994 • Jacobsen, Werner: Spolien in der karolingischen Architektur, in: Joachim Poeschke (Hrsg.): Antike Spolien in der Architektur des Mittelalters und der Renaissance, München 1996, S. 155 ff. • Reuter, Timothy: Ottonische Neuanfänge und karolingische Tradition, in: Ausst. Kat. Magdeburg 2001, S. 179 ff. • Meckseper 2001, S. 376. • Jung, Helmut: Der Persephonesarkophag Karls des Grossen, in: Jahrbuch des Deutschen Archäologischen Instituts 117, 2002, S. 283 ff. Zur Nachahmung der Spolienverwendung durch Otto I.: Huschner 2003, S. 723 mit weiterer Lit.

25 Vgl. Findeisen, Peter: Halberstadt. Dom, Liebfrauenkirche, Domplatz ³(2005), Abb. S. 54.

26 Vgl. Schubert, Ernst und Gerhard Leopold: Magdeburgs ottonischer Dom, in: Ausst. Kat. Magdeburg 2001, S. 352 ff. Zur ganz spekulativen Suche nach möglichen Vorbildern in der Architektur Italiens vgl. zuletzt Huschner 2003, S. 714 ff.

27 Die Transportfrage ist in der Forschung merkwürdigerweise sehr selten thematisiert worden, vgl. aber Meckseper 1996, S. 190 mit Anm. 50–52. • Huschner 2003, S. 724 f. Der tatsächlich gewählte Transportweg ergab sich vermutlich auch aus dem Herkunftsort der einzelnen Spolien, die keineswegs alle aus derselben Stadt stammen müssen. – Zu den von den Ottonen benutzten Reiserouten nach und von Italien vgl. Riechenberg, Hans Jürgen: Königsstraße und Königsgut in liudolfingischer und frühsalischer Zeit (915–1056), Diss. Göttingen 1940, in: Archiv für Urkundenforschung 17, 1940, S. 63 f., 65 f., 152 und Karte.

28 An diesen Weg denkt Huschner 2003, S. 724 („auf Karren nach Norden"). Eher als an Karren wäre für einen Landweg – wie in Ägypten – an Schlitten zu denken.

29 Vgl. Pauli, Ludwig: Die Alpen in Frühzeit und Mittelalter, München 1980, S. 254 ff. • Ohler 1988, S. 169 ff. („Von wenigen Ausnahmen abgesehen, konnten die Alpenpässe bis zum Ausgang des Mittelalters nur von Trägern und Saumtieren begangen werden"). Das Problem von Schwertransporten aus Italien nach Deutschland wird auch von Leighton 1972 nicht erörtert.

30 Vgl. Peters, O.: Woher kamen die antiken Säulen im Dom und Kloster U. l. Frauen zu Magdeburg?, in: Montagsblatt (Wiss. Beilage der Magdeburger Zeitung) 63, 1911, S. 91–93, zit. von Huschner 2003, S. 724.

31 Zwar bestanden seit 954 diplomatische Kontakte zwischen Otto I. und dem Kalifen von Cordoba, doch belegen sie gerade, wie unsicher die Verhältnisse für die Seefahrt im westlichen Mittelmeer waren: Verhandlungsgegenstand waren die sarazenischen Seeräuber, die von Fraxinetum (Freinet, bei St. Tropez) aus seit 888 die Provence plünderten und die Seefahrt gefährdeten. Vgl. dazu Valdéz Fernandez, Fernando: Die Gesandtschaft des Johannes von Gorze nach Cordoba, in: Kat. Ausst. Magdeburg 2001, S. 525 ff. Vgl. auch die folgende Anm.

32 Nach Leighton 1972, S. 75 und Ohler 1988, S. 53 ff. habe der Weg aus der Rhone in den Rhein durch den Genfer See und dann über Land in den Neuenburger oder Bieler See geführt, von wo über die Aare der Rhein erreicht werden

konnte. Detlev Ellmers vom Deutschen Schiffahrtsmuseum in Bremerhaven hält (nach brieflicher Mitteilung, für die herzlich gedankt sei) den einfacheren Weg durch die Burgundische Pforte (Rhone – Saône – Doubs – Landstrecke – Ill – Rhein) für wahrscheinlicher. Das dürfte auch die Route gewesen sein, auf der Karl der Große die antiken Spolien nach Aachen hat bringen lassen (s. o. Anm. 24). Die sarazenischen Piraten, die die Rhonemündung zur Zeit Ottos I. bis zu ihrer endgültigen Vertreibung im Jahre 972 unsicher machten, hätten nach Ellmers die Flußschiffahrt auf der Rhone nicht wirklich verhindern können.

33 Vgl. Eckoldt, Martin: Schiffahrt auf kleineren Flüssen Mitteleuropas in Römerzeit und Mittelalter, 1980. • Ellmers, Detlev: Die Rolle der Binnenschiffahrt für die Entstehung der mittelalterlichen Städte, in: Hansjürgen Brachmann und Joachim Herrmann: Frühgeschichte der europäischen Stadt, 1991, S. 137 ff. (Diese Literaturhinweise werden ebenfalls D. Ellmers verdankt.)

34 Huschner 2003, S. 724 f. stellt Überlegungen an, welcher Vertrauensmann Ottos I. den Transport begleitet haben könnte. Ob hochrangige Kleriker wie Adalbert, der gerade zum Erzbischof von Magdeburg erhoben worden war, wirklich so lange von ihren Amtsgeschäften abkömmlich waren?

35 Vgl. Delbrueck 1932, 1 ff. mit der älteren Lit. • Kraus, Theodor; Roeder, Josef; Müller-Wiener, Wolfgang: Mons Claudianus – Mons Porphyrites. Bericht über die zweite Forschungsreise 1964, in: Mitteilungen des Deutschen Archäologischen Instituts Kairo 22, 1967, S. 156–205. • Klein, Michael: Untersuchungen zu den kaiserlichen Steinbrüchen an Mons Porphyrites und Mons Claudianus in der östlichen Wüste Ägyptens, Diss. Frankfurt, Bonn 1985. • Klemm, Rosemarie und Klemm, Dietrich: Steine und Steinbrüche im alten Ägypten, Berlin 1993, S. 379 ff. mit Taf. 14–15. • Maxfield – Peacock 2001, S. 2 ff. mit der neueren Lit.

BENEDIKT KRANEMANN

„Durch das Todeswasser zum neu geschenkten Leben"[1]

Taufe im Spiegel von Gebeten und Betrachtungen über das Taufwasser

DIE TAUFE – EINE VIELSCHICHTIGE LITURGIE MIT VIELFÄLTIGER DEUTUNG

Aus dem mittelalterlichen Italien hat sich eine Reihe von Exsultet-Rollen erhalten – langen Pergamentrollen, die während des Gesanges des österlichen Lichtlobpreises, des Exsultet, in der Osternacht ausgerollt wurden. Mit langer Tradition war und ist die Osternacht ein Tauftermin, und so finden sich auf diesen reich bebilderten Rollen immer wieder auch Taufszenen. Eine dieser Rollen, die nach 969 datiert wird und aus dem Benevent stammt, zeigt den Bischof bei der Taufwasserweihe:[2] Man sieht ein großes Taufbecken, um das sich die Gemeinde versammelt hat. Der Bischof taucht die brennende Osterkerze in das Taufbecken ein und haucht das Wasser an. Chrisam-Öl wird in das Wasser gegossen. Die sog. Benedictio fontis ist bis heute in verschiedenen christlichen Liturgien des Ostens und Westens einer der feierlichsten Riten der Taufliturgie. Kirchen, die sie nicht kennen, wie etwa die lutherischen, sehen doch zumindest eine Betrachtung zum Taufwasser vor, die manches aussagt, was man in den Texten zur Wasserweihe findet. Von „Lobpreis und Anrufung Gottes über dem Wasser" spricht die katholische Liturgie, eine Bezeichnung, der man die besondere Bedeutung dieses Gebets ablesen kann.

Es handelt sich um *ein*, in manchen Traditionen um *das* zentrale Gebet dieser Liturgie, dem man das Verständnis und damit die Theologie der Taufe entnehmen kann. Die Taufe ist eine stark zeichenhafte Liturgie. Das Übergießen mit Wasser oder das Untertauchen steht im Mittelpunkt; Ölsalbungen, das Anziehen des Taufkleides (des Westerhemdes)[3], die Überreichung des Taufkleides und der Effata-Ritus[4] – die Traditionen variieren hier und haben sich in ihrer Geschichte auch verändert – deuten das Kerngeschehen aus. Der Zeichenhaftigkeit im Ritual entspricht die Metaphorik der Sprache.[5] Die Liturgie bedient sich keiner erklärend-argumentativen Sprache, spricht vielmehr poetisch in Bildern, um das auszudrücken, was sich im Gottesdienst für den Menschen ereignet. Die vielfältige Wirklichkeit, die für die Gläubigen hinter jeder Liturgie steht und in ihr Gegenwart ist, kann nur durch sehr komplexe Sprachspiele und allein in Annäherungen erfasst werden. So „definiert" die Liturgie nicht eine Glaubensaussage, sondern spielt in vielfältigen Bildern aus Bibel und Frömmigkeitsgeschichte durch – gerade in der Taufe auch mit Naturbildern –, wie Gott im Zeichen der Wassertaufe am Menschen handelt.

Das Taufgeschehen ist ein mehrdimensionales Geschehen. Wasser selbst ist ja schon eine Materie, die sehr vielfältig genutzt wird und sehr unterschiedlich wirken kann.[6] Es reinigt und erfrischt, wie jeder aus seinem Alltag weiß. Wasser kann, wie Naturkatastrophen immer wieder zeigen, vernichten; es ist zugleich die Grundlage für alles Leben. Schon von Natur her besitzt es eine „innewohnende Kraft zu töten, zu beleben und zu reinigen".[7] Auch wenn es heute verbreitetem Taufverständnis zuwiderläuft: Genau im Rückgriff auf diese Naturgewalt des Wassers kommt das eigentliche Geschehen der Taufliturgie zum Ausdruck. Unter dem ambivalenten Zeichen des Wassers wird gefeiert, wie das alte Leben untergeht und von Gott her ein neues Leben beginnt. Das Wasser ist unverzichtbar für die Taufe. Dafür greift die Liturgie auf eine poetische Sprache zurück, die in der Lage ist, die Übergänge, Paradoxien und Spannungen, die sich mit dem Zeichen des Wassers verbinden, zu formulieren. Verschiedene Perspektiven auf ein und dasselbe Geschehen bleiben nebeneinander stehen, um dadurch das Ganze in den Blick zu bekommen: „Man kann das Phänomen in seiner Ganzheit nur erfassen, indem man seine wichtigsten Aspekte – Anblicke – nebeneinander stellt. Die Frage, ob es dabei logische Widersprüche gibt, stellt sich nicht."[8] Anders formuliert: „Die Bilder sind viele, aber die Wirklichkeit ist nur eine."[9]

Die zahlreichen Bilder, die die Taufliturgien verwenden, ermöglichen vielfältige Assoziationen. Man kann diese Liturgie wieder und wieder in einer Gemeinde mitfeiern und wird ihr doch immer neue Facetten abgewinnen können: in veränderten Lebenskontexten, in unterschiedlichen Seelsorgesituationen, durch die Generationen hindurch. Die Liturgie bleibt damit aktuell, das in ihr Gefeierte kann Mal für Mal neu sprechen. Zugleich wächst die Erwartung, dass diese Liturgie so gefeiert wird, dass ihr zeichenhafter und sprachlicher Reichtum auch sichtbar wird und wirken kann. Eine „Unterinszenierung", die die Taufliturgie deformiert, nimmt ihr die eigene spirituelle Kraft und theologische Dramatik.

TAUFWASSERWEIHE – TAUFWASSER ALS ZUGANG ZUM TAUFGESCHEHEN

Die Taufwasserweihe, also das feierliche Gebet, das über das Taufwasser gesprochen wird, trifft man nicht in allen christlichen Konfessionen an. Die katholische Feier der Kindertaufe[10] kennt ebenso wie die Feier der Eingliederung Erwachsener in die Kirche[11] mehrere mögliche Gebete für „Lobpreis und Anrufung Gottes über dem Wasser". Gleiches gilt für die Liturgie der Altkatholiken in Deutschland[12] und jene der Orthodoxen Kirche.[13] Anders wird in den lutherisch geprägten Kirchen verfahren: Die Agende der Vereinigten Evangelisch-Lutherischen Kirche Deutschlands erwähnt die „Betrachtung zum Taufwasser" und enthält Texte, die zum Teil den Weihegebeten der anderen Konfessionen sehr nahe kommen.[14] Die Agende der Evangelischen Kirche der Union kennt ein Gebet oder eine Betrachtung an der Taufstätte.[15] Alle diese Texte, die um Beispiele aus anderen Kirchen des Ostens und Westens zu ergänzen wären, stehen in einer langen Tradition,[16] die sich auch in so prägenden Texten wie dem Sintflut-Gebet Martin Luthers[17] und der Benedictio fontis des Missale Romanum von 1570[18] niedergeschlagen haben.

Was geschieht in der Taufwasserweihe bzw. in den Betrachtungen? „Lobpreis", „Anrufung", „Gedächtnis" oder auch „Betrachtung" machen auf unterschiedliche Dimensionen aufmerksam. Die einzelnen Traditionen erinnern in je eigener Weise an das Handeln Gottes unter dem Zeichen des Wassers und proklamieren, dass auch in der Taufe hier und jetzt Gott am Menschen handelt: „So hat Gott geführt: durch das Todeswasser zum neu geschenkten Leben. Und so führt Gott noch immer: durch die Taufe zum neuen Anfang unter dem geöffneten Himmel."[19] Diese Glaubensüberzeugung ist Grund für Lob und Dank Gottes. Das Gebet selbst partizipiert am Symbolgeschehen der Taufe, also am Geschehen, das in der Taufe gefeiert wird. Gerade das Weihegebet als die kunstvollste und zugleich theologisch dichteste Gebetsform in der Taufliturgie – zumindest der katholischen Kirche – zeigt: Hier wird eine Wirklichkeit bekannt,[20] geschieht Erinnerung an Heilsgeschichte, die sich in der Zukunft bei Gott vollenden wird (Anamnese), wird aber auch um die Heiligung des Wassers durch die Gabe und Kraft des Heiligen Geistes gebetet (Epiklese).[21] Erinnerung in der christlichen Liturgie vergegenwärtigt Heilsgeschichte. Dies geschieht in der Überzeugung, dass Gott als Herr der Geschichte sich in der Gegenwart so erweist, wie er dem Menschen in der Vergangenheit nahe war. Sie ist mit der Erwartung auf die eschatologische Erfüllung verbunden, mit der Hoffnung also, dass das, was mit der Schöpfung der Welt begonnen hat, einst bei Gott seine Vollendung finden wird. Diese Perspektive der Hoffnung prägt die Taufliturgie durch und durch, und so vergegenwärtigt sie neben Gegenwart und präsentischer Vergangenheit auch die schon in Christus angebrochene Zukunft.[22]

Wenn das Untertauchen oder Übergießen mit Wasser das zentrale Zeichen der Taufliturgie ist, dann darf man gerade von den Gebeten, die dieses Zeichengeschehen ausdeuten, erwarten, dass sie erschließen, was dem Menschen in der Taufe widerfährt.

DIE SCHÖPFUNGSWASSER, DIE FLUTEN DES ROTEN MEERES, DAS WASSER DES JORDAN – TAUFE UND TAUFTHEOLOGIE IM SPIEGEL LITURGISCHER METAPHORIK

Das Einspielen vielfältigster Bilder (Paradigmen) aus dem Alten und Neuen Testament, damit das Anklingen ganz unterschiedlicher biblischer Stoffe prägt also die Gebetstexte der Taufliturgie. Historisch überwiegt oftmals der Bezug auf das Alte Testament, ein Eindruck, der sich auch in der Gegenwart immer wieder einstellt. Man kann kaum den Blick dafür verschließen, dass die Taufliturgie in den verschiedenen Konfessionen eng mit der Geschichte Gottes mit den Menschen verbunden ist, wie sie die *ganze* Bibel überliefert. Was das im Einzelnen bedeutet, soll anhand verschiedener Paradigmen[23] dargestellt werden.

GOTTES GEIST BEI DER SCHÖPFUNG ÜBER DEN WASSERN

Die beiden Schöpfungsberichte der Genesis (1. Mose 1,1–2,4a; 2,4b–25) sprechen immer wieder vom Wasser. Sofort zu Beginn ist von der Urflut die Rede, über der Gottes Geist schwebt. Gott trennt die Wasser oberhalb und unterhalb des Himmels, scheidet Land und Wasser voneinander. Feuchtigkeit dringt aus der Erde und tränkt den Ackerboden, aus dem Lehm wird der Mensch geformt. Im Garten Eden entspringt ein Strom, der den Garten bewässert und der sich in vier Flüsse teilt. Wasser ist Teil der Schöpfung und ist der Grund allen Lebens und aller Fruchtbarkeit. Die Taufliturgie vergegenwärtigt das immer wieder neu und vielfältig. Wenn – wie in der altkatholischen Liturgie – Gottes Geist erwähnt wird, der schon zu Beginn der Schöpfung über dem Wasser war,[24] verbindet sich damit die Hoffnung, dass auch in dieser Taufe, die unter dem Zeichen des Wassers gefeiert wird, der Geist Gottes wirken möge. Die Dynamik der Anwesenheit des Geistes und seines Wirkens klingt durch, wenn es im Taufbuch der EKU heißt: „Am Anfang schwebtest du über den Wassern und brachtest Licht und Leben in die gestaltlose Leere."[25] Über dem Chaoswasser der Urzeit wirkte bereits der Geist Gottes, die Basis für das kommende Leben. Die Agende der VELKD formuliert entsprechend: „Als Gottes Geist bei der Schöpfung über den Wassern schwebte, nahm alles, was ist, seinen Anfang."[26] Das Wasser ist

„Zeichen des Lebens", die Schöpfung ist der Beginn dieses Lebens. Dass die Erwähnung des Geistes Gottes als handelndes Subjekt ein besonderes Licht auf die Taufe wirft, soll gleich noch erwähnt werden. Bemerkenswert ist an dieser Stelle das mehrdeutige Hinweisen auf das Leben. In der Kindertaufe wird Leben immer auch auf das neugeborene Kind bezogen; aber mehr noch ist hier, wenn Schöpfung und Taufe zusammengebracht werden, das dem Menschen grundsätzlich neu geschenkte Leben gemeint, das er in der Taufe empfängt. Auf den Namen Jesu Christi getauft zu werden, ist durch die Liturgie- und Theologiegeschichte hindurch als Neuschöpfung in Christus verstanden worden. Gerade die orthodoxe Liturgie formuliert das sehr drastisch: „Du hast uns geschenkt die Wiedergeburt von oben durch das Wasser und den Geist. Erscheine, Herr, über diesem Wasser, und gib, dass der … welcher … darin getauft wird, neu geschaffen werde und ablege den alten Menschen, der durch die Lüste der Verführung verderbt ist, und anziehe den neuen Menschen, der nach dem Bilde seines … Schöpfers erneuert ist".[27] Die katholische Liturgie akzentuiert noch etwas anders, wenn sie die Kraft des Wassers mit der Anwesenheit des Geistes zusammenschaut: „Schon im Anfang der Schöpfung schwebte dein Geist über den Wassern, um ihnen heiligende Kraft zu geben."[28]

Indem die Liturgien Wirken des Geistes und Neuschöpfung des Menschen unter dem Zeichen des Wassers zusammenbringen, lassen sie deutlich werden, dass das Wasser ein konstitutives Zeichen der Taufliturgie ist.[29] Die Wassertaufe wird für das Leben des Christen als so grundlegend betrachtet wie die Leben spendende Kraft der Wasser für die Schöpfung insgesamt. Und beides wird als Handeln Gottes gepriesen.

Da Liturgie das, was sie feiert, dem Menschen zuspricht, braucht sie sprechende Zeichen. So ist gerade hier eine Zeichensprache möglich, unter der sich das ereignen kann, was sich in der Taufe an Veränderung der Existenz des Menschen ereignet, „neugeboren (zu) werden aus Wasser und Geist".[30] Das Neugeborenwerden aus dem Wasser bringt sicherlich die orthodoxe Tradition besonders klar zum Ausdruck, wenn sie das Untertauchen der Täuflinge in das Taufwasser praktiziert, ein nachdrückliches Zeichen für das Grundgeschehen dieser Liturgie.

SINTFLUT … GOTTES GERICHT ÜBER DIE SÜNDE DER MENSCHEN

Mit einem anderen Paradigma bringt diese Liturgie die ihr eigene Dramatik zur Sprache, die in der Praxis wohl selten wirklich deutlich wird. Die evangelische Liturgie verwendet es sehr prominent: „Die Sintflut brachte Gottes Gericht über die Sünde der Menschen. Noah aber fand Gnade und wurde errettet aus der Flut",[31] liest man in der Taufagende der VELKD. Vergegenwärtigt man sich den biblischen Hintergrund, wirkt der Bezug zur Sintflut erstaunlich, vielleicht auch schockierend. Von der Verdorbenheit der Erde in Gottes Augen liest man in 1. Mose 6, nur Noah findet Gnade beim Herrn. Und Gott beschließt, die Menschen von der Erde zu vertilgen. So kommt die große Flut, in der nur Noah, seine Familie und die Tiere in der Arche überleben. Der biblische Text mündet in den Bund Gottes mit Noah – einen Bund, der mit „allen Wesen aus Fleisch auf der Erde geschlossen" wird (1. Mose 9,17) – und den Auftrag, die Erde zu bevölkern (1. Mose 9,1). Dieser Text hat zwei Seiten: auf der einen die Vernichtung allen Lebens, auf der anderen den Neubeginn mit jenen, die Gottes Gnade gefunden haben. Untergang und Errettung stellt die lutherische Liturgie in den Vordergrund, wenn sie die Taufliturgie vor dem Hintergrund der Noah-Perikope liest, also Gericht und Gnade. In Entsprechung zur Sintflut wird in der Taufe das vernichtet, was den Menschen („uns") von Gott trennt. Zugleich entsteht aus dem Wasser der Taufe neues Leben für den, der mit Christus lebt. Wasser ist „Zeichen des Todes und des Lebens".[32] Die Agende der EKU lässt dem Hinweis auf Noah den Satz vorangehen: „Seit alters ist der Weg zu dir ein Weg durch den Tod zum Leben."[33] Es gehört zur Spannung dieser Liturgie, dass sie dort, wo sie die Sintflut ins Spiel bringt, immer alle Facetten des biblischen Textes anklingen lässt – nicht nur die anrührende Fahrt mit der Arche, sondern auch die Vernichtung aller „Wesen aus Fleisch, die sich auf der Erde geregt hatten" (1. Mose 7,21). „Gericht Gottes über die Bosheit der Welt, und doch Rettung in der Arche Noah", liest man in der gerade genannten Agende.[34] Die Sintflut bringt das Ende allen Lebens, aber die Rettung des Noah. Die Taufe ist in dieser Perspektive eine „gefährliche" Liturgie,[35] macht durchaus Ernst damit, dass Rituale etwas verändern im Leben des Menschen und man nicht unberührt daraus hervorgeht. Wer im Augenblick der Taufe diesen biblischen Hintergrund anspricht, stellt die Taufe in den großen Kontext menschlicher Unheils- und Heilsgeschichte. Diese Liturgie hat ihren Sitz im Leben und muss dann fast zwangsläufig von Untergang und Rettung sprechen. Gerade mit Blick auf ein heutiges Verständnis von Taufe ist bemerkenswert, welche Perspektive auf die Handelnden die biblische Perikope vorgibt. Dass Noah gerettet wird, liegt allein in der Gnade Gottes. Das Handeln Gottes wird absolut gesetzt. Noah wird gerettet, er kann sich nicht alleine retten. Für das christliche Verständnis von Taufe ist das entscheidend: Der hier letztlich Handelnde ist Gott selbst, die Bibel hält das präsent, stellt die Beziehung Gott – Mensch aber insofern auf einen sicheren Grund, als die Rettung des Noah in den Gottesbund mündet. Die Liturgie thematisiert das nicht, bringt aber über dieses Paradigma den größeren thematischen Bogen durchaus ein. Die katholische Liturgie verdeutlicht, dass hier wie dort auf Gottes rettendes Handeln gehofft wird: „In den Wassern der Sintflut hast du unsere Taufe vorgebildet, da sie den alten Menschen vernichtet, um neues Leben zu wecken."[36] Zudem wird die „Zeitschiene" dieser Liturgie sichtbar: „Gott hat Noah und die Seinen … gerettet. So handelt Gott."[37] Vergangenheit und Gegenwart – und letztlich auch die bei Gott erhoffte Zukunft – werden sprachlich eng miteinander verknüpft.

… TROCKENEN FUSSES DURCH DAS ROTE MEER

Das Exodusmotiv ist eines der prägendsten Bilder dieser Liturgie und vielfach auch in die Ikonographie von Baptisterien und Taufbecken eingegangen. Es veranschaulicht das „Tauf"-Ereignis Israels, die Befreiung der „Kinder Israels" aus der Sklaverei des Pharao und den rettenden Weg durch das Meer hin zum Gelobten Land. Die in 2. Mose 13.14 beschriebenen dramatischen Ereignisse am Schilfmeer klingen an: die Flucht Israels bis an den Rand des Meeres; Mose, der vom Herrn den Befehl erhält, die Hand auszustrecken, woraufhin das Meer sich spaltet; der Engel und die Wolkensäule, die den Zug der Israeliten gleichsam eskortieren; Israel, das auf trockenem Boden das Meer durchzieht und das rettende Ufer erreicht; Mose, der wiederum die Hand ausstreckt, worauf die Verfolger – „die ganze Streitmacht des Pharao" – im Meer versinkt. Immer wieder ist das schon im Alten Testament neu gelesen und durchbuchstabiert worden. Auch die

Liturgie unterzieht diesen Text einer *Relecture* und bringt ihn in die Taufliturgie ein. „Du hast dein Volk sicheren Fußes durch die Wasser des Roten Meeres ins Land der Verheißung geführt", beschreibt die altkatholische Liturgie den Weg;[38] das Taufbuch der EKU nennt Gott denjenigen, „der uns den Weg in die Freiheit führt".[39] Was sich am Schilfmeer, so die Übersetzung aus dem Hebräischen, oder am Roten Meer, so nach der lateinischen Vulgata, ereignet, bringt die Liturgie nach der VELKD-Agende auf die kurze Formel „Rettung für das Volk – Untergang für die Feinde", um dieses Untergehen und Gerettetwerden, das Sterben und gleichsam im Angesicht des Todes Neugeborenwerden dann sofort auf die Taufe anzuwenden: „Das Schilf-Meer brachte dem Volk Gottes die Rettung, den Feinden aber den Untergang. So soll im Wasser der Taufe alles mit Christus sterben, was uns an Sünde und Gottesfeindschaft von Natur aus anhaftet, und es soll durch die Kraft des Heiligen Geistes aus dem Wasser der Taufe mit Christus der neue Mensch auferstehen, der Gott wohlgefällt und das ewige Leben erlangt."[40] Die Liturgie formuliert hier intertextuell, bringt Altes und Neues Testament zusammen.[41] In Römer 6 schreibt Paulus, genau das meine doch Taufe: mit Christus auf den Tod begraben zu werden und mit ihm durch den Vater auferweckt zu werden. Der Exodus wird in christologischer Hinsicht neu gelesen. Das hat man durchaus realistisch in der Taufpraxis umzusetzen gewusst: Im Hinabsteigen in das Wasser des Taufbeckens erlebte man das Begrabenwerden, im Hinaussteigen das Auferstehen mit Christus. Die Taufe ist damit ein Durchgang, ein Transitus. Das Hindurchziehen durch das Wasser besitzt eine existentielle Dimension, es wandelt den Menschen so, wie der Exodus die Lebensperspektive Israels verändert hat. Dass der Exodus „Bild des österlichen Sakramentes" sei, „das uns aus der Knechtschaft befreit und hinführt in das Land der Verheißung", hebt insbesondere die katholische Liturgie hervor. Sie liest von der Taufliturgie her den biblischen Text quasi noch einmal neu und kann die Taufe in diesem Zusammenhang konturieren. Mehr noch: Sie bindet die Tauffeier hier und jetzt in den Exodus hinein, unterstreicht die Partizipation der Getauften an der Heilsgeschichte. Sie stellt die Taufe in die Spannung von „Knechtschaft" und „Verheißung", zeigt, wovon der Mensch befreit und was ihm, letztlich als eschatologische Ansage, zugesprochen wird. Bemerkenswert ist, dass sich in der Taufliturgie eine sehr starke Israeltheologie findet: Was Christen in der Taufe widerfährt – immerhin eine der zentralen Liturgien der Christenheit – , deuten sie in Entsprechung zur Geschichte Israels. Dabei ist keineswegs die mit der Typologie häufig einhergehende Abwertung des Typos zu beobachten, sondern eine Selbstdeutung angesichts der Geschichte des Gottesvolkes, die den Heilsweg Israels in keiner Weise schmälert und ihn nicht lediglich als Vorgeschichte des christlichen Heilsweges betrachtet.

… um im Wasser des Jordan unsere Sünden abzuwaschen

Ähnlich prägend wie das Exodus-Motiv ist das Paradigma der Taufe Christi im Jordan. Jesus kommt zu Johannes, dem Täufer, um sich im Jordan taufen zu lassen.[42] Kaum steigt er aus dem Wasser, kommt der Geist Gottes auf ihn herab und eine Stimme ruft aus dem Himmel: „Das ist mein geliebter Sohn, an dem ich Gefallen gefunden habe." (Matthäus 3,17). Die altkatholische Liturgie spricht von der Taufe des Johannes und von der Salbung durch den Heiligen Geist „zum Christus Gottes".[43] Bald danach heißt es in einer sehr griffigen Sprache: „Für uns tauchte er ein in das Dunkel des Todes und wurde erweckt zum Licht des neuen Lebens. So befreite er uns aus den Fesseln von Tod und Sünde und öffnete uns das Tor zu Freiheit und ewiger Freude."[44] Die Taufe führt den Menschen – und hier gibt es eine interessante sprachliche Parallele zum Exodus-Paradigma – aus der Gefangenschaft in der Sünde in das immerwährende Leben. Zugleich bringt man mit dem Rekurs auf diese Bibelstelle beide Seiten des einen Taufgeschehens – Wassertaufe und Geistsalbung – zur Sprache und formuliert das Grundgeschehen, nämlich die Abwaschung der Sünde und das Erfülltwerden mit der Kraft des Geistes Gottes. So spricht der Zelebrant in der katholischen Taufliturgie: „Als aber die Fülle der Zeiten kam,[45] wurde dein geliebter Sohn von Johannes getauft und von dir mit heiligem Geist gesalbt, um im Wasser des Jordan unsere Sünden abzuwaschen."[46] Wieder kommt das schon beobachtete Zeitschema zum Tragen, sind die heute Feiernden gleichsam „Zeitgenossen" des Geschehens am Jordan, werden dort doch „unsere" Sünden weggenommen.[47] Die Taufe im Jordan wird schon in den Kontext des sühnenden Kreuzesgeschehens gestellt, wie überall dort, wo Tod und Leben zur Sprache kommen, wo gerade von Römer 6 her das Taufgeschehen mit dem Kreuzesereignis zusammengeschaut wird. So verwundert es auch nicht, dass die Agende der VELKD die Taufe im Jordan als Vorwegnahme von Tod und Auferstehung liest und dann formuliert: „Solches Sterben und Auferstehen mit Christus, solche Geburt zum neuen ewigen Leben soll nun auch an diesem Kind geschehen."[48] Hier liege das Geheimnis, warum mit Wasser getauft wird, heißt es in einem anderen Betrachtungstext.[49] Im Rückgriff auf diesen biblischen Text kommt noch ein weiterer Aspekt von Taufe zum Vorschein: Der Täufling wird Christus gleichgestaltet. Im Anziehen des Taufkleides wird das ganz anschaulich: Er zieht Christus gleichsam an und gehört nun unlösbar zu ihm.

... AUS SEINER SEITE BLUT UND WASSER

Johannes 19,34 überliefert, einer der Soldaten unter dem Kreuz habe mit einer Lanze in die Seite des Gekreuzigten gestoßen und es seien Blut und Wasser herausgeflossen. In katholischen Taufwasserweihegebeten wird das aufgegriffen und ekklesiologisch interpretiert als „Ursprung und Leben" der Kirche.[50] Das Bild erschließt sich heute im Kontext der Taufe eher schwer. Man wird es am ehesten verstehen, wenn man es als Ausdruck der engen Verbindung von Christus und Kirche liest. Es besagt vor allem, dass die Kirche nicht aus sich existiert, sondern in Christus ihren Ursprung hat. Im Zusammenhang der Taufwasserweihe wird dann einmal mehr sichtbar, dass das Sakrament der Taufe konstitutiv ist für die Kirche. Das Paradigma hält außerdem den engen Zusammenhang von Passion Christi und Taufe in Erinnerung und vergegenwärtigt damit ein wichtiges Moment der Tauftheologie.

TAUFT SIE IM NAMEN DES VATERS UND DES SOHNES UND DES HEILIGEN GEISTES ...

Ebenfalls in der katholischen Taufliturgie wird Matthäus 28,19, der Schluss des Evangeliums, aufgegriffen: „Geht hin und lehrt alle Völker und tauft sie im Namen des Vaters und des Sohnes und des Heiligen Geistes."[51] Man kann darin eine Vergewisserung erkennen, warum man tauft. Mehr aber noch lässt dieses Zitat, über das es im Gebet heißt, es sei ein Auftrag an die Jünger, die Anwesenden in die Rolle der Jünger eintreten. Ihnen wird dieser Befehl zur Taufe zugerufen. Das biblische Zitat evoziert die religiöse Ursprungssituation, besitzt dadurch eine besondere Dichte und drückt noch einmal Zeitgleichheit aus. Interessanterweise endet damit die Reihe der Paradigmen im katholischen Taufwasserweihegebet, was dem Text einen abbildhaft-nachahmenden Charakter verleiht.[52]

TAUFE – PARTIZIPATION AN HEILSGESCHICHTE

Sieht man die Taufe im Lichte zentraler Gebets- und Betrachtungstexte, so fällt vor allem die Einbindung in den großen heilsgeschichtlichen Bogen von der Schöpfung bis zur Vollendung auf. Die Liste der Paradigmen ließe sich beliebig verlängern, würde man mehr auf die ostkirchlichen und orientalischen Liturgien schauen.[53] Die katholische Liturgie spricht vom „Heilsplan Gottes, der Seele und Leib des Menschen durch das Wasser heiligt"[54], und formuliert in einer Gebetseinladung, Gott wolle „durch das Sakrament des Wassers die Fülle seines Lebens schenken".[55] Die verschiedenen Bilder, in denen diese Lebensfülle zum Ausdruck gebracht und gezeigt werden soll, wie die Getauften im Zeichengeschehen der Liturgie an dem von Gott geschenkten Heil partizipieren, besitzen auch heute noch Kraft. Allemal lohnen sie die Auseinandersetzung, denn es sind Texte, in die eine lange Frömmigkeitstradition eingeschrieben ist, die gerade in ihrer Sperrigkeit immer neu vor einseitigen Wahrnehmungen des Sakraments schützt.

Die Fülle der Bilder vermittelt den Eindruck eines Sakraments, das vielfältige Lebensbezüge besitzt. Tod und Leben, Sklaverei und Freiheit, Untergang und Neuanfang sind ja nur einige Aspekte menschlichen Lebens, die in dieser Liturgie als Spannung thematisiert werden, wobei die verheißene Auflösung dieser Spannung zugunsten des verheißenen „Lebens in Fülle" gefeiert wird. Die Kunst der Auslegung besteht darin, das hier Thematisierte auf das eigene Leben anzuwenden, es vor einer Spiritualisierung zu bewahren und damit die Lebenskraft der Taufe sichtbar werden zu lassen. So knapp die Paradigmen zum Teil formuliert sind, so vielfältige Assoziationen und Anknüpfungen ermöglichen sie.

Mehr noch spricht die Taufe Trost und Hoffnung zu, wenn in den untersuchten Texten Gott als derjenige angesprochen wird, bei dem „Heilkraft und Wirkung" der Taufe ihren Ausgang nehmen.[56] Heiligung des Menschen in der Taufe, Befreiung des alten Menschen zu neuem Leben, Befreiung „von allem, was uns an Sünde, Feindschaft oder Gleichgültigkeit gegenüber Gott anhaftet",[57] hat nach diesen Texten seinen Ursprung bei Gott. Das verdeutlichen Anamnese und Epiklese, also jene Teile des Gebets, die Gottes Handeln in der Geschichte als präsentisch erinnern bzw. die um das Handeln des Geistes Gottes in der Welt bitten. Sie beschreiben den Menschen als denjenigen, der in der Taufe von Gott die Befreiung aus ihn begrenzenden und unterdrückenden Mächten geschenkt bekommt und die Möglichkeit zu einem neuen Leben erhält. Dass das im Sinne des Gebets und der Taufe das Hier und Jetzt übersteigt, macht die epikletische Bitte deutlich, mit der das katholische Taufwasserweihegebet endet: „dass alle, die mit Christus in seinen Tod hineinbegraben sind durch die Taufe, mit ihm auferstehen zum ewigen Leben."[58]

Anmerkungen

[1] Taufbuch. Agende für die Evangelische Kirche der Union. Band 2. Im Auftrag des Rates hrsg. v. der Kirchenkanzlei der Evangelischen Kirche der Union (EKU), Berlin 2000, S. 62. Das Taufbuch ist auch verbindlich für die Evangelische Kirche der Kirchenprovinz Sachsen.

[2] Vgl. Exsultet. Rotoli liturgici del medioevo meridionale, dir. scientifica Guglielmo Cavallo. Coordinamento Giulia Orofino – Oronzo Pecere. Ufficio Centrale per i Beni Librari e gli Istituti Culturali. Roma 1994, S. 87–100.

[3] Vgl. den Aufsatz von Bettina Seyderhelm, *Die Bekleidung der Täuflinge,* in diesem Katalog.

[4] Effata heißt: Öffne dich. Bei diesem Ritus berührt der Zelebrant Ohren und Mund des Kindes und spricht ein Gebet. Diese Sinne sollen geöffnet werden, um das Geschenk des Lebens zu empfangen und davon weiter zu erzählen.

[5] Allerdings gelten die folgenden Ausführungen vor allem dieser verbalen Seite der Taufwasserweihe. Die oben genannten unterschiedlichen Gesten und Handlungen werden hier nur am Rande berücksichtigt.

[6] Vgl. zum Wasser in unterschiedlichen religiösen und kulturellen Kontexten Woschitz, Karl Matthäus: Fons vitae – Lebensquell. Sinn- und Symbolgeschichte des Wassers, Freiburg/Br. 2003 (Forschungen zur europäischen Geistesgeschichte 3). • Siehe auch den Aufsatz von Christian Grethlein, *Taufe heute – zwischen Kontinuität und Wandel,* in diesem Katalog.

[7] Felmy, Karl Christian: Die orthodoxe Theologie der Gegenwart. Eine Einführung, Darmstadt 1990, S. 185.

[8] Messner, Reinhard: Die vielen gottesdienstlichen Überlieferungen und die eine liturgische Tradition. Liturgiewissenschaft zwischen historischer und systematischer Theologie, in: Helmut Hoping, Birgit Jeggle-Merz (Hrsg.): Liturgische Theologie. Aufgaben systematischer Liturgiewissenschaft, Paderborn 2004, S. 33–56, hier S. 51.

[9] Taufe, Eucharistie und Amt. Konvergenzerklärungen der Kommission für Glauben und Kirchenverfassung des Ökumenischen Rates der Kirchen mit einem Vorwort von William H. Lazareth u. Nikos Nissiotis. Frankfurt/M./Paderborn 1982, S. 9.

[10] Die Feier der Kindertaufe in den katholischen Bistümern des deutschen Sprachgebietes, hrsg. im Auftrag der Bischofskonferenzen Deutschlands, Österreichs und der Schweiz und des Bischofs von Luxemburg, Einsiedeln u. a. (1971) 1993, S. 36–40; S. 60–64.

[11] Die Feier der Eingliederung Erwachsener in die Kirche. Grundform. Manuskriptausgabe zur Erprobung, hrsg. von den Liturgischen Instituten Deutschlands, Österreichs und der Schweiz, Trier 2001, S. 147–152.

[12] Die Feier der Taufe im Katholischen Bistum der Altkatholiken in Deutschland, Bonn 2004, S. 11–14; S. 31–35 („Lobpreis über das Taufwasser").

[13] Vgl. Mysterium der Anbetung. Band III: Die Mysterienhandlungen der Orthodoxen Kirche und das tägliche Gebet der Orthodoxen Gläubigen, hrsg. von Erzpriester Sergius Heitz, übers. u. bearb. v. Susanne Hausammann u. Sergius Heitz, Köln 1988, S. 42–44.

[14] Agende für Evangelisch-Lutherische Kirchen und Gemeinden. Band III: Die Amtshandlungen, Teil 1: Die Taufe, hrsg. von der Kirchenleitung der Vereinigten Evangelisch-Lutherischen Kirche Deutschlands. Neu bearbeitete Ausgabe 1988, Hannover ²1999, S. 58, 100–102. • Der evangelische Praktische Theologe Christian Grethlein formuliert: „Bei der Taufe als dem für die christliche Existenz grundlegenden Ritus legt sich ein näheres, benedizierendes Eingehen auf das Wasser nahe." Ders.: Benediktionen und Krankensalbung, in: Hans-Christoph Schmidt-Lauber, Michael Meyer-Blanck, Karl-Heinrich Bieritz (Hrsg.): Handbuch der Liturgik. Liturgiewissenschaft in Theologie und Praxis der Kirche, vollst. neu bearb. u. erg. Aufl. Göttingen 2003, S. 551–574, hier S. 564.

[15] Vgl. Taufbuch (wie Anm. 1). S. 41 f.; S. 51 f.; S. 61 f.; S. 75 f.; S. 104 f.

[16] Vgl. Kleinheyer, Bruno: Sakramentliche Feiern I. Die Feiern der Eingliederung in die Kirche, Regensburg 1989 (GDK = Gottesdienst der Kirche 7,1), S. 115–118. • Vgl. auch Serra, Dominic E.: The Blessing of Baptismal Water at the Paschal Vigil: Ancient Texts and Modern Revisions, in: Worship 64. 1990, S. 142–156. • Kranemann, Benedikt: Die Wasser der Sintflut und das österliche Sakrament. Zur Bedeutung alttestamentlicher Paradigmen im Hochgebet am Beispiel der Taufwasserweihe, in: LJ 45. 1995, S. 86–106, und die dort genannte Literatur. Messner 2004 (s. Anm. 8), S. 39–48. • Einige interessante ergänzende Gedanken zur Anamnese in der Taufwasserweihe bietet Wentz, Robert: Vom anamnetischen Sinn liturgischer Symbolhandlungen. Plädoyer für einen Paradigmenwechsel im Verständnis liturgischer Zeichen, in: HlD = Heiliger Dienst 55. 2001, S. 250–264. Zur Wasserweihe in den Ostkirchen vgl. Dalmais, Irenée-Henry: Die Mysterien (Sakramente) im orthodoxen und altorientalischen Christentum. Theologie und liturgischer Vollzug, in: Handbuch der Ostkirchenkunde, hrsg. v. Wilhelm Nyssen, Hans-Joachim Schulz, Paul Wiertz, Bd. II, Düsseldorf 1989, S. 141–181, hier S. 149–153.

[17] Vgl. Schulz, Frieder: Initiatio christiana. Evangelische Marginalien zu einer katholischen Darstellung der Feiern zur Eingliederung in die Kirche. Zu: Gottesdienst der Kirche. Handbuch der Liturgiewissenschaft, Teil 7,1, in: ALW = Archiv für Liturgiewissenschaft 33, 1991, S. 43–76, hier 46–49 und die dort genannte Literatur. • Vgl. zuletzt Vries, Sytze de: Nach uns die Sintflut? Das Sintflutgebet als Taufkatechese, in: Arbeitsstelle Gottesdienst 19, 2005, S. 54–68.

[18] Vgl. Lengeling, Emil Joseph: Die Taufwasserweihe der römischen Liturgie. Vorschlag zu einer Neuformung, in: Liturgie. Gestalt und Vollzug, hrsg. v. Walter Dürig, München 1963, S. 176–251.

[19] Taufbuch (wie Anm. 1), S. 62.

[20] Vgl. Auf der Maur, Hansjörg: Lobpreis und Anrufung Gottes im sakramentlichen Vollzug. Eine noch immer unterbelichtete Dimension westlicher Sakramententheologie und Praxis, in: Zeichen des Lebens. Sakramente im Leben der Kirchen – Rituale im Leben der Menschen, hrsg. von Paul M. Zulehner, Hansjörg Auf der Maur, Josef Weismayer,

Ostfildern 2000, S. 179–198. Die „Lobpreisung über dem Wasser" sei „deutend, proklamierend und bittend in den Gesamtprozess des Handelns mit Wasser eingebaut. Wiederum ist zu betonen, dass auch dieser Text als solcher schon symbolische Sprache ist und nicht einfach eine Erklärung, warum wir jetzt da eigentlich taufen." (ebd. S. 189).

21 Zu Anamnese und Epiklese vgl. jetzt Richter, Olaf: Anamnesis – Mimesis – Epiklesis. Der Gottesdienst als Ort religiöser Bildung, Leipzig 2005 (Arbeiten zur Praktischen Theologie 28).

22 Vgl. dazu jetzt die theologisch besonders dichte Studie von Wahle, Stephan: Gottes-Gedenken. Untersuchungen zum anamnetischen Gehalt christlicher und jüdischer Liturgie, Innsbruck und Wien 2006 (JThS 73).

23 Zum Gebetstypus „Paradigmengebet" vgl. Heinz, Andreas, Paradigmengebet, in: LThK 7. 1998, Sp. 1367.

24 Vgl. Feier der Taufe im Katholischen Bistum der Altkatholiken (wie Anm. 12), S. 34.

25 Taufbuch (wie Anm. 1), S. 104.

26 Agende für Evangelisch-Lutherische Kirchen und Gemeinden (wie Anm. 14), S. 101.

27 Mysterium der Anbetung (wie Anm. 13), S. 44.

28 Feier der Kindertaufe (wie Anm. 10), S. 60.

29 Gegen Felmy, Einführung (wie Anm. 7), S. 184 f; er spricht von einer „im Abendland mehr verbreiteten voluntaristischen Sicht, nach der Gott ebensogut irgendein anderes Element hätte wählen können und das nun einmal gewählte Element nichts zum Verständnis des Sakraments aussagt."

30 Feier der Taufe im Katholischen Bistum der Altkatholiken (wie Anm. 12), S. 35.

31 Agende für Evangelisch-Lutherische Kirchen und Gemeinden (wie Anm. 14), S. 58.

32 Ebd.

33 Taufbuch (wie Anm. 1), S. 61.

34 A. a. O., S. 62.

35 Darauf macht aus anthropologischer Sicht Victor Turner aufmerksam, in: Das Ritual. Struktur und Anti-Struktur. Aus dem Englischen und mit einem Nachwort von Sylvia M. Schomburg-Scherff. Frankfurt/M. 2000 (zuerst 1969), der darin die Schutzlosigkeit des Menschen gerade in den „liminalen" Phasen von Übergangsritualen untersucht.

36 Feier der Kindertaufe (wie Anm. 10), S. 60.

37 Taufbuch (wie Anm. 1), S. 105.

38 Feier der Taufe im Katholischen Bistum der Altkatholiken (wie Anm. 12), S. 34.

39 Taufbuch (wie Anm. 1), S. 105.

40 Agende für Evangelisch-Lutherische Kirchen und Gemeinden (wie Anm. 14), S. 100.

41 Vgl. Kranemann 1995 (wie Anm. 16). • Zum Phänomen der Intertextualität vgl. jetzt ders., Biblische Texte – liturgische Kontexte. Intertextualität und Schriftrezeption in der Liturgie, in: ThG 48, 2005, S. 254–264 und die dort genannte Literatur, bes. Alexander Deeg, Gottesdienst in Israels Gegenwart – Liturgie als intertextuelles Phänomen, in: LJ 54. 2004, S. 34–52.

42 Allerdings macht Wiel Logister, De doop van Jezus. Een vergeten thema in de dooptheologie, in: Jaarboek voor liturgie-onderzoek 18. 2002, S. 7–26, darauf aufmerksam, dass dieses biblische Thema in der westlichen Tauftheologie eine geringe Bedeutung besessen habe. In der christlichen Bildsprache, der Ikonografie, wurde dieses Motiv indes vielfach aufgenommen; siehe z. B. Katalog-Nrn. Cc 5, A12 in diesem Katalog.

43 Feier der Taufe im Katholischen Bistum der Altkatholiken (wie Anm. 12), S. 13.

44 A. a. O., S. 14.

45 Vgl. zu diesem markanten und problematischen Einschnitt im deutschen Text, den der lateinische Text nicht kennt, Kranemann 1995 (wie Anm. 16), S. 103 f. Im liturgischen Buch: Die Feier der Eingliederung Erwachsener (wie Anm. 11), S. 148 hat man diese Formulierung aufgegeben.

46 Feier der Kindertaufe (wie Anm. 10), S. 60f.

47 Zur „Zeitgenossenschaft" und zur „Rollenzitation" in der Liturgie hat sich wiederholt Angelus A. Häußling geäußert: z. B. in: Liturgie: Gedächtnis eines Vergangenen und doch Befreiung in der Gegenwart, in: ders.: Christliche Identität aus der Liturgie. Theologische und historische Studien zum Gottesdienst der Kirche, hrsg. v. Martin Klöckener, Benedikt Kranemann, Michael B. Merz. Münster 1997 (LQF 79), S. 2–10 (zunächst 1991 erschienen). • Ders.: Biblische Grundlegung christlicher Liturgie, in: HlD 55. 2001, S. 13–20.

48 Agende für Evangelisch-Lutherische Kirchen und Gemeinden (wie Anm. 14), S. 100.

49 Vgl. a. a. O., S. 101.

50 Feier der Kindertaufe (wie Anm. 10), S. 61.

51 Ebd.

52 Vgl. zur Mimesis als „Mitahmung des Heilsgedächtnisses" Richter 2005 (wie Anm. 21), S. 216 ff.

53 Vgl. Scheidt, Hubert: Die Taufwasser-Weihegebete im Sinne vergleichender Liturgieforschung untersucht, Münster 1935 (LQF Liturgiegeschichtliche Quellen und Forschungen [wie Anm. 47] 29), S. 79–81.

54 So in Feier der Kindertaufe (wie Anm. 11), S. 59 in den Rubriken.

55 A. a. O., S. 60.

56 Ebd.

57 Agende für Evangelisch-Lutherische Kirchen und Gemeinden (wie Anm. 14), S. 101.

58 Feier der Kindertaufe (wie Anm. 10), S. 61.

PETER CORNEHL

Zur Geschichte der evangelischen Taufe

Die Taufe ist für den Einzelnen das Sakrament des Anfangs, der Eingliederung in die Kirche. Für die Christenheit als ganze ist sie das sakramentale Zeichen der Einheit. Die Kirchenspaltung im 16. Jahrhundert war wesentlich eine Folge des Streits um Messe und Abendmahl. Dass es nicht zu einer totalen Trennung gekommen ist, lag nicht zuletzt daran, dass Katholiken, Lutheraner und Reformierte bei allen Unterschieden in Ritus und Lehre die Taufe im Prinzip gegenseitig anerkannt haben[1].

Eine Geschichte der Taufe kann sich nicht auf die Analyse der offiziellen Agenden, Kirchenordnungen und Tauflehren beschränken. Die Taufpraxis ist eingebettet in vielfache Lebenskontexte. Dazu gehören familiäre Beziehungen, lokale Sitte und Brauchtum, gesellschaftliche Funktionen, aber auch bildliche Darstellungen und künstlerische Gestaltungen. Der Reiz der Ausstellung im Magdeburger Dom besteht darin, dass die unterschiedlichen Aspekte der Taufe durch die Fülle der Dokumente und Bezüge anschaulich zur Darstellung kommen. Der folgende Beitrag versucht, ein wenig von dieser spannenden Mehrdimensionalität deutlich werden zu lassen.

DER AUSGANGSPUNKT: LUTHERS „TAUFBÜCHLEIN" VON 1526

Martin Luther hat keine neue Taufordnung geschaffen, sondern zunächst 1523 das in Wittenberg gebräuchliche mittelalterliche Taufformular ins Deutsche übersetzt, ohne viel daran zu ändern[2]. Drei Jahre später hat er die Ordnung überarbeitet, die Handlung gestrafft und auf das für ihn Wesentliche konzentriert. Das „Taufbüchlein" von 1526 ist für die Taufliturgie der lutherischen Kirchen die maßgebliche Urform geworden[3].

Ausgangspunkt der Untersuchung ist die vorliegende Ordnung. Wesentliche Analysefragen sind: Welchen Handlungssinn und welche Bedeutung hat die Liturgie? Hat Luther seine theologischen Motive mit den tradierten Formen in Einklang bringen können? Was hat er verändert, gestrichen, hinzugefügt? Vor allem: Hat er eine stimmige liturgische Gestalt gefunden?

Der Aufbau der Feier ist einfach. Die Handlung wird durch einen Ortswechsel in zwei Teile gegliedert. Der erste Teil, der ursprünglich am Eingang der Kirche, in der Regel aber am Altar stattfand, diente der Vorbereitung. Diese beginnt mit Akten der Reinigung. Der Teufel bzw. der böse Geist wird angesprochen und ausgetrieben: *Fahr aus, Du unreiner Geist, und gib Raum dem heiligen Geist"* (kleiner Exorzismus). Stirn und Brust des Kindes werden mit dem Kreuz bezeichnet. Es folgen zwei Gebete. Das eine ist eine Bitte um Aufnahme des Täuflings, das andere entfaltet die Bedeutung der Taufe in heilsgeschichtlichen Bezügen (das sog. „Sintflutgebet"[4]). Den Abschluss bildet ein zweiter, verstärkender Exorzismus mit dreifachem Kreuzeszeichen. Auf die Reinigung folgt die Verheißung. Gelesen wird das Evangelium der Annahme der Kinder durch Jesus aus Markus 10, verbunden mit dem Vaterunser, das Priester und Paten unter Handauflegung gemeinsam (kniend) beten. Danach gibt es einen Ortswechsel. Mit dem Votum *„Der Herr behüte Deinen Ausgang und Eingang …"* (aus Psalm 121) wird die Taufgesellschaft zum Taufbecken geleitet. Dort setzt sich die Handlung fort mit Absage (abrenuntiatio diaboli) und Bekenntnis (confessio fidei). Auf die Fragen: *„Entsagst Du dem Teufel?" „Und allen seinen Werken?" „Und allen seinen Wesen?"* antwortet der Täufling „durch seine Paten" dreimal mit *„Ja"*. Ebenso bei der Frage nach dem Glauben im Anschluss an die drei Artikel des Apostolikums. Die letzte Frage lautet: *„Willst Du getauft sein?"* Antwort: *„Ja"*. Danach geschieht sofort die Taufe. Der Priester spricht über dem Kind die trinitarische Taufformel sowie ein Gebet, das den Sinn der Handlung zusammenfasst. Ein kurzer Friedensgruß *(„Friede mit dir!")* beschließt die Feier.

Ein traditionsgeschichtlicher Vergleich lässt die Besonderheiten dieser Ordnung hervortreten. Luther hat das altkirchlich-mittelalterliche Handlungsgefüge nicht gänzlich verändert, aber er hat eigene dramaturgische Akzente gesetzt. Statt des vielgestaltigen Symbol-Zusammenhangs, in dem zahlreiche Riten und Gebete das Geschehen in unterschiedliche Verweisungszusammenhänge hineinstellen, konzentriert Luther alles auf die Relation von Wort und Zeichenhandlung. Er streicht die Begleitriten[5] bis auf einen und begründet das in der Vorrede theologisch: Die *„äußerlichen Stücke"* sind *„das geringste"*. Das sind *„nicht die rechten Griffe … die der Teufel scheuet oder flieht"*. Darauf aber kommt alles an. Es gelingt Luther eindrücklich, seine theologischen Grundgedanken in eine bedeutungsvolle, sprechende Handlungssequenz umzusetzen. Das sei an drei Punkten gezeigt.

Erstens: Die Taufe ist das Sakrament der Rettung. Am Anfang des Lebens steht ein Akt der Befreiung. Der Täufling wird aus dem Machtbereich der Sünde und des Bösen errettet, als Kind Gottes angenommen und durch Wasser und Geist wiedergeboren. Das ist ein hochdramatisches Geschehen, in dem der *„große Ernst"* dieses Sakraments leibliche Gestalt annimmt. In der Taufe geschieht ein Herrschaftswechsel. Das ist – wie Luther in der Vorrede betont – nicht nur ein einmaliger Akt, sondern der Beginn eines lebenslangen Kampfes: *„Darum wolltest Du bedenken, wie gar es nicht ein Scherz ist, wider den Teufel handeln und denselben nicht allein vom Kindlin jagen, sondern auch dem Kindlin einen solchen mächtigen Feind sein Leben lang auf den Hals laden."*[6] Um in diesem Kampf zu bestehen, braucht der Getaufte den Beistand der Paten und die Fürbitte der Gemeinde. Die Übersetzung der Liturgie ins Deutsche ist wichtig, damit alle Beteiligten die Worte und Gebete verstehen und dem Geschehen mit innerer Anteilnahme folgen können.

Zweitens: In der Taufe wird die Verheißung der Annahme des Kindes als Kind Gottes öffentlich proklamiert und persönlich zugesprochen. Deshalb steht die Verkündigung des Evangeliums im Zentrum. Dadurch, dass Luther als einzige biblische Lesung die Szene der Segnung der Kinder durch Jesus (Markus 10,13–16) aufnimmt, bekommt dieser Text höchstes Gewicht: Jesus nimmt die Kinder an und wehrt dabei die Einwände der Jünger ab. Das hat einen positiven Haupt- und einen kritischen Nebensinn. Es zeigt: Die Säuglingstaufe ist durch Christus selbst eingesetzt und autorisiert. Die Gegner werden ins Unrecht gesetzt[7]. Die Lesung ist an dieser Stelle von der Tradition vorgegeben, aber Luther gibt der Verheißung eine persönliche Zuspitzung, indem er die letzten Worte des Evangeliums – *„leget die Hände auf sie und segnet sie"* – sogleich gestisch ausführen lässt: Der Priester soll dem Kind die Hände auflegen und zusammen mit den Paten über dem Täufling das Vaterunser beten. Ein anrührender evangelischer Ritus! – Dass es um den Täufling persönlich, also um seinen eigenen Glauben geht, betont Luther auch bei Absage und Bekenntnis. Dreimal wird der Täufling angesprochen, dreimal antwortet er durch den Mund der Paten, zum Schluss auf die Frage: *„Willst du getauft werden?"* Das macht klar: Der Täufling selbst ist das Subjekt. Er handelt durch die Paten – und nicht etwa die Paten stellvertretend für den Täufling! Auch das ist von der Tradition vorgegeben, entspricht aber als bewusst paradoxer Sprechakt ganz ausdrücklich Luthers Überzeugung vom Kinderglauben[8].

Die dritte Besonderheit zeigt sich im Vollzug der Taufe selbst. Das Kind wird aus den Windeln bzw. dem Taufkleid („Westerhemd", von alba vestis = weißes Hemd) gewickelt, vom Täufer nackt in das Taufbecken gehalten und mit der trinitarischen Formel getauft.[9] Wörtlich heißt es: *„Da nehme er das Kind und tauche es in die Taufe und spreche: ,Und ich taufe dich im Namen des Vaters und des Sohns und des heiligen Geistes'."* Man unterscheidet in der Geschichte der Taufe drei Formen: *Immersion* (Untertauchen), *Infusion* (Begießen) und *Aspersion* (Besprengen). Luther empfiehlt die Immersionstaufe. Im Großen Katechismus betont er den symbolischen Gehalt der Handlung: *„Das Werk aber oder Gebärde ist das, dass man uns ins Wasser senket, das hier über uns hergehet, und darnach wieder herauszeucht."*[10] Das Eintauchen bzw. Untertauchen war seit dem 14. Jahrhundert vor allem aus praktischen Gründen (es war kalt in den mittelalterlichen Kirchen und die Säuglinge waren anfällig) durch das Übergießen abgelöst worden. Auf zeitgenössischen Abbildungen, z. B. auf Lukas Cranachs Altar aus der Wittenberger Stadtkirche, ist zu sehen, dass die Taufe auch bei den Reformatoren offensichtlich meist durch (dreimaliges) Übergießen – allerdings des ganzen Körpers – geschah.

Das erklärt, warum Luther von den diversen Begleitriten nur das Bekleiden mit dem Westerhemd beibehalten hat. Vermutlich hatte das auch ganz praktische Gründe: Wenn die Taufe durch Untertauchen oder Übergießen des ganzen Körpers erfolgt, muss man den Säugling vorher ausziehen und hinterher abtrocknen und wieder anziehen. Eben das zeigen die Abbildungen. Neben dem nackten Kind sieht man einen der Paten mit einem großen Laken (bei Cranach sind es sogar zwei Paten, die Westerhemd und eine Art Trockentuch bereit halten; s. Abb. S. 83). Im Vergleich mit 1523 fällt auf, dass Luther in der überarbeiteten Fassung auf eine geistliche Deutung des Vorgangs verzichtet.[11] Das ist ein Akt handlungspraktischer Entsymbolisierung. Wieder lenkt Luther die Aufmerksamkeit auf das Wesentliche, auf Verheißung und Vollzug der Taufe selbst.

Luther beschließt seine Vorrede mit der Mahnung, das hohe Sakrament in Ehren zu halten: *„Ach, liebe Christen, lasst uns nicht so unfleißig solch unaussprechliche Gabe achten und handeln! Ist doch die Taufe unser einziger Trost und Eingang zu allen göttlichen Gütern und aller Heiligen Gemeinschaft."*[12]

Taufe und Lebenswelt im konfessionellen Zeitalter

Das „Taufbüchlein" wurde als Anhang zum Kleinen Katechismus (1529) in das Corpus der lutherischen Bekenntnisschriften aufgenommen und war bis Ende des 18. Jahrhunderts die rechtlich verbindliche Norm für die evangelisch-lutherische Taufpraxis. Durch die Zersplitterung der lutherischen Territorien in viele kleine und mittlere Grafschaften, Fürstentümer, Reichsstädte mit je eigenen Kirchenordnungen und Konsistorien entstand besonders im mitteldeutschen Raum eine bunte Vielfalt von Taufordnungen, die auch durch spätere Zusammenschlüsse, Erweiterungen (vor allem durch die territoriale Expansion Preußens) nicht vollständig überwun-

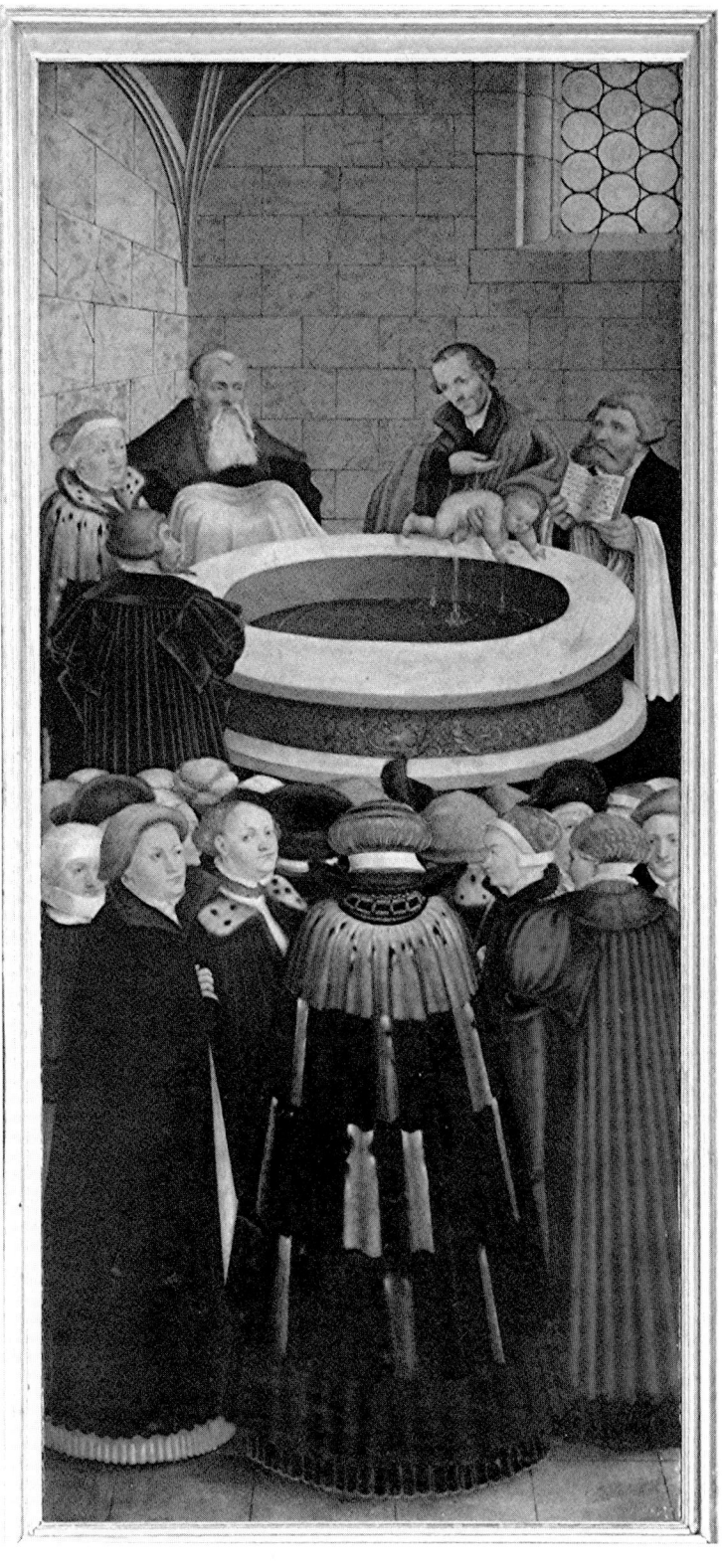

Lukas Cranach d. Ä.,
Altar 1547 (linker
Flügel), Stadtkirche
Wittenberg

den worden ist. Dem entsprach eine Fülle von Agenden mit eigenen Taufformularen. Trotzdem bildeten sich durch die Orientierung an Luthers „Taufbüchlein" im Großen und Ganzen recht ähnliche Verhältnisse. Die Agenden aus der Reformationszeit blieben mehr als zwei Jahrhunderte lang in Geltung und wurden durch Neuauflagen (mit meist nur geringfügigen Korrekturen) bestätigt. Veränderungen des Ritus durch einzelne Pfarrer waren verboten. Gleichwohl kann von einem völligen Stillstand nicht die Rede sein. Einmal, weil die soziale und familiäre Lebenswelt sich veränderte und das Konsequenzen hatte, zum andern weil in Luthers „Taufbüchlein" bestimmte Fragen offen geblieben waren, die nach Lösungen verlangten.

Als erstes sind eine Reihe *theologischer Probleme und Unstimmigkeiten* zu nennen. Luther hatte die überkommene Praxis des Exorzismus, der *obsignatio crucis* und der *abrenuntiatio diaboli* beibehalten, weil ihm die Sache wichtig war. Aber er hatte darauf verzichtet, die Bedeutung genauer zu erläutern und das Ganze vor Missverständnissen und Fehldeutungen zu schützen. Die waren aber im Umlauf. So gab es erheblichen Klärungsbedarf. Was ist ein Exorzismus und was nicht? Was bedeutet die Bezeichnung mit dem Kreuz, was bewirkt sie? Gibt es einen Kinderglauben im wörtlichen Sinn, und wie ist das Verhältnis von Paten und Täufling beim Glaubensbekenntnis? Welche Form der Taufe ist angemessen? Die Quellen (Agenden, Kirchenordnungen, obrigkeitliche Edikte) zeigen, auf welchen Wegen die Lösungen gefunden wurden: durch Verändern der Texte, durch Weglassen und Hinzufügen.

Was den *Exorzismus* betrifft, so war der stärkste Eingriff die Abschaffung, der weniger radikale die Freigabe. Die gebräuchlichste Form war die theologische Belehrung einschließlich vorsichtiger Korrekturen an besonders anstößig (bzw. „dunkel") erscheinenden Formulierungen[13].

Dafür gab es *kontroverstheologische und kirchenpolitische Gründe*. Die Beibehaltung und Verteidigung des Exorzismus war ein Erkennungsmerkmal strenger lutherischer Orthodoxie. Wer den Exorzismus abschaffte oder die Abschaffung forderte, geriet unter Verdacht, ketzerischen reformierten Tendenzen anzuhängen. Je nachdem, wie die konfessionelle Grundoption der Landesherren ausfiel, war das Anlass zum Einschreiten der Behörden.

Dafür zwei Beispiele: Als der sächsische Kurfürst Christian I. 1591 den Exorzismus landesweit untersagte, regte sich Widerstand unter den Geistlichen. In Naumburg wurde daraufhin ein Pfarrer seines Amtes enthoben und ausgewiesen, eine Maßnahme, die allerdings bald darauf vom Nachfolger Kurfürst Friedrich Wilhelm wieder rückgängig gemacht wurde[14]. Das Umgekehrte ereignete sich 1592 in der Stadt Delitzsch. Als dort ein Superintendent beschuldigt wurde, den Exorzismus zu unterlassen, wurde eine Untersuchungskommission eingesetzt, verschiedene Personen wurden verhört, ihre Aussagen protokolliert und am Ende disziplinarische Maßnahmen eingeleitet[15].

Weiterreichende Veränderungen der Lage ergaben sich im 17. Jahrhundert durch den Konfessionswechsel einiger Landesfürsten. Besonders in Brandenburg/Preußen, wo das Herrscherhaus zum Calvinismus konvertierte, die Bevölkerung aber (mit Ausnahme des Hofes) überwiegend lutherisch blieb, hat die staatliche Religionspolitik Konfessionspolemik verboten in der Absicht, durch religiöse Toleranz auch die innenpolitische Stabilität des Staates zu sichern. Damit stand der Exorzismus zur Disposition.

Für die Taufpraxis in den Gemeinden vor Ort war allerdings eine andere Problematik wichtiger. Die Hauptrolle spielte hier der Kampf gegen den immer noch weit verbreiteten volkstümlichen *Aberglauben* und bestimmte missbräuchliche Praktiken im Zusammenhang mit Geburt und Taufe. Immer wieder sahen sich die Geistlichen genötigt, vor Missdeutungen des Exorzismus als heidnischem Abwehrzauber zu warnen[16]. Immer wieder wurde versichert, die Anwendung des Exorzismus bedeute nicht, dass die Kinder in leiblicher Weise vom Teufel besessen seien. Der Exorzismus, so lautete der orthodoxe Lehrkonsens[17], gehöre nicht zur Substanz des Sakraments, er habe keine effektive Wirkung, sondern nur eine *signifikative* Bedeutung und diene zur Erläuterung der lutherischen Lehre von der Erbsünde. Der Exorzismus sei ein Mittelding (*Adiaphoron*), das man in christlicher Freiheit gebrauchen könne – oder nicht[18]. Die Konsequenz war im Laufe des 17. Jahrhunderts immer häufiger zunächst die Freigabe, gegen Ende des 18. Jahrhunderts fast überall das Verschwinden des Exorzismus[19]. Die Begründung lautete: Unverständliche bzw. missverständliche Zeremonien können nicht erbauen! Allerdings hatte die Notwendigkeit, auch in der Tauffeier selbst für dogmatisch korrekte Erklärungen zu sorgen, liturgisch nicht nur positive Wirkungen. Umfang und Zahl der Gebete nahmen zu, die Taufhandlungen wurden durch eingeschobene Vermahnungen und kleine Predigten immer länger.

Auch im Blick auf die Form der Taufe gab es Veränderungen. Sie hatten wiederum Folgen für die *künstlerische Gestaltung der Taufgeräte*. Die von Luther favorisierte Immersionstaufe wurde faktisch kaum praktiziert, üblich war zunächst die Infusionstaufe. Doch bereits Mitte des 16. Jahrhunderts wurde die Praxis des Übergießens mehr und mehr abgelöst durch die Aspersion. Das heißt, die Taufe geschah nunmehr durch bloßes Besprengen des Kopfes[20]. Der Säugling blieb angezogen, nur die „Haube" wurde abgenommen. Diese Form der Taufe hat sich überall durchgesetzt. Die mittelalterlichen steinernen und bronzenen Taufen blieben zwar weiter in Gebrauch, aber sie wurden ergänzt dadurch, dass man neu geschmiedete flachere Taufbecken in sie einhängte, die dann für den Vollzug der Taufe benutzt wurden. Neu geschaffene Taufen hatten von vornherein ein kleineres Format. Die neuen Taufschalen und Taufkannen waren z. T. kostbar gearbeitet und künstlerisch hochwertig gestaltet.[21]

Hier entstand ein Problem. Je sparsamer man mit Wasser umging, je abstrakter der Ritus wurde, desto stärker wurde der Wunsch nach einem sinnlich erlebbaren Ausgleich. Die Vermutung liegt nahe, dass das Auftauchen der *barocken Taufengel*[22] noch in Zeiten der Hochorthodoxie auch mit diesen Veränderungen im Ritus zusammenhängt. Möglicherweise entstand bei Stiftern, aber auch im Kirchenvolk das Bedürfnis, die zunehmende Kargheit im sinnlich-gestischen Vollzug der Taufe und die ebenfalls zunehmende Wortlastigkeit der Liturgie zu kompensieren. Die Aufmerksamkeit verlagerte sich, man suchte und erfand sekundäre Symbolhandlungen. So wurde die sichtbare Herabkunft der Taufschale aus dem Himmel in die Mitte der Gemeinde zu einer äußerst populären liturgischen Aktion. Der Engel trat als Bote und Bringer des Taufwassers in Erscheinung, die Gemeinde konnte den Vorgang bestaunen, und der allzu große „Ernst" der Taufliturgie wurde humorvoll aufgelockert (zumal die barocken Künstler manche Engel mit weiblichen Merkmalen ausstatteten und für die Betrachter attraktiv machten!). Da die Taufengel zudem als persönliche Schutzengel für das neu geborene Kind bedeutsam wurden, begrüßte das Kirchenvolk die neue Figur im Ritus und knüpfte daran ebenso andächtige wie heitere Gefühle. Dass die Theologen der Aufklärung später für derartige Äußerlichkeiten kein Verständnis hatten, verwundert nicht. Und so landeten die Taufengel Ende des 18. Jahrhunderts vielfach auf pfarrhäuslichen Dachböden. Heute finden sie im Zeichen der Wiederentdeckung der Engel aktuelles ästhetisches und spirituelles Interesse.

Auch im Blick auf den *sozialen und familiären Sitz der Taufe im Leben* lassen sich aus den Quellen einige aufschlussreiche Beobachtungen anstellen. Beginnen wir mit den beteiligten *Personen*. Das waren außer dem Täufling und dem Pfarrer *die Paten* („Gevatter") – nicht die Eltern. Die Abwesenheit der Mütter erklärt sich aus dem frühen Termin der Taufe. Getauft wurden ja Säuglinge in den ersten Lebenstagen nach der Geburt, zu einem Zeitpunkt, wo die Mütter noch im Kindbett waren (der erste Kirchgang fand einige Sonntage später statt und war mit einer Segenshandlung vor dem Altar verbunden). Auch die Väter werden nirgendwo erwähnt. Sie hatten keine Funktion bei der Taufe. Ihre Anwesenheit war nicht nötig und nicht vorgesehen[23].

Das alles lässt erkennen: Die Taufe war in dieser Zeit ein kirchliches Sakrament und keine Familienfeier. Zugespitzt formuliert: Der frühe Tauftermin und die Beschränkung auf die religiös-kirchliche Bedeutung dürften geradezu systematisch verhindert haben, dass die lebenszyklische und biographische Relevanz der Taufe wahrgenommen worden ist.

Das wird durch eine weitere Beobachtung gestützt: Viele Kirchen und Polizeiordnungen enthielten Paragraphen, in denen üppige Gastlichkeit und fröhlicher Umtrunk bei den anschließenden häuslichen Feiern verboten wurden. Der Umkehrschluss ist naheliegend: Was verboten werden musste, war eigentlich normal. Und das ist ja auch einleuchtend. Geburt und Taufe waren ebenso wie Hochzeit und Tod in der lokalen Gesellschaft der frühen Neuzeit allgemein interessierende Ereignisse, die normalerweise unter lebhafter Anteilnahme der Freunde und Nachbarn begangen wurden. Warum dann dieser eher unlutherische Rigorismus? In den Quellen stößt man auf obrigkeitliche Fürsorgemotive: Die mit derlei festlichen Exzessen („Fressen und Saufen") oft einhergehende materielle Verschuldung der einfachen Leute sollte verhindert werden. So wurde verordnet: Die private Feier soll nicht länger als eine halbe Stunde dauern, serviert werden dürfen nur Kuchen, Käse und ein schlichter Trunk. Die Einkehr in Gasthäuser ist verboten[24]. Vermutlich war die Sorge der Behörden nicht völlig unbegründet.[25] Trotzdem verband sich hier in problematischer Weise puritanische Angst vor unkontrollierter Verausgabung und überbordender Lebenslust mit obrigkeitlichem Drang nach Sozialdisziplinierung im Zivilisationsprozess[26]. Möglicherweise spielte auch die Abgrenzung gegen die barocke katholische Festfreude eine Rolle. Auf jeden Fall dauerte es mehrere Jahrhunderte, bis die familiären Dimensionen der Feier von Geburt und Taufe zur Entfaltung kommen konnten – ein bemerkenswerter ‚Reformstau'!

DIE TAUFE ALS „CHRISTLICHES FAMILIENFEST"
AUFGEKLÄRTE TAUFPRAXIS UND BÜRGERLICHE FAMILIENRELIGION

Die stärksten Veränderungen erfuhr die evangelische Taufpraxis durch die Reformbewegung der theologischen Aufklärung gegen Ende des 18. und zu Beginn des 19. Jahrhunderts. Warum so spät? Schließlich hat der Einfluss der Aufklärung auf die Theologie, auf das Denken vieler Pfarrer und gebildeter Laien sehr viel früher eingesetzt. Doch solange die Obrigkeiten ihre Bindung an die Orthodoxie beibehielten und die alten Agenden in Geltung waren, konnte das keine Auswirkung auf das praktische gottesdienstliche Handeln haben[27]. Erst als immer mehr Landesherren sich der Aufklärungstheologie zuwandten und die Pfarrer darin unterstützten, erst etwa ab

1780, entwickelte sich eine überraschend breite liturgische Bewegung[28]. Die Reformen begannen mit Einzelentwürfen, setzten sich fort in liturgischen Programmschriften und Privatagenden. Liturgische Journale, Magazine und Werkbücher förderten den Austausch. Am Ende standen zahlreiche offizielle landeskirchliche Agenden aus dem Geist der Aufklärung, die alle auch neue Taufformulare enthielten.

Zwei Aspekte sind dafür charakteristisch: ein neues aufgeklärtes Religionsverständnis und ein veränderter sozialer Sitz im Leben. Auf eine Formel gebracht: Der Schwerpunkt der Wahrnehmung der Taufe verlagerte sich vom Sakrament zur Kasualie. Und die Taufe wurde zum „christlichen Familienfest"[29].

Theologisch wurde das aufgeklärte Verständnis von Religion der normative Bezugsrahmen, in den die überkommenen Themen der Tauflehre eingeordnet wurden. Von dorther wurden auch die einzelnen Elemente der liturgischen Tradition neu gedeutet, umformuliert, aktualisiert oder eliminiert. Nicht mehr Sünde und Erlösung, Herrschaftswechsel und geistlicher Kampf gegen den Teufel standen im Zentrum der Feier, sondern der Dank für das Geschenk des Lebens und die Aufnahme der Neugeborenen in die Gemeinschaft der Christen. In der Taufe vollzog sich zugleich so etwas wie die Investitur der Menschen- und Christenrechte. Vorrangige Taufmotive waren die Annahme des Kindes durch Gott, den himmlischen Vater, die Bestätigung des unendlichen Wertes eines jeden Einzelnen, die Einweisung in die christliche Lebensführung, die Orientierung an Lehre und Vorbild Jesu sowie die Mahnung, auf dem Weg der Tugend voranzuschreiten. In der Taufe verpflichten sich Eltern und Paten gemeinsam, dem Kind auf dem Weg zu einem eigenen mündigen Glauben beizustehen. Insofern ist die Kindertaufe in der Aufklärungstheologie (ähnlich wie schon im Pietismus) der Beginn eines religiösen Sozialisationsprozesses, der erst mit der Konfirmation zum Ziel kommt[30].

Es ist hier nicht möglich, die neue Auffassung der Taufe im Einzelnen zu entfalten, und die Verdienste, aber auch die Probleme und Grenzen des aufgeklärten Religions- und Taufverständnisses kritisch zu diskutieren. Aber die homiletisch-liturgischen Implikationen und die religionssoziologischen Konsequenzen sollen kurz markiert werden[31]. Sie lassen sich unter zwei Stichworten zusammenfassen: *Kasualisierung* und *Familiarisierung*.

Kasualisierung meint: Die für alle geltende Taufliturgie wurde transformiert in eine Vielzahl besonderer Feiern, die je nach Person, Situation und Zielgruppen unterschiedlich zu gestalten sind. Es bedeutete ferner, dass die klassische Gestalt des Gottesdienstes als Abfolge bestimmter historisch geprägter Gattungen (Psalmen, Gebete, Lieder, Schriftlesung, Predigt, Bekenntnis und sakramentalen Vollzugsformeln) sich tendenziell auflöste und die dialogische Struktur der Liturgie sich zu einem durchmoderierten Strom pastoraler Beredung verwandelte. Alle Bestandteile wurden zu einem großen Redeteppich verwoben. Daraus ergibt sich als weiteres Merkmal die nahezu totale *Predigerzentrierung* der aufgeklärten Kasualfeiern. Der Pfarrer als Prediger ist der alleinige Akteur. Er moderiert die Versammlung, er führt ein, setzt die Themenimpulse, interpretiert und kommentiert, er benennt auch die Gefühle, belehrt, ermahnt und tröstet. Die Pfarrerzentriertheit evangelischer Gottesdienste aus der Zeit der altprotestantischen Orthodoxie wurde in der Predigerzentriertheit der aufgeklärten Feierpraxis weiter bis ins Extrem gesteigert.

Das zweite Merkmal ist die *Familiarisierung* der Taufe. Auf einmal übernehmen jetzt auch die Eltern eine tragende Rolle. Sie werden ausdrücklich angesprochen und in das Geschehen einbezogen. Zum ersten Mal kommen Themen zur Sprache, die mit der Geburt der Täuflinge zusammenhängen (der Dank für die glückliche Geburt, die Schmerzen und Freuden der Mütter, der Stolz der Väter, Geschwister, Verwandte, das Glück der Familie).[32] Voraussetzung dafür war, dass die Taufe einige Wochen später stattfinden durfte, sodass auch die Mütter dabei sein konnten[33].

Mit der Zeitverschiebung verband sich häufig eine Ortsverlagerung. Immer mehr Taufen wurden nicht mehr in der Kirche, sondern in den Privathäusern vollzogen. *Haustaufen* waren nicht mehr ausschließlich Notfälle, sondern angemessener Ausdruck der lebensweltlichen Verortung.[34] Natürlich waren Haustaufen eine Sache der höheren Stände, die über entsprechende Räumlichkeiten verfügten. Doch nicht nur Adlige und Gutsbesitzer, sondern auch Familien des wohlhabenden, gebildeten Bürgertums suchten verstärkt die Möglichkeit, die Taufe ihrer Kinder zu Hause zu feiern. Umfragen der Kirchenbehörden aus der Zeit um 1800 belegen zwar, dass Haustaufen eher Ausnahmen waren, die meisten Taufen fanden nach wie vor in der Kirche statt, aber sie wurden immer beliebter. Im Übrigen lässt sich die beobachtete Integration der Taufliturgie in die erweiterte Taufrede auch als eine Folge dieser Privatisierung verstehen. Die Atmosphäre bei den Haustaufen ist familiärer, es ist ganz natürlich, dass ein häuslicher Ton vorherrscht. Die Taufe wurde zum „christlichen Familienfest" am Ort des privaten Alltags. Genrebilder aus dem 19. Jahrhundert und literarische Beschreibungen[35] zeigen: Das war nicht nur Ausdruck bürgerlicher Konvention, die neue bürgerliche Familienfrömmigkeit war vielmehr oft von tief empfundener persönlicher Religiosität getragen.

TAUFE IM STREIT ZWISCHEN KONFESSIONELLER UND LIBERALER THEOLOGIE ENTWICKLUNGEN IM 19. UND 20. JAHRHUNDERT

Allerdings war diese Schwerpunktverlagerung innerkirchlich umstritten. Es dauerte nicht lange, bis sich in Kreisen der Erweckungsfrömmigkeit und bei konfessionsbewussten Lutheranern Widerstand regte. Die aufgeklärten Gottesdienstreformen blieben eine Episode. Sie wurden in der Restaurationszeit nach 1815, als nach dem Sieg über Napoleon der politische und kirchliche Konservativismus fast überall in Deutschland die liberalen Aufbrüche erstickte, rückgängig gemacht und im Gefolge des in der ersten Hälfte des 19. Jahrhunderts in vielen evangelischen Landeskirchen erstarkten konfessionellen Bewusstseins von der Theologie des Neuluthertums mit allen Mitteln bekämpft[36].

Den Anfang machte Preußen, wo König Friedrich Wilhelm III. persönlich die Reform des Gottesdienstes in die Hand nahm. Es entstanden Agenden, in denen im Zeichen der Überwindung der Aufklärung die Rückkehr zu den reformatorischen Ordnungen des 16. und 17. Jahrhunderts zum Programm erhoben wurde. In den preußischen Agenden von 1822 und 1829 gab es Taufformulare, die sich (mit einigen Abstrichen und Erweiterungen) recht strikt wieder an Luthers „Taufbüchlein" von 1526 orientierten[37]. Es gab dagegen eine breite Oppositionsbewegung (angeführt von Friedrich Schleiermacher), doch es gelang dem König mit Hilfe der Kultusbehörden und der konservativen Mehrheit der Pfarrerschaft, seine Vorstellungen durchzusetzen, auch wenn der Kampf um die Gottesdienstreform mehr als ein halbes Jahrhundert dauerte und in der Preußischen Agende von 1895 schließlich eine Reihe von Kompromissen erreicht und eine gewisse Vielfalt zugestanden wurde[38]. In anderen mitteldeutschen Landeskirchen war die Entwicklung ähnlich[39]. Dennoch konnte der Einfluss der Aufklärung nicht völlig ausgeschaltet werden. Die liberale „moderne" Theologie und die liberalen Kreise des deutschen Protestantismus haben auf dem Gebiet des Gottesdienstes ihre Reformansätze weiter verfolgt, wobei sie zugleich bemüht waren, aus der Kritik zu lernen und Grundanliegen der Reformation, vor allem der Theologie Luthers, mit aufzunehmen.[40] Der Richtungsstreit zwischen konservativen und liberalen Positionen bestimmt die Geschichte der deutschen evangelischen Kirche im 19. und in der ersten Hälfte des 20. Jahrhunderts. Und sie verlief in mehreren Wellen. Das ließe sich auch in der Frage der Gestaltung der Taufordnungen verfolgen.

Überblickt man die Entwicklung vom Ende her, wird erkennbar, dass beide Seiten legitime Anliegen vertraten, die auf Dauer nicht einfach unterdrückt werden konnten, weil es sich dabei um zusammengehörige Aspekte der Sache selbst handelte: um die Spannung zwischen Sakrament und Kasualie, Kirche und Familie, Intimität und Öffentlichkeit, zwischen heilsgeschichtlicher Dogmatik und biographischer Orientierung, zwischen den großen Themen der biblisch-reformatorischen Überlieferung und den biographischen Konkretionen des Glaubens in den lebensgeschichtlichen Entwicklungsprozessen der Einzelnen. Auch für die Taufe gilt: Die Suche nach sachgerechten und zeitgemäßen Vermittlungen sollte die agendarische Arbeit leiten. Es hat lange gedauert, bis sich eine solche integrative Aufgabenbeschreibung in den für die Gottesdienstreform zuständigen gesamtkirchlichen Gremien durchgesetzt hat.

Es war das Verdienst der Dialektischen Theologie im Kirchenkampf 1933–45, die kämpferischen und für das moderne Bewusstsein sperrigen Elemente der reformatorischen Theologie nachdrücklich in Erinnerung gebracht zu haben. Das Wissen um die Macht des Bösen und die Realität der Sünde, die Erfahrung der befreienden Kraft des Evangeliums, die existenzielle Relevanz des Christusbekenntnisses, die Verbindlichkeit der Nachfolge und die Bedeutung von Kirche und Gemeinde: All das hat Eingang gefunden in die Taufagenden der Nachkriegszeit,[41] auch wenn dogmatisch allzu steile Formulierungen und die altertümliche Sprache von Anfang an auch auf Kritik gestoßen sind. So ergab sich bereits wenig später die Notwendigkeit einer neuen Überarbeitung. In den Revisionsprozessen der 1970er und 1980er Jahre sind dann liberale Motive auf breiter Basis rehabilitiert worden. Die dabei entstandenen Taufagenden der lutherischen und unierten Kirchen waren nicht nur um verständliche Sprache und eine einladende Grundhaltung bemüht, es ist ihnen auch gelungen, ohne Substanzverlust die biblischen und reformatorischen Kernaussagen vom Wesen der Taufe zur Geltung zu bringen.[42]

„Zurückgeworfen auf die Anfänge des Verstehens"
(Dietrich Bonhoeffer)
Taufpraxis im Umbruch

Inzwischen haben neue gesellschaftliche Entwicklungen die alten Fronten relativiert. Es gibt neue Herausforderungen an die kirchliche Taufpraxis. Das ist an anderer Stelle ausführlich zum Thema gemacht worden.[43] Im Mai 1944 schrieb Dietrich Bonhoeffer aus dem Gefängnis in Berlin-Tegel in einem berühmt gewordenen Brief zur Taufe seines Patenkindes: *„Du wirst heute zum*

Christen getauft. Alle die alten großen Worte der christlichen Verkündigung werden über Dir ausgesprochen und der Taufbefehl Jesu Christi wird an Dir vollzogen, ohne dass Du etwas davon begreifst. Aber auch wir selbst sind wieder ganz auf die Anfänge des Verstehens zurückgeworfen."[44] Das ist nach wie vor aktuell. Was Rettung in der Lebensgefahr, was Heiliger Geist und neue Schöpfung, Versöhnung und Feindesliebe, Kreuz und Auferstehung, was Nachfolge konkret bedeutet – *„das alles ist so schwer und so fern, dass wir es kaum mehr wagen, davon zu sprechen. In den überlieferten Worten und Handlungen ahnen wir etwas ganz Neues und Umwälzendes, ohne es noch zu fassen und aussprechen zu können."* Und noch ein Satz aus Bonhoeffers Taufbrief war prophetisch: *„Bis Du groß bist, wird sich die Gestalt der Kirche sehr verändert haben."* Heute ist dieser Gestaltwandel voll im Gang. Und er verändert die Taufpraxis. Soviel ist deutlich: Das Christsein wird nicht mehr selbstverständlich sein und die Taufe auch nicht. Die bewusste Entscheidung der Einzelnen wird wichtiger. Trotzdem wird es auch künftig nicht nur ganz engagierte Gläubige geben, sondern viele, die auf der Suche sind, die dazugehören wollen, aber doch vorsichtig sind und zögern, sich zu eng zu binden. Daraus ergibt sich eine komplizierte Lage, mit allerlei Widersprüchen und Ungleichzeitigkeiten. Die Taufpraxis ist im Umbruch. Das ist Herausforderung und Chance. Es scheint, dass ein neues Kapitel in der Geschichte der Taufe beginnt.

Anmerkungen

[1] Innerprotestantisch allerdings enthielt die Taufe ein beträchtliches Konfliktpotential. Auf dem linken Flügel der Reformation haben Täufer und „Schwärmer" die Säuglingstaufe als unbiblisch abgelehnt, während Luther, Zwingli und Calvin sie verteidigt haben. Dabei ging es nicht nur um das Taufalter. Auf dem Spiel stand das Verständnis des Christseins insgesamt, der Zusammenhang von Taufe, Glauben, Bekenntnis und Nachfolge sowie das Verhältnis von Kirche und Obrigkeit und die Eschatologie. Seit dem Bauernkrieg und der blutigen, apokalyptisch aufgeladenen Herrschaft der Wiedertäufer in Münster war der Kampf um die Taufe an dieser Front unerbittlich. Die Auseinandersetzung mit den „Wiedertäufern" hatte in Mitteldeutschland, in der Nähe der Kampffelder um Mühlhausen und Frankenhausen, auch nach 1526 hohe Aktualität. Das geht aus zahlreichen Akten hervor. Wer die Kindertaufe ablehnte, galt als Aufrührer und wurde von der Obrigkeit unnachsichtig verfolgt, auf evangelischer wie auf katholischer Seite. Die dabei angewandten Methoden – Denunziation, Verhöre, Folter, Todesstrafe – waren eine schwere Belastung der theologischen Auseinandersetzung mit den ja auch berechtigten Anfragen der Radikalen an die großkirchliche Taufpraxis.

[2] Text WA 12, S. 42–48. • Vgl. Jordahn, Bruno: Der Taufgottesdienst im Mittelalter bis zur Gegenwart, in: Leiturgia. Handbuch des evangelischen Gottesdienstes, Band V, Kassel 1970, S. 349–638. • Peters, Albrecht: Luthers Katechismen, Band 5, Göttingen 1994, S. 157–190.

[3] Text WA 30, I, S. 339–342. Zit. nach Bekenntnisschriften der evangelisch-lutherischen Kirche (= BSLK), Göttingen ³1956, S. 535–541.

[4] Das Sintflutgebet (BSLK, S. 538) hat Luther entweder aus älterer Quelle hier eingefügt oder selbst verfasst, die Forschung ist sich da nicht ganz einig (vgl. Peters, Luthers Katechismen, S. 162 ff.). Dieses längere Gebet enthält eine Menge an theologischer Deutung und verbindet unterschiedliche Motive: Abwaschen der Sünden, Glauben im Geist, Untergang des alten Adam, Aufnahme in die heilige Arche der Christenheit. Das sind im Einzelnen gewiss nicht spezifisch lutherische, aber lutherisch interpretierbare Vorstellungen. – Interessant ist der reiche Bezug auf die Schrift, auf die Heilsgeschichte und ihre Bilder: (1) Sintflut, Noah, Arche; (2) Pharao: Rotes Meer, Israels Rettung; (3) Taufe Jesu im Jordan. Vgl. hierzu auch den Beitrag von Benedikt Kranemann, *Durch das Todeswasser zum neu geschenkten Leben,* in diesem Katalog.

[5] Gestrichen wird das *Anblasen* (exsufflatio) beim kleinen Exorzismus, die Gabe des *Salz der Weisheit* (datio salis) unter die Zunge, das *Hephata* zum Öffnen von Ohren und Nase nach dem Vaterunser, die *Salbung mit Öl* (an Brust und Schultern) nach den Credo-Fragen, die *postbaptismale Salbung des Scheitels.* Das dazugehörige Votum lässt Luther stehen, bezieht es aber auf den ganzen Taufakt (statt *„der salbe dich mit dem heilsamen Öle zum ewigen Leben",* heißt es: *„der stärke dich mit seiner Gnade zum ewigen Leben").* Gestrichen wird auch die Überreichung der brennenden *Taufkerze* mit einem entsprechenden Votum.

[6] BSLK, S. 536.

7 Lukas Cranach und seine Schüler haben die Szene der Kindersegnung in vielen Bildern der Gemeinde vor Augen geführt. Vgl. Harald Marx, Ingrid Müssinger (Hrsg.): Cranach, mit einem Bestandskatalog der Gemälde in den staatlichen Kunstsammlungen Dresden (Ausstellungskatalog Chemnitz 2005), Köln 2005, S. 303–311. • Vgl. auch Germanisches Nationalmuseum Nürnberg (Hrsg.): Martin Luther und die Reformation in Deutschland, Frankfurt/M. 1983, Farbtafel 349, S. 83 und den Kommentar von Gottfried Seebass, der darauf hinweist, dass auf all diesen Bildern Jesus nur Säuglinge, keine größeren Kinder direkt berührt. Das signalisiere, dass es sich dezidiert um Taufbilder handelt, ohne dass der polemische Bezug im Vordergrund steht (ebd. S. 269 f.).

8 Vgl. dazu Jordahn, Taufgottesdienst, S. 416 ff.

9 Vgl. hierzu den Aufsatz von Bettina Seyderhelm, *Die Bekleidung der Täuflinge*, in diesem Katalog.

10 BSLK, S. 704. • Vgl. auch Luthers Sermon von der Taufe, 1519. Dazu Peters, Luthers Katechismen, S. 179.

11 1523 folgte die Formel *„Nimm hin das weiße, heilige und unbefleckte Kleid …“*

12 BSLK, S. 537 f.

13 Vgl. im Einzelnen die Darstellungen bei Graff, Paul: Geschichte der Auflösung der alten gottesdienstlichen Formen in der evangelischen Kirche Deutschlands bis zum Eintritt der Aufklärung und des Rationalismus, Göttingen 1921, S. 294 ff. • Rietschel, Georg: Lehrbuch der Liturgik, Band 2, Berlin 1909, S. 82 ff. • Jordahn 1970 (wie Anm. 2), S. 511 ff.

14 Vgl. M. Joh. Bürger: Annales Numburgenses de Annis 1111–1616, fol. 392 (im Stadtarchiv Naumburg).

15 Vgl. Visitationsakten Delitzsch 1592 (Städtisches Hauptstadtarchiv Dresden Geh. Archiv).

16 Der Exorzismus sei keine „schwarzkünstlerische Bannformel“, so Joh. Behm 1618, es handele sich „nicht um eine Wirkungs- sondern Bedeutungs- und Erinnerungszeremonie“ (Graff, Geschichte, S. 295 f.). Vgl. eine Bestimmung der „Kirchen- policey- und proceß Ordnungen“ des Administrators August von Sachsen für das Erzstift Magdeburg von 1652: „Weil es auch ein Abergläubiger missbrauch ist / wenn denen Kindlein / so zur Tauffe getragen werden / Corallen / Perlen / güldene oder silberne Körnlein und dergleichen zu dem Ende angehenget werden / dass solche Sachen / wie gemeine Leuthe reden / zugleich sollten die Tauffe empfangen / und eine sonderbare Krafft bekommen; So sollen die Prediger ihre Zuhörer von solchen Abergläubischen Dingen / mit allem Ernste abmahnen.“ (Ziff. 14) (Stadtarchiv Halle Dn 84609). Den Küstern wurde streng untersagt, das gebrauchte Taufwasser zu verkaufen oder Handel damit zu treiben. Es solle vielmehr ordnungsgemäß in der Sakristei oder auf dem Kirchenhof ausgegossen werden. Besonders kontrolliert werden sollten in diesem Zusammenhang auch die Hebammen („Wehmütter“), denen professionelle Neigungen zu Magie und „Abgötterei“ nachgesagt werden.

17 Diesen Konsens hat u. a. der bedeutende lutherische Dogmatiker Johann Gerhard erarbeitet. Vgl. Jordahn 1970, S. 484 ff., S. 512 ff.

18 Vgl. die Ausführungen in der KO für Magdeburg, a. a. O. (s. Anm. 16), Ziff. 17: „Weil auch der Exorcismus bey der Kinder Tauffe / auß Christlicher Freyheit / in der Kirchen behalten / vor sich aber ein adiaphoron oder Mittelding ist; so wird er auch bey derselben / da er bißher in Gebrauch gewesen / auß Christlicher Freiheit gelassen / jedoch aber sollen die Zuhörer bey Erklärung dieses Hauptstücks / im Catechismo gnugsam unterrichtet werden / das solches nicht sey ein wesentliches und nothwendiges Stücke der heiligen Tauffe/ dass auch die Kindlein keines weges vom Teuffel leiblicher Weise besessen / sondern dass diese Ceremonia nichts anders sey / als eine Erinnerung / was massen wir Menschen von Natur Kinder des Zorns und ausser Christi Reich seyn / und also durch die Krafft der heiligen Tauffe / auß des Teuffels Reich in Christi Reich versetzet werden …“ usw. Ähnlich bereits in der Agende der Grafschaft Henneberg von 1580, der ersten lutherischen Agende, in der der Exorzismus abgeschafft worden ist. Hier findet sich als Motiv der Abschaffung die Abgrenzung gegen Aberglauben und Missbrauch in einem Gebiet, das nahe „an das babstumb grenzend“ in dieser Hinsicht besonders gefährdet schien. „Und dieweil es den ein ceremonia, welche zumal in dieser forma, wie etwa dergleichen mehr aus dem babstumb herkommen, die aber für sich und an sich selbsten gar keine besondere wirkung, ausser dem jenigen, was die heilige taufe auch ohne das mit sich bringet, erweiset und ausrichtet, als ist dieselbige in vorgeschriebener action der heiligen taufe unterlassen und damit geschlossen worden, das solche beschwerung noch ein zeitweile, damit der gemeine mann der gelegenheit derhalben desto besser in den predigten unterrichtet, und als denn so viel mehr ohne ergernus abgethan und unterlassen werden…“ – weil die Unterrichtung stattgefunden habe, sei diese Tolerierung nicht mehr nötig und solle ein Ende finden (Zit. nach Sehling, Emil: Die Evangelischen Kirchenordnungen des XVI. Jahrhunderts, 1. Abt.: Sachsen und Thüringen, nebst angrenzenden Gebieten, 2. Hälfte, Leipzig 1904, S. 304 f.).

19 Das bestätigt eine Umfrage des Magdeburger Konsistoriums bei allen Pfarreien. Vgl. Die Einrichtung der Liturgie im Herzogthum Magdeburg 1803 (Landeshauptarchiv Magdeburg, Rep. A 12 Geb. Nr. 1442, 2. Band).

20 So heißt es im Entwurf einer KO für das Erzstift Magdeburg von 1663: *„Da nehme er das Kind, und besprenge es dreymal mit Waßer und spreche: N. ich tauffe dich im Namen des Vaters …“* (Landeshauptarchiv Magdeburg, Rep. A 2 Nr. 533).

21 Vgl. hierzu den Beitrag von Bettina Seyderhelm, *Silberschalen und -kannen*, in diesem Katalog.

22 Vgl. den Beitrag von Peter Poscharsky, *Taufengel*, in diesem Katalog.

23 Noch aus den Antworten auf Fragebögen für Kirchenvisitationen um 1880, beispielsweise in den Kirchenkreisen Südharz, Merseburg und Naumburg, geht hervor, dass die Väter in der Regel nicht bei der Taufe ihrer Kinder zugegen waren.

24 Vgl. einen Zusatz in der KO für die Dörfer der Stadt Mühlhausen 1542: „Weil auch mit den kindern teufen und hochzeiten seer ergerlich und unardig geparet wird, das mit beiden gute ordnung gehalden werde, namlich also, dass man bei der kinder teuf gar keine schlemmerei gestatte, und alles fressen und saufen abschaffe, … und nach der taufe nicht mehr dan etwa ein paar kuchen ader kes und brote zu trunk gegeben werde und das man aufs allerlengste über ein halbe stund nicht sitzen pleibe." (Zit. nach Sehling, a. a. O. [s. Anm. 18], S. 389). In der KO Halle von 1541 heißt es unter Ziff. 12: „Die Gastereyen bey der Kind-Täuffen / so wohl in Städten als auff den Dörffern / werden hiermit aus gnugsamen erheblichen Ursachen gäntzlich verboten / doch sol denen weibern / so der Kindbetterin in der Noth beygewohnet / ingleichen den Gevattern und gar keinen Personen mehr / es seyn Freunde oder Frembde / eine Mahlzeit zu geben verstattet seyn / wer darwieder thun oder handeln wird / soll deßwegen ernstlich gestraffet werden." Vgl. Ziff. 13: „Ein böser Gebrauch ist es uffn Dörffern / dass die Gevattern und andere / so der Tauffe bey gewohnet / nach derselben Vollendung in die Schenckhäuser lauffen/ und alda Fresserey und Saufferey anstellen …" (Stadtarchiv Halle, Historische Akten XI B 2 Band 2).

25 Vgl. den Aufsatz von Kathrin Ellwardt, *Taufe zwischen Familienfest und Policey-Ordnung,* in diesem Katalog.

26 Vgl. Elias, Norbert: Über den Prozeß der Zivilisation, 2 Bde, Frankfurt/M. ⁶1978.

27 Noch 1794 hieß es in einer Anweisung für die Evangelisch-Lutherischen Prediger in Königlich Preußischen Landen zur gewissenhaften und zweckmäßigen Führung ihres Amts in § 6: „Es ist eine unverantwortliche Anmassung, wenn Prediger sich, wie es von manchen geschieht, bey Verwaltung der Sakramente und vorzüglich der Taufhandlung eigenmächtige Abänderungen dessen, was ihnen vorgeschrieben ist, und sogar der eignen Worte Jesu erlauben; und dadurch sowohl redliche Christen ärgern, als die anderen zu noch mehrerer Geringschätzung dieser Handlung verführen." (Ausgenommen ist dabei ausdrücklich die Abschaffung des Exorzismus, die freigegeben ist!) „Sonst aber wird hiermit von Se. Königlichen Majestät allen und jeden Predigern ernstlich anbefohlen: sich bey keiner ihrer Amtshandlungen irgend eine willkürliche und eigenmächtige Abänderung in den hergebrachten und entweder durch ausdrückliche Verordnungen, oder tacite durch die Behörde gebilligten ritibus ecclesiasticis zu Schulden kommen zu lassen." (Kirchenkreisarchiv Südharz, Niedergebra A / 31). Berichte der Gemeinden aus dem Herzogtum Magdeburg über die tatsächliche Lage im Blick auf die Taufpraxis um 1800 zeigen allerdings ein ganz anderes Bild. So fasst das Konsistorium den Bericht zusammen: „Die meisten Prediger taufen nach der Agende. Viele haben sich selbst bessere Formulare aufgesetzt, andere gebrauchen neuere Agenden."

28 Vgl. Ehrensperger, Alfred: Die Theorie des Gottesdienstes in der späten deutschen Aufklärung (1770–1815), Zürich 1971. • Jordahn, Ottfried: Georg Friedrich Seiler – Der Liturgiker der deutschen Aufklärung, Jahrbuch für Liturgik und Hymnologie 14, 1969, S. 1–62. • Jordahn, Bruno: Taufgottesdienst (s. o. Anm. 2), S. 534 • Cornehl, Peter: Evangelischer Gottesdienst von der Reformation bis zur Gegenwart (Gottesdienst VIII), in: Theologische Realenzyklopädie 14 (1985), S. 54–85, bes. S. 61 ff. • Hölscher, Lucian: Geschichte der protestantischen Frömmigkeit in Deutschland, München 2005, S. 95–181.

29 Vgl. Friedrich Wilhelm Wolfrath, der meinte, dass „die Taufe im Hause so ganz eigentlich ein christliches Familienfest ist, welches durch individuelle Lagen und Umstände den Theilnehmenden sehr rührend werden kann" (Liturgisches Handbuch, Marburg 1806, Vorerinnerung S. XXI, zit. bei Jordahn, Taufgottesdienst S. 574).

30 Zur Akzentverlagerung im Pietismus von der Taufe zur Konfirmation (Bekehrung und Wiedergeburt) vgl. Jordahn 1970, S. 498–533. Nach Sintenis z. B. ist die Taufe nur eine Art „Vorweihe zum Christenthum". Die eigentliche Weihe geschieht in der Konfirmation (Christian Friedrich Sintenis: Agende; oder Anleitung wie die Prediger ihren kirchlichen Amtshandlungen eine würdige Form geben mögen, Leipzig 1808, S. 33, ausführlicher zit. bei Jordahn, Taufgottesdienst, S. 558).

31 Einige Beispiele für aufgeklärte Taufformulare aus dem mitteldeutschen Raum finden sich in: Hermes, Fischer, Salzmann (Hrsg.): Beyträge zur Verbesserung des öffentlichen Gottesdienstes der Christen, 1. Band, 1. Stück (1785), S. 183–194; 2. Band, 2. Stück (1788), S. 153–167. • Ferner Christian Gottlieb Salzmann: Gottesverehrungen, gehalten im Betsaal des Dessauischen Philanthropins, 1–4, Dessau 1781/83; Wilhelm Schenck: Taufbuch, Weimar 1803; sowie in Heinrich Balthasar Wagnitz [Halle] (Hrsg.): Liturgisches Journal, Halle 1802 ff. • Zu den Taufordnungen von Georg Friedrich Seiler („Versuch einer christlichen evangelischen Liturgie", 1783, und: „Allgemeine Sammlung liturgischer Formulare", 1804) vgl. Jordahn, Taufgottesdienst, S. 543 ff.

32 So heißt es z. B. in einem Gebet von Wilhelm Friedrich Hufnagel: „Segne, o Gott, Eltern und Kind! Stärke die Mutter nach den entkräftenden Gefühlen des Schmerzes! Wache du über den Säugling, daß er gedeihe! Seine Schicksale sind in deiner Hand; des trösten und freuen wir uns. Schenke ihm lange seine Eltern; was sind Kindesfreuden ohne Theilnahme der Eltern; und laß uns alle Zeugen dieser Segnungen noch hier seyn, bis wir uns dort reiner freuen!" Ein Taufformular für besondere Fälle, in: Hufnagel (Hrsg.): Liturgische Blätter, 1. Band, 1. Sammlung, Erlangen 1796, S. 38–45, zit. S. 44 f.

33 Vgl. die „Königlich Preußische Kabinettsordre die Kindertaufe betreffend" von 1804, in der festgelegt wurde, dass die Kinder spätestens nach sechs Wochen nach der Geburt getauft werden sollen. Hintergrund war die Sorge des Königs, die Taufe könne, wie es wohl öfter vorgekommen ist, aus Gleichgültigkeit („Indifferentismus", ebd., S. 420) verzögert oder ganz unterlassen werden. (In: Jonathan Schuderoff [Altenburg] (Hrsg.): Journal für Veredelung des Prediger- und Schullehrerstandes, des öffentlichen Religionskultus und des Schulwesens, 1. Jahrgang, I. Band, 3. Stück,

Altenburg 1802, S. 418–421). Aufschlussreich dazu auch die Erläuterungen von Oberhofprediger Pischon, der meinte, dass man die Intention des Königs nicht mechanisch verstehen dürfe. „Mir sind auch bereits Fälle der Art vorgekommen, wo die Eltern z. B. ihren Hochzeitstag abwarten, und an demselben ihr Kind taufen lassen wollten; wäre es da nicht elende Buchstabenklauberei gewesen, wenn der Prediger sie daran hätte hindern, und sie so um ein Familienfest hätte bringen wollen?" (Ebd., 2. Jahrgang, II. Band, 3. Stück, 1803, S. 446–453, S. 451).

34 Wie sehr Haustaufen immer noch im Verdacht der Heimlichkeit standen, zeigt eine Bemerkung in der KO der Reichsstadt Mühlhausen von 1751, § 25: *Das Sacrament der heiligen Taufe soll außer dem Nothfall ... nicht heimlich in Privathäusern, sondern in öffentlicher Kirche geschehen!"* (Archiv des Konsistoriums der Kirchenprovinz Sachsen, A 9709). Zum Thema Haustaufen vgl. Graff, Geschichte der Auflösung, S. 308 f., sowie Band 2: Die Zeit der Aufklärung und des Rationalismus, Göttingen 1939, S. 224 f.

35 Hierzu gehören z. B. das leider verbrannte Bild von Carl Ludwig Jessen: Taufe in Nordfriesland (1903) aus dem Altonaer Museum in Hamburg, das die Taufe in einer nordfriesischen Bauernstube zeigt; auch das große Gemälde von Anton von Werner: Taufe in meinem Hause (1880), in: Dominik Bartmann (Hrsg.): Anton von Werner: Geschichte in Bildern, München 1993, S. 142 f., sowie das Kapitel „Taufe in der Breiten Straße" in Thomas Manns Roman „Buddenbrooks" (1922), Siebter Teil, Erstes Kapitel.

36 Vgl. Cornehl 1985 (wie Anm. 28), S. 66 f.

37 Vgl. Kirchenagende für die Königlich Preußische Armee, Berlin 1822, Tauf-Form, S. 32–35; Agende für die evangelische Kirche in den Königlich Preußischen Landen. Mit besonderen Bestimmungen und Zusätzen für die Provinz Sachsen, Berlin 1829, Zweiter Theil, Tauf-Form, S. 3–7.

38 Agende für die Evangelische Landeskirche, 2. Teil, Kirchliche Handlungen, Berlin 1895, S. 3–24.

39 Vgl. Agende für die evangelisch-lutherische Landeskirche des Königreichs Sachsen, Leipzig 1881.

40 Vgl. Klek, Konrad: Erlebnis Gottesdienst. Die liturgischen Reformbestrebungen um die Jahrhundertwende unter Führung von Friedrich Spitta und Julius Smend, Göttingen 1996, sowie [Julius Smend]: Kirchenbuch für evangelische Gemeinden zunächst für die in Elsaß-Lothringen. 2. Band: Handlungen, Straßburg 1908, Die Taufe, S. 3–19.

41 Vereinigte Evangelisch Lutherische Kirchen Deutschlands (VELKD) (Hrsg.): Agende für evangelisch-lutherische Kirchen und Gemeinden, Bd. III: Kirchliche Handlungen, Vorläufige Fassung, Berlin 1958; endgültige Fassung: Agende für evangelisch-lutherische Kirchen und Gemeinden, Band III: Die Amtshandlungen, Berlin und Hamburg 1964. • Agende für die Evangelische Kirche der Union, Band II, Witten 1964.

42 VELKD (Hrsg.): Agende für evangelisch-lutherische Kirchen und Gemeinden, Band III, Teil 1: Die Taufe. Neu bearbeitete Ausgabe, Hannover 1988. • Taufbuch. Agende für die Evangelische Kirche der Union, Berlin 2000.

43 Vgl. die diversen Arbeiten von Christian Grethlein und seinen Beitrag *Taufe heute – zwischen Kontinuität und Wandel,* in diesem Katalog. Ferner Cornehl: Artikel Taufe, praktisch-theologisch, in: Theologische Realenzyklopädie 32 (2001), S. 734–741; ferner: Taufpraxis im Umbruch. Nachlese zu einem Artikel, in: Cornehl: „Die Welt ist voll von Liturgie". Studien zu einer integrativen Gottesdienstpraxis, hrsg. von Ulrike Wagner-Rau, Stuttgart u. a. 2005, S. 355 –366.

44 Bonhoeffer, Dietrich: Widerstand und Ergebung. Briefe und Aufzeichnungen aus der Haft. Hrsg. v. Eberhard Bethge, Neuausgabe München 1970, S. 327 f. = DBW 8, S. 435.

Kathrin Ellwardt

Taufe zwischen Familienfest und *Policey-Ordnung*

Die Taufpraxis von der frühen Neuzeit bis ins 19. Jahrhundert im Spiegel obrigkeitlicher Vorschriften

Für Theologen und Obrigkeiten der frühen Neuzeit verbindet sich mit der Taufe wie mit dem religiösen Leben insgesamt nicht allein deren geistliche Bedeutung. Im Zusammenhang mit der evangelischen Kirchenzucht enthalten die landesherrlichen Polizei- und Kirchenordnungen Vorschriften, die das sittlich-moralische Leben der Menschen reglementieren. Teilweise gibt es sogar speziell erlassene Kindtaufordnungen, die Zeitpunkt und Ort der Taufe, Auswahl und Anzahl der Paten, den Aufwand bei der Tauffeier und die Art der Patengeschenke festlegen. Dabei haben die Obrigkeiten durchaus das materielle wie sittliche Wohl der Bevölkerung im Auge. Dass man die Vorschriften so häufig wiederholen muss, lässt darauf schließen, dass sie regelmäßig übertreten werden, wie aktenkundige Einzelfälle immer wieder bestätigen.

Tauftermin und Teilnehmer

Die Kindertaufe findet in der frühen Neuzeit kurz nach der Geburt statt. Bis zum Dreißigjährigen Krieg wird oft schon am ersten Tag getauft. Im späteren 17. und im 18. Jahrhundert ist zumeist vorgeschrieben, eine Frist von drei Tagen nicht zu überschreiten. In der Kirchenordnung der Reichsstadt Mühlhausen von 1751 heißt es beispielsweise: „Mit der Taufe der neugeborenen Kinder sollen die Eltern nicht über den andern, höchstens den dritten Tag anstehen."[1] In der Grafschaft Stolberg-Wernigerode gilt dieselbe Vorschrift, aber es wird ein Tag zugegeben, wenn auswärtige Paten „gebeten" werden.[2]

Taufhandlungen sind keine Gemeindegottesdienste, sondern finden im kleinen Kreis statt, unter der Woche gewöhnlich am frühen Nachmittag, sonntags im Anschluss an die Gottesdienste. Üblicherweise nehmen an der Taufe die Paten und vermutlich auch der Vater des Kindes teil. Da innerhalb der ersten Tage nach der Geburt getauft wird, liegt die Mutter zu diesem Zeitpunkt noch im Wochenbett und kann keinesfalls selbst mitkommen. Die Hebamme trägt das Kind in die Kirche. Die Frauen, die bei der Geburt geholfen haben, werden zur Taufhandlung eingeladen und hinterher entweder bei der Kindbetterin oder bei der Patin bewirtet. Der Zulauf Neugieriger aus der Gemeinde ist in der Regel eher unerwünscht.

Nach 1800 unternehmen einzelne Pfarrer erste Versuche mit Taufen innerhalb des sonntäglichen Gottesdienstes. Pfarrer Winzer in Oberröblingen berichtet im Februar 1816 über seine Erfahrungen. Nachdem „einige aufgeklärte Haußväter" zur Taufe im Gottesdienst bereit waren, habe die Gemeinde das „Feierlichrührende bey solcher öffentlichen Taufhandlung" erlebt, so dass dort mittlerweile die meisten Taufen auf diese Art stattfinden. Es stehe hingegen jedem frei, sein Kind „privatim" unter der Woche taufen zu lassen. Der Pfarrer ist unsicher, ob die Kirchenleitung mit seiner eigenmächtigen Handlungsweise einverstanden ist, doch das Konsistorium spricht ihm sein „besonderes Wohlgefallen" für seine Bestrebungen aus, die Taufhandlung ihrer Bedeutung als Aufnahme des Täuflings in die christliche Gemeinde entsprechend innerhalb des Sonntagsgottesdienstes zu vollziehen.[3]

Im 19. Jahrhundert muss dank verbesserter Hygiene und sinkender Säuglingssterblichkeit nicht mehr generell auf eine sofortige Taufe gedrängt werden. Fortan gilt, dass die Kinder innerhalb der ersten sechs Wochen getauft werden sollen. Laut Preußischem Kirchengesetz vom 30. Juli 1880 ist die Taufe innerhalb der ersten sechs Wochen nach der Geburt gesetzliche Pflicht.[4] Taufverweigerer werden nach § 3 und § 4 des Kirchengesetzes in Kirchenzucht genommen. Auch die Ordnung des kirchlichen Lebens in der Kirchenprovinz Sachsen von 1931 enthält noch die Sechswochenfrist: „Es entspricht kirchlicher Sitte, die Kinder ohne triftigen Grund nicht später als sechs Wochen nach der Geburt zur Taufe zu bringen."[5]

So kann die Mutter dabei sein; sie wird gleich nach der Taufe eingesegnet. Mit ihr erscheinen zumeist nur die Paten am Taufstein. Die Väter nehmen an der Taufe gewöhnlich nicht teil. Bei Visitationen wird ab 1880 regelmäßig gefragt, inwieweit es den Pfarrern gelinge, die Väter zur Teilnahme an der Taufe ihrer eigenen Kinder zu bewegen. Dieses Bestreben zeigt wenig Erfolg. Einzig in Trebra im Südharz, wo es 1903 heißt: „Die Väter sind nicht anwesend, es soll aber versucht werden, sie zur Teilnahme zu veranlassen", kann der Pfarrer 1912 melden, die Väter seien „fast immer" dabei.[6]

NOTTAUFE – HAUSTAUFE – KIRCHENTAUFE

Evangelische Nottaufen können gemäß Luthers Lehre vom Priestertum aller Gläubigen auch von Laien durchgeführt werden, wenn das Kind sehr schwach und sein baldiger Tod zu befürchten ist. In der Regel sind es in den Städten die Hebammen, auf dem Land mitunter auch die Schullehrer, welche die Nottaufe erteilen. Die Hebammen werden entsprechend ausgebildet und vereidigt.[7]

Die Taufe ist gültig, sofern mit Wasser im Namen Gottes des Vaters, des Sohnes und des heiligen Geistes getauft worden ist. Ob diese Bedingungen erfüllt sind, hat der zuständige Pfarrer durch Befragung der Taufzeugen zu überprüfen. Die Taufe wird dann in der Kirche bestätigt. Formulare für Nottaufen und Bestimmungen über die spätere Befragung der Zeugen sowie die Einsegnung des Kindes in der Kirche sind in den Kirchenordnungen enthalten.[8]

Die Taufe soll grundsätzlich in der jeweils zuständigen Pfarrkirche stattfinden. Ausnahmen gelten bei Lebensgefahr des Kindes, auf dem Land auch bei kaltem Winterwetter. Kinder auch ohne Not im Haus taufen zu lassen statt öffentlich in der zuständigen Pfarrkirche, ist von jeher ein Privileg des Adels, in Städten auch der Honoratioren. Da hiermit ein erhebliches Prestige verbunden ist, wünschen ab dem 17. Jahrhundert zunehmend auch bürgerliche Familien die Haustaufe. Obwohl in den Kirchenordnungen immer wieder festgeschrieben wird, dass die Kinder grundsätzlich in der Kirche zu taufen sind, ausgenommen bei Lebensgefahr, steigt die Zahl der Haustaufen im 18. und frühen 19. Jahrhundert stetig an. In Mühlhausen wird 1731 sogar geklagt, auswärtige Familien ließen ihre Kinder im Wirtshaus taufen.[9]

Die Kirchenbehörden sehen sich veranlasst einzugreifen. Um die Haustaufe zu erschweren, wird die vorherige Dispensation durch den Superintendenten oder gar das Konsistorium verlangt, außerdem gelten für Haustaufen weitaus höhere Stolgebühren.[10] In Erfurt hat die Hebamme die Haustaufe anzumelden und den Erlaubnisschein zu holen. 1803, nach der preußischen Inbesitznahme der Stadt, fällt das Privileg der Adeligen zu Haustaufen weg. Fortan dürfen Haustaufen auch bei Adeligen nur noch mit Dispensation stattfinden. Im zweiten Viertel des 19. Jahrhunderts gibt es in der Stadt Erfurt durchschnittlich vierzig Haustaufen pro Jahr. Unter den Vätern der Täuflinge finden sich Honoratioren, Geschäftsleute und einige Handwerksmeister.[11]

FINDELKINDER

Bei Findelkindern stellt sich ein Problem, das in Kirchenordnungen seit der Reformation immer wieder angesprochen wird: Wie hat sich ein Pfarrer zu verhalten, wenn nicht bekannt ist, ob ein Kind bereits getauft ist oder nicht? Da man die Lehren der Wiedertäufer verwirft und sich scharf davon abgrenzt, will man vermeiden, dass ein Mensch zweimal getauft wird. Abzuwägen ist nun gleichsam, was das geringere Übel ist: eine zweifache Taufe oder die Nachteile, die einem Menschen ohne Taufschein entstehen, sowohl in geistlicher Hinsicht als auch bezüglich seiner gesellschaftlichen Anerkennung, seiner schulischen und beruflichen Möglichkeiten, weil das Taufzeugnis als Nachweis der Geburt und Herkunft vorgelegt werden muss. Meistens wird trotz aller Skrupel doch zugunsten einer erneuten Taufe entschieden, sogar dann, wenn bei dem Kind ein Zettel liegt, der besagt, das Kind sei bereits getauft – so geschehen beispielsweise 1608 im mansfeldischen Leimbach.[12]

Am 24. Oktober 1803 wird in Halle im Haus des Geheimen Rats Klein ein etwa drei bis vier Monate alter Junge gefunden. Nachdem der Rat der Stadt zunächst angeordnet hat, das Kind lediglich in das Taufregister einzutragen, bestimmt das Konsistorium schließlich, es sei in aller Stille zu taufen. Da das Baby im Flur des Hauses in einer Nische abgelegt war, erhält es den Namen Johann Nischekind.[13] Ähnlich einfallsreich bei der Namensgebung erweist sich das Weißenfelser Stadtgericht 1744, als auf der Treppe im Schulhaus ein Säugling deponiert wird: Das kleine Mädchen bekommt den Namen Anna Treppin.[14]

Viele Fälle werden dadurch gelöst, dass man dem Kind vorsichtshalber so bald wie möglich die Taufe erteilt. Schwieriger liegen die Dinge bei einem Mädchen, das 1723 oder 1724 in Elxleben bei Erfurt gefunden worden ist und laut einem beiliegenden Zettel Maria Catharina heißt. Das Kind, das auf Kosten der Gemeinde bei einer Familie im Dorf aufwächst, hat schon das Alter von elf Jahren erreicht, als der zuständige Pfarradjunkt sich endlich bemüht zu klären, wie er bezüglich einer eventuellen Taufe zu verfahren hat. Die Pflegefamilie und der Rest des Dorfes sind einmütig der Ansicht, Maria Catharina könne nicht getauft sein, denn sie habe sich „bey der Auferziehung sehr hartnäckig erwiesen, und sich von niemandem wollen lencken lassen". Als der Geistliche das Mädchen während einer Krankheit besucht, äußert es selbst den dringenden Wunsch, getauft zu werden. Die endgültige Entscheidung der Behörden in diesem Fall ist nicht überliefert. Ausführlich wird erörtert, ob das elfjährige Kind, bevor es die Taufe erhält, zunächst unterrichtet werden müsse oder ob es nicht sinnvoller sei, damit bis zu dem ohnedies bevorstehenden Konfirmandenunterricht zu warten.[15] Vielleicht hat der Pfarrer die seelische Not dieses Mädchens, das durch die Taufe aus seiner Außenseiterrolle herauszukommen hoffte, nicht gesehen.

PATENSCHAFT

Die Paten werden formell durch das Überbringen eines Gevatterbriefes „gebeten". Das Patenamt gilt als Ehrenverpflichtung, die nicht ohne triftigen Grund abgelehnt werden darf. Aus kirchlicher Sicht beschränkt sich die Aufgabe der Paten ausschließlich auf die Sorge für die religiöse Erziehung des Kindes, sollten die Eltern früh sterben. Sie haben darauf zu achten, „daß ihre Bathen / so bald sie hierzu tauglich / zur Schulen gehalten / vnd in warer Gottesfurcht / vnd andern Christlichen Tugenden embsig vnterrichtet werden mögen." Im engeren Sinne ist darunter nicht mehr zu verstehen, als dass das Kind die Zehn Gebote, das Glaubensbekenntnis und das Vaterunser zu lernen hat.[16] Dass ein Gevatter sein verwaistes Patenkind in seinen Haushalt aufnimmt, kommt zwar bisweilen vor, gehört aber streng genommen nicht zu seinen Pflichten.

Möglichst viele Gevattern zu haben, ist der Wunsch vieler Taufeltern. Dahinter stehen Eitelkeit und Statusdenken, aber auch der Wunsch nach den damit verbundenen Geldgeschenken. Besonders höhere Stände neigen dazu, ihren gesellschaftlichen Rang durch ein großes Aufgebot an Paten zu zeigen. So sind in den Taufbüchern der Naumburger Wenzelskirche aus dem 17. Jahrhundert bei einigen Kindern städtischer Honoratioren bis zu 25 Taufpaten eingetragen.

Fast alle Kirchenordnungen limitieren daher die Anzahl der Taufpaten. Zumeist – so im Herzogtum Magdeburg, der Grafschaft Mansfeld, der Stadt Halle, der Grafschaft Henneberg, im albertinischen Sachsen und in der Reichsstadt Nordhausen, in Salzwedel und Stendal – sind höchstens drei Paten gestattet, für uneheliche Kinder zwei. In Erfurt hingegen erlauben sämtliche Polizeiordnungen von 1622 bis 1737 nur einen einzigen Paten; erst ab 1760 ist es zulässig, zwei Gevattern zu nehmen.[17] In Nordhausen, wo drei Paten üblich sind, müssen für einen Jungen zwei männliche und eine weibliche Person Pate stehen, für ein Mädchen hingegen zwei weibliche und eine männliche.[18] In Mühlhausen entspinnt sich 1761 eine heftige Auseinandersetzung darüber, ob eine Frau die einzige Patin für einen Jungen sein darf.[19]

Für uneheliche Kinder gelten schärfere Bestimmungen. In der Regel sind höchstens zwei Paten erlaubt, die Taufhandlung geschieht ohne Glockengeläut und Gesang, ohne Danksagung, und die Einsegnung der Mutter unterbleibt. In der Grafschaft Mansfeld ist es im 17. und 18. Jahrhundert hingegen Usus, dass der Pfarrer einem „unehrlichen" Kind fünf Paten zuweist, „und zwar allezeit vier ledige und 1. verehlichte Person; diese 5 Personen ersiehet sich der Prediger; zu welchen er nemlich das Vertrauen hat, daß Sie dieses Geistliche Werck willig werden über Sich nehmen."[20] Auch in Mühlhausen hat ein eheliches Kind nur einen, ein uneheliches hingegen drei Gevattern.[21] Offenbar sind manche geistliche und weltliche Obrigkeiten der Ansicht, ein ,in Sünde geborenes' Kind bedürfe einer besonderen Aufsicht.

In den königlich sächsischen Gebieten am südlichen Harzrand gibt es hingegen von alters her die Tradition, fünf oder gar sechs Paten zu wählen. In der Altmark sind ebenfalls fünf, in Halberstadt und im Ziesarschen Kreis sechs Paten die Norm. Als diese Besitzungen nach dem Wiener Kongress an Preußen kommen, auf dessen Staatsgebiet höchstens drei Paten zugelassen sind, wird eine Sonderregelung für diese Gebiete eingeführt, die maximal fünf Paten erlaubt. Das ganze 19. Jahrhundert hindurch berichten die Pfarrer bei den Visitationen jedoch darüber, dass auch die Zahl von fünf Paten regelmäßig überschritten wird. Durch die Patenordnung von 1856 wird schließlich eine Gebühr von 7½ Silbergroschen „für jeden über die Zahl fünf zugelassenen Taufpathen" eingeführt, die von den Pfarreien an soziale Fonds wie die Armenkasse oder die Predigerwitwenkasse abzuführen ist."[22] Durch Strafgebühren für überzählige Paten kommen im Herzogtum Magdeburg, in der Altmark sowie in Halberstadt mit dem Ziesarschen Kreis jeweils rund 1200 bis 1500 fl. pro Jahr ein.[23] Der Pfarrer von Epschenrode im Südharz gibt 1859 zu, dass er wegen der zusätzlichen Einnahmen die überzähligen Paten – der Rekord steht bei 14 – nicht abweisen mag. Unter diesen Umständen ist es für die Taufeltern nicht mehr lukrativ, wegen der Geldgeschenke möglichst viele Paten einzuladen. Das muss auch der Epschenröder Handarbeiter Bockelmann einsehen, der „hofft seine sehr dürftige Lage durch eine zahlreiche Gevatterschaft zu erleichtern, indem er zehn Paten angegeben hat".

Die ausgewählten Paten sind dem Pfarrer vorher zu benennen, damit, „wenn etwas darbey zu erinnern ist / dasselbe zu rechter Zeit beobachtet werden könne." Die Paten müssen, so die Erfurter Kindtaufordnungen, „Ehrbare Gottesfürchtige Personen" sein, die bereits zum Abendmahl gehen, also konfirmiert sind.[24] 1737 wird ein Mindestalter von 14 Jahren festgelegt.[25] Kinder sollen vom Patenamt ausgeschlossen bleiben, ebenso Dienstboten.

TAUFGESCHENKE – PATENGELD UND NATURALIEN

Die Kirchenordnung der Grafschaft Stolberg-Wernigerode von 1729 verbietet, öfter als dreimal pro Jahr Personen aus demselben Haus als Paten zu bitten.[26] Da hiermit ein Geldgeschenk verbunden ist, sollen die Haushalte vor gar zu häufigen Ausgaben dieser Art geschützt werden. Besonders gern werden nämlich die Honoratioren des Ortes und Angehörige höherer Schichten geladen, weil man von ihnen ein entsprechendes Geschenk erhofft und sie dem Fest mehr Glanz verleihen. Unter Umständen sind dies Personen, zu welchen die Familie bis dahin praktisch keine persönliche Beziehung hatte. In einigen Taufordnungen findet sich deswegen ein Passus, die Gevattern hätten dem gleichen Stand anzugehören wie die Taufeltern.[27]

Die Patengeschenke, bestehend aus einer Geldsumme und Sachgeschenken, ufern so sehr aus, dass viele Paten überzogenen Erwartungen entsprechen, obwohl der Wert der Gaben ihre finanziellen Möglichkeiten übersteigt. Für die Höhe des Geldgeschenks geben so gut wie alle obrigkeitlichen Verordnungen ein Limit an. Für Überschreitungen sind Geldstrafen fällig. Während der Rat der Stadt Naumburg auf die Einsicht seiner Bürger setzt, dass jeder sich „selbst bescheide / daß mit einbinden des Bathengelds / kein excess von ihm begangen / und andern hiedurch ein beschwerliche einführung zur nachfolge gemacht werde"[28], wird überall sonst ein Höchstbetrag fixiert. Je nach Stand der Paten und Empfänger gelten unterschiedliche Sätze. Die Stadt Erfurt lässt sogar spezielle „Patenpfennige" prägen, die bei der Kämmerei in drei Größen zu kaufen sind: „Die grösseste Sorte von solchen Pathenpfennigen / so bey den fürnehmbsten Gevatterschafften einzubinden verordnet / soll mit dreyssig Groschen; die andere / vor den mitt-

Holzschnittblatt aus Stolberg zum Einwickeln des Patengeldes, 1694.
Landeshauptarchiv Sachsen-Anhalt, Magdeburg, Rep. H Stolb.-Stolb. B, XXIX Nr. 1 Bl. 1.

lern stand / mit einem Reichsthaler / und die dritte vor gemeine Leute / mit Ein und zwantzig groschen bezahlet" werden.[29] In Halberstadt werden 1691 und 1701 sogar alle Patengeschenke gänzlich verboten.[30]

Das Geld wird „eingebunden", d. h. in einer sorgfältigen, oft kostbaren Verpackung über-reicht. Die zahlreichen Verbote über die Gestaltung des „Eingebindes" lassen Rückschlüsse darauf zu, auf welche Weise versucht wird, den festgesetzten Geldbetrag einzuhalten und trotz-dem den Wert des Geschenks zu steigern: Das Geld wird in kostbare Stoffe wie Samt, Seidenat-las oder Doppeltaft gewickelt, das Gebinde mit Perlen und Korallen oder sogar Gold und Silber besetzt. Die häufige Wiederholung gerade in der wohlhabenden Handelsstadt Erfurt lässt ver-muten, dass derart luxuriöse Geschenkverpackungen trotz des Verbots der Normalfall bleiben.[31]

Aus Stolberg ist ein Holzschnittblatt erhalten, das eine Taufszene zeigt, umgeben von Emble-men und Bibelversen, die sich auf die Taufe beziehen. Der gedruckte Vers, der sich auf das Geschenk bezieht, enthält Segenswünsche für das Patenkind. Darunter hat die Patin eigenhän-dig unterschrieben: „Anna Cattarina Hoffmanin E.E. Hochw. Raths Haußmutter im Rathhauß. Anno 1694 den 27. November." Die Knicke und Abdrücke im Papier belegen, dass in dieses Blatt ein Geldstück eingewickelt war. (siehe nebenstehende Abb.)[32]

Hinzu kommen die Naturalien. Es ist weithin üblich, dass die Gevattern den Taufeltern Ku-chen, Marzipan und Konfekt, ferner Lebensmittel und Wein für das Taufessen schicken. Zudem erhält die Mutter Geschenke „aufs Bett". Unnötig zu betonen, dass die Tauforordnungen solche Gaben untersagen. Lediglich „gegen arme dürftige Leute Barmherzigkeit zuerweisen" und ihnen einen Kuchen nebst etwas Wein zu senden, wird den wohlhabenden Erfurter Bürgern erlaubt.[33]

In Nordhausen schenken die Paten neben dem festgelegten Geldbetrag ein Gebet- oder Gesangbuch, das bei Vornehmeren „hübsch verguldet" sein darf. Die Namen des Täuflings und der Taufpaten werden von dem Pfarrer, der das Kind getauft hat, in das Buch eingetragen.[34]

Im Gegenzug erhalten auch die Paten Gaben von den Taufeltern. Kuchen oder Eierkuchen wer-den ins Haus der Paten geschickt, in der Grafschaft Henneberg sogar „lebendige Hüner oder Gänse / Fische und andere Victualien", mit denen der Gevatter am dritten Tag nach der Taufe eine Mahlzeit ausrichtet.[35] In Naumburg hat es sich um die Mitte des 18. Jahrhunderts eingebürgert, dass „unter denen Gevatters-Leuthen, allerhand Geschencke, an Citronen, Confect, süßer Kanne, Bändern, Schnupfftüchern, Servietten, Krausßen, Hemden und dergleichen, ausgetheilet, hier-durch aber zu nicht geringen Auffwande und Verschwendung Anlaß gegeben werden."[36]

PATENGESCHENKE IN SPÄTEREN JAHREN

Mit den Geschenken am Tauftag selbst ist es jedoch nicht getan. Mindestens bis zur Konfirma-tion, wenn nicht gar bis zur Verheiratung erwartet man Geschenke für das Patenkind. Hemden und Kleidung schenken die Paten sowohl bei der Taufe als auch in späteren Jahren, ferner Geld und Geschmeide, „Puppenwerck" und dergleichen. Stirbt ein Kind, so stellt sein Pate das Toten-hemd.[37]

Typische Anlässe für Geschenke an die Patenkinder sind Weihnachten, Neujahr und Ostern. Schon 1586 werden in Naumburg die „Rotten Eyer" zu Ostern verboten.[38] Wiederholte Verordnungen untersagen in Nordhausen, Halle, Erfurt, Halberstadt und der Grafschaft Henneberg „den Heil. Christ, das Neue Jahr, oder das rothe ey", also die Geschenke anlässlich dieser Feste. Wer solche austeilt oder annimmt, muss mit einer empfindlichen Geldstrafe rechnen. Die jeweiligen Obrigkeiten halten es für ein Unding, dass die Eltern ihre Kinder an den Festtagen „zu verdrüßlicher Belästigung ihrer Paten ausschicken", um dort die Geschenke abzuholen, dadurch die Gevattern unter Druck setzen und ihnen große Unkosten verursachen.[39] Höchstens ein wenig Zucker darf den Erfurter Kindern mitgebracht werden.[40]

AUFWAND FÜR DIE TAUFFEIERN

An die Taufhandlung schließt sich traditionell eine gemeinsame Mahlzeit im Haus der Tauffamilie an. Dabei ist jeder Gastgeber bestrebt, den Gästen das Bestmögliche zu bieten. Jede Familie versucht, mit den Nachbarn, Verwandten, Freunden mitzuhalten, besser noch diese zu übertreffen, auch wenn sie sich dadurch übernimmt. Die Obrigkeiten greifen mit mehr oder weniger detaillierten Vorschriften ein und stecken den Rahmen, in welchem Tauffeiern stattfinden dürfen, recht eng. Dabei sind die Vorschriften und Privilegien je nach gesellschaftlichem Stand (Adel, Honoratioren, Bürger, Bauern) abgestuft.

Die Frauen, die bei der Geburt dabei waren, dürfen fast überall mit einem Getränk und einem Kuchen bewirtet werden, wenn sie mit dem Täufling aus der Kirche kommen, jedoch ohne sich zu lange bei der Kindbetterin aufzuhalten. Für die Anzahl der einzuladenden Personen werden regelmäßig Beschränkungen angegeben. Die älteste greifbare Vorschrift zur Zahl der Taufgäste findet sich in den Statuten der Reichsstadt Mühlhausen von 1311, darin wird verboten, mehr als zwölf Frauen zur Tauffeier zu laden.[41] 1474 werden in der Stadtwillkür von Burg bereits Strafen wegen des überhand nehmenden Luxus bei Hochzeiten und Kindtaufen verhängt.[42]

Einige Polizeiordnungen gehen so weit, nicht nur die Zahl der Gäste beim Festessen, sondern sogar Anzahl und Art der servierten Gerichte vorzuschreiben. Exemplarisch folgen hier Auszüge aus den Erfurter Ordnungen. Gemäß der Einteilung der Bürgerschaft in fünf Klassen wird 1698 differenziert: „Nach der Kind-Tauffe wird zwar denen Weibern eine kleine Ehren-Mahlzeit zu geben / einem jeden / ob er wolle / frey gestellet: Eß soll aber darzu niemand / als die allernechsten Freunde / vorige Gevattern und am Hause anstossende allernechste Nachtbarinnen / und bey der ersten Classe nicht über 12. in der andern und dritten nicht über 8. und in der vierdten und fünfften höchstens 6. Personen geladen / in der Speisung auch eine Masse gehalten / und bey der ersten Classe entweder nur etliche wenige Schüsseln mit gemeinen Confect und Obst / oder höchstens 6. einfache Schüsseln mit warmen Speisen und ein Kuchen / sambt zwey Schüsseln Obst / bey der andern und dritten Classe aber nur 4. einfache Schüsseln und ein Kuchen gereicht / und alles dergestalt angestellet werden / daß die gebethenen Gäste des Winters längstens umb 7. Uhr / und des Sommers für 9 Uhren nach Hause gehen können und sollen."[43] Die Hochzeit-, Kindtauf- und Begräbnisordnung von 1622 betont: „Es sollen keine frembde vnd süsse Weine / als Malvasier / Reinfall / Alacant / Muscateller vnd dergleichen auffgesetzt / auch zu ende der Mahlzeit kein Marcipan / Zucker / Confect, oder dergleichen / sondern allein Kese / Kuchen vnd Obst / sofern es die Jahrzeit also bringet / zugeben erlaubt seyn."[44] Weitere „Gastereyen" am folgenden Tag werden untersagt. Auch das Musizieren bei Tauffeiern wird in den Erfurter Ordnungen wiederholt verboten.

Geschirr und Tafelschmuck dürfen ebenfalls nicht die Grenzen dessen überschreiten, was der gastgebenden Familie von Standes wegen zusteht. Der Naumburger Bürger und Krämer Johann Philipp Feilscher wird 1686 beim Rat der Stadt angezeigt, weil er bei der Taufe seines jüngsten Kindes die Festtafel mit Silbergeschirr gedeckt hat. Solches steht nur dem Adel und den Honoratioren zu, nicht aber gewöhnlichen Bürgern. Wegen dieser Übertretung verurteilt ihn der Rat zu einer Geldstrafe von zwanzig Talern. Feilscher rechtfertigt sich jedoch und bittet um Erlass der Strafe: Er habe kein ganzes Silberservice verwendet, könne sich ein solches auch gar nicht leisten. Auf der Tafel hätten lediglich einige Silberbecher gestanden, die er ererbt habe, und außerdem ein Paar silberne Leuchter und ein Salzfass. Letztere Stücke habe seine Ehefrau von ihren Eltern aus Leipzig „auf das Bette geschencket bekommen", und er habe sie zu Ehren seiner Schwiegereltern, die bei der Feier anwesend waren, auf den Tisch gesetzt.[45]

Kindtaufen bieten einen willkommenen Anlass zum Feiern, wobei auch Alkohol eine nicht unerhebliche Rolle spielt. Bei den ersten Visitationen im Hochstift Merseburg kurz nach Einführung der Reformation wird besonders aus Zwenkau über verwahrloste Sitten berichtet. Schon 1562 vermerkt der Pfarrer unter den „Gebrechen" des Ortes: „Haben die dorfschaften den brauch, so ein kindlein in der kirchen getauft … wirt, gehen sie allemal in radtskeller und saufen sich mehrerstheils voll." Und zwar unter Mitnahme des wenige Tage alten Täuflings. Diese Gewohnheit lässt sich in den folgenden eineinhalb Jahrzehnten nicht abstellen, „ob man gleich exempel weiss, das gross unrad daraus entstanden, als das sie die kinderlein uffm wege haben lassen fallen, eins theils verloren, eins theils beschedigt oder gar umbkommen sein."[46] In der Grafschaft Henneberg wird 1678 bei einer Geldstrafe von 3 fl. geboten, „daß hinführo keiner von denjenigen / so zu Gevatter gebeten wird / den Kindes-Vater in Brandewein / Wein oder andern Geträncken besauffen / weniger vor seine selbst Person / vor dem Tauff-Stein truncken erscheinen soll."[47]

1755 klagt der Rat in Nordhausen, Taufgesellschaften würden oft nur ausgerichtet, „um zu mancherley thörigten Heyraths Kuppeleyen Gelegenheit oder Anlaß zu geben."[48] Derselbe Vorwurf wird ein Jahrhundert später in Eisleben laut, hier geht es vor allem um Taufen unehelicher Kinder: „Als Taufzeugen erscheinen junge, unverheirathete Personen, gewöhnlich Liebespaare, die nach kurzem Aufenthalte im Kindtaufshause zusammen spazieren gehen oder auswärts zu Tanze laufen. Keusch und züchtig geht es da gewiß bei solchen Liebespaaren nicht zu. Oder: Die Taufe wird als Gelegenheit benutzt, Liebespaare zu schmieden. Der Volksglaube sagt: Der Taufstein bindet."[49]

Mit Kutschen zur Kirche zu fahren, wird nur den Angehörigen höherer Stände erlaubt, in Naumburg etwa „denen Crahmern und andern personis honoratioribus". In der Stadt Halle wird „denen Vornehmsten das Kind mit zwey Gutschen / denen Mitlern nur mit einer / denen Geringen aber mit keiner Gutsche zur Tauffe nach der Kirche zu fahren verstattet."[50]

Auch in Bezug auf die Ausstattung des Wochenbettes und der Wiege sowie die Taufkleider versuchen die Regierenden, übermäßiger Pracht einen Riegel vorzuschieben. Die Polizeiordnung des brandenburgischen Kurfürsten für das Herzogtum Magdeburg und die Grafschaft Mansfeld von 1688 bestimmt: „Ferner wollen wir allen Pracht / der sich bey etlichen / und zwar denjenigen Kind-Betterinnen / denen es am wenigsten gebühret / mit stattlichen ausgenehetn / gülden und silbernen / auch andern kostbaren geklöppelten weissen Spitzen / geziereten Tauff-Tüchern / Tauff-Windeln / Wester-Hembden / Vorhängen / Bett-Gewand / Küssen-Ziechen und andern verderblichen Uberfluß / an kostbaren Himmel-Betten / Wiegen und sonst bißhero erzeiget / gäntzlich verboten ... haben.“[51]

Während der ersten sechs Wochen nach der Geburt bleibt die Mutter im Haus. Ihr erster Ausgang führt sie in die Pfarrkirche, wo sie vom Pfarrer eingesegnet wird. Traditionell besucht die Gevatterin die „Sechswöchnerin“ während dieser Zeit, was vielfach Anlass zu weiteren Festessen und zur Übergabe weiterer Geschenke bietet. Auch hiergegen schreiten die Obrigkeiten regelmäßig ein – vermutlich nur mit geringem Erfolg. Die überzeugendste Begründung für das Verbot liefert die Polizeiordnung des Naumburger Bischofs Julius Pflug von 1549: „Weyll die Natur ein iden vornunfftigenn Menschen selbst weiset, das eynem armen krancken Weib, das Gott der Almechtige itzund mit Schmertzen beratenn, ann Geschwetz vnnd Gethümmel, wenig Ergetzlichkeit kann haben.“[52]

EIN JEDER NACH SEINEM STAND

Eine Taufe bedeutet erheblichen Aufwand, auch finanzielle Belastungen, sowohl für die Eltern des Täuflings als auch für die Gevattern. Die Taufeltern zahlen die Stolgebühren an den Pfarrer, zusätzliche Gaben an die Hebamme, den Küster, die Boten, welche die Patenbriefe überbringen. Nicht nur am Tauftag selbst, sondern auch bei Besuchen und beim Kirchgang der Mutter nach Ablauf der Sechswochenfrist wird eine Bewirtung erwartet. Hinzu kommen mancherorts Geschenke an die Gevattern. Die Paten geben das Patengeld (Eingebinde) und sonstige Geschenke an den Täufling, zudem Geschenke „aufs Bett“ an die Mutter. Hinzu kommen Geldspenden für den Küster, eine Bewirtung beim Überbringen der Gevatterbriefe und Gelder für Boten. Bis zur Konfirmation erwarten die Patenkinder traditionell Geschenke zu Ostern, Weihnachten und Neujahr.

Die Obrigkeiten versuchen, durch Verordnungen gegenzusteuern. Auch ärmere Familien sollen sich eine Tauffeier nach vorgeschriebenem Standard leisten können. Hintergrund ist die Befürchtung, wenn nicht sogar die häufige Beobachtung, dass Eltern und Paten sich übernehmen, nur um sich gegenseitig zu übertreffen oder überzogenen Erwartungen zu genügen. So berichtet der Nordhäuser Stadtrat: „... wobey noch dieser Unfug zwischen denen Gevattern hinzu gekommen, daß mit solchen Pathen-Geschencke und übermäßig reichlichen Einbinden es immer einer dem andern zuvor thun wollen, welches sothanen Personen zu grosser Beschwerde, auch sogar vielmahls zum Verfall und allmählicher Abnahme ihres Vermögens gereichet, wie dann auch manche Eltern, durch die grossen Kosten, welche sie zu der hierbey üblich gewesenen Kind-Tauffen Schmauserey verwendet haben, solchenfals, wenn die Geschencke nicht reichlich genug ausgefallen, in grosse Schulden gerathen.“[53]

Die obrigkeitliche Sorge, die Untertanen könnten ihr weniges Vermögen für „solche vbermessige vnd vnnütze verthuunge“[54] ausgeben, sich gar verschulden und dadurch in Armut geraten, führt zu derartigen Verordnungen, die nach heutiger Auffassung die Privatsphäre verletzen. Dahinter steht auch die Absicht zu vermeiden, dass in Armut geratene Untertanen der Obrigkeit oder sozialen Einrichtungen auf der Tasche liegen. Dem Weltbild der absolutistischen Gesellschaft entspricht, dass die Regierung ihren „Landeskindern" nicht die Fähigkeit zutraut, darüber selbst zu entscheiden. Viele Angehörige der mittleren und unteren Stände gestalten ihre Feiern nach dem Vorbild der Oberschicht und maßen sich so einen Prunk an, der ihnen nicht zusteht. Bis ins 18. Jahrhundert hinein behält der alte Satz Martin Luthers Gültigkeit: „Sey und bleibe, was du bist, und thue, was dir befohlen ist und dein Stand mit bringet."[55]

Anmerkungen

1 Kirchenordnung der Reichsstadt Mühlhausen, 1751. Archiv des Konsistoriums der Kirchenprovinz Sachsen, A 9709.
2 Kirchenordnung Stolberg-Wernigerode, 1729. Landeshauptarchiv Sachsen-Anhalt, Magdeburg, Rep. H Stolberg-Wernigerode, Hauptarchiv B 43 Fach 2 Nr. 11.
3 Carl August Winzer, Prediger zu Oberröblingen an den preußischen König, 1816 Feb 5. Landeshauptarchiv Sachsen-Anhalt, Magdeburg, Rep. A 12 Generalia Nr. 1643 b.
4 Archiv des Konsistoriums der Kirchenprovinz Sachsen, Superintendentur Gommern, Nr. 207.
5 Etwas Wichtiges über die heilige Taufe, in: Augustiner-Gemeindeblatt (Erfurt), 7. Jahrgang, Nr. 6 / Mai 1932, S. 46.
6 Kirchenkreisarchiv Südharz A / 325.
7 So schreibt die Nordhäuser Hebammenordnung von 1674 vor: „Sollet ihr bey dessen (des Kindes) großer Leibes Schwachheit unter anderm eure Gedancken dahin richten, daß es zur Heil. Taufe schleunig befordert werde, u. so etwan die höchste Lebens Gefahr nicht gestattete, des Priesters Ankunfft zuerwarten, sollet ihr, damit des Kindes Seeligkeit nicht versäumet werde, es entweder selbst, oder durch eine anwesende Christliche Person solches ohne Verzug mit Waßer im Nahmen Gottes des Vaters, Gottes des Sohns, u. Gottes des Heil. Geistes tauffen, auch bey noch so viel übriger Zeit, vorher das Vater Unser, u. andere kurze Gebetlein sprechen." Stadtarchiv Nordhausen II NA 8.
8 Kirchenkreisarchiv Mühlhausen, Akten der Superintendentur, Sektion 4 Gruppe C-254.
9 Stadtarchiv Mühlhausen E 6 Nr. 65.
10 Z. B. Erfurt und Umland 1804: Die Stolgebühr an den Pfarrer liegt für eheliche Kinder bei 6 Groschen. „Die Gebühren bei der Taufe unehelicher Kinder sind jedoch auf dem Lande höher. Hier bekommt der Pfarrer 1 rt. und der Schulmeister die Halbschied. Diese Verschiedenheit beruhet auf diesem Grunde, bey der Taufe unehelicher Kinder wählet der Pfarrer selbst mehrere Taufzeugen, und da bey der Taufhandlung mehrentheils eine Menge Menschen erscheint, so hält der Pfarrer vor der Handlung eine zweckmäßige Anrede an die Anwesenden, worin er sie besonders vor dem Laster der Unkeuschheit verwarnt. Dieser mehrern Arbeit wegen ist dies Accidens auf 1 rt. gesetzt, welches eine sehr lange übliche Einrichtung ist." Bericht des Ev. Ministeriums, 1804 Mai 17. Stadtarchiv Erfurt 1–1 / X A II 11. Ähnlich auch in Mühlhausen: Kirchenkreisarchiv Mühlhausen, Akten der Superintendentur, Sektion 4 Gruppe C-253.
11 Stadtarchiv Erfurt 1–1 / X A II 55 Bd. 1
12 Landeshauptarchiv Sachsen-Anhalt, Magdeburg, Rep. A 12 a, III Nr. 481.
13 Landeshauptarchiv Sachsen-Anhalt, Magdeburg, Rep. A 12 Generalia Nr. 1643 b; Marienbibliothek Halle: Taufregister der Ulrichskirche 1791–1816, S. 330 f.
14 Stadtarchiv Weißenfels A I 111.
15 Archiv des Ev. Ministeriums im Augustinerkloster Erfurt A V c 3.
16 Erfurter Hochzeit-, Kindtauf- und Begräbnisordnung 1622. In: Stadtarchiv Erfurt 4–0 III 28a; Kirchen-Ordnung im Churfürstenthum der Marcken zu Brandenburg, wie man sich beide mit der Leer und Ceremonien halten sol. von 1540. – In: Corps Constitutionum Marchiarum oder Königl. Preußische und Churfürstl. Brandenburgische in der Chur- und Marck Brandenburg, auch incorporirten Landen publicirte und ergangene Ordnung, Edicta, Mandata, Rescripta etc. Von Zeiten Friedrichs I. Churfürstens zu Brandenburg, etc. bis ietzo unter der Regierung Friderich Wilhelms König in Preussen etc. ad annum 1736. inclusive Mit allergn. Bewilligung colligiret und ans Licht gegeben von Christian Otto Mylius. Berlin und Halle o. J. (1736).
17 Stadtarchiv Erfurt 4–0 III 28a, 4–0 III 34a; 3 / 010–3 Bd. 1 u. 2; Archiv des Ev. Ministeriums im Augustinerkloster Erfurt A V c 1, A III b 4
18 Nordhäuser Polizeiordnungen 1668 und 1708. Stadtarchiv Nordhausen II Na 30.
19 Stadtarchiv Mühlhausen E 6 Nr. 65.
20 Bericht von Pfarrer Bencker in Gorsleben, 1723 April 26. Landeshauptarchiv Sachsen-Anhalt, Magdeburg, Rep. A 12 a. II, Nr. 486.
21 Kirchenordnung der Reichsstadt Mühlhausen 1751. Archiv des Konsistoriums der KPS, A 9709.
22 Kirchenkreisarchiv Südharz A / 474.
23 Geheimes Staatsarchiv Preußischer Kulturbesitz, Potsdam, I/89, 23480.

24 Hochzeit-, Kleider-, Kindtauf- und Begräbnisordnung Erfurt 1653. In: Stadtarchiv Erfurt 4–0 III 34 a.

25 Hochzeit-, Kindtauf- und Begräbnisordnung Erfurt 1737. Stadtarchiv Erfurt 3 / 010–3 Bd. 1. Ähnlich ein Mühlhäuser Ratsbeschluss von 1693: Stadtarchiv Mühlhausen E 6 Nr. 65.

26 Kirchenordnung Stolberg-Wernigerode 1729. Landeshauptarchiv Sachsen-Anhalt, Magdeburg, Rep. H Stolberg-Wernigerode, Hauptarchiv B 43 Fach 2 Nr. 11.

27 Besonders scharf in einem Edikt des Rates Nordhausen 1755. Stadtarchiv Nordhausen II A 373.

28 Eines E. Raths Der Stadt Naumburgk Verneuerte Verlöbnuß- Hochzeit- Kindt-Tauff- und Kleyder-Ordnung 1662. Stadtarchiv Naumburg, geschlossenes Archiv, Loc. XIX Nr. 2.

29 Kindtaufordnung Erfurt 1667. Stadtarchiv Erfurt 4–0 III 34 a.

30 Landeshauptarchiv Sachsen-Anhalt, Magdeburg, Rep. A 12 Gen., Nr. 1632.

31 Stadtarchiv Erfurt 4–0 III 28a, 4–0 III 34a; Archiv des Evangelischen Ministeriums im Augustinerkloster Erfurt A III b 4.

32 Landeshauptarchiv Sachsen-Anhalt, Magdeburg, Rep. H Stolb.-Stolb. B, XXIX Nr. 1 Bl. 1.

33 Kindtaufordnung Erfurt 1667. Stadtarchiv Erfurt 4–0 III 34 a.

34 Polizeiordnung Nordhausen 1668: Stadtarchiv Nordhausen II NA 30, Hochzeit- und Kindtaufordnung 1708: Stadtarchiv Nordhausen II NA 8.

35 Polizeiordnung für die Grafschaft Henneberg, 1678. Sächsisches Hauptstaatsarchiv Dresden 10025: Geheimes Konsilium, ehem. Magd. Rep. A 24 c, Nr. 13.

36 Polizeiordnung Naumburg 1753. Stadtarchiv Naumburg, Ms 74.

37 Polizeiordnung für die Grafschaft Henneberg 1678. Sächsisches Hauptstaatsarchiv Dresden 10025: Geheimes Konsilium, ehem. Magd. Rep. A 24 c, Nr. 13. • Vgl. auch den Aufsatz von Christine Lehmann, *Altmärkisches Taufbrauchtum und der Atlas der deutschen Volkskunde,* und den Einleitungstext zum Katalogteil E von Bettina Seyderhelm in diesem Katalog.

38 Stadtarchiv Naumburg SA 32: M. Joh. Bürger: Annales Numburgenses de Annis 1111–1616, fol. 366.

39 Edikt des Rates 1755. Stadtarchiv Nordhausen II A 373.

40 Hochzeit-, Kleider-, Kindtauf- und Begräbnisordnung Erfurt 1653. Stadtarchiv Erfurt 4–0 III 34 a.

41 Stadtarchiv Mühlhausen A 98: Consuetudines et constituta laudabilis civitatis Molhusensis, 1311 mit späteren Zusätzen.

42 Wolter, Ferdinand A.: Mittheilungen aus der Geschichte der Stadt Burg. Burg 1881, S. 188 f.

43 Stadtarchiv Erfurt 4–0 III 34a.

44 Stadtarchiv Erfurt 4–0 III 28a.

45 Stadtarchiv Naumburg, Geschlossenes Archiv, Loc. XIX Nr. 7.

46 Die Protokolle der Kirchenvisitationen im Stift Merseburg von 1562 und 1578. Bearb. v. Walter Friedensburg. (= Geschichtsquellen der Provinz Sachsen und des Freistaates Anhalt, Neue Reihe, Band 11). Magdeburg 1931, S. 199 u. 425.

47 Polizeiordnung für die Grafschaft Henneberg 1678. Sächsisches Hauptstaatsarchiv Dresden 10025: Geheimes Konsilium, ehem. Magd. Rep. A 24 c, Nr. 13.

48 Edikt 1755. Stadtarchiv Nordhausen II A 373.

49 Pfarrarchiv St. Andreas Eisleben, Gruppe 41 Amtshandlungen: Pathen bei unehelichen Kindern 1857–1870.

50 Polizeiordnung Naumburg 1753: Stadtarchiv Naumburg Ms 74. Churfürstl. Brandenburg. Im Herzogthum Magdeburg und Graffschafft Manßfeld publicirte Policey-Ordnung de anno 1688: Mylius, Corpus Constitutionum, 1714, 3. Theil No. 1. Stadtarchiv Halle Dn 84610 Bd. 3.

51 Stadtarchiv Halle Dn 84610 Bd. 3.

52 Stadtarchiv Naumburg Urkunde 216/1. Abschrift von Siegfried Wagner in: Julius Pflug (1499–1564). Der letzte Bischof des Bistums Naumburg. Hrsg. v. Susanne Kröner und Siegfried Wagner. Naumburg 2001, S. 25–38 (zur Taufe: S. 35).

53 Edict wegen der Kindtauffen, Gevatterschafften und Pathen-Geschencke. Stadtarchiv Nordhausen II A 373.

54 Polizeiordnung Erfurt 1583. Stadtarchiv Erfurt 4–0 III 28a.

55 Predigt bei der Einweihung der Schlosskirche zu Torgau am 5. Oktober 1544, in: WA Bd. 49 (1913), S. 608.

Christine Lehmann

Altmärkisches Taufbrauchtum und der
Atlas der deutschen Volkskunde[1]

Im Leben eines Menschen ist die Taufe ein erster wichtiger „rite de passage", um den sich dementsprechend viele Brauchtumshandlungen ranken. Dies trifft auch auf die traditionsreiche Kulturlandschaft der Altmark zu, in der der Alltag, oftmals bis zum heutigen Tage, durch zahlreiche Bräuche bestimmt wurde. Vielfach werden auch im 21. Jahrhundert noch manche Handlungen durch abergläubische Vorstellungen beeinflusst. Das Taufbrauchtum früherer Zeiten wird in einer Reihe regionalgeschichtlicher Schriften und Archivalien greifbar. Dagegen ist die 1932/33 auch in der Altmark durchgeführte Umfrage für den *Atlas der deutschen Volkskunde* (AdV) fast in Vergessenheit geraten. Aufgrund seines ideologischen Hintergrundes wird der AdV, der das Wesen der deutschen Bevölkerung vor allem im ländlichen Raum vor der Industrialisierung zu erfassen suchte,[2] aus heutiger sozialwissenschaftlicher Sicht allgemein als methodisch bedenklich beurteilt.[3] Trotzdem bieten die Antwortbögen eine wichtige, einzigartige Materialsammlung für die Zeit um 1930. Erstmals werden hier die Fragebögen 103–105 und 156 in ihrer Beziehung zur Taufe ausgewertet. Sie befassen sich mit der Rolle der Paten für die Namenswahl des erstgeborenen Kindes, dessen Anrede vor der Taufe, ihren Verpflichtungen gegenüber dem Kind sowie dem Zusammenhang zwischen Taufe und erstem Kirchgang der Wöchnerin. Die Rückmeldungen beziehen sich räumlich weitgehend gleich verteilt auf 101 von 632 Ortschaften der damaligen Kreise Salzwedel, Klötze, Gardelegen, Osterburg und Stendal, die bis auf wenige Dörfer in den heutigen Landkreisen Altmarkkreis Salzwedel und Stendal liegen.

ABERGLAUBEN VOR GEBURT UND TAUFE

Schon lange vor der Taufe, wenn die Frau Gewissheit über eine bestehende Schwangerschaft hatte, kamen viele abergläubische Vorstellungen zum Tragen, und es wurden Vorsichtsmaßnahmen zum Schutz des ungeborenen Kindes ergriffen. Auch das Neugeborene musste nach landläufiger Meinung vor seiner Taufe durch festgelegte Praktiken geschützt werden, bevor es der Fürsorge Gottes sicher unterstellt war. Als größte Gefahr sah man wohl noch um 1870 das Vertauschen des Kindes durch Hexen und Unterirdische an, weshalb man es nicht allein ließ.[4] Im Hans-Jochen-Winkel in der nordwestlichen Altmark wurde dieses noch um 1920 als wirksamste Methode angesehen.[5] Seit 1838 ist es für die Altmark großräumiger beschrieben, dass in der Schlafkammer von Mutter und Kind tags wie nachts Licht brennen musste, um die bösen Mächte fern zu halten.[6] Diesem Phänomen liegt sicherlich eine ganz anders begründete, tiefe Angst der damaligen Zeit zugrunde, nach der das neugeborene Kind und damit die übrige Familie mit einer schweren Behinderung gestraft sein könnten. Kam ein körperlich oder verhaltensmäßig auffälliges Kind auf die Welt, suchte man dies sicher dahingehend zu erklären, dass es gegen ein Zwergenkind vertauscht worden sei. Um dem vorzubeugen, waren die folgenden Abwehrzauber gebräuchlich: Ein Läppchen mit Zauberkräutern wurde über dem Herzen in die Kleidung eingewickelt,[7] eine Seite aus Bibel oder Gesangbuch in die Windel eingebunden bzw. in die Wiege gelegt,[8] Salz und Dill in die Wiege gegeben[9] oder Bibel und Gesangbuch unter das Kopfkissen des Kindes wie der Mutter gesteckt.[10] Um 1920 sah man im Hans-Jochen-Winkel auch „Kümmel, Stahl, bekreuzte Messer und linke Strümpfe" unter dem Kopfkissen als wirksame Schutzmaßnahmen für beide an.[11]

Namensgebung des Kindes

Über die Namenswahl des Kindes findet sich wenig in der Literatur. Vor 1900 sollen Namen mit der Anfangssilbe „Erd…" wie Erdmann (gleichbedeutend mit Georg) und Erdmuthe sehr beliebt gewesen sein, vor allem dann für Nachgeborene, wenn deren Eltern bereits ein Kind verloren hatten. Der als Erdmann personifizierte Tod sollte angeblich vor einem weiteren frühzeitigen Kindstod in der Familie bewahren.[12] Im Allgemeinen erhielt ein Kind früher mehrere Namen. Die Bezeichnung „Namensgevatter" aus dem Hans-Jochen-Winkel[13] besagt schon, dass den Paten dabei eine besondere Rolle zukam. Auch in Jarchau/Altkreis Stendal war es im 17./18. Jahrhundert üblich, dass ein erstgeborenes Kind die Namen seiner Paten erhielt.[14] Man meinte, dass damit auch ihre persönlichen Eigenschaften auf den Täufling übergingen;[15] entsprechend wird man den Personenkreis gewählt haben. Bis 1850 gaben in Klein Bierstedt/Altkreis Salzwedel die Taufpaten oder die Eltern ihren Namen an das Kind weiter.[16] Um 1932 erhielt ein erstgeborenes Kind seinen Rufnamen nach lokalem Brauch entweder nach den Eltern, deren Geschwistern, den Paten, nach dem Schutzheiligen seines Geburtstages oder ganz unabhängig davon nach der Mode, letzteres z. B. in Klein Schwechten/Altkreis Stendal.[17] Die Namenswahl nach Paten fand auch 1932 noch in der Gegend zwischen Osterburg und Sandau statt, gelegentlich auch im Raum Diesdorf-Stapen sowie im Umfeld der Städte Gardelegen, Tangerhütte und Stendal.[18] In Jarchau/Altkreis Stendal war dies jetzt nur noch selten der Fall.[19] In Stapen/Altkreis Klötze lautete der Rufname meistens nach den Eltern,[20] in Tangerhütte/Altkreis Stendal ebenfalls nach ihnen oder ihren Geschwistern.[21] Die Namenswahl nach dem Kalenderheiligen gab es 1932 gelegentlich im Umfeld der Städte Klötze, Gardelegen, Tangerhütte, Stendal, Osterburg und Seehausen in der südlichen und östlichen Altmark.[22] Für Wendemark/Altkreis Osterburg wird diese Sitte ausdrücklich nur für die katholische Bevölkerung erwähnt;[23] als nachgeordneter Vorname war die Sitte mehrere Jahrzehnte zuvor in Tangerhütte/Altkreis Stendal üblich gewesen.[24] Als weitere Vornamen des Kindes gab man, sofern nicht schon als Rufname verwendet, die Namen der Eltern und Paten[25] bzw. der Paten oder Großeltern an.[26] Abergläubische Vorstellungen untersagten es mitunter, das Kind vor der Taufe mit seinem Vornamen anzureden. Diese Sitte war 1932 noch in drei Orten südlich von Salzwedel und sporadisch entlang der Elbe üblich. Um 1870 hieß das Ungetaufte in Schmölau/Altkreis Salzwedel nur „kruz under Bänk",[27] vergleichbar dem 1932 in Stapen/Altkreis Klötze gebräuchlichen „Kruz uner Bank".[28] In einzelnen Dörfern am Rand der mittelaltmärkischen Niederung sowie vereinzelt im weiteren Umkreis der Städte Salzwedel und Stendal gab es mehrfach die Benennungen „Bubi" und „Bübchen" für Jungen, bzw. „Puppe" und „Püppchen" für Mädchen.[29] Als Einzelfall stehen die Benennungen „Sproß" bzw. „Beste" in Seggerde/Altkreis Gardelegen, heute Ohrekreis.[30]

Bis zum Ende des 19. Jahrhunderts hielten Kirchenobrigkeit und gemeine Bevölkerung eine rasche Taufe für angeraten, sicherlich aus Sorge um das Seelenheil eines womöglich ungetauft sterbenden Kindes und aus abergläubischer Angst vor bösen Mächten. Die 1572 erlassene und 1642 fast unverändert bestätigte Kirchenordnung für die Altmark schrieb vor, dass eine Taufe spätestens sechs Tage nach der Geburt zu erfolgen hatte.[31] In Salzwedel war es für die Altstadt ab 1579 bzw. für die Neustadt ab 1600 festgelegt, dass die Taufe am dritten Tag abzuhalten sei, sofern das Kind kräftig genug wäre.[32] Für Stendal galt ab 1622 die Regelung, dass eine Taufe in den ersten drei Tagen nach der Geburt stattfinden müsste.[33] Das rasche Taufen ist auch aus anderen Regionen bekannt. Nach Kirchenbucheintragungen und einer Fragebogenerhebung im Magdeburger Land ist belegt, dass bis ins 16. Jahrhundert hinein am Tag nach der Geburt getauft wurde, später dann am dritten Tag, Ende des 17. Jahrhunderts bis zum fünften Tag und erst Mitte des 19. Jahrhunderts innerhalb einer wesentlich verlängerten Frist von zwei bis drei Wochen.[34] Im Hans-Jochen-Winkel wurde zu Beginn des 19. Jahrhunderts aus Angst vor Unterirdischen und Hexen meist am dritten Tag nach der Geburt getauft.[35] Man glaubte, dass das Taufwasser Zauberkräfte gegen Hexen besäße.[36] Mit schwindendem Aberglauben verlängerte sich die Tauffrist.[37] Eine erst nach Wochen oder gar Monaten stattfindende Taufe war laut Gehne um 1910 eine Gewohnheit neuerer Zeit.[38]

Die Umfrageergebnisse des *Atlas der deutschen Volkskunde* von 1933 besagen,[39] dass man jetzt im gesamten deutschsprachigen Raum länger mit der Taufe wartete als in früheren Zeiten. Als Gründe hierfür werden vielfältige Neuerungen politischer, industrieller, wirtschaftlicher und verkehrstechnischer Art angeführt, die z. B. auch eine genauere Zeitplanung als in der alten Landwirtschaft mit sich brachten.[40] Allgemein taufte man nun in protestantischen Gegenden ganz selten früher als acht bis vierzehn Tage nach der Geburt.[41] In der Altmark streuen die zeitlichen Angaben zwischen „ganz verschieden",[42] „unbestimmt",[43] „erster Sonntag nach dem 9. Tag"[44] und einer Zeitspanne von zwei Wochen bis zu einem Vierteljahr. Am häufigsten wird bei 18 von 41 konkreten Rückmeldungen ein Zeitraum von vier Wochen angegeben. Auffällig ist, dass die besonders kurzen bzw. langen Zeitabstände in der Altmark räumlich gesehen genau entgegen dem allgemeinen Trend in den evangelischen Gebieten Nord- und Ostdeutschlands[45] anzusiedeln sind. So findet sich die kurze Frist von zwei bis drei Wochen in räumlicher Nähe zur Elbe zwischen Stendal und Seehausen, während die lange Zeitspanne von sechs und mehr Wochen gerade im sonst eher traditionsverhafteten ländlichen Raum zwischen Gardelegen und Osterburg vorliegt.

Abgesehen von den kleinräumig gebräuchlichen Tauffristen galt es bis zum Ende des 19. Jahrhunderts auch zu beachten, an welchem Wochentag ein Kind getauft werden sollte. Dies war abhängig von seinem Geburtstag. So durften Kinder, die an einem Donnerstag geboren waren, nicht an einem Sonntag getauft werden, weil sie sonst möglicherweise hellseherische Fähigkeiten bekämen.[46] Diese Einschränkung machte man auch für Kinder, die an einem Freitag geboren waren.[47] Umgekehrt fürchtete man auch um die Sonntagskinder, die man deswegen nicht am Donnerstag taufen ließ.[48] Im Magdeburger Land hingegen fanden die Taufen um 1900 an Sonn- und Festtagen statt.[49] Im Jahre 1933 galt in der nördlichen und südlichen Altmark der

Sonntag als verbindlicher Tauf- und erster Kirchgangstag.[50] Dazwischen lag ein breiter Land-
schaftsstreifen, in dem man kleinräumig und z. T. von Ort zu Ort verschieden zwischen gewissen bevorzugten Tagen variierte. Dabei wurde grundsätzlich kein Wochentag ausgenommen.
Mit weitem Abstand am beliebtesten war der Sonntag, gefolgt vom Freitag; der Donnerstag
wurde dagegen kaum gewählt. Dies war ganz im Sinne der evangelischen Kirche, die eine Taufe
in den sonntäglichen oder an einem Festtag stattfindenden Predigtgottesdienst mit der
Gemeinde zu integrieren suchte.[51]

In unmittelbarer Vorbereitung einer Tauffeier galt es wiederum, abergläubische Verhaltensregeln einzuhalten. Wie Ende des 19. Jahrhunderts allgemein weit verbreitet, hatte man auch in
der Altmark Angst vor dem „Nachfolgen". Zum Zeitpunkt einer Taufe durfte deshalb kein Grab
auf dem Kirchhof offen liegen.[52] Starb jemand im eigenen Haushalt, hieß es die Kindstaufe abzuhalten, bevor der Leichnam beerdigt wurde.[53] Wenn der Täufling vor dem Gang zur Kirche noch
einmal gewickelt wurde, steckte man ihm einen beschriebenen Zettel in die Windel, der zum
einen vor Hexenzauber schützen[54] und zum anderen bewirken sollte, dass das Kind später gut
lernte.[55] In Erxleben bei Osterburg war es Usus, ein Geldstück ins Taufkleid zu stecken, damit
das Kind später immer genügend Geld hätte.[56] Zum Kirchgang nahmen die Paten einen Rosma-
rinzweig in die Hand, der später eingepflanzt wurde. Wuchs dieser an, war man sich sicher, dass
das Kind groß würde.[57]

ABLAUF DER TAUFE

Da die Eltern bis zum Anfang des 20. Jahrhunderts nicht mit zur Taufe kamen, wurde der Täufling, in einem großen, als Schiffchen geformten Kopfkissen liegend, vom ältesten Paten oder der
Hebamme unter Glockengeläut zur Kirche getragen.[58] Meist war es aber wohl doch die Hebamme, der quasi als Mutterersatz eine führende Rolle beim Veranstaltungsablauf zukam.[59] Sie
trug das getaufte Kind auch an der Spitze des aus Paten und Verwandten gebildeten Festzugs
wieder aus der Kirche hinaus und übergab es noch auf dem Kirchhof an den jüngsten Paten.[60]
Eine weitere Aufgabe bestand für sie darin, die schriftlichen Taufeinladungen, so genannte
Gevatterbriefe, an die Paten zu überbringen, die ihr dafür ein kleines Entgelt entrichteten.[61] Für
ihre Bemühungen bei Geburt und Taufe sammelten die Paten noch einmal einen Geldbetrag.[62]
Von den Eltern des Kindes erhielt sie am Tauftag ein Brot, eine Semmel und einen Kuchen.[63]
Selbstverständlich nahm die Hebamme auch an der abschließenden Tauffeier teil.[64]

In der Kirche übernahmen dann die Paten das Kind. Ihre jeweilige Funktion lässt sich nicht
genau nachvollziehen, weil die Literatur dazu widersprüchliche Angaben macht. Möglicherweise
hatten sie aber auch unterschiedliche Aufgaben, je nach Ortschaft und einzelnen kleinräumigen
Gebieten. Um 1830 hielt im Hans-Jochen-Winkel der „Namensgevatter" das Kind über die
Taufe.[65] Wohl noch um 1870 soll es auch der älteste Pate gewesen sein.[66] Pohlmann unterscheidet nach dem Geschlecht des Kindes, wobei ein Junge vom ältesten Paten, ein Mädchen aber
von der jüngsten Patin gehalten wurde.[67] Anscheinend war es auch üblich, dass der Täufling von
drei Paten über das Taufbecken gehalten wurde,[68] oder dass dies alle Paten nacheinander taten.[69]
Während der gesamten Tauffeier hielten alle Paten zumindest einmal kurz das Kind.[70] In

Winkelstedt im Hans-Jochen-Winkel musste der jüngste Pate während der Ansprache des Pastors in der Bibel lesen, damit das Kind klug würde.[71] Anderenorts sollte derjenige Pate, der das Kind während des Taufens hielt, aus der Agende lesen und alle Gebote sowie Bibelsprüche in Gedanken nachsprechen, was auf ein kluges Kind hoffen ließ, das später gut auswendig lernen könnte.[72] Im Hans-Jochen-Winkel hielt zumindest um 1900 noch der oder die Jüngste unter den anwesenden Paten das Kind beim Schlussgebet auf dem Arm.[73]

Die Taufe wurde im Allgemeinen für jeden Täufling gesondert abgehalten. Es bestand nämlich die große Angst, dass sonst eines der gemeinsam getauften Kinder bald darauf sterben müsste.[74] Wurden dennoch zwei Kinder in einem Gottesdienst zusammen getauft, sollten sie wenigstens dasselbe Geschlecht haben, damit nicht später ein Junge zum Schürzenjäger würde, einem Mädchen nicht ein Bart wüchse.[75] Das Nachlaufen befürchtete man auch von Seiten des Mädchens.[76] Generell war es wünschenswert, dass sich der Täufling in der Kirche bemerkbar machte, galt es doch als böses Vorzeichen eines baldigen Todes, wenn er sich allzu ruhig verhielt.[77] – Dem Taufwasser wurden magische Kräfte zugeschrieben,[78] mitunter wurde es sogar als Heilmittel gegen verschiedene Krankheiten, vor allem das Bettnässen, weiter verwendet.[79] Anderenfalls musste es an einem schattigen Ort an der Kirche weggegossen werden, damit der Täufling später keine als unschön empfundenen Sommersprossen bekäme.[80] Um 1900 galt es vielfach auch als entscheidendes Heilmittel bei einer Nottaufe, das den Säugling kräftigte und ihm letzten Endes das Leben rettete.[81]

Nach der Kirche übernahm die jüngste Patin den Täufling von der Hebamme und lief mit ihm, so schnell es ihr möglich war, zum Elternhaus des Kindes zurück. Mancherorts konnte es wohl auch der jüngste Pate sein, der diese Funktion ausübte.[82] In jedem Fall war es Aufgabe der jüngsten Person aus der Gruppe der Paten. Diese Sitte ist anscheinend vom Beginn des 19. bis in die Mitte des 20. Jahrhunderts in der gesamten Altmark üblich gewesen. Sie wird beispielsweise für den Hans-Jochen-Winkel um 1830[83] ebenso erwähnt wie für den kleinen Ort Lüffingen, nördlich von Gardelegen, um 1950.[84] In ihrer Funktion trug die jüngste Taufpatin eine besondere Tracht,[85] um sich von den anderen Paten optisch abzuheben. Man glaubte, dass die Schnelligkeit des Laufes verantwortlich dafür sei, wann der Säugling laufen lernte und wie flink und fleißig das Kind später bei der Arbeit werden würde.[86] Im Elternhaus des Täuflings angekommen, übergab die junge Frau das Kind an seine Mutter mancherorts mit dem Spruch „'n Heiden hämm wi hendraogt, n Christen brengn wi wearrer" („Einen Heiden haben wir hingetragen, einen Christen bringen wir wieder zurück").[87] In Riebau, östlich von Salzwedel, riefen dies alle Paten zusammen.[88] Ohne Ortsangabe ist ein Brauch überliefert, nach dem die Patin das Kind in seine Wiege legen musste. Es sollte bereits schlafen, wenn die übrigen Taufpaten das Haus betraten.[89] In vielen Gemeinden war es um 1920 üblich, dass die jüngste Patin das Kind aufs Bett legte und etwas laut in seinen Mund hinein rief, wodurch es frühzeitig sprechen lernen sollte.[90]

In besonderen Fällen wurde die Taufe zu Hause abgehalten. So sprachen mitunter praktische wie gesundheitliche Erwägungen gegen einen Weg zur Kirche. Vor allem konnten dies schlechtes Wetter, eine kalte Jahreszeit, weite Entfernungen zwischen Wohnhaus und Kirche, die schlechte Konstitution des Kindes oder in späteren Zeiten auch die erkrankte Kindsmutter selbst sein.[91] Für die Altmark gibt es nur einen konkreten Hinweis in der Atlasumfrage von 1933. So fand in Thüritz/Altkreis Salzwedel eine Haustaufe nur im Krankheitsfalle statt.[92] Vom Mittelalter bis ins 19. Jahrhundert galt die Haustaufe darüber hinaus als Privileg Adliger und wohlhabender Bürgersfamilien.[93] So ist es auch für 1685 in Salzwedel überliefert.[94] Die für solch eine Ausnahmeregelung erhobene Gebühr begünstigte solche Sonderfälle bei der wohlhabenden Bevölkerung wohl eher noch.[95] In der Stadtchronik von Klötze wird eine besonders aufwändig gestaltete, außergewöhnliche Haustaufe des Jahres 1801 geschildert. Ganz zeituntypisch wartete der Klötzer Amtmann Meyer zunächst vier Monate mit der Taufe seines Sohnes bis zum 1. Januar 1801, den man als den eigentlichen Jahrhundertbeginn auffasste. Die Taufhandlung selbst wurde im städtischen Amtsgebäude vollzogen, dessen Fenster zu gegebenem Anlass festlich beleuchtet wurden. Mindestens fünf gesellschaftlich angesehene und wohlhabende Männer nahmen bei dem Jungen das Patenamt wahr. Um auch die gemeine Bevölkerung an dem freudigen Ereignis teilhaben zu lassen, wurde in vier Gasthöfen der Stadt Freibier ausgeschenkt.[96]

Die Paten

Als Taufzeugen erfüllten die Paten schon kirchlicherseits eine wesentliche Funktion.[97] Bezüglich des Täuflings und seiner Familie spielten sie eine nicht weniger wichtige Rolle, was die Namensgebung des Kindes, den Ablauf der gesamten Feier und ihre Finanzierung anbetraf. Dies erklärt die große Anzahl an Taufpaten, welche schon von jeher von den Eltern erwünscht war, aber immer wieder auch seitens der Obrigkeit beschränkt wurde. Die 1572 erlassene und 1642 fast unverändert bestätigte Kirchenordnung begrenzte die Zahl der Paten auf höchstens zwölf. Wie eine Taufeintragung des Jahres 1700 aus Klötze belegt, war solch ein großer Personenkreis auch später noch üblich.[98] Für Salzwedel Altstadt bzw. Neustadt legten Kirchenvisitationen der Jahre 1579 und 1600 fest, dass höchstens drei Paten zugelassen wären, die dem Ministerium zu melden seien.[99] Zu Beginn des 17. Jahrhunderts wurde diese Dreizahl in der Altmark weiterhin mehrfach angeordnet, eben weil die kirchlichen wie obrigkeitlichen Erlasse häufig missachtet wurden.[100] 1824 wurde die erlaubte Patenzahl auf Grundlage der Kurfürstlich-Brandenburgischen Verordnung vom 17. 7. 1685 auf fünf Personen erhöht. Für jeden weiteren, widerrechtlich gebetenen Paten mussten sechs Reichstaler Strafe gezahlt werden, wodurch jährlich etwa 1200–1500 Reichstaler Einnahmen in der Altmark zusammenkamen. Dieses Geld wurde gemeinnützig verwendet und kam Diözesen, Predigern sowie Witwenkassen zugute.[101] Um 1900 waren üblicherweise fünf Paten bei einer Taufe zugegen; alle weiteren, zur Feier eingeladenen Paten wurden die „Freßgevattern" genannt.[102]

Auch wenn das Patenamt als große Ehre galt,[103] musste es gegebenenfalls abgelehnt werden. Nach landläufiger Meinung sollte eine Frau als erstes Patenkind einen Jungen haben, ein Mann aber zuerst ein Mädchen.[104] Pohlmann beschreibt diese Sitte noch um 1890 für Erxleben bei Osterburg. Wer sich nicht daran hielte, würde kein Glück mit einer Partnerschaft haben.[105] Des Weiteren durfte eine Frau während ihrer Schwangerschaft nicht das Patenamt ausüben, wollte sie nicht das Leben ihres eigenen Kindes gefährden.[106] Unter den Paten musste eine unverheiratete Person sein, damit der Täufling selbst später Glück in der Liebe hätte.[107] Um 1930 waren in der Altmark noch verschiedene mundartliche Bezeichnungen für den Paten bzw. die Patin gebräuchlich.[108] Regional weit gestreut hieß der Mann „Gevatter", „Varrer" (auch „Farrer"/„Pfarrer") oder

„Vadder", die Frau „Gevatterin", „Frau Gevatter", „Vaddersch", „Jevattersche", „Farrersch", „Parrersch" oder ebenfalls „Vadder". Die Bezeichnungen „Pate" oder „Pät" waren für beide Geschlechter üblich, dazu wurde der Mann mancherorts „Pat", die Frau auch „Patentante" genannt. Letztere Bezeichnungen fanden sich zum einen in einem von Salzwedel nach Havelberg verlaufenden Streifen, zum anderen in einem Streifen von Beetzendorf über Kalbe bis Stendal.

Die Paten wurden vom Pastor schriftlich mit einem „Gevatterbrief" eingeladen, den die Hebamme überbrachte. Diese Sitte war wohl noch um 1910 in der Altmark üblich,[109] ein Jahrzehnt später dann aber zumeist unbekannt.[110] Auch mit dem Einladungsschreiben waren abergläubische Vorstellungen verknüpft. Der Patenbrief musste gleich nach Erhalt geöffnet werden, damit das Kind leicht sprechen lernte. Dann wurde er entweder an den Spiegel gesteckt oder drei Tage gut sichtbar ins Fenster zur Straße hin gestellt. Dadurch sollte das Kind gut sehen, ein Junge zudem noch gut schießen lernen.[111] Um das Wohlergehen ihres Patenkindes besorgt, beachteten die Paten auch weitere überlieferte Verhaltensweisen vor der Taufe und während des Gottesdienstes. So war das Austreten bis zum Ende der kirchlichen Feier nicht mehr gestattet, hatten sie sich erst einmal festlich gekleidet[112] bzw. das Wohnhaus des Täuflings betreten.[113] Man glaubte, dass das Kind sonst nicht seine Blase regulieren könnte[114] oder hellsehend würde.[115] Wer den Täufling auf dem Arm hielt, durfte ihn nicht zu sehr schütteln, da er sonst später viele Sachen kaputt reißen würde.[116]

Was nun die persönlichen Beziehungen untereinander betraf, so heißt es bei Gehne euphorisch, dass sich „das engste und schönste Verhältnis" zwischen den Paten, Kindseltern und dem heranwachsenden Kind entwickelte. Die Taufpaten würden sich sehr häufig nach dem Wohlergehen des Kindes erkundigen und ihm auch des öfteren Geschenke machen.[117] In der Realität kam es sicher ganz entscheidend auf die jeweiligen Personen an, wie tief ihr Interesse wirklich ging. 1932 versuchte der *Atlas der deutschen Volkskunde* festzuhalten, welche weitergehenden Verpflichtungen bei den Taufpaten bestanden und wann sie endeten.[118] Zumeist wurde diese Frage verneint, was im Hans-Jochen-Winkel besonders deutlich ausfiel. Dort heißt es z. B. für Diesdorf: „… meistens ist die Patenschaft schon bei der Taufe vergessen."[119] Gelegentlich erkundigte man sich nach dem weiteren Wohlergehen des Kindes, stand ihm mit Rat und Tat zur Seite[120] oder übernahm sogar seine Vormundschaft im Todesfalle der Eltern.[121] In fast allen Ortschaften, d. h. in 92 Prozent der Rückmeldungen, endeten die Verpflichtungen mit der Konfirmation bzw. mit der zumeist zeitgleichen Schulentlassung. Am westlichen und südlichen Rand der zentralen Altmark von Depekolk über Gardelegen nach Stendal sah man sich darüber hinaus bis zur Heirat des Patenkindes in die Pflicht genommen. Nur in Seggerde/Altkreis Gardelegen gab man an, dass die Verpflichtungen über die Heirat hinaus fortbestünden.[122]

PATENGESCHENKE

Generell ist die Sitte eines Patengeschenkes schon alt. Aus der Altmark des 17. Jahrhunderts liegt leider nur eine wenig aussagekräftige Quelle vor, die zwar das Phänomen als solches erwähnt, aber keinerlei Rückschlüsse über Art und Weise sowie Geschenktermin(e) zulässt. In der um 1618 erlassenen Lüneburgischen Kirchenordnung, die ehemals auch im Amt Klötze galt, wurde diesbezüglich geregelt, wie umfangreich ein Patengeschenk ausfallen durfte. Des Weiteren war es den Patenkindern verboten, beim Paten vorzusprechen und ihre Geschenke einzufordern. Hiervon ausdrücklich ausgenommen waren allerdings arme Familien, die der Zuwendungen bedurften.[123] Dasselbe, hier allerdings wohl vergeblich erlassene Verbot ist aus dem Jahre 1649 aus der Stadt Braunschweig bekannt.[124] Wiswe vermutet, dass zunächst nur zum Weihnachtsfest geschenkt wurde.[125] Dies ist für 1865 dann in Abbendorf im Hans-Jochen-Winkel belegt. Dort besuchten die Patenkinder am Vormittag des ersten Weihnachtstages ihre Paten und wurden mit Gebäck, Obst sowie Spielsachen beschenkt, nachdem sie das Verslein „Ick woll ens tausähn, of mick de Wihnachtsmann hier eok wat bracht hei" („Ich wollte einmal sehen, ob mir der Weihnachtsmann hier auch etwas gebracht hat") aufgesagt hatten.[126] Wohl noch zur selben Zeit war es üblich, dass die so genannten Namenspaten das Taufkleid schenkten, was natürlich weniger dem Kind als den Eltern des Täuflings finanziell zugute kam.[127]

Eine umfangreichere Datensammlung bietet der *Atlas der deutschen Volkskunde*[128] mit seinen Nachweisen für das Jahr 1932. Die Gewährspersonen wurden nach Geschenken zur Taufe und zu späteren Gelegenheiten, wie dem ersten Geburtstag, Geburtstagen generell, der Konfirmation und jährlich wiederkehrenden Terminen befragt. Danach war es regional verbreitet, dass zum Tauffest kein Geschenk gegeben wurde; in etwa der Hälfte aller Nennungen wurden praktische Dinge, wie Kleidung (nördliche Altmark, südlich von Salzwedel und um Werben), Geld (östliche Altmark im Raum Osterburg-Stendal), Besteck (vereinzelt im ländlichen Raum) oder Nahrungsmittel (singulär im ländlichen Raum) angeführt. In letzterem Falle heißt es in Klein Schwechten/Altkreis Stendal explizit: „zum Taufschmaus: 1½ kg Butter Mandel Eier".[129] Die Rückmeldung aus Diesdorf/Altkreis Salzwedel besagt, dass um 1932 „Kleider" geschenkt wurden,[130] Tauflöffel (vgl. Katalog-Nr. E 17) oder Besteck sind dagegen erstaunlicherweise nicht genannt. Dies mag daran liegen, dass in den mitunter pauschal abgefassten Rückantworten des AdV Einzelnachweise innerhalb einer Ortschaft ignoriert wurden. Möglich wäre auch, dass die 1937 von außerhalb zur Taufe nach Diesdorf eingeladenen Paten deshalb einen Löffel schenkten, weil sie es aus ihrer Heimatgemeinde so kannten. – Zu Beginn des 20. Jahrhunderts gab es in der Altmark das „Gevattergeld", das den Eltern des Täuflings nach der Feier zugesteckt wurde,[131] sicherlich um diese mit zu finanzieren. Der Täufling erhielt zusätzlich „etwas eingebunden", d. h. ein in Papier gewickeltes Geldgeschenk von fünf bis zehn Mark, das die Paten unter seinen Kopf legten.[132] Eine vergleichbare als „Angebinde" bezeichnete Sitte des Geldschenkens ist um 1932 noch in einem Drittel in der Altmark – im Nordosten sowie im Raum zwischen Stendal, Osterburg, Seehausen und Havelberg – nachweisbar. Dort wurde der Geldbetrag ins Steckkissen gelegt, im Süden und Westen der Altmark dagegen den Eltern persönlich überreicht. Nach Geburtstagsgeschenken für das Patenkind gefragt, besagt die Hälfte der Nennungen im AdV, dass sie damit den ersten Geburtstag meinten. Regional war es allgemein verbreitet, Kleidung, Silber und Besteck zu schenken; Schmuck und Uhr wurden für den Raum Seehausen-Osterburg und das Umland von Rohrberg/Altkreis Klötze genannt, Geld – gelegentlich in Form von Sparkassenbüchern – gab es in Tangerhütte, Osterburg sowie nördlich und südlich von Rohrberg. Wie auch im Braunschweigischen,[133] wurden die beliebig ausgesuchten Geburtstagsgeschenke der Paten wohl erst mit dem ausgehenden 19. Jahrhundert üblich.[134] Auch das Konfirmationsgeschenk scheint erst in dieser Zeit aufgekommen zu sein.[135] Nach dem AdV machte man um 1932 in der Gegend um Salzwedel sowie im Raum Gardelegen-Stendal mit einem Gesangbuch ein ebenso beziehungsreiches wie bleibendes Geschenk. In anderen Regionen schenkte man dagegen materielle Werte in Form von Schmuck und einer Uhr (um Rohrberg/Altkreis Klötze und in der östlichen Altmark), Geld (im Nordwesten und Norden der Altmark) oder Silbersachen und Besteck (in der mittleren Altmark). Blumen waren vereinzelt in den Dörfern zwischen Gardelegen und Stendal üblich. Ein aufschlussreicher Zusatz liest sich unter dem Ortsnamen Klein Schwechten/Altkreis Stendal, wo es heißt: „… wird schon viel geschenkt, wie bei einer Hochzeit".[136] Der traditionelle Schenktermin Weihnachten scheint um 1932 weitgehend in Vergessenheit geraten zu sein, in drei Viertel aller rückmeldenden Ortschaften wurde gar nichts geschenkt. Für die nordwestliche und zentrale Altmark sind vereinzelt Kleidung und/oder Besteck angeführt, in Diesdorf/Altkreis Salzwedel, dem Nachbarort von Abbendorf (s. o.) explizit und singulär „Spielzeug".[137] Lebensmittel in Form von Honigkuchen und Nüssen werden nur noch für Püggen/Altkreis Salzwedel als üblich genannt.[138] Noch zu Beginn des 20. Jahrhunderts war es laut Gehne in der gesamten Altmark Usus, dass sich die bis zwölfjährigen Patenkinder zu Ostern und Neujahr ein Geschenk, bestehend aus Eiern, Zwieback und Brezeln bzw. Honigkuchen, Äpfeln und Nüssen von ihren Paten abholten.[139] Dreißig Jahre später waren diese Schenktermine nachgeordnet.[140] Wenn überhaupt noch, gab es an Ostern meist natürliche oder schokoladene Ostereier, im Altkreis Gardelegen zweimal sogar Geld.[141] Wohl bis um die Mitte des 19. Jahrhunderts gab es im angrenzenden Herzogtum Braunschweig vergleichbar ein in ein Taschentuch eingeknotetes Geldgeschenk, eine Anzahl gefärbter Eier und mitunter auch ein Stück Kuchen.[142] Zu Neujahr wurde vor allem in der nördlichen und zentralen Altmark nichts geschenkt, allgemein in 80 Prozent aller Rückantworten nichts. Eine Ausnahme bildete Schäplitz/Altkreis Stendal mit Kleidung und Besteck.[143] In den bereits genannten Orten Wegenstedt und Mannhausen in der südlichen Altmark war wiederum ein Geldbetrag vorgesehen, dazu auch einmal Honigkuchen, wie auch in Solpke Semmeln und kleine Kuchen.[144] Eine recht weitsichtige, aber wohl singuläre Form der Anteilnahme eines Paten an seinem Patenkind war in Seggerde/Altkreis Gardelegen zu finden: „Wird sich erst erkundigt, was nötig ist".[145]

Mitunter gaben sich die Taufpaten früher in der Altmark auch gegenseitig ein Geschenk, wenn die Taufe ihres Patenkindes gefeiert wurde. Leider ohne nähere Zeitangabe wird in der Literatur beschrieben, dass in Groß Gerstedt bei Salzwedel ein Taufpate Handschuhe an die Patin schenkte, während sie ihm ein gesticktes Taschentuch übereignete.[146]

Die Tauffeier

Nach der eigentlichen Tauffeier scheint es schon früh üblich gewesen zu sein, den Tag mit einem großen Essen auch in weltlicher Hinsicht festlich zu gestalten. In der Altmark verbot die Lüneburgische Kirchenordnung auf Grundlage der 1618 erlassenen Polizeiordnung Herzog Christians im Amt Klötze „Gastereyen und andere Ueppigkeiten", um die Bürger vor Überschuldung zu bewahren.[147] Die Realität sah aber wohl anders aus. Im gesamten deutschsprachigen Raum waren diese üppigen Tauffeiern seit dem Mittelalter immer wieder, meist nur im Süddeutschen auch erfolgreich, verboten worden.[148] Aus Klötze ist eine 1658 eingereichte schriftliche Beschwerde des damaligen Amtsschreibers an die Regierung in Celle überliefert, in der er u. a. ein über drei Tage gehendes Gelage mit einer Vielzahl an Gästen anprangerte. Dies sollte mit einer Geldbuße von vier Talern geahndet werden.[149] Ungeachtet empfindlicher Strafgelder ließ man anscheinend nicht von der Sitte ab, so dass auch später immer wieder gesetzliche Regelungen erlassen werden mussten. Die „Sabbahts-Feyer-Ordnung" für das Fürstentum Lüneburg 1704 regelte u. a., dass aufwändige Bewirtungen bei Kindstaufen wie auch bei anderen Familienfesten zu unterlassen seien.[150]

In Stendal untersagte man das Feiern 1622 aus Rücksichtnahme auf die genesende junge Mutter: „(…) es war nun üblich, dass am Abend des Tauftages eine Gasterei stattfand, obgleich nicht selten das Lager der Wöchnerinnen sich in demselben Raume befand".[151] Wie klug diese Reglementierung war, macht die Schilderung eines ausladenden Festessens deutlich, das anlässlich des ersten Kirchganges 1622 in Stendal stattfand: „Am Abend dieses Tages war ein Schmaus, doch sollten in der ersten Klasse nicht mehr als 30 Personen außer den Gevattern und nächsten Freunden geladen und nicht mehr als 4 Gerichte gespeist werden".[152] Dieser gesundheitliche Aspekt wird mitunter angeführt, so auch 1838 für den Hans-Jochen-Winkel. Hier fand der „Kindstaufschmaus" gelegentlich erst drei bis vier Wochen nach der Taufe beim ersten Kirchgang der Wöchnerin statt, was man als gesünder ansah, da die Frau zu diesem Anlass von allen gereichten Speisen aß und erstmals wieder kaltes Bier trank.[153]

Die Bezeichnungen für das am Tauftag stattfindende Essen sind in der Altmark die „Mittagsmahlzeit"[154] bzw. 1932 vereinzelt „Mahlzeit"[155] sowie um 1900 das „Kindelbier".[156] Zu den ohnehin anwesenden Eltern, Paten, der Hebamme, dem Pastor und Küster wurden vielfach noch weitere Personen, die „Freßgevatter", eingeladen, die der Taufe nicht beigewohnt hatten.[157] Wie großzügig man die Gäste bewirtete, zeigt eine Essenfolge aus dem Hans-Jochen-Winkel von 1838. Nach einer Eiersuppe reichte man dicken Reis, Rindfleisch mit Meerrettich und Schweinefleisch mit Bohnen. Dazu gab es reichlich Bier und Branntwein zu trinken.[158] Anscheinend wurde anlässlich einer Taufe außer der Reihe geschlachtet. Nach Bock/Fischer[159] erinnert man sich, dass es – vermutlich um 1950 – nur eine kleine Feier gab, da die Taufen oftmals in der Woche stattgefunden haben sollen. Auf mittleren und größeren, d. h. entsprechend wohlhabenden Höfen gab es nach dem Kirchgang ein mehrgängiges warmes Essen, bestehend aus Hochzeitssuppe, Frikassee und Braten mit Erbsengemüse, Butterbohnen, Spargel und Blumenkohl. Dazu trank man Wein und aß Kompott zum Nachtisch. Sonst war ein anschließendes Kaffeetrinken mit Butter-, Rühr- oder Hefekuchen durchaus üblich, nach dem am Abend gelegentlich noch ein warmes Essen gereicht wurde.

Die in früheren Zeiten gewöhnlich zwei bis drei Tage dauernden, als „Gelage" bezeichneten Feiern[160] ließen eine Kostenbeteiligung der Gäste wünschenswert, wenn nicht gar nötig erscheinen. Das „Gevattergeld" ist im Hans-Jochen-Winkel schon für 1838 belegt. Dort warfen die Paten Groschen in einen herumgehenden Bierkrug, die der Kindsvater unter Gelächter der Anwesenden wieder herausholen musste.[161] In ähnlicher Weise wurde auch später Geld in einem mit Schnaps gefüllten kleinen Bierglas gesammelt, das es in einem Zuge auszutrinken galt.[162] Im Hans-Jochen-Winkel hieß das umlaufende Glas der „Stärkungstrank".[163] Nach dem Essen sammelte man dann Geld für die Hebamme und in einem weiteren Umlauf das „Wiegengeld". Somit wurden die Paten dreimal zu einer Geldspende aufgefordert.[164] Pohlmann beschreibt für den Hans-Jochen-Winkel, dass man für die Hebamme auf einem hölzernen Teller sammelte, in dessen Mitte die Spitze eines halbgeöffneten Taschenmessers steckte. Beim Herunterschütten der Geldstücke sagte sie dann: „Nur die kleinen Stücke nehm' ich, das größte aber, d. h. den Teller, gebe ich zurück".[165] Auf demselben Teller wurde das Wiegengeld gesammelt, das ein älteres Geschwisterkind, der Großvater oder die Großmutter des Täuflings bekamen, damit sie das Kind gerne wiegten.[166]

DIE WÖCHNERIN

Während sich die Wöchnerin von der Geburt erholte, hatte sie nicht nur das Neugeborene zu versorgen, sondern auch vielfältige abergläubische Verhaltensregeln zu beachten. Bis ins 20. Jahrhundert hinein durfte sie im Allgemeinen erst Wochen später das Haus anlässlich des ersten Kirchganges verlassen. Dabei waren die Tage bis zur Taufe besonders streng reglementiert. So mussten sich Mutter und Kind stets in Gesellschaft Anderer aufhalten.[167] Ein Gesangbuch unter dem Kopfkissen[168] oder auch, wie für Lagendorf um 1920 belegt, eine Bibel, Kümmel, Stahl, bekreuzte Messer oder linke Strümpfe sollten die Wöchnerin vor bösen Mächten schützen.[169] War sie aus einem zwingenden Grund[170] gezwungen, schon vor der Taufe das Haus zu verlassen, musste ihr erster Weg im Dorf zur Kirche führen, wo sie an die Tür zu klopfen hatte.[171] Sie durfte dabei nicht die Straße überqueren,[172] sonst würden an dieser Stelle die Pferde durchgehen,[173] oder dem Kind würde großes Unheil widerfahren. Zum Zeitpunkt der Taufe hatten dann die zu Hause gebliebenen Eltern fleißig zu arbeiten, meinte man um 1870 doch, dass sich diese Tugend auf ihr Kind übertragen würde.[174] Dabei hatte die Mutter siebenerlei, besser noch neunerlei verschiedene Dinge zu erledigen.[175] Das Spinnen, welches sie sonst das ganze Jahr über besonders in den Abendstunden fleißig ausübte, war ihr allerdings untersagt. Man meinte hierdurch verhindern zu können, dass das Kind später stark sabberte.[176] Anstelle häuslicher Verrichtungen war es auch wünschenswert, dass sie eifrig in der Bibel las, damit das Kind gläubig würde.[177]

ERSTER KIRCHGANG DER WÖCHNERIN

Im 17. Jahrhundert fand in Salzwedel und Stendal der erste Kirchgang der Wöchnerin sechs Wochen nach der Entbindung statt. Dabei wurde anscheinend öfter der Unmut von Pastor und Gemeinde erregt, weshalb es kirchenseits zu Reglementierungen kam. Obwohl die Zahl der begleitenden Frauen 1622 in Stendal auf zwölf begrenzt wurde, störten sie dennoch weiterhin durch ihr Zuspätkommen den Ablauf des Gottesdienstes.[178] So verfasste der Magistrat der Stadt Stendal in Übereinstimmung mit dem Ministerium 1628 einen Erlass, nach dem auf Pünktlichkeit zu achten sei, anderenfalls aber zwei Taler Strafe zu entrichten seien, die zu gleichen Teilen der Kollekte und dem Prediger zugute kämen.[179] Dasselbe Problem stellte sich um 1642 auch in Salzwedel Altstadt und Neustadt. Anstelle der üblichen Einsegnung sprachen die Pastoren deshalb nur noch ein Gebet am Ende der Predigt, was zunächst in der Neustadt von Gemeinde und Rat abgelehnt, am 1. 5. 1642 aber durch ein Gerichtsurteil zugunsten des Pastors bestätigt wurde.[180] Zu Beginn des 19. Jahrhunderts hatte sich die Frist zwischen Geburt und erstem Kirchgang zumindest im Hans-Jochen-Winkel auf drei bis vier Wochen verkürzt. Dazu wurden noch einmal alle weiblichen verheirateten Taufzeugen eingeladen, denen man ein umfangreiches Frühstück reichte und in deren Mitte die Wöchnerin anschließend in der Kirche vor dem Altar vom Pfarrer eingesegnet wurde.[181]

Um 1933 gab es keine verbindlichen Fristen mehr für die Zeit zwischen Geburt und erstem Kirchgang. In der Regel lagen dazwischen vier Wochen. In der nordöstlichen Altmark betrug die Zeitspanne nur zwei bis drei Wochen, während man in einem lockeren Streifen von Jahrstedt/Altkreis Klötze im Südwesten bis Bertkow/Altkreis Osterburg im Nordosten sechs Wochen und länger wartete.[182] Als mundartliche Bezeichnungen wurden „Einsegnung", „Kirchgang" und „Taufe" für dasselbe Ereignis genannt.[183] Die jahrhundertealte Sitte der Trennung von Taufe und erstem Kirchgang hatte sich zu Beginn des 20. Jahrhunderts nämlich dahingehend gewandelt, dass beide Ereignisse zusammen stattfanden, d. h. die Mutter im Rahmen der Taufhandlung eingesegnet wurde.[184] Nach den Gewährspersonen des AdV war die Einsegnung der eigentliche Grund, weshalb sie an der Tauffeier teilnahm.[185] Diese Neuerung beruhte sicherlich auf verschiedenen Faktoren. Infolge allgemein veränderter Lebensumstände im gesamten Deutschen Reich hatte sich erstmals auch ein eigenes Selbstverständnis der Frau bezüglich ihrer Weiblichkeit und Mutterrolle entwickelt. Nun sah die junge Mutter eine Kindstaufe auch als ihr Fest an.[186] Die Kirchen trugen dieser modernen Entwicklung Rechnung, gingen sie mittlerweile doch davon aus, dass die Eltern einen größeren Anteil an der christlichen Erziehung des Kindes haben würden als die Paten.[187] Beibehalten wurde in vielen deutschsprachigen Gegenden, dass die Mutter erstmals zur Einsegnung wieder das Haus verließ.[188] Der Ablauf des mit Taufe und Einsegnung verbundenen Gottesdienstes gestaltete sich in der Altmark unterschiedlich.[189] In Trüstedt/Altkreis Gardelegen fand die Einsegnung der Mutter zu Beginn des Gottesdienstes statt; bis 1890 begleiteten die Patinnen oder die Ehefrauen der männlichen Paten sie vor den Altar.[190] In Arneburg/Altkreis Stendal unterschied man nach angemeldeter und regulärer Taufe, wobei die Einsegnung nur in ersterem Falle vor der Taufe, sonst hinterher, stattfand.[191] Alle weiteren Nennungen des AdV besagen, dass die Einsegnung nach dem Taufakt stattfand. Eine in Solpke/Altkreis Gardelegen und Klein Ballerstedt/Altkreis Osterburg ausgeübte Variante war, dass die Mutter mit dem Täufling auf dem Arm vor den Altar trat und nach einem Liedvers unter Gebet eingesegnet wurde.[192] Dagegen lag der handelnde Part in Bösdorf/Altkreis Gardelegen, heute Ohrekreis, weiterhin bei der Hebamme, die das Kind in die Kirche trug. Die Mutter folgte ihr, wie auch die Paten, und saß bei Taufe und Einsegnung in der Kirchenbank.[193]

UNEHELICHE KINDER

Die Geburt eines unehelichen Kindes wurde zumindest noch bis zum Ende des 19. Jahrhunderts auch bezüglich dessen Taufe als Sonderfall gesellschaftlich geahndet. Laut Kurfürstlich-Brandenburgischer Verordnung vom 17. 7. 1685 waren in solch einem Falle nur zwei Paten gesetzlich erlaubt.[194] Im Taufbuch von Zichtau finden sich um 1700 die Benennungen „Hure" und „Hurenkind". Des Weiteren mussten sich die Kindsmütter für ihre unehelichen Schwangerschaften rechtfertigen, woraufhin oftmals angegeben wurde, dass ihnen Gewalt widerfahren sei.[195] Mitunter bekannte sich ein Vater zu seinem unehelich geborenen Kind, indem er die Patenschaft übernahm. Dies ist z. B. für 1724 im Kirchenbuch von Klötze überliefert.[196] Wohl noch um 1870 gab es in der Altmark Tauffeiern, bei denen unehelichen Kindern das gleichsam festliche wie symbolische Kerzenlicht versagt blieb.[197]

Resümee

Betrachtet man die altmärkischen Taufbräuche auf Grundlage der Atlas-Umfrage von 1932/33, so lassen sich mehrere Brauchtumslandschaften erkennen. Zu ihnen gehört der Hans-Jochen-Winkel im nordöstlichen Altmarkkreis Salzwedel westlich der Städte Salzwedel und Klötze. Ein zweites Hauptverbreitungsgebiet brauchtümlicher Belege ergibt sich in der nordöstlichen Altmark, östlich einer Linie vom Arendsee über Osterburg bis nach Stendal. An dieser orientiert sich der Raum südlich von Stendal und rund um Gardelegen, zeigt dabei aber durchaus auch eigene Charakteristika. In den Dörfern am Nordrand des Drömlings mit ihren oftmals abweichenden Gepflogenheiten scheint sich der Einfluss angrenzender Brauchtumslandschaften anzudeuten. Die nördliche mittlere Altmark im Raum Salzwedel–Arendsee–Bismark–Kalbe stellt einen Vermittlungsraum ohne spezifische Brauchausprägungen dar; er greift statt dessen Bräuche der westlich, südlich und östlich angrenzenden Regionen auf, die hier sämtlich, aber ohne regionale Gliederung vorkommen und alle nur sporadisch geübt werden.

Anmerkungen
[1] Ich danke sehr herzlich Dr. Christoph Schmitt für die freundliche Bereitstellung der Antwortbögen zum Atlas der deutschen Volkskunde und Dr. Thomas Lehmann für die Materialaufnahme im Wossidlo-Archiv, Rostock. Weitere Archivstudien und -exzerpte erarbeitete Dr. Elke Bujok im Auftrag des Ausstellungsbüros.
[2] Zender 1959, S. 6.
[3] Simon/Schürmann 1994, S. 230–237.
[4] Schulze 1969, S. 247 f.
[5] Pohlmann 1925, S. 7.
[6] Charakteristische Meinungen 1838, S. 308 • Gehne 1912, S. 140 • Pohlmann 1925, S. 7 • Schulze 1969, S. 248.
[7] Charakteristische Meinungen 1838, S. 308.
[8] Gehne 1912, S. 140.
[9] Gehne 1912, S. 139 • Pohlmann 1925, S. 9.
[10] Pohlmann 1925, S. 7.
[11] A. a. O., S. 7.
[12] A. a. O., S. 12.
[13] Charakteristische Meinungen 1838, S. 309.
[14] AdV: 075–28–2bu.
[15] Schulze 1969, S. 248.
[16] AdV: 074–23–6a.
[17] AdV: 075–22–11au.
[18] AdV: Frage 103 b.
[19] AdV: 075–28–2bu.
[20] AdV: 074–23–9b.
[21] AdV: 088–3–25a.
[22] AdV: Frage 103 d.
[23] AdV: 075–10–18a.
[24] AdV: 088–3–25a.

25 Siehe Klein Schwechten/Altkreis Stendal, AdV: 075–22–11au.
26 Siehe Tangerhütte/Altkreis Stendal, AdV: 088–3–25a.
27 AdV: 074–15–3d.
28 AdV: 074–23–9b.
29 AdV: Frage 104 b.
30 AdV: 087–11–23a.
31 Schulze 1900, S. 335 f.
32 Danneil 1842, S. 133 u. S. 154.
33 Götze 1873, S. 424.
34 Garke 1930, S. 19.
35 Charakteristische Meinungen 1838, S. 308.
36 Pohlmann 1925, S. 10.
37 Ebd.
38 Gehne 1912, S. 140.
39 AdV: Frage 156 a.
40 Martin 1959, S. 691.
41 A. a. O., S. 681.
42 Z. B. Estedt/Altkreis Gardelgen, AdV: 075–31–1b.
43 Z. B. Recklingen/Altkreis Salzwedel, AdV: 074–24–2d.
44 Wendemark/Altkreis Osterburg, AdV: 075–10–18a.
45 Vgl. Martin 1959, S. 685.
46 Gehne 1912, S. 139 • Pohlmann 1925, S. 9.
47 Schulze 1969, S. 248.
48 Pohlmann 1925, S. 10.
49 Garke 1930, S. 19.
50 AdV: Frage 156 b.
51 Martin 1959, S. 690.
52 Pohlmann 1925, S. 10 • Schulze 1969, S. 248.
53 Gehne 1912, S. 139 • Pohlmann 1925, S. 10.
54 Charakteristische Meinungen 1838, S. 308 f. • Gehne 1912, S. 141 • Pohlmann 1925, S. 10.
55 Pohlmann 1925, S. 10 • Schulze 1969, S. 248.
56 Pohlmann 1925, S. 10 • vgl. Schulze 1969, S. 248.
57 Gehne 1912, S. 141.
58 Bock 1991, S. 174.
59 Vgl. Schulze 1969, S. 248 • Martin 1959, S. 712.
60 Meyer-Wendisch 1929.
61 Gehne 1912, S. 140.
62 Pohlmann 1925, S. 15 • Gehne 1912, S. 142.
63 Gehne 1912, S. 142.
64 Bock 1991, S. 174.
65 Charakteristische Meinungen 1838, S. 309.
66 Schulze 1969, S. 248.
67 Pohlmann 1925, S. 10.
68 Voigt 1956, S. 67.
69 Bock 1991, S. 174.
70 Schulze 1969, S. 248.
71 Bock 1991, S. 174.
72 Pohlmann 1925, S. 11.
73 A. a. O., S. 10.
74 A. a. O., S. 11.
75 Ebd.
76 Schulze 1969, S. 248.
77 Pohlmann 1925, S. 11.
78 Ebd. • Schulze 1969, S. 248.
79 Pohlmann 1925, S. 15.
80 A. a. O., S. 14 f.
81 A. a. O., S. 15.
82 Bock 1991, S. 174.
83 Charakteristische Meinungen 1838, S. 309.

[84] Schulze 1969, S. 249.

[85] Fischer 1986, S. 87–89.

[86] Pohlmann 1925, S. 14 • Meyer-Wendisch 1929 • Schulze 1969, S. 248.

[87] Schulze 1969, S. 249 • vgl. Martin 1959, S. 712.

[88] Bock 1991, S. 174.

[89] Meyer-Wendisch 1929.

[90] Pohlmann 1925, S. 14.

[91] Martin 1959, S. 701.

[92] AdV: 075–19–6bl.

[93] Martin 1959, S. 697–700.

[94] Stappenbeck o. J.

[95] Martin 1959, S. 700.

[96] Schulze 1900, S. 427.

[97] Martin 1959, S. 736.

[98] Schulze 1900, S. 496.

[99] Danneil 1842, S. 133 u. S. 154.

[100] Vgl. Meyer-Immensen 1992, S. 85 f. • vgl. Götze 1873, S. 424.

[101] GStA PK, I/89, 23480.

[102] Gehne 1912, S. 140 f.

[103] A. a. O., S. 140.

[104] Pohlmann 1925, S. 11 • Schulze 1969, S. 248.

[105] Pohlmann 1925, S. 11.

[106] A. a. O., S. 14.

[107] Gehne 1912, S. 141.

[108] AdV: Frage 104 c.

[109] Gehne 1912, S. 140.

[110] Pohlmann 1925, S. 14.

[111] Gehne 1912, S. 140 • Pohlmann 1925, S. 14.

[112] Pohlmann 1925, S. 14.

[113] Schulze 1969, S. 248.

[114] Ebd.

[115] Pohlmann 1925, S. 14.

[116] A. a. O., S. 11.

[117] Gehne 1912, S. 143.

[118] AdV: Frage 105 c und d.

[119] AdV: 074–16–22cl.

[120] Staffelde/Altkreis Stendal, AdV: 075–28–19c.

[121] Schönfeld/Altkreis Stendal, AdV: 075–27–12d.

[122] AdV: 087–11–23a.

[123] Meyer-Immensen 1992, S. 85.

[124] Wiswe 1982, S. 18.

[125] Ebd.

[126] Schröder 1925, S. 37.

[127] Schulze 1969, S. 249.

[128] Frage 105 a und b.

[129] AdV: 075–22–11au.

[130] AdV: 074–16–22cl.

[131] Gehne 1912, S. 142.

[132] A. a. O., S. 143.

[133] Vgl. Wiswe 1982, S. 18.

[134] Gehne 1912, S. 143.

[135] A. a. O., S. 143 u. 193.

[136] AdV: 075–22–11au.

[137] AdV: 074–16–22cl.

[138] AdV: 074–23–2d.

[139] Gehne 1912, S. 143.

[140] AdV: Frage 105 a.

[141] Wegenstedt, AdV: 087–12–6d • Mannhausen, AdV: 087–6–22d: „10 Pfg."

[142] Wiswe 1982, S. 18.

[143] AdV: 075−26−14a.
[144] AdV: 074−36−24c.
[145] AdV: 087−11−23a.
[146] Bock 1991, S. 174.
[147] Meyer-Immensen 1992, S. 85.
[148] Martin 1959, S. 752.
[149] Meyer-Immensen 1992, S. 85 f.
[150] Schulze 1900, S. 346.
[151] Götze 1873, S. 424.
[152] Ebd.
[153] Charakteristische Meinungen 1838, S. 309.
[154] Ebd.
[155] Martin 1959, S. 734.
[156] Pohlmann 1925, S. 15 • Voigt 1956, S. 67.
[157] Bock 1991, S. 174.
[158] Charakteristische Meinungen 1838, S. 309.
[159] Bock/Fischer 1988, S. 23.
[160] Charakteristische Meinungen 1838, S. 309.
[161] Ebd.
[162] Schulze 1969, S. 249.
[163] Pohlmann 1925, S. 15.
[164] Schulze 1969, S. 249.
[165] Pohlmann 1925, S. 15.
[166] Ebd.
[167] Charakteristische Meinungen 1838, S. 308 • Gehne 1912, S. 140.
[168] Ebd.
[169] Pohlmann 1925, S. 7.
[170] Vgl. Gehne 1912, S. 139.
[171] Pohlmann 1925, S. 9 • Schulze 1969, S. 248.
[172] Gehne 1912, S. 139 • Schulze 1969, S. 248.
[173] Pohlmann 1925, S. 9.
[174] Schulze 1969, S. 248.
[175] Pohlmann 1925, S. 13 • Schulze 1969, S. 248.
[176] Pohlmann 1925, S. 9.
[177] A. a. O., S. 13.
[178] Götze 1873, S. 424.
[179] Lentz 1747, S. 46 f.
[180] Stappenbeck o. J.
[181] Charakteristische Meinungen 1838, S. 309.
[182] AdV: Frage 156 a.
[183] AdV: Frage 156 c.
[184] AdV: Frage 156 d.
[185] Martin 1959, S. 710.
[186] A. a. O., S. 693.
[187] A. a. O., S. 712 f.
[188] A. a. O., S. 712.
[189] AdV: Frage 156 d.
[190] AdV: 075−31−10ar.
[191] AdV: 075−23−21a.
[192] AdV: 074−36−24c u. 075−21−1b.
[193] AdV: 087−11−2b.
[194] GStA PK, I/89, 23480.
[195] Mitteilung Frau Elke Bujok.
[196] Schulze 1900, S. 497.
[197] Schulze 1969, S. 248.

Klaus Raschzok

Die Taufe: „Symbolische Handlungsinsel in einem Meer von Wörtern"[1]

Taufe hat einen unverwechselbaren Ort

Taufe hat einen unverwechselbaren Ort im Kirchenraum wie in der Lebensgeschichte. An diesem Ort öffnet sich ein spezifischer Raum des Erlebens[2] der Christuspräsenz und damit der Gottesbegegnung. Der Ort der Taufe und das an ihm vollzogene Geschehen ist Hilfe zur Annäherung an ihr Geheimnis. In der Taufe als der lebenseröffnenden Kasualie[3] werden unterschiedliche Weisen des Erlebens, Deutens und Spürens des Christushandelns angeboten.

Die Handlungen und Worte der Taufe errichten zusammen mit den in ihr anwesenden menschlichen Körpern Räume, in welche die Taufe die Feiernden hineinstellt. Die Taufhandlung baut dabei so etwas wie energetische Felder im Raum auf. Diese sind für die Beteiligten bei entsprechender Sensibilität emotional spürbar. Aber wie alle Spuren sich erst mit der Dauer ihres Eindrucks für die Wahrnehmung intensivieren, so verdichten sich auch die in der Taufe freigesetzten Energien erst durch die wiederholte Teilnahme an der Feier einer Taufe.

Eine Szene aus einem festlichen Gottesdienst in einer vor wenigen Jahren neu errichteten evangelischen Kirche verdeutlicht dies. Nach der Predigt soll ein Kind im Gottesdienst getauft werden. Während die Gemeinde ein Tauflied anstimmt, ziehen die Kindergottesdienst-Kinder zusammen mit dem Täufling in den Armen seiner Patin und den Taufeltern aus den Gemeinderäumen im Untergeschoss kommend in den Kirchenraum ein. Sie schließen den Kreis der Gemeinde um den Altartisch, auf dem Taufschale und Taufkanne bereitstehen. Am Verhalten der Kinder und vor allem an ihren erwartungsvoll leuchtenden Augen ist zu spüren, wie die Erwachsenengemeinde durch ihr Singen einen Raum für die Feier des Taufsakraments bereitet hat. Die Kinder nehmen diesen spirituellen Raum beim Einzug staunend-ergriffen wahr, als sie den Kreis um den Altar zur Gemeinde hin schließen und den Täufling in die Mitte nehmen. Der Gemeindepfarrer begrüßt nun die Kinder auf das Herzlichste. Er sagt ihnen, wie schön es ist, dass sie jetzt da sind, und wie sich alle Erwachsenen über ihre Anwesenheit freuen. Mit kindgerechten Worten erklärt er ihnen, was die Taufe bedeutet, welche Aufgabe die Paten haben, wie der Täufling heißt und wie sein Taufspruch lautet, und was dieses Bibelwort für den Weg eines kleinen Kindes zu bedeuten hat. An den Augen der Kinder und an ihrer Körperhaltung ist abzulesen, wie durch die scheinbar kindgemäße Beredung des Pfarrers die gemeinsam aufgebaute Atmosphäre der Erwartung zerstört und abgebaut wird und die Kinder unruhig werden. Auch der Pfarrer nimmt die absinkende Spannung der Körper im Raum wahr und reagiert darauf. Mit deutlich gesteigertem Tempo vollzieht er den eigentlichen Taufakt so schnell, dass den Augen und Sinnen der kindlichen wie der erwachsenen Gemeinde keine Zeit zum Nachvollzug bleibt.

Der Soziologe Hans-Georg Soeffner beschreibt den Ort der Taufe innerhalb der auf das Wort konzentrierten protestantischen Gottesdienstpraxis zutreffend als eine Enklave: „Die Ruhigstellung der Körper beim Hören, Sprechen und Singen, die Konzentration auf das Wort, bleiben das vorherrschende Kennzeichen des protestantischen gottesdienstlichen Ritus. Abendmahl und Taufe wirken in diesem Rahmen wie Enklaven: Überbleibsel früherer symbolischer Handlungsinseln in einem Meer von Wörtern. Sich in diesen Enklaven zu bewegen, fällt Protestanten schwer, den Pfarrern oft schwerer als der Gemeinde. Sie, die ihre Predigtsprache mehr oder minder gekonnt mit Formeln, Bildern und auch Symbolen durchsetzen, wirken oft genug hilflos oder verlegen gegenüber jenem Element, das eine der bedeutendsten Handlungsformen darstellt: gegenüber dem Ritual. Die Vermehrung des Wissens über ‚das Wort' scheint bei protestantischen Theologen begleitet worden zu sein von einem ständig wachsenden Verlust an Wissen über den symbolischen Gesamtzusammenhang, innerhalb dessen auch, aber nicht ausschließlich das Wort steht."[4]

Generationen von Pfarrern stellten sich die Frage nach der Erlebnisdimension der Taufe überhaupt nicht oder lehnten diese Fragestellung als theologisch unzulässig ab, häufig verbunden mit dem entlarvenden Hinweis: „Aber darauf kommt es doch nicht an!" Sie beschäftigten sich stattdessen nahezu ausschließlich mit dem „Sinn" der Taufe und versuchten, diesen den in der Tauffeier Anwesenden zu vermitteln. Entscheidend war für sie, zum Ausdruck zu bringen, was Taufe ist und was man bei ihr zu sagen hat.[5] Auch scheinbar zeitgemäße kreative Zugangsversuche bewegen sich häufig immer noch auf dieser Ebene und führen letztlich doch nur zu einer die Sinne lähmenden Vervielfältigung der Wörter über die Taufe. Dies mag sicherlich damit zusammenhängen, dass sich das innere Zentrum der Taufe einer sprachlichen Bemächtigung entzieht. Dieser Erfahrung korrespondiert das Erleben der an einer Taufe Beteiligten. Erste Ergebnisse eines Berner Forschungsprojektes zur Rezeption der Taufhandlung durch die Beteiligten machen auf eine gewisse Unfähigkeit aufmerksam, den zentralen Akt der Taufe angemessen zu beschreiben. Er wird vielmehr ausgespart und mit einer Fülle erzählter, theologisch scheinbarer Nebensächlichkeiten umgeben. Das „Eigentliche" der Taufe bleibt merkwürdigerweise in der Erinnerung der Beteiligten wie eine Leerstelle ausgespart. Die sprachliche Dimension des Tauf-Rituals scheint nur bedingt erinnerungsfähig zu sein.[6] Taufe entzieht sich damit zugleich gängigen Kategorien einer angebotsorientierten Ekklesiologie. Sie verfügt über sperrige Elemente, die ihre (kirchliche) Instrumentalisierung verhindern oder zumindest zu erschweren vermögen.[7]

Im Vollzug des Sakraments der Taufe ist darauf zu achten, dass der dreieinige Gott selbst die entscheidend handelnde Person bleibt und Gottes Wort im kirchlichen Handeln zur Wirkung kommt. Es geht im Vollzug der Taufe um eine Askese im Gebrauch der Wörter. Der eigentliche Akt darf nicht durch kreatives Agieren, Deuten oder Erklären überdeckt werden. Vielmehr ist dem Akt der Taufe selbst angemessen Raum im Sinne einer kreativen Passivität zu gewähren, die zulässt, dass Gottes Dienst im menschlichen Dienst wahrnehmbare Gestalt annimmt.[8]

Eine Taufszene in einer kleinen Dorfkirche in der Nähe von Kiel hat mir dies nachdrücklich ins Bewusstsein gebracht. Ich bin eingeladen, die jüngste Tochter eines befreundeten Religionslehrers über der romanischen bronzenen Taufe in dessen Heimatkirche zu taufen. Schon im Gottesdienst nehme ich die Ergriffenheit der Feiernden als besonders intensiv wahr. Beim Kaffeetrinken dann im Anschluss an den Taufgottesdienst kommt eine junge Mutter aus dem Freundeskreis der Taufeltern mit der erstaunten Frage auf mich zu: „Was hatten Sie denn da für eine tolle Vorlage? Ich habe eine so ansprechende Taufe noch nie erlebt. Ich konnte ganz dabei sein!" Meine Antwort war für sie zunächst etwas ernüchternd. Denn ich hatte nichts anderes als die lutherische Taufagende benutzt und mich dank intensiver gemeinsamer Vorbereitung zusammen mit den Eltern und den Paten voll in die Handlung hineinbegeben und auf alle zusätzlichen Erklärungen oder kreativen Ausgestaltungen des Taufgottesdienstes bewusst verzichten können.

In der Taufe geht es also vorrangig um ein Eintauchen in die Gesten, Worte, Handlungen und geschaffenen Räume, denen ich mehr als meiner eigenen Kreativität und Vermittlungsgabe zutraue, weil sie gesättigt sind von der Erfahrung der Tradition. Ich gehe dabei von der Grundannahme aus, dass die äußere Dramaturgie der Taufe immer zugleich die innere prozesshaft abbildet. Daher ist in der Feier einer Taufe nichts einfach nur zufällig und auch nichts einfach überflüssig oder unangemessen, vielmehr verbindet sich alles zu einem sinnenhaften und erlebbaren Gesamtgefüge. Darin gewährt die Taufe auch der Vielfalt der Lebensalter und Lebenssituationen der Täuflinge Raum. Die Inszenierung der Taufe zielt nicht ausschließlich auf ein Handeln am Täufling – gleich welchen Alters – und wohl auch nicht auf dessen Eltern und Paten, sondern ist als ein Gesamtgeschehen für alle an der Feier Teilnehmenden zu gestalten. Taufe stellt ein Erlebnisangebot für die unterschiedlichsten biografischen Situationen und Positionen dar. Es geht um das Eintreten in ein Ritual, das alle an der Feier Beteiligten erfasst – selbst wenn sie nicht oder noch nicht getauft sind – und in seine spirituelle Eigendynamik hineinzieht.

Taufe vollzieht sich als energetisches Geschehen.[9] Tauferinnerung ist daher als energetische Aktivierung zu verstehen. Sie führt zum innersten Kern protestantischer Identität und damit zur Rechtfertigung des Sünders allein aus Gnade. Ziel jeder Tauferinnerung ist das ganz persönlich vergewissernde: „Ich bin getauft". Tauffeier und Tauferinnerung sind daher keinesfalls voneinander zu trennen, sondern verlaufen immer ineinander. Im Grunde benötigen sie sich beide wechselseitig. Jede miterlebte Taufe ist in jedem ihrer Akte zugleich auch die Feier meiner eigenen Taufe.

TAUFE BLEIBT ANGEWIESEN AUF DAS SEKUNDÄRE ERLEBEN

Eine besondere Dynamik resultiert daraus, dass die Taufe nur einmal vollzogen wird, aber lebenslang im Glauben anzueignen ist.[10] Martin Luther spricht davon, dass ein Christ sein Leben lang an der Taufe genug zu lernen und zu üben habe.[11] Er beschreibt diese Tauferinnerungsarbeit damit, „daß der alte Adam in uns durch tägliche Reue und Buße soll ersäuft werden und sterben mit allen Sünden und bösen Lüsten; und wiederum täglich herauskommen und auferstehen ein neuer Mensch, der in Gerechtigkeit und Reinheit vor Gott ewiglich lebe."[12] Bezeichnenderweise zielt Martin Luthers Taufbüchlein von 1523/1526 mit seiner liturgischen Neuordnung des Taufaktes auf die, „so dabeistehen"[13]. Sie sollen zum Glauben und zur ernstlichen Andacht gereizt werden. Martin Luther hat damit eine Taufordnung aus der Perspektive der Umstehenden – in liturgiewissenschaftlicher Kategorisierung: der „circumstantes" – vorgelegt.

Da in der Tauffeier immer auch die Taufe aller Anwesenden mitgefeiert und vergegenwärtigt wird, ist es auch nicht problematisch, dass unsere auf die Kindertaufe ausgerichteten Taufordnungen bis heute noch Elemente aus der Taufe Erwachsener transportieren. Dies stellt im Blick auf die Tauferinnerung vielmehr eine Bereicherung dar. Im Unterschied zum Erleben der Feier des Heiligen Abendmahles baut die Tauferinnerung auf dem sekundären, nachgängig in der Partizipation am Taufakt anderer gewonnenen Erleben auf. Unsere volkskirchliche, immer noch weitgehend von der Kindertaufe geprägte Kultur legt damit allerdings den erwachsenen Christen einen Verzicht auf das unmittelbare Tauferleben auf.[14] Möglicherweise hängt mit dieser Zumutung auch die Faszination der von der reformatorischen Lehre strikt abgelehnten „zweiten Taufe" gerade für kirchlich sehr engagierte Erwachsene zusammen. Der tiefe Wunsch nach einem bewussten Tauf-Erleben lässt erahnen, was die volkskirchliche Taufpraxis mit ihrer Angewiesenheit auf die Tauferinnerung zunächst einmal schlicht zumutet. Die Sehnsucht nach dem unmittelbaren tiefen Tauferleben – das in der Regel mit der Erwachsenentaufe verbunden wird – führt zwangsläufig zur Abwertung oder Ablehnung der Kindertaufe, überschätzt die Wirkkraft des vermeintlich bewussten einmaligen Tauferlebnisses für das Bewusstsein und übersieht dessen konstitutive Angewiesenheit auf die Tauferinnerung als seiner ständigen Aktualisierung.

Das für die Taufe Entscheidende scheint sich in einem Tiefenbereich unseres Gedächtnisses abzulagern. Es ist zu seiner Aktivierung angewiesen auf das sekundäre Miterleben. Jede erlebte Taufe intensiviert somit die persönliche Tauferinnerung als Aktivierung des Körpergedächtnisses. Primäres und sekundäres Erleben verschränken sich dabei wechselseitig. So kann sich etwa das Kreuzzeichen auf der Stirn in einer Segenshandlung am Krankenbett mit der Erinnerung an die Taufe verbinden und die Gewissheit bestärken, in aller äußerlichen Anfechtung dem Machtbereich des gekreuzigten und auferstandenen Christus anzugehören. Das Erleben der Taufe baut sich additiv auf und wird erst dadurch intensiviert. Die Gestaltung eines Taufgottesdienstes hat dieses Ineinander des Erlebens inszenatorisch zu unterstützen. Die miterlebte Taufe dient der heilsamen Rekonstruktion der eigenen Lebensgeschichte, die über die Taufe immer wieder neu in ein heilsgeschichtliches Koordinatensystem eingezeichnet wird. Auch die traditionellen Tauflieder, die nicht ausschließlich auf die Kindertaufe abzielen, binden ja die verschiedenen Lebensstufen in die Feier der Taufe und in ihr Gedächtnis ein.[15] Taufe und Tauferinnerung führen zu den Quellen des reformatorischen Glaubens. Sie stellen einen Zugang zur Rechtfertigung allein aus Gnade dar. Tauferinnerung trägt einen demütigen Charakter, denn das Geheimnis der Taufe bleibt auch in der Erinnerung der Verfügung entzogen. Es muss offen bleiben, weil Christus selbst und nicht der Getaufte es jeweils neu auf heilsame Weise füllt und erfüllt.

Diese Einsichten warnen vor einer zu starken Fixierung der Taufgestaltung auf die Säuglings- oder Kleinkindertaufe und einem zu ausschließlichen Handeln am kindlichen, jugendlichen oder schon erwachsenen Täufling. Eine zu bewusste Ausrichtung der Taufhandlung kann das Miterleben der Anderen möglicherweise erschweren. Schließlich wird es zukünftig auch auf ein erweitertes Verständnis der liturgischen Rolle ankommen. Der Liturg hat zusätzlich die Aufgabe des sachgerechten Arrangierens der Taufgemeinde im Gottesdienst – eine ursprünglich selbstverständlich vom Küster wahrgenommene Aufgabe – zu übernehmen, da den Feiernden dafür heute aus der kulturellen Erinnerung zunehmend keine Konventionen mehr zur Verfügung stehen. Es ist nicht einfach zufällig, wie und wo die Taufgemeinde bei der Taufe und ihren einzelnen Akten steht, sitzt oder sich bewegt. Die Sichtbarkeit und Nachvollziehbarkeit des Taufaktes sollten dabei ein wesentliches Anliegen sein.

Taufe bindet sich an einen Ort

Taufe bindet sich an einen Ort im Kirchenraum. Dieser ist Haftpunkt für die Erinnerung, die sich jeweils neu konstituiert. Mit der Einmaligkeit und Unwiederholbarkeit der Taufe hängt zusammen, dass sich diese für unsere Erinnerung an einen konkreten Ort bindet, anders als etwa das Abendmahl. Erfahrungen der besonderen Gottesgegenwart binden sich wie in zahlreichen biblischen Erzählungen an Orte. Taufe vollzieht sich zumeist als raumhafte Erfahrung und wird innerhalb des Raumes an der Taufstätte lokalisierbar. Jede Taufe hinterlässt unsichtbare Spuren an der Taufstätte. Zu diesen kann eine Beziehung hergestellt werden. Tauforte sind begehbare und aufsuchbare biografische Stationen im Kirchenraum wie im Lebens- und Glaubensraum, die sich wechselseitig durchdringen.

Taufe hat einen Ort im Kirchenraum. Der Täufling muss sich zu diesem Ort hinbegeben oder zu ihm hingetragen werden. Der Taufort wird aufgesucht. Der Täufling wird über das Taufbecken gehalten. Um den Taufort wird während der Taufhandlung ein Binnenraum aus menschlichen Körpern gebildet. Erst durch diesen Körper-Raum im Raum ist die Taufstätte vollständig. Der aus menschlichen Körpern um den Taufort errichtete Binnen-Raum kann auch die Funktion eines Klang-Raumes erhalten, zum Beispiel beim gemeinsam von der Taufgemeinde gesprochenen Glaubensbekenntnis oder Vaterunser.

Tauforte sind unabhängig davon, ob meine eigene Taufe an ihnen vollzogen wurde, Erinnerungsorte der eigenen Taufe. Die Taufstätte ist der Ort, an dem die Erinnerung an die Taufe haftet. Ich kann eine Beziehung zum Ort der Taufe entwickeln: Es kann auch eine Ersatzbeziehung sein, wenn der Ort meiner Taufe nicht mehr zugänglich ist, nicht mehr existiert oder ich mich nicht mehr an ihn begeben kann.

Der Ort der Taufe wandert im Laufe der Bau- und Nutzungsgeschichte durch den Kirchenraum. Er ist vielgestaltig und immer wieder Ausdruck seiner Entstehungszeit und Spiegel der herrschenden theologischen Vorstellungen zur Taufe wie ihrer jeweiligen Praxisgestalt. Immer aber bleibt er Orientierungs- und Erschließungspunkt im Raum.[16]

Taufe vollzieht sich als ein Weg

Geschieht die Taufe in einer Kirche, nimmt sie hinein in eine Bewegung durch den Kirchenraum. Die Feiernden begeben sich zusammen mit dem Täufling und dem Liturgen auf einen Weg, der sich dem Weg Gottes annähert. Es geht um die spirituelle Dimension des Weges. Der Christusweg und unser eigener Lebensweg werden in der Taufe miteinander verknüpft. Die besondere Weise der Christuspräsenz in der Taufe vollzieht sich somit als Hineinnahme in den Christusweg im Sinne eines Tausch- oder Verschmelzungsprozesses. Biografische und christologische Dimension werden in der Taufe rituell verschränkt. Auch der biblische Taufspruch, der in der Tauffeier ausgelegt wird, ist nichts anderes als ein „Wort auf dem Weg".

Eine Szene im Sonntagsgottesdienst in St. Peter und Paul in Görlitz: Taufe im sonntagmorgendlichen Gemeindegottesdienst. Lesungen, Gebete und Tauffragen einschließlich Credo vollziehen sich im Altarraum vor den Augen der im Hauptschiff sitzenden Gemeinde. Dann lädt die Pfarrerin die

Gemeinde ein, aufzustehen und sich nach einer – technisch erforderlichen – Pause von etwa fünf Minuten am Taufort im hinteren Seitenschiff einzufinden. Jeder bricht einzeln auf. Die Dramaturgie des Gottesdienstes ist gestört. Es wird auf die Inszenierung einer gemeinsamen Prozession von Taufgemeinde und sonntäglicher Gottesdienstgemeinde durch den Kirchenraum zum Taufort und wieder zurück verzichtet. Stattdessen erfolgt durch den Umzug zum Taufort eine zweimalige Gottesdienstunterbrechung. Auch die Orgel schweigt während der beiden Pausen, weil der Kantor ja ebenfalls hinübergeht zum Taufort, um dort auf dem Orgelpositiv das Tauflied zu begleiten, und dann wieder zurück zur Empore mit der Hauptorgel muss. Es hätte sich angeboten, die Prozession singend durch den Kantor angeführt durch den Kirchenraum ziehen zu lassen.

Ein Taufgottesdienst verlangt nach der Inszenierung der in ihm angelegten Bewegung: Er beginnt mit dem Einzug in das Kirchengebäude, setzt sich nach der Verkündigung mit einer Prozession zum Taufort fort; dort wird ein Kreis um den Taufort beim Taufakt gebildet, anschließend zieht die Taufgemeinde zum Altar und wird nach dem Segen durch den Liturgen wieder aus dem Kirchengebäude geleitet. Der Wegcharakter der Taufe eröffnet damit eine Bewegung, die sich symbolisch im Hindurchschreiten durch das Taufwasser als einem Durchgang durch den Lebensbrunnen fortsetzt. Die Prozession qualifiziert den Raum und entspricht dem dynamischen Begegnungsgeschehen zwischen Gott und Mensch, das in der Taufe initiiert wird. Sie ist daher mehr als nur eine pragmatische Ortsveränderung oder eine abwechslungsreiche Gestaltungsvariante.[17] Im Körpergedächtnis wird etwas Entscheidendes eingeübt und zugleich mit der biblischen Vorstellungswelt verwoben.

Besondere Aufmerksamkeit verdienen die verschiedenen Modi der Bewegung im Taufgottesdienst, die ebenfalls nicht zufällig sind, sondern in ihren Tiefenstrukturen dem Taufgeschehen korrespondieren. In Martin Luthers Taufbüchlein „trägt" die Kirche die Kinder zur Taufe und treten die Paten stellvertretend in die Rolle der Kirche ein. Das Kind wird der Bewegungsdimension des in den reformatorischen Taufordnungen neu hinzutretenden „Kinderevangeliums" (Markus 10,13–16) entsprechend zur Taufe geleitet: „Und sie brachten Kinder zu ihm, damit er sie anrühre." Säuglinge werden zur Taufstätte getragen, kleine Kinder geführt, Jugendliche und Erwachsene geleitet. Die Täuflinge werden über den Taufstein gehalten. Sie werden zur Taufe entkleidet und anschließend wieder bekleidet.[18] Es sind auch Akte der Fürsorge und der Geborgenheit, die manchmal nur noch rudimentär erhalten sind, wie zum Beispiel das Abnehmen des Mützchens des Täuflings zum Taufakt.

TAUFE VERORTET SICH AN DER GRENZE

Taufe vollzieht sich an der Grenze[19] zwischen Himmel und Erde, zwischen der Macht Gottes und der Macht des Bösen, zwischen Leben und Tod. Taufe hat es mit den abgründigen, lebensbedrohenden Mächten und mit der lebensschützenden Macht des dreieinigen Gottes zu tun. Nach Martin Luther wirkt die Taufe „Vergebung der Sünden, erlöst vom Tode und Teufel und gibt die ewige Seligkeit allen, die es glauben, wie die Worte und Verheißung Gottes lauten."[20] Die bewusste Absage an die Macht des Bösen ist daher konstitutiv. Im Taufbuch der Evangelischen Kirche der Union wird das Glaubensbekenntnis mit diesem Akt verbunden:

Wir befehlen dieses Kind der Macht des dreieinigen Gottes. In Tod und Auferstehung Jesu Christi hat er die Macht des Bösen und des Todes überwunden. Er will, dass wir uns im Glauben an seine Macht den bösen Mächten versagen und ihnen widerstehen. So lasst uns gemeinsam den christlichen Glauben bekennen, in den dieses Kind hineinwachsen soll.[21]

Die mit der Taufstätte in vielen mitteldeutschen Dorfkirchen verbundenen Taufengel markieren diese Stellung an der Grenze. Walter Sparn hat auf den Zusammenhang von Engelerfahrungen und der Abgründigkeit des Bösen hingewiesen. Engel erscheinen oft dort materialisiert, wo Menschen sich dieser Grenzerfahrung aussetzen oder sich dem Gegenbereich des Abgründigen mit der Bitte um Schutz und Geleit unterstellen.[22] Auch die Taufe ist letztlich ein solcher abgründiger Ort der Auslieferung an das Leben. Darüber hinaus zeigen die Taufengel die Aufhebung der Zeit im Augenblick der Taufe an: Der Himmel über der Taufe ist geöffnet. Die Taufgemeinde übersteht mit Noah die lebensbedrohliche Sintflut in der Arche. Sie zieht mit Israel durch das Rote Meer und wird vor der Streitmacht der Ägypter gerettet. Sie steht mit Jesus vor Johannes dem Täufer am Jordan und wird getauft. In der für einen Augenblick – wie in der Abendmahlsfeier – aufgehobenen Zeit fallen die eigene erinnerte und die aktuell mitgefeierte Taufe ineinander. Taufengel machen auf diese Weise eine an und für sich unsichtbare Dimension sichtbar. Die Mächte des Himmels nehmen die Geräte und Gefäße der Taufe in Gebrauch. Zum Teil tragen sie sogar Taufkanne und Taufschale vom Himmel herab zur Taufstätte hinunter.[23] Taufengel stehen damit für die himmlische Assistenz bei der Taufe. Ähnlich wie bei der Taufe Jesu im Jordan begleiten sie das Geschehen und qualifizieren es durch ihr himmlisches Taufgeleit. Taufengel stehen auf eine liebevolle Weise für meine Taufgewissheit ein. Ich bin durch die Taufe den Gefährdungen des Lebens nicht (mehr) schutzlos ausgeliefert.

Taufengel stehen aber nie im Mittelpunkt des Geschehens. Sie assistieren, tragen, reichen und verweisen damit auf das eigentliche Zentrum der Taufhandlung und auf Christus als den eigentlich Handelnden. Häufig schweben sie auch über der Taufstätte. Ihr Schweben steht dann für die Balance zwischen Materialisierung und Entmaterialisierung. Engelwesen operieren als Schwellen-Wesen zwischen dem Menschlichen und dem Göttlichen. Sie sind keine irdischen Wesen, auch wenn sie menschliche Gestalt haben, sondern gehören als Grenzgänger zwischen der irdischen und der himmlischen Welt zum Thronstaat Gottes. Engelwesen rühren dadurch Tiefenschichten unseres Bewusstseins an. Sie stehen für die Präsenz der himmlischen Welt beim Taufakt und intensivieren zugleich die Tauferinnerung. Und schließlich erleichtern sie als „persönliche Schutzengel" die Aufnahme einer Beziehung zur eigenen Taufe.

Taufe gebraucht „Wasser … mit Gottes Wort verbunden"

Martin Luther spricht im Kleinen Katechismus davon, dass die Taufe „nicht allein schlicht Wasser, sondern … das Wasser in Gottes Gebot gefaßt und mit Gottes Wort verbunden"[24] ist. Allerdings, so fügt er hinzu: „Wasser tut's freilich nicht, sondern das Wort Gottes, das mit und bei dem Wasser ist, und der Glaube, der solchem Worte Gottes im Wasser traut. Denn ohne Gottes Wort ist das Wasser schlicht Wasser und keine Taufe; aber mit dem Worte Gottes ist's eine Taufe, das ist ein gnadenreiches Wasser des Lebens und ein Bad der neuen Geburt im heiligen

Geist …"[25] Für sein Taufbüchlein hat Martin Luther 1523 ein Gebet entworfen, das dieses Verbindungsgeschehen von Wasser und göttlichem Wort mit Hilfe elementarer biblischer Bilder initiiert und seitdem unter dem Namen „Sintflutgebet" Bestandteil vieler evangelischer Tauforderungen geworden ist.[26] Durch dieses Gebet wird die Tiefendimension der schlichten Wasserhandlung in der Taufe berührt und das Taufwasser qualifiziert und bereitet. Das Taufbuch der Evangelischen Kirche der Union hat dieses reformatorische Modellgebet aufgenommen und mit dem für alle Mitfeiernden deutlich sicht- und hörbaren Eingießen des Taufwassers aus der Taufkanne in die Taufschale verbunden:

Wir danken dir, gnädiger Gott,
für die Gaben von Wasser und Heiligem Geist.
Am Anfang schwebtest du über den Wassern
und brachtest Licht und Leben in die gestaltlose Leere.
Durch die Wasser der Sintflut reinigtest du die Welt
und machtest mit Noah und seiner Familie
einen neuen Anfang für alle Menschen.
In der Zeit des Mose führtest du dein Volk
aus der Knechtschaft durch die Wasser des Schilfmeeres
und machtest deinen Bund mit ihnen in einem neuen Land.
Als die Zeit erfüllt war,
sandtest du deinen Geist auf Jesus herab,
als er im Wasser des Jordan durch Johannes getauft wurde.
Und nun, in der Taufe, die uns mit deinem Tod
und seiner Auferstehung verbindet,
macht Christus uns frei von Sünde und Tod
und öffnet uns den Weg zum ewigen Leben.

Wasser wird in das Taufbecken gegossen.

Gieße deinen Heiligen Geist aus über uns
und über dies Wasser,
damit N. N., mit Christus begraben in der Taufe,
auferstehen möge mit ihm in ein neues Leben
und, wiedergeboren aus Wasser und Geist,
für immer in der Gemeinde bleiben möge,
durch Jesus Christus, unsern Herrn,
dem mit dir und dem Heiligen Geist
Ehre und Herrlichkeit sei, nun und für alle Zeit.
Amen.[27]

Taufe benötigt Körperresonanz

In Martin Luthers Taufbüchlein wird die Taufgemeinde als Kirche qualifiziert. Sie ist daher mehr als nur eine zufällig zusammenkommende Kasual- oder Ortsgemeinde und stellt die Kirche in ihrer ökumenischen, auf alle Getauften bezogenen Gestalt dar. In der Körperresonanz der als Kirche qualifizierten Anwesenden wird diese ökumenisch-ekklesiologische Dimension wahrnehmbar. Körperresonanz wird etwa beim gemeinsamen Sprechen von Vaterunser und Glaubensbekenntnis mit dem Täufling in der Mitte aufgebaut. Die Aufnahme in die Gemeinschaft der Kirche wird damit auch zu einem körperlich-akustischen Ereignis. Ein unverwechselbarer bergender Klangraum entsteht. Einzelne Stimmen aus der Taufgemeinde können diesem Klangraum durch die Übernahme von Gebeten und Lesungen eine individuelle und unverwechselbare Gestalt verleihen. In diesem akustischen Körperraum haben die der Taufe vorbehaltenen „Klangwörter" des Evangeliums[28] wie Tauf-Gnade, unvergängliches Leben, Macht des dreieinigen Gottes ihren Ort. Es geht in ihnen um das Stärken durch den Heiligen Geist, um das Bewahren, um ewiges und unvergängliches Leben, um Überwindung der Macht des Bösen und des Todes, um das Erhalten in der Gemeinde Jesu Christi, um die neue Geburt und um die Vergebung der Sünde, und schließlich um die Zusage: Du gehörst Christus!

In diesem bergenden Körperraum der Taufgemeinde vollziehen sich weitere die Taufe begleitende oder ihr nachfolgende sinnliche Akte wie das Entkleiden und Wiederankleiden des Täuflings beim Taufakt. Die reformatorische Praxis des 16. Jahrhunderts kannte noch das Entkleiden des Täuflings zum Taufakt. Die Taufe erfolgte nackt auf dem linken Arm des Täufers durch Begießen mit dem Taufwasser aus der rechten Hand[29] oder ebenfalls rechts gehaltenen Taufkanne. Im Anschluss wurde der Täufling mit dem Taufkleid bekleidet.[30] Der Täufling steht für das exemplarische Kind, an dem sich das göttliche Heilshandeln abbildet. Rudimente dieses Aktes des Entkleidens und Bekleidens sind auch dann noch wirksam, wenn der Täufling sein Taufkleid bereits beim Gang zur Taufe trägt. Die Lutherische Taufagende kennt wie das Taufbuch der Evangelischen Kirche der Union die Möglichkeit, dem Täufling nach vollzogener Taufe ein weißes Taufgewand mit den Worten: „Nimm hin das weiße Gewand als Sinnbild der Gerechtigkeit Christi. Alle, die auf Christus getauft sind, haben Christus angezogen"[31] zu überreichen.

Der Brauch der nach dem Taufakt überreichten und zuvor an der Osterkerze entzündeten Taufkerze, der mit einer Kerzenprozession der anwesenden Kinder verbunden sein kann, reicht ebenfalls ins 16. Jahrhundert zurück und charakterisiert die Taufe als Lichterfahrung in großer Nähe zur Osternacht. Das Entzünden der Taufkerze an der Osterkerze stellt einen sinnlichen Akt dar, zu dem das Aufflammen des Dochtes und die leuchtenden Augen des Täuflings gehören, dem die Taufkerze dargereicht wird: „Nimm hin diese brennende Kerze zum Zeichen, daß Christus das Licht deines Lebens ist."[32]

Körperkontakt vollzieht sich in der Taufe vor allem über die Hände. Menschliche Hände gewähren Zuwendung und werden zum Medium für die Hand Gottes.[33] Die Stirn des Täuflings wird mit dem Zeichen des Kreuzes bezeichnet. Die Lutherische Taufagende verbindet die Lesung des Kinderevangeliums mit dem anschließenden unter Handauflegung über dem Täufling gesprochenen Vaterunser. Danach kann der Liturg im Taufakt selbst entweder eine Taufkanne zum dreimaligen Übergießen des Täuflings mit Wasser benutzen oder mit der Hand Wasser aus der Taufschale oder dem Taufbecken schöpfen und durch den unmittelbaren Gebrauch der Hand im Namen des dreieinigen Gottes taufen:

N. N., ich taufe dich im Namen des Vaters und des Sohnes und des Heiligen Geistes.

Das sich anschließende Taufvotum bekräftigt und besiegelt den Taufakt und ist mit einer nochmaligen Handauflegung beim Segnen des Täuflings verbunden:

Der allmächtige Gott und Vater unseres Herrn Jesus Christus, der dich von neuem geboren hat
durch das Wasser und den Heiligen Geist und dir alle deine Sünde vergibt,
der stärke dich mit seiner Gnade zum ewigen Leben.
Friede + sei mit dir.[34]

Taufe ist angewiesen auf die Fürbitte

Wilhelm Löhes in der Mitte des 19. Jahrhunderts entstandene und bis heute in zahlreichen Auflagen nachgedruckte Gebetssammlung für evangelische Christen mit dem Titel „Samenkörner des Gebetes" kennt eine eigene Fürbitte für die Taufhandlung, die sehr bewusst diejenigen mit einschließt, die bei der Taufe zugegen sind. In ihrer schlichten Handlungsbezogenheit sollen diese Worte Löhes meine Überlegungen abschließen. Er macht darauf aufmerksam, dass die Taufe zuallererst angewiesen ist auf die Fürbitte um ihren rechten und inszenatorisch verantworteten Vollzug. Diese Bitte sollte ihren festen und regelmäßigen Ort im persönlichen Gebet des einzelnen Christen erhalten. Die Taufhandlung wird dadurch als Gebetsanliegen in die persönliche Frömmigkeit integriert und in exemplarischer Ausübung des Priestertums der Getauften dem Herrn der Kirche immer wieder neu anbefohlen:

… sei allenthalben bei dieser heiligen Handlung Deiner Knechte und tue Deinen heiligen Himmel dabei auf wie am Jordan … Regiere alle diejenigen, welche bei dieser heiligen Handlung zugegen sind, daß sie bedenken, die Taufe sei vom Himmel und nicht von Menschen, ob sie gleich durch Menschen verrichtet wird, damit sie in aller Demut und Andacht derselben beiwohnen als einem Werk, das Du selbst gestiftet hast. Erhalte doch ferner unter uns den Gebrauch Deiner heiligen Taufe rein und unverändert.[35]

Anmerkungen

[1] Ich widme diesen Aufsatz Professor Dr. Manfred Josuttis zu seinem 70. Geburtstag in herzlicher Verbundenheit. Der Aufsatz nähert sich dem *Ort der Taufe* im Unterschied zum kunsthistorischen Beitrag von Peter Poscharsky in diesem Katalog aus liturgiewissenschaftlicher Perspektive und versucht, ihn aus diesem Blickwinkel hermeneutisch zu erschließen.

[2] Vgl. Fechtner, Kristian: Kirche von Fall zu Fall. Kasualpraxis in der Gegenwart – eine Orientierung, Gütersloh 2003 u. Wagner-Rau, Ulrike: Segensraum. Kasualpraxis in der modernen Gesellschaft (Praktische Theologie heute 50), Stuttgart – Berlin – Köln 2000, die beide jeweils ein raumorientiertes Modell der Kasualien profilieren.

[3] Vgl. Fechtner 2003 (wie Anm. 2), S. 90 ff.

[4] Soeffner, Hans-Georg: Gesellschaft ohne Baldachin. Über die Labilität von Ordnungskonstruktionen, Weilerswist 2000, S. 146.

[5] Vgl. z. B. Dehn, Günther: Die Amtshandlungen der Kirche, Stuttgart 1950, S. 20.

[6] Nationales Forschungsprogramm 52: Kindheit, Jugend und Generationenbeziehungen im gesellschaftlichen Wandel. Teilprojekt „Rituale und Ritualisierungen in Familien: Religiöse Dimensionen und intergenerationelle Bezüge".

Institut für Praktische Theologie der Universität Bern. Subprojekt in Verantwortung von Prof. Dr. Christoph Müller: „Taufe. Familieninszenierungen und transfamiliäre Passagen" (Vortrag von Prof. Dr. Christoph Müller am 23. 11. 2004 auf der Tagung der Arbeitsgemeinschaft Evangelischer Liturgikdozenten in Hannover).

7   Vgl. zur gegenwärtigen praktisch-theologischen Debatte über die Taufe auch Cornehl, Peter: Art. Taufe VIII. Praktisch-theologisch, in: Theologische Realenzyklopädie 32 (2001), S. 734–741. • Ders.: „Mit allen Wassern gewaschen"? – Mit zu vielen Klischees getauft! Integrative Taufpraxis, alte und neue Tauflieder, in: Arbeitsstelle Gottesdienst 19, 2005, Heft 3, S. 4–21. • Grethlein, Christian: Taufpraxis zwischen Kontinuität und Wandel – Herausforderungen und Chancen, in: Zeitschrift für Theologie und Kirche 102, 2005, S. 371–396. • Ders.: Kasualien. Überlegungen zu einem praktisch-theologischen Konzept, in: Theologische Literaturzeitung 130, 2005, Sp. 895–914.

8   Vgl. Seitz, Manfred: Unsere Kasualpraxis – eine gottesdienstliche Gelegenheit!, in: ders.: Praxis des Glaubens. Gottesdienst, Seelsorge und Spiritualität, Göttingen 1978, S. 42–50, S. 46.

9   Vgl. den Abschnitt „Zu den göttlichen Energien" bei Josuttis, Manfred: Segenskräfte. Potentiale einer energetischen Seelsorge, Gütersloh 2000, S. 47–61. • Ebenso zur Taufe, ders.: Religion als Handwerk. Zur Handlungslogik spiritueller Methoden, Göttingen 2002, S. 123–130.

10 Vgl. Cornehl 2001: Art. Taufe, S. 739.

11 Luther, Martin: Der Große Katechismus, in: Die Bekenntnisschriften der evangelisch-lutherischen Kirche (= BSLK), Göttingen 7. Aufl. 1976, S. 699.

12 Luther, Martin: Der kleine Katechismus, in: BSLK S. 501–527.

13 Luther, Martin: Das Taufbüchlein verdeutscht und aufs neu zugerichet, in: BSLK S. 535–541.

14 Vgl. Aufsatz von Christian Grethlein, *Taufe heute – zwischen Kontinuität und Wandel*, in diesem Katalog.

15 Vgl. hierzu Aufsatz von Christina Neuß, *Vor und nach der Taufe wird jedes Mal ein schicklicher Vers gesungen*, in diesem Katalog.

16 Vgl. Raschzok, Klaus: Der Taufstein: Ein Weg durch Zeit und Kirchenraum, in: ders.: Gemeinschaft der Heiligen. Ein Nördlinger geistlicher Bilderbogen. Beiträge zur künstlerischen Ausstattung der Nördlinger St. Georgskirche und der Spitalkirche zum Heiligen Geist, Nördlingen 1998, S. 71–76.

17 Vgl. Bärsch, Jürgen: Prozession – Ausdruck bewegter Liturgie. Liturgietheologische und -pastorale Überlegungen zu einem integralen Bestandteil christlichen Gottesdienstes, in: George Augustin, Alfons Knoll, Michael Kunzler, Klemens Richter (Hrsg.): Priester und Liturgie. FS Manfred Probst zum 65. Geb., Paderborn 2005, S. 277–296.

18 Vgl. den Beitrag von Bettina Seyderhelm, *Die Bekleidung der Täuflinge*, in diesem Katalog.

19 Vgl. Cornehl 2001: Art. Taufe, S. 735: Taufe wird gegenwärtig wieder stärker zu einem „Sakrament der Grenze, an der sich die Frage nach der Identität des Christlichen neu stellt." Peter Cornehl hat in diesem Text wichtige theologische Rahmenüberlegungen zur Taufe als Sakrament der Rettung in einer bedrohten Welt vorgelegt, die entfalten, wie die Taufe mit Person und Geschick Christi verbinden (S. 735–737).

20 Luther, Kleiner Katechismus, S. 515 f.

21 Taufbuch. Agende für die Evangelische Kirche der Union. Band 2, Bielefeld 2000, S. 40.

22 Sparn, Walter: „Engel". Zur Revision eines theologischen Defizits, in: Kirche + Kunst 77, 1999, S. 54–55.

23 Vgl. Katalog-Nrn. zu Wormsdorf (B 3), Schwanefeld (B 15) und Ivenrode (B 14). Vgl. auch den Aufsatz von Peter Poscharsky, *Taufengel*, in diesem Katalog.

24 Luther: Kleiner Katechismus, S. 515.

25 Luther: Kleiner Katechismus, S. 516.

26 Luther: Taufbüchlein, S. 539. Vgl. zu Luthers „Sintflutgebet" auch De Vries, Sytze: Nach uns die Sintflut? Das Sintflutgebet als Taufkatechese, in: Arbeitsstelle Gottesdienst 19, 2005, Heft 3, S. 54–68. • Henkys, Jürgen: „Christ, unser Herr, zum Jordan kam" (EG 202). Luthers Lied unter dem Blickwinkel der Liturgie, des Kleinen Katechismus und der Dessauer Taufpredigt, in: Arbeitsstelle Gottesdienst 19, 2005, Heft 3, S. 69–80.

27 Taufbuch, S. 104. Vgl. hierzu auch den Aufsatz von Benedikt Kranemann, *Durch das Todeswasser zum neu geschenkten Leben*, in diesem Katalog.

28 Vgl. Möller, Christian: Der befreiende Klang des Evangeliums und die unheimliche Geräuschlosigkeit der „Plastikwörter", in: Göttinger Predigtmeditationen 55, 2001, S. 366–377.

29 Vgl. die Taufdarstellung von Lukas Cranach auf dem Altar der Wittenberger Stadtkirche (1547), abgebildet im Aufsatz von Peter Cornehl, *Zur Geschichte der evangelischen Taufe*, in diesem Katalog (S. 83).

30 Vgl. Aufsatz von Bettina Seyderhelm, *Die Bekleidung der Täuflinge*, in diesem Katalog.

31 Agende für Evangelisch-Lutherische Kirchen und Gemeinden, Band III: Die Amtshandlungen, Teil 1: Die Taufe, Hannover 1988, S. 32. • Vgl. Taufbuch, Agende für die Evangelische Kirche der Union, Band 2, Berlin u. Bielefeld 2000, S. 44.

32 Agende III, 1, S. 32.

33 Vgl. Jursch, Hanna u. Ilse: Hände als Symbol und Gestalt, 13. Aufl. Berlin 1967.

34 Agende III, 1, S. 32.

35 Löhe, Wilhelm: Samenkörner des Gebets. Ein Taschenbüchlein für evangelische Christen, 47. Aufl. Neuendettelsau 1928, Nr. 328, S. 391.

CHRISTINA NEUSS

Vor und nach der Taufe
wird jedes Mal ein schicklicher Vers gesungen[1]

Überlegungen zum Gebrauch alter und neuer Lieder zur Taufe

TAUFE IN EVANGELISCHEN GEMEINDEN: EIN RITUAL OHNE LIEDER

„Wasser tut's freilich nicht"[2], sagt Martin Luther – und Lieder singen auch nicht, könnte ergänzt werden. Denn die Taufe braucht keine Lieder, sie ist – mit Worten des Reformators – „Wasser in Gottes Gebot gefasst"[3], gültig und wirksam ohne weiteres Zutun und jeden Gesang. Was die Taufe bedeutet und wie sie durchzuführen ist, hat Martin Luther für die evangelische Sicht auf dieses Sakrament 1519 in seinem „Sermon von dem heiligen hochwürdigen Sakrament der Taufe"[4] und später in seinem „Taufbüchlein" von 1523 (überarbeitet 1526)[5] dargelegt. Gedanken daraus finden sich später wieder in den Tauferläuterungen des Großen (April 1529) und des Kleinen Katechismus (Mai 1529).

Das „Taufbüchlein", die Taufordnung der Wittenberger Reformation und „maßgebliche Urform" der lutherischen Taufliturgie[6], sieht kein Lied zur Taufhandlung vor.[7] Luther verwirft überdies darin alle *äußerlichen Stücke (…), als da sind: unter die Augen blasen, mit Kreuzen bezeichnen, Salz in den Mund geben, Speichel und Kot (Erde) in die Ohren und Nasen tun, Brust und Schultern mit Öl salben und mit Chrisam den Scheitel bestreichen, ein Westerhemd anziehen und eine brennende Kerze in die Hände geben und was es noch mehr gibt, das von Menschen hinzu getan wurde, um die Taufe zu zieren.*[8] Er entwirft alternativ einen einfachen und reduzierten Taufritus mit Gebet, Exorzismus, Schriftlesung, Absage an den Teufel, Bekenntnis des Glaubens, Taufakt und Friedensgruß.[9] In dieser Tradition knapper formuliert ist wohl nur die Anweisung zur Nottaufe in dem seit 1993 in Gebrauch befindlichen Evangelischen Gesangbuch.[10] In dieser äußersten Reduktion des Ritus wird indes eines überdeutlich: Die Tatsache, dass sich göttliche Verheißung im Taufakt verwirklicht, ist sinnlich nicht fassbar und bleibt Mysterion (Geheimnis)[11] – gebunden lediglich an den Glauben. Die Vielgestalt der Lieder, die bis heute zur Taufe gesungen werden, umkleidet diese Wahrheit.

DIE FEIER DER TAUFE – RAUM FÜR LIEDER

Wenn auch Luthers reduzierter Tauf-Ordo die Norm vorgibt, so treten in der Folgezeit allmählich Elemente zum Ritus, die der Taufe zu ihrem „Sinngehalt"[12] auch eine mehrdimensionale „Feiergestalt" geben[13]. Dazu gehört neben dem Glockengeläut auch der Gesang deutschsprachiger Lieder. Die Hinweise in Taufliturgien, Kirchenordnungen und anderen historischen Quellen für das Gebiet der Kirchenprovinz Sachsen geben auf den ersten Blick ein uneinheitliches Bild ab. Sie zeigen, dass sich ein eigenständiger evangelischer Taufritus in Mitteldeutschland streng am Nachvollzug der lutherischen Maßgabe orientiert und eine liturgisch offene und farbig gestaltete Tauffeier nach heutigem Verständnis nicht anzutreffen ist. Der Gemeindegesang zur Tauffeier kommt „in den lutherischen Kirchenordnungen erst nach und nach auf".[14] In der Superintendentur Weißenfels fragt man sich 1625 noch grundsätzlich, *ob man zur Tauff leute vnnt darbey singe.*[15] Die Entscheidung für den Gesang zur Taufe fällt eher schwer und mehrfach so aus wie zum Beispiel in den Ortschaften Markscherben und Obschitz unweit von Weißenfels: *Zur Tauffe wird nur geleuttet, vndt mehr nicht, als nach geendeter Tauff Action gesungen: Verleihe vns Frieden gnediglich etc.*[16] Es handelt sich bei dieser Zurückhaltung gegenüber dem Gesang zur Taufe offenbar nicht um ein rein mitteldeutsches Phänomen. Als Johann Rists Lied „O welch ein unvergleichlichs Guht" 1654 erscheint, wird es mit der Überschrift versehen: „Tauflied, Welches ein jetweder Christlicher Haußvater, wenn er seine Kinder lässet täuffen, andächtig kan singen und spielen lassen."[17] Diese Aufforderung scheint freilich eher ein Indiz dafür zu sein, dass es im 17. Jahrhundert noch nicht allgemein üblich war, zur Taufe zu singen, weder in Rists Heimatstadt Hamburg noch in Weißenfels, Halle oder Magdeburg.[18]

Vermutlich wird während der Tauffeier noch bis zum Ende des 18. Jahrhunderts eher selten und wenn, dann wenig variantenreich gesungen.[19] Die Auskünfte aus den Gemeinden jener Zeit ähneln sich. In den Ortschaften Wallenrode und Piskaborn im Herzogtum Magdeburg ist es bei Taufen üblich, *daß zu Anfang und beim Schluß ein Vers gesungen wird. Für gewöhnlich den ersten Vers aus dem Liede 970 Liebster Jesu wir sind hier, deinem Werke nachzuleben, und den 1sten Vers des folgenden Liedes nun Gott Lob! es ist vollbracht.*[20] Aus Unterteutschenthal verlautet: *... so wie bey der Taufe und bey Leichen ist weiter keine besondere Einrichtung, als daß bey der Taufe allemahl etliche der ersten Schulknaben gegenwärtig seyn und dem Cantor beym gewöhnlichen Gesang, Christ unser Herr zum Jordan kam beystehen müsen.*[21] Entspricht eine Taufgesellschaft nicht den Konventionen, wird der sich zögerlich entwickelnde feierliche Rahmen sogleich wieder zurückgenommen: *Bei der Taufe unehelicher Kinder wird observanzmäßig nicht gesungen.*[22] Die übrigen erhalten *in der Regel 4 Verse (gewöhnlich Neanders Lied: Geweiht zum Christenthum etc. Gb. No. 124) so eingeteilt, daß 1 zum Anfange, 2 während des Actus, und wieder 1 zum Beschlusse gesungen werden.*[23] Häufiger wird gewohnheitsmäßig nicht zur Taufe gesungen: *Bey der Taufe sind hier gar keine Gebräuche üblich, auch wird dabei nicht gesungen, sondern die Handlung ganz einfach verrichtet.*[24] Offenbar wird der lutherische, eher karg gehaltene Rahmen der Taufhandlung gemeinhin akzeptiert, ja sogar ausdrücklich in dieser Konzentration erwartet. *Das Singen hingegen, welches Prediger einführen wollte, ist außer der Quote, die durchaus nicht verletzt werden darf, und worüber der Bauer mit empörender Hartnäckigkeit hält.*[25] Das Bedürfnis nach erklärender Übersetzung des theologisch komplexen Taufaktes über Symbolhandlungen, z. B. Teilhabe an der Gestaltung durch gemeinsames Singen, ist in der vierten nachlutherischen Gemeindegeneration vermutlich noch nicht geweckt. Das erschwert die Versuche einiger Pfarrer, innerhalb des vorgegebenen und ohnehin engen liturgischen Rahmens mit den Beteiligten über das Tauf-Geschehen zu kommunizieren: *Schon seit mehreren Jahren wollte ich diese Handlung feyerlicher durch Absingung einiger schicklicher Verse vor und nach der Taufe machen; die Schullehrer aber haben sich nicht gern dazu verstehen wollen. Sie würden es thun, wenn die Glieder der Gemeine so billig dächten u. ihnen dafür ein kleines Honorarium geben.*[26] Ein anderer Pfarrer verwendet dennoch zur Taufe andere als die *in der Agende vorgezeichneten ungenießbaren* Formulare und lässt dazu *jedes*

Mal dieselben Liederverse wieder singen.[27] Impulse, die eine Aufweitung des spröden Miteinanders beim Taufakt ermöglichten, sind nicht so kräftig, um eine Bewegung anzuschieben, die den Reichtum der Taufe über skeptische und glaubensdürftige Zeiten hinweg im liturgischen Rahmen entfaltet. Die wenigen Gesangbuchlieder zur Taufe werden nachweislich selten, zuweilen sogar nur dann, *wenn es nicht zu kalt ist*[28] und in immer gleicher Strophenauswahl abgesungen.[29] Dennoch: Es hebt in diesen Anfängen eine Tradition an, einzelne Liedstrophen zur Taufe vorzusehen und zunehmend selbstverständlicher auch zu singen. Gegen Ende des 18. Jahrhunderts ist es bereits allgemein üblich, dass vor und nach der Taufe gesungen wird.[30] Diese Entwicklung ist seither nicht abgebrochen.

Heute stehen die „Erlebbarkeit des Sakraments und seine liturgische Gestaltung" deutlicher als je im Blick der Beteiligten. Die gestaltete Feier der evangelischerseits anerkannten und praktizierten Sakramente Taufe und Abendmahl gehört zu den „Grundvollzügen kirchlichen Handelns" und bildet wieder einen „integralen Bestandteil des gemeindlichen Gottesdienstes".[31] Taufen sind heute anders als zu Luthers Zeiten ein fester Termin im „ortsgemeindlichen Wochenkalender".[32] Doch die „Ortsgemeinde" hat sich verändert und mit ihr nicht zuletzt die Taufpraxis. Sie befindet sich „im Umbruch".[33] Der Erwartungshorizont heutiger Tauffamilien und -gemeinden ist weit gespannt. Der Verlust christlicher Sozialisation in Familie und Gemeinde und eines kirchlich-religiös geprägten Bildungshintergrundes insbesondere in Ostdeutschland macht die Taufe elementar erklärungsbedürftig. Der Individualismus der säkularen wie die Wiederentdeckung des Religiösen in einer „postsäkularen" Gesellschaft (Jürgen Habermas, 2001) verlangen nach einer bewussten gestalterischen Antwort bei der Feier der Taufe.[34] Die Bedeutung der Liturgie als Kommunikationsraum nimmt dabei in dem Maße zu, wie biografische Verhaftung im kirchlichen Milieu und dazu gehörendes Grundwissen verloren gehen. Der Verständigungsprozess soll nach Möglichkeit auch das „Land der Zweifler" und die „kirchliche Außenhaut" erreichen.[35] Neben anderen deutenden Gestaltungselementen kommt dabei den Liedern bei der Tauffeier eine wichtige vermittelnde Funktion zu.

TAUFLIEDER ALS VERMITTLER VON BOTSCHAFT UND LEHRE

LIEDER MIT VIELEN PERSPEKTIVEN

Während sich im Lob- oder Klagelied[36] das inhaltliche Anliegen, der semantische Gehalt, unmittelbar im Gesang eines Einzelnen oder der gottesdienstlichen Gemeinde realisiert[37] – was zugleich seiner pragmatischen Funktion entspricht –, kommt die Taufe im Prinzip ohne das Tauflied aus. Die Taufe geschieht nicht durch ein Lied, kann auch ohne Lied auskommen, wird allenfalls von Liedern begleitet oder gerahmt. Da es also weder formal noch inhaltlich eindeutige Kriterien zu seiner Bestimmung gibt,[38] ist die eindeutige Zuordnung von Liedern zur Textsorte „Tauflied" zumindest erschwert. In der Kommunikationssituation „Taufe" hat nach biblischem Zeugnis Gottes Wort und Wirken den Primat. Im Aktionsrahmen verläuft die Handlung – schematisch gesehen – von oben nach unten. Alles, was zur Taufe gesagt und gesungen wird, muss sich diesem Primat göttlichen Handelns stellen. Deshalb sind Adressatenbezug und

-perspektiven im Tauflied deutlich vielfältiger als vergleichsweise in Lob- und Klageliedern. Auch der Inhalt der Tauflieder nimmt das Taufgeschehen thematisch multispektral in den Blick: Gemeinschaft mit Christus, Geburt des neuen Menschen, göttliche Gnade, Vergebung und Freiheit von der Sünde, Rettung aus der Verstrickung in das Böse, Leben gegen die Todesmacht, Glaube an Christus, Annahme der ganzen Person, Praxis des Glaubens, Frage nach Gott und Glaube angesichts des Leids.[39] Dabei ist allen Taufliedern gemeinsam, dass sie sich „von außen" dem Geschehen, dem „Ort der Taufe"[40] nähern. Sie erzählen von der Taufe (EG 202), sie entfalten Tauflehre (EG 202 u. 200), einige stellen den Täufling in den Mittelpunkt (z. B. EG 212), andere ermuntern Eltern und Paten oder sprechen Wünsche für den Täufling aus, die ihn in seinem Leben als Christ begleiten sollen[41]. Dazu haben Lieder neben ihrer Text- auch eine Melodiegestalt, was ihre Vermittlerrolle im gelungenen Fall erleichtert. Das Singen hat Wirkungen auf die Gefühlswelt, es „dient der Transformation bzw. Umstimmung", es artikuliert „Verstimmung und Hochstimmung von Emotionen und kann darüber hinaus zum Medium reflexiver Vergewisserungsprozesse (…) werden."[42] Ob ein bestimmtes Lied zur Taufe gesungen wird, entscheidet heute nicht zuletzt die Rezeptionsbereitschaft der Taufgesellschaft. Sie ist aus kirchlicher Sicht so heterogen wie nie.

STIFTER, LEHRER UND EMPFÄNGER DER TAUFE BEIEINANDER: MARTIN LUTHERS LIED „CHRIST, UNSER HERR, ZUM JORDAN KAM"

Eines der in den evangelischen Gesangbüchern am längsten tradierten Tauflieder ist „Christ, unser Herr, zum Jordan kam" (EG 202). Es gibt kaum ein mitteldeutsches Gesangbuch, in dem es fehlt.[43]

Das Lied gehört zu Luthers späten Lieddichtungen und erscheint erstmals 1543/44 in einem Wittenberger Gesangbuch. Es wird darin unter den Liedern zum Großen und Kleinen Katechismus geführt und wäre damit das Lied zum 4. Hauptstück, dem Sakrament der Taufe.[44] Der Liedtext stellt in wuchtigen neunzeiligen Strophen[45] das Jordangeschehen nach Matthäus 3,13–17 an den Anfang (Str. 1) und entfaltet dann die Tauflehre des Wittenberger Reformators: *So hört und merket alle wohl, / was Gott selbst Taufe nennet, / und was ein Christe glauben soll,/ der sich zu ihm bekennet. / Gott spricht und will, daß Wasser sei, / doch nicht allein schlicht Wasser, / sein heiligs Wort ist auch dabei / mit reichem Geist ohn Maßen:/ der ist allhier der Täufer.* (Str. 2)

Im Verlauf des Liedes kommen schließlich Gott selbst, „Des Vaters Stimm" (Str. 3; vgl. Lukas 3,22), und Christus, „der Herre Christ" (Str. 5; vgl. Markus 16,15), in wörtlicher, d. h. in biblisch konnotierter Rede zu Gehör. Das Lied ist gleichsam Schriftlesung und Auslegung in einem. Der Stifter des göttlichen Wortes von der Taufe und sein Ausleger sind im Raum aus Text und Melodie präsent. Entfernt vom einstigen Jordangeschehen wird die den Text hörende und singende Gemeinschaft – die „textual community"[46] – mit hinein genommen in das im Gesang vergegenwärtigte Ereignis. Mehr noch: Sie tritt mit diesem Lied in einen Raum, in dem ihr biblische Verheißung und ein kompetenter Deuter des verheißenden Schriftwortes nahe kommen. Das entsprach Luthers Auffassung, dass Gott im Wort unmittelbar präsent ist. Wie in der Predigt werden auch in diesem Tauflied die Momente göttlicher Nähe an den Stellen direkter Rede

Darstellung der Jordantaufe zum Lied „Christ, unser Herr, zum Jordan kam", in: Geistliche Lieder und Psalmen, Leipzig und Altenburg 1605, Historische Gesangbuchsammlung, Kirchenamt Magdeburg

bewusst imaginiert.[47] Als ein Lied der Lehre[48] und der Nähe zu Christus ist das Lied in den frühen evangelischen Gesangbüchern das „De-tempore-Lied" am Johannistag, es wird dort fast immer unter der Rubrik Katechismuslied geführt[49], doch kann es auch zur Taufe gesungen werden.

Im Jahr 1579 heißt es aus Salzwedel, dass bei Kindtaufen *von der Jungfern Schule allewege der Psalm: Christus unser herr zum Jordan kam, nach dem einsegnen gesungen* werde.[50] Und noch zu Beginn des 19. Jahrhunderts wird aus einer Gemeinde in der Nähe von Hettstedt berichtet: *Bey Taufen wird das alte Lied: Christ unser Herr zum Jordan kam etc., noch immer gesungen, und ohnerachtet es nicht mehr in unserem neuen Hallischen Gesangbuch stehet, kann es doch nicht füglich mit einem andern vertauscht werden, weil die Leute nicht gewohnt, auch ietziger Zeit viel zu kommode sind, zu einer Taufhandlung ein Gesangbuch mitzunehmen; hingegen aber das alte Lied – welches doch auch wohl noch einigen Werth hat, weil es die ursprüngliche Geschichte der Christen-Taufe in sich enthält – auswendig können.*[51]

Hier erweist sich die Wirkmächtigkeit eines Kirchenliedes aus der Feder eines Theologen und Kirchenmannes wie Martin Luther. Wie kaum ein anderes Textmaterial aus der Zeit der Reformation bestärkten Luthers Lieder über viele Generationen evangelische Identität in der Mitte

Deutschlands. Luther fand in seinen Liedern eine neue Ausdrucksmöglichkeit nicht nur für das Ich des Glaubenden, sondern auch für das Selbstverständnis einer „um ihren Glauben ringenden, von ihm erfüllten, in ihm leidenden und jubelnden Gemeinde".[52]

In einer kritisch-vergleichenden Beurteilung von Luthers Tauflied mit Benjamin Schmolcks (1672–1737) ebenfalls bis heute zur Taufe gesungenen „Liebster Jesu, wie sind hier, deinem Worte nachzuleben" (EG 206) heißt es 1865: … *wer fühlt sich nicht im Innersten eigenthümlich angefaßt, wenn bei einer Taufhandlung das Lutherlied mit seiner dorischen Melodie angestimmt wird? Niemand hat davon den Eindruck, als würde ihm ein Dogma explicirt oder eingeschärft, sondern man fühlt, es ist der Glaube der Kirche, der sich da, ob auch nicht in glatten und gefühlvoll frommen Worten, doch eben im Bekennen des geglaubten Wunders ausspricht, um den heiligen Act evangelisch zu feiern.*[53]

Die Lieder im Umfeld und in der Nachfolge Luthers orientieren sich am Wittenberger Vorbild und „singen in einem frohen, heilsgewissen Ton von der Taufe und Ihrem Trost". Dabei wird die Lehre von der Taufe offen entfaltet. Die Lieder singen vom Sinn der Taufe, von Buße, Leiden und Nachfolge. „Der eschatologische Charakter der Taufe ist den Taufliedern abzuspüren".[54]

Die textrelevanten Verhältnisse ändern sich:
Die Taufgesellschaft rückt in den Mittelpunkt

So wie sich die Rede von der Taufe und die Taufpraxis ändern, so verändert sich auch das Liedgut in den folgenden Jahrhunderten. Anfänglich setzen Lieddichter wie Cornelius Becker (1561–1604), Paul Gerhardt (1607–1676) und später Benjamin Schmolck (1672–1737) sprachästhetisch neue Akzente. Auch die Kirchenlieddichtung – darunter die Lieder zur Taufe – wird im Umfeld der großen poetischen Theorien des Barock (Martin Opitz: „Buch von der deutschen Poeterey", 1624) an das Niveau der europäischen Renaissanceliteratur herangeführt. Sie erhält eine bis dahin nicht erreichte Qualität. Zugleich lösen sich diese Lieder sprachlich und inhaltlich von lutherischer Terminologie.[55] Im faszinierenden Geflecht, das sich aus dem Neben- und Nacheinander von Orthodoxie, Pietismus und Frühaufklärung im 17. und beginnenden 18. Jahrhundert ausbreitet[56], verändern sich Adressatenbezüge und Perspektiven innerhalb der Taufglieddichtung. Das Textgeschehen bestimmen zunehmend jene Personen, die als Erwartungsgemeinschaft den „Ort der Taufe" betreten: der Täufling, die Eltern, die Paten.

Indem sich mit der Taufe für den Täufling „die Geschichte Gottes mit den Menschen als seine eigene Geschichte" eröffnet und damit der Weg, „auf dem Menschen (…) sich auf den Glauben an Jesus Christus und die in ihm geschehene Erlösung festlegen lassen und so eine eigene christliche Identität aufbauen", liefert die Taufe die Begründung der individuellen Existenz aus Glauben.[57] Die Art und Weise, wie dem individuellen Aspekt der Taufe in den Liedern zunehmend Ausdruck verliehen wird, korrespondiert sinnfällig mit der jeweils zeitgemäßen Rede vom Ich in Kirche und Gesellschaft.

Auch im sonstigen Kirchenlied ist die Verschiebung vom „bekenntnishaften, gemeindemäßigen ‚Wir' zum subjektiven Ich-Stil" zu beobachten.[58] In den Taufliedern der Gegenwart erreicht die Tendenz zur Subjektivierung ihre deutlichste Ausprägung. Am Beginn dieser Entwicklung begegnet z. B. das heute nicht mehr gesungene Tauflied „Weg, du schnöder Schlangensamen" von Christian Weise (1642–1708).[59] In diesem Lied kommen die Leitmotive der Tauflieder jener Zeit zu Gehör und zum Klingen: Abkehr und Reinigung von der Erbsünde[60], Wiedergeburt und Gotteskindschaft, Bitte um Beistand im Leben und bei der Erfüllung der eigenen Pflichten.[61] Noch bleibt bei Weise der Getaufte, der sich in der 1. Person Singular äußert, deutlich inmitten der christlichen Gemeinde[62] und einer sich dogmatisch aussprechenden Tauflehre: „Weg, du schnöder Schlangen=Saamen, / Sünde, Furcht und Traurigkeit (…). / Denn ich trage Christi Namen, als ein Glied der Christenheit (…)." (Str. 1), doch das Ich ist schon auf dem Weg zu einer erkennbaren Autonomie des Täuflings.

Im Zentrum neuerer Lieder: Der Täufling

Im Zentrum eines der bis heute bekanntesten Lieder zur Taufe eines Kindes steht völlig anders als in den frühen, lehrhaften Liedern der Lutherzeit ein „Kindlein". Es stammt von dem schlesischen Pfarrer und Dichter Benjamin Schmolck (1672–1737). Sein „Liebster Jesu, wir sind hier, (…) dieses Kindlein kommt zu dir, weil du den Befehl gegeben (…)" (EG 206) wird auf die bekannte Melodie des Mühlhausener Kantors Johann Rudolf Ahle (1625–1673) zu „Liebster Jesu, wir sind hier, dich und dein Wort anzuhören (…)" (EG 161) gesungen. Die in Schmolcks Lied ausgesprochene herzliche Bitte der Eltern und Paten: „Nun wir legen an dein Herz, / was vom Herzen ist gegangen. / Führ die Seufzer himmelwärts / und erfülle das Verlangen (…)" (Str. 5), wirkt stilistisch vorbildhaft für spätere Lieder, die folgerichtig ausschließlich zur Kindertaufe geeignet sind. Schließlich bringt der in Halle geborene und lehrende Johann Jakob Rambach (1693–1735) unter dem Einfluss des Pietismus mit einem weiteren epochemachenden und bis heute oft gesungenem Lied „Ich bin getauft auf deinen Namen" (EG 200) ein erwachsenes Ich zum Sprechen, das sich zu seiner Taufe und dem daraus folgenden Lebenswandel – besonders in Str. 3 – bekennt: „Doch hab ich dir auch Furcht und Liebe, / Treu und Gehorsam zugesagt; / ich hab, o Herr, aus reinem Triebe / dein Eigentum zu sein gewagt; / hingegen sagt ich bis ins Grab / des Satans schnöden Werken ab."[63] Insofern ist dieses Lied vor allem ein Lied zum persönlichen Taufgedächtnis, wenn auch meist in der Gemeinschaft der Gemeinde praktiziert.[64]

Im Ausblick: Suche nach Vermittlung in Taufliedern

Die bis hierher grob skizzierten inhaltlich vermittelten Ansätze in der Entwicklung der Tauflieder – biblische Einsetzung (Luther), Individualisierung der Christusbeziehung (Weise), Kindertaufe (Schmolck) und Taufgedächtnis (Rambach) – begründeten jeweils Traditionen, deren Spuren sich bis in die Gegenwart hinein verfolgen lassen, freilich mit vielfältigen Akzentuierungen. So findet in den neueren Taufliedern die biblische Überlieferung kaum Erwähnung, z. B. Jesu Taufauftrag (Matthäus 28,20) oder gar das Jordangeschehen. Viel eher thematisieren sie – überwiegend im Gestus der Affirmation – einen individuellen Zugang zum Glauben oder die Einzigartigkeit des

Kindes.[65] Tauflieder der Gegenwart lassen oftmals den tieferen Sinngehalt der Taufe auf sich beruhen, stehen zuweilen sogar in der Gefahr, bedeutungsleer zu werden.[66] Viele neue Tauflieder tragen gleichzeitig in ihrer Textgestalt den veränderten soziologischen Rahmenbedingungen kaum noch Rechnung. Nur wenige lassen sich vorbehaltlos zur Taufe heutiger Kids und Teens, auch älterer Erwachsener singen. Wenn die Lieder zur Taufe ihre Vermittlerrolle ausfüllen und dabei mehr als „Begleitpoesie" einer kirchlichen Handlung sein sollen, sind noch kreative Auseinandersetzungen mit der Überlieferung und der im Umbruch befindlichen Taufpraxis notwendig.[67]

Dass ein passendes Lied zur Taufe nicht unbedingt ein Tauflied sein muss, zeigt die große Auswahl an Liedern, die im neuen Taufbuch der EKU empfohlen wird. Hier lassen sich dem reichen Sinngehalt der Taufe entsprechend Passions-, Oster- und Weihnachtslieder neben Klage- und Lobliedern finden.[68] Der Gattungsbegriff ist im Prinzip weit gespannt. Am Ende geht es um das frohe, bekennende Singen anlässlich der Taufe. Im Singen kommt besonders schön ins Wort, was sie ausmacht im weiten Raum des Glaubens und der Beziehung zu Gott und Jesus Christus und wie sie in unserer Lebenswirklichkeit zu Glanz und Freude verhilft.

Anmerkungen

1. Taufliturgie im Herzogtum Magdeburg um 1800 (südlicher Teil mit Halle, Saalkreis, Mansfelder Land), Landeshauptarchiv zu Magdeburg (LHASA), Rep. A 12 Gen. Nr. 1442: Die Einrichtung der Liturgie im Herzogthum Magdeburg 1803 (2 Vol.), hier: Berichte der Gemeinden über den derzeitigen Ablauf der Liturgie, vom Konsistorium landesweit abgefragt, Teil des Ergebnisberichtes aus Helbra (b. Eisleben) mit Filial Benndorf, 1804 Jan 2, Pfr. Wilhelm Küster. Die Archivstudien in Vorbereitung auf die Taufausstellung führten im Auftrag des Ausstellungsbüros Dr. Kathrin Ellwardt und Dr. Elke Bujok aus. Ich danke Mechthild Wenzel (Historische Gesangbuchsammlung im Ev. Kirchenamt Magdeburg) für die freundliche Unterstützung bei der Suche nach Tauflieder in mitteldeutschen Gesangbüchern.
2. Luther, Martin: Der Kleine Katechismus, in: Rudolf Mau u. a. (Hrsg.): Evangelische Bekenntnisse, Bekenntnisschriften der Reformation und neuere Theologische Erklärungen, Bd. 2, Bielefeld 1997, S. 26.
3. Ders.: a. a. O., S. 25.
4. Ders.: Ein Sermon von dem heiligen hochwürdigen Sakrament der Taufe. 1519, in: D. Martin Luthers Werke, Kritische Gesamtausgabe (WA), Bd. 2, Weimar 1884, S. 727–737.
5. Ders.: Das Taufbüchlein aufs Neue zugerichtet. 1526, in: WA, Bd. 19, Weimar 1897, S. 537–541.
6. Vgl. Peter Cornehl, *Zur Geschichte der evangelischen Taufe*, in diesem Katalog, S. 80. • Zur praktischen Bedeutung des Taufbüchleins vgl. auch Nebelsieck, Heinrich: Die erste ordentliche Kirchenvisitation in den zur heutigen Provinz Sachsen gehörigen Aemtern des alten sächsischen Kurkreises (1528–1531), Liebenwerda 1917, v. a. S. 28.
7. Vgl. Henkys, Jürgen: „Christ, unser Herr zum Jordan kam" (EG 202), Luthers Lied unter dem Blickwinkel der Liturgie, des Kleinen Katechismus und der Dessauer Taufpredigt, in: Auf dem Weg ins Leben. Lieder zur Taufe, Zeitschrift der Gemeinsamen Arbeitsstelle für gottesdienstliche Fragen der Evangelischen Kirche in Deutschland 03/2005, 19. Jg., S. 69–80.
8. Luther, Martin: Taufbüchlein verdeutscht und neu bearbeitet, in: Unser Glaube, Die Bekenntnisschriften der evangelisch-lutherischen Kirche, Gütersloh 1986 (GTB 1289), S. 572–578, S. 573 f. Vgl. WA, Bd. 19, S. 538.
9. Die Folgen dieser Reduktion des Ritus gegenüber den altkirchlich-mittelalterlichen Vorgaben erörtert Christian Grethlein kritisch in seinem Beitrag „Taufe", in: Christian Grethlein, Günther Ruddat (Hrsg.): Liturgisches Kompendium, Göttingen 2003, hier v. a. Taufe bei Luther, S. 310 f. Grethlein verweist auf Roosen, Rudolf: Taufe lebendig. Taufsymbolik neu verstehen, Hannover 1990. • Vgl. hierzu auch Huber, Wolfgang: Kirche in der Zeitenwende. Gesellschaftlicher Wandel und Erneuerung der Kirche, Gütersloh, ²1999. „In der evangelischen Tradition steht die Deutung der sakramentalen Vollzüge durch das Wort im Vordergrund. (…) Doch sind in der evangelischen Tradition durch die starke Betonung des interpretierenden Wortes die sakramentalen Vollzüge in ihrem dinglichen Charakter und in ihrer Leibhaftigkeit oft allzu sehr in den Hintergrund getreten. (…) Die Erlebbarkeit des Sakraments und seine liturgische Gestaltung wurden in protestantischer Geringschätzung des ‚bloßen Ritus' häufig vernachlässigt." A. a. O., S. 141. • Dass rituelles Erleben in Schriftreligionen, zu der auch das Christentum gehört, zwangsläufig marginalisiert wird, begründet eindrücklich der Ägyptologe Jan Assmann u. a. in: Religion und kulturelles Gedächtnis, München, ²2004. „Der Glaube stützt sich auf die Schrift, auf den verbrieften Bund und das Gesetz. Der Kult stützt sich auf den Akt, den Vollzug, die Schau. Die Schrift führte zu einer ‚Entritualisierung und Enttheatralisierung der Religion.'" A. a. O., S. 166.

10 Evangelisches Gesangbuch, Berlin 1993, Nr. 791.

11 „Die Taufe transzendiert das rationale Verstehen." Peter Cornehl, in: „Die Welt ist voll von Liturgie." Studien zu einer integrativen Gottesdienstpraxis, Praktische Theologie heute 71, Stuttgart 2005, S. 362.

12 „Die Taufe ist nicht nur einfaches Wasser, sondern sie ist Wasser in Gottes Gebot gefaßt und mit Gottes Wort verbunden. (…) Sie wirkt die Vergebung der Sünden, erlöst vom Tode und Teufel und gibt ewige Seligkeit allen, die es glauben, wie die Worte und Verheißung Gottes lauten." Martin Luther: Kleiner Katechismus, in: Evangelische Bekenntnisse, Bielefeld 1997, S. 25. • Daher besteht der „Handlungskern einer christlichen Taufe (…) aus dem von der trinitarischen Taufformel begleiteten Wassertaufakt". Taufbuch, Agende für die Evangelische Kirche der Union, Bd. 2, Berlin u. Bielefeld 2000, S. 21.

13 „Gestaltung ist nicht mehr bloßer Ritus, sondern Verwirklichung: Sinngehalt und Feiergestalt sind die beiden Seiten der Sakramentsfeier." Klemens Richter, Artikel: Sakramente III. Praktisch-theologisch und liturgisch, in: Religion in Geschichte und Gegenwart (RGG⁴), Bd. 7, Tübingen 2004, S. 769 f., S. 770. Auch die neue Taufagende der EKU führt an: „Jedoch zeigt die auf Mt. 28,19 zurückgehende trinitarische Taufformel, dass das Taufgeschehen nicht auf den bloß formalen Vollzug eines kurzen Symbolritus beschränkt bleiben darf, sondern der Entfaltung und Deutung bedarf." Taufbuch, S. 21.

14 Laubach, Hans-Jürgen, Das deutsche protestantische Tauflied von der Reformation bis zur Gegenwart, Bamberg 1971, S. 11.

15 Taufliturgie in der Superintendentur Weißenfels, 1624/1625, Pfarrarchiv der Marienkirche Weißenfels: Acta Synodalia der Sup. Weißenfels, 1570–1625 (ohne Sign.), fol. 176 ff.: Berichte wegen der Uniformitet der h. Ceremonien im Churfürstenthumb Sachsen 1625. Vorzeichnus Worauf alle Superintendenten, Pfarrer, Diaconi vndt Kirchendiener im ganzen Churfürsthumb Sachsen mit fleiß sollenn befragt werden, (22).

16 Ebd., Berichte für Markwerben und Obschitz, Pfr. Drucker. • Vgl. ebd. auch die Ergebnisse für Weißenfels, Diakon Johannes Gregorius; Klein- und Groß-Kaina, Pfr. Henricus Groß sowie für Gröllwitz und Wenzelsdorf, Pfr. David Wolffius. Luthers Segenslied „Verleih uns Frieden gnädiglich" (1529; EG 421) passt in der Tradition des „Taufbüchleins" an das Ende der Taufeier, nämlich zum Friedensgruß, der hier in der Superintendentur Weißenfels mit diesem Lied besetzt wird. Im aktuellen Evangelischen Gesangbuch von 1993 erscheint dieses Lied einmal unter der Rubrik „Erhaltung der Schöpfung, Frieden und Gerechtigkeit" (EG 421) und ein weiteres Mal als Bitte um allgemeinen Frieden am Ende des Mittagsgebetes (EG 784.10). Es fällt auf, dass dieses bekannte Lied Luthers nicht unter den Liedvorschlägen zur Taufe oder zum Segen nach der Taufe in der revidierten Taufagende der EKU (2000) erscheint.

17 Laubach 1971, S. 12.

18 Im 18. Jahrhundert gehört Rists Lied „O welch ein unvergleichlichs Gut" zum Bestand der wenigen Lieder, die auch im Herzogtum Magdeburg und Königreich Sachsen zur heiligen Taufe gesungen werden. Schon im „Freylinghausen" von 1741 z. B. wird es als eines von fünf (!) Liedern „Von der heiligen Taufe" (Nrn. 514–519) geführt. Das „Güldene(s) Kleinod der Kinder Gottes", Torgau 3. Auflage 1747, nennt es als achtes Lied (Nr. 704). Die darin enthaltenen Lieder zur Taufe (Nrn. 697–704) firmieren unter dem „Beschluss, von der heiligen Taufe, als dem Haupt=Bewegungs=Grunde, GOtt im Geist und in der Wahrheit mit Gebet und Liedern zu preisen", S. 749. Rists Dichtung erscheint als Kontrafaktur des Luther-Liedes: „Christ, unser Herr zum Jordan kam."

19 So ist z. B. im „Wittenbergisches Gesang=Buch / Darin Hn. Lutheri / und andere Kirchen / und sonsten öffentlich gebräuchliche Geistreiche Gesänge / in richtiger Ordnung samt denen gewöhnlichen Collecten enthalten von Johann Ulich / Cantore", Wittenberg 1673 nur ein einziges Lied unter der Überschrift „Von der heiligen Tauffe" enthalten: „Christ, unser Herr zum Jordan kam" (S. 141, Nr. 4).

20 Taufliturgie im Herzogtum Magdeburg, wie Anm. 1, Bericht aus Wallenrode und Piskaborn, 1804 Jan 1, Pfr. F. W. Schmidt. Beide genannten Lieder werden z. B. auch in Klostermansfeld und Siebkerode gesungen. Vgl. ebd., Bericht aus Klostermansfeld und Siebkerode, 1804 Jan 3, Pfr. J. T. Grube. Benjamin Schmolcks (1672–1737) Lied „Liebster Jesu, wir sind hier, deinem Worte nachzuleben" stammt aus dem Jahr 1704. Es findet sich noch heute unter den Taufliedern im EG (Nr. 206) und wird zur Melodie des älteren Liedes (Text von Tobias Clausnitzer, 1663) „Liebster Jesu, wir sind hier, dich und dein Wort anzuhören" (EG 161) gesungen. Sie stammt von dem Mühlhausener Bürgermeister und Kantor Johann Rudolf Ahle (1625–1673).

21 Taufliturgie im Herzogtum Magdeburg, wie Anm. 1 u. 21, Bericht aus Unter-Teutschenthal, 1803 Dez 27, Pfr. Carl Friedrich Arnold Krüger.

22 A. a. O., Bericht für Schochwitz, Grafschaft Mansfeld, Anfang 1804, Pfr. F. C. Fulda. Nicht nur der Gesang, auch sonstige „kirchliche Ehren" wie Geläut, Danksagung und Einsegnung werden bei der Taufe unehelicher Kinder versagt. So aufgeführt z. B. in: Archiv der Kirchenprovinz Sachsen (AKPS), Bericht aus der Superintendentur Gommern, Nr. 207, ohne Paginierung, Nr. 34.

23 Ebd., Das Lied „Geweiht zum Christenthume" stammt von Christoph Friedrich Neander (1723–1802), der stark von der Dichtung Gellerts und Klopstocks beeinflusst war. Aus seinen beiden Taufliedern – neben dem genannten „Herr, der du keinen je verstießest" – entstanden bereits zu seinen Lebzeiten durch Veränderungen und Nachahmungen mehrere weitere Tauflieder. Vermutlich sind auch seine eigenen Lieder zu einem großen Teil Kopien anderer Vorlagen. Solcherart Kirchenlieddichtung ist durchaus opportun in der zweiten Hälfte des 18. Jahrhunderts. Vgl. Laubach 1971, S. 180 f.

24 A. a. O., Bericht für Osmünde (bei Halle), 1803 Dez 10, Pfr. Freudel. Auch andernorts klingt der Bericht ganz ähnlich: *Bey der Taufen ist es hier völlig noch so, wie es in der alten Agende vorgeschrieben ist, nur daß der Exorcismus wegfällt. Auch ist es hier nicht gebräuchlich, daß dabey gesungen wird.* A. a. O., Vol. 2, Bericht aus Sylbitz (Saalkreis) mit Leibewitz und Görbitz, 1804 Jan 24, Pfr. Johann Joachim Dancker.

25 A. a. O., Bericht für Großkugel (b. Schkeuditz), 1803 Dez 13, Pfr. Ch. Hein. Aug. Wilberg.

26 A. a. O., Bericht für Hohenthurm (Saalkreis), 1803 Dez 14, Pfr. Jaenecke.

27 A. a. O., Bericht für Schiepzig und Lieskau, o. J., Pfr. G. H. Reimann.

28 A. a. O., Vol. 2, Bericht für Brachwitz (Halle), 1803 Dez 28, Pfr. Carl Christian Zesch.

29 In den gebräuchlichen mitteldeutschen Gesangbüchern gab es durchschnittlich nur drei bis vier Lieder, die sich ausdrücklich auf die Taufe beziehen; z. B.: Wittenberg/Ulich 1673: 1; Magdeburg 1716: 3; Halle/Freylinghausen 1741: 6; Torgau 1747: 8. Die jeweilige liturgische Funktion ist jedoch verschieden. Laubach 1971, S. 11 f. skizziert in seiner Darstellung zum protestantischen Tauflied drei Möglichkeiten des Einsatzes: im Predigtgottesdienst, zur Tauffeier und bei der Feier der Konfirmation. – Daneben gibt es immer auch jene Lieder, die zwar nicht unter der Rubrik „Taufe" geführt werden – wie z. B. Luthers Lied „Verleih uns Frieden gnädiglich", doch häufiger bei der Tauffeier zum Einsatz kommen. Die Zahl der Tauflieder wird auch in späteren Gesangbüchern nicht merkbar größer: Halberstadt 1783: 2; Naumburg/Freyburg 1818: 12; Stendal 1828: 6; Stolberg 1889: 2; Halle 1935: 4; Ev. Kirchengesangbuch (EKG), Berlin 1969: 8; EG, Berlin 1993 (Stammteil): 13. Zum Vergleich: Im Stammteil des EG finden sich 19 Morgenlieder, 26 Abendlieder und 57 Advents- und Weihnachtslieder.

30 Vgl. Laubach 1971, S. 12. In einem Bericht der Stadtkirchengemeinde Egeln vom Januar 1804 wird z. B. mitgeteilt, dass n a c h dem Taufakt die achte und neunte Strophe des Liedes „Gott Vater, Sohn und Heiliger Geist" gesungen wird. LHASA, Rep. A 12 Generalia, Nr. 1442, Bd. 1: Die Einrichtung der Liturgie im Herzogtum Magdeburg. 1803/1804 (ohne Paginierung). • In Dieskau (bei Halle) heißt es schlicht: *Bey der Taufe wird gesungen …*, Taufliturgie im Herzogtum Magdeburg, wie Anm. 1 u. 21, Bericht für Dieskau, 1803 Dez 14, Pfr. Eckstein.

31 Huber 1999, S. 141 f.

32 Henkys 2005, S. 69.

33 Cornehl, Peter: Art.: Taufe VIII. Prakt.-Theol., in: Theologische Realenzyklopädie (TRE), Band XXXII, Berlin/New York 2001, S. 734–741, 734. Vgl. Cornehls Ausführungen in: „Die Welt ist voll von Liturgie", Studien zu einer integrativen Gottesdienstpraxis, Stuttgart 2005, S. 356; sowie seine Erörterungen zur Taufpraxis auf dem EKD-Kirchenliedseminar 2005: „Mit allen Wassern gewaschen"? – Mit zu vielen Klischees getauft! Integrative Taufpraxis, alte und neue Tauflieder. In: Auf dem Weg ins Leben. Lieder zur Taufe, Zeitschrift der Gemeinsamen Arbeitsstelle für gottesdienstliche Fragen der EKD 03/2005, S. 4–21. „Die Taufpraxis befindet sich im Umbruch. In historischer Perspektive kann man ohne Übertreibungen sogar von einem epochalen Umbruch reden." A. a. O., S. 5.

34 Peter Cornehl, 2001, sieht ein Konzept, den neuen Anforderungen zu begegnen in einer „integrativen Taufpraxis (…) die den Zusammenhang zwischen Taufe und Lebensgeschichte bedenkt und Gemeinde baut im Bezugsfeld von Taufe und Eucharistie." A. a. O., S. 738. „Das beinhaltet pastorale, gemeindepädagogische, vor allem aber theologische Aufgaben." Ders., 2005, S. 7.

35 Wolfgang Huber beschreibt im EKD-Ratsbericht im November 2005 Menschen an den „Rändern der Kirche", die es wahrzunehmen gilt, denen kirchliche und gemeindliche Aufmerksamkeit zukommen soll. Zu ihnen gehören: Getaufte und aus der Kirche Ausgetretene, an der Kirche Interessierte, nach Gott Fragende, Engagierte, Neugierige und Suchende. „Das Fragen, das Zweifeln, die Unsicherheit – sie alle markieren einen Rand, auf dessen anderer Seite der Weg des Glaubens führt." Huber 1999, S. 3. • Vgl. hierzu auch die sieben Kriterien für das Verstehen und Gestalten des Gottesdienstes. In: Evangelisches Gottesdienstbuch (2000), S. 15 f.

36 Z. B. Paul Gerhardts „Ich singe Dir mit Herz und Mund" (EG 324) und Luthers „Aus tiefer Not schrei ich zu Dir" (EG 299). Zur Textsorte der biblischen Lob- und Danklieder vgl. beispielsweise auch die Psalmen 69 (Klage) und 100 (Lob).

37 Zur Problematik der Textsortenbezeichnung von Kirchenliedern und deren Funktion – mit besonderem Blick auf Tauflieder – hat jüngst Britta Martini in ihrer Dissertation: Sprache und Rezeption des Kirchenliedes. Analysen und Interviews zu einem Tauflied aus dem Evangelischen Gesangbuch, Göttingen 2002, hingewiesen. Vgl. hierzu a. a. O., S. 258–265.

38 Ohne die umfängliche Textsortendebatte hier zu entfalten, sei angemerkt, dass der Begriff „Tauflied" selbst m. E. lediglich als ein (notwendiges) Konstrukt zu verstehen ist. Die Bezeichnung trifft weder semantisch noch pragmatisch die Fülle des zur Taufe gesungenen Liedgutes – das gilt für das historische wie gegenwärtige. Vgl. dazu den etwas anderen Akzent bei Martini, a. a. O., S. 259.

39 Vgl. u. a. Huber 1999, S. 143 f. sowie Lothar Katz/Christa Reich: Das Eigene und das Fremde. Ein Gespräch über Analogie und Unähnlichkeit zwischen Psychotherapie und Taufritual und über ihre Bedeutung für Lieder zur Taufe, in: Auf dem Weg ins Leben – Lieder zur Taufe, wie Anm. 33, S. 81–88, bes. S. 84 u. 87.

40 Vgl. den Aufsatz von Klaus Raschzok, *Die Taufe: „Symbolische Handlungsinsel in einem Meer von Wörtern"*, in diesem Katalog.

41 Z. B. das Lied „Segne dieses Kind und hilf uns, ihm zu helfen", Text: Lothar Zenetti 1971; Melodie: Herbert Beuerle 1976. Enthalten im Anhang des EG für Hessen, Nr. 574 sowie für Nordelbien, Nr. 565.

42 Peter Bubmann, Musik und Gottesdienst, in: Grethlein/Ruddat 2003, S. 120–133, S. 128.

43 Z. B. Wittenberg 1673 („Ulich"), S. 141, Nr. 4 (darin das einzige Tauflied); Halle 1713 (7. Aufl., „Freylinghausen"), Nr. 225; Torgau 1747, Nr. 697.

44 Vgl. Henkys 2005, S. 70. Henkys untersucht Luthers Dichtung in katechetischer, liturgischer und exegetisch-homiletischer Perspektive, die hier jeweils nicht weiter ausgeführt werden können. Zudem legt Henkys die Vermutung nahe, dass Luthers Lied bzw. Text dazu bereits im Frühjahr 1540 aus Anlass der Taufe eines anhaltinischen Fürstenkindes vorlag. Vgl. a. a. O., S. 72.

45 Luther wählte für die Form eine meistersangliche Vagantenstrophe bestehend aus vier Vagantenzeilen (jeweils einem männlichen Vierheber und einem weiblichen Dreiheber) sowie einer Waise am Schluss. Vgl. auch Laubach 1971, S. 30. Verdoppelte Vagantenzeilen gehören zu den beliebtesten deutschen Vierzeilern. Wie z. B.: L. Uhland: „Bei einem Wirte wundermild / Da war ich jüngst zu Gaste."

46 „Kennzeichen einer *textual community* ist einerseits die identitätsdefinierende Bedeutung eines solchen Grundtexts, zum anderen die Struktur von Autorität und Führerschaft, die sich aus der Kompetenz im Umgang mit Texten ergibt." Assmann 2004, S. 92. Der „Grundtext" wäre im vorliegenden Fall die göttliche Einsetzung der Taufe am Jordan, wobei die kollektiv akzeptierte Autorität auf den schriftauslegenden Reformator Luther übertragen worden ist.

47 In der als erste protestantische Hermeneutik bekannten Schrift „Clavis Scripturae Sacra" (Schlüssel zur Heiligen Schrift, 1567) von Matthias Flacius (gen. Illyricus; lebte 1520–1575, Prof. in Wittenberg, Initiator der „Magdeburger Centurien") wird diese unmittelbare Präsenz Gottes in der Schrift und durch die Schrift erklärt. Für Flacius, der seine Hermeneutik im Kontext der lutherischen Lehre von der Schriftauslegung verfasst, gibt es bei der Anwesenheit des Textes – ob gesprochen, gelesen oder gesungen – keine wesentliche Trennung zwischen Gott und den Menschen. Vgl. hierzu Raguse, Hartmut: Der Raum des Textes. Elemente einer transdisziplinären theologischen Hermeneutik, Stuttgart u. a. 1994, S. 35 f. Es ist der „Raum des Textes (…) in dem der, der sonst abwesend ist, zu einem gegenwärtigen Ereignis werden kann." A. a. O., S. 10.

48 Zur Frage, ob es sich bei „Christ, unser Herr, zum Jordan kam" um ein Katechismuslied handelt, vgl. Henkys 2005, S. 69–85, v. a. S. 69 u. S. 75. Das Lied steht 1545 in dem für die Entwicklung der Gesangbücher wichtigen Babstschen Gesangbuch unter der Rubrik „Katechismuslieder". Vgl. auch Laubach 1971, S. 20 ff.

49 Laubach, a. a. O., S. 32.

50 Danneil, Johann Friedrich, Kirchengeschichte der Stadt Salzwedel, Halle 1842, 133, 154; Visitation der Altstadt Salzwedel 1579.

51 Taufliturgie im Herzogtum Magdeburg, wie Anm. 1, Bericht für die Gemeinde Fienstedt (b. Hettstedt), 1804 Jan 2, Pfr. Johann Friedrich Gottlieb Schulter.

52 Martini, Fritz: Deutsche Literaturgeschichte von den Anfängen bis zur Gegenwart, Stuttgart ¹⁹1991, S. 120.

53 Palmer, Christian: Evangelische Hymnologie, Stuttgart 1865; zit. bei Laubach 1971, S. 45.

54 Laubach, a. a. O., S. 52.

55 Vgl. a. a. O., S. 104.

56 Vgl. a. a. O., S. 98.

57 Huber 1999, S. 144.

58 Laubach, a. a. O., S. 104.

59 Enthalten z. B. im Stolberg-Roßlaischen Gesangbuch von 1739, Nr. 310.

60 Beim Themenschwerpunkt Reinigung spielt das Wassermotiv eine vielfältige Rolle. Es erscheint u. a. als „heilgs Bad", „kein schlechtes Wasser nicht", „Wasserbad der Taufe", „teures Bad" (der Taufe), „Meer der Gnaden", auch „tiefes Meer" (der Sünde).

61 Vgl. Laubach, a. a. O., S. 101.

62 In der Zeit des Nationalsozialismus wird noch ein anderes Kollektiv als die Gemeinde der Getauften bedeutsam: „Du Kindlein zart aus deutschem Blut, Gott schuf dein junges Leben. (…) / Der Glaube schließt um dich die Reihn, Christ ist in unsrer Mitte. / Wir bitten Gott um dein Gedeihn nach frommer Väter Sitte. / Wir taufen dich, daß du geweiht / und tapfer seist zum Leben, / dem Volke einer neuen Zeit / in Treue hingegeben." Georg Schneider, Weimar 1946, in: Laubach (Textsammlung) 1981, Nr. 293.

63 Vgl. auch Strophe 5: „Ich gebe dir, mein Gott, aufs neue / Leib, Seel und Herz zum Opfer hin; / erwecke mich zu neuer Treue / und nimm Besitz von meinem Sinn. / Es sei in mir kein Tropfen Blut, / der nicht, Herr, deinen Willen tut."

64 Vgl. Cornehl 2005 („Mit allen Wassern gewaschen?"), S. 13; auch Laubach, a. a. O., S. 156 f.

65 Vgl. hierzu Cornehl 2005, S. 18–21.

66 Wenn es z. B. im Refrain des melodisch eingängigen Songs „Vergiss es nie" (Text und Melodie: Paul Janz) heißt: „Du bist du, das ist der Clou (…)", dann wird aus biblischer Verheißung („Ich habe dich bei deinem Namen gerufen; du bist mein!" Jesaja 43,1) im Hinblick auf Taufe und Gotteskindschaft ein letztlich bedeutungsleerer Reim.

67 Vgl. Cornehl, a. a. O., S. 21.

68 Siehe: Taufbuch, Agende für die Evangelische Kirche der Union, Band 2, Berlin u. Bielefeld 2000, S. 127–129. • Vgl. in diesem Zusammenhang auch die schönen Gestaltungsvoschläge für Taufgottesdienste bei Erhard Domay (Hrsg.): Taufe. Gottesdienste, Ansprachen, liturgische Texte, Ideen zur Gestaltung, Gütersloh 2004.

CHRISTIAN GRETHLEIN

Taufe heute – zwischen Kontinuität und Wandel

Die Taufe ist ein uralter Ritus – so alt wie das Christentum selbst. Offensichtlich tauften die Christen von Anfang an – es gibt jedenfalls keine Nachrichten von Gemeinden ohne Taufe.

Zwar ist der bekannte, in jeder Taufe bis heute verlesene sog. *Taufbefehl Jesu* in seiner uns überlieferten Fassung wahrscheinlich erst späteren Datums: „Darum gehet hin und machet zu Jüngern alle Völker: taufet sie auf den Namen des Vaters und des Sohnes und des heiligen Geistes und lehret sie halten alles, was ich euch befohlen habe. Und siehe, ich bin bei euch alle Tage bis an der Welt Ende." (Matthäus 28,18b–20)[1] Doch gibt er klar die Grundrichtung des Taufens an: Die Taufe macht Menschen zu Jüngern Jesu, setzt sie also in ein nahes persönliches Verhältnis zu ihm und strahlt auf das ganze weitere Leben aus. Geschichtlich gab die in den Evangelien überlieferte Taufe Jesu durch Johannes (Markus 1,9–11 und Parallelen) einen starken Impuls, nach Jesu Tod die besondere Verbundenheit der an ihn Glaubenden durch den Wasserritus der Taufe zum Ausdruck zu bringen. So heißt es schon bei Paulus im wohl 56 n. Chr., also gut zwanzig Jahre nach Jesu Tod diktierten Römerbrief: „So sind wir [die Christen] mit ihm [Jesus] begraben durch die Taufe in den Tod, damit, gleichwie Christus ist auferweckt von den Toten … also sollen auch wir in einem neuen Leben wandeln" (Römer 6,4). Demnach sind alle Christen schon damals selbstverständlich getauft. Zugleich wird die Taufe als ein entscheidendes, ja dramatisches Geschehen zwischen Tod und Leben vorgestellt.

Angesichts dieser von zahlreichen Texten im Neuen Testament bezeugten grundlegenden Bedeutung der Taufe für das christliche Leben und die Kirche verwundert es nicht, dass bis heute in allen christlichen Kirchen selbstverständlich getauft wird. Dabei sind wesentliche rituelle Vollzüge gleich geblieben:
– das Übergießen des Täuflings mit Wasser – kein Mensch kann sich selbst taufen!;
– das Verlesen eines Textes aus dem Evangelium, vor allem des bereits zitierten Taufbefehls – es geht um die besondere Beziehung zu Jesus Christus;
– das Gebet zu Gott – sein Handeln durch den heiligen Geist wird in der Taufe erbeten;
– das Bekenntnis des Glaubens – die Taufe hat Konsequenzen beim Getauften;
– das Segnen des Getauften – es stärkt für den weiteren Lebensweg als Taufweg.[2]

Zugleich war aber die Taufe von Anfang an sowohl in ihrer Gestalt als auch in ihrer Deutung durch den jeweiligen Kontext geprägt. Es gibt also nicht die Urgestalt der Taufe, sondern nur jeweils regional verschiedene Taufriten. Inhaltlich begegnen bereits im Neuen Testament unterschiedliche Interpretationen. So ist etwa die Gleichsetzung der Taufe mit der Beschneidung (Kolosser 2,11) nur für Juden verständlich, ihre Bezeichnung als Wiedergeburt (Titus 3,5) weist in den kulturellen Kontext der hellenistischen Mysterienreligionen. Offensichtlich bemühten sich schon die Autoren der neutestamentlichen Schriften darum, die Taufe dem Verständnis ihrer jeweiligen Adressaten nahe zu bringen, in moderner Sprache: die Taufe zu kontextualisieren. Gleichbleibend ist jedoch die Grundaussage: In der Taufe wird ein einzelner Mensch in eine einmalige persönliche Verbindung zu Jesus Christus gebracht, die sein ganzes weiteres Leben, ja sogar seinen Tod prägt.

Bis heute ist es eine wichtige Aufgabe christlicher Kirchen, Menschen einzuladen, sich von Jesus Christus in seine Gemeinschaft hineinnehmen zu lassen. Damit diese Einladung verstanden wird, muss sie – wie schon im Neuen Testament – im Kontext der jeweiligen Adressaten formuliert werden. Die folgenden Überlegungen wollen dieses Bemühen skizzieren. Dabei beschränke ich mich mit Blick auf das Thema der Ausstellung auf die Taufpraxis in Deutschland.

In einem ersten Schritt skizziere ich die Attraktivität, aber auch die Widersprüchlichkeit der Taufe für die gegenwärtige Kultur. Dann müssen drei wesentliche Veränderungen der Taufpraxis im Laufe der Geschichte kurz benannt werden, weil sie Schatten bis in die Gegenwart werfen. Von da aus gehe ich aktuellen Veränderungen in der Taufpraxis nach. Weiter sollen einige konkrete Probleme skizziert werden, die sich bei heutigen Taufen immer wieder stellen. Schließlich gebe ich einen kurzen Ausblick auf verheißungsvolle Ansätze, die gegenwärtige Taufpraxis zu reformieren.

TAUFE – EIN ATTRAKTIVER UND ZUGLEICH KULTURKRITISCHER RITUS

Die Taufe ist eine kirchliche Handlung, die kommunikativ sehr ansprechend, inhaltlich aber durchaus anstößig in der heutigen Kultur ist. Diese Widersprüchlichkeit erklärt teilweise den merkwürdigen Gegensatz zwischen der hohen Inanspruchnahme der Taufe zumindest im Westteil Deutschlands und ihrer geringen inhaltlichen Bedeutung für die meisten Menschen. Wer weiß schon, dass jährlich in Deutschland fast etwa eine halbe Million Menschen getauft werden? Und zugleich: Was spürt man davon in unserer Gesellschaft, in unseren Städten, Nachbarschaften und Familien?

Attraktiv ist die Taufe als Ritual, als ein Handlungsvollzug symbolischer Kommunikation. Die Kommunikationsform Ritual kommt der Einstellung vieler Menschen entgegen: Sie spüren, dass wichtige Fragen des Lebens nicht mit mathematischen Formeln oder technischen Hantierungen zu lösen sind. Zugleich haben viele Menschen Sehnsucht nach einem übergreifenden Sinn jenseits der einzelnen Lebensbereiche mit ihren speziellen Rationalitäten. Angesichts unterschiedlichster Lebensmöglichkeiten und Orientierungsangebote hat aber jeder die Aufgabe, sein Leben selbst zu ordnen und zu orientieren. Hier kommen die Symbole der Taufe entgegen: Kreuz, Name, Wasser, Hand(-auflegung), (Kerzen-)Licht.[3] Sie sind – bis auf das Kreuz – auch sonst im Leben der Menschen präsent und rufen Erfahrungen, Hoffnungen und Ängste auf, und zwar in ganz unterschiedlicher Weise.

Ein Mensch, der gerne in den Bergen wandert, weiß z. B. um die erfrischende Qualität einer Wasserquelle nach anstrengendem Aufstieg (ganz anders der Küstenbewohner, der schon einmal eine Sturmflut erlebt hat); Menschen, die abends gern zusammensitzen, kennen die besondere Kraft von Kerzen, die einem Raum eine eigene Atmosphäre verleihen, inspirierend wirken (ganz anders der, der schon einmal ein Großfeuer und dessen verheerende Kraft erlebt hat); mit dem eigenen Namen verbindet jeder Mensch seine eigene Geschichte, im Guten (z. B. Lob) wie im Schlechten (z. B. Tadel); Hände sind überall in unserem Leben gegenwärtig, helfende, aber auch strafende … In einer individualisierten und pluralistischen Kultur wie der unseren sind tiefgehende existentielle Themen besser symbolisch als diskursiv zu kommunizieren, weil hier jeder die Möglichkeit hat, Eigenes einzutragen.

Doch besteht die Taufe nicht nur aus Symbolen. In ihr wird auch gesprochen. Schon der Taufbefehl macht klar, dass die Taufe bei aller Interpretationsbreite kein Selbstbedienungsladen für alles Mögliche (und Unmögliche) ist. Hier spricht Jesus Christus – es geht in der Taufe um seine Nachfolge. Und diese hat nach dem biblischen Zeugnis einen eindeutigen Richtungssinn: von den zehn Geboten (2. Mose 20,1–17; 5. Mose 5,6–21), die für Jesus als frommem Juden selbstverständliche Grundlage seines Handelns waren, über die Zusagen und Forderungen der Bergpredigt (Matthäus 5–7) bis zur vertrauensvollen Anrede Gottes im Vaterunser als „Papa" (so vermutlich im aramäischen Urtext, Matthäus 6,9–13).

Neben diesen inhaltlichen Bestimmungen, die in ihrer Zuwendung zum einzelnen Menschen durchaus in Spannung oder Gegensatz zu einer vornehmlich auf das eigene Wohlergehen ausgerichteten Lebensführung stehen, ist aber auch der ganze Ritus der Taufe eine Provokation in unserer sogenannten Optionsgesellschaft. Hier gilt ja die Regel, sich möglichst nicht festzulegen und viele Optionen offen zu lassen. Die Taufe ist dagegen ein einmaliger Akt, der einen Menschen das ganze Leben bindet und orientiert, sie kann nicht mehr rückgängig gemacht werden. Manche Jugendlichen, die sich für Aktivitäten in einer Kirchengemeinde interessieren, an Fahrten und Gottesdiensten teilnehmen, haben ein gutes Gespür dafür. Sie möchten gerne in der Gemeinde mittun – aber sich taufen lassen? Ist das nicht zu radikal, zu entschieden? Zu DDR-Zeiten bestand darüber hinaus die Gefahr, sich durch die Taufe und die nachfolgende Kirchenmitgliedschaft Lebenschancen zu verbauen. Hier gilt es behutsam auf die Freiheit hinzuweisen, die in einer Bindung liegt, nämlich die Freiheit zu größerer Tiefe und Intensität.

Seit der Aufhebung des Taufzwangs im Personenstandsgesetz des Jahres 1876[4] hat die einst selbstverständliche Verbindung von Taufe und Geburt in Deutschland an Bedeutung verloren – zugleich treten die zuletzt genannten Probleme deutlicher hervor. Kirche hat hier eine doppelte Aufgabe: Kommunikativ hat sie die Taufpraxis so zu gestalten, dass deren symbolische Kraft Menschen hilft, ihr Leben im Kontext des Evangeliums zu begreifen; inhaltlich hat sie darauf hinzuweisen, dass die Widersprüche zur heutigen Kultur zugleich Freiheit versprechen, also letztlich der Entwicklung von Kultur und Menschen wieder zugute kommen. Denn Bindungslosigkeit und ständige Offenheit widersprechen der endlichen Grundkonstitution des Menschen und führen zu Oberflächlichkeit und Verlust von Lebensintensität – wie umgekehrt zu enge Fixierungen.

Veränderungen der Taufe in der Geschichte als Grund heutiger Probleme

Im Laufe der Geschichte büßte die Taufe nachhaltig an Bedeutung ein. Wohl nur wenige Menschen in Deutschland würden auf die Frage nach der zentralen gottesdienstlichen Handlung der Kirche wie die alten Christen antworten: die Taufe.[5] Diese Entwicklung lässt sich in dreifacher Weise an Veränderungen der Taufpraxis beobachten:

In den ersten Jahrhunderten wurden üblicherweise Erwachsene getauft. Wahrscheinlich kam es bald auch zur Taufe von Kindern, wenn ganze „Häuser" zum Christentum übertraten (z. B. Apostelgeschichte 18,8), das Ritual blieb jedoch an den Erwachsenen ausgerichtet. Für diese herrschten strikte Zulassungsbestimmungen zur Taufe. Vor allem galt es den Katechumenat zu durchlaufen, eine – nach den Angaben der lange Zeit Hippolyt zugeschriebenen Traditio Apostolica[6] – dreijährige Vorbereitungszeit. Die Taufe war also mit einer ausführlichen Katechese (Unterrichtung) verbunden, die vor allem in der regelmäßigen Teilnahme an der sonntäglichen Gemeindezusammenkunft und dem Hören der Predigt bestand. Man kann angesichts einer so langen Vorbereitung und der bis ins vierte Jahrhundert hinein bisweilen nicht ungefährlichen Situation für Christen (Christenverfolgungen!) davon ausgehen, dass die Menschen bei den Fragen nach ihrem Glauben in der Taufe wussten, was sie bekannten. Nach der Taufe wurden sie in den sog. Mystagogien weiter unterwiesen.

Als dann im Zuge der Etablierung des Christentums als Staatsreligion die Taufe von Kindern, ja Säuglingen zur Regel wurde, gelang es nicht, den ursprünglich selbstverständlichen Zusammenhang von Taufe und Katechese – in heutiger Sprache: Gemeindepädagogik – aufrecht zu erhalten. Lange Jahrhunderte reduzierte sich das religiöse Wissen bei den meisten Menschen auf die zum Beichten notwendigen moralischen Grundkenntnisse. Zwar versuchten die Reformatoren, die Bildung zu heben – Luther trat nachdrücklich für die Einrichtung von Schulen ein,[7] und Melanchthon leistete wichtige Beiträge zur Schulreform[8] –, doch blieb der Bezug zur Taufe eher vage. Sie wurde – in einer Situation hoher Säuglingssterblichkeit und unterstützt durch Ängste vor der Hölle – in der Regel kurz nach der Geburt vollzogen. Erst mit zurückgehender Selbstverständlichkeit der Taufe, also vor allem in der zweiten Hälfte des 20. Jahrhunderts, wurde das Problem, das sich aus der Trennung zwischen Taufe und Katechese ergibt, in seinem ganzen Umfang deutlich: die inhaltliche Entleerung der Taufe. Zwar konnte sich bis heute kein Alternativritual zur Taufe etablieren – auch die sozialistische Namensweihe der DDR hatte im Gegensatz zur Jugendweihe keinen nennenswerten Erfolg –, doch besteht heute die Option der Nicht-Taufe. Sie erfordert eine inhaltliche Profilierung der Taufe.

Ein zweites schwerwiegendes Problem für die Taufpraxis stellt die Abspaltung der Firmung bzw. Konfirmation dar.[9] Auch hier ist eine für die Taufe ungünstige Entwicklung ein Nebenprodukt anderer Prozesse. Im Laufe der Zeit spaltete sich von der symbolisch überreich gestalteten Taufe ein eigener Ritus ab, die Firmung (lat. *confirmatio*). Die Vergrößerung der Bischofsbezirke (Diözesen) führte dazu, dass der Bischof nicht mehr jede Taufe unmittelbar nach einer Geburt selbst vornehmen konnte. Zugleich nahm aber in der Bevölkerung die Angst um die ungetauften Kinder zu, der Wunsch nach umgehender Taufe wurde dringender. So erhielten die Presbyter (Priester) vom Bischof das Taufrecht übertragen. Zugleich war dies aber – im fünften bis neunten Jahrhundert – eine Zeit, in der die Kirche durch Richtungskämpfe erschüttert wurde. Der Bischof stand für die Einheit der Kirche. So behielt er sich vor, die Handauflegung mit Salbung – bislang im Anschluss an den Wasserritus vollzogen – selbst vorzunehmen. Die bis dahin Getauften wurden, wenn der Bischof in einen Ort kam, zusammengefasst und von diesem gesegnet und gesalbt – die Firmung war als neuer Ritus entstanden. Bald wurde im antiken, stark an Hierarchien orientierten Denken der Firmung größere Bedeutung zugemessen als der eigentlich grundlegenden Taufe, denn die Taufe konnte vom örtlichen Priester, die Firmung nur vom Bischof gespendet werden. Diese Reihenfolge hat sich trotz der grundlegenden Kritik der Reformatoren an der Firmung wegen ihrer fehlenden biblischen Begründung[10] in den Familien bis heute gehalten. Auch in evangelischen Familien wird die Konfirmation häufig aufwändiger gefeiert als die Taufe. Diese geriet an den Rand christlichen Lebens: ein zwar theologisch bedeutsamer Akt – in der Sprache der Dogmatik: ein Sakrament –, doch ohne Ausstrahlung auf das Leben der Christen und der Gemeinden. Die Taufe schrumpfte zu einem wenig bedeutsamen Einzelereignis, das in der zweiten Hälfte des 20. Jahrhunderts zunehmend in den Sonntagsgottesdienst „eingeschoben" wurde. Die im Taufbefehl intonierte Bedeutung für das ganze Leben als Jünger Jesu verblasste.

Noch ein drittes Defizit der Taufe ist zu nennen. Soweit feststellbar, war es im ersten Jahrtausend selbstverständlich, dass die Taufe mit der Feier des Abendmahls verbunden war – in den östlichen Kirchen der Orthodoxie ist das bis heute so (biblischer Beleg: Johannes 6,53: „Wenn ihr nicht das Fleisch des Menschensohns esst und sein Blut trinkt, so habt ihr kein Leben in euch."). Auch Säuglinge empfingen bei ihrer Taufe die Kommunion. Im Übergang vom 12. zum 13. Jahrhundert kam es aber in den westlichen Kirchen zu einer folgenschweren Veränderung.[11] Jetzt fiel – unter verändertem kognitiven Glaubensverständnis (Scholastik!) – auf, dass es den Kindern an Ehrfurcht mangelt. Sie wurden nicht mehr zur Kommunion zugelassen. Für die Taufpraxis war dies deshalb besonders gravierend, weil die Taufe dadurch den Zusammenhang mit dem Herzstück des Gemeindegottesdienstes verlor. Vor allem war die Abendmahlsfeier nicht mehr als wichtige Form der Tauferinnerung präsent.

So ergibt ein kurzer historischer Rückblick: Die Taufe verlor über die Jahrhunderte den Bezug zur Katechese, ihr Inhalt wurde für die Bevölkerung undeutlich. Die Firmung wurde als Ritus der Geistgabe abgespalten, damit trat der Bezug der Taufe zum weiteren Leben zurück. Schließlich führte die Trennung von Taufe und Abendmahl zu deren liturgischen Isolation und zum Verlust eines wichtigen Ritus der Tauferinnerung. Alle drei Defizite bestehen bis heute und stellen eine wichtige Aufgabe für die Reform der Taufpraxis dar. Es gilt, die Taufe wieder inhaltlich zu profilieren, ihre Bedeutung für das ganze Leben anschaulich zu machen und sie als wichtigen Bezugspunkt liturgischer Vollzüge zu etablieren.

Kontinuität und Wandel in der Taufpraxis heute

Wie bereits erwähnt, hat sich der rituelle Kernbestand der Taufe erhalten. Seit der Alten Kirche steht in ihrem Mittelpunkt eine Wasserhandlung, begleitet von einer trinitarischen Taufformel, etwa: „N. N. (zu nennender Namen des Täuflings), ich taufe dich im Namen (bzw. auf den) Namen des Vaters und des Sohnes und des Heiligen Geistes."[12] Davor wird der Taufbefehl Jesu Christi verlesen, das Glaubensbekenntnis gesprochen und der Name des Kindes erfragt, danach wird der Täufling gesegnet und meistens eine Taufkerze entzündet. Zunehmend finden auch die alten Symbole neue Aufmerksamkeit: Eingangs wird der Täufling mit dem Kreuz bezeichnet, es kann eine Meditation über dem Wasser gesprochen werden,[13] ein besonderes Taufkleid wird überreicht (Westerhemd)[14] u. ä. Alles dies lässt sich bereits seit Hunderten von Jahren in den Taufformularen finden. Doch vollziehen sich gegenwärtig einschneidende Veränderungen, welche die konkreten Rahmenbedingungen der Taufe betreffen:

Zum ersten sind Veränderungen im Taufalter unübersehbar, allerdings in regional unterschiedlicher Weise. Auch in westdeutschen Gemeinden werden Säuglingstaufen seltener; zunehmend werden Kleinkinder getauft. In den Kirchen auf dem Gebiet der früheren DDR hat in weiten Regionen die atheistische Religionspolitik dazu geführt, dass für viele Familien die Taufe als traditioneller Ritus seit mehreren Generationen weggefallen ist. Doch auch in christlichen Familien werden dort die Kinder häufig später getauft. So wurden nach der amtlichen Statistik von 2001 in der Kirchenprovinz Sachsen 2.850 Menschen (= 100 Prozent) getauft; 2.252 dieser Täuflinge (79 Prozent) waren jünger als vierzehn; von diesen aber über die Hälfte (1.255) älter als ein Jahr. Die Zahl der sog. Erwachsenentaufen (vierzehn Jahre und älter) betrug 598 (21 Prozent). In Bayern sieht dieses Zahlenverhältnis anders aus. Dort wurden 2001 insgesamt 27.176 Menschen (100 Prozent) getauft; 25.489 dieser Täuflinge (93,8 Prozent) waren jünger als vierzehn, von denen nur ein Fünftel älter als ein Jahr war. Die Zahl der sog. Erwachsenentaufen belief sich hier auf 1.687 (6,2 Prozent).

Auf jeden Fall lockert sich der fast ein Jahrtausend den deutschsprachigen Kulturraum prägende Zusammenhang von Taufe und Geburt. Ich vermute, dass sich hier auch eine weitreichende Verschiebung in der Daseinsorientierung der Bevölkerungsmehrheit spiegelt. War viele Jahrhunderte lang die Sorge um das Seelenheil des Kindes das bestimmende Motiv für das Handeln im Umfeld der Geburt, ist mit dem Siegeszug der modernen Medizin die Sorge um das gesundheitliche Wohl wichtiger geworden. An die Stelle religiöser Riten, in deren Mitte die Taufe stand, sind Vorsorgeuntersuchungen vor und nach der Geburt getreten. Auch sonst ist der früher ausgeprägte Zusammenhang zwischen Medizin und Religion – etwa in der Person medizinisch kundiger Pfarrer bis ins 20. Jahrhundert präsent[15] – verloren gegangen. Heilungs- und Segensgottesdienste versuchen vereinzelt, die hier entstandene Kluft zu schließen.

Mit der Veränderung des Taufalters ist auch ein Wandel der Taufmotivation verbunden.[16] Die früher bestimmende Traditionsleitung, wonach innerhalb der Familie das Verständnis von Taufe als einem lebenstragenden Ritus von einer Generation an die nächste weitergegeben wird, nimmt an Bedeutung ab. Auch das seit den siebziger Jahren beliebte Deutungsmuster der Taufe als Schwellenritual am Übergang im Lebenslauf anlässlich einer Geburt überzeugt bei älteren Täuflingen weniger. Nach wie vor wichtig ist wohl das Motiv der Generationenvorsorge, also der Wunsch der älteren Generation, der jüngeren gegenüber nichts zu versäumen, sondern dieser möglichst gute Lebenschancen zu eröffnen, eben auch christliche. Neuerdings gibt auch der Wunsch nach einer stilvollen Feier einen Hintergrund für manche Taufbegehren ab.

Vor allem in Ostdeutschland, aber auch in den Großstädten der so genannten alten Bundesländer dürften zunehmend wieder inhaltliche Motive eine wichtigere Rolle spielen. Bei Erwachsenen, die für sich die Taufe begehren, ist dies am leichtesten feststellbar. Sie wollen meist auf Grund biografischer Ereignisse, die von der Eheschließung mit einem Kirchenmitglied bis zur Bekehrung reichen können, Christen werden. Bei manchen Jugendlichen – etwa im Konfirmandenalter – begegnet auch der Widerspruch den glaubenslosen Eltern gegenüber. Oft ist die Begegnung mit einem überzeugenden Christen oder einer Gemeinde ein wichtiger Anstoß zum Taufbegehren. Historisch scheint sich so in manchen Gegenden die Situation wieder altkirchlichen Verhältnissen zu nähern. Sind die Gemeinden in gemeindepädagogischer und liturgischer Hinsicht darauf vorbereitet?

Schließlich hat sich im 20. Jahrhundert der Taufort verändert.[17] Bis 1973 führte die EKD-Statistik hier noch vier Rubriken: „Gemeinde-/Kindergottesdienst", „außerhalb regelmäßiger

Gottesdienste", „Haustaufen" und „Kliniktaufen". Schon damals wurden die letzteren beiden nur noch ganz selten benutzt, in manchen Kirchen ist mittlerweile auch der „außerhalb regelmäßiger Gottesdienste" stattfindende Taufgottesdienst fast verschwunden. Religionssoziologisch gesprochen: Die Taufe ist radikal verkirchlicht.

Zweifellos war diese Entwicklung für viele Gemeinden sinnvoll. In kleinen Gemeinden mit sehr wenigen Taufen – in Ostdeutschland eine häufige Situation – eröffnet die Taufe im sonntäglichen Gemeindegottesdienst eine Zukunftsperspektive und erinnert zugleich die Gemeindeglieder an das Fundament ihres eigenen Glaubens. Die „Ordnung des kirchlichen Lebens" empfiehlt darum folgerichtig, nur im Ausnahmefall außerhalb des Gemeindegottesdienstes zu taufen.[18] In Gemeinden mit vielen Taufen zeigt sich, dass diese theologisch begründete Konzentration der Taufpraxis auf den sonntäglichen Gemeindegottesdienst ihren Preis hat. Sie kann nämlich als Abwertung der Bedeutung der Taufe als Familienfeier interpretiert werden. In der Taufpraxis sollte darum die Balance zwischen Familien- und Gemeindeorientierung behutsam ausgelotet werden. Aus religionspädagogischer Perspektive rückt gerade die unersetzbare Bedeutung der Familie wieder neu ins Bewusstsein.[19] Die häufig anzutreffende Praxis, die Taufe in den üblichen Gottesdienst am Sonntagmorgen „einzuschieben",[20] ist darum liturgisch sehr unbefriedigend. Entweder wird dann der Gottesdienst ungebührlich lang oder die Taufhandlung zu stark verkürzt. Ich vermute, dass eine stärkere Besinnung auf die Gaben der Taufe Veränderungen anstoßen wird. Mancherorts zeichnet sich dies schon ab: An besonderen Fest- und Sonntagen wird der Gemeindegottesdienst als festlicher Taufgottesdienst gefeiert.

EINIGE PASTORALE PROBLEME HEUTIGER TAUFPRAXIS

Nicht selten ist die Taufpraxis Gegenstand von Konflikten oder Diskussionen. Im Folgenden seien drei solcher Problemkonstellationen genannt, die auf verschiedener Ebene liegen, doch zusammen auf den dringenden Reformbedarf der Taufpraxis in vielen Gemeinden aufmerksam machen.

Immer wieder kommt es zu Auseinandersetzungen um die Zulässigkeit von sog. Säuglingstaufen. Zwar haben sich einseitig dogmatische Positionen hier nicht durchsetzen können – das Gros der Menschen blieb in Gegenden ohne staatliche antichristliche Propaganda dabei, für ihre Kinder die Taufe zu begehren. Dabei hat sich in den letzten Jahrzehnten der Abstand zwischen dem Privatraum Familie und der Öffentlichkeit, wozu für die meisten Menschen auch Kirche und Pfarramt gehören, vergrößert. Von daher schien der Streit um die Säuglingstaufe – historisch und dogmatisch nicht endgültig zu klären[21] – an Brisanz verloren zu haben.

Doch flackert die Auseinandersetzung an anderer Stelle auf.[22] Aus pädagogischer Sicht wird gefragt, ob frühzeitige Taufen die Kinder nicht eines für ihre Glaubensentwicklung wichtigen Erlebnisses berauben.[23] Empfohlen wird ein Taufalter am Ende der Grundschulzeit. Hier verfügten die Kinder über eine ausgeprägte Erlebnisfähigkeit und sie könnten sich an ihre Taufe erinnern. Die Geburt solle dagegen durch eine Segens- oder Darbringungshandlung liturgisch begangen werden. Zwar zeigt die Taufpraxis, dass auch dieser Vorstoß nur einige besonders Engagierte erreicht, jedoch macht er auf eine grundlegende Aufgabe der Taufpraxis aufmerksam:

die Tauferinnerung. Die biblisch bezeugte Bedeutung der Taufe ist nur vermittelbar, wenn es immer wieder Gelegenheiten zur Tauferinnerung gibt. Hier liegt ein wichtiger Impuls für die Reform der Taufpraxis.

Die ins Feld geführte Erinnerungsfähigkeit hat dabei allerdings wenig Bedeutung. Auch das für die meisten Menschen wichtige und jedes Jahr wieder gefeierte, also erinnerte Datum der Geburt ist für Menschen nicht erinnerbar – und doch Anlass alljährlicher Freude. Das Beispiel Geburtstag zeigt: Erinnerung hängt eher an der sozialen Stützung eines Ereignisses, hier konkret: in der Familie oder im Freundeskreis, als an der eigenen Gedächtnisleistung. Von daher gilt es für die Taufe zu überlegen, wie die Erinnerung an den Tauftag sozial verankert werden kann.

Einen zweiten Problemkreis heutiger Taufpraxis bildet das Patenamt. Nicht selten gibt es hier Konflikte zwischen Pfarrer(in) und Tauffamilie, wenn z. B. ein konfessionsloser Verwandter oder Freund zum Paten gebeten wird und der Pfarrer eröffnen muss, dass dies nicht möglich ist. Hier prallen zwei verschiedene Auffassungen vom Paten aufeinander. Ein kurzer historischer Rückblick kann wenigstens den Konflikt verständlich machen. Ursprünglich ist das Patenamt mit der Erwachsenentaufe verbunden und erst über Umwege in die heute weit verbreitete Kindertaufpraxis eingedrungen. Der Pate *(lat. sponsor)* ist in der Alten Kirche derjenige, der für die Ernsthaftigkeit eines Taufbewerbers bürgt. Zudem überwacht und begleitet er die ersten Schritte des Bewerbers in die Gemeinde hinein. Beim Aufkommen der Kindertaufe wurden solche „Paten" weiterhin benötigt, da sich ein rituelles Problem stellte: Die liturgischen Formulare wurden ja nicht an die neue Situation angepasst. So kam es, dass jetzt ein Säugling gefragt wurde, ob er dem Bösen absage, und aufgefordert wurde, seinen Glauben zu bekennen. Dies musste für den Täufling stellvertretend erklärt werden. Zuerst nahmen diese Aufgabe natürlicherweise die Eltern wahr. So waren die ersten und ursprünglichen Paten bei Kindertaufen die Eltern – schon damals trugen sie die entscheidende Verantwortung für die religiöse Erziehung. Doch stand dieses Tun der Eltern in Spannung zur altkirchlich weit verbreiteten Auffassung, dass im Zeugungsakt die Erbsünde weitergegeben wird. Von daher hatte es keinen Sinn, dass diejenigen, die als für die Erbsünde des Kindes verantwortlich galten, zugleich für dieses den Glauben bekannten. Das mussten Menschen von außen tun: die (neuen) Paten. Ihnen wuchsen im Laufe der Zeit dann noch weitere Aufgaben zu, vor allem das – in Zeiten hoher Sterblichkeit jüngerer Menschen wichtige – Ersetzen der Eltern im Todesfall. Doch verlor diese Funktion mit wachsender Lebenserwartung und den sozialen Versorgungssystemen ihre Bedeutung. So konnte ein Theologe schon am Beginn des 20. Jahrhunderts kühl konstatieren: „Daß das Pateninstitut heute so gut wie ganz zu einer leeren Form geworden ist, leugnet niemand."[24] Tatsächlich ist das Patenamt weitgehend zum Vertrauensbeweis für Verwandte oder Freunde der Eltern geworden. Deshalb reagieren diese ungehalten, wenn der Pfarrer auf die kirchenrechtlichen Bedingungen des Patenamtes in Form einer bestehenden Kirchenmitgliedschaft aufmerksam macht.[25] Das kirchliche Verständnis des Patenamtes als einer religiösen Funktion ist hier nicht mit der landläufigen Auffassung der Beziehungspflege vermittelbar. Meist nicht thematisiert, aber allgemein konsensfähig ist dagegen, dass primär die Eltern für die Erziehung eines Kindes zuständig sind.

Von daher muss zugegeben werden, dass bei Kindertaufen heute keine zwingende Notwendigkeit von Paten besteht. Gewiss ist es positiv, wenn sich möglichst viele Menschen um die religiöse Erziehung eines Kindes kümmern. Doch pädagogisch gesehen – und wohl auch in alt-kirchlicher Perspektive – sind in der Regel bei kleineren Kindern die Eltern die wichtigsten Bezugspersonen für die christliche Erziehung. Dazu treten dann später häufig Angehörige päda-gogischer Berufe wie Erzieherinnen und Religionslehrer. Und wenn die Eltern an der religiösen Erziehung kein Interesse haben, ist die Taufe eines Kindes auch nicht angezeigt. Könnte man sich – entgegen der Tradition – zu solch einem Verständnis der Eltern als Paten zumindest als einer Möglichkeit verstehen, wären belastende Konflikte entschärft, wie die manchmal unergie-bige Suche nach den kirchenrechtlichen Vorschriften entsprechenden Paten und die immer wie-der auftauchende Frage, ob Paten ausgetauscht werden könnten – etwa nach einem Streit.

Anders stellt sich der Sachverhalt bei Heranwachsenden dar, die sich aus ihrer Herkunfts-familie zu lösen beginnen, oder bei Erwachsenen. Hier ist evident, dass Menschen auf ihrem bewussten Weg zum Christsein Begleitung durch einen erfahrenen Christen brauchen. Vielleicht sind dies dann jene, deren Vorbild auch den Anstoß für das Interesse am Christsein gab. Auf jeden Fall geht es darum, den alten, lange Zeit verlorenen Zusammenhang zwischen Taufe und pädagogischer Begleitung im weitesten Sinne wieder zu gewinnen.

Schließlich führt das ungeklärte Verhältnis von Taufe und Abendmahl zunehmend zu Proble-men, die nicht zuletzt die Ökumene belasten. In vielen Gegenden Deutschlands kristallisiert sich die Konfirmandenarbeit als ein neuer Taufzeitpunkt heraus. Sowohl Jugendliche, bei denen aus verschiedensten Gründen die Taufe „vergessen" wurde, als auch solche, deren Eltern ihnen die „freie Entscheidung" ließen, wollen am Konfirmandenunterricht teilnehmen. Dazu kommen Heranwachsende, die sich selbst für die Gemeinde Jesu Christi interessieren. In der Praxis ver-binden sich diese drei Perspektiven oft in einer Person. Ein Problem taucht dann in solchen Gemeinden auf, in denen die Konfirmanden mit guten historischen, systematischen und vor allem pädagogischen Argumenten[26] schon vor der Konfirmation Abendmahl feiern, etwa auf einer thematisch entsprechend ausgerichteten Freizeit. Hier kam und kommt es immer wieder zur Kommunion Ungetaufter. Dass dies ökumenisch ein schwerwiegendes Problem ist, steht außer Frage. Es ist nämlich auf einer Konfirmandenfreizeit kein Notfall zu erkennen, der eine Abweichung von der altkirchlichen Regel *baptismus est admissio* („die Taufe ist die Zulassung zum Abendmahl") erfordert. Umgekehrt werden positive Erfahrungen nicht nur bei der Integra-tion von Abendmahlsfeiern in die Konfirmandenarbeit, sondern auch bei sonstigen Mahlfeiern mit Kindern gemacht. Gemäß Johannes 6,53–56 sind keine Gründe zu erkennen, getaufte Kin-der vom Tisch des Herrn fern zu halten.

Hier kann die Erinnerung an die Abspaltung des Abendmahls von der Taufe im 12./13. Jahr-hundert weiterhelfen. Die lange Zeit in evangelischen Gemeinden übliche Zuweisung der Abendmahlszulassung zur Konfirmation hat nicht nur keinen biblischen Beleg, sondern hat zur Entwertung der Taufe beigetragen. Dieser Missstand ist zu korrigieren. So bietet es sich z. B. in der Konfirmandenarbeit an – und wird auch schon praktiziert –, den Kurs mit einer Einheit zur Taufe zu beginnen. An deren Ende steht dann ein Gottesdienst, in dem die noch ungetauften Konfirmanden getauft werden und die ganze Gruppe dann gemeinsam das Abendmahl feiert. Die lange Zeit bestehende Einheit zwischen Taufe und Abendmahl ist wieder präsent. Vor allem gewinnt das Abendmahl bei späteren Feiern für die Jugendlichen als eine wichtige Form der Tauferinnerung an Plausibilität. Für die Taufe von Erwachsenen gilt dies ebenso.

DIE REFORM DER TAUFPRAXIS UND IHRE AUFGABEN

Die Beobachtungen zu Veränderungen in der heutigen Taufpraxis, aber auch die genannten pastoralen Probleme legen eine grundlegende Reform nahe. Der Rückblick in die Geschichte der Entwicklung des Taufrituals zeigte zudem, dass wesentliche Probleme der Gegenwart als Ergebnis langer, über Jahrhunderte sich erstreckender Fehlentwicklungen gedeutet werden können:

– inhaltliche Unbestimmtheit als Konsequenz aus dem Verlust des Zusammenhangs mit dem Katechumenat,
– Verblassen des lebensbegleitenden Charakters als Folge der Abspaltung der Firmung,
– Isolation der Taufe vom sonstigen liturgischen Leben auf Grund des Verbots der Säuglingskommunion.

Erfreulicherweise wurden jedoch in den letzten Jahren mannigfaltige Projekte entwickelt, um hier gegenzusteuern. Einige seien abschließend kurz genannt, wobei besonders deren Ökumenizität und Internationalität erfreulich sind:

Angestoßen durch die Aufwertung des Erwachsenen-Katechumenats im II. Vatikanischen Konzil sowie daraus resultierende Modelle in den USA haben die römisch-katholischen Diözesen Deutschlands einen liturgisch gestuften Katechumenat für erwachsene Taufbewerber eingeführt.[27] In Anknüpfung an den altkirchlichen Katechumenat wird hier versucht, innerhalb eines Jahres interessierte Erwachsene auf die Taufe vorzubereiten. Dabei bemüht man sich darum, die Fortschritte durch liturgische Feiern zu markieren – von der Feier der Aufnahme in den Katechumenat über die Feier der Zulassung zur Taufe bis hin zur Taufe selbst, die Wasserritus, Firmung und Eucharistie umfasst und möglichst in der Osternacht stattfindet. Inhaltlich ist das Kirchenjahr ein wesentlicher Bezug des Katechumenats. Dazu wird bis Pfingsten noch eine mystagogische Vertiefung angeboten.

Die liturgische Gestaltung der einzelnen Stufen des Katechemunats ermöglicht zugleich den Gemeindegliedern die Anteilnahme und bereichert durch die hiermit verbundene Tauferinnerung deren Glaubensleben.

Eine andere inhaltliche Profilierung empfiehlt das ursprünglich aus Norwegen stammende lutherische Konzept von „Einladung zur Taufe – Einladung zum Leben".[28] Hier stehen die fünf Grundsymbole der Taufe – Kreuz, Name, Wasser, Hand und Licht – im Mittelpunkt. Sie werden an unterschiedlichen Orten, angefangen beim Taufgottesdienst für Menschen unterschiedlichen Alters über Kindergruppen, Kindergarten und Religionsunterricht bis hin zu Taufelternseminaren erschlossen. Auch dabei bilden also liturgische Vollzüge die wesentliche Quelle.

Ebenfalls wird in diesem Modell nachdrücklich auf die Bedeutung weniger fester Taufermine hingewiesen, traditionell Osternacht, Pfingsten und Epiphanias. Auch die zweiten Feiertage der Hochfeste Ostern, Pfingsten und Weihnachten bewähren sich mancherorts. Diese auch anderweitig sozial abgestützten Daten bieten eine sehr gute Möglichkeit zur Tauferinnerung auch im familiären Kreis.

Schließlich finden sich Anregungen, die schon bestehenden liturgischen Vollzüge durch den Bezug auf die Taufe anschaulicher zu gestalten. Im sonntäglichen Gottesdienst stammt das Glaubensbekenntnis z. B. liturgiegeschichtlich gesehen aus dem Taufgottesdienst. Viele Predigttexte und biblische Lesungen beziehen sich auf die Taufe als Grundlage christlichen Lebens und erinnern an besondere Akzente des Christseins. Der Charakter des Abendmahls als Tauferinnung wurde bereits genannt. Und nicht zuletzt macht das Innere vieler Kirchen auf die Bedeutung der Taufe aufmerksam. In diesem Sinne ist auch die Taufausstellung im Magdeburger Dom mit der Präsentation von Taufen unterschiedlichen Alters und Materials sowie Taufengeln eine vorzügliche Form der Tauferinnerung. Sie hat ihren Sinn dann erreicht, wenn die Besucher angeregt werden, über den Sinn der Taufe nachzudenken – als Erinnerung an die eigene Taufe oder als Einladung zur Taufe. Dabei können die zugleich abstrakten und anschaulichen Ausführungen des Apostels Paulus in seinem Brief an die Römer leitend sein:

„Oder wisset ihr nicht, dass alle, die wir in Jesus Christus getauft sind, die sind in seinen Tod getauft? So sind wir ja mit ihm begraben durch die Taufe in den Tod, damit, gleichwie Christus ist auferweckt von den Toten durch die Herrlichkeit des Vaters, also sollen auch wir in einem neuen Leben wandeln. Denn wenn wir in ihn eingepflanzt sind zu gleichem Tode, so werden wir ihm auch in der Auferstehung gleich sein …" (Römer 6,3–5).

Gewiss, diese Verse sind nicht einfach zu verstehen, doch reißen sie zumindest den Horizont auf, um den es in der Taufe geht: nicht nur um Leben und Tod, sondern auch um Leben über den Tod hinaus. Um welches Leben es dabei geht, das hat Jesus von Nazareth in seinem Wirken eindrücklich dargestellt; es ist mit unterschiedlichen Akzenten in jedem der vier Evangelien nacherzählt und will dazu animieren, selbst diesen Lebensweg zu beschreiten. Er beginnt in der Taufe und hört mit dem Tod nicht auf.

Anmerkungen

[1] Zu den historischen Fragen im Einzelnen informiert zuverlässig Barth, Gerhard: Die Taufe in frühchristlicher Zeit, Neukirchen-Vluyn ²2002.

[2] Daneben lagerten sich vielerlei andere Vollzüge an, die uns heute teilweise vertraut (z. B. Bezeichnen mit dem Kreuz, Brennen einer Kerze), teilweise fremd sind (z. B. Exorzismen, Salzgabe). Dazu traten die üblichen liturgischen Ausdrucksmittel wie gemeinsames Singen und Beten.

[3] In dieser Reihenfolge kommen die Grundsymbole in den meisten Taufgottesdiensten vor: Zuerst wird der Täufling mit dem Kreuz bezeichnet, um ihn als zu Christus gehörig zu bezeichnen (*Obsignatio crucis*); vor der Wasserhandlung wird der Name des Täuflings erfragt, und die Taufformel selbst nennt den Namen des dreieinigen Gottes; dann folgt die Wasserhandlung, im Anschluss wird die Hand zum Segen aufgelegt, und es erfolgt das Anzünden der Taufkerze – ein Zeichen, das sich mittlerweile auch in den meisten evangelischen Kirchen wieder eingebürgert hat. Vgl. auch den Aufsatz von Klaus Raschzok, *Die Taufe: „Symbolische Handlungsinsel in einem Meer von Wörtern"*, in diesem Katalog.

[4] Erst dieses Gesetz übertrug staatlichen Behörden wesentliche personenstandsrechtliche Vollzüge, die bis dahin von den Kirchen als flächendeckenden Organisationen gewährleistet worden waren.

[5] Kretschmar, Georg: Die Geschichte des Taufgottesdienstes in der alten Kirche, in: Leiturgia Bd. 5, Kassel 1970, S. 5.

[6] Vgl. Roosen, Rudolf: Taufe lebendig. Taufsymbolik neu verstehen, Hannover 1990, S. 9–54. • Vgl. auch den Aufsatz von Jörg Ulrich, *Taufpraxis und Tauffrömmigkeit im frühen Christentum*, in diesem Katalog.

[7] Siehe dessen drei sog. Schulschriften: „An den christlichen Adel deutscher Nation von des christlichen Standes Besserung" (1529), „An die Ratsherren aller Städte deutsches Lands, dass sie christliche Schulen aufrichten und halten sollen" (1524), „Eine Predigt, dass man Kinder zur Schule halten solle" (1530).

[8] Sehr gut in das pädagogische Denken führt ein: Melanchthon, Philipp: Glaube und Bildung, hrsg. v. Günter R. Schmidt, Stuttgart 1989.

[9] Eine nach wie vor gute Zusammenfassung der Entwicklung liefert Maurer, Wilhelm: Geschichte der Firmung und Konfirmation bis zum Ausgang der lutherischen Orthodoxie, in: Kurt Frör (Hrsg.): Confirmatio, München 1959, S. 9–38.

[10] Luther lehnte die Firmung vor allem in seiner sakramentstheologischen Schrift „Von der babylonischen Gefangenschaft der Kirche" (1520) ab.

[11] Vgl. die historisch differenzierte Darlegung von Kleinheyer, Bruno: Sakramentliche Feiern I (Gottesdienst der Kirche Bd. 7,1), Regensburg 1989, S. 237–245.

[12] So die gegenwärtig gültige Taufformel in der Kirchenprovinz Sachsen (Taufbuch. Agende für die Evangelische Kirche der Union Bd. 2. Im Auftrag des Rates herausgegeben von der Kirchenkanzlei der Evangelischen Kirche der Union, Berlin 2000, S. 42 u. ö.).

[13] Wirkmächtig ist hier das sog. Sintflutgebet aus Luthers (überarbeitetem) Taufbüchlein von 1526, das sich im Anhang des Kleinen Katechismus findet.

[14] Vgl. den Aufsatz von Bettina Seyderhelm, *Die Bekleidung der Täuflinge*, in diesem Katalog.

[15] Siehe Rössler, Dietrich: Pfarrhaus und Medizin, in: Martin Greiffenhagen (Hrsg.): Das evangelische Pfarrhaus. Eine Kultur- und Sozialgeschichte, Stuttgart ²1991, S. 231–246, mit anschaulichen Beispielen.

[16] Vgl. zum Folgenden Grethlein, Christian: Taufpraxis heute, Gütersloh 1988, S. 103–142. Und: ders., Taufe, in: ders., Günter Ruddat (Hrsg.): Liturgisches Kompendium, Göttingen 2003, S. 314–316.

[17] Vgl. hierzu Klaus Raschzok, *Die Taufe: ...,* (wie Anm. 3), in diesem Katalog.

[18] Ordnung des kirchlichen Lebens der Evangelischen Kirche der Union (EKU), Berlin 1999, S. 33, Artikel 14.

[19] Siehe Domsgen, Michael: Familie und Religion. Grundlagen einer religionspädagogischen Theorie der Familie, Leipzig 2004.

[20] Ein solcher „Einschub" ist in historischer Perspektive die Erfindung einer Theologie, welche die Kirchengemeinde zum eigentlichen Ort des Christseins stilisierte. Der Hintergrund dafür war wesentlich die kirchenferne Politik der Nationalsozialisten, die christliches Leben aus der Öffentlichkeit vertreiben wollten und so eine Reduktion christlicher Aktivitäten auf den zugelassenen Sonderraum der Kirchengemeinden initiierten. In der DDR wurde diese Politik durch eine kirchenfeindliche Staatsdoktrin noch forciert. Theologisch droht aber diese – historisch gut verständliche und unvermeidliche – Reduktion des Christlichen auf die Sozialform der Kirchengemeinde die wichtige Differenz zwischen Christus und der konkreten Kirche oder Gemeinde zu unterlaufen. Umgekehrt darf aber auch nicht der Zusammenhang zwischen dem Glauben an Christus und der Kirche zerrissen werden, insofern die durch die Taufe vermittelte Gemeinschaft mit Christus als Konsequenz auch die Gemeinschaft der so mit Christus Verbundenen nach sich zieht.

[21] Die einzelnen Argumente der letzten großen Debatte hat dargestellt: Hubert, Hans: Der Streit um die Kindertaufe. Eine Darstellung der von Karl Barth 1943 ausgelösten Diskussion um die Kindertaufe und ihre Bedeutung für die heutige Tauffrage, Frankfurt a. M. 1972.

[22] Zur systematisch ebenfalls hierin gehörenden Problematik der sog. Glaubenstaufen oder Wiedertaufen vgl. den historisch orientierten Beitrag von Peter Cornehl, *Zur Geschichte der evangelischen Taufe*, in diesem Katalog.

[23] So z. B. Stuhlmann, Rainer: Kindertaufe statt Säuglingstaufe – ein Plädoyer für den Taufaufschub, in: Pastoraltheologie 80 (1991), S. 184–204.

[24] Drews, Paul: Taufe III. Liturg. Vollzug, in: Theologische Realenzyklopädie Bd. 19 (1907), S. 450.

[25] Hier gibt es eine zusätzlich immer wieder für Verdruss sorgende Differenz zwischen evangelischer und römisch-katholischer Kirche. Während in evangelischen Kirchen auch katholische Christen Paten werden können, ist dies umgekehrt nicht möglich. Evangelische Christen können bei katholischen Taufen lediglich sog. Taufzeugen sein.

[26] Siehe Kenntner, Eberhard: Abendmahl mit Kindern. Versuch einer Grundlegung unter Berücksichtigung der geschichtlichen Wurzeln der gegenwärtigen Diskussion in Deutschland, Gütersloh ²1981.

[27] Sekretariat der Deutschen Bischofskonferenz (Hrsg.): Erwachsenentaufe als pastorale Chance. Impulse zur Gestaltung des Katechumenats, März 2001 (Arbeitshilfen 160).

[28] Reiner Blank, Christian Grethlein (Hrsg.): Einladung zur Taufe – Einladung zum Leben. Konzept für einen tauforientierten Gemeindeaufbau. Entwickelt im Gemeindekolleg der VELKD, 2 Bde., Stuttgart 1993/95.

Hartmut Mai[1]

Taufsteine, Taufbecken und Taufständer –
Geschichte und Ikonografie

I. Frühchristliche Wurzeln

Der christliche Gottesdienst ist nicht an bestimmte heilige Orte und an Bilder gebunden. Das gilt auch für die Taufe. Doch haben sich mit der Entstehung von Räumen für die Gemeindegottesdienste auch eigene Taufräume herausgebildet. Das früheste erhaltene Beispiel ist ein Privathaus in Dura-Europos in Syrien, das um 230 zu einem Haus der Christen umgestaltet wurde.[2] Neben dem Versammlungsraum befindet sich der Taufraum. Seine herausragende Bedeutung liegt nicht zuletzt darin, dass er das einzige Beispiel einer Ausmalung aus vorkonstantinischer Zeit darstellt, das nicht der Sepulchralkunst angehört. Das zentrale Bild an der Wand über dem Taufbecken stellt Christus als guten Hirten dar und links zu den Füßen Christi Adam und Eva im Paradiesesgarten.

Seit dem vierten Jahrhundert kommt es mit dem Bau ansehnlicher bischöflicher Basiliken zur Errichtung von ihnen benachbarten anspruchsvollen Baptisterien. So werden in Ableitung vom griechisch-lateinischen Wort für Taufe die Taufkirchen genannt. In diesen Räumen liegt das Taufbecken im Mittelpunkt.

Das früheste Beispiel einer Mosaikausstattung hat sich aus der Zeit um 400 im Baptisterium in Neapel erhalten. Im Zentrum der Kuppel erscheint das goldene Kreuzesmonogramm Christi vor dem gestirnten Himmel. Motive wie die Darstellung eines Hirten, zwei aus einer Quelle trinkende Hirsche, die Hochzeit zu Kana sowie Christus und die Samariterin am Brunnen können direkt auf das Taufgeschehen gedeutet werden.[3]

Dem fünften Jahrhundert entstammen die beiden Baptisterien in Ravenna.[4] Das Baptisterium des Domes ergibt noch ein vollständiges Bild von der Ausstattung durch Architekturglieder, Stuckaturen und Mosaiken nach einem Programm, dessen Bestandteile auch späterhin die Ikonografie mitbestimmen. Die Taufe Christi nimmt die Mitte der Kuppel ein, erscheint also über dem Täufling. Die von Petrus und Paulus angeführten Apostel, welche diese Szene umschreiten, bringen Christus die Märtyrerkrone dar. Im umgebenden Ring, der als ins Mosaik übertragene architektonische Rahmung ausgebildet ist, wechseln Altäre als Träger der aufgeschlagenen Evangelienbücher mit Christusthronen. Die Stuckaturen der Fensterzone zeigen außer Propheten unterschiedliche szenische und symbolische Anspielungen alt- und neutestamentlicher Herkunft auf das Taufgeschehen. Propheten stehen auch in den Akanthusranken der Arkadenzwickel des Erdgeschosses.

II. Romanik

Im Mittelalter führte die Mission der Germanen und Slawen zur Taufe von vielen Menschen auf einmal in Flüssen oder anderen Wasserstellen und in bereitgestellten Wasserbehältern.[5] Gesonderte Baptisterien in unmittelbarer Nachbarschaft von Bischofskirchen, im Frühmittelalter noch üblich, setzten sich nicht dauerhaft durch.[6] Der Taufstein als Ort des Taufvollzuges wurde in den Kirchenraum integriert. Die Säuglingstaufe als Regel und die schrittweise Delegierung des ursprünglich bischöflichen Taufrechts an die Gemeindekirchen haben in der Romanik zur Ausbildung unserer Taufsteine und ihrer Bedeutung als nächst den Altären wichtigstes Ausstattungsstück der Sakralräume geführt.[7]

Im mitteldeutschen Raum sind uns zahlreiche Taufsteine aus der Zeit der Romanik erhalten. Wie die Altäre, die damals noch keine Retabel besaßen, sind sie meist sparsam im Schmuck, doch würdig und monumental in der Ausführung. Es kam, gefördert durch exportierende Werkstätten, zur Herausbildung verschiedener Typen im Gestaltungsspielraum zwischen Bottich- und Kelchform. Das Becken gestattete nach seiner Breite und Tiefe das Eintauchen des Täuflings (*Immersio*).

Polygonale Grundformen als Sechseck, Achteck (Nordhausen, Dom, aus Kloster Ilfeld, um 1200), Zwölfeck (Nedlitz bei Burg, um 1200), Sechzehneck (Jerichow, Stiftskirche, aus der Stadtkirche, zweites Viertel 13. Jahrhundert) hatten ihre Grundlage in der christlichen Zahlensymbolik, die schon bei den frühchristlichen Taufstätten zu beobachten war und bis in die Neuzeit in Gebrauch blieb. Die Sechs steht für die Kreuzigung Christi am sechsten Tag der Woche und für die Werke der Barmherzigkeit, die Acht für seine Auferstehung am achten Tage und die Seligpreisungen der Bergpredigt (in der Verdoppelung 16), die Zwölf sowohl für die Propheten des Alten Testaments als auch für die Apostel sowie für die Tore des Himmlischen Jerusalems (Offenbarung 21,9–14). Neben der Verwendung von Naturstein kam es in Verbindung mit dem Glockenguss zur Herstellung von Taufbecken aus Metall, die vor allem im norddeutschen Raum, wo sie häufig als Fünte bezeichnet werden, Verbreitung fanden.

Manche romanische Taufbecken wurden zu Trägern mehr oder weniger umfangreicher Bildprogramme. Sie sollten die Heilsbedeutung der Taufe in biblischen, allegorischen, symbolischen und mythologischen Bildern veranschaulichen und verkündigen. Die Romanik schuf die Grundlagen und entwickelte Modelle zur Ikonografie der Taufsteine und Taufbecken, auf denen in den folgenden Jahrhunderten weitergebaut wurde. Bibel und Liturgie lieferten im Einklang mit überlieferten Bildtraditionen die Grundsteine zu einer im Einzelnen variierbaren bildlichen Taufverkündigung.

Eindrucksvolle Zeugnisse der romanischen Epoche sind die Taufsteine in Freudenstadt im Schwarzwald (um 1100)[8] und in Nieblum auf Föhr (um 1200)[9]. Die sie schmückenden Reliefs gestalten die Überwindung des Bösen in der Taufe. In der ehemaligen Stiftskirche in Freckenhorst steht das „bedeutendste romanische Taufbecken Deutschlands aus dem 12. Jahrhundert (um 1129)".[10] Das zylindrische Becken zeigt in schmaler Sockelzone Daniel in der Löwengrube, in der breiteren Hauptzone darüber in sieben Szenen das Leben Christi: Verkündigung, Geburt, Taufe, Kreuzigung, Christus in der Vorhölle und Engel am Grabe, dann Himmelfahrt und Jüngstes Gericht. In der die Szenen trennenden Arkatur sieht man auch einen an die Säule gebundenen Teufel. Die älteste erhaltene Metallarbeit mit der Gestaltung eines eigenständigen Bildprogramms auf hohem künstlerischen Niveau stellt der Gelbguss des Reiner von Huy für die Kirche Notre Dame-aux-Fonts in Lüttich aus der Zeit zwischen 1107 und 1118 dar, der sich seit 1803 in der dortigen Stiftskirche Saint-Barthélemy befindet.[11] Das Bildprogramm zeigt im Anschluss an das zur Ausstattung des Salomonischen Tempels in Jerusalem gehörende Eherne

Meer (1. Könige 7,23–26) zwölf Rinder, die das Becken tragen.[12] Laut Inschrift am unteren Rand des Beckens symbolisieren sie die zwölf Apostel. Die Beckenwand schmücken auf die Taufe bezogene biblische und außerbiblische Szenen: Taufe der Zöllner durch Johannes, Predigt Johannes des Täufers in der Wüste, Taufe Christi, Taufe des Cornelius durch Petrus, Taufe des Philosophen Crato durch den Evangelisten Johannes. Diese Szenen werden durch lateinische Inschriften erklärt und gedeutet.

Um 1230 wurde für den Dom in Hildesheim ein Taufbecken geschaffen, welches ein sehr bedeutendes in Bronze gegossenes Werk seiner Zeit ist.[13] Kessel und dazugehöriger Deckel sind mit Reliefs nach einem einheitlichen typologischen Bildprogramm überzogen. Ihm liegt laut Inschrift die Vierzahl zugrunde, dargestellt in den vier das Gefäß tragenden Paradiesesströmen, den vier Kardinaltugenden, vier großen Propheten und vier Evangelisten. Die bildlichen Darstellungen werden durch lateinische Inschriften interpretiert. Zu den Szenen an der Beckenwand gehören als zwei seit dem Mittelalter unter Bezug auf die Taufe häufig angewandte alttestamentliche Erzählungen der Durchzug der Israeliten durch das Rote Meer und der Übergang über den Jordan ins gelobte Land.

Ein wichtiges Beispiel ikonografischer Gestaltung im mitteldeutschen Raum bietet der alte Taufstein im Dom zu Merseburg aus der Zeit um 1180.[14] Der Sockel wird von vier Löwen und vier Personifikationen der Paradiesesströme gebildet. Die Darstellung von Löwen kann von unterschiedlicher Bedeutung sein.[15] An der Beckenwandung stehen unter zwölf Rundbogenarkaden, zu verstehen als die zwölf Tore des Himmlischen Jerusalems (Offenbarung 21,9–14), die Propheten des Alten Bundes, die auf ihren Schultern die zwölf Apostel tragen. So ruht die Botschaft der von Christus in die Welt gesandten Apostel, die der Überlieferung nach das bei der Taufe verwendete Apostolische Glaubensbekenntnis verfasst haben, auf den Schultern der Verheißung des Alten Bundes. Unmittelbar auf das Taufgeschehen bezieht sich die Inschrift am Beckenrand:

Hos deus emunda quos istic abluit unda, Sint ut interius quod fit et exterius (Gott reinige die, die hier die Woge reinwäscht, damit innerlich geschehe, was auch äußerlich geschieht).

Figürlichen Schmuck zeigt auch der in seiner Sockelzone rekonstruierte Taufstein der Unterkirche St. Nikolai in Burg mit menschlichen Köpfen und Tierleibern. Gut erhalten ist das aus Alsleben stammende achteckige Taufbecken in der Stiftskirche zu Gernrode, wohl aus der Zeit um 1150. Die Felder sind mit Reliefs geschmückt. Es ergeben sich zwei Dreiergruppen, die eine mit dem gekreuzigten Christus zwischen Maria und Johannes, die andere mit dem in der Mandorla thronenden erhöhten Herrn zwischen zwei Engeln. In den Feldern zwischen diesen Gruppen halten Reliefs die Eckpunkte des Erdenlebens Christi, seine Geburt und Himmelfahrt, fest.[16] Im Übrigen sind ikonografische Aussagen trotz beachtlicher Anzahl romanischer Taufsteine selten. So sagt eine mittelhochdeutsche Inschrift am Taufstein in Flötz bei Zerbst, dass das dreimalige Untertauchen Christi im Jordan zum Heil geführt hat.[17] Die halbkugelförmige Kuppa des Taufsteins in Lostau bei Burg trägt am oberen Rande umlaufende Inschriften. Am Fuß sind vier schreitende Löwen eingeritzt. In Nedlitz bei Burg wurde der um 1200 geschaffene Taufstein auf vier Skulpturen gesetzt, von denen noch drei erhalten sind: ein Löwe sowie ein nackter und ein bekleideter Mann.[18] An einem Taufstein, der sich heute im Stadtgeschichtlichen Museum in Leipzig befindet, gelang mit einfachen Mitteln eine eindrucksvolle Bildaussage. An einer Seite ist als Flachrelief der Lebensbaum zu sehen.

III. Gotik

In der Zeit der Gotik wird die ikonografische Tradition der romanischen Taufbecken fortgesetzt. Die seit dem späten 13. Jahrhundert in Norddeutschland stark verbreiteten Taufbecken aus Metall werden häufig zu Trägern mehr oder weniger umfangreicher Bildprogramme. Einen Höhepunkt stellt das 15. Jahrhundert dar. In Mitteldeutschland hat sich ebenfalls eine beträchtliche Anzahl erhalten. Genannt seien an dieser Stelle St. Martini in Halberstadt (um 1300, Katalog-Nr. A 3), St. Katharinen (1421, Katalog-Nr. A 5) und St. Marien (1520/22) in Salzwedel, Marktkirche und St. Ulrich[19] in Halle (beide 1430), Stadtkirche in Wittenberg (1457), St. Stephani in Aschersleben (1464, Katalog-Nr. A 7) und St. Marien in Stendal (1474, Katalog-Nr. A 8). Verschiedene sind in der Ausstellung zu sehen und werden unter den Katalognummern beschrieben. Vor allem ermöglichten der Wohlstand in den Städten und die Arbeit der dort ansässigen Gießerwerkstätten die Aufstellung aufwändiger Metallbecken in oft dichter Folge in den großen Kirchen. Zwei Hauptvertreter dieser Epoche im norddeutschen Raum wurden für die Marienkirche in Rostock (1290) und die Marienkirche in Frankfurt/Oder (1376) geschaffen.

Zur ikonografischen Tradition gehört auch die Anbringung der Apostel, verbunden mit einer Kreuzigungsgruppe, manchmal auch weiteren biblischen Szenen. Auf Apostelfiguren konzentriert sich der Bildschmuck am Taufbecken in der Stadtkirche zu Wittenberg.[20] 1457 durch Hermann Vischer d. Ä. in Nürnberg in Bronze gegossen, stellt dieses Werk durch die geschweiften Stützen und den reichen Fialenschmuck etwas Besonderes dar. Die repräsentative Bedeutung wird auch an den Löwen am Fuß sichtbar, die die Wappen des Kurfürsten (Friedrich II.), der Stadt Wittenberg und des Bistums Brandenburg halten. Ein vergleichbares Bronzewerk gibt es in der Kirchenprovinz Sachsen nicht. Den Übergang von der Spätgotik zur Renaissance im ersten Viertel des 16. Jahrhunderts vertritt die hervorragend gestaltete Taufanlage in St. Marien in Salzwedel von 1520.[21] Über dem von Löwen gehaltenen kelchförmigen Taufbecken steigt ein kunstvoller Baldachin empor, der aus Maßwerkbögen, Weinlaubranken und Balustern als Untersatz für Figuren gebildet wird. Bekrönt wird der Baldachin, dem Patrozinium der Kirche entsprechend, von einer Marienfigur. Die Gittereinfassung kam 1522 hinzu.

Die Mehrzahl der Taufbecken, die in Mitteldeutschland in der Zeit der Gotik in den Kirchen neu aufgestellt wurden, sind Arbeiten aus Naturstein mit Maßwerkschmuck. Figürliche Darstellungen treten demgegenüber stark zurück. In verschiedenen Gegenden trifft man jedoch auch auf Taufsteine, die mit figuraler Plastik geschmückt sind und ein Programm darbieten, das auf die Taufe bezogen ist.

Ein hochrangiges und in seiner Art einzigartiges Werk spätgotischer Bildhauerkunst innerhalb Mitteldeutschlands ist der Taufstein in der katholischen Severikirche in Erfurt, eine Stiftung von Kanonikus Johann Steinberg aus Duderstadt von 1467. Durch einen 15 m hohen kunstvollen Aufbau auf dreieckigem Grundriss, der den sechseckigen Taufstein umgibt und bis zum Gewölbe hinaufreicht, kommt der Ort der Taufe im weiten Hallenraum voll zur Geltung. Zum Bildprogramm gehören an den Pfeilern paarweise angeordnete Apostel, Engel auf dem abschüssigen Strebewerk und eine Strahlenkranzmadonna oben im Baldachin.[22]

Taufsteine mit Bildprogrammen aus dem weiteren Umfeld von Magdeburg seien hier angefügt. Der große zwölfeckige Taufstein in Cröchern bei Tangerhütte zeigt den auferstandenen

Christus mit elf Aposteln.[23] Am Taufstein in Heiligenfelde bei Osterburg (1521) sind die Reliefs von Maria, Katharina, Sebastian und Johannes dem Täufer zu sehen.[24] Mit einem achtteiligen Bildzyklus zum Leben Christi von der Ankündigung der Geburt bis zur Taufe im Jordan wurde der Taufstein in Gehrden bei Zerbst versehen.[25]

Der nun schon konventionelle Rückgriff auf die Kelchform wird von Hans Witten in Anknüpfung an die zeitgenössische Goldschmiedekunst neu gefasst. Bei einem um 1515 entstandenen Taufstein, der sich seit 1556 in der St. Annenkirche in Annaberg befindet, wächst die sechspassförmige Kuppa aus einem Schaft heraus, der Assoziationen zu einem Baumstamm weckt und so möglicherweise auf den Baum des Lebens hinweist. Kindengel umschweben ihn mit einem Spruchband, das die Worte von Matthäus 28,19 trägt. Am Fuße sitzen vier Kinder in Erwartung der Taufgnade. In der Einbeziehung von Kinder- und Kindengel-Darstellungen nimmt der Annaberger Taufstein ein bei nachreformatorischen Taufsteinen Mitteldeutschlands verbreitetes Motiv vorweg.[26]

IV. Renaissance und Manierismus

In der Reformationszeit kommt die Tauffrage in Bewegung (s. Aufsatz v. Peter Cornehl, *Zur Geschichte der evangelischen Taufe*). Lutheraner und Katholiken führen mit den künstlerischen Mitteln der Renaissance die typologischen und ikonografischen Traditionen fort. Es gibt jedoch auch Unterschiede. So hat das reformatorische Bekenntnis zur Einheit von Wort und Sakrament beim Bau der Kapelle von Schloss Wilhelmsburg in Schmalkalden 1588/90 zu neuen räumlichen Konsequenzen geführt. Altar, Kanzel und Orgel stehen axial hinter- und übereinander. Darüber hinaus hat Wilhelm Vernuken Tischaltar und Taufstein ganz aus Alabaster als Einheit gestaltet. Die Mittelstütze in Form eines Taufsteins trägt die Tischplatte, die in der Mitte eine runde Vertiefung für die Taufe besitzt. Die Ecken werden von den Evangelistensymbolen gestützt.[27] Die ikonografischen Programme lutherischer Taufsteine stehen ausdrücklich im Dienste reformatorischer Taufverkündigung.[28] Sie bezeugen ganz im Sinne Luthers die Hochachtung der Taufe bzw. der Kindertaufe als Gnadenmittel, als Weg zum Heil, was immer auch die Absage an die Wiedertäufer einschließt.

Die Katholiken betonen die Kontinuität der einen wahren katholischen Kirche vor Ort. Jedenfalls lässt sich das an den neuen Taufsteinen ablesen, die in Erfurt der katholische Dom einerseits und die Reglerkirche und Kaufmannskirche als lutherische Gemeindekirchen andererseits erhielten.

In Anknüpfung an die Taufanlage in der Severikirche von 1467 fand 1585/87 im Westjoch des nördlichen Seitenschiffes des Domes ein neuer Taufstein mit einem bis zum Gewölbe hinaufreichenden Gehäuse als eine Stiftung von Domherr Konrad von Breitenbach Aufstellung.[29] Am Fuß des achteckigen Taufsteins erhielten vor Muschelnischen die schreibenden Evangelisten und die sie symbolisierenden Wesen ihren Platz. Die Kuppa schmücken weibliche Allegorien der drei christlichen Tugenden (Glaube, Liebe, Hoffnung) und der vier Kardinaltugenden (Gerechtigkeit, Klugheit, Mäßigkeit, Tapferkeit). Über dem Gesims der Eingangsseite des Gehäuses ist der wiederkommende Christus auf dem Regenbogen zu sehen, und über der Spitze des den Aufbau krönenden Obelisken, einem Ewigkeitssymbol, Gottvater in Wolken. Brustbilder auf dem Hauptgesims stellen die Stadt Mainz als „Mutter Erfurts", Bonifatius, Eoban (?), Adolar und Martin dar, die Einbindung der Erfurter Kirche in das Mainzer Erzbistum dokumentierend. Dass im Erfurter Dom und an seinem Taufort die *vera ecclesia* präsent ist, bezeugt auch die lateinische Inschrift am Sockel für den großen Obelisken:

SI NON AVDIERIT ECCLESIAM SIT TIBI TANQVAM ETHNICVS ET PVBLI-CANVS MAT. 18. [Matthäus 18,17] EA EST VERA ECCLESIA, DE QVA ALIAE ECCLESIAE EXIVERVNT. NON HABEBIT DEVM PATREM, QVI NON VVLT ECCLESIAM MATREM. CREDO ECCLESIAM SANCTAM CATHOLICAM SANC-TORVM COMMVNIONEM.[30]

Bald nach dieser anspruchsvollen Taufanlage entstanden die evangelischen Taufsteine in der Reglerkirche (1602) und in der Kaufmannskirche (1608).[31] Beide weisen Kelchform auf achtecki-gem Grundriss auf: Am Fuß sitzen Propheten, an der Kuppa als Reliefs Engel mit den Leidens-werkzeugen.

Groß ist die Zahl kostbarer, mit Bildprogrammen ausgestatteter Taufsteine, die bis in die Zeit des Dreißigjährigen Krieges in Mitteldeutschland und daran angrenzenden Gebieten dank frommer Stiftung von Fürsten, Kirchenpatronen und spendenfreudiger Gemeindeglieder in die Kirchen gelangten.[32] Als Beispiel sei der Taufstein in Klostermansfeld von 1582 angeführt. Am acht-seitigen Becken sind als Reliefs die Evangelisten zwischen Wappen zu sehen. Über einem Wappen-schild mit Darstellung eines Ankers ist PALTZER V ROTTORF zu lesen, wahrscheinlich der Name des Stifters. Die Inschrift am oberen Rand hält den Beginn des Gebrauches fest: ANNO 82 IST DIESER TAUFSTEIN GEMACHT UND IST ERSTLICH DARIN GETAUFT ANDREAS BECKR. PATEN MATS KONNIGK MELCHER RIEMER A. R. ROT.[33]

Außer Stifterwappen und -inschriften erhalten Taufsteine mit umfänglicheren Bildprogram-men folgende Schwerpunkte: Bibelsprüche, insbesondere aus dem Neuen Testament mit zentra-len Aussagen zur Taufe. So werden Taufsteine selbst zu Orten der Taufverkündigung und des Taufbekenntnisses. Die andere Möglichkeit ist die Darstellung von Taufberichten aus dem Neuen Testament, zum einen Taufhandlungen der Apostel, zum anderen vornehmlich die Taufe Christi durch Johannes in Zuordnung zu weiteren Szenen aus dem Leben des Erlösers, aber auch allein als Ereignis, das die christliche Taufe begründet.[34]

Stellvertretend wird hier der Taufstein mit Deckel aus Arnsnesta gezeigt und beschrieben.[35] Der Taufstein ist aus Sandstein (1604), der Deckel aus Holz (möglicherweise etwas später) ursprüng-lich für die Kirche in Lebusa gefertigt worden.[36] Über einem profilierten quadratischen Fuß er-hebt sich ein gebauchter, mit Beschlagwerkornament geschmückter Schaft. Er trägt das achtsei-tige Becken. Die Simse umlaufen Schriftbänder in lateinischen Großbuchstaben, oben Markus 16,16 und unten Markus 10,14. Auf den Feldern werden Engelsköpfe und Wappen von Beschlag-werk eingefasst. Drei Felder tragen Inschriften: zur Errichtung des Taufsteins 1604, Matthäus 11,28 und einen erst in Arnsnesta angebrachten Gedächtnistext.[37] Zum Taufstein gehört ein mit plastischem Schmuck versehener Deckel, dessen Platte in Fraktur die Umschrift Markus 10,14 trägt. Über den Ecken der acht Seiten stehen auf Postamenten Kindengel mit den Leidenswerk-zeugen Christi. Volutenanschwünge leiten über zu einem Tempelchen, in dem die Figurengruppe der Taufe Christi ihren Platz fand.

Abb. 1: Taufstein in Arnsnesta, Kirchenkreis Bad Liebenwerda

Bei nicht wenigen Taufsteinen werden den neutestamentlichen Szenen alttestamentliche typologisch beigefügt unter Berufung auf Bezüge, die bereits in biblischen Texten enthalten sind. So werden biblische Szenen mit den entsprechenden Schriftstellen innerhalb eines Programms verknüpft. Am häufigsten sind auf Taufsteinen aller Art die das Handeln der Kirche begründenden Worte Christi angebracht: Matthäus 28,19 f.; Markus 16,16 und Markus 10,14 bzw. Lukas 18,16. Als Einzelfiguren, auch zu Gruppen zusammengestellt, finden sich Propheten, Apostel, Evangelisten, Engel, Tugenden und Kinder als Täuflinge.

Unter den ausgestellten Taufsteinen bringt derjenige aus der Kirche Unser Lieben Frauen in Burg b. M. (1608/11) den Reichtum des Bildprogramms als künstlerisches Mittel reformatorischer Taufverkündigung wirkungsvoll zur Geltung (Katalog-Nr. A 12). Seit Einführung der Reformation stark verbreitet ist die Ausschmückung mit auf die Taufe bezogenen Bibelsprüchen an der Kuppa, häufig in der Form von Schrifttafeln. Ein frühes Beispiel für diese „predigenden" Taufsteine stand in der Marienkirche in Dessau und stammte von 1533.[38] Die Aufstellung dieses monumentalen kelchförmigen Ausstattungsstückes hatte damals Bekenntnischarakter. An der Kuppa wechselten Wappen mit Schriftworten in lateinischer Sprache: Römer 6,4; Johannes 3,5; Matthäus 28,19; Markus 16,16. Am Einsatz aus Zinn war außerdem Titus 3,4–7 eingraviert. Hinzu kamen Inschriften, wonach 1533 „hoc baptisterium" unter den „ministri sacri evangelii" Pastor Gregor Peschel und Prediger Nicolaus Haussmann errichtet wurde. Die Wappen zeigen außerdem, dass hinter der Stiftung des Taufsteins für die Stadt- und Schlosskirche das anhaltinische Fürstenhaus stand: Paulus von Berge, Kanzler; Margarete geb. Herzogin von Münsterberg, Fürstin zu Anhalt; Johann, Georg und Joachim, Fürsten zu Anhalt.

Daneben war es üblich, dass Spruchbänder von Engeln gehalten wurden und auch den oberen Rand der Kuppa umgaben.

Auf zwei künstlerisch wertvolle Taufsteine, an deren Beckenwänden Bild und Bibelwort aufeinander abgestimmt sind, sei besonders hingewiesen. Am aus Sandstein gefertigten Taufstein in Zschepplin (um 1570) wechseln Wappenfelder mit biblischen Szenen. Über diesen ist jeweils ein deutender Bibelspruch angebracht. Zur Beschneidung hinzugefügt ist 1. Mose 17,14. Beim Zug der Israeliten durchs Rote Meer 2. Mose 15,3 f. Zur Segnung der Kinder gehört das Jesuswort Markus 10,14, und bei der Taufe Christi steht Matthäus 3,17.

Ein kostbarer Taufstein, gefertigt 1614 von Georg Kriebel in Magdeburg aus verschiedenfarbigem Marmor und Alabaster, steht im Chor der Thomaskirche in Leipzig.[39] Am achtseitigen Becken wechseln Alabasterreliefs mit Bibeltexten in Goldschrift nach folgender Ordnung: 1. Petrus 3,20 f. – Relief mit der Sintflut und Arche Noah; Markus 16,16 – Relief mit der Taufe des Kämmerers aus dem Mohrenland; Hebräer 11,29 – Relief mit dem Durchzug durchs Rote Meer; Johannes 3,5 – Taufe des Syrers Naeman. Vom Deckel (1616) in der Form eines Tempietto hat sich, von einigen weiteren Bruchstücken abgesehen, nur noch die Bekrönung, eine Alabasterfigur des segnenden Christus mit einem Kind auf dem Arm, erhalten. Im Tempietto selbst war die Taufe Christi dargestellt. Unterhalb seiner Rundbögen saßen die Evangelisten und zwischen ihnen Putten. Bibelsprüche gehörten ebenfalls zu seinem Programm.[40]

Seit dem frühen 17. Jahrhundert wird es üblich, neben Stein und Metall auch Holz für die Taufstätte zu verwenden. In der Zeit des Dreißigjährigen Krieges erhielt die Oberkirche in Arnstadt im Zuge einer höchst bedeutsamen liturgischen Ausstattung durch den Bildhauer Burk-

hard Röhl neben Altar und Kanzel auch einen Taufstein (1639). Der in der Achse des Altars bis
zu fünf Metern aufragende Aufbau in drei Zonen besteht aus einem von vier Kindern gezierten
Fuß mit dem ausladenden Taufbecken zur Aufnahme der zinnernen Taufschüssel. Vier Säulen,
die das Becken umstehen, tragen einen Baldachin mit den Evangelisten und mit Müttern mit
Kindern. Darüber sind die Taufe Christi sowie Engel mit Leidenswerkzeugen und als Abschluss
der segnende Christus angeordnet.[41]

Vom 16. bis ins späte 17. Jahrhundert gruppieren sich häufig Kinder bzw. Putten um den Taufstein. Sie verweisen auf die den Kindern zuteil werdende Taufgnade. Gelegentlich halten sie
Musikinstrumente, die Leidenswerkzeuge Christi oder Inschrifttafeln. Am Taufstein in St.
Marien in Freyburg/Unstrut (1592) beispielsweise umziehen nackte Putten im Reigen den Schaft,
zwischen ihnen zwei Kinder in spanischer Tracht mit steifem Kragen. In Osterwohle (Altmarkkreis Salzwedel, s. Katalog-Nr. A 14) bildet die Taufanlage einen wichtigen Teil der manieristi-
schen Neuausstattung der Kirche aus der Zeit um 1620. Das Taufbecken ist achteckig, steht auf

einem achteckigen, von einem hölzernen Gitter eingefassten Podest inmitten des Schiffes und zeichnet sich durch reiche Schnitzerei aus (Hermen, Voluten). Ein über dem Becken schwebender Deckel betont die Vertikale. In einem Tempietto ist als Figurengruppe die Taufe Christi zu sehen. Den Abschluss bildet der Pelikan als Symbol für das Selbstopfer Christi.

V. Barock

Nach dem Ende des Dreißigjährigen Krieges und bis in die zweite Hälfte des 18. Jahrhunderts erlebt die Kirchenbaukunst nach Umfang, Innovation und Qualität einen enormen Aufschwung. In den evangelischen Gebieten dominiert die mit Emporen ausgestattete Predigtkirche mit Kanzelaltar. An diesem barocken Innovationsschub hat auch die Gestaltung der Taufstätte Anteil. Meist in der Achse des Altars bzw. Kanzelaltars aufgestellt, prägt sie das liturgische Zentrum des Raumes mit.[42]

Markante Beispiele bieten die in ihrer klaren Raumkonzeption vorbildlichen sächsischen Kirchen von George Bähr, bei denen die in der Achse des Kanzelaltars aufgestellten Taufsteine in jeweils origineller künstlerischer und ikonografischer Gestaltung die ihnen eigene liturgische Bedeutung ausdrücken.[43]

Typisch für die Raumordnung Dresdner Art und für die Weiternutzung des alten Inventars in einer anderen Kirche (Arnsnesta) ist die vermutlich auf Matthäus Daniel Pöppelmann zurückgehende neue Kirche in Lebusa (1725–1727).[44] Zusammen mit dem Kanzelaltar erhielt sie einen neuen Taufstein.

Eine sinnfällige räumliche bzw. liturgische Vereinheitlichung von Wort und Sakrament gelang 1679/80 in Hötensleben. Dort stehen an den Schranken des Kanzelaltars zwei Kindengel, die die muschelförmige Taufschale halten (Katalog-Nr. K 10).[45] In Sietzsch bei Halle stellte man bei der Neuausstattung der Kirche 1710/1720 vor den Kanzelaltar mit den Gestalten der Evangelisten den Taufstein. Auf dem vierfach gestuften Deckel wurden sitzende Putten, darüber zwölf stehende Apostel, in deren Mitte Christus und an der Aufzugskette Gottvater angebracht. So ergab sich ein prachtvolles barockes Gesamtbild. In der 1688 eingeweihten Kirche zu Kleinwölkau stand der ausladende, von zwei Kinderfiguren getragene marmorne Taufstein vor dem in einer Konche hoch aufragenden Altar und bildete zugleich die Mitte zwischen Kanzel und Herrschaftsstand, die sich seitlich gegenüberlagen.[46]

In Materialwahl, Gestalt und Ikonografie stehen die Taufstätten einerseits in Kontinuität mit der vorangegangenen Zeit. So schließen sich Taufsteine mit oder ohne Bildprogramm an die überlieferte Kelchform an. Andererseits werden gerade im Luthertum neue Lösungen gesucht. Neben Stein und Metall wird jetzt immer häufiger Stuck und Holz gewählt. Vergleichbar den hölzernen Altären, Kanzeln und Beichtstühlen wird der Taufständer zu einem kunstvollen Möbelstück in freier Formenwahl, die sich oft an die Gestalt von Gartenvasen und Urnen anschließt.

In der barocken Frömmigkeit und ihrem Niederschlag in der Ikonografie spielt die Verehrung der Dreifaltigkeit eine zentrale Rolle. Das ist auch ein wichtiger Impuls für die Gestaltung der Taufstätte, erfolgt doch die Taufe im Namen des Vaters, des Sohnes und des Heiligen Geistes, und wird das Ereignis der Taufe Christi selbst als Offenbarung der Dreieinigkeit verstanden. Die Darstellung der Taufe Christi zum einen, meist auf Deckeln, bietet ein wichtiges ikonografisches Kontinuum, ganz auffällig übrigens auch bei katholischen Taufsteinen.[47] Zum andern aber wird bei der Konzeption von Taufen gern die Dreizahl zugrunde gelegt, so z. B. in Ebersbach bei Löbau, in Vieritz bei Rathenow, in Wust bei Havelberg sowie in Eckstedt bei Erfurt.

Hölzerne Taufständer ermöglichten ein Variieren in der Wahl des Standorts. Eine solche Beweglichkeit wurde auch durch die Erfindung des von der Kirchendecke herabschwebenden Taufengels erzielt. Der Katalog enthält dazu einen eigenen Beitrag (Peter Poscharsky, *Taufengel*). Als Träger des Taufbeckens, einzeln oder als Gruppe, fanden die „dienstbaren Geister" (Hebräer 1,14), Überbringer des Evangeliums, Beschützer der Frommen schon im frühen 17. Jahrhundert Eingang. Das Bronzetaufbecken in der Stadtkirche zu Bückeburg von 1615 ist dafür ein wichtiges Zeugnis. Zwei Engel, auf einer Kugel sitzend, tragen das vierpassförmige Becken.[48] Meist ist es nur **ein** Engel, dem diese Aufgabe zugedacht ist wie in Tucheim (nach 1615)[49], Stadtroda (Salvatorkirche, 1650), Bad Lauchstädt (um 1686) und Schlieben (1765, Katalog-Nr. K 7)[50].

Die Verbreitung der schwebenden Taufengel seit 1700 ausschließlich in lutherischen Gebieten führte vielerorts zur Verdrängung des überlieferten Taufsteins. Diese Entwicklung wurde ähnlich wie bei der Ausbreitung des Kanzelaltars dadurch begünstigt, dass es im Luthertum kaum Vorschriften zur Gestaltung liturgischer Einrichtungsgegenstände gab.[51]

Eine aus dem Bedarf der Gemeinde erwachsene lutherische Neuerung, die sich rasch verbreitete, stellt auch die Verbindung von Taufstein und Lesepult dar.[52] Der Deckel trägt die Platte für die gottesdienstlichen Bücher. Die Gründe für die Beliebtheit einer solchen Lösung mögen verschieden gewesen sein. Als sie aufkam, verfügten Dorfkirchen in der Regel noch über kein eigenes Lesepult, an dem biblische Lesungen, Lesepredigten und Katechisationen gehalten werden konnten. Theologisch betrachtet, konnte die Verbindung von Taufstätte und Pult die Zusammengehörigkeit von Lehren und Taufen ausdrücken.

Wenn man sich unter den barocken Taufsteinen in Mitteldeutschland umsieht, wird man auch einige finden, bei denen die originelle künstlerische Gestaltung im Dienste der Taufverkündigung steht. In Zschepen (1715/17, s. Katalog-Nr. A 17) scheinen zwei auf Wolken schwebende Kindengel das urnenförmige, in eine Flamme mündende Taufgefäß herbeizubringen, gewiss ein Hinweis auf die von Gott geschenkte Taufgnade.

Zu den besonderen barocken Taufsteinen in Mitteldeutschland zählt hinsichtlich seiner Form und Bildgestaltung derjenige in der Stadtkirche zu Weißenfels.[53] Ihn stiftete 1681 Herzog Johann Adolph I. von Sachsen-Weißenfels. Die Wandung des bottichförmigen Taufsteins zeigt als die Fläche einnehmendes Hochrelief Adam und Eva im Paradies nach dem Sündenfall sowie einen im Anblick eines Hirsches knienden Beter, worin ein Anklang an Psalm 42 gesehen wird. Verloren gegangen sind nicht nur Farbfassung und Vergoldung, sondern auch der geschnitzte Deckel mit der zugleich als Darstellung der Trinität gestalteten Taufe Christi und die Einfassung mit der Widmungsinschrift des Herzogs und der Stelle Markus 10,14 als Einladung des Heilandes an die Kinder. Herzogin Johanna Magdalena, die Gemahlin Johann Adolphs I., stiftete die dazugehörige kostbare Taufschale aus Silber. Diese Treibarbeit zeigt die Taufe Christi in der Saale vor dem Weißenfelser Schloss. In das Rankwerk des Beckenrandes sind vier Medaillons mit auf die Taufe bezogenen Bibelstellen eingefügt: Matthäus 3,17; Markus 16,16; Galater 3,27 und Markus 10,44 (s. Katalog-Nr. Cc 4).

VI. KLASSIZISMUS, HISTORISMUS UND MODERNE

Am Stilwandel vom Barock zum Klassizismus hat auch die Entwicklung der Taufstätten teil. Innerhalb dieses Rahmens besteht künstlerische Freiheit. Beliebte Modelle sind die Urne (Krüssau, s. Katalog-Nr. A 18) und der Säulenstumpf. Als Material dienen Naturstein, Stuck, Keramik, Holz und Metalle (neben Bronze, Messing und Kupfer jetzt auch Gusseisen und Zink).

Als sich im Zuge des Historismus der Kirchenbau an die Stile vergangener Epochen, an Romanik und Gotik, später an Renaissance und Barock anschloss, dienten auch die alten Taufsteine als Vorbild für Neuschöpfungen. Sie schienen der Würde des Taufsakraments weit mehr zu entsprechen als die barocken Taufengel, die jetzt zunehmend wieder aus den Kirchenräumen verbannt wurden. Nur kniende, die Taufschale präsentierende Engel wurden noch gelegentlich aufgestellt. Das Vorbild dafür schuf Bertel Thorvaldsen für die Frauenkirche in Kopenhagen (Modell 1827, Ausführung 1832). Ihm folgten St. Jakob in Köthen (1836)[54] und Niemberg (Kirchenkreis Halle, Katalog-Nr. K 58).

Die Ikonografie der Taufsteine und Taufgeschirre des 19. Jahrhunderts beschränkt sich mehrheitlich wie schon seit Jahrhunderten auf die Bibelsprüche mit Taufaussagen, vorzugsweise auf Markus 10,14 bzw. Lukas 18,16 und Matthäus 28,19.[55] Da fällt die Wahl eines anderen Schriftwortes wie auf dem 1899 vom Gemeinde-Kirchenrat in Prettin gestifteten Taufstein besonders ins Auge. Dort steht Psalm 110,3: DEINE.KINDER.WERDEN.DIR.GEBOREN.WIE.DER. THAU.AUS.DER.MORGENRÖTHE.

Unter den historistischen Werken der ersten Hälfte des 19. Jahrhunderts sind drei gegossene sechseckige Becken hervorzuheben, die auf einen Entwurf Karl Friedrich Schinkels zurückgehen und in der Dorfkirche in Neuhardenberg (um 1820)[56], in der Schlosskirche in Wittenberg (1832)[57] und in der Johanniskirche in Zittau (um 1838) aufgestellt wurden. Die an Fuß, Schaft und Kuppa teilweise mit gotisierenden Ornamenten unter Einbeziehung von Kornähren, Weinreben, Lilien und Wellen mit Fischen durchgebildeten Becken haben als figürliche Darstellungen die christlichen Tugenden und die Segnung der Kinder durch Jesus. Diese ist, verteilt auf die Felder der Kuppa, eine liebevolle und eigenständige Fortbildung eines traditionellen Themas evangelischer Taufsteine.

Auch sonst hat man dem Taufstein bzw. Taufbrunnen, nicht selten in freiem Anschluss an die mittelalterliche Tradition, hinsichtlich Typus und Ikonografie im 20. Jahrhundert große Aufmerksamkeit zugewendet. Diesbezüglich gibt es kaum konfessionelle Unterschiede.

In mitteldeutschen Kirchen findet man auch moderne Taufsteine mit teilweise figürlichem Bildprogramm. Die spätgotische Stadtkirche St. Laurentius in Pegau, deren Innenraum in der ersten Hälfte des 17. Jahrhunderts durch Neuanschaffung von Altar und Kanzel geprägt wurde, erhielt im Zuge einer Restaurierung 1935 einen neuen kelchförmigen Taufstein mit der bekannten Inschrift: LASSET DIE KINDLEIN ZU MIR KOMMEN … (Markus 10,14). Dieser vertraute Spruch begegnet auch am hölzernen Taufständer in Viesen von 1936 (s. Katalog-Nr. A 22). Doch er ist ein ganz unkonventionelles Werk, entstanden auf dem Boden des Expressionismus.

An dieser Stelle ist auf einige mit Bildschmuck versehene Taufsteine in katholischen Kirchen Mitteldeutschlands aus der Zeit um 1960 hinzuweisen. Die neugotische Kirche St. Benno in Meißen erhielt 1959 einen neuen Taufstein aus rotem Sandstein, an dem der Dresdner Bildhauer Friedrich Press den Durchzug der Israeliten durchs Rote Meer darstellte. Auf dem Deckel sind in abstrahierender Weise „Adam und Eva" und die „Taufe Christi" modelliert. Eine Bronzetaube schwebt frei darüber.[58] In den asymmetrischen Taufstein in Herrnhut (1962) ritzte Press ebenfalls den Durchzug durchs Rote Meer und fügte als zweite Szene den „Gesang der Jünglinge im Feuerofen" hinzu.[59]

Szenische Reliefs weisen auch die von Friedrich Schoetschel in der St.-Josephs-Kirche in Zahna (1957)[60] und in St. Sebastian in Magdeburg (1960) geschaffenen Taufsteine sowie der Taufstein in Mieste (Altmark) auf. So sind auf dem Magdeburger Sandstein-Taufbrunnen folgende Szenen dargestellt: Das Pfingstwunder, der Durchzug der Israeliten durch das Rote Meer sowie die Taufe Christi im Jordan. Auf einem vierten Feld findet sich ein Kreuz, das aus fünf angedeuteten Wundmalen blutet, und dessen Blut von Engeln und Menschen aufgefangen und nach antiker Ikonografie als Hinweis auf den Quell lebendigen Wassers (Johannes 7,38) von Vögeln und Hirschen getrunken wird.

Der 1965 für den historischen Taufstein der ehemaligen Klosterkirche Marienstuhl in Egeln von Heinrich Apel geschaffene Deckel (Katalog-Nr. Ia 1) gibt ebenfalls heilsgeschichtliche Ereignisse wieder. Eine frei geschaffene Bronzetaufe (Katalog-Nr. Ia 4) nimmt das im Zusammenhang der Taufikonografie ungewöhnliche Thema des Christophorus auf. Sie entstand im Jahr 2000.

Anmerkungen

1 Der nachfolgende Beitrag stellt die ausgestellten Taufsteine in einen europäischen Gesamtzusammenhang. Einige der hier über die im Katalog beschriebenen Exponate hinaus vorgestellten Stücke waren ebenfalls in die Vorauswahl für die Ausstellung genommen worden. Von einer Präsentation musste jedoch aus konservatorischen Gründen abgesehen werden.

2 Graber, André: Die Kunst des frühen Christentums, von den ersten Zeugnissen christlicher Kunst bis zur Zeit Theodosius I., München 1967, S. 67–70. • Brenk 1985, S. 222 und Abb. 222 (= Propyläen Kunstgeschichte, Supplementband).

3 Brenk 1985, S. 117, 129 f. und Abb. 22 a und b.

4 Nordström, Carl-Otto: Ravennastudien, ideengeschichtliche und ikonographische Untersuchungen über die Mosaiken von Ravenna, Uppsala 1953. • Deichmann, Friedrich Wilhelm: Frühchristliche Bauten und Mosaiken von Ravenna, Wiesbaden 1969². • Ders.: Ravenna, Hauptstadt des spätantiken Abendlandes, Bd. I, Wiesbaden 1969; Bd. II, 1–3 mit Plananhang 1974–1989; Baptisterien des Domes Bd. II, 1, S. 15–47; Baptisterium der Arianer ebd., S. 241 ff.

5 Zu diesen Massentaufen kam es im Zuge der Christianisierung überall in Europa. Beispiele bei Grün, Anselm: Taufstätten – Quellen des Lebens, mit einem kunsthistorischen Beitrag von Johannes H. Emminghaus, Würzburg 1988. • Über die „Taufe Rußlands", der Bewohner Kiews 989 im Dnepr, berichtet sehr anschaulich die Nestorchronik, in: Helmut Graßhoff u. a. (Hrsg.): O Bojan, du Nachtigall der alten Zeit, Sieben Jahrhunderte altrussischer Literatur, Berlin 1965, S. 58 f.

6 Bauerreis, Romuald: Fons sacer, Studien zur Geschichte des frühmittelalterlichen Taufhauses auf deutschsprachigem Gebiet (= Bd. VI der Abhandlungen der bayerischen Benediktiner-Akademie), München-Pasing 1949.

7 Weiterführende Literatur: Pudelko, Georg: Romanische Taufsteine, Berlin-Lankwitz 1932. • Ehrhardt, Alfred: Mittelalterliche Taufen aus Erz und Stein, Hamburg 1939. • Nochtes, Karl: Die westfälischen Taufsteine des 12. u. 13. Jahrhunderts, Phil. Diss. masch. Westfälische Wilhelmsuniversität Münster, Münster 1953.

8 Dehio, Georg: Handbuch der Deutschen Kunstdenkmäler, Baden-Württemberg I, Die Regierungsbezirke Stuttgart und Karlsruhe, bearb. v. Dagmar Zimdars u. a., München/Berlin 1993, S. 244.

9 Dehio, Georg: Handbuch der Deutschen Kunstdenkmäler, Hamburg, Schleswig-Holstein, Redaktion Johannes Habich, 2., stark veränderte und erw. Aufl. 1994, S. 660. • Asmussen, Holger: Die Taufe, Ev.-luth. Kirchengemeinde St. Johannis/Föhr Nieblum (Faltblatt mit Abb., o. J.).

10 Beenken, Hermann: Romanische Skulptur in Deutschland 11. und 12. Jahrhundert, Leipzig 1924, S. 80–83, Abb. 40–42. • Dehio, Georg: Handbuch der Deutschen Kunstdenkmäler, Nordrhein-Westfalen II, Westfalen, bearb. v. Dorothea Kluge u. Wilfried Hansmann, 1969, S. 168.

11 Usener, K. H.: Reiner von Huy und seine künstlerische Nachfolge, ein Beitrag zur Goldschmiedekunst des Maastales im 12. Jahrhundert, in: Marburger Jahrbuch für Kunstwissenschaft, Bd. 7, 1933, S. 77–134. • Bauch, Kurt: Kunst des 12. Jahrhunderts an Rhein und Maas, in: Rhein und Maas: Kunst und Kultur 800–1400, Bd. 2: Berichte, Beiträge und Forschungen zum Themenkreis der Ausstellung und des Katalogs, Köln 1973, S. 151–166. Siehe auch Bd. 1, Köln 1972, S. 238–240.

12 Legner, Anton: Die Rinderherde des Reiner von Huy, Rhein und Maas Bd. 2, S. 237–250. Zwei Rinder sind verlorengegangen.

13 Die Kunstdenkmäler der Provinz Hannover, hrsg. v. d. Provinzial-Kommission zur Erforschung und Erhaltung der Denkmäler in der Provinz Hannover: II. Regierungsbezirk Hildesheim, 4.: Stadt Hildesheim, Kirchliche Bauten, bearb. v. Adolf Zeller, Hannover 1911, S. 83–87. Enthält die genaue Beschreibung mit Wiedergabe aller lateinischen Inschriften.

14 Der Zustand dieses Taufsteines gestattete leider nicht seinen Transport und Ausstellung. Forster, Christian: Merseburg, Dom, Taufstein aus Thomas am Neumarkt, in: Karin Heise, Holger Kunde und Helge Wittmann: Zwischen Kathedrale und Welt, 1000 Jahre Domkapitel Merseburg, Katalog, Petersberg 2004, S. 116–118. • Ein weiterer Taufstein mit Aposteldarstellungen aus der Zeit um 1200 befand sich in St. Briccius in Halle-Trotha und gelangte von dort in das Museum der Moritzburg.

15 Zu Deutungsmöglichkeiten siehe Lexikon der Christlichen Ikonographie, Allgemeine Ikonographie, Bd. 3, Hrsg. v. Engelbert Kirschbaum, Freiburg 1971, 1994, Sp. 112 ff.

16 Diese Art Taufe würde unter einem Transport leiden und kann von daher nicht in der Ausstellung gezeigt werden.

17 Die Übertragung der Inschrift ins Neuhochdeutsche in: Beschreibende Darstellung der älteren Bau- und Kunstdenkmäler der Provinz Sachsen H. XXI: Kreis Jerichow, bearb. v. Ernst Wernicke, Halle a. d. S. 1898: Kreis Jerichow I, S. 82.

18 Eine Deutung wurde bisher nicht versucht. • Ins 12. Jahrhundert wird der kelchförmige Taufstein niederrheinisch-westfälischen Typs in Steinfeld bei Stendal datiert. Hier sind in den Schaftring zwei vollplastische Männer- und Frauenköpfe eingefügt Die Kunstdenkmale der Provinz Sachsen, 3. Bd.: Kreis Stendal Land, bearb. v. Friedrich Hossfeld und Ernst Haetge unter Mitwirkung von D. Hermann Alberts, Burg b. M. 1933, S. 180.

19 Das Taufbecken aus der Kirche St. Ulrich in Halle befindet sich jetzt in der Wallonerkirche Magdeburg.

20 Die Denkmale der Lutherstadt Wittenberg, bearb. v. Fritz Bellmann, Marie-Luise Harksen u. Roland Werner, Weimar 1979, S. 177 f. u. Abb. 174 (= Die Denkmale im Bezirk Halle, im Auftrag des Ministeriums für Kultur der Deutschen Demokratischen Republik hrsg. v. Institut für Denkmalpflege, Arbeitsstelle Halle). • Leider erlaubte der Zustand der Vischer-Taufe nicht den Transport in die Ausstellung „Tausend Jahre Taufen in Mitteldeutschland".

21 Roland, Pia: Kirchen in Salzwedel, Berlin 1987, S. 30 f. mit Abb. (= Das Christliche Denkmal, H. 131/132).

22 Die Stadt Erfurt: Dom, Severikirche, Peterskloster, Zitadelle, bearb. v. Karl Becker, Margarethe Brückner u. a., Burg 1929, S. 444–446 (= Die Kunstdenkmale der Provinz Sachsen, 1. Bd.). • Lehmann, Edgar; Schubert, Ernst: Dom und Severikirche zu Erfurt, Leipzig 1988, S. 168–171, 259.

23 2. Hälfte 15. Jahrhundert. Dehio, Georg: Handbuch der Deutschen Kunstdenkmäler, Sachsen-Anhalt I, 2002, S. 153 f.

24 Der Kreis Osterburg, bearb. v. Ernst Haetge unter Mitwirkung von Hans Feldtkeller und Ernst Wollesen, Burg b. M. 1938, S. 135 u. Tafel 48 b u. 156 c (= Die Kunstdenkmale der Provinz Sachsen, 4. Bd.).

25 Beschreibende Darstellungen der älteren Bau- und Kunstdenkmäler der Provinz Sachsen, Bd. XXI, Kreis Jerichow I (wie Anm. 17), S. 84 mit Fig. 23.

26 Beschreibende Darstellung der älteren Bau- und Kunstdenkmäler des Königreichs Sachsen, 4. H., Amtshauptmannschaft Annaberg, bearb. v. R. Steche, Dresden 1885, S. 35: Mitteilung der lateinischen Inschriften. Den sechspassförmigen Kupparand umzieht die Inschrift Johannes 3,5: „nisi qvis renat(vs) fverit ex aqva et spiritv sancto non potest intrare regnvm celorvm." Der ehemalige hölzerne Aufsatz zeigte als geschnitzte Halbfigur Maria mit dem Kind. Er wurde 1834 beseitigt. Nach 1880 Aufsatz mit Johannes dem Täufer.

27 Badstübner, Ernst: Kirchen in und um Schmalkalden, Berlin 1969, S. 18–20, dazu Abb. 10 u. 14. • In den Kirchen der Umgebung von Schmalkalden ist diese Kombination jedoch nicht aufgegriffen worden. Vgl. die bei Badstübner wiedergegebenen sehr kunstvollen Taufsteine in Frauenbreitungen (1607, Abb. 15), Fambach (1629, Abb. 27) und Steinbach-Hallenberg (1657, Abb. 30).

28 Ein ausdrückliches Bekenntnis zu Luther und zur Reformation bietet der Taufstein von 1569 in St. Johannis in Wernigerode. Dazu: Wernigerode, St. Johannis, Peda-Kunstführer Nr. 142, 1995, S. 15 f. mit Abb.: „Zu sehen sind an seinem Schaft neben Pflanzenformen ein Kruzifix, ein Kreuz mit Marterwerkzeugen, die eherne Schlange am Kreuz und ein auferstandener Christus vor dem offenen Grab. Darüber, jeweils getrennt durch stilisierte Pflanzendarstellungen, befinden sich neben einer Darstellung der Taufe Jesu verschiedene Köpfe im Profil. Das antikische Porträt mit Lorbeerkranz zeigt den Superintendenten der Grafschaft Stolberg-Wernigerode, Georg Aemilius (gest. 1569), der als Dichter den Titel eines ‚poeta laureata' führte."
An der Nordseite das Doppelporträt des Stifterehepaares, des Bürgermeisters Thomas Schütze und seiner Gemahlin Anna, geb. Plathner. Ihr Vater, Tileman Plathner, war als Pfarrer und Superintendent von Stolberg Vorgänger des Georg Aemilius. Seiner Verbindung mit Luther ist das an einem Taufstein einmalige Porträt des Reformators zu danken, für das ein Bild Lukas Cranachs als Vorlage diente."

29 Die Stadt Erfurt 1929, S. 234 f. Abb. 174 f., Text auf S. 240–243. • Siehe auch: Lehmann/Schubert 1988, S. 176 u. Abb. 83/84. • Die Taufanlage schufen Hans Friedemann d. Ä. u. Hieronymus Preußer, das Gitter Schlossermeister Stephan. • Nach Dehio, Georg: Handbuch der Deutschen Kunstdenkmäler, Thüringen, bearb. v. Stephanie Eißing, Franz Jäger u. a., 1998, S. 306, ist die Taufanlage „eine der bedeutendsten Schöpfungen der Erfurter Spätrenaissance".
• In die gleiche Zeit gehört das künstlerisch und theologisch aufschlussreiche Sakramentshäuschen (1570/80), möglicherweise von Hans Friedemann d. Ä. Es hat die Zueignung des Erlösungswerkes in den sieben Sakramenten der Kirche gemäß dem Catechismus Romanus zum Thema. Siehe: Die Stadt Erfurt 1929, S. 236 f. Abb. 176 f., Text auf S. 243–246. • Lehmann/Schubert (1988), S. 177 f.

30 „Wenn er die Kirche nicht hört, sei er dir wie ein Heide und Zöllner (Matthäus 18,17). Sie ist die wahre Kirche, aus der die anderen Kirchen hervorgegangen sind. Nicht wird Gott zum Vater haben, der die Kirche nicht zur Mutter will. Ich glaube an die heilige katholische Kirche, die Gemeinschaft der Heiligen."

31 Zuschreibung des Taufsteins der Reglerkirche an Hans Friedemann d. J. (Dehio Thüringen 1998, S. 343), der Kaufmannskirche an Hans Friedemann d. Ä. (Dehio Thüringen 1998, S. 329). • Zu diesem Taufstein siehe: Die Stadt Erfurt, bearb. v. Ernst Haetge u. Hermann Goern, Burg 1932 (= Die Kunstdenkmale der Provinz Sachsen, 2. Bd., 2. Teil). Hier wird auf S. 345–392 die Kaufmannskirche dargestellt, der Taufstein auf S. 371 u. 373 (Abb. 358 a u. b). Laut Inschrift sind es die Propheten Jesaja, Jeremia, Ezechiel, Daniel, Hosea, Joel und Amos. Den sieben Propheten entsprechen die sieben geflügelten Kindengel mit den Marterwerkzeugen Christi. Ein im Wesentlichen übereinstimmendes, von Friedemann d. Ä. signiertes Stück besitzt Walschleben bei Erfurt (um 1580), siehe Dehio Thüringen 1998, S. 1281.

32 Weiterführende Literatur zu Taufsteinen/Taufbecken in Mitteldeutschland und angrenzenden Gebieten: Mai, Hartmut: Der Einfluß der Reformation auf den Kirchenbau und kirchliche Kunst, in: Das Jahrhundert der Reformation in Sachsen, Im Auftrag der Arbeitsgemeinschaft für Sächsische Kirchengeschichte anlässlich ihres 125–jährigen Bestehens, hrsg. v. Helmar Junghans, Leipzig, 2. durchges. u. erw. Aufl. 2005. • Dietze, Walburg: Protestantische Bildhauerkunst in Freiberg zwischen Reformation und 30jährigem Krieg, Phil. Diss. Halle: Halle 1992, bes. S. 61–64. • Schwarm-Tomisch, Elisabeth: Pirnaer Skulptur um 1600, eine Untersuchung zu Bildkunst u. Theologie im Werk der Bildhauerfamilien Schwencke u. Hörnig, Diss. (2 Bde.) Christian-Albrechts-Universität Kiel: Kiel 1996: Dokumentiert die Taufsteine der Pirnaer Bildhauerwerkstätten, darunter den Taufstein in Schwaden (Svádov) bei Aussig (Usti n. L.), ein Werk von Lorenz Hörnig um 1620 (Bd. 1, S. 236 u. Abb. 43 f.). Die vor dem Dreißigjährigen Krieg evangelischen Städte und Herrschaften Nordböhmens wurden von sächsischen Bildhauerwerkstätten beliefert (Beispiel der prachtvolle Taufstein in Brüx (Most) von 1560/65, teilweise wohl von Hans Walther II in Dresden). • Die von Magdeburger Bildhauern um 1600 geschaffenen Taufsteine behandelt Ratzka, Thomas: Magdeburger Bildhauerkunst um 1600. Mahlow bei Berlin 1997. • Eine grundlegende Dokumentation zu den nachreformatorischen Taufbecken Niedersachsens bietet Mathies, Ulrike: Die protestantischen Taufbecken Niedersachsens von der Reformation bis zur Mitte des 17. Jahrhunderts, Regensburg 1998.

33 Heinritz, Ulrich: Klostermansfeld, Große Baudenkmäler Heft 441, München, Berlin 1993, S. 12 f.

34 Luther hat in seinem Tauflied „Christ, unser Herr, zum Jordan kam" von 1541/42 (Evangelisches Gesangbuch 202) die Heilsbedeutung der Taufe von der Taufe Christi her entfaltet. • Siehe auch M(ai), H(artmut) zum Holzschnitt von Jacob Lucius: Taufe Christi in der Elbe vor Wittenberg, 1555, in: Die Kunst der Reformationszeit (Ausstellungskatalog Berlin), Berlin 1983, S. 422–424.

35 Dieser Taufstein mit Deckel war für die Ausstellung vorgesehen, leider konnte seine für einen Transport erforderliche Restaurierung nicht rechtzeitig finanziert werden. Dennoch gibt es Anlass zu der Hoffnung, dass eine Konservierung in absehbarer Zeit möglich wird.

36 Als 1725–27 eine stattliche Barockkirche errichtet und neu ausgestattet wurde, gelangte der alte Taufstein auf Betreiben von Pfarrer M. Johann Heinrich Heino (1681–1758) in die Fachwerkkirche in Arnsnesta. Sein 1716 verstorbener Vater hatte ihn 1681 an diesem Taufstein in Lebusa getauft.

37 Johann Heinrich Heino gedenkt in ihm seiner Eltern, seiner eigenen Taufe und der Ausübung seines Johannes-Amtes an diesem Taufstein. Diesem Text hat er in größeren Schriftgraden einen Reim vorangestellt, in dem er unter Anspielung auf Jona 1 und 2 sowie Matthäus 12,39 f. seiner Auferstehungshoffnung Ausdruck verlieh: „Hier lieg ich armer Sünden-Wurm / Den ein erzörnter Jonas-Sturm / Dem Wallfisch in den Rachen warff / Der mich doch nicht behalten darff." • Zum Taufstein aus Arnsnesta stellt Elke Bujok Archivstudien an. • Beschreibende Darstellung der älteren Bau- und Kunstdenkmäler des Kreises Schweinitz, bearb. v. Gustav Schönermark, hrsg. v. d. Historischen Kommission der Provinz Sachsen, Halle a. d. S. 1891. • Denkmaltopographie der Bundesrepublik Deutschland, Bd. 7.1: Landkreis Elbe-Elster, Teil 1, Worms 1998, S. 52.

38 Die Kunstdenkmale des Landes Anhalt, Bd. 1: Die Stadt Dessau, bearb. v. M. Harksen, Burg b. M. 1937, S. 28 f. u. Tafel 11 a.

39 Die Bau- und Kunstdenkmäler von Sachsen: Stadt Leipzig, Die Sakralbauten, hrsg. v. Landesamt für Denkmalpflege Sachsen, München, Berlin 1995, S. 270–274 mit Abb. • Siehe auch Ratzka 1997, Werkverzeichnis, S. 90–92.

40 Auch der Taufstein in Harsleben bei Wegeleben, ein Geschenk des Halberstädter Dompropstes Philipp Sigismund von 1602, wird Georg Kriebel zugeschrieben (Dehio, Georg: Handbuch der Deutschen Kunstdenkmäler, Sachsen-Anhalt I, 2002, S. 365). In den durch Karyatiden getrennten Feldern Reliefs u. a. mit der Taufe Christi. Der steil nach oben schwingende Deckel trägt die Figur des auferstandenen Christus. Engel auf Konsolen, die von Giebeln gekrönten Abschnitte der Einfassung trennend, wenden sich dem Betrachter zu und weisen mit Gebärden nach oben.

41 Beschreibende Darstellung der älteren Bau- und Kunstdenkmäler des Fürstenthums Schwarzburg-Sondershausen, unter den Auspicien der Fürstl. Staatsregierung hrsg. v. d. Fürstl. Schwarzburg. Alterthumsverein, 2. H.: Die Oberherrschaft, bearb. v. F. Apfelstedt. Sondershausen o. J., S. 32 f. m. Abb. • Dehio, Thüringen 1998, S. 53.

42 Joseph Furttenbach d. J. (Kirchen Gebäw, Augspurg 1649) platziert im Grundriss Nr. A den Taufstein axial vor die Schmalseite mit Altar und Kanzel seiner Saalkirche. Vom Altar aus blickt der „Herr Seelsorger" zum Taufstein, betet für die noch ungetauften Kinder, um anschließend zur Taufe an den Taufstein zu treten.

43 Zum sächsischen Kirchenbau des Barock und seine ideellen Voraussetzungen siehe Mai, Hartmut: Der evangelische Kirchenbau des Barock in Sachsen aus der Sicht seiner Entstehungszeit, in: Die Dresdner Frauenkirche, Jahrbuch zu ihrer Geschichte und zu ihrem archäologischen Wiederaufbau, Bd. 2, Weimar 1996, S. 57–84.

44 Denkmaltopographie der Bundesrepublik Deutschland, Bd. 7,1: Denkmale in Brandenburg: Landkreis Elbe-Elster, Teil 1, Worms 1998, S. 234–238 mit Abb. des mit dem Lesepult verbundenen Taufsteins.

45 Die Kunstdenkmale des Kreises Haldensleben, bearb. v. Marie-Luise Harksen, Leipzig 1961, S. 400 f., Tafel 84 b (= Die Kunstdenkmale im Bezirk Magdeburg, im Auftrag des Ministeriums für Kultur der Deutschen Demokratischen Republik, hrsg. v. Institut für Denkmalpflege Halle/S.). Weitere Beispiele der durch Hötensleben angeregten Konzeption im Umfeld von Halberstadt bei Mai, Hartmut: Der evangelische Kanzelaltar, Geschichte und Bedeutung, Halle 1969, Abb. 151–153.

46 Der Taufstein wurde beim Dacheinsturz der Kirche (1972) mitzerstört.

47 Vgl. dazu: Habermehl, Paul: Barocke Taufsteine in der Vorderpfalz, Speyer 1999.

48 Mathies 1998, Tafel IV, S. 117 f.

49 Der Engel aus Sandstein trägt ein ovales Becken aus schwarzgrauem Marmor mit den figurenreichen Alabasterreliefs der Beschneidung und der Taufe Christi. Ratzka (1997) schreibt den Taufstein Christoph Dehne (Magdeburg) zu: Werkverzeichnis S. 74. • Eine Farbabbildung bei Möschner, Dietmar: Kirchen im Evangelischen Kirchenkreis Elbe-Fläming (o. O. u. J.), S. 74.

50 Denkmaltopographie (1998), S. 270–272. Der hölzerne Deckel trägt die Figur des Christuskindes, dazu die Inschrift Markus 10,14. Freundliche Mitteilung von Herrn Pfarrer Dr. Stephan Schönfeld (Schlieben) vom 16. 9. 2005.

51 Siehe den Katalogbeitrag von Peter Poscharsky, *Taufengel*.

52 Beispiele: Leipzig-Lausen (1744), Makranstädt (1745), Altranstädt bei Leipzig, Oberklobikau bei Merseburg: Verbindung von Taufengel und Lesepult in Leipzig-Miltitz und Erfurt-Kerspleben, dazu auch Abb. bei Mai, Hartmut: Der evangelische Kanzelaltar, Geschichte und Bedeutung, Halle/S., Abb. 9–11, 14. • Weitere Abb. bei Ramm, Peter: Barock in Merseburg, Johann Michael Hoppenhaupt (1685–1751) und seine Zeit (Merseburg 1985), Abb. 40 (Niederklobikau, 1717), Abb. 54 (Burgliebenau), Abb. 57 (Raßnitz-Weßmar, 1754) (= Merseburger Land, Sonderheft 22).

53 Mathias Köhler (Hrsg.): 700 Jahre Stadtkirche St. Marien zu Weißenfels, Festschrift zum Kirchweihjubiläum am 14. September 2003, Weißenfels 2003, bes. S. 36 f., 38 f., 46 f. – Für Informationen danke ich Herrn Prädikant Holger Zander in Weißenfels.

54 May, Walter: Stadtkirchen in Sachsen/Anhalt, Berlin, 2., durchgesehene Aufl. 1980, Abb. S. 184.

55 Auf dem Boden der Schale ist häufig die Taube des heiligen Geistes zu sehen.

56 Die Bau- und Kunstdenkmale in der DDR: Bezirk Frankfurt/Oder, hrsg. v. Institut für Denkmalpflege, bearb. v. d. Abt. Forschung, Berlin 1980, S. 278–280 mit Abb. (unter dem Ortsnamen Maxwalde).

57 Die Denkmale der Lutherstadt Wittenberg (1979), S. 98. • Harksen, Sibylle: Die Schlosskirche zu Wittenberg, Regensburg 1995, S. 10–12 mit Abb. (= Schnell, Kunstführer Nr. 1910).

58 Schmidt, Diether: Friedrich Press, Kirchengestaltung und Glaubenszeichen, Berlin 1984, Abb. 10 u. S. 140.

59 A. a. O., Abb. 24 u. S. 140.

60 Eberhard Hempel (Hrsg.): Kunst im heiligen Dienst, Leipzig 1964, S. 140 (Abb.) und S. 206. Am Schaft Darstellung des Sündenfalls und der Taufe Christi.

Bettina Seyderhelm

Mittelalterliche Bronze- und Metalltaufbecken[1]

Einführung

Aus dem Mittelalter sind einige hundert große Metalltaufbecken erhalten.[2] Anders als die gleichzeitig entstandenen Kleinbronzen aus den Kirchen[3] – Leuchter und Gießgefäße, Kreuzfüße und Weihrauchbehälter, Kruzifixe und Schalen –, die bei Sammlern sehr beliebt sind, befinden sich die überlieferten Taufen bis heute nahezu alle an dem Ort, für den sie einmal bestimmt und geschaffen wurden.[4] Nur etwa 25 der erhaltenen Becken gelangten in den nachmittelalterlichen Jahrhunderten aus Kirchen an Sammler und Museen.[5] Einige wenige kamen in andere Kirchen. Darüber hinaus ging aber wohl eine nicht unerhebliche Anzahl dieser großen gegossenen Taufen verloren, weil sie wegen ihres Materialwertes eingeschmolzen und durch andere Taufgeräte ersetzt wurden.[6] Dies widerfuhr selbst bei noch erhaltenen Stücken vielen der aus dem gleichen Material hergestellten Deckel. Sie wurden gegebenenfalls durch Holzdeckel ersetzt.[7] Ihre Spuren sind jedoch gelegentlich noch zu finden: Löcher oder Ösen, manchmal auch nur Abarbeitungen an den Beckenrändern erinnern daran, dass die Deckel zum Schutz des Taufwassers vor Verunreinigung und Missbrauch fest mit dem Taufbecken verbunden werden mussten.

Die überlieferten großen Metalltaufen stammen überwiegend aus der Zeit nach 1200.[8] Seit dieser Zeit nahm die Zahl der Pfarrkirchen, also der Kirchen mit Taufrecht, allmählich zu, und es wurden neue Taufbecken gebraucht.[9] Dennoch ist es auf den ersten Blick erstaunlich, dass vor 1200 vergleichsweise wenige Taufen aus Metall hergestellt wurden. Schließlich haben Formschneider und Gießer beispielsweise im 9. Jahrhundert in Aachen, im frühen 11. Jahrhundert in Hildesheim, um 1100 in Trier, im 12. Jahrhundert in Magdeburg, Erfurt und Braunschweig sowie an verschiedenen anderen Orten bereits außergewöhnliche Leistungen im kleinen wie im großen Format hervorgebracht.[10] Aus den erhaltenen Werken der Gießkunst ragt aus der Zeit vor 1200 ein großes Taufbecken heraus: Es ist die reich mit hohen Reliefs verzierte Taufe, die sich heute in der Kirche St. Barthélemy in Lüttich befindet.[11] Sie hat einen Durchmesser von 80 cm und wurde von dem Goldschmied und Bronzegießer Reiner von Huy in der Zeit zwischen 1107 und 1118 geschaffen. Ein anderes großes und aufwändig verziertes Becken schuf ein Frater Gozbertus unter dem urkundlich 1101 bezeugten Abt Folcardus für die Kirche St. Maximin in Trier. Es ist verloren, und wir wissen heute nur noch aus einer illustrierten Beschreibung des 17. Jahrhunderts von ihm.[12]

Material und Herstellung

In den beiden zuletzt genannten Arbeiten sind – ebenso wie in der Säule und der berühmten Tür in Hildesheim oder in dem Braunschweiger Burglöwen – besondere Einzelstücke von herausragenden Künstlern zu sehen. Der Guss eines derartig großen Werkes bedeutete auch in technischer Hinsicht vor 1200 einen sehr viel größeren Aufwand als in den darauf folgenden

Jahrhunderten. Die Leistung des Gießmeisters und seiner Helfer vor nahezu neunhundert Jahren können wir nur bewundern. Neben den Mühen der Beschaffung des für die Form kiloweise benötigten Wachses und Talgs[13] müssen bis in das ausgehende 12. Jahrhundert auch die Kosten für Kupfer und Zinn zur Herstellung von Bronze oder Kupfer und Galmei/Zink für die Messingproduktion enorm zu Buche geschlagen haben. Gewiss ist zusätzlich Altmaterial eingeschmolzen worden, also Abfälle aus früheren Güssen, zerbrochene und beschädigte Gegenstände und alles, was sonst noch ausgesondert wurde. Hinzu kam der ganz praktische Aspekt, dass man Bronzemetall viel leichter einschmelzen konnte als die Erze.

Darüber, wie rar und damit auch teuer Buntmetallwaren aber damals gewesen sein müssen, geben schriftliche Quellen Aufschluss. Testamentsauswertungen lassen vermuten, dass die Haushalte gegen Ende des 12. Jahrhunderts abgesehen von Eisengeräten über kaum mehr als ein bis zwei Kilogramm Metall verfügten, das zu Geräten verarbeitet war.[14] Das muss sich dann in der Folge sehr schnell geändert haben. Testamente aus dem dritten Viertel des 14. Jahrhunderts geben darüber Auskunft, dass nun in den einzelnen Haushalten schon Gefäße und Geräte von insgesamt 20 bis zu 100 und mehr Kilogramm Gewicht aus Metall vorhanden sein konnten.[15] Im Laufe des 13. und 14. Jahrhunderts wurde es also möglich, große Metallmengen zur Ausstattung der Haushalte zu beschaffen. Für diesen Zeitraum ist eine Blüte der Erzgewinnung und der Buntmetallverwendung anzunehmen, die sich sicher auch auf die Herstellung der Taufbecken auswirken konnte. Ermöglicht wurde diese Blüte durch technische Errungenschaften wie Wasserräder zum Entwässern der Grubengebäude im Bergbau und verbesserte Transportbedingungen.[16] Mit dem 13. Jahrhundert stieg dann auch der Bedarf an Bronzeglocken für die Kirchen und Klöster überall im Land. Gleichzeitig perfektionierten die Glockengießer ihre Arbeitstechniken und konnten die Anfertigung von Taufgefäßen in ihr Programm aufnehmen.

Wie wurden die Taufen nun seit dem frühen 13. Jahrhundert hergestellt? Da für den Glockenguss dieser Zeit bis heute wesentlich umfangreichere Untersuchungen vorliegen als für die Herstellung der Bronzetaufen, wurde deren Guss in der älteren kunstwissenschaftlichen Literatur mit einem damals neu entwickelten Glockenguss-Verfahren gleichgesetzt.[17] Glocken waren noch bis in das späte 12. Jahrhundert hinein wie andere große Bronzewerke weitgehend im Wachsausschmelzverfahren hergestellt worden.[18] Eine ausführliche Beschreibung dieses Verfahrens finden wir in dem für Kunsthandwerker des 12. Jahrhunderts geschriebenen Werk des Benediktinermönches Theophilus Presbyter, das heute als *de diversis artibus* bekannt ist.[19] Für den inneren Hohlraum nahm man einen Tonkern, setzte die gewünschte Grundform aus Wachs oder wahrscheinlich eher festem Talg darauf, verband Figuren, Reliefs und anderen Schmuck aus Wachs mit diesem Talghemd und trug darüber Schicht für Schicht den Tonmantel auf. Nach dem Trocknen der Tonformen konnten Talg und Wachs einfach ausgeschmolzen werden und die Bronze beim Guss ihren Platz einnehmen.[20] Die bei Theophilus beschriebene Glocke entspricht in ihrer Form und Größe der Hersfelder Lullusglocke,[21] deren Durchmesser von 1,11 m auch für ein Taufbecken schon durchaus ausreichend gewesen wäre.[22]

Seit dem 13. Jahrhundert aber wendet man bei der Herstellung von Glocken vorwiegend ein anderes Verfahren an, das so genannte Mantelabhebeverfahren.[23] Es ermöglicht den Guss noch größerer Glocken und ist technisch für die Herstellung konischer und relativ glatter

Formen geeignet.[24] Man benutzt dabei für das Modell des späteren Glockenkörpers, das zwischen Tonkern und Tonmantel eingebettet wird, nicht mehr Talg oder Wachs, sondern baut dieses „Glockenhemd" aus mehreren Schichten von feinem Lehm und wiederum Ton so auf, dass es gegenüber Kern und Mantel der Gussform isoliert ist. Alle drei Bestandteile müssen gut gegeneinander isoliert sein. Wenn alles ausreichend ausgetrocknet ist, kann man das „Glockenhemd" in der Mitte herausnehmen, damit der Raum für die flüssige Bronze frei wird. Dafür muss aber die Form geöffnet, also der äußere **Mantel** nach oben **abgehoben** werden.

Wie erwähnt, hat man die Anwendung dieses Verfahrens auch für die seit dem 13. Jahrhundert entstandenen Taufen angenommen. Das ist technisch zunächst dort denkbar, wo die Taufbecken wie die Glocken konische Formen mit glatten oder doch nahezu glatten Flächen aufweisen. Auch ein Aufbringen flacher Schriftzüge, wenig erhabener Reliefs oder Figuren ist im Mantelabhebeverfahren möglich, solange dafür flache Model aus Holz oder Metall in die Innenwand der äußeren Gussform eingedrückt oder Buchstaben und Ornamente in die Tonfläche eingeritzt werden können. Für erhabenere Reliefs einzelner Figuren musste das Verfahren jedoch modifiziert werden. Vermutlich modellierte man die Figuren aus Wachs, setzte sie auf das Tonhemd und überzog dieses mit einer Talgschicht mäßiger Dicke, in die die Wachsfiguren eingebettet und dadurch fixiert wurden. So kombinierte man die „moderne" Abhebeform mit der alten Ausschmelzform. Wie beschrieben, wurde anschließend der äußere Tonmantel aufgebaut, danach die ganze Form getrocknet und erwärmt bzw. gebrannt. Dabei flossen Wachs und Talg durch vorbereitete Kanäle aus der Form. Die Wachsfiguren und -ornamente waren negativ im Mantel abgeformt, und statt der Talgschicht hatte man zunächst einen kleinen Hohlraum zwischen Mantel und Hemd. Jetzt hob man die feste Mantelform an, nahm dann das Tonhemd darunter ab und setzte den Mantel wieder über den Tonkern. Auf diese Weise bekam man anstelle des ehemaligen Tonhemdes, des Talghemdes und der Abformungen der Figuren im Mantel zwischen Mantel und Kern einen größeren Hohlraum. Dieser wurde schließlich mit flüssiger Bronze ausgefüllt.[25]

Das Wachsausschmelzverfahren blieb nach 1200 für den Guss von Taufen mit großflächigen und vielfigurigen Reliefs jedoch weiter in Anwendung.[26] Derartig zusammenhängende Gestaltungen hätten bei einem Abheben des Mantels zu leicht auseinander gerissen werden können. Ein Beispiel für ein solches Werk ist die in der Ausstellung gezeigte Taufe der St.-Martini-Kirche in Halberstadt aus der Zeit um 1300 (Katalog-Nr. A 3).

Für Taufen mit einzelnen, plastisch hervortretenden Figuren, die fest mit der Wandung verbunden sind, ist das oben beschriebene kombinierte Verfahren anzunehmen. Bei den spätmittelalterlichen Stücken finden wir dann aber auch plastisch ausgeführte Einzelfiguren, die separat gegossen und nach dem Guss am Becken befestigt wurden (siehe Katalog-Nr. A 8 und Katalog-Nr. A 10). Der Schaft kelchförmiger Taufen wird ebenfalls nach dem Guss montiert worden sein. Tragefiguren für die Becken wurden entweder mit diesen in einem Stück gefertigt[27] oder separat gegossen und nach dem Guss durch Anstecken oder Anschrauben hinzugefügt (s. Katalog-Nr. A 8).

Man geht heute davon aus, dass der Bronzeguss bereits vor dem Jahr 1200 nicht allein in klös-
terlichen, sondern auch in weltlichen Werkstätten betrieben wurde.[28] Die Gießer der uns überlieferten frühen Bronzetaufen waren also nicht zwangsläufig Kleriker, sondern werden durchaus
auch Laien gewesen sein. Von einigen wissen wir, dass sie herumreisten und ihre Arbeit vor Ort
nach unterschiedlich vorgegebenen Vorlagen und Entwürfen ausführten.[29] Archäologische
Funde belegen zudem, dass es im 12. und 13. Jahrhundert bereits Gießer gegeben haben muss,
die neben Glocken oder später Taufbecken auch kleinere Arbeiten wie Grapen (Dreibeinkessel),
Leuchter, Gießlöwen und Gewandschmuck herstellten.[30] Eine Spezialisierung nach heutiger
Vorstellung ist demnach nicht unbedingt anzunehmen.

An der Herstellung bronzener Taufbecken mit Reliefschmuck waren neben den Gießern
zumeist Modelleure beteiligt. Wir müssen aber davon ausgehen, dass bei kleineren Einzelreliefs
auch Model oder Matrizen zur Anwendung kamen.[31]

Ein Vergleich verschiedener Bronzetaufen zeigt, wie unterschiedlich der Anspruch der Auftraggeber, das Können der Modelleure und die Fähigkeiten der Gießer sein konnten. Zu
allen Zeiten des Mittelalters entstanden einfache glockenförmige Kessel mit schlichter Zier,
Gusswerke mit präzise gezeichneten oder aber verrutschten flachen Reliefs und schließlich die
herausragenden Werke, deren vorzügliche Reliefs ein vielfiguriges ikonografisches Programm
ausbreiten.

Im 13. und 14. Jahrhundert sind konkrete Hinweise auf die Gießer der Becken rar, noch
weniger kennen wir die Modelleure des Schmucks.[32] So sind uns auch für die Taufe in der
St.-Martini-Kirche in Halberstadt (Katalog-Nr. A 3) weder der Schöpfer der Formen für die
qualitätvollen Reliefs noch der Meister, der die Bronze goss, bekannt. Für den Taufkessel
der St. Ulrichskirche in Sangerhausen (Katalog-Nr. A 4) können wir dagegen anhand der
Inschrift nicht nur das Herstellungsjahr 1369, sondern auch bereits den Stifter Herzog
Magnus von Braunschweig und die vermutlichen Gießer Heyse Cendner und Heyne Becker
benennen.[33] Auch an der Taufe aus der Katharinenkirche in Salzwedel (Katalog-Nr. A 5) sind
das Entstehungsjahr 1421 und der Name des Gießers Ludwig Gropengheter aus Braunschweig abzulesen. Gleiches gilt für die ausgestellten Taufen aus Aschersleben (Magister Bertram
1464, Katalog-Nr. A 7) und Tangermünde (Heinrich Mente[34] aus Braunschweig 1508, Katalog-
Nr. A 10).

FORMEN UND VERZIERUNGEN

Wie oben ausgeführt, entstanden zu allen Zeiten der hier behandelten Epoche einfachere und
kunstvollere Stücke. Die in der Ausstellung gezeigten Beispiele bieten einen Überblick über eine
Reihe von Typen. Häufig sind glockenförmige Becken, die von drei oder vier vergleichsweise
flachen, nach Formen gefertigten stehenden Trägerfiguren gestützt werden. Zusätzlichen Halt
konnte ein metallener mitgegossener Bodenring geben, durch den die Figuren miteinander verbunden wurden. Ein solches Stück mit hohem Ring ist heute in der dem Magdeburger Dom

nahe gelegenen Wallonerkirche zu sehen.[35] Gelegentlich hat man den Figuren nachträglich eine Mittelstütze unter dem Becken hinzugefügt. Neben stehenden gibt es auch kniende Stützfiguren oder Becken tragende Tierdarstellungen. Eine andere Variante sind Taufen in Kelchform mit Fuß, Schaft, Nodus und Kuppa. Diese Form kann wiederum mit Stützfiguren kombiniert sein.

In Hinsicht auf die Verzierungen an den Becken finden wir einfach bearbeitete Kessel und kunstvoll mit Reliefs verzierte Meisterwerke aus der gleichen Zeit. Ein Gießer wie Johannes Apengeter, *Meister uiz Sascenlandt* oder *Mester Jan von Halberstadt*, der in der ersten Hälfte des 14. Jahrhunderts in Mitteldeutschland, dann aber besonders in Schleswig-Holstein, Pommern und Mecklenburg als Glocken- und Beckengießer gewirkt hat, verarbeitete so verschiedene Formen und Vorlagen, dass innerhalb seines Werkes wesentliche Unterschiede in Stil und künstlerischer Qualität wahrzunehmen sind.[36] Seine Arbeiten zeichnen sich vielfach durch reichen Reliefschmuck mit szenischen Darstellungen aus. Es ist anzunehmen, dass für die Zier an den Güssen dieses Meisters Entwurfszeichnungen von verschiedenen Künstlern geschaffen wurden, nach denen dann – vermutlich über weitere Zwischenstufen – die Gussformen angefertigt wurden.

Viele andere Taufen zeigen Schriftbänder und einzelne auf die Wandung gesetzte Figuren mit oder ohne rahmende Arkaden. Für ihre Herstellung benutzte man in dem oben beschriebenen Herstellungsverfahren Model. Bei anderen kamen die genannten kleinen siegelartigen Matrizen für die Verzierung zum Einsatz, die möglicherweise auch von Goldschmiedearbeiten abgenommen worden sein können.[37] Model, Matrizen und Formen für Trägerfiguren und Reliefschmuck wurden, wie Beobachtungen an den Bronzewerken gezeigt haben, innerhalb der Werkstätten über lange Zeit benutzt und konnten von den Handwerkern auch auf die Wanderschaft mitgenommen werden.

Für die Erläuterung und Einordnung der Bilder, die sich an den Bronzetaufen finden, sei auf den Beitrag von Hartmut Mai, *Taufsteine, Taufbecken und Taufständer – Geschichte und Ikonografie*, in diesem Katalog verwiesen.

EINE BEMERKUNG ZUM SCHLUSS

Vor einigen Jahren wurde geäußert, dass Bronzetaufbecken im Mittelalter gleichzeitig der Maßkontrolle in den Städten gedient haben könnten und sozusagen als Verkörperungen des älteren Maßwesens betrachtet werden sollten.[38] Dieser Annahme muss widersprochen werden. Voraussetzung für eine derartige Nutzung der Taufbecken wäre, dass sie im Mittelalter nach den Taufen immer wieder geleert worden und damit zum Abmessen frei gewesen wären. Das Taufwasser war jedoch geweiht, verblieb bis zur Reformation stets von einem Osterfest zum anderen im Becken und wurde mit einem festen Deckel vor Verunreinigung geschützt.

Anmerkungen

1 In der kunstwissenschaftlichen Literatur werden nahezu durchgehend die Begriffe „Bronzetaufen" oder in Norddeutschland „Bronzefünten" benutzt. Eine genaue Analyse der für den Guss verwendeten Materialien steht für den überwiegenden Teil der Stücke noch aus. Die Begriffe Bronze oder Bronzetaufe können hier daher, auch wenn sonst allgemein üblich, nur unter Vorbehalt benutzt werden. Für Diskussionen, Hinweise und Kritik danke ich Erhard Brepohl (Bad Doberan), Renate Kroos (München), Christoph Schulz (Neinstedt/Magdeburg) und Ulrich Sieblist (Questenberg).

2 Lutze 2000, S. 9, spricht von rund 360 Becken.

3 Vgl. dazu u. a. aus der Reihe Denkmäler Deutscher Kunst, hrsg. v. Deutschen Verein für Kunstwissenschaft: Bronzegeräte des Mittelalters, begründet von Otto von Falke und Erich Meyer, fortgeführt von Peter Bloch, Bd. 1, Falke, Otto von und Meyer, Erich: Romanische Leuchter und Gefäße. Gießgefäße der Gotik, Berlin 1983 (erste Ausgabe 1935), Bd. 3, Springer, Peter: Kreuzfüße. Ikonografie und Typologie eines hochmittelalterlichen Gerätes, Berlin 1981, Bd. 4, Theuerkauff-Liederwald, Anna-Elisabeth: Mittelalterliche Bronze- und Messinggefäße. Eimer-Kannen-Lavabokessel, Berlin 1988.

4 Auch die erhaltenen mittelalterlichen Bronzetüren befinden sich überwiegend am Ort ihrer Bestimmung, dazu Mende, Ursula: Die Bronzetüren des Mittelalters. 800–1200, München 1983.

5 Lutze 2000, S. 9.

6 Dieses Schicksal verbindet sie mit den Glocken. Allein bei den Sammelaktionen des Ersten und Zweiten Weltkrieges ging Kulturerbe in unvorstellbaren Größenordnungen verloren.

7 So hat die mittelalterliche Metalltaufe der St.-Jacobi-Kirche in Sangerhausen heute einen barocken Holzdeckel mit figürlichem Schmuck.

8 Vgl. u. a. die Übersichten bei Mundt 1908 und Teuchert 1986, S. 32–48.

9 Dazu u. a. Boockmann, Hartmut: Die Stadt im späten Mittelalter, München 1986, S. 191 ff. Siehe auch die Beiträge von Hartmut Mai, *Taufsteine, Taufbecken und Taufständer – Geschichte und Ikonografie,* und Peter Poscharsky, *Ort der Taufe,* in diesem Katalog.

10 Siehe dazu z. B. Drescher 1985, S. 289–428. • Drescher 1989, S. 107–118. • Drescher 1992, S. 405–419. • Drescher 1993/2, S. 337–351. Es sei an dieser Stelle auch die große untere Schale des Marktbrunnens zu Goslar genannt (Drescher 1993/1).

11 Ursprünglich war sie für die Kirche Notre-Dame-aux-Fonts in Lüttich geschaffen worden. Ausführliche Beschreibungen dieser Taufe finden sich z. B. in Katalog Köln 1972, Bd. 1, S. 238–239; Bd. 2, S. 152–153 und S. 237–250.

12 Den Hinweis darauf verdanke ich Renate Kroos. Die Beschreibung gab der Archivar Alexander Wiltheim im 17. Jahrhundert in seinen „Annales San: Maximianae" und einer dafür angefertigten Zeichnung in der königlichen Bibliothek in Brüssel. Die Zeichnung ist abgebildet in Monumenta Judaica. 2000 Jahre Geschichte und Kultur der Juden am Rhein, Handbuch zur Ausstellung im Kölner Stadtmuseum, Köln 1963, Abb. 91. Danach war das Becken walzenförmig und stand auf vier plastisch ausgeführten Rindern und weiteren nicht identifizierbaren Tieren. Seine Wandung war mit Tugenden, Propheten und Aposteln in Bogennischen sowie mit Inschriften geschmückt, sein Deckel trug Darstellungen der Evangelisten, der Paradiesesflüsse, der sieben Gaben des heiligen Geistes und des thronenden Christus. Eine früher vertretene Datierung der Arbeiten des Gozbertus in das 10. Jahrhundert ist zwischenzeitlich korrigiert worden, vgl. Katalog Köln 1972 Bd. 1, H. 1, S. 264. • Katalog Schatzkunst Trier, in: Treveris Sacra. Kunst und Kultur in der Diözese Trier, hrsg. v. Franz J. Ronig, Bd. 3, Trier 1984, S. 118–119. • Monumenta Judaica, a. a. O., S. 760.

13 Nach Brepohl, Theophilus 1987, S. 264–265, wurde neben Wachs wohl auch Fett, d. h. wahrscheinlich Talg verwendet.

14 Siehe dazu den Vortragstext von Heiko Steuer: Metallgewinnung und Metallverarbeitung als Problem mittelarchäologischer Forschung. Der Beitrag wurde leider nicht gedruckt, ist aber im Internet unter http://www.uni-tuebingen.de/uni/afg/mbl4/steuer.html abrufbar (S. 4).

15 „Mancher Handwerker der mittleren sozialen Schicht in der Stadt besaß 15 und mehr Bronzegrapen, die er in seinem Testament vermerkte, also rund 100 kg Bronze." Heiko Steuer, ebd.

16 Dazu Heiko Steuer, a. a. O., S. 1. • Erleichterungen der Transportwege brachten nach freundlicher Auskunft von Detlev Ellmers, Bremerhaven, seit dem 12. Jahrhundert Änderungen und Verbesserungen an den Pferdegeschirren (Kummet oder Sielengeschirr) und die Erfindung des so genannten „Sturzrades" an den Fuhrwerken.

17 Mundt 1908, S. 3.

18 Brepohl, Theophilus 1987, S. 256–262. • Schilling, Margarete: Glocken. Gestalt. Klang. Zier, Dresden 1988, S. 14. • Drescher 1992, S. 405–419.

19 Brepohl, Theophilus 1987, S. 256–262. Lessing hatte die Schrift in seiner Edition 1781 zunächst *schedula diversarum artium* genannt.

20 Brepohl, Theophilus 1987, S. 256–262.

21 A. a. O., S. 266.

22 Metallene Taufbecken finden im Werk des Theophilus jedoch keine Erwähnung.

23 Dazu ausführlich Schilling 1988, S. 18 ff. • Vgl. auch Riederer, Josef: Die Geschichte des Bronzegusses, in: Katalog Berlin 1983, S. 284. • Seelig 1989, S. 27, Abb. 13 f.

24 Für Antworten auf meine Fragen, Diskussionen und konstruktive Kritik bei der Vorbereitung insbesondere der nachfolgenden Ausführungen zur Gusstechnik danke ich Erhard Brepohl und Ulrich Sieblist.

25 Freundliche Mitteilung von Erhard Brepohl am 31. März 2006. • Siehe auch Beelte 1962, S. 117.

26 Beelte 1962, S. 111–112, nimmt an, dass dies für die in Schleswig-Holstein überlieferten Taufen ausschließlich für die Werke des Johannes Apengeter zutrifft.

27 Beelte 1962, S. 117.

28 Drescher 1992, S. 406.

29 Ein Beispiel dafür ist der Gießer Johannes Apengeter. Dazu unten in diesem Beitrag und Beelte 1962, S. 111. • Teuchert 1986, S. 33–37.

30 Drescher 1992, S. 406. • Siehe auch Mundt 1908, S. 3 f. und Heidemann 1996, S. 40.

31 Heidemann 1996, S. 38.

32 Vgl. auch Heidemann 1996, S. 39.

33 Beschreibende Darstellung der älteren Bau- und Kunstdenkmäler der Provinz Sachsen, Heft 5, Kreis Sangerhausen, Halle/S. 1882 (Nachdruck 2001), S. 76–77.

34 Zur Bronzegießerfamilie Mente siehe Schlotter, Hans: Die Herkunft des Hildesheimer Bronzegießers Dietrich Mente. Eine genealogische Untersuchung, in: Alt-Hildesheim 44, 1973, S. 27–34.

35 Diese Bronzetaufe wurde 1430 von Ludolf von Braunschweig und seinem Sohn Heinrich für die Ulrichskirche in Halle gegossen. Ein nahezu gleiches Stück von Ludolf von Braunschweig, ebenfalls mit Bodenring, befindet sich in der Marktkirche zu Halle.

36 Teuchert 1986, S. 33–37.

37 Heidemann 1996, S. 25–41.

38 Vgl. Witthöft, Harald: Maße und Gewichte, Katalog Braunschweig 1985, Bd. 2, S. 803: „Es war diese Kultur des hohen und späten Mittelalters, deren Kunst der Metallarbeit und des Glocken- wie des Beckengusses die ältesten Großmaße einer neuen Art hervorbrachte, die uns erhalten sind. Die größeren Verkörperungen des älteren Maßwesens wird man in oder an den festen Bau- und Bestandteilen der Kirchen suchen müssen – bis hin zu den Steinritzungen und den Taufbecken- …“.

Peter Poscharsky

Taufengel

Taufengel sind menschenähnliche Gestalten mit Flügeln, die das Taufbecken tragen: manche kniend mit dem Becken über dem Kopf, manche stehend mit einer Schale vor dem Bauch und die meisten fliegend, die Schale in einer oder zwei ausgestreckten Händen vor sich haltend. Fliegende Taufengel schweben hoch im Kirchenraum und werden mit Hilfe einer mechanischen Vorrichtung nur zum Taufakt heruntergelassen.

Wie kam man auf diese Idee? In welchen Gebieten kommt der Taufengel vor und wann? Und was ist überhaupt ein Engel? Sie begegnen uns heute vielfach in Bildern, ohne dass ihre Herkunft und Aufgabe immer ersichtlich sind.

Die Engel kommen in der Bibel mehr als siebzig Mal vor. Ihr Name leitet sich her vom griechischen Wort *angelos*, das heißt Bote. Sie verkünden zum Beispiel Maria die Geburt Jesu (Lukas 1,28–38), auch den Hirten (Lukas 2, 10–12) und sind schon im Alten Testament Boten, die Menschen eine Botschaft Gottes überbringen (1. Könige 19,5–7). Gleichermaßen sind sie Kämpfer gegen das Böse, vor allem der Erzengel Michael (Offenbarung 12,7), sie beten Gott an (z. B. Lukas 2,13–14), sie tragen die Seele des Verstorbenen zu Gott (Lukas 16,22), und sie sind beim Endgericht beteiligt (z. B. Matthäus 13,41 und 49). Zwei ihrer Lobgesänge werden in jedem Gottesdienst gesungen, das „Ehre sei Gott in der Höhe" und das „Heilig, heilig, heilig" (Lukas 2,14 und Jesaja 6,3). Sie sind aber auch Helfer der Menschen in schwierigen Situationen.[1] Die Versuchungsgeschichte Jesu endet mit den Worten „da traten Engel zu ihm und dienten ihm" (Matthäus 4,11). Seit dem fünften Jahrhundert werden dienende Engel bei der Taufe Christi dargestellt, die das Gewand Christi und ein Handtuch halten.[2] Dieser in der Bibel nicht erwähnte Dienst wird seitdem bei der Taufe Christi fast immer dargestellt.[3]

Die Verbindung der Engel mit der Taufe kommt durch die Auslegung des Berichtes von der Heilung am Teich Betesda (Johannes 5,3–4). Dort bewegte der „Engel des Herrn" hin und wieder das Wasser, und wer als erster hineinging, wurde geheilt. Tertullian (etwa 160 bis 220 nach Christus) sieht darin eine Parallele zum Abwaschen der Sünden bei der Taufe,[4] weil die Sünde das Gebrechen der Menschen schlechthin ist.[5] Auch Ambrosius (Ende des vierten Jahrhunderts) interpretiert diese Heilung als Typus der Taufe, und der Text war in seiner Bischofsstadt Mailand eine Schriftlesung in der Messe der Getauften. In frühen Gebeten der Taufwasserweihe wird gesagt, dass Gott seinen Engel herabschickt, um das Wasser zu weihen.[6] Auch die Absage an den Teufel vor der Taufe erfolgt nach Ambrosius und Gregor von Nazianz in Gegenwart der Engel. Die Engel sind auch nach lutherischer Theologie (wie schon für Ambrosius oder das konstantinopolitanische Taufgelöbnis von etwa 500)[7] Zeugen der Taufe.[8] Dies zeigt, dass die Lutheraner an die biblische Tradition und ihre Aussage sowie die frühe Zeit der Kirche anknüpfen und wie Luther die durch den Neuplatonismus geprägte mystisch-spekulative Engellehre des Dionysius Areopagita aus der Zeit um 500,[9] ablehnen, der es um ihre Natur und nicht um ihren Auftrag geht.

Eine besondere Bedeutung hat die Vorstellung vom Schutzengel, die auf drei Bibelstellen in der Übersetzung Luthers fußt. Jeder Mensch hat einen Schutzengel (Apostelgeschichte 12,15).

Bei Hiob wird von den „Kindern Gottes“ gesprochen,[10] und bei Matthäus sagt Jesus: „Seht zu, dass ihr nicht einen von diesen Kleinen verachtet. Denn ich sage euch: Ihre Engel im Himmel sehen allezeit das Angesicht meines Vaters im Himmel (Matthäus 18,10).“

Von daher wird der Schutzengel besonders mit den Kindern verbunden. Luther sagt in seiner Schutzengelpredigt am Michaelistag 1531:[11] „Liebes Kind, du hast einen eigenen Engel. Wenn du des morgens und des abends betest, wird derselbe heilige Engel bei dir sein, wird bei deinem Bettlein sitzen, hat ein weißes Röcklein an, wird dein pflegen, dich wiegen und behüten […]. Wenn der Schutz der lieben Engel nicht wäre, würde kein Kind zu vollkommenem Alter erwachsen, obschon die Eltern allen möglichen Fleiß anwendeten.“ Diese Hilfestellung war in den Zeiten der großen Kindersterblichkeit besonders wichtig. Der Schutz gilt aber nicht nur Kindern: „Herzog Johann zu Sachsen ist mein und dein Wächter, aber neben dem sind die lieben Engel, die gehen mit mir und dir auf und ab die Gasse und Straße.“[12] Eine große Rolle spielen zwei Verse aus den Psalmen: „er hat seinen Engeln befohlen, dass sie dich behüten auf allen deinen Wegen, dass sie dich auf den Händen tragen und du deinen Fuß nicht an einen Stein stoßest“ (Psalm 91,11–12) und „der Engel des Herrn lagert sich um die her, die ihn fürchten, und hilft ihnen aus“ (Psalm 34,8). Luther verweist nach Matthäus 24,31 darauf, dass die Engel beim Jüngsten Gericht die Getauften sammeln werden.[13] In seinem Morgensegen und im Abendsegen, die er allen als tägliche Gebete empfiehlt, sagt Luther: „Dein heiliger Engel sei mit mir, dass der böse Feind keine Macht an mir finde“.[14] Eine eigene, theologische Engelslehre hat Luther nicht entwickelt, und in den lutherischen theologischen Schriften kommen Engel nur sehr selten vor. Aber in der Frömmigkeit spielen sie eine große Rolle, ebenso im Kirchenraum.

In der Gotik treten hier viele Engel auf, nicht nur bei der Illustration der entsprechenden biblischen Geschichten, sondern auch auf Altären, etwa musizierend rund um die Gottesmutter mit dem Christuskind und in dienender Funktion. Deshalb tragen sie oft das Gewand des Diakons. Da sie zum himmlischen Hofstaat gehören, werden sie entsprechend der höfischen Sitte der Zeit besonders schön dargestellt. In den lutherischen Kirchen sind sie im Unterschied zu katholischen Kirchen besonders des Barock nicht auf die dekorative Einheit des Kirchenraumes bezogen, sondern auf den Altar,[15] das Abendmahlsgerät, die Kanzel, die Orgel, die Epitaphien und Grabmäler. Zudem stehen sie mit entsprechenden Attributen auch als Symbole für die christlichen Tugenden Glaube, Liebe und Hoffnung[16] und eben am Ort der Taufe wie gelegentlich auch schon in gotischer Zeit. Häufig sind an der Kuppa von Taufsteinen geflügelte Engelsköpfchen,[17] die in Italien schon seit dem 14. Jahrhundert vorkommen. Manchmal tragen Engel die Marterwerkzeuge Jesu und weisen so auf seinen unsere Sünden tilgenden Tod hin.[18] Auch an dem das Taufbecken tragenden Schaft sind vielfach Engel dargestellt.[19] Von dort war es ein nur kleiner Schritt, das ganze Becken nicht von einer Säule tragen zu lassen, sondern von einem Engel. Es scheint so, als seien solche Taufengel die ersten.[20] Sie sind immer als Kind gestaltet und können fast nackt[21] oder auch bekleidet sein.[22] Stehende Engel mit der Schale vor dem Körper dagegen müssen schon aus praktischen Gründen Menschengröße haben.[23]

Wie aber kommt es dazu, dass der Becken tragende Engel, wenn nicht gerade eine Taufe stattfindet, hoch oben im Kirchenraum fliegt?

Solche menschengroßen fliegenden Engel gab es in den Kirchenräumen schon lange vor den Taufengeln. Man nennt sie „Jubelengel“.[24] Sie haben eine Posaune in der Hand, als Zeichen der

Abb. 1: Engel in Schellsitz, Kirchenkreis Naumburg-Zeitz

Verkündigung des Evangeliums[25] wie in Starsiedel und Groß Chüden, manchmal auch den Botenstab wie in Schellsitz.[26] Ebenso können sie einen Palmzweig tragen,[27] der seit dem Tempel des Salomo mit den Engeln verbunden ist,[28] oder einen Kranz.[29] Wenn sie ein Spruchband halten, dann ist darauf entweder das „Ehre sei Gott" (meist lateinisch: *Soli Deo Gloria*) aus der Weihnachtsgeschichte zu lesen (Lukas 2,14) oder der Lobgesang der Engel, den Jesaja in einer Vision hörte „Heilig, heilig, heilig ist der Herr Zebaoth" (Jesaja 6,3). Von den genannten Elementen kommen der Palmzweig[30] und der Kranz[31] auch bei den Taufengeln vor, ebenso Spruchbänder, die allerdings andere, nämlich auf die Taufe bezogene Texte tragen.[32]

Der Jubelengel ist aber nicht nur ein Vorbild für den Taufengel, sondern einige wurden vermutlich auch umfunktioniert. Der stehende Engel von Ostramondra (Katalog-Nr. B 22) hält zwar einen Kranz in seiner rechten Hand, doch ist dieser nicht wie bei anderen Kranz tragenden Taufengeln dazu bestimmt, das Becken aufzunehmen. Das ruhte vielmehr auf der Handwurzel, wie Löcher zur Befestigung zeigen. Das Spruchband trägt zwar die bei Taufengeln übliche Inschrift „Lasset die Kindlein zu mir kommen", könnte aber auch später so geändert worden sein. Der Taufengel zu Dorndorf (Katalog-Nr. B 17) hatte bisher sehr primitiv gearbeitete Arme zum Tragen des Beckens, die gar nicht zur sonstigen Qualität des Engels passen. Sie trugen eine Taufschale von 1687, und es ist überliefert, dass er 1721 geändert wurde. Dazu

Abb. 2: Engel in Starsiedel, Kirchenkreis Merseburg

gehört auch, dass man ihm ein neues Gesicht gab, das dem in der Seitenansicht viel zu langen Kopf vorgesetzt wurde.

Fliegende Engel, die einen für den Gottesdienst benötigten Gegenstand tragen, begegnen schon in der Gotik. In Notre Dame in Paris und Notre Dame in Rouen gab es je einen fliegenden Engel, der in den Händen das Gefäß mit den Hostien trug, dem „Brot vom Himmel", wie sie im Blick auf das Manna (vgl. 2. Mose 16) auch genannt wurden. Bei der Messe wurden auch diese Engel mit einer Mechanik herabgelassen.[33] Es sei betont, dass darin nicht der Ursprung des ja sehr viel späteren Taufengels zu sehen ist, aber es ist eine Parallele, die ebenfalls von der dienenden Funktion der Engel im Gottesdienst ausgeht. Von der Taufe des Johannes sagt Jesus, dass sie nicht von den Menschen, sondern vom Himmel sei (Matthäus 21,25). Die Mittler zwischen Himmel und Erde aber sind die Engel.

Nun gibt es gerade in Mitteldeutschland ein Beispiel dafür, dass ein Jubelengel mit dem Taufstein verbunden wurde, und zwar etwa siebzig Jahre vor der Entstehung der meisten anderen fliegenden Taufengel. Die Kirche zu Osterwohle wurde um 1620 innen neu ausgestattet.[34] Gleich am Eingang steht das Taufbecken in einem Gehege (Katalog-Nr. B 1).[35] Wird der Deckel zur Taufe angehoben, so schwebt vor dem Altar ein Jubelengel herab. Er trägt ein Spruchband mit der Inschrift GLORIA IN EXCELSIS DEO (Ehre sei Gott in der Höhe), dem Lobestext, den die Engel in der Weihnachtsgeschichte singen (Lukas 2,14) und der nun hier nach der Geburt eines Menschen gewissermaßen wieder erklingt. So wird die Taufe als Wiedergeburt mit der Taufe Christi in Verbindung gebracht und durch das Altarbild mit der Auferstehung Christi zusätzlich mit der Auferstehung in der Taufe.[36] Der Jubelengel schwebt, wenn keine Taufe stattfindet, hoch oben nahe dem Altar in einer Engelswolke. Am Altar sind weitere dienende Engel dargestellt.[37] Dieser mit der Taufe verbundene Jubelengel ist kein Taufengel, aber er zeigt, aus welchen Vorstellungen der Taufengel entstand.

Wann und wo der erste fliegende, das Taufbecken tragende Engel entstand, lässt sich nicht sagen. Die frühesten der wenigen datierten Taufengel in der Kirchenprovinz Sachsen entstanden nach 1690.[38] Nach den Zerstörungen des Dreißigjährigen Krieges und der folgenden schlechten wirtschaftlichen und finanziellen Situation wurden Kirchen und Kirchenausstattungen erst vom Ende des 17. Jahrhunderts an erneuert. Dieser Neuanfang fiel mit einem neuen Stil, dem Barock, zusammen. Damals entstand auch der so genannte Kanzelaltar, bei dem in den lutherischen Kirchen Altar und Kanzel miteinander verbunden wurden. Trotz intensiver Suche[39] ließ sich auch hier kein erstes Exemplar feststellen. Die Lösung überzeugte aber derart, dass die theologisch durchaus nicht in allem übereinstimmenden Lutheraner ihn ohne theologische Diskussionen fast überall übernahmen. Dasselbe gilt auch für den Taufengel. Er beherrscht, wie der Kanzelaltar, einhundert Jahre lang den lutherischen Kirchenraum in Deutschland, allerdings nur nördlich der Mainlinie.[40] Vermutlich hat es einmal mehr als 2000 Taufengel gegeben.[41] Am Ende des 18. Jahrhunderts wurde der Taufengel auch aus Stilgründen unmodern. Im 19. Jahrhundert wurde er durchweg abgelehnt.[42] Er wurde auf den Kirchenboden verbannt und durch einen neuen Taufstein ersetzt. Es ist vor allem Helga de Cuveland zu verdanken, dass er gegen Ende des 20. Jahrhunderts wieder entdeckt wurde.[43] In der Folge wurde man in anderen Gebieten auf ihn aufmerksam. Auch in der Kirchenprovinz Sachsen war man sich bis vor einigen Jahren über das ganze Ausmaß des Reichtums an Taufengeln nicht im Klaren. Im Rahmen der Vorbereitung dieser Ausstellung wurden viele wieder aufgefunden oder ihre frühere Existenz nachgewiesen, so dass es inzwischen mehr als zweihundert sind.[44] Eine Reihe von ihnen wurde restauriert und dient nun wieder zur Taufe. Die Kunststiftung des Landes Sachsen-Anhalt hat 2005 einen Wettbewerb für einen zeitgenössischen Taufengel ausgeschrieben, der auf so großes Interesse stieß, dass sich 161 Künstlerinnen und Künstler um die Teilnahme bewarben. Einer der Entwürfe wurde ausgeführt. Er ist in der Ausstellung zu sehen (Katalog-Nr. Ib 1), wird danach in der Kirche zu Wettin aufgehängt und dort künftig für die Taufen verwendet.

Warum Taufengel im Unterschied zum Kanzelaltar vornehmlich in Landkirchen vorkommen und nach bisherigem Kenntnisstand selten in Stadtkirchen,[45] ist ein ungelöstes Rätsel. Es könnte sein, dass hier Platzgründe eine Rolle gespielt haben. Während die großen Stadtkirchen genügend Raum für einen Taufstein boten, war es in den Dorfkirchen meist sehr eng. Die Patrone erbauten eigene „Stühle" und hatten das Recht auf eine Grablege, und die Sitzplätze reichten oft für die Gemeindeglieder nicht aus.[46] Dies wird sich positiv auf die Verbreitung des Taufengels ausgewirkt haben, der Grund für seine „Erfindung" ist das aber nicht.

Wenn die kleinen Gestalten, die das Taufbecken über ihrem Kopf tragen, manchmal keine Flügel haben, so sind sie dennoch Engel. Seit der Wiederentdeckung der Antike in der Renaissance vermischen sich Putten und Eroten, die es mit und ohne Flügel auf ein und demselben

Kunstwerk gibt,[47] mit den Engeln. In der Bibel wird an keiner Stelle von Flügeln bei den Engeln gesprochen. Sie lösen bei ihrem Auftreten stets Angst aus, denn als Erstes sagen sie „fürchte dich nicht" (z. B. Lukas 1,29–30). In der frühchristlichen Kunst werden sie immer als Männer dargestellt.[48] Die Flügel übernehmen sie von der antiken Victoria am Ende des vierten Jahrhunderts. Seitdem sind Flügel, von den Kinderengeln abgesehen, das Kennzeichen der Engel schlechthin. Ihre Form orientiert sich an den Schwingen der Vögel und wird oft frei abgewandelt. Die Unterschiede lassen sich an den Taufengeln in der Ausstellung sowie im Katalog aller Taufengel (s. Katalogteil K) der Kirchenprovinz Sachsen ablesen.

Die Haltung der fliegenden Taufengel ist unterschiedlich. Zumeist haben sie eine diagonale Haltung,[49] manchmal wirken sie fast wie stehend,[50] während andere völlig horizontal fliegen.[51]

Die Kleidung der Taufengel orientiert sich an den Gewändern der Antike, dem griechischen *Peplos* bzw. der römischen *Tunica*, lang und einem Kleid ähnlich, über dem viele Engel noch ein Obergewand tragen, dem *Himation* bzw. dem bei den Taufengeln auf eine Schärpe[52] reduzierten *Pallium* entsprechend. Viele tragen ein knöchellanges Gewand, das vor dem rechten Bein oft bis zum Knie aufgeschlitzt ist,[53] und haben darüber oftmals ein kürzeres Obergewand.[54] Da diese Gewänder in der Antike sowohl von Frauen wie Männern getragen wurden, ist durch sie das (in der Bibel nicht angegebene) Geschlecht der Engel nicht festgelegt. Dennoch sind einige eindeutig als weiblich zu erkennen,[55] manchmal auch durch die Gesichter[56] und die Frisur[57].

Sehr selten tragen die Taufengel eine Rüstung in Form eines Brustpanzers.[58] Das ist wohl vom Erzengel Michael übernommen, der in der Taufliturgie bei der Absage an die bösen Mächte eine Rolle spielt und dem Täufling dabei beisteht. Meist sind die Taufengel barfuß, nur wenige (etwa acht Prozent) tragen eine Fußbekleidung, die auch aus der Antike entlehnt ist, und zwar in Form einer Sandale, die nur aus einer mit Bändern befestigten Sohle besteht.[59]

Die Bemalung der Taufengel ist heute vielfach nicht mehr die originale, sondern wurde irgendwann oder nach der Wiederentdeckung mehr oder minder gut erneuert. Wenn die originale Fassung noch erhalten ist, kann sie jedoch von sehr guter Qualität sein.[60]

Die den schweren Taufengel haltende Metallstange ist vielfach einfach ausgeführt und hat nur in wenigen Fällen noch einen zusätzlichen Schmuck wie die Darstellung der Taufe Jesu durch Johannes unter einer Wolke mit der Taube[61] oder nur die Taube[62] oder Wolken, vor denen die Taube steil nach unten fliegt.[63]

Das von den Taufengeln getragene Becken für das Taufwasser war in der Regel aus Metall und wurde in eine Halterung eingesetzt, die häufig ein Kranz,[64] seltener ein einfacher hölzerner Ring[65] ist, häufig eine Muschel,[66] in wenigen Fällen auch eine Blüte.[67]

Hieran wie auch an anderen Details lassen sich regionale Unterschiede erkennen. So tragen fast nur die Taufengel im Kirchenkreis Salzwedel das Becken im Kranz. Die Muschel kommt vereinzelt in den Kirchenkreisen Elbe-Fläming, Halberstadt, Haldensleben-Wolmirstedt, Salzwedel, Stendal und Südharz vor.

Kniende Taufengel sind häufig in den Kirchenkreisen Merseburg und Naumburg-Zeitz, wo es kaum fliegende gibt. Dagegen finden sich kniende in den Kirchenkreisen Bad Liebenwerda, Egeln, Halberstadt, Haldensleben-Wolmirstedt, Salzwedel, Stendal und Südharz überhaupt nicht.

Es fällt auch auf, dass in den Kirchenkreisen Halberstadt und Südharz die fliegenden Taufengel das Becken ausschließlich in einer Hand tragen, während sie es in den Kirchenkreisen

Salzwedel sowie im Kirchenkreis Stendal bis auf wenige Ausnahmen immer in beiden Händen halten.

Bemerkenswert ist, dass einige Taufengel sich sehr ähnlich, ja beinahe identisch sind. In Ivenrode (Katalog-Nr. B 14), Schwanefeld (Katalog-Nr. B 15) und Wormsdorf (Katalog-Nr. B 3), und nur hier, trägt der Engel das Becken in der linken Hand und in der rechten die Taufkanne, aus der er (bildlich) das Wasser gießt. Alle drei haben ein ausgesprochen jugendliches Gesicht, den Kopf erhoben und in der Frisur eine auffallende Tolle in der Mitte. Zusätzlich umfassen die Engel von Ivenrode und Wormsdorf mit der linken Hand die gleiche Vorrichtung zur Aufnahme der Schale. Andererseits sind die Flügel in Schwanefeld und Wormsdorf einander sehr ähnlich und unterscheiden sich von denen in Ivenrode. Sehr ähnlich sind diesen drei Engeln jene von Bebertal[68] (Katalog-Nr. B 12) und Nordgermersleben (Katalog-Nr. K 54), die denselben Stifter haben.

In Dedeleben, Hötensleben und Huy-Neinstedt (Katalog-Nrn. K 29, K 10, K 35) wird das Becken nicht wie sonst von einem Engel getragen, sondern von zwei kleinen Engeln, die unmittelbar vor der Schranke des Altares stehen und das Becken mit weit ausgestrecktem rechten beziehungsweise linken Arm halten. Die Ausführung ist jedoch jedes Mal unterschiedlich.

Der Taufengel von Epschenrode (Katalog-Nr. B 28) ähnelt denen in Limlingerode, Haferungen und Zwinge. Nicht nur, dass alle drei ein Spruchband in der linken Hand tragen (Inschrift: Markus 10,14), sie haben auch das gleiche relativ kurze Obergewand, das hinter dem Rücken einen auffallenden, frei flatternden Bausch bildet, und in Epschenrode (Katalog-Nr. B 28) und Haferungen (Katalog-Nr. K 161) trägt der Engel eine bemerkenswerte Schärpe um den Oberkörper. Auch die Form der Flügel entspricht sich, mit Ausnahme von Zwinge (Katalog-Nr. K 172).

In Bismark, Sanne, Käcklitz und Uchtenhagen (Katalog-Nrn. B 23, K 147, K 134, K 153) fliegen die Taufengel ausgesprochen horizontal, halten das Becken in den weit ausgestreckten Händen, und ihr Gewand bauscht sich im Rücken am unteren Ende auf.[69] Alle haben unverkennbar kleine Flügel.

Bei den knienden Taufengeln in Flemmingen (Katalog-Nr. B 18), Kleingörschen und Schönburg (Katalog-Nrn. K 66, K 93) ist auf das Becken ein Lesepult für die Lesungen im Gottesdienst aufgesetzt.[70] Diese Doppelverwendung des Taufsteins kommt vor allem im benachbarten Thüringen vor.[71] Bei den genannten Taufengeln in der Kirchenprovinz Sachsen ist vor dem Pult ein Pelikan dargestellt, der seine Jungen mit seinem Blut nährt und deshalb seit frühchristlicher Zeit als Symbol für Christus gilt.[72]

Woher kommen solche Gemeinsamkeiten? Sind diese Engel jeweils von einem Meister oder in einer Werkstatt geschaffen worden? Wir können es nur vermuten, denn die Bildhauer sind bis auf zwei[73] unbekannt. Es ist anzunehmen, dass auch an anderen Orten Altar und Taufstein vom selben Meister angefertigt wurden.[74] Eine weitere Möglichkeit ist die Verwendung von Vorlagen, wohl in Form von Stichen. Darauf lassen Parallelen schließen, bei denen sich je zwei Taufengel sehr ähnlich sind, aber seitenverkehrt wiederholt wurden.[75]

Wenn auch die meisten der genannten Beispiele sich im selben Kirchenkreis befinden, so heißt das doch nicht, dass die Taufengel in der unmittelbaren Umgebung geschaffen wurden. Anzunehmen ist das bei jenen, die sich nicht durch eine besondere Qualität auszeichnen und von dörflichen Bildhauern stammen werden. Die qualitativ herausragenden Taufengel sind sicher in Kunstzentren entstanden, die auch weitab vom Ort ihrer Verwendung liegen können. Man war natürlich nicht an Landesgrenzen gebunden, so dass man bei Vergleichen auch umliegende Regionen berücksichtigen muss.[76]

Über die Stifter der Taufengel ist aus Archiven nur selten etwas zu erfahren,[77] manchmal sind sie am Taufengel selbst vermerkt.[78] Offensichtlich sind nicht nur die Patronatsherren Stifter. Da die Stifter den Bildhauer direkt bezahlten, geben die Kirchenbücher nach den bisherigen Recherchen keine Auskunft. Eine Ausnahme ist Erxleben (Katalog-Nr. K 128). Dort sind die gesamten Kosten im Jahr 1729 mit 13 Talern und 12 Groschen aufgelistet.[79] Eine Umrechnung in heutige Währung ist nur annähernd möglich.[80]

Nach der Erörterung so vieler Einzelfragen muss der Blick noch einmal auf die Aufgabe des Taufengels geworfen werden. Im Gemeindegottesdienst schwebt er hoch oben im Kirchenraum und erinnert jeden an seine eigene Taufe, durch die er zur Gemeinde gehört. Zur Taufe wird er herabgelassen, und die Beteiligten treten an ihn heran. Früher waren das nur der Pfarrer, der Vater und die Paten, von denen einer den Täufling trug.[81] Sie bilden einen Kreis um das vom Engel getragene Taufbecken, so dass der Engel zum Kreis der das Becken umgebenden Menschen dazu gehört. Das bewirkt einen unauslöschlichen Eindruck und macht ohne Worte deutlich, dass die Taufe für den Menschen von grundlegender Bedeutung ist.

Anmerkungen

1 Vgl. Tobias. Im Hebräerbrief 1,14 heißt es, dass die Engel „dienstbare Geister sind, ausgesandt zum Dienst um derer willen, die das Heil ererben sollen."

2 Z. B. Ravenna, Baptisterium der Orthodoxen, um 458.

3 Vgl. z. B. die Taufschalen von Halle, Marktkirche, Merseburg, Dom und Weißenfels, St. Marien (Katalog-Nrn. Cc 6, Cc 1, Cc 4).

4 Über die Taufe, in: Tertullians ausgewählte Schriften, Band 1, Bibliothek der Kirchenväter 7, Kempten 1912, Kapitel 6 und 7.

5 Bei Krankenheilungen vergibt Jesus oft zuerst die Sünden, z. B. Matthäus 9,2; Lukas 5,20–24.

6 In der im Frankenreich bis zum 7. Jahrhundert üblichen gallikanischen Liturgie und in der frühen Liturgie in Rom, dem Gelasianum.

7 Kretschmar, Georg: Die Geschichte des Taufgottesdienstes, in: Leiturgia, Band V, S. 182.

8 Chur Pfältzische Kirchenordnung Heidelberg 1684 und Christliche Kirchenagenda Ertzherzogtum Oesterreich unter der Enns.

9 De hierarchia coelestis, in: Patrologia Graeca 3, S. 119–130.

10 Hiob 38,7. In der Einheitsübersetzung von 1980 und der revidierten Lutherbibel von 1984 heißt es statt „Kinder Gottes" „Gottessöhne".

11 WA (D. Martin Luthers Werke, kritische Gesamtausgabe) 34. Band, 2. Abteilung, Weimar 1908, S. 248 und 251.

12 A. a. O., S. 280.

13 Sermon von dem heiligen hochwürdigen Sakrament der Taufe, 1519, WA 2, S. 728 f.

14 Evangelisches Gesangbuch, Ausgabe für die Kirchenprovinz Sachsen, […], Berlin und Leipzig 1994, S. 815 (Luthers Morgensegen) und S. 852 (Luthers Abendsegen). • Evangelisches Gesangbuch, Ausgabe für die Evangelisch-Lutherischen Kirchen in Bayern und Thüringen, S. 1441 und 1447.

15 Sie kommen nicht nur am Altarretabel vor, sonden können auch als Paar neben dem Altar stehen und einladend auf ihn hinweisen wie in Groß Quenstedt (Katalog-Nr. K 32). In Altenklitsche (Katalog-Nr. B 4) tragen rechts und links vom Altar je zwei Engel das Kniekissen für die Kommunikanten. Flankierend stehen zwei große Engel auch neben dem Taufstein in Rokokoformen in Emersleben (Katalog-Nr. K 30).

16 Z. B. Erlangen, Neustädter Universitätskirche, 1737.

17 In der Kirchenprovinz Sachsen z. B. Berge (Katalog-Nr. A 13), Heldrungen, Freyburg/Unstrut, Ranis, Wülfingerode.

18 Z. B. Walschleben, Kirchenkreis Erfurt.

[19] Z. B. Freyburg/Unstrut, Obhausen (Katalog-Nr. B 16), Uthleben 1702, Zschepen (Katalog-Nr. A 17).

[20] Der kleine Taufengel von Obhausen (Katalog-Nr. B 16) ist vor 1669 entstanden und stilistisch noch ganz der Renaissance zuzurechnen, während die nach 1690 gearbeiteten Taufengel alle barocke Formen haben. Kniende Taufengel, die das Becken über dem Kopf tragen, gibt es vereinzelt auch in katholischen Kirchen (vgl. Meißner, Helmuth: Taufengel in Oberfranken, S. 25), während fliegende Taufengel nur in lutherischen Kirchen vorkommen.

[21] Z. B. Millingsdorf, Kleingörschen, Petersdorf, Pörsten, Schellsitz (Katalog-Nrn. K 88, K 66, K 169, K 69, K 91).

[22] Z. B. Altenklitsche (Katalog-Nr. B 4), Flemmingen (Katalog-Nr. B 18), Rodersdorf (Katalog-Nr. B 10).

[23] Z. B. Tucheim-Drewitz, Ostramondra (Katalog-Nr. B 22).

[24] Vgl. Karl-August Wirth, Engel, in: Reallexikon zur Deutschen Kunstgeschichte, Band V, Sp. 529–530.

[25] Die Posaune kommt bei Engeln meist in Verbindung mit dem Jüngsten Gericht vor, wenn sie so die Toten aufwecken (1. Korinther 15,52). Dass dies beim Jubelengel aber nicht gemeint ist, beweist der große Posaune blasende Engel auf dem Schalldeckel der Kanzel in Belgern, denn von der Kanzel wird das Evangeliums verkündet und nicht in erster Linie das Gericht.

[26] Der sechseckige Stab ist heute fälschlich hinter dem Rücken angebracht, passt aber genau in die rechte Hand des Engels.

[27] Z. B. Starsiedel (Abb. 2).

[28] An den Wänden des inneren Raumes des salomonischen Tempels, in dem die Bundeslade stand, waren die Wände mit Cherubim und Palmzweigen geschmückt (1. Könige 6,29–35). Auch das „Eherne Meer" im Vorhof des Tempels hatte auf den Wandflächen, Haltern und Leisten Cherubim und Palmzweige eingraviert (1. Könige 7,36; Hesekiel 41,18–26).

[29] Den Kranz trägt bereits die römische Darstellung der Victoria, von der die Engel auch die Flügel übernommen haben.

[30] Z. B. Dahlen (Katalog-Nr. B 6), Eschenrode (Katalog-Nr. K 48).

[31] Der häufig vorkommende Kranz (vgl. unten) wird mit einer oder zwei Händen gehalten und nimmt das Becken auf.

[32] In der Kirchenprovinz Sachsen ist es vor allem Markus 10,14 („lasset die Kindlein zu mir kommen").

[33] Vgl. Sedlmayr, Hans: Die Entstehung der Kathedrale, Zürich 1950, S. 32–33.

[34] Die Kanzel ist inschriftlich auf 1621 datiert.

[35] Zum Taufgehege vgl. auch den Aufsatz des Verf. Der Ort der Taufe.

[36] Vgl. dazu den Aufsatz Ort der Taufe. Die Taufe fand, außerhalb des Gemeindegottesdienstes, nur am Taufstein statt, der Altar wurde dabei nicht benutzt.

[37] Zwei Engel stehen an der Altarschranke, zwei weitere über den mit Bogen überfangenen Zugängen zum Altar.

[38] Hoppenstedt wohl 1691 (Katalog-Nr. K 34); der Taufengel in Kistritz (Katalog-Nr. B 19) wurde erstmals am 10.10.1693 zu einer Taufe verwendet, die letzte Taufe am alten Taufstein hatte am 1. 3. 1693 stattgefunden. Der Engel in Kistritz kniet zwar, schwebt aber wie die fliegenden hoch im Kirchenraum.

[39] Vgl. Poscharsky, Peter: Die Kanzel, Gütersloh 1963, S. 228–234. • Mai, Hartmut: Der evangelische Kanzelaltar, Geschichte und Bedeutung, Halle/Saale 1969, S.155–164. • Meißner, Helmuth: Kirchen mit Kanzelaltären in Bayern, München 1987, S. 22–27.

[40] Auch in Skandinavien gab es Taufengel, vgl. de Cuveland 1991, S. 51. In Württemberg gibt es Taufengel ebenso wenig wie Kanzelaltäre. Der bekannte Kirchenbautheoretiker Leonhard Christoph Sturm schreibt in seiner „Vollständigen Anweisung alle Arten von Kirchen wohl anzugeben" 1718, S. 28: „Man machet auch jetziger Zeit keine besondere Tauff-Steine mehr / sondern brauchet Becken / die man entweder an jetzt besagtem Ort mit aufheben kann / oder man machet einen sauber geschnitzten Engel / der mitten über dem Chor in der Luft schwebet / und wenn ein Tauff-Actus vorhanden ist / mit seinem Tauff-Becken / das er in den Händen träget / herunter gelassen wird."

[41] De Cuveland, Helga: Der Taufengel, Hamburg 1991, S. 50 nimmt nach ihren Recherchen in den Kunstdenkmälern etwa 1000 an. Die Kunstdenkmäler entstanden jedoch in einer Zeit, die dem Barock so ablehnend gegenüber stand, dass manche barocken Einrichtungsgegenstände nicht aufgenommen wurden. Außerdem sind seit 1991 zahlreiche Taufengel wieder entdeckt worden. De Cuveland gibt etwa für Franken 41 an, es waren aber 62 (vgl. Meißner, Helmuth: Taufengel in Oberfranken, Bamberg 1996, S. 30). Für die Kirchenprovinz Sachsen gibt de Cuveland keinen einzigen Taufengel an, und jetzt sind rund 200 wieder entdeckt.

[42] „Durchgängig sind die Taufengel nichts weniger als schön zu nennen … Kunstwerth hat unter den mir bekannt gewordenen Taufengeln kein einziger." – so Hach, Theodor: Die kirchliche Kunstarchäologie des Kreises Herzogtum Lauenburg, in: Zeitschrift der Gesellschaft für schleswig-holsteinische Geschichte 16, 1886, S. 118 f., zit. n.: de Cuveland, a. a. O., S. 47.

[43] Vgl. de Cuveland, Ernst und Helga: Taufengel in Schleswig-Holstein und Hamburg, Hamburg 1978.

[44] Vgl. die Liste der Taufengel in der Ev. Kirche der Kirchenprovinz Sachsen im Katalogteil K.

[45] In der Kirchenprovinz Sachsen sind Taufengel bisher in folgenden Stadtkirchen nachgewiesen: Quedlinburg, Nicolaikirche (Katalog-Nr. B 37) und Dommitzsch (Katalog B 29).

[46] Bei den 71 nordelbischen Taufengeln kann de Cuveland trotz der schlechten archivalischen Situation 15 Fälle nachweisen, in denen ein Taufengel aus solchen Gründen angeschafft bzw. gestiftet wurde (De Cuveland 1978, S. 28–29).

[47] Z. B. auf dem Bodenmosaik der Kirche zu Aquileia aus dem Anfang des 4. Jahrhunderts, das aus einem zur Kirche umfunktionierten Kaiserpalast stammt. Taufstein Freyburg/Unstrut, 1600 (Abb. 3 im Beitrag Hartmut Mai, Taufsteine, Taufbecken und Taufständer – Geschichte und Ikonografie).

48 Etwa auf den Sarkophagen (z. B. Raphael mit Tobias auf dem Sarkophag R 176, Rom, S. Sebastiano, zwischen 300 und 325, oder Engel hinter Gottvater bei der Schöpfung auf dem so genannten dogmatischen Sarkophag R 43, Rom, Vatikan, Museo Pio Cristiano, zwischen 325 und 350, vgl. Deichmann, Friedrich Wilhelm: Repertorium der christlich-antiken Sarkophage, Band 1, Wiesbaden 1967, S. 110–111 und Tafel 43 und S. 39–41 und Tafel 14.

49 Z. B. Bebertal (Katalog-Nr. B 12), Ilsenburg (Katalog-Nr. B 9). Diese Haltung ist vor allem in den Kirchenkreisen Salzwedel und Stendal anzutreffen.

50 Z. B. Dahlen (Katalog-Nr. B 6), Memleben (Katalog-Nr. B 20). Dies ist im Südharz relativ häufig.

51 Vor allem im Kirchenkreis Stendal, z. B. Wollenrade (Katalog-Nr. B 27).

52 Vgl. Epschenrode (Katalog-Nr. B 28), Ostramondra (Katalog-Nr. B 22).

53 Z. B. Tucheim-Drewitz (Katalog-Nr. B 7), Memleben (Katalog-Nr. B 20), Rodersdorf (Katalog-Nr. B 10).

54 Z. B. Alleringsleben (Katalog-Nr. B 11), Dorndorf (Katalog-Nr. B 17), Elsnig (Katalog-Nr. B 30).

55 Z. B. Dahlen (Katalog-Nr. B 6), Tucheim-Drewitz (Katalog-Nr. B 7).

56 Z. B. Dahlen (Katalog-Nr. B 6), Kistritz (Katalog-Nr. B 19), Rodersdorf (Katalog-Nr. B 10).

57 Z. B. Elsnig (Katalog-Nr. B 30), Wenzlow (Katalog-Nr. B 8).

58 Z. B. Pützlingen (Katalog-Nr. K 170).

59 Z. B. Elsnig (Katalog-Nr. B 30), Epschenrode (Katalog-Nr. B 28), Limlingerode (Katalog-Nr. K 167), Jubelengel in Schellsitz (Katalog-Nr. K 91). Die Sohle kann durch kreuzweise um die Waden gewickelte Bänder gehalten werden, die den antiken *fasciae crurales* entsprechen. Sehr selten sind Strümpfe (Tucheim-Drewitz, Katalog-Nr. B 7), Ilsenburg (Katalog-Nr. B 9), Kistritz (Katalog-Nr. B 19).

60 Z. B. am Engel von St. Godoberti in Bebertal (Katalog-Nr. B 12).

61 Jeetze (Katalog-Nr. K 105), wo Christus in der antiken Bildtradition als ein passiv Empfangender kleiner als der Täufer dargestellt ist, und der nach Kerkau (Katalog-Nr. K 106) gehörende Taufengel.

62 Herreden (Katalog-Nr. K 163).

63 Bebertal (Katalog-Nr. B 12): ein Spruchband vor den Wolken trägt den Namen des Stifters und die Jahreszahl 1700.

64 Z. B. Aulosen (Katalog-Nr. K 118), Friedersdorf (Katalog-Nr. K 176), Glindenberg (Katalog-Nr. B 13).

65 Z. B. Dannefeld (Katalog-Nr. K 99), Jeetze (Katalog-Nr. K 105).

66 Z. B. Altenklitsche (Katalog-Nr. B 4), Dahlen (Katalog-Nr. B 6), Schwanefeld (Katalog-Nr. B 15).

67 Z. B. Bebertal (Katalog-Nr. B 12), Hornburg (Katalog-Nr. K 65), Nordgermersleben (Katalog-Nr. K 54).

68 Hier wird das Becken in eine Blüte eingesetzt wie in Wormsdorf (Katalog-Nr. B 3).

69 Ähnlich ist Jarchau (Katalog-Nr. B 24).

70 Zu den von ihr so genannten „Lesetaufengeln" vgl. de Cuveland 1991, S. 56–57.

71 Z. B. Günstedt.

72 Vgl. Strzygowski, Joseph: Der Bilderkreis des griechischen Physiologus, des Kosmas Inidikopleustes und Oktateuchs, Leipzig 1899. Der Physiologus entstand um 200 nach Christus.

73 Der Taufengel von Ilsenburg (Katalog-Nr. B 9) wurde um 1700 von Bastian Heidekamp geschaffen, der auch das dortige Altarretabel fertigte. Georg Ernst Reiser aus Stendal schuf 1729 den Taufengel in Erxleben (Katalog-Nr. K 128), der nicht zu den herausragenden Exemplaren gehört. Taufengel wurden sowohl von örtlichen Bildhauern geschaffen wie auch von Hofbildhauern, wie de Cuveland 1991, S. 52 für vier Taufengel in Nordelbien nachweist.

74 Der Taufengel in Schönburg (Katalog-Nr. K 93) ähnelt sehr Engeln am Altarretabel.

75 Die beiden bekleideten knienden Taufengel in Flemmingen (Katalog-Nr. B 18) (kniet mit dem linken Bein) und Schönburg (Katalog-Nr. K 93) (kniet rechts), die auch beide auf dem Becken ein Lesepult mit davor dargestelltem Pelikan tragen, und die beiden nackten Taufengel von Kleingörschen (Katalog-Nr. K 66) und Pörsten (Katalog-Nr. K 69), die jedoch nur den Kopf in eine andere Richtung drehen, beide aber sehr ähnlich von Ranken umgeben sind.

76 So hat der Taufengel von Dahlen (Katalog-Nr. B 6) eine Parallele in Lindenberg, Kreis Barnim, im benachbarten Brandenburg.

77 Z. B. Dommitzsch (Katalog-Nr. B 29): Magdalena Zschirmer (1679–1742), Witwe des Försters Johann George Zschirmer. • Memleben (Katalog-Nr. B 20): Andreas Werth 1726.

78 Z. B. Bebertal (Katalog-Nr. B 12): Oberamtmann Wissmann 1700, auf einem Schriftband vor den Wolken an der Aufhängung; Epschenrode (Katalog-Nr. B 28): Andreas und Engel Margarethe Mietze 1720 auf der Rückseite des Schriftbandes mit Markus 10,14 auf der Vorderseite.

79 Der Bildhauer Georg Ernst Reiser in Stendal erhielt 7 Taler, ein Maler aus Helmstedt 3 Taler 9 Groschen, der Schmied Christoph Mertensen aus Erxleben für die Kette 1 Taler 8 Groschen, das Material dazu, 31 Pfund Eisen, kostete 1 Taler 10 Groschen, ein Drechsler aus Osterburg erhielt 3 Groschen 6 Pfennige für sechs Knöpfe an der Aufhängung, für die Aufhängung mussten 5 Groschen gezahlt werden. Angaben nach Claus und Gisela Eichler und Christian Tegtmeier: Taufengel in der Altmark, Kirchberg 2004, S. 4. • De Cuveland 1991, S. 53 gibt für einige Taufengel Kosten an.

80 Meißner 1996, S. 43–34 versucht dies und kommt auf Kosten zwischen 1.000 und 10.000 Euro.

81 Die Mutter war nicht anwesend, da die Taufe spätestens drei Tage nach der Geburt stattfinden musste, vgl. den Beitrag von Kathrin Ellwardt, *Taufe zwischen Familienfest und Policey-Ordnung*, im Katalog.

Erhard Brepohl

Die Beckenschläger und ihre Messingbecken

Die letzten Erinnerungsstücke

Weil es sich in den drei Jahren meiner Lehrzeit täglich wiederholte, hat es sich wohl so nachhaltig in mein Gedächtnis eingeprägt: Während ich frühmorgens die Schutzgitter von Schaufenster und Eingangstür des elterlichen Goldschmiedegeschäfts öffnete, stieg nebenan der Friseurlehrling auf einen Stuhl und hakte die beiden Ketten des Messingbeckens an einen waagerechten Auslegerarm. Tatsächlich war es nur noch die Attrappe eines Barbierbeckens, eine flache Messingscheibe mit gebördeltem Rand und kreisförmiger Trennlinie zwischen „Spiegel" und „Fahne". Regelmäßig geputzt glänzte das plattgedrückte Becken in der Sonne und klapperte im Wind, um den Passanten zu verkünden, dass die Haarkünstler in ihren blau abgesetzten weißen Arbeitskitteln „zu Diensten stehen". So wirkten die Produkte der Beckenschläger bis in unsere Zeit nach.

Der Werkstoff „Messing"

Die Verknüpfung meiner Erinnerungen an die ersten Nachkriegsjahre mit der Römischen Kaiserzeit wird zweifellos etwas gewagt erscheinen, aber so weit lässt sich die Messingverarbeitung zurückverfolgen.

Der Benediktinermönch Theophilus unterscheidet in seinem Anfang des 12. Jahrhunderts entstandenen Werkstattbuch zwischen dem Gussmessing „aes" und dem bleifreien Schmiedemessing „auricalcum".

Seit mehr als zwei Jahrtausenden wurde diese Kupfer-Zink-Legierung hergestellt und verarbeitet, aber bis zur Mitte des 18. Jahrhunderts hatte niemand das Metall Zink zu sehen bekommen, man kannte es gar nicht. Aus Erfahrung wusste man nur, dass aus dem roten Kupfer ein goldgelbes Metall wurde, wenn man bestimmte gelbliche Steine, „Galmei" (Zinkspat $ZnCO_3$), in die Kupferschmelze hineinwarf, und dass dieses schwerere „gelbe Kupfer" ein ganz anderes Metall mit ganz anderen Eigenschaften war.

– Mit steigendem Zinkgehalt wird aus dem roten Kupfer zunächst rötlich-gelbes, dann gelbliches und ab 20 % Zn goldgelbes Messing.
– Kupfer gewährleistet die Schmiedbarkeit, Zink bewirkt die Stabilität der Fertigprodukte.
– Beide Metalle haben extrem unterschiedliches Kristallgefüge. Nur maximal 30 % des hexagonal kristallisierenden Zinks können schadlos in das kubisch-flächenzentrierte Kristallitgefüge des Kupfers aufgenommen werden.
– Die Messingsorten mit 20–30 % Zinkgehalt lassen sich unter dem Hammer des Beckenschlägers gut formen.
– Trotzdem sind die Messingprodukte im täglichen Gebrauch stabil, robust gegen Verbiegen und Verbeulen.

– Das goldfarbene Metall lässt sich sehr gut polieren, es muss nur selten geputzt werden, und wegen der deutlich geringeren Luftverschmutzung war die Resistenz gegen Umwelteinflüsse damals noch deutlicher als heute.
– All diese Vorzüge waren damals wie heute zu moderaten Preisen zu haben!

DAS BECKENSCHLÄGERHANDWERK

Schon in der Antike wurden hin und wieder Schalen aus Messing gemacht, aber seit dem 14. Jahrhundert, mit dem Aufblühen städtischer Siedlungen in Mitteleuropa, der Herausbildung eines selbstbewussten Bürgertums, entstanden neue Bedürfnisse, höhere Ansprüche und in deren Folge ein eigenständiges Handwerk: die Beckenschläger.

Anknüpfend an altrömische Traditionen war die Beckenschlägerkunst in den Maasstädten Huy, Namur, Bouvigne und vor allem in der Hansestadt Dinant zu suchen, in deren Umgebung es große Vorkommen des Zinkkarbonats Galmei gab, das mit Kupfer zu Messing verschmolzen wurde. Die Bezeichnung „Dinanterien" hat sich als Synonym für die Produkte der Handwerker erhalten, die in diesem Raum Messingbleche zu Gebrauchsgegenständen verarbeiteten und in ganz Europa absetzten. Nach der Zerstörung der Stadt Dinant 1466 durch Karl den Kühnen ging die Produktion abrupt zugrunde.

Schon in den städtischen Urkunden der zweiten Hälfte des 14. Jahrhunderts werden in Deutschland Beckenschäger erwähnt, ihre große Zeit begann etwa in der Mitte des 15. Jahrhunderts, als in den Städten eine bürgerliche Oberschicht entstand, die eine höhere Alltagskultur entwickelte.

Man saß zum Mittagsmahl nicht mehr so wie die normalen Handwerkerfamilien in der engen Stube neben der offenen Herdstelle an dem gescheuerten Tisch, die Suppe in einer großen Holzschüssel, dazu grobes Tongeschirr, Holzbecher und Holzlöffel. Die Patrizierfamilie hatte ein Esszimmer, auf dem Tisch feine Keramikschüsseln, Zinnbecher und, neuester Mode folgend, luxuriöse goldglänzende Schüsseln, Schalen, Teller vom Beckenschläger. Man hatte es zu einem gewissen Wohlstand gebracht, ein angemessenes Haus mit großzügigeren Räumen war entstanden. Nun konnte man zeigen, was gehobene Esskultur ist. An der Wand dann noch ein Bord mit prächtigen Ziertellern, auf denen biblische Geschichten abgebildet waren. Der Gast war beeindruckt!

Alles hatte seine Zeit. Der Geist der Renaissance, Luthers Lehre zogen in die Bürgerhäuser ein. Von den Eltern ererbte wertvolle, aber altmodische Zierteller wurden gegen zeitgemäße Zinnteller ausgetauscht, die viel besser mit dem neuen Mobiliar harmonierten. Es machte sich gut, einen solchen Teller der Stadtkirche als Taufbecken zu stiften, auch wenn die spätgotische Gestaltung nicht in jedem Fall so recht zur Ausstattung und zum Geist der lutherischen Kirche passte. Jedenfalls haben erstaunlich viele dieser mit Reliefs geschmückten Messingbecken unter der Obhut der Kirche, aber auch in den Magazinen der Museen, die Zeiten unbeschädigt und in gutem Zustand bis heute überdauert. Wenn heute noch hunderte dieser reliefverzierten, aber nur ganz wenige der glatten Gebrauchsbecken nachzuweisen sind, entspricht dies keineswegs der ursprünglichen Situation. Die schlichten, glatten Becken, die Schüsseln, Schalen, Teller, die im gutbürgerlichen Haushalt und beim Barbier täglich benutzt wurden, all die vielen Waagschalen, also das Gebrauchsgeschirr, bestimmten das Produktionsprofil der Beckenschläger, sind aber in späteren Zeiten bis auf wenige Einzelstücke „recycled", also eingeschmolzen worden.

BECKENSCHLÄGER IN HISTORISCHEN SCHRIFTEN

Über die Beckenschläger und ihre Produkte haben wir drei illustrierte Quellen, eine ganze Reihe von schriftlichen Informationen aus städtischen Urkunden und Innungsniederschriften, die wichtigsten Zeugnisse sind die Messingbecken selbst.

HAUSBUCH DER MENDELSCHEN ZWÖLFBRÜDERSTIFTUNG, UM 1500 (Abb. 1). Die Kaufmannsfamilie Mendel stiftete 1388 ein Altersheim für zwölf verarmte Nürnberger Handwerker. Seit 1425 bis 1549 wurde in einem Hausbuch jeder von ihnen kurz nach seinem Tod auf einem ganzseitigen Bild so dargestellt, wie er in seiner Werkstatt gearbeitet hatte, darunter drei Beckenschläger: Hans Hoffmann (gest. 1495); Heintz Schramm (gest. 1502); Ulrich Schuch (gest. 1519).[1]

Besonders gut ist Hans Hoffmann dargestellt, wie er auf dem flachen Amboss mit dem Planierhammer die Innenfläche eines Tellers glättet. Auf den offenen Laden liegen einige fertige Teller unterschiedlicher Größe, am Boden zwei weitere, die noch bearbeitet werden.

Die beiden späteren Bilder sind von geringerer Qualität und bieten keine weiteren Erkenntnisse.

JOST AMMAN/HANS SACHS: STÄNDEBUCH, 1568[2] (Abb. 2). Der „Beckschlager" war bedeutend genug, um mit Bild und Text in die Reihe der wichtigsten Stände aufgenommen zu werden, und vermutlich war Nürnberg das wichtigste Zentrum dieses Handwerks in Mitteleuropa. Da wir von Weigel erfahren, dass es in der Freien Reichsstadt Nürnberg die *vordere und hintere Beck=Schlager=Gassen* gab,[3] kennen wir sogar die Adresse zu dieser Abbildung! Wir schauen von der Gasse aus in die Werkstatt. „Laden" und „Schaufenster" hatten noch ihre ursprüngliche Bedeutung! Der „Laden", also die Holzplatte, mit der die Fensteröffnung nachts verschlossen wird, („Fenster-Laden"!) ist geöffnet, einige Fertigprodukte sind auf diesem waagerecht abgestützten Laden im „Schaufenster" „ausgestellt", also aus der Werkstatt nach draußen „herausgestellt". Auf der Auslage sehen wir einige Fertigerzeugnisse unterschiedlicher Form und Größe. „Becken" ist demnach als Oberbegriff für runde Hohlgefäße mit kreisförmiger Kontur, aber unterschiedlicher Tiefe aufzufassen. Damit sich das Gefäß beim Gebrauch nicht verzieht, ist es mit einem waagerechten Rand stabilisiert. Je nach Tiefe des Beckens unterscheidet man Schüsseln, Schalen und flache Teller.

Der linke Handwerker setzt mit dem Hammer den Rand eines Tellers ab, der rechte planiert die Fläche einer Schale. Im Hintergrund sieht man noch einen weiteren, der ein Werkstück im Holzkohleofen glüht, mit der linken Hand bedient er den Blasebalg.

In den acht Verszeilen erzählt uns Hans Sachs eine ganze Menge über seinen Kollegen, den Beckenschläger, dessen Werkstatt er im beschaulichen Nürnberg recht gut kannte (Abb. 2):
Ein Beckschlager bin ich genannt /

Der Beckschlager.

Ein Beckschlager bin ich genannt/
Mein Beckn führt man in weite Land/
Allerley art / groß vnd auch klein/
Von gutem Messing gschlagen rein/
Gestempfft mit bildwerck/gwechß vñ blů/
Einstheils jr Spigel glatt auff kum/
Wie groß Herrn vnd Balbierer han/
Auch gring / für den gemeinen Mann.

Abb. 1: Hans Hoffmann, der 190. Bruder, 1475

Abb. 2: Der Beckenschläger. Bild: Jost Amman;
Text: Hans Sachs

Ein selbstbewusster, zünftiger Handwerker also, und, wie wir sehen, mit einer gut gehenden Werkstatt.

Mein Beckn führt man in weite Land /

Sicher, denn auch die einfachen Messingbecken waren immer noch ziemlich teuer, in der kleinen Stadt war der Bedarf bald gedeckt, es gab kaum Verschleiß, die Messingbecken waren robust und langlebig. Die Beckenschläger, ebenso wie zahlreiche andere Gewerke Nürnbergs, lebten vom Export ihrer Erzeugnisse und hatten sich europäische Bedeutung erarbeitet. Das war kein Zufall. Die Kreuzung der Ost-West- und der Süd-Nord-Handelswege, gut organisiertes Gewerbe, qualitätsbewusstes Handwerk, erfahrene Kaufleute, fränkischer Fleiß – das war die „Freie Reichsstadt Nürnberg" – und die Beckenschläger gehörten dazu! Auch die anderen wichtigen Zentren der Beckenschläger wie Magdeburg, Braunschweig, Lübeck waren immer mit den wichtigen Handelsstraßen verbunden, besonders günstig war es, wenn außerdem noch die Messinghütten in der Nähe waren, wie im Raum Aachen und im Harz. Es gibt zahlreiche Aufzeichnungen in den Stadtarchiven und den Innungsdokumenten über die Beckenschläger. In den Veröffentlichungen über Beckenschläger und Messingbecken hat man, deutschem Ordnungssinn folgend, immer wieder versucht, die überlieferten Zierbecken chronologisch zu ordnen und bestimmten Herkunftsorten zuzuordnen. Es gibt keine Stempelmarken, wie etwa bei Goldschmieden und Zinngießern, und alle stilistischen Analysen sind sinnlos, weil in allen Werkstätten nach dem gleichen „Musterkatalog" gearbeitet wurde. Man hielt sich an traditionelle Formen und Vorbilder, versuchte, es dem Kollegen gleichzutun, schöpferischer Ehrgeiz, der Drang nach „dem ganz Neuen" ist nirgends zu erkennen. Deswegen verzichte ich auf alle Versuche der Datierung und Lokalisierung der Objekte.

Allerley art / groß vnd auch klein /

Von gutem Messing gschlagen rein /

All die Schalen, Schüsseln und Teller unterschiedlicher Form und Größe bot der Beckenschläger aus gutem (also bleifreiem) Messing an, von ihm selbst geschlagen.

Gestempfft mit bildwerck / gwechß vn blu /

Hier haben wir die authentische Aussage über die Methode der Ausarbeitung von „Bildwerck". Es wurde „gestempfft"! Die Reliefs der Figuren, Pflanzen und Blüten wurden also mit Stempeln in das Blech geschlagen.

Einstheils jr Spiegel glatt auff kum /

Wie groß Herrn und Balbierer han /

Die „mit Bildwerck / gwechß vn blu /" gestempfften Messingbecken waren zweifellos herausragende Prunkstücke, liebevoll von besonders talentierten Meistern gestaltet, und sie bestimmen auch heute noch unsere Sympathie für die Beckenschläger und ihre Messingbecken. Aber das waren ja nur gelegentliche Spezialanfertigungen. Der Alltag war ausgefüllt mit der Produktion schlichter Gebrauchsgegenstände für die „groß Herrn" (wohl auch für deren Frauen) und für die „Barbierer". Besonders wertvoll waren die mindestens einen Millimeter dicken, hochglanzpolierten Schalen und Teller mit „spiegelglattem" Boden. Wir bezeichnen auch heute noch beispielsweise die glatte Innenfläche des Porzellantellers als „Spiegel", obgleich man sich nur in den polierten Messingtellern wirklich bespiegeln konnte.

Auch gring / für den gemeinen Mann.

Für den „gemeinen Mann" genügte es, wenn sie „gring", nämlich „dünn" waren. Demnach waren die Becken aus dünnem Blech mit gefalztem Rand besonders preisgünstig.

Blättern wir im Ständebuch weiter, hängen beim „Balbierer" am Wandbord drei große und drei kleine Becken, und wir sehen, wie dem Kunden über einem Becken die Haare gewaschen werden. Wir sprechen ja noch immer vom „Waschbecken", obgleich es längst nicht mehr wie ein „Becken" oder eine „Waschschüssel" aussieht.

Der „Wägleinmacher" bezog seine „Messingschaln" für die „Goltwag" vom Beckenschläger, und bis heute haben sich die Messingschalen der Goldwaage bewährt.

CHRISTOPH WEIGEL: HAUPTSTÄNDE, 1698[4] (Abb. 3). In seiner Betrachtung über die Beckenschläger schwärmt Weigel mit einer gewissen Melancholie von der guten alten Zeit – und er meinte damit genau die Zeiten des Jost Amman und des Hans Sachs: *Vor sehr vielen Jahren war dieses Handwerck in Nürnberg so berühmt / groß und weitläufftig / daß von denen Meistern zwey zimlich lange Gassen bewohnet gewesen / so man daher noch heut zu Tag die vordere und hintere Beck=Schlager=Gassen nennet.*

Dass der Beginn des 17. Jahrhunderts mit dem raschen Niedergang des blühenden Handwerks verbunden ist, gilt als sicher, über die Ursachen gehen die Meinungen auseinander, den 30jähri-

Der Beckschläger.

Denen die Gott lieben, nützet das betrüben.

Was Prüfung und das Kreutz vermag,
zeigt beydes Hamers schweren Schlag,
deß Zirckels Ritzung ohne Schaden.
Dann welches Hertz Gott hart anrührt,
und zu der Selbst-Erkentnüß führt,
daraus wird ein Gefaß der Gnaden.

Abb. 3: Der Beckenschläger. Kupferstich von Chr. Weigel [Weigel 1698]

gen Krieg ließ man erstaunlicherweise unberücksichtigt: Jahrzehntelang bestimmten Krieg, Zerstörung, Hunger, Seuchen, Elend den Alltag. Wer sollte sich da für das teure, goldfarbene Geschirr interessieren? Marodierende Landsknechte beherrschten die alten Handelsstraßen. Selbst wenn man Aufträge bekommen hätte, man hätte sie nicht ausliefern können. Von Christoph Weigel erfahren wir, wie sich das – genau in der Mitte des Krieges – in Nürnberg ausgewirkt hat: *Es soll aber im Jahr 1633 das gantze Handwerck biß auf einen Gesellen abgestorben seyn / welchen E. Hoch=Edler Hochweiser Rath zum Meister gesprochen / der dann wiederum Jungen gelernet / dieses Handwerk von dem bevorstehenden Untergang befreyet und biß auf diese unsere Zeit rühmlich conserviret hat;[...].*

Einige wenige Beckenschläger hatten also die Kriegs- und Nachkriegsjahre mühsam überdauert und, obgleich „etwas seltzam", ist „Der Beck=Schlager" von Christoph Weigel in die Reihe der „Gemein-Nützlichen Hauptstände" aufgenommen worden: *[...] Heut zu Tage ist das Handwerck der Beckschlager etwas seltzam / dann obwohl die Becken wo nicht mehr / und vielfältiger / doch gewißlich auch nicht weniger als vor Zeiten gebrauchet werden / sind doch meistens die aus Zien von dem Kannen=Gieser gegossene / oder aus Kupfer von dem Kupfer=Schmied geschlagene üblich.* Die Beckenschläger sind also am Ende des 17. Jahrhunderts seltener geworden, und weil das gegossene Zinngeschirr im gutbürgerlichen Haushalt dem barocken Zeitgeschmack besser entsprach, verschob sich das Produktionsprofil vom Tafelgeschirr mehr in den gewerblichen Bereich. Dort hatten die sauber glänzenden – wir würden sagen „hygienisch einwandfreien" – Messingbecken durchaus ihren Platz *[...] als Tauff=Becken / Aderlaß=Becken / welche von Alters sehr häuffig gebraucht worden / tief= und flache Barbier=Becken / welche letzere sie meistens zum Kennzeichen ihrer Profession heraus zu hängen pflegen / allerley Kessel und Patellen vor die Zucker=Backer / klein und grosse Koch=Pfannen / Waag=Schalen und dergleichen.* Und dann werden die Auftraggeber genannt: *Die Nutzbarkeit dieses Handwercks / ist aus dem Gebrauch der dadurch verfertigten Arbeit leichtlich zu erkennen / als welche von denen Apothekern / Barbierern / Badern / Zucker=Backern / und was in dem gemeinen Hauswesen vielfältig / die Waag=Schaalen absonderlich betrifft / allenthalben fast in allen Ständen nützlich gebrauchet und angewendet wird.*

Mit der Abbildung bekommen wir einen „Einblick", hinein in einen Betrieb zur manufakturellen Produktion solcher Messingbecken für den gewerblichen Gebrauch. Hier gibt es keinen Arbeitsplatz für den Ziseleur einer subtilen Taufschale. Der Raum ist ausgefüllt vom Lärm der Hämmer. Ein Arbeiter reißt mit dem Zirkel die erforderlichen Hilfslinien an, der andere tieft die Schale auf dem Amboss auf, ein dritter, im Hintergrund, holt eine glühende Platte aus dem Ofen heraus. Neben dem linken Ambossklotz erkennt man zwei gegossene Rohlinge (Messing oder Blei – das ist die Frage!), auf dem rechten Holzklotz liegt die Schmiedezange, um den dicken Rohling festhalten zu können, wenn er auf dem Amboss zu einer Blechscheibe ausgeschmiedet wird, ganz vorn erkennt man die Stockschere, mit der die Blechscheibe zugeschnitten wird, und überall liegen die halbfertigen Schalen – die Werkstattatmosphäre ist gut getroffen. Schließlich erfahren wir, wie der „Technische Fortschritt" anfing:

Diese Stücke werden durch den bey einem Wasser angerichteten Tief=Hammer erstlich aus dem groben getiefet / hernach durch den Hand=Hammer folgends ausgefertiget. Vor Zeiten wuste man zwar von den Tieff=Hämmern / so heut zu Tage / umb besserer Bequemlichkeit willen von dem Wasser getrieben werden / nichts / und obschon die Arbeit damit weit leichter und geschwinder von statten gehet / halten doch einige die alte Art / nach welcher die Becken auf dem ebenen Amboß von freyer Hand auf= und tiefgeschlagen werden / vor künstlicher.

Wer also mit der Zeit gehen wollte, sollte seine Werkstatt so einrichten, dass ein energiereicher Bach vorbeifließt. Mit diesen über ein Wasserrad betriebenen Hammerwerken, die wir gelegentlich als technische Denkmäler bei einer Busrundfahrt besichtigen können, begann also die „Rationalisierung der Metallbearbeitung", die „Einsparung von Arbeitskräften". Die Alternative wird gleich mitgeliefert: wer die alte Methode für *künstlicher* hält – den bestraft das Leben!

RELIEFGESTALTUNG DER TAUFBECKEN

Kommen wir wieder zu unserem eigentlichen Anliegen zurück, den reliefgeschmückten Taufbecken.

In einem grundsätzlichen Artikel *„Zur Geschichte der Herstellung und Verzierung der geschlagenen Messingbecken"* hat sich Hans Stegmann[5] mit dem Problem befasst: *Nachdem die Form fertiggestellt, auch der Rand geschlagen und beschnitten, wurden die Becken von dem eigens bestellten Messingdrechsler, ‚Beckschlagdrechsler', abgedreht. Hierauf folgt die Verzierung. Die kleinen Kreise, Sterne, Blumen, Kreuze etc., die den Rand und manchmal auch einen Teil des Bodens zieren, wurden von vorn (auf die Schauseite) mit Punzen eingeschlagen.*

So weit. So gut. Es folgt der entscheidende Satz:

Die Bildwerke, die aufgetriebenen Mittelstücke (umbilico) von hinten, wie bei der Treibarbeit üblich, in eine gehärtete Eisenform, in der Regel wohl aus einem Stück bestehend, mittelst dazwischen eingelegter Bleiunterlage getrieben […].

Tatsächlich ist es bei der Treibarbeit üblich, dass die Bildwerke von hinten mit geeigneten Punzen in das Blech getrieben werden, aber doch nicht auf einer gehärteten Eisenform, sondern auf einer Treibkitt-Unterlage!

Was Stegmann hier beschreibt, hat mit der Treibarbeit nichts zu tun, es ist vielmehr eine Fortführung der seit der Antike üblichen Pressblechtechnik und ist in der beschriebenen Verfahrensweise eine Vorstufe des Formstanzens: Das Blech wird in das Negativrelief einer Stahlmatrize gepresst, wobei eine Bleiplatte die Funktion der späteren Patrize übernimmt.

Das Relief des zentralen Bildmotivs (*„umbilico",* von *„umbilicus* [lat.]: Nabel, übertr. Zentrum") des Messingbeckens würde demnach auf folgende Weise ausgeformt: In einen massiven Block weichgeglühten Werkzeugstahls (150–250 mm Durchmesser, mindestens 40 mm dick, glattgeschliffene Oberfläche) werden Bildmotiv und umgebende Ornamente mit Meißeln aus gehärtetem Werkzeugstahl als Negativreliefs hineingeschnitten. Die grob ausgehobenen Vertiefungen werden geschabt, geschliffen und auf Hochglanz poliert. Der Stahlblock muss noch gehärtet werden, dann ist die erforderliche Stahlmatrize fertig.

Die Schauseite des Beckens wird über diese Stahlform gelegt, auf die Rückseite des Beckens eine Bleiplatte. Einige kräftige Schläge mit einem schweren Hammer auf das Blei, das Blech wird in die Negativform gepresst, und das Relief erscheint auf der Schauseite des Messingbeckens!

Es gibt tatsächlich einige Taufschalen, deren Bildmotiv auf diese Weise in einer Negativform ausgeformt worden sein könnte. Ob tatsächlich nach dieser Technologie verfahren wurde, wissen wir nicht. Wenn wir die Zeit um 1500 annehmen, können wir aber sicher sein, dass es schwierig war,

– eine so große und dicke Platine hochwertigen härtbaren Werkzeugstahls zu beschaffen,
– sie mit Meißeln aus dem gleichen Material zu bearbeiten,
– die Negativreliefs bis zur Politur nachzuarbeiten,
– eine so dicke Stahlplatte zu härten.

Stegmann hat offenbar keine Vorstellung vom Wert einer solchen Pressform, denn in der Fortsetzung des Zitats bezieht er sich auf die glatt geschliffenen Figuren mancher Teller – die tatsächlich zu beobachten sind – und meint, dass *die häufige Stumpfheit* der Reliefdarstellungen nicht nur die Folge Jahrhunderte langen Verschleißes sei, sondern *auch von der durch die kräftigen Bleche bedingten raschen Abnützung der Stanzen herrühren mag.* Für die mit so viel Mühe hergestellten Negativformen aus gehärtetem Werkzeugstahl akzeptiert er demnach derartig geringe Standzeiten, dass der Beckenschläger ständig neue Stahlformen hätte beschaffen müssen – die Werkzeugkosten hätten ihn zweifellos ruiniert!

Hermann P. Lockner, der sich in all seinen Veröffentlichungen vehement für die Dominanz der Negativmatrize einsetzte, sagt in seinem Artikel „Zu den in Negative geschlagenen Messingschüsseln des 15. und 16. Jahrhunderts", nachdem er sorgsam die Für und Wider der Argumente abgewägt hatte:

Die Negativfrage bleibt offen und ist an einen großen Kenner für mittelalterlichen Eisenguß oder -schnitt weiterzureichen.[6]

Kurzum: Folgt man Stegmanns Verfahrensbeschreibung, dann wurden die Reliefs generell in die negative Stahlform geschlagen. Aus eigener Erfahrung sei ganz klar gesagt: Jede beliebige Reliefdarstellung auf allen bekannten Messingbecken kann man ganz elementar mit Punzen und Ziselierhammer herstellen! Man vergleiche beispielsweise im Dresdner Grünen Gewölbe die silbervergoldeten ziselierten Schalen und Teller der Nürnberger Goldschmiede aus der gleichen Zeit, die mit Sicherheit nur mit Punzen und Hammer frei ziseliert worden sind. Die teure Negativ-Stanzform war ein reines Rationalisierungsmittel, das nur dazu diente, die Serienproduktion zu beschleunigen. Mit einer Pressform aus gehärtetem Werkzeugstahl konnten mehrere hundert Taufschalen bearbeitet werden, so dass sich bei entsprechender Auflagenhöhe die Investition rentierte.

Die kompakte Negativform für das gesamte Mittelfeld war also die „Hochtechnologie der Serienproduktion". Wenn die Stückzahl nicht groß genug war, kein geeigneter Stahlgraveur zur Verfügung stand, die teure Pressform nicht bezahlt werden konnte, wurde das Relief mit Punzen und Stempeln in Handarbeit gestaltet.

BECKENSCHLÄGER ALS ZISELEURE

Man kann davon ausgehen, dass es unter diesen Handwerkern einige besonders talentierte und begabte gab, die in der Lage waren, ihre Becken mit ziselierten Reliefdarstellungen zu dekorieren, aus dem einfachen Gebrauchsgegenstand nicht unbedingt ein Kunstwerk, aber doch ein Zierstück zu machen. Die naive Reliefdekoration war auf wenige, immer wiederkehrende Motive beschränkt, aber mit Punzen und Hammer konnten beide gut umgehen. Generell hat man den Eindruck, dass die Beckenschläger eher geneigt waren, altbewährte Entwürfe zu wiederholen als neue Ideen zu entwickeln. Bildmotive und Ornamentformen blieben der Gotik verbunden, von den großen gesellschaftlichen Ereignissen des 16. Jahrhunderts, Renaissance und Reformation, blieben die Beckenschläger unbeeindruckt, ihre Kunden waren auch in Spanien, Frankreich, Italien. Das ging so weit, dass sie ihre wohl gehüteten, wertvollen, reich verzierten, altgotischen Buchstabenstempel als Ornamentkranz rings um den Rand des Spiegels einschlugen, ohne die Buchstaben zu sinnvollen Worten zu ordnen. Das wiederum regte Ende des 19. Jahrhunderts eine ganze Reihe von Schrift- und Sprachgelehrten zu wissenschaftlichen Artikeln an, die letztlich mit der Vermutung endeten, dass diese einfachen Handwerker gar nicht lesen und schreiben konnten.

ZISELIERPUNZEN

Zunächst brauchte der Ziseleur eine Grundausstattung von *Punzen* unterschiedlicher Größe und Form; eine Büchse mit mindestens 100 solcher Stahlwerkzeuge steht auch heute noch am Arbeitsplatz des Ziseleurs – alle selbstgemacht und den individuellen Bedürfnissen angepasst.

Der vorgefertigte Messingteller wurde mit *Ziselierkitt* ausgefüllt, und so konnte man mit den verschiedenen *Hämmern* und *Modellierpunzen* von der Rückseite aus die plastischen Motive heraustreiben. Dann löste man den Teller vom Kitt, kontrollierte das bisherige Ergebnis und setzte von der Vorderseite den Metallgrund rings um die Erhebungen zurück und arbeitete die Details in das Relief ein.

Wurde ein Zierteller öfter verlangt, sollte gar für den Fernhandel eine ganze Serie produziert werden, dann überlegten die Handwerker damals genauso wie heute, wie sie mit einigen Stempeln und Modeln die Ziermotive noch schneller und präziser ausarbeiten und den Zeitaufwand verringern könnten. Mit Sicherheit achteten sie dabei auf ein vernünftiges Verhältnis der Aufwendungen für erforderliche Hilfsmittel und der zu erwartenden Einsparungen.

Weil die Metallhandwerker gewohnt waren, ihre Werkzeuge selbst anzufertigen, ist anzunehmen, dass sie auch diese Hilfsmittel selbst gemacht hatten. Gelegentlich wird auch mal ein befreundeter Meister eines anderen Gewerks geholfen haben. Weil das Stahlmodel nie direkt vom Hammer getroffen wurde, hatte es eine sehr hohe Standzeit, es konnte durchaus noch an den Sohn weitergegeben werden. Einfache Ornamentform und deren lineare Verbindungen, die konzentrischen Kreise auf der Spiegelfläche waren schneller mit Punzen eingearbeitet, irgendwelche Pressformen wären dafür uneffektiv.

FIGUR ALS MODEL

Besonders aufwändig war beispielsweise die Ausarbeitung ganzer menschlicher Figuren, und deshalb entwickelte man dafür ein neues, rationelles Verfahren, dem modernen Formstanzen vergleichbar. Statt beispielsweise Adam und Eva mühsam mit verschiedenen Punzen plastisch auszuarbeiten, machte man aus einem flachen Stück Stahl geeigneter Dicke ein *Model*, das für beide Figuren benutzt werden konnte (vgl. Katalog-Nr. Ca 7).

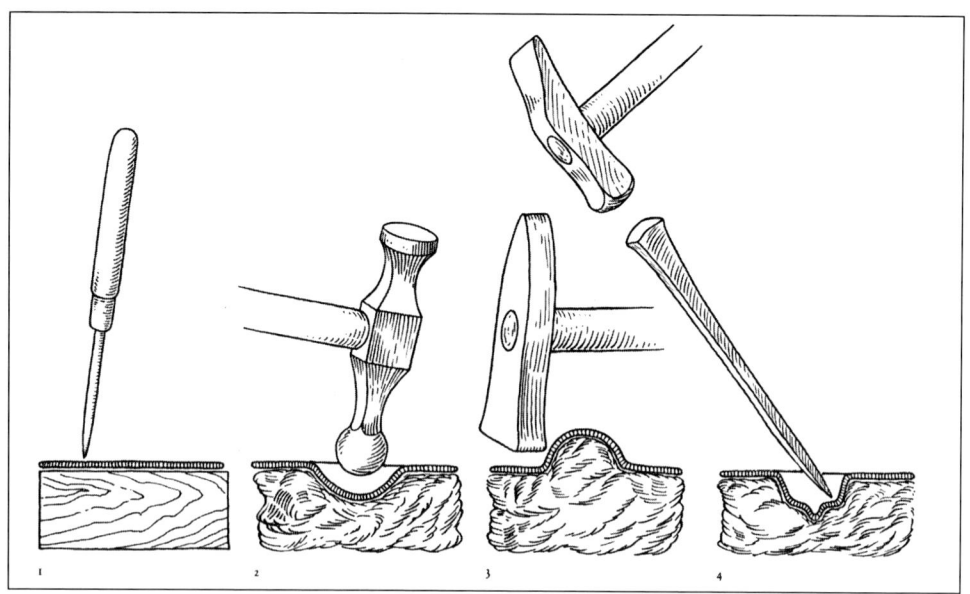

Abb. 4: Treibziselierung. (1) Vorzeichnung mit Reißnadel; (2) Treiben mit Kugelhammer und flach gewölbtem Hammer; (3) Glätten der Blechebene mit Planierhammer; (4) Ziselierung der Details mit Formpunzen

Die Kontur der Figur wurde ausgemeißelt und mit der Feile nachgearbeitet. Die Wölbung des Körpers und die Modellierung von Armen und Beinen wurden mit Feilen, Sticheln, Meißeln, Schabern ausgearbeitet. Oft genügte eine grobe plastische Ausformung des Körpers, die Feinheiten konnte man später mit den Punzen in das Messingblech einarbeiten.

Auf der Rückseite des Beckens wurde an der gewünschten Stelle mit Kugelpunzen auf der Bleiunterlage die Lage des Models markiert. Das Model legte man auf den flachen Stahlamboss, darüber die Rückseite des Beckens, so dass das Model genau in die vorgeformte Vertiefung eingepasst wird.

Der Gehilfe hielt das Becken fest. Der Meister legte auf der Vorderseite des Beckens eine Bleiplatte genau auf diese Stelle, und mit einem entschlossenen Schlag wurde das Model fixiert, noch einige Schläge mehr, und zwischen Stahlmodel (Patrize) und Bleinegativ (Matrize) ist im Messingblech das Relief der Figur ausgeformt. Auf der Vorderseite hatte sich das umgebende Blech mit angehoben, deshalb wurde die Figur ringsum mit der Ziehpunze konturiert und die Hintergrundfläche auf dem Amboss eingeebnet.

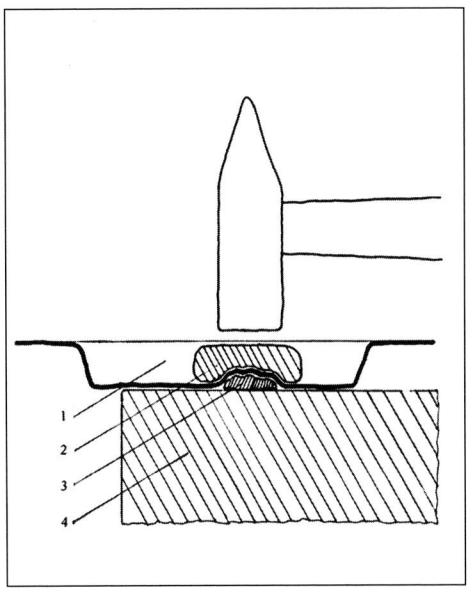
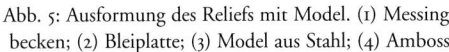
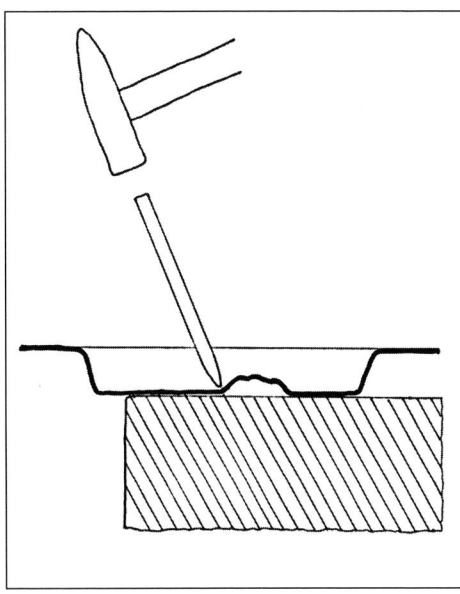

Abb. 5: Ausformung des Reliefs mit Model. (1) Messingbecken; (2) Bleiplatte; (3) Model aus Stahl; (4) Amboss

Abb. 6: Nacharbeit der Kontur des Reliefs
mit Ziehpunzen

FORMSTEMPEL

Für immer wieder vorkommende kleinere Ornamentteile, Blätter, Blüten fertigte man jeweils einen *Formstempel* an, dessen Arbeitsfläche beispielsweise einer kompletten Blüte entsprach. Jetzt brauchte man nicht mehr jedes Blütenblatt einzeln mit den Punzen zu modellieren, man unterlegte einfach die gewünschte Stelle mit einer Bleiplatte, setzte den Formstempel auf der Rückseite an – ein kräftiger Schlag, und die Blüte war fertig.

Kompliziertere Ornamentformen wurden mit mehreren Formstempeln zusammengesetzt, fortlaufende Ornamente im Rapport aneinander gereiht.

PRÄGESTEMPEL

Besonders auf dem Rand des Beckens findet man lineare Ornamente, die mit einem einfachen Prägestempel eingeschlagen wurden.

Es muss betont werden, dass die Reliefgestaltung keineswegs nur eine Aneinanderreihung von Formpunzen- und Matrizenabdrücken ist; für deren Ergänzung und Überarbeitung bedurfte es durchaus des handwerklichen Geschicks eines qualifizierten Ziseleurs.

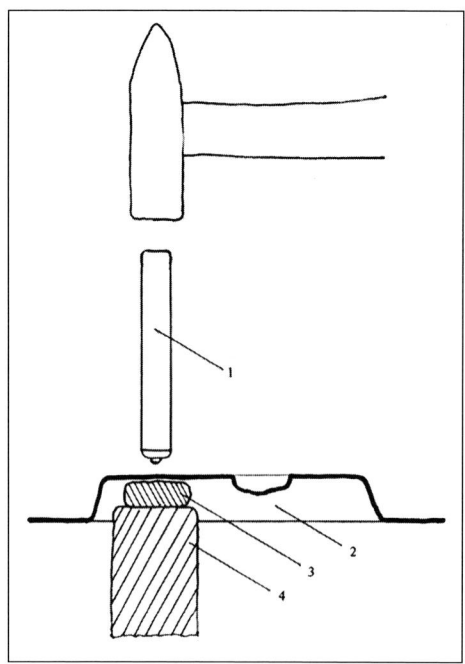 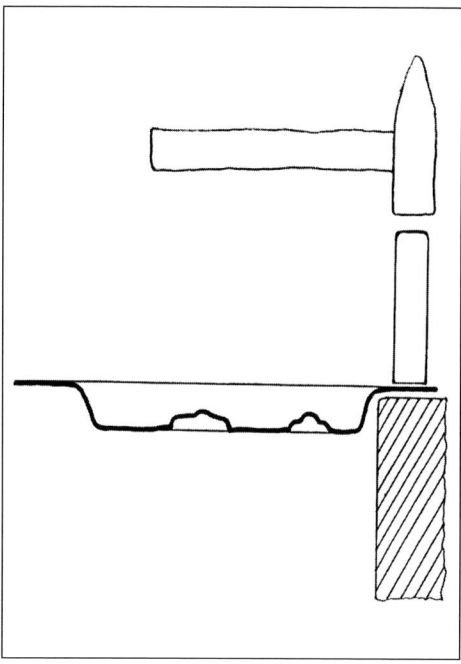

Abb. 7: Formstanzen eines Ornamentteils mit Formstempel. (1) Formstempel; (2) Messingbecken; (3) Bleiplatte; (4) Amboss

Abb. 8: Einschlagen eines Ornaments in den Rand des Beckens mit Prägstempel

FISCHBLASENROSETTE

Viele Becken haben in der Mitte einen leicht aufgewölbten Buckel, den „Nabel", damit die zugehörige Kanne einen sicheren Stand bekommt. Ringsum bilden 16 „Fischblasen" einen reizvollen Kranz, an das Sonnenrad oder an eine dekorative Blüte erinnernd.

Es sind bis heute besonders viele Becken mit diesem Motiv erhalten geblieben, und es ist anzunehmen, dass es bei den Kunden so beliebt war, weil es so hübsch aussah, und bei den Handwerkern, weil es bequem herzustellen war. Man brauchte nur einen einzigen Stempel, gewissermaßen eine Kugelpunze mit gebogenem Kometenschweif, etwa 50 mm lang, die man ganz einfach zurechtfeilen konnte. Schwierig war nur die passgenaue Anordnung der 16 Buckel auf dem dafür vorgesehenen Kreisring. Der Beckenschläger könnte sich dafür aus einer mindestens 50 mm dicken Bleiplatte eine Negativform selbst anfertigen. Mit dem Zirkel wird der Kreisring aufgerissen. Mit der Kugelpunze werden zunächst 16 aneinander stoßende Mulden in das Blei eingeschlagen. Dadurch hat man eine gute Positionierung für die Fischblasenstempel. Die Schauseite des Beckens wird dann darüber gelegt, und man wiederholt das Verfahren auf der Rückseite des Beckens: Erst mit der Kugelpunze, dann mit dem Fischblasenstempel wird das Messingblech in die vorbereiteten Mulden der Bleimatrize eingeschlagen. „Das Blei ist doch viel zu weich, es wird sich verformen", könnte man denken, aber tatsächlich kann man mehrere Becken nacheinander in der gleichen Bleimatrize bearbeiten.

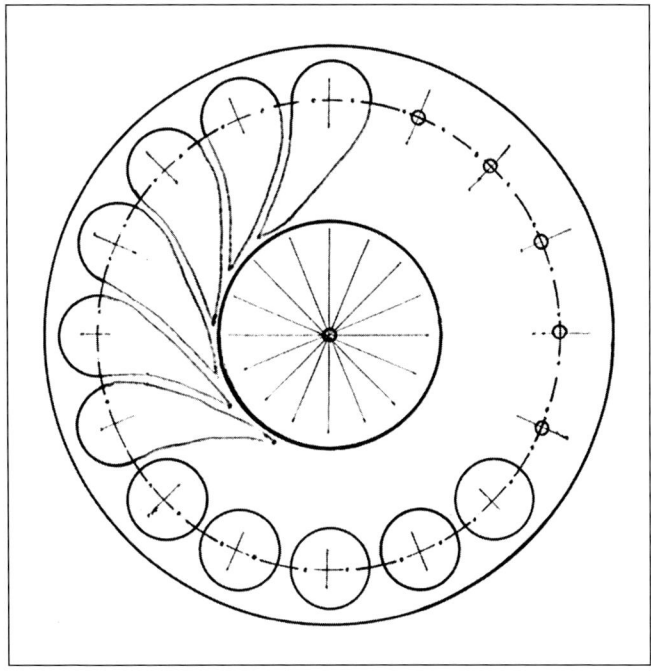

Abb. 9: Anordnung der 16 Teilformen einer „Fischblasen-Rosette" auf der Bleimatrize: Markierung der Kreiszentren; halbkugelige Eindrücke mit Kugelpunzen; Abformungen der Fischblasenstempel

NACHBEMERKUNG

In dem vorliegenden Katalogbeitrag geht es um einige Hintergrundinformationen zu den ausgestellten Taufbecken, dabei kamen wir auf die kulturhistorische Bedeutung der Beckenschläger und auf die Herstellungsweise der Messingbecken zu sprechen. Eine umfassende Auswertung von Archivmaterialien der Städte und Zünfte, eine vergleichende Betrachtung der Bildmotive und Ornamentformen auf all den heute noch vorhandenen Messingbecken wäre wünschenswert, aber dazu reicht ein so kurzer Aufsatz nicht aus.

Anmerkungen
[1] Hausbuch 1965, Blatt 94 v.
[2] Amman 1975.
[3] Weigel, Christoff: „Abbild- und Beschreibung der Gemein-Nützlichen Haupt-Stände von dem Regenten biß auf die Künstler und Handwercker". 1698.
[4] Ebd.
[5] Stegmann 1899, S. 17–18.
[6] Lockner 1977 (1), S. 28.

URSULA ZEHM

Zur Ikonographie der Beckenschlägerschalen*

Urkundlich nachweisbar sind Beckenschläger vom Ende des 13. bis zum Anfang des 18. Jahrhunderts, die Blütezeit dieses Handwerks lag aber zwischen der Mitte des 15. und der des 16. Jahrhunderts. Es gab sie im Maasgebiet, in Aachen und Stolberg, in Braunschweig, Magdeburg, Lüneburg und Lübeck sowie im süddeutschen Raum in Frankfurt und Nürnberg. Daher wurde lange Zeit angenommen, auch die verzierten Becken seien an den verschiedenen Orten hergestellt worden. Da die meisten Arbeiten aus Messing keine Marken tragen,[1] ist dies aber nicht mit Sicherheit feststellbar. Nürnberg entwickelte sich erst in der zweiten Hälfte des 15. Jahrhunderts dank seiner umfassenden Handelsbeziehungen zu einem der größten Produzenten von Becken,[2] die nach ganz Europa und teilweise auch nach Übersee exportiert wurden.

Über die Herstellungstechnik der verzierten Becken weiß man bis heute nichts absolut Sicheres. Bisher nahm man an, daß die Schalen mit identischen Darstellungen mit Hilfe von Negativformen hergestellt wurden, auf die der Handwerker die Schauseite der Schale legte und in die er das Metall mit Hilfe von Hammerschlägen trieb.[3] Es haben sich allerdings weder solche Negativformen erhalten noch gibt es Darstellungen davon. Erhard Brepohl (vgl. den Katalog-Beitrag *Die Beckenschläger und ihre Messingbecken*) hält diese Arbeitsweise auch für ausgeschlossen. Er geht von Positivformen (Patrizen) und Formstempeln für bestimmte Einzelheiten aus und rechnet mit einem hohen Anteil an freier Treibarbeit von der Rückseite (vgl. dazu Katalog-Nr. Ca 5, Abb. 2) sowie Überarbeitung mit Punzen von der Vorderseite. Einige Verzierungen wurden mit Prägestempeln von der Schauseite eingeschlagen, sie erscheinen vertieft, nicht erhaben.

Die neuere Forschung siedelt alle „in Negativformen geschlagenen" Becken (nicht die mit frei getriebener Verzierung) in Nürnberg an,[4] wobei sich die Frage stellt, warum diese begehrten Stücke keine Nachahmungen hervorgerufen haben sollten. Für Nürnberg spräche die dort angesiedelte Produktion von Kunst- und Gebrauchsgegenständen und die Organisation des europaweiten Handels der dortigen Kaufleute, wie zuletzt sehr anschaulich im Ausstellungskatalog „Quasi Centrum Europae"[5] dargestellt.

Die meisten Beckenschläger werden schlichte Becken, Schalen und Schüsseln hergestellt haben, von denen viele verlorengegangen sind. Erhalten haben sich überwiegend verzierte Becken,[6] weil sie entweder in den Kirchen in Gebrauch blieben oder wegen ihres künstlerischen Wertes von Sammlern geschätzt wurden. Diese Beckenschlägerschalen waren Prunkschüsseln, die bei Tisch benutzt wurden oder – auf Gestellen an den Wänden – die Wohnungen zierten.[7] In den Kirchen wurden und werden die Beckenschlägerschalen vor allem als Taufschalen, gelegentlich auch als Opferschalen (Kollektenschalen) gebraucht. In einigen Fällen geben Inschriften Auskunft darüber, daß sie erst in späterer Zeit, teilweise wohl sogar lange nach ihrer Entstehung, in die Kirchen gestiftet wurden (Katalog-Nr. Ca 5). So kann nur anhand stilistischer Vergleiche versucht werden, die verzierten Becken zeitlich einzuordnen. Zuletzt hat Hermann P. Lockner[8] eine in sich schlüssige Entwicklungsreihe der Becken aufgestellt. Er berücksichtigt darin die Form der Schalen und die Art ihrer Verzierungen. Seinen Beobachtungen schließe ich mich hier an und gliedere den Überblick anhand der Schalenformen.

I. Schalen mit mittelbreiter Lippe[9] (Ritzlinie am Rand) und glatter Wandung

Zunächst wurden die Muster frei getrieben. Es handelt sich meistens um ein Mittelmotiv, das aus einer fünfblättrigen Rose und stilisierten Lilien besteht, ansonsten sind die Becken unverziert.[10] Auf derselben Schalenform treten dann zu den frei getriebenen Mittelmotiven (jetzt häufig mit einer halbkugeligen Erhebung in der Mitte, die Omphalos [Nabel] genannt wird) meist spiegelsymmetrisch aufgebaute, kleinteilige Motive hinzu, die, radial angeordnet, vier- oder fünfmal wiederholt werden.[11] Sie sind also wohl mit einem Hilfsmittel hergestellt worden. Der nächste Schritt scheint zu sein, daß diese Darstellungen, die häufig einen trapezförmigen Zuschnitt haben, um sie zu einem kreisförmigen Muster anordnen zu können, mit einem rund umrahmten, figürlichen Mittelmotiv verbunden werden.[12] Die Lücken zwischen den Teilmotiven können weiterhin durch völlig frei getriebene Muster ausgefüllt sein (vgl. Katalog-Nr. Ca 5); im Fall der Schale in Tangermünde (Katalog-Nr. Ca 2) ist an deren Stelle aber ein anderes kleines Model verwendet worden. Daneben finden sich auch fortlaufende Ornamentkränze aus Teilstempeln.[13]

II. Schalen mit schmaler bis mittelbreiter Lippe und glatter Wandung

Bei dieser Schalenform finden wir mit Ausnahme des frühen Rosen-Lilien-Motivs alle Zierformen wieder. Völlig frei getrieben sind nur noch wenige Schalen mit ausgefallenen Motiven, die den gesamten Spiegel einnehmen.[14] Bei größeren Schalen wurden zum Mittelmotiv oft noch Schriftkreise hinzugefügt. Hinzu treten jetzt Ornamentstempel, die – auf der Schauseite eingeschlagen – durch vielfältige Wiederholung Musterkreise ergeben. Sie finden sich auch auf den Lippen. Als Mittelmotive gibt es z. B. Fischblasen, Granatapfelblüten mit Disteln, liegender oder springender Hirsch, sitzende Dame, Lamm Gottes, Engel mit Wappen, Wappenschild Kaiser Karls V., Rankenmännchen oder -weibchen, Sündenfall, Verkündigung, Madonna im Strahlenkranz.[15]

III. Kleine, tiefe Schale, Wandung mit Falten, schmaler Rand

Diese Schalen sind aus dünnerem Messing, deshalb wurden zur Versteifung Falten in die Wandung eingearbeitet. Sie zeigen das gesamte Motivrepertoire der vorausgehenden Schalenform mit Ausnahme der mehrfach wiederholten, radial angeordneten, trapezförmigen Bildmotive. Neu hinzu kommen als Mittelbilder Hl. Georg, Markuslöwe, Greif, Einhornjagd, Phönix.[16] Freie Treibarbeit ist bei diesen Schalen die Ausnahme.[17] Das Mittelmotiv ist häufig entweder von einem Schriftkreis oder einem mit einem Prägestempel eingeschlagenen Kranz umgeben. Die Lippe ist in der Regel ebenfalls mit einem Ornamentkranz verziert.

IV. Schale, in der Regel mit Falten in der Wandung, breiter gebördelter Rand

Die Schalen bestehen ebenfalls aus dünnerem Messing und haben oft einen Durchmesser von ca. 40 cm, doch gibt es auch Schalen dieser Art, die nur halb so groß sind. Zur Verstärkung der Lippe wurde der äußere Rand umgeschlagen (gebördelt). Später legte man zur zusätzlichen Stabilisierung noch einen Eisendraht ein. An neuen Mittelmotiven findet man: Sonne, IHS (Christusmonogramm), Christuskind, Traubenträger, Hl. Christophorus, Samson mit Löwen, Porträt nach der Antike, Ornament aus vier Urnen, Hl. Sebastian, Opferung Isaaks.[18] Die breiten Ränder weisen in der Regel zwei Kränze oder einen besonders breiten Kranz aus Prägestempeln auf.

Mit den Schalenformen Hand in Hand geht die Entwicklung der Verzierungen. Von den einfachen, mit der Hand getriebenen Mittelmotiven über die mehrfach wiederholten Teilmotive zu den figürlichen Mittelbildern entwickeln sich die Dekorationsformen, zu denen dann die von der Vorderseite eingeschlagenen Ornamentstempel und Buchstabenkreise hinzutreten. Diese Schriftkreise gibt es in zwei Formen: In kleiner Schrift, bestehend aus schlichten Majuskeln, sind sich wiederholende Segens- oder Erinnerungswünsche geschrieben (vgl. Katalog-Nr. Ca 3). Daneben gibt es größere Schriften mit reichen Zierformen, in denen ebenfalls eine Buchstabengruppe wiederholt wird, die aber merkwürdigerweise keinen Sinn ergibt.[19] Lockner, der bisher die größte Anzahl von Schalen veröffentlichte, hat festgestellt, daß das häufigste Mittelmotiv der sog. Fischblasendekor (vgl. hier Katalog-Nr. Ca 3 und Katalog-Nr. Ca 2) ist. Bei den figürlichen Darstellungen ist es der Sündenfall (vgl. Katalog-Nr. Ca 7).[20] Weitere häufige Darstellungen sind die Verkündigung (vgl. Katalog-Nr. Ca 1) und die Traubenträger (vgl. Katalog-Nr. Ca 4).

Es läßt sich also für die Beckenschlägerschalen nur eine relative zeitliche Abfolge mit Hilfe der Schalenformen und der Verzierungen rekonstruieren. Die Überschneidungen zwischen Schalenformen und Motiven sind durch deren lange Verwendung zu erklären. Zur Datierung der Schalen in den Katalogtexten wird gewöhnlich die Ikonographie der Darstellungen herangezogen. Dabei ist jedoch zu beachten, daß sich die Angaben lediglich auf die Entstehungszeit der Bildmotive beziehen. Wie lange die Motive verwendet wurden, steht damit nicht fest.

Ein Wort noch zum Erhaltungszustand. Er ist im allgemeinen gut, die Becken sind pfleglich behandelt worden. Das bedeutet jedoch gleichzeitig, daß durch das gelegentliche Putzen während der rund 500 Jahre, die die Becken jetzt in Gebrauch sind, immer wieder ein leichter Abrieb stattgefunden hat, besonders dann, wenn versucht wurde, den schönen, an Gold erinnernden Glanz des Messings zu erhalten. Durch das Putzen verlieren sich allmählich die feinen Details, die ursprünglich vorhanden waren. Dies betrifft in besonderem Maße die erhabenen Stellen; am schmerzlichsten fällt das bei den Gesichtern auf. Man nennt dieses Phänomen „verputzen" (vgl. Katalog-Nrn. Ca 1, Ca 5 und Ca 6). Die beiden Becken aus Tangermünde (Katalog-Nr. Ca 2) und Osterwohle (Katalog-Nr. Ca 3) weisen dagegen eine Patina auf, die an Bronze erinnert. Sie schützt die Metalloberfläche, so daß die Feinheiten sich besser erhalten haben.

* Auf Wunsch der Autorin wurde in diesem Beitrag die bis 2005 gültige Rechtschreibung beibehalten.

Anmerkungen

[1] So gab es zum Beispiel im Harzgebiet erst ab der Mitte des 17. Jahrhunderts Verordnungen für einen Markenzwang bei diesen Waren, vgl. Wiswe, Mechthild: Hausrat aus Messing und Kupfer aus dem Braunschweigischen Landesmuseum (= Veröffentlichungen des Braunschweigischen Landesmuseums 24), Braunschweig 1980, S. 9.

[2] Vgl. Ausst. Kat. Nürnberg 2002, S. 77, 82 f. (Müller, Heidi A.: »Tand« und Nürnberger Waren) und S. 106 ff. (Eser, Thomas: Unter Tage, unter Wasser).

[3] Ausst. Kat. Nürnberg 2002, Abb. S. 106.

[4] Lockner 1996; Eberle 2002, S. 16 f., 34 ff.; Ausst. Kat. Nürnberg 2002, S. 106 ff.

[5] Wie Anm. 2.

[6] In den Warenlisten der Nürnberger Kaufleute werden sie zur Unterscheidung von den glatten Becken „gestempfft schusseln" (Handelsmanual des Georg Kress, vgl. Ausst. Kat. Nürnberg 2002, S. 106 mit Anm. 28) oder „schön erhaben beck" (Warenliste des Hans Praun, vgl. Pohl, Horst: Das Rechnungsbuch des Nürnberger Großkaufmanns Hans Praun von 1471 bis 1478, in: Mitteilungen des Vereins für Geschichte der Stadt Nürnberg 55, 1967–1968, S. 128) genannt. Die verzierten Becken kosteten im Einkauf ungefähr ein Drittel mehr, wurden aber gleichfalls in Zentnern gehandelt.

[7] Solche Aufstellungen werden auf Gemälden des 15. Jahrhunderts gezeigt, z. B. „Christus im Hause des Simon" von Gabriel Mälesskircher, datiert 1476 (Nürnberg, Germanisches Nationalmuseum, Inv. Gem 1463 [Germanisches Nationalmuseum Nürnberg. Führer durch die Sammlungen, München 1977, S. 76 Abb. 186]). Daß dies auch noch länger der Fall war, berichtet ein Pastor Mirus (1759–1832) aus Braunschweig im Jahre 1816: „Als Tischgeräte habe ich jene Beckenschläger-Arbeiten zur Zeit meiner Kindheit in Braunschweig nicht mehr gesehen, wohl aber als Zierde in den Wohnstuben und auf den Dehlen [= Hausfluren] mehrerer honetter Bürgerhäuser. […] Hier waren zu dem Ende, oft ringsumher, in der Nähe der Decke sogenannte Börte [= Regale] angebracht, auf denen sie, von Zeit zu Zeit geputzt, in glänzender Pracht standen." (zitiert nach Wiswe [wie Anm. 1], S. 93).

[8] Lockner 1982, S. 30–94.

[9] Bezeichnung für den abgesetzten Rand des Beckens, der ihm eine größere Festigkeit gibt und das Tragen erleichtert. Die Schalen dieser Gruppe sind in der Regel zwischen 35 und 45 cm im Durchmesser.

[10] Vgl. Lockner 1982, Abb. 1–3, 5; Abb. 4 gehört zum gleichen Schalentyp, zeigt aber ein Wappen.

[11] Vgl. a. a. O., Abb. 11–21.

[12] Vgl. a. a. O., Abb. 26, 28 (rechts).

[13] Daß gerade diese Ornamentkränze mit einem Teilstempel angefertigt worden sein müssen, zeigen kleine Ungenauigkeiten beim Zusammenschluß des Kranzes (vgl. Lockner 1982, Abb. 40–41, 43–47, 77). Wäre es eine Negativform, gäbe es kein Aneinanderstoßen, da um das eingetiefte Motiv zwangsläufig ein glatter Rand vorhanden sein müßte (Hinweis von Erhard Brepohl).

[14] Vgl. Lockner 1982, Abb. 6 (Heilige mit Wappen) und 7 (sog. „Weiberherrschaft"); s. auch ebendort Abb. 37 (Pelikan, der seine Jungen mit seinem Blut tränkt) mit zusätzlichem Ornamentkranz.

[15] Vgl. a. a. O., Abb. 28, 35–36, 42, 45, 53, 60, 63–64, 72, 77, 80, 83–83 a, 89. Die Aufzählung erhebt keinen Anspruch auf Vollständigkeit. Auch die Zuordnung des Erstauftretens der Motive zu den Schalenformen kann durch jedes neu bekanntgemachte Stück verändert werden. So ist die Madonna im Strahlenkranz erst durch die Becken in dieser Ausstellung (Katalog-Nrn. Ca 5 und Ca 6) auch mit Gruppe II zu verbinden.

[16] Vgl. zu den Motiven Lockner 1982, Abb. 68, 70, 85, 98–98 a, 111.

[17] A. a. O., Abb. 49.

[18] Bei einigen der bisher nur einmal nachgewiesenen Stücke wäre zu prüfen, ob sie vielleicht auf besonderen Wunsch eines Auftraggebers zwar frei getrieben, aber sehr sorgfältig überarbeitet wurden. Zu den Motiven vgl. Lockner 1982, Abb. 58–59 a, 99–102, 106–108, 110, 112–114.

[19] Vgl. Wentzel 1948, Sp. 159 f.

[20] Lockner 1982, S. 62.

Bettina Seyderhelm

Die Bekleidung der Täuflinge

Für Friederike

Einführung

Unwillkürlich ziehen Täuflinge die Blicke der Gemeinde auf sich, wenn sie in ihren langen festlich-weißen Kleidern zur Taufe in die Kirche hineingebracht werden. Nicht selten tragen sie ein Familientaufkleid, in dem schon ihr Vater oder ihre Mutter, deren Geschwister, die Großeltern und vielleicht sogar die Urgroßeltern die Taufe empfingen.

In vielen christlichen Familien gibt es so ein besonderes, zumeist weißes Taufkleid für Babys, das, einmal angeschafft, mehrfach benutzt und oft sogar über Generationen weiter vererbt wird. Taufbekleidung ist daher in der Regel weit weniger abhängig von Modeströmungen als etwa das Brautkleid, das gewöhnlich nur einmal getragen wird.[1] Erst seit einigen Jahren bevorzugen es manche Familien, dem Täufling Hosen oder andere Kleidung anzuziehen, die der zeitgenössischen Kindermode angepasst ist. Oft wird aber auch dabei die Farbe Weiß bevorzugt.

Über die deutsche oder gar die mitteldeutsche Täuflingsbekleidung und ihre Geschichte ist bisher kaum geforscht worden.[2] Das ist erstaunlich, da es sich um ein Thema mit einer weit zurückreichenden Geschichte handelt, zu dem viele Menschen Zugang finden. Allerdings ist es auch ein Thema, das nicht immer und in allen Zeiten leicht fassbar ist.[3] Die Ausgestaltung der Tauffeiern kann nicht anhand der Agendenformulare rekonstruiert oder gar für die einzelnen Regionen verallgemeinert werden, und viele andere Quellen harren noch einer kritischen Auswertung.[4]

Eine nähere Betrachtung der derzeit verfügbaren literarischen, bildlichen und vor allem der sachlichen Zeugnisse macht deutlich, dass für eine Behandlung des Themas eine klare Differenzierung hilfreich ist: Welche Teile der Täuflingsbekleidung hatten in erster Linie eine symbolhafte, ganz auf den Anlass der Taufe bezogene Bedeutung, und wo haben wir es einfach mit festlichen Kleidungsstücken für viele Gelegenheiten zu tun, die dem Kind eben nicht nur zur Taufe angezogen wurden. Es zeichnet sich ab, dass insbesondere für die Barockzeit mit verschiedenen Möglichkeiten zu rechnen ist.

Antike und Mittelalter

Ein weißes Gewand, das den zu Ostern Getauften angelegt und von ihnen bis zum darauf folgenden Weißen Sonntag getragen wurde, ist schon in Quellen des vierten nachchristlichen Jahrhunderts bezeugt.[5] Das Anlegen des Taufkleides nach dem Taufbad wird im Blick auf entsprechende biblische Aussagen auch mit dem Anziehen des neuen Menschen in Christus in Zusammenhang gebracht: „Denn wie viele von euch auf Christus getauft sind, die haben Christus angezogen." (Galater 3,27)[6]

Erwachsene Täuflinge wie Kinder wurden Jahrhunderte lang zur Taufe stets entkleidet und erhielten anschließend die weißen Gewänder. Aus einer karolingischen Schrift erfahren wir, dass damals heidnische Fürsten oder Gesandte nach dem Taufakt zusätzlich mit anderen kostbaren Gaben und Kleidungsstücken beschenkt wurden. Die Quelle lässt zudem erkennen, dass es für das Taufbegehren sehr eigene Gründe geben konnte. Der Benediktinermönch Notker Balbulus berichtet um 885 darüber, wie Ludwig der Fromme (814–840) über lange Zeit jährlich heidnische Normannen taufen ließ:

Schließlich fragte der gottesfürchtige Kaiser ihre Gesandten [...], ob sie den Christenglauben annehmen wollten, und als er die Antwort bekam, sie seien jederzeit und überall und in allem bereit, ihm zu gehorchen, ließ er sie [...] taufen.

Von den Großen des Palastes sozusagen an Kindesstatt angenommen, erhielten sie aus der Kammer des Kaisers das weiße Taufkleid und von ihren Taufpaten fränkische Kleidung, bestehend in kostbaren Gewändern, Waffen und sonstigem Schmuck. Da man dies länger betrieb und da sie nicht um Christi willen, sondern wegen der irdischen Vorteile von Jahr zu Jahr mehr, aber nicht mehr als Gesandte, sondern als ganz ergebene Vasallen sich zum Dienst beim Kaiser am Ostersamstag einzustellen pflegten, geschah es einmal, dass bis zu fünfzig kamen. Der Kaiser fragte sie, ob sie den Wunsch hätten, getauft zu werden, und als sie sich dazu bekannten, ließ er sie alsbald mit geweihtem Taufwasser begießen. Weil aber nicht so viele Leinenkleider vorhanden waren, ließ er [groben] Hemdenstoff zuschneiden und wie Flechtzäune zusammennähen und wie Weinreben bearbeiten. Als man nun unerwartet einem der älteren Täuflinge eines dieser Taufhemden umwarf, betrachtete er es mit recht verwunderten Augen eine Zeitlang, dann aber bekam er eine nicht geringe Wut und sagte zu dem Kaiser: Schon zwanzigmal hat man mich hier gebadet und mir die besten und weißesten Kleider angetan, aber so ein Sack steht keinem Krieger, sondern einem Schweinehirten zu. Und wenn ich mich nicht meiner Nacktheit schämte, nachdem man mir meine Kleider weggenommen, aber nicht die von Dir gegebenen angelegt hat, würde ich dir dein Gewand samt deinem Christus lassen.[7]

Auch im weiteren Verlauf des Mittelalters waren Täuflinge beim Taufakt, der nun nach Möglichkeit zumeist im Säuglings- oder Kindesalter vollzogen wurde, vollständig nackt. Dies ist beispielsweise auf der so genannten Taufschale Friedrich Barbarossas zu sehen (Abb. 1), die um 1160 in Aachen entstanden sein soll.[8] Im Schalenboden sieht man ein großes Taufbecken mit dem Kind. Rechts und links davon stehen mehrere Personen, darunter ein Bischof, ein Diakon und – der ausführlichen Inschrift zufolge – Otto (Graf von Cappenberg), der Taufpate Friedrich Barbarossas. Die Darstellung gibt wohl den Moment unmittelbar vor dem Herausheben des Täuflings aus dem Becken wieder: Das Kind hat bereits eine Art Kapuze oder Haube über dem Kopf. Sie gehört zu der Bekleidung, die Kinder im Bereich der römischen Kirche im Anschluss an die Taufe erhielten: ein mit einer Kapuze versehenes Mäntelchen (*cappa*) oder ein Mützchen (*mitra*) aus weißer Leinwand sowie ein weißleinenes Tuch (*pannus chrismalis*).[9] Kapuze oder Mützchen bedeckten den Bereich des Scheitels, auf den nach Vollzug der Taufe das Chrisam (Salböl) aufgetragen worden war.[10]

Eine andere Taufdarstellung findet sich in dem nach seiner Zerstörung in Straßburg 1870 nur in Nachzeichnungen überlieferten Hortus Deliciarum, einer der wichtigsten Quellen für Bildmotive und -formen des hohen Mittelalters, entstanden zwischen 1165 und 1175. Die Zeichnung zeigt die Taufe eines der Jünger durch Johannes den Täufer an einem Gewässer. Am Ufer stehen

Abb. 1: Sogenannte Taufschale Friedrich Barbarossas um 1160
Berlin, SMPK, Kunstgewerbemuseum, Inv. Nr. 33, 25

andere, bereits bekleidete erwachsene Täuflinge. Sie sind durch hüftlange weiße Hemden gekennzeichnet, auf deren Kapuzen große Kreuze angebracht sind.[11] Für den noch nackt im Wasser Stehenden wird ein verziertes Tuch bereitgehalten.

Eine Darstellung der Taufe der heiligen Margareta von Antiochien in einer Bildstickerei der Zeit um 1290/1300 in Helmstedt (Abb. 2) zeigt, wie ein Kind zunächst aus der Taufe gehoben und erst anschließend in das bereitgehaltene Tuch mit der Kapuze gehüllt wird.[12]

VON DER REFORMATION BIS ZUR BAROCKZEIT

Mit der Reformation änderte sich im Hinblick auf die Nacktheit des Täuflings und seine anschließende Bekleidung zunächst nicht viel.[13] Bei Luther ist die Rede vom „Westerhemd", dessen Name sich von der lateinischen Bezeichnung *alba vestis* („weißes Hemd") herleitet und bei

Abb. 2: Stickerei mit Taufe der hl. Margareta von Antiochien um 1290/1300
Helmstedt, Evangelisches Damenstift Marienberg

dem es sich in der Regel wiederum um ein weißes Mäntelchen mit Kapuze handelt. In den beiden sonst unterschiedlichen Fassungen des Taufbüchleins von 1523 und 1526 gibt Luther an, dass
nach dem im Namen des Vaters und des Sohnes und des heiligen Geistes vollzogenen Taufakt
die Pathen das Kindlein halten [sollen] *in der Taufe. Und der Priester spreche, weil* [während] *er das
Westerhemd anzeucht* [dem Täufling anzieht]: *„Der allmächtige Gott und Vater unsers Herrn Jesu
Christi, der dich anderweit* wieder *geboren hat durchs Wasser und den heiligen Geist, und hat dir
alle deine Sünde vergeben, der stärke dich mit seiner Gnade zum ewigen Leben. Amen.* "[14]

Das bekannte Bild der Taufe auf dem Reformationsaltar der Wittenberger Stadtkirche aus der
Mitte des 16. Jahrhunderts zeigt uns einen nackten Täufling, der von dem Reformator Philipp
Melanchthon mit Wasser begossen, wohl aber nicht untergetaucht wird (s. Abb. S. 83). Die
Darstellung insgesamt gibt einige Rätsel auf.[15] Die Taufe des nackten Kindes jedoch und die mit
weißen Stoffen und Gewändern in den Händen danebenstehenden Paten entsprechen weitge-
hend dem, was uns aus den vorangegangenen Jahrhunderten überliefert ist. Der Pate zur Rech-

ten Melanchthons, in dem man Lucas Cranach d. Ä. sehen will,[16] hält ein weißes Tuch, das dem Täufling vermutlich im nächsten Moment zum Trocknen und Wärmen dienen soll. Die Funktion eines weiteren weißen Stoffes über den Armen des Paten zur Linken des Reformators ist zu erschließen. In ihm ist das genannte „Westerhemd" zu erkennen, mit dem der Täufling beim Segen nach der Taufe bekleidet wird.

Das Kind auf der Tafel des Reformationsaltares musste, bevor es nackt getauft werden konnte, ebenso wie alle anderen Neugeborenen, die seit der Antike die Taufe empfingen, aus einer engen Hülle herausgenommen werden. Wie man den Quellen und Darstellungen von bekleideten sehr jungen Säuglingen entnehmen kann, wurden sie in der Regel nach der Geburt wochenlang zu einem steifen Bündel gewickelt. Sie konnten weder die Arme noch die Beine bewegen. Allein der Kopf sah aus der Wicklung heraus. Beschreibungen und Begründungen für dieses aus heutiger Sicht „bedrückende", lange aber selbstverständliche Verfahren finden wir über Jahrhunderte in schriftlichen Quellen aus ganz Europa.[17] Um 1250 schrieb Bartholomäus Anglicus: *Die Gliedmaßen des Kindes sind wegen ihrer Schwäche leicht verformbar, deshalb müssen sie durch Wickelbinden und Windeln eingebunden werden, damit sie nicht verkrümmt oder verkrüppelt werden.*[18]

Lange Zeit wurde das Kind zur Taufe aus der Wicklung befreit und nach dem Akt mit einem Westerhemd bekleidet. Als man jedoch in einzelnen Gegenden Deutschlands im 16. Jahrhundert damit begann, die Täuflinge nicht mehr unterzutauchen oder zu übergießen, sondern nur noch ihre Köpfe zu besprengen, vollzog sich auch im Hinblick auf die spezielle Täuflingsbekleidung ein Wandel. Dieser hatte jedoch nach den Beobachtungen im Zusammenhang der Vorbereitung dieses Beitrags regional und möglicherweise auch konfessionell verschiedene Ausprägungen.

Johannes Bugenhagen nahm in Hamburg bereits 1529 erstaunt zur Kenntnis, dass die Kinder in Windeln oder Kleidern getauft wurden.[19] Die Säuglinge konnten angezogen bleiben, da bei der Besprengung der Köpfe nur noch deren Bedeckung abgenommen werden musste. Wilhelm Rauls hat dargelegt, dass sich diese Form der Taufe nach und nach durchsetzte, selbst wenn sich einzelne Stimmen gegen eine bloße Benetzung der Haare mit dem Taufwasser aussprachen.[20] Peter Cornehl führt in seinem Beitrag zu diesem Katalog aus, dass insbesondere in den lutherischen Territorien des mitteldeutschen Raumes eine bunte Fülle von Taufordnungen und von Taufformularen entstanden.[21] Es ist anzunehmen, dass eine solche Vielfalt von der Praxis noch übertroffen wurde, da die Ausgestaltung individueller Tauffeiern ehedem wie heute nicht in jedem Fall allein durch die Angaben in der Agende bestimmt wurde.[22]

Die Auswirkungen dieser Situation auf die Bekleidung der Täuflinge können hier nur kurz skizziert werden. Die aufgefundenen Quellen erlauben einen Blick auf den Gebrauch in fürstlichen Familien, doch finden sich auch Hinweise auf den bürgerlichen Bereich. Es lassen sich dabei für Teile Mitteldeutschlands erste Anhaltspunkte für den Zeitpunkt und die Art eines Wandels in der Täuflingsbekleidung aufzeigen.

Aus einem Bericht über die Taufe einer eben 16 Tage alten Tochter des Herzogs Friedrich Wilhelm von Sachsen im Festsaal des Schlosses in Torgau erfahren wir, wie das fürstliche Fräulein im Jahre 1601 in den Saal getragen, vor dem Taufakt auf einem separaten Tisch neben dem eigentlichen Tauftisch ausgewickelt und anschließend wieder eingewickelt wurde. Das *wester hembdlein* wurde zuvor *vf einer vergülten Scheuren* [wohl ein kostbares Metallgefäß mit Deckel]*, so mit einem schönen weißen ausgeneheten tuch behenget* in den Saal getragen. Der Hofprediger hatte die Aufgabe, es vor der Taufe auf den Tisch zu legen.[23] Wie bereits in der Taufdarstellung des Altars der Stadtkirche zu Wittenberg wird auch hier ein nackter Täufling nach dem Taufakt mit dem Westerhemd bekleidet.

Für die Kinder der Bürgerschaft war das Westerhemd ebenfalls weiterhin gebräuchlich. Die Familien waren offenbar so um dessen Ausgestaltung und die der übrigen Täuflingsausstattung bemüht, dass sich die Obrigkeit im 17. Jahrhundert wiederholt veranlasst fühlte, in Kleiderordnungen gegen den ausufernden Luxus der Verzierungen vorzugehen: *So werden hiemit alle güldene und silberne / wie auch weisse und seidene geklöppelte Spitzen und Borten / an Lacken / Wiegendecken / Westerhembden und Gardinen bey 10. Marck Straffe ernstlich verbothen und abgeschaffet.*[24]

Es stellt sich nun die Frage, inwieweit in einzelnen Regionen die Verwendung des Westerhemdes vornehmlich mit der Taufe unbekleideter Säuglinge in Verbindung gebracht werden kann. Während der Bericht zur Taufe in Torgau 1601 noch deutlich angibt, dass das Westerhemd für den nackten Täufling bereitgehalten wurde, zeigt uns eine Taufdarstellung auf der 1666 gearbeiteten Taufkanne der Merseburger Domgemeinde einen eng verschnürten Säugling über dem Taufstein auf den Armen des Pfarrers (s. Abb. 3). Keine der drei Personen, die der Szene außerdem beiwohnen und in denen wohl das herzogliche Paar von Sachsen-Merseburg und ein Pate zu erkennen sind, hält ein Westerhemd bereit. Die reich gekleidete Dame faltet ebenso wie einer der beiden nach damaliger Mode angezogenen Herren die Hände, der andere Herr ergreift ein Gebilde, das wie ein Hut aussieht.

Eine im Hinblick auf die Bekleidung des Täuflings entsprechende Situation gibt wohl eine schriftliche Quelle aus dem Jahr 1682 über die Taufe eines fürstlichen Kindes wieder, die in dem von Merseburg nicht allzu weit entfernten Weißenfels stattfand. Wie 1601 in Torgau ist von einem Tisch die Rede, *worauff das Fürstl. Kind geleget wird.*[25] Alle Einzelheiten über die anwesenden Personen, das Abholen des Kindes aus der Wochenstube, die Musik und die Art, in der das *Fürstl. Kindt Sr. Durchl. Herzog Christianen … auf die Arme gebracht und damit die heylige Tauffe celebrieret* wird, sind genau beschrieben, nicht jedoch das Ein- und Auswickeln des Kindes. Ebenso verhält es sich im Bericht über die 1736 am Weißenfelser Erbprinzen Carl Friedrich Adolph zwei Tage nach seiner Geburt in der Wochenstube der Mutter vollzogenen Taufe. In der Mitte des Raumes war *ein klein Tischgen, worauff die Tauffe geschiehet*, ausreichend. *Nach geendigten Tauff-Actu* wurde das Kind *der Durchl. Frau Mutter ins Bette getragen.*[26] Wiederum fehlt eine Erwähnung des noch 1601 im Torgauer Beispiel mehrfach genannten *Auf- und Zubindens* oder *Auf und Zuwindelns* des fürstlichen Kindes. Auch fehlt in den beiden zuletzt genannten Berichten jeglicher Hinweis auf ein Westerhemdchen.

Diese Berichte über Taufen in fürstlichen Häusern könnten nun tatsächlich die Vermutung aufkommen lassen, dass das Westerhemd wie bei Luther beschrieben vor allem bei Taufen bereitgehalten wurde, in denen die Kinder nackt waren. Dem widerspricht jedoch, dass der Begriff in mitteldeutschen Quellen zu Zeiten immer noch vorkommt, in denen die Taufe unbekleideter Kinder zumindest im evangelischen Bereich nicht mehr gebräuchlich war.[27] Hier wären weitergehende Forschungen wünschenswert, die sich auch mit erhaltenen, sicher zuzuordnenden Sach-

Abb. 3: Taufkanne, Dom zu Merseburg 1666, Silber, vergoldet (Detail aus Katalog-Nr. Cc 2)

zeugnissen und mit der Genremalerei befassen müssten. Aus dem Jahr 1739 ist eine Beschreibung eines solchen Stückes überliefert: ... *ein von zartem Caton* [Baumwolle], *Nestel- oder Cammer-Tuch* [sic!] *zusammen gesetztes kleines Kinder-Hemdlein, mit allerhand Creutzen von zarten und saubern Spitzlein besetzt, und mit einem Uberschlag über das Köpfgen zugleich versehen, worinnen die neu gebohrnen Kindlein getauffet werden.*[28]

Wenn derartige Stücke in Verbindung mit der oben beschriebenen überlieferten Wickeltechnik verwendet worden sind, so müssen sie im Anschluss an die Taufe entweder über die Wicklung gelegt worden sein, oder man hat damit Kopf und Schultern wie mit einer Pelerine eingehüllt.[29] Nach den bisherigen Beobachtungen kann jedoch nicht angenommen werden, dass die Taufbekleidung in Deutschland in der Renaissance- und Barockzeit überall und jederzeit mit dem Westerhemd gleichzusetzen ist.[30] Die Formulierungen in den zitierten Kleiderordnungen lassen vermuten, dass Westerhemden eine jeweils individuelle Anschaffung für die Familie oder den Täufling gewesen sein müssen. Überlieferungen in schriftlichen Quellen und erhaltene Textilien weisen aber noch in eine andere Richtung.

Für Nord- und Mitteldeutschland haben wir einige Belege dafür, dass in Kirchen und Gemeinden so genanntes Taufzeug – norddeutsch *Kasseltüch* genannt – gegen Gebühr ausgeliehen wurde. Dabei handelte es sich allem Anschein nach um Stücke, mit der die persönliche Garderobe der Täuflinge symbolhaft und auf die Taufe bezogen ergänzt werden konnte (oder musste). Die Ausprägung solcher Taufzeuge konnte regional sehr unterschiedlich sein. Aus der Kirche in Travemünde sind einige Beispiele erhalten geblieben, die sich heute im Museum für Kunst- und Kulturgeschichte der Hansestadt Lübeck befinden.[31] Eines davon, ein aus drei Teilen bestehender Überwurf aus rotem Samt, ist reich mit Goldfäden und Seide, einer Goldborte sowie Samtquasten, Silberkugeln und vergoldeten Medaillons besetzt. Eingestickte Initialen und die Jahreszahl 1766 weisen auf die Frau des damaligen Pfarrers hin, die das Stück gearbeitet hatte, das Taufzeug zur Ausleihe bereitstellte und wohl auch die Gebühr dafür erhielt.[32] Der Überwurf konnte über die Brust des Wickelkindes gelegt und hinten mit Bändern und Ösen zusammengebunden werden. Zur selben Kirche gehört noch eine verzierte Taufkappe aus rotem Samt, die sich heute ebenfalls im Museum befindet.[33]

Solche Taufzeuge wurden von Kirchengemeinden manchmal in mehreren Variationen zur Ausleihe angeboten. Für Rendsburg ist überliefert, dass im Jahre 1786 der Organist der Marienkirche vier unterschiedliche Garnituren gegen Gebühren zwischen acht Schilling und zwei Mark verlieh.[34] Im braunschweigischen Ampleben bei Schöppenstedt bestand das Taufzeug Mitte des 18. Jahrhunderts aus einem roten Plüschlaken mit goldenen und silbernen Spitzen,[35] einem zweiten weißen Laken mit Spitzen, einem roten Windeltuch aus Taft mit goldenen und silbernen Spitzen, zwei kleinen roten Mützen mit silbernen Spitzen sowie einem weißen seidenen Windelband mit schmalem Spitzenbesatz.[36] In Wendhausen bei Braunschweig gab es ein Taufzeug, das aus einem perlfarbenen Windelband, zwei blauen mit Silber bestickten und mit Spitze besetzten Taufmützchen sowie einem weißen Überhängetuch bestand.[37]

Im Gebiet der heutigen Kirchenprovinz Sachsen besaß die Kirche in Hessen (Kirchenkreis Halberstadt) im 18. Jahrhundert drei verschiedene Taufzeuge unterschiedlichen Alters.[38] Eines davon hatte die Gemahlin des braunschweigischen Herzogs Anton Ulrich, Anna Sophie von Brandenburg (1598–1659) gestiftet.[39] Das jüngste Taufzeug aus dem 18. Jahrhundert bestand aus zwei Garnituren. Aus den Quellen erfahren wir von einem roten und einem weißen Windeltuch sowie zwei zweifarbigen Tafthäubchen, von denen das eine mit einem blauen Band, das andere mit Spitze geschmückt war.[40] Leider sind die Stücke nicht überliefert.[41]

Angesichts dieser Taufzeuge stellen sich nun im Hinblick auf die Täuflingsbekleidung neue Fragen. Es wäre zu klären, ob sie jeweils ein vorhandenes kurzes oder langes familieneigenes Westerhemdchen ergänzten oder ob sie allein die symbolische Bedeutung der besonderen Taufbekleidung trugen. Auch ist zu überlegen, ob Taufzeuge, von denen überliefert ist, dass sie in verschiedenen Ausführungen für die einzelnen Stände zu unterschiedlichen Gebühren verliehen wurden, nicht wie die Kleiderordnungen unerlaubtem Luxus vorbeugen sollten. Immerhin lag darin eine Möglichkeit, individuelle Lösungen in den Familien zu unterbinden. Schließlich waren solche Taufzeuge zugleich eine Einnahmequelle für die verleihende Pfarrfrau, den Organisten oder den Küster. Als nämlich in Rendsburg mit dem Ende des 18. Jahrhunderts wohlhabende Familien wieder eigene Taufkleider anschafften und benutzen wollten, mussten sie dem Organisten, dem die Gebühren für die Gemeinde-Taufzeuge zustanden, weiter eine Gebühr bezahlen.[42]

VON DER AUFKLÄRUNG BIS IN DIE GEGENWART

Um 1800 beginnt die Geschichte des Taufkleides, wie wir es heute kennen. Mit der Aufklärung und den pädagogischen Vorstellungen, die sich unter dem Einfluss Englands und Frankreichs in Deutschland durchsetzten, begann ein Umdenken zugunsten einer natürlicheren Kleidung auch für Säuglinge und Kinder.[43] Das enge Einwickeln der Neugeborenen hörte zunächst im städtischen, später allmählich auch im ländlichen Bereich auf. Nun kamen Steckkissen und Tragekleidchen in Gebrauch.

Eine Übergangsphase markiert die Taufausstattung der Prinzessin Gunteria Friederike Charlotte Albertina zu Sondershausen aus dem Jahr 1791, von der ein Teil in der Ausstellung präsentiert wird (Katalog-Nr. Da 2). Zu ihr gehört neben Jäckchen, Mützchen und anderen Stücken noch ein Steckkissenbezug mit Bindebändern, die ein Einbinden des Säuglings anlässlich der Taufe ermöglichten. Doch unterscheidet sich diese Form der Ausstattung deutlich von den Tüchern und Bändern, mit denen die Wickelkinder wenige Jahre zuvor vollständig fixiert wurden. Bemerkenswert ist auch die Ausgestaltung dieser Taufausstattung, die mit Rosenranken auf Seide bemalt ist.

Bis in das 19. Jahrhundert hinein finden wir in Deutschland wie in der Barockzeit farbig gewebte, bestickte, bemalte oder auch kostbar gestrickte Stoffe in der Täuflingsbekleidung (z. B. Katalog-Nrn. Da 3 und Da 7). Nun setzt sich aber, möglicherweise zunächst durch die zeitgenössische Mode bestimmt,[44] die schon für die Spätantike belegte Farbe Weiß für die Kleider wieder durch.[45]

Der Schnitt vieler, auch jüngerer Taufkleider erinnert auffallend an die Mode des Empire oder des frühen Biedermeier. Diese Beobachtung legt die Vermutung nahe, dass die Form der für uns heute „traditionellen" Täuflingsbekleidung die Formen der Tragekleider und der Kleinkinderbekleidung der ersten Hälfte des 19. Jahrhunderts bis in die Gegenwart wiederholt.[46] Ein Grund dafür könnte sein, dass Taufkleider, wie eingangs gesagt, in sehr vielen Familien über Generationen vererbt werden und sich die genannten Formen damit vergleichsweise fest mit dem Anlass verbunden haben. So tragen männliche wie weibliche Täuflinge bis heute am Tag ihrer Aufnahme in die christliche Kirche häufig überlange weiße Gewänder mit kurzem Oberteil, mindestens einem Oberkleid und vielfach auch einem zusätzlichen Unterkleid. Hinzu kommt ein separates Häubchen oder Mützchen. Gern verwendete Materialien sind Baumwollbatist, Baumwolltüll oder Seide, in jüngerer Zeit auch synthetisch hergestellte Materialien. Weiße oder seltener farbige Stickereien, Spitzen, Hohlsäume, Borten und gelegentlich auch Malereien zieren die zarten Gebilde. In manche von ihnen sind Namen der Familienmitglieder eingestickt, die darin bereits getauft worden sind. (vgl. Katalog-Nr. Da 18).

Sofern im 19. und 20. Jahrhundert neue Taufkleider angeschafft werden mussten, geschah es durch Eltern oder Großeltern, bisweilen auch durch die Paten. Das bisher verfügbare Material lässt noch keine klare Aussage darüber zu, wie lange und wo die Sitte verbreitet war, dass die Paten oder vor allem die Namenspaten das Taufkleid schenkten.[47] In jedem Fall konnte man die Kleidchen bis ins 19. Jahrhundert, sofern man sie nicht selbst anfertigte, nähen lassen. Seit dieser Zeit finden wir Schnittmuster in Frauenzeitschriften.[48] Später boten die Warenhäuser in ihren Katalogen Taufkleider an, die man dann auch direkt einkaufen konnte.[49]

Die angesprochene Bevorzugung der Farbe Weiß für die Taufkleider kann aber nicht allein aus dem modischen Farbempfinden des frühen 19. Jahrhunderts heraus erklärt werden. Zunächst ist davon auszugehen, dass die in anderen Bereichen des Lebens feststellbare Rückbesinnung auf die Antike auch hier nicht ohne Einfluss war.[50] Forschungen der Volkskunde verweisen außerdem auf die weithin verbreitete Vorstellung, dass der Mensch, so lange er noch nicht erwachsen ist, eines stärkeren Schutzes gegen feindliche Mächte bedarf. Das gilt natürlich ganz besonders für Neugeborene. Weiße Gewänder, so meinte man, verliehen ihrem Träger einen starken Schutz.[51] Auch für die großen weißen Taufdecken, unter denen die Täuflinge beim Kirchgang auf den Bildern des 19. Jahrhunderts vollständig verschwinden (siehe Katalog-Nr. Da 12),[52] hat die volkskundliche Forschung eine Unheil abwehrende Bedeutung vorgeschlagen.[53]

Mit der Täuflingsbekleidung verbanden sich aber auch noch verschiedene andere mehr oder weniger abergläubische Vorstellungen: In Schlesien hoffte man, dass ein am bloßen Leib getragenes Taufhemd vor feindlichen Kugeln schützt.[54] In vielen Gegenden Deutschlands steckten oder banden die Paten dem Kind vor oder nach der Taufe den sogenannten „Einbund", das „Eingebinde" oder „Eingestrick" in das Taufkleid, in die Windel oder in das Steckkissen.[55] Diese Taufgaben bestanden aus Geld, Schenkungsurkunden oder ähnlichen Wertsachen, und der eigenwillige Weg der Übergabe sollte bewirken, dass das Kind später immer über genügend Geld verfügt.[56] Selbst nach dem Tod eines Kindes spielte sein Taufkleid in manchen Gegenden eine Rolle. Man legte es mit in den Sarg, schnitt es aber unten ab, damit das Kleine auf der Himmelstreppe nicht darüber stolpere.[57]

Aus solchen Beispielen wird deutlich, dass dem Taufkleid eine besondere, mitunter sogar auch mythisch-magische Bedeutung beigemessen wurde, die zweifelsohne mit durch das Verständnis der Taufe als eines Übergangsritus bedingt war. Bis heute wird das Kleid stets liebevoll geschmückt, in schweren Zeiten auch einmal mit kleinen Rosen aus Verbandmull verziert und sorgfältig aufgehoben.

In der Zeit der DDR riss in Mitteldeutschland in vielen Familien die Verbindung zur Kirche und zur Taufe ab. Die Gründe dafür sind bekannt und müssen hier nicht näher erläutert werden. Es scheint jedoch so, als ob die nicht selten dennoch bewahrten Taufkleider die Erinnerung an die Taufe und vielleicht auch eine gewisse Achtung davor wach gehalten haben: Vor einiger Zeit fand ein Pfarrer in Magdeburg in seinem Briefkasten einen Umschlag mit einem solchen Kleidchen darin (Katalog-Nr. Da 13). Die Zeilen auf einem beigelegten anonymen Zettel lassen vermuten, dass es für den Absender entweder kein Familienmitglied mehr gab, bei dem das Taufkleid bewahrt werden konnte oder dass der Zugang zum christlichen Glauben verloren war. Dennoch hatte er den Wunsch, dass dieses Kleid nicht untergehen möge.

In anderen Familien blieb die Verbindung zur Taufe bestehen. Für sie stellte, sofern sie nicht auf Familientaufkleider zurückgreifen konnten oder wollten, der „VEB Modische Weißwaren Auerbach" weiße „Erstlings-Festkleidchen" her, die selbstverständlich nicht unter der Bezeichnung „Taufkleid" angeboten wurden.[58]

Heute gibt es für alle, die nicht über ein Familienerbstück verfügen, vielfältige Möglichkeiten zum Erwerb oder zur Anfertigung von Taufkleidern. Sie werden fertig genäht von Säuglingsausstattern oder Wäschegeschäften und seit einigen Jahren auch über das Internet angeboten. Erwachsene wählen für ihre eigene Taufe oft festliche, gelegentlich sogar weiße Kleidung aus.

Die im Jahr 2000 neu herausgegebene Agende für die Evangelische Kirche der Union regt an, das Taufkleid wieder erst im Anschluss an die Taufhandlung anzuziehen. Für die Taufe Erwachsener verweist sie auf das Beispiel von Gemeinden, die zu dieser Gelegenheit einen weißen Schal übergeben.[59]

Anmerkungen

[1] Wiswe 1989, S. 2.

[2] Bis heute trifft die Bemerkung zu, die Mechthild Wiswe 1989 in einem kurzen Beitrag machte: „Arbeiten zum Spezialthema ‚Taufbekleidung' konnten aus Deutschland nicht ermittelt werden", Wiswe 1989, S. 6, Anm. 7. Siehe außerdem Wiswe 1982, S. 47. Einschlägige Lexika, die zur Taufe selbst umfangreiche Beiträge bieten, schenken dem nachantiken Taufkleid nur wenig oder keine Beachtung. Die volkskundliche Forschung streift das Thema dort, wo es sich um abergläubische Praktiken handelt (Handwörterbücher zur deutschen Volkskunde, Abtlg. I: Aberglaube: Handwörterbuch des deutschen Aberglaubens, Berlin 1931 ff., Stichworte Taufhemd, Taufkleid, aber auch Armbändchen, Band, Eingebinde, Handschuh, Lebensfaden und weiße Kleidung). Volkskundliche Beiträge, die sich dem Thema Geburt und Taufe in Mitteldeutschland widmen, erwähnen das Taufkleid nicht oder nur am Rande: z. B. Garke, Wilhelm: Geburt und Taufe, Hochzeit und Tod im Volksbrauch und Volksglauben des Magdeburger Landes, Schönebeck 1930. Eine zusammenhängende Untersuchung darüber, wie das Kleid des Täuflings in den einzelnen Zeiten und Landschaften in Deutschland ausgesehen hat, sucht man vergebens. Für das europäische Ausland sind zu nennen: Cunnington, Phillis and Lucas, Catherine: Costume for Births, Marriages and Deaths, London 1972. • Wache, Luise: Die Täuflingstrachten in Österreich, Wien/München 1966. • Gantner, Theo: Geburt – Taufe – Kleinkind, in: Schweizer Volkskunde, Korrespondenzblatt der Schweizerischen Gesellschaft für Volkskunde, 59. Jg., H. 2, Basel 1969. • Jong, M. C. de: Christening garments and some accessories from the collection of „Het Nederlands Kostuummuseum" the Hague, Holland, in: Waffen- und Kostümkunde 10, 1968, S. 134–142.

[3] Für Hinweise, Gespräche und kritische Anmerkungen danke ich Gitta Böth (Hagen), Renate Kroos (München), Christina Lehmann (Diesdorf) und Dagmar Neuland-Kitzerow (Berlin).

[4] So sind etwa Museumsbestände daraufhin zu prüfen, ob die Bezeichnung „Taufkleid" tatsächlich für das gesamte verzeichnete Material sicher zutrifft und ob eine regionale Zuordnung möglich ist. Wache 1966, S. 59, vermerkt beispielsweise: „Da in den Kaufprotokollen und Inventaren gerade bei jenen Stücken, die schon sehr früh angekauft oder erworben wurden, selten eine Herkunft genannt ist, gibt es darüber fast keine Aufschlüsse."

[5] Vgl. z. B. Bieritz 2004, S. 585.

6 Siehe außerdem Römer 13,14 und Offenbarung 7,9–17.

7 *Quorum legatos religiosissimus imperator tandem aliquando miseratus interrogatos si christianam religionem suscipere vellent, et responso accepto, quia semper et ubique atque in omnibus essent oboedire parati, iussit eos in eius nomine baptizari* [...]
Qui a primoribus palacii quasi in adoptionem filiorum suscepti de camera quidem Caesaris candidatum a patrinis vero suis habitum Francorum in vestibus preciosis et armis caeterisque ornatibus acceperunt. Quod cum diutius actitaretur et non propter Christum sed propter commoda terrena ab anno in annum multo plures iam non ut legati sed ut devotissimi vassalli ad obsequium imperatoris in sabbato sancto paschae festinarent occurrere, contigit, ut quodam tempore usque ad quinquaginta venissent. Quos imperator interrogatos, si baptizari votum haberent, et confessos iussit aqua sacrata sine mora perfundi. Cumque tot lineae vestes non essent in promptu, iussit incidi camisilia et in modum sepium consui vel in modum vitium pastinari. Quarum cum una cuidam seniorum illorum repentino fuisset imposita, et ille eam curiosioribus oculis ex tempore contemplatus fuisset, iamque indignatione non modica mente concepta dixit ad imperatorem: iam vities hic lotus sum et optimis candidissimisque vestibus indutus, et ecce talis saccus non milites sed subulcos addecet. Et nisi nuditatem erubescerem, meis privatus nec a te datis contectus, amictum tuum cum Christo tuo tibi relinquerem... Notkeri Gesta Karoli magni imperatoris, zit. nach: Quellen zur karolingischen Reichsgeschichte 3 (Ausgewählte Quellen zur deutschen Geschichte des Mittelalters, Freiherr vom Stein Gedächtnisausgabe Bd. 7) Darmstadt 1960, S. 420–422.

8 Katalog Stuttgart 1977, Bd. 1, Kat. Nr. 536, Bd. II, Abb. 323.

9 Braun, Josef: Liturgisches Handlexikon, Regensburg 1924, S. 339 „Taufkleid". • Vgl. auch Wache 1966, S. 69.

10 Chrisam ist das Olivenöl, das am Gründonnerstag vom Bischof unter Beimischung gesegneten Balsams geweiht wird. Vgl. dazu den Beitrag von Renate Kroos, *Weihe der Heiligen Öle und der Taufe nach dem Magdeburger Dom-Ordinarius*, in diesem Katalog.

11 Green, Rosalie; Evans, Michael; Bischoff, Christine and Curschmann, Michael: Herrad of Hohenburg. Hortus Deliciarum, 2 Bände, in: Studies of the Warburg Institute Vol. 36, Reconstruction, London 1979, fol. 98v, 119, S. 156. Vgl. auch Commentary, S. 141 und Fig. 148.

12 Für den Hinweis auf diese Darstellung danke ich Renate Kroos, München.

13 Siehe Beitrag Peter Cornehl, *Zur Geschichte der evangelischen Taufe*, in diesem Katalog. • Vgl. auch Peters 1994, S. 159 ff.

14 WA 12, 46 (Taufbüchlein von 1523); WA 19, S. 531–541 (Taufbüchlein von 1526). Zu den Umständen der Entstehung der beiden Fassungen des „Taufbüchleins" Brecht 1986, Bd. 2, S. 124 f.

15 Der Gelehrte Melanchthon ist, wie hier dargestellt, als amtierender Geistlicher ungewöhnlich. Das wird auch in der Forschung immer wieder hervorgehoben. Dazu u.a. Thulin, Oskar: Cranach-Altäre der Reformation, Berlin 1955, S. 15. • Steinwachs, Albrecht: Evangelische Stadt- und Pfarrkirche St. Marien Lutherstadt Wittenberg, Spröda 2000, S. 36 f. und Schulze, Ingrid: Lucas Cranach d. J. und die protestantische Bildkunst in Sachsen und Thüringen. Frömmigkeit, Theologie, Fürstenreformation. Bucha bei Jena 2004, S. 40. Unerwähnt bleibt dagegen in den genannten Beiträgen, dass die Taufgesellschaft hier an einer großen steinernen Taufe und ganz offenbar nicht an der schon damals vorhandenen Bronzetaufe der Stadtkirche St. Marien steht.

16 Steinwachs 2000, S. 36.

17 Bereits um 100 n. Chr. heißt es: *Man legt auf seine Oberschenkel eine reine, breite und genügend lange wollene Binde und wickelt die einzelnen Körperteile so ein, dass alle Stellen, die von Natur schwächlich sind, eingebunden und vorher locker umwickelt werden. Danach werden die Hände an den Seiten fest eingebunden, desgleichen die Füße in der Weise, dass zwischen Knien und Knöcheln Wollstoff kommt und die Knochen nicht aneinander reiben können. Mit einer breiteren Binde wird dann der gesamte Körper umwickelt und auch der Kopf mit einem Tuch oder Wollstoff bedeckt.* Sorani Gynaeciorum vetus translatio latina (Mustio), hrsg. v. Valentin Rose, Leipzig 1882, Buch I, Kap. 81 ff. S. 30 ff., zit. n. der Übersetzung bei Arnold, Klaus: Kind und Gesellschaft in Mittelalter und Renaissance. Beiträge und Texte zur Geschichte der Kindheit, in: Schriften zur Entwicklung und Erziehung im Kleinkind- und Vorschulalter, Reihe B, Bd. 2, Paderborn 1980, S. 90.

18 Bartholomäus Anglicus, De rerum proprietatibus, Frankfurt 1601, zit. n. Arnold 1980, S. 112. 1352 liest man bei Konrad von Megenberg: *Auch muss man die Amme sorgfältig anleiten, die Schenkel des Kindes in der rechten Weise auszurichten und mit lockeren Binden zu umwickeln, wenn sie es in die Wiege legt. Und zwar aus dem gleichen Grund, der den Gärtner veranlasst, zarte Pflänzchen, die sich krümmen wollen, aufzubinden und mit Stöcken zu unterstützen, bis sie mit aufrechtem Stamm und ausladenden Zweigen dastehen.* Konrad von Megenberg, Ökonomik, Buch I, MGH Staatsschriften III, 5, S. 78 ff., zit. n. Arnold 1980, S. 138. Auch heute kennt die Orthopädie entsprechende Verfahren, die in der ersten Wachstumsphase der Neugeborenen gegen Deformationen des Knochengerüstes angewendet werden müssen. So wird die Behandlung der Hüftdysplasie und Hüftluxation u. a. durch besondere Wickelmethoden oder Schienungen in den Wochen unmittelbar nach der Geburt vorgenommen.

19 Rauls 1975, S. 59.

20 Ebd.

21 Beitrag Peter Cornehl, *Zur Geschichte der evangelischen Taufe*, in diesem Katalog. Nach freundlicher Auskunft von Benedikt Kranemann (23. März 2006) lassen auch im katholischen Bereich die Hinweise auf die sogenannte Immer-

sionstaufe im 16. und 17. Jahrhundert in den Rubriken der Ritualien langsam nach. Dies weist nach Kranemann auch hier auf eine rückläufige Praxis hin. Nach Spital, Hermann Josef: Der Taufritus in den deutschen Ritualien von den ersten Drucken bis zur Einführung des Rituale Romanum. Liturgiewissenschaftliche Quellen und Forschungen (LQF), Band 47, Maria Laach 1968, S. 115, Anm. 650, war es in Meißen 1585 noch vorgeschrieben, dass die Kinder im Sommer ganz, im Winter halb zu entkleiden seien.

[22] R. Fleischer schrieb 1984: „Die Agendenformulare können keine Angaben über Situation, Umstände der Zeichenproduktion, Kontexte des Gottesdienstes, Persönlichkeitsmerkmale der Teilnehmenden und vieles andere machen. Aus diesem Grunde ist es unmöglich, eine Tauffeier auf die bloße Reproduktion des Agendenformulars zu beschränken." Zit. n. Bieritz 1988, S. 357.

[23] Stadtarchiv Torgau H 56: Hochzeits- und Tauffeierlichkeiten in Schloss Hartenfels, 1601 (Archivrecherchen erfolgten im Auftrag des Ausstellungsprojektes durch E. Bujok und K. Ellwardt).

[24] Der Stadt Magdeburg erneuerte Ordnung wie es unter der Bürgerschaft daselbst nach gelegenheit eines jeden Standes so wol in der Kleidung als bey Hochzeiten, Kindtauffen und Begräbnissen hinfüro gehalten werden soll. Magdeburg … 1657. Die „abermals erneuerte Ordnung" des Jahres 1677 wiederholt den Text gleichlautend.

[25] Ordnung, Wie es bey der Fürstl. Taufe auf den 2. Martii 1682 zu halten., Sächsisches Hauptstaatsarchiv Dresden, 10119 (Sekundogenitur Sachsen-Weißenfels), Loc. 12004, „…wie es bei verschiedenen Tauffen Fürstlich Weißenfelsischer Kinder, deren Einsegnungen gehalten worden", 1650 ff.

[26] Beschreibung, Wie es bey dem Tauffactu und Einseegnung des neu gebohrnen Erbprinzen … gehalten werden soll. Anno 1736. Sächsisches Hauptstaatsarchiv Dresden, 10119 (Sekundogenitur Sachsen-Weißenfels), Loc.12004, „…wie es bei verschiedenen Tauffen Fürstlich Weißenfelsischer Kinder, deren Einsegnungen gehalten worden", 1650 ff. Bei der 1736 in der Wochenstube vorgenommenen Handlung könnte es sich um eine Nottaufe gehandelt haben.

[27] Hier sei nochmals an die oben genannten Kleiderordnungen erinnert. Der Begriff taucht zudem in Taufliedern auf (Torgau 1747, Nr. 698, Strophe 2: „Uns deckt das weisse Wester-Kleid des Heyls, und der Gerechtigkeit, zu Gottes Dienst verbunden") Freundlicher Hinweis auf Christina Neuß, auf deren Katalogbeitrag, *Vor und nach der Taufe wird jedes Mal ein schicklicher Vers gesungen,* verwiesen sei.

[28] Nutzbares, galantes und curiöses Frauenzimmerlexicon, Leipzig 1739², Sp. 1718, zit. n. Katalog Berlin 1983, S. 93. Heide Nixdorff (Katalog Berlin 1983, S. 93) hat die Bezeichnung „Westerhemd" bis 1691 zurückverfolgt. Die Verbindung zu Martin Luthers Texten zur Taufe fehlt.

[29] Auch auf diese Frage hin sollte das überlieferte Material in weiteren Forschungen geprüft werden.

[30] So etwa Nixdorff in Katalog Berlin (2) 1983, S. 93: „In Deutschland wurde das Taufkleid Westerhemd genannt …"

[31] Dazu Antje Heling-Grewolls in: Katalog Kiel 2000, Kat. Nr. 2.12 a und b, S. 125 f. • Schlee, Ernst: Der Gebrauch des Taufzeuges („Kasseltüchs") in Schleswig-Holstein, in: Die Heimat 8, 1954, S. 218–223.

[32] Katalog Kiel 2000, S. 125.

[33] A. a. O., Kat. Nr. 2.12 b, S. 125. Aus der Travemünder Kirche sind insgesamt drei Taufzeuge unterschiedlicher Qualität erhalten geblieben.

[34] A. a. O., S. 125. Weitere Beispiele werden bei Strate, Ursula: Kinderkleidung – Kindermode. Eine Rückschau, Abschnitt „Täufling", in: Schauplätze 2003, (o. Seitenangabe) genannt.

[35] Dieses wurde über den Taufstein gelegt, vgl. Wiswe 1982, S. 47.

[36] Wiswe 1982, S. 47. Es würde den Rahmen dieses Beitrages sprengen, der Symbolik der verwendeten Farben nachzugehen. Dies muss weitergehenden Untersuchungen vorbehalten bleiben.

[37] Ebd. Die deutliche Zuordnung als Taufzeug gibt das Corpus Bonorum von Wendhausen im Landeskirchlichen Archiv in Braunschweig.

[38] A. a. O., S. 2. Hessen gehörte ehemals zu Braunschweig und kam 1942 zur Preußischen Provinz Sachsen.

[39] Seit dem Ende des 16. Jahrhunderts wurde Hessen für einige Zeit zum Witwensitz braunschweigischer Herzoginnen.

[40] Corpus Bonorum von Hessen im Landeskirchlichen Archiv in Braunschweig, zit. n. Wiswe 1989, S. 4 und 6.

[41] Freundliche Auskunft aus der Kirchengemeinde Hessen.

[42] Beitrag Antje Heling-Grewolls in: Katalog Kiel 2000, S. 126.

[43] Strate, Ursula: Kinderkleidung – Kindermode. Eine Rückschau, in: Schauplätze 2003, Beitrag zum 16., 17. und 18. Jahrhundert (ohne Seitenangabe).

[44] Wiswe 1989, S. 4.

[45] In der Sammlung des Hamburger Museums für Kunst und Gewerbe ist der größte Teil der Taufkleider aus dem 19. und frühen 20. Jahrhundert weiß. Strate, Ursula: Kinderkleidung – Kindermode. Eine Rückschau, Abschnitt „Täufling", in: Schauplätze 2003 (o. Seitenangabe).

[46] In der Mitte des 19. Jahrhunderts wurde es üblich, kleine Kinder bis zu dem Zeitpunkt, an dem sie laufen lernten, mit den langen, so genannten Tragekleidern auszustatten. Auch diese Tragekleidchen und Kittelschürzchen wurden von Generation zu Generation weitergereicht. Bedingt durch die intensivere Nutzung ist jedoch von einer stärkeren Beanspruchung und damit einem höherem Verschleiß auszugehen.

[47] Vgl. den Katalogbeitrag von Christine Lehmann, *Altmärkisches Taufbrauchtum und der Atlas der deutschen Volkskunde.*

48 Frauen-Zeitung für Hauswesen, weibliche Handarbeiten und Moden 1852. • Die Modenwelt vom 1. Oktober 1890. • Illustrierte Frauenzeitung vom 1. Mai 1907. Für den freundlichen Hinweis auf diese Periodika danke ich Dagmar Neuland-Kitzerow, Berlin.

49 Katalog des Warenhauses A. Wertheim 1904, Erstlings-Wäsche: „Taufkleidchen bis zu den elegantesten Ausführungen".

50 Zu den spätantiken weißen Taufkleidern siehe oben.

51 Handwörterbücher zur deutschen Volkskunde, Abtlg. I: Aberglaube: Handwörterbuch des deutschen Aberglaubens, Berlin 1931 ff., Bd. IX, Sp. 337 ff., insbes. Sp. 342 und 346.

52 Siehe Pieske, Christa: Das freudige Ereignis und der jungen Kindlein Aufzucht, München 1963, Abb. S. 32 und 33.

53 Wache 1966, S. 66.

54 Handwörterbücher zur deutschen Volkskunde, Abtlg. I: Aberglaube: Handwörterbuch des deutschen Aberglaubens, Berlin 1931 ff., Bd. III Sp. 1718.

55 A. a. O., Sp. 700.

56 Siehe dazu den Beitrag von Christine Lehmann, *Altmärkisches Taufbrauchtum und der Atlas der deutschen Volkskunde* sowie den Beitrag von Antje Heling-Grewolls, *Patenbriefe,* beide in diesem Katalog.

57 Handwörterbücher zur deutschen Volkskunde, Abtlg. I: Aberglaube: Handwörterbuch des deutschen Aberglaubens, Berlin 1931 ff., Bd. V, Sp. 1074.

58 Ein Kleid in Dederon-Qualität zum Endverbraucherpreis (EVP) von 33,05 Mark der DDR befindet sich im Besitz der Familie Neuß, Magdeburg, und stammt aus den 1980er Jahren.

59 Agende für die Evangelische Kirche der Union, Band 2, im Auftrag des Rates herausgegeben von der Kirchenkanzlei der Evangelischen Kirche der Union, Bielefeld 2000, S. 25.

Patengeld und Taufmedaillen

Zeugnisse der Volkskultur und bildenden Kunst

Die existentielle Bedeutung der Taufe hat seit dem Mittelalter zum fest umrissenen Ritus des Patengeschenks geführt, der bis heute grundsätzlich lebendig geblieben ist. In der rational geprägten Lebensumwelt der Gegenwart ist die immaterielle Bedeutung der geprägten Münze und Medaille, die weit über den wertspeichernden Charakter hinausging, genauso wie die Wertschätzung der persönlichen Taufmedaille als lebenslangem Glücksbringer und Talisman jedoch weitgehend verloren gegangen.

Die im Mittelalter herausgebildeten verpflichtenden Regeln für die Taufzeremonie führten zu zahllosen örtlich variierenden Traditionen. Das Patengeschenk, das häufig unter der Bezeichnung „Glücksgeld" oder „Glückspfennig" überliefert ist, sollte die zukünftige Einstellung des Kindes zum Zahlungsmittel an sich mitbestimmen. Außerdem bestand die Vorstellung, dass Eigenschaften des Paten auf das Kind wirken könnten. Alle mit der Geldgabe verbundenen Handlungen des Paten, der zum Täufling eine künstliche Verwandtschaft eingeht, waren en détail geregelt. Das Patengeld musste als „Eingebinde" in Papier gewickelt, mit einem geschriebenen Segensspruch versehen und nach der Taufe unter das Kopfkissen des Kindes gelegt werden. Es sollte aus geprägten und blankgeputzten Münzen bestehen. Häufig waren sogar bestimmte Münzsorten festgelegt. Der Taler, die wertbeständigste Münze der Neuzeit schlechthin, spielte immer wieder eine wichtige Rolle. Dem Papiergeld wurde sehr lange ein starkes Misstrauen entgegengebracht. Mit Zauberei, Alchimie und Hexerei verband die überwiegende Mehrheit der Bevölkerung bis weit in das 19. Jahrhundert hinein diese Form des Geldes, die Goethe im „Faust" noch als mephistophelische Denkgeburt verspottete. Mit dem eher unpersönlichen Papiergeld wurde die Gefahr verbunden, dass der Täufling ein Leichtfuß würde.[1]

Das Patengeld sollte kleinere Nominale enthalten, damit das Kind schneller sprechen, rechnen und den Pfennig sprichwörtlich schätzen lernt. Der Gevatter sollte das Patengeld nicht in der Tasche behalten, wenn er sein Bedürfnis verrichtet, weil sonst Gefahr besteht, dass das Geld unsauber und das Kind ein Bettnässer wird.[2] Auch sollte der Pate keine Treppe oder Leiter mit dem Patengeschenk hinaufgehen, damit der Täufling kein „Lattenkladderer" oder Mondsüchtiger wird. Im beginnenden 19. Jahrhundert verliert sich die unübersehbare Vielfalt des Patengeschenks durch vorgefertigte Patenbriefe, in die ganz im Sinne heutiger Glückwunschkarten lediglich Namen und Daten einzutragen waren (Katalog-Nrn. G 6 – G 14).

Für den Täufling hatte das Patengeld Zeit seines Lebens eine erhebliche symbolische Bedeutung[3] – es wurde nur in ausgesprochenen Notsituationen ausgegeben.[4] So durfte bei Reisen und anderen heiklen Unternehmungen ein „Tauftaler" als Glückssymbol nicht fehlen. Vielfältige Hinweise in der Literatur belegen, dass es als besonderes Zeichen der Liebe und Wertschätzung galt, wenn es weitergegeben und vererbt wurde. Ein sehr eindringliches literarisches Zeugnis stellt die Schilderung der Rettung des Magdeburger Oberstadtschreibers Daniel Friese und seiner Familie bei der Plünderung der Stadt im Jahr 1631 dar. Als die plündernden Soldaten im

Haus der Familie wiederholt nach Geld verlangten, „besann sich die Mutter auf ein Kästchen, in dem Perlen sowie das uns Kindern gehörige Patengeld aufbewahrt lag, führte den Offizier hinauf, gab ihm dasselbe und bat ihn zugleich, uns gegen ein Lösegeld aus der Stadt zu helfen."[5]

Das Brauchtum, das sich um die Patengeschenke rankt, scheint auf den ersten Blick auf das Schröpfen der Paten ausgerichtet gewesen zu sein, die sich den gesetzten Erwartungen kaum entziehen konnten und wollten. In einem Sprichwort heißt es treffend: „Gevatter sein ist eine Ehr´, macht aber den Beutel leer".[6] So musste die Obrigkeit gelegentlich zum Schutz der Paten eingreifen, was bereits für das Jahr 1385 in Schaffhausen bezeugt ist. Die administrative Beschränkung des Patengeschenks führte jedoch dazu, dass sich ihre Zahl deutlich – auf bis zu 50 – erhöhte. Im Herzogtum Magdeburg kam es im Jahr 1739 zu einem regelrechten Verbot, als *das so genannte pathen-geld, und andere bisher gewöhnliche geschenke gäntzlich abgeschaffet seyn sollen …*[7] Die administrativen Bemühungen um die Reglementierung richteten sich vornehmlich nach der sozialen Stellung. Zum Beispiel ordnete die Landesordnung des Fürstentums Altenburg im Jahr 1766 an, dass das Patengeld bei den „Vornehmsten" nicht über einen „Ducaten", bei Bürgern und Handwerkern nicht über einen „Speciesthaler" (Taler im Konventionsmünzfuß im Wert von 32 Groschen) und bei den Bauern nicht über „16 Groschen" (= ein Gulden oder 2/3 Taler) betragen sollte.[8] Die hier genannten Summen stellten in der damaligen Zeit einen erheblichen Wert dar. So betrug der Tageslohn eines Maurers oder Zimmermanns im Sommer 1764 in Dresden sieben Groschen, ein Brot im Gewicht von fünf Pfund kostete vier Groschen, ein paar Kinderstrümpfe kosteten 12 Groschen.[9] Der Wert des Dukaten schwankte wegen des nicht festgelegten Verhältnisses zum Silbergeld von etwa zwei Talern und 18 Groschen bis zu zwei Talern und 20 Groschen bzw. von 66 Groschen und acht Pfennigen bis zu 68 Groschen und drei Pfennigen. Darüber hinaus wurden auch der Wert der Taufkleidung und der Aufwand des Tauffestes geregelt. Die Magdeburger Stadtordnung aus dem Jahr 1654 drohte mit erheblichen Strafen, wenn die Wiegenausstattung des Täuflings unabhängig vom Stand und Vermögen einen Wert von über 12 Talern haben sollte (vgl. den Aufsatz von Kathrin Ellwardt, Taufe zwischen Familienfest und *Policey-Ordnung,* in diesem Katalog).[10]

Der Begriff des Patengeldes bezog sich jedoch nicht nur auf das direkte Geldgeschenk eines Paten an den Täufling, sondern vermutlich auch auf die Sonderabgabe für Kinder höherer Stände. So musste ein brandenburgischer Generalmajor im Jahr 1662 den Landschaften der Altmark, Prignitz und Neumark befehlen, die ihm *verehrete 10,000 Thaler Pathegelder beizubringen.*[11] Das Patengeld galt in der neuzeitlichen Rechtsprechung durchgängig als Eigentum des Kindes und war von Gläubigern nicht in das Vermögen der Eltern einzubeziehen.

Es ist eine menschliche Veranlagung, Verehrtes mehr und mehr zu „Geheiligtem und zum Garanten des Heils und Segens zu steigern".[12] Die besondere Wirkung, die der weit verbreitete Aberglaube bestimmten Münzen zuschrieb, sollte bereits bei der eigentlichen Geburt wirken. So ist vor allem aus Süddeutschland und Schlesien bekannt, dass Frauen in den Wehen einen bayerischen Marientaler oder einen Raben-Dukaten mit der Darstellung des hl. Ladislaus in den Händen halten sollten, um sie vor einer schweren Geburt oder dem „Überlaufen des Herzblutes" zu schützen. Noch besser sollte das Einnehmen von abgeschabten Spänen des Marienbildes wirken, allerdings nur von Münzen, auf denen die Muttergottes das Kind rechts trägt.[13] Auch wenn dieser Heiligenkult eigentlich nur bei einer katholischen Bevölkerung zu erwarten wäre, sind die in Münzschätzen in Mitteldeutschland entdeckten Marientalerstücke ein Indiz für einen vergleichbaren Brauch in evangelisch geprägten Gebieten. Im nach 1824 verborgenen und 1988 entdeckten Münzschatz von Söllichau bei Bad Düben befinden sich über 120 bayerische Marientaler aus den Jahren von 1754 bis 1776 mit einem zerkratzten Madonnenbild, die immerhin über sieben Prozent der Fundmasse darstellen.[14] Auch für die Erstkommunion und die Konfirmation, die faktische Erneuerung der Taufe, sind Münz- und Medaillengeschenke bekannt.[15]

Die direkte Darstellung der Taufe auf Münzen findet sich zwar bereits auf einzelnen Pfennigen des Hochmittelalters, bleibt bei den Motiven für gängiges Umlaufgeld jedoch eine seltene Ausnahme.[16] Auf einem böhmischen Denar des 12. Jahrhunderts hält eine Frau einen Täufling über angedeutetes Wasser, während ein Priester die Rechte segnend erhebt. Hier dürfte nicht die Taufe Christi an sich, sondern „ein frohes Familienereignis im Herrscherhause" gemeint sein.[17] Die symbolische Weiterentwicklung des Motivs zeigen Denare, auf denen ein Engel einer Frau ein Kind überreicht oder es kniend hält, sowie ein Denar, auf dem ein Mann ein Kind vor einem mit einem Kreuz bezeichneten Altar emporhebt.[18] Diese Münzbilder beziehen sich wohl direkt auf den Teich Bethesda, dessen Heilskraft durch die Bewegung des Engels bewirkt wurde. Die Bedeutung des Engels bei der Gestaltung von Taufbecken findet hier eine Entsprechung.

Die vielfältige Verwendung der Münzen führte an der Wende vom 15. zum 16. Jahrhundert dazu, sie mit münzähnlichen Geprägen – im heutigen Sprachgebrauch Medaillen – nachzuahmen oder später durch spezielle Gedenkzeichen zu ersetzen oder zu ergänzen. In den Gedenkstücken verbinden sich mehrere Funktionen, vor allem der Erinnerungs-, der Symbol- und der eigentliche finanzielle Metallwert. Zwischen Münzen und Medaillen kann aus kulturhistorischer Sicht jedoch nicht scharf unterschieden werden, da sie in Sprache und Gebrauch als Synonyme gelten müssen. Auch war dem frühen 19. Jahrhundert der heutige Sinn des antiquarischen Wertes noch fremd, so dass ihre Entstehungszeit nicht zwangsläufig mit ihrer Nutzung als Taufgeschenk übereinstimmen muss. Im Gegenteil, es ist davon auszugehen, dass Medaillen des 17. Jahrhunderts noch mehr als 150 Jahre später als Geschenke verwendet und dass bestimmte Motive über Jahrhunderte lebendig tradiert wurden.

Im Verlauf des 16. Jahrhunderts traten an die Stelle des Geldgeschenks zur Taufe teilweise personifizierte Gedenkmedaillen. Jedoch erst im Zusammenhang mit der Reformation wurde die Taufdarstellung auf Medaillen zu einem beliebten Motiv. Den geistigen Anstoß hierzu dürfte vermutlich Johann Mathesius (1504–1565) gegeben haben, der im silberreichen erzgebirgischen Joachimsthal den Stempelschneidern vielfältige Anregungen und Vorlagen gab.[19] So sind aus den sehr produktiven Werkstätten von Hieronymus Magdeburger und Nickel Milicz eine ganze Reihe von Medaillen bekannt, die das Motiv der Taufe Christi im Jordan zeigen. Direktes Vorbild für Nickel Milicz war unter anderem eine bedeutende Plakette von Peter Flötner, die um 1525–35 entstand (Katalog-Nr. F 1). Auch das Titelblatt von Sebald Beham für die deutsche Bibel 1533 diente als Vorlage für eine Medaillengestaltung (Katalog-Nr. F 2).[20]

Einen weiteren Schritt ging Milicz mit der Herstellung von speziellen Patenpfennigen, die in den fünfziger und sechziger Jahren des 16. Jahrhunderts beliebt wurden. Sie stellen hauptsächlich das auf eine Schlange tretende Christuskind dar. Die Inschrift DAS PATEN GELT MIER CHRISTVS GA [Rückseite] IN SEINEM BLVT CREVTZ TOD VND GRAB bezeichnet den konkreten Zweck der Prägung.[21] Die zahlreich geprägten Medaillen wurden von Goldschmieden

auch außerhalb des ursprünglichen Entstehungsortes nachgegossen und noch viel später besonders zu Patenpfennigen mit eingravierten Namen, Widmungen, Geburtsdaten und Jahreszahlen
verarbeitet. Dennoch sind persönliche Taufmedaillen nur in einzelnen Exemplaren überliefert.
Sicherlich auch deshalb, weil sie aus edlem Metall bestanden, das sich jederzeit finanziell nutzen
ließ. Dem frühesten überlieferten Beispiel, dem Taufpfennig für Anton Jenisch aus dem Jahr
1560, folgen weitere, vor allem in den späten achtziger Jahren des 16. Jahrhunderts.[22] Die publi-
zierten persönlichen Taufmedaillen sind allerdings ausschließlich süddeutscher oder österrei-
chischer Provenienz, auch wenn sie, wie bei der Medaille für Maria Löffelholz aus dem Jahr 1589,
von einer erzgebirgischen Prägemedaille abgegossen wurden (Katalog-Nr. F 6).[23]

   Völlig ohne bekannte Parallele ist das Taufkleinod von Justas Jonas für Martin Luthers Sohn
Johann aus dem Jahr 1526. Das vermutlich in Wittenberg von einem einheimischen Goldschmied angefertigte Stück besteht aus einer westgotischen Nachahmung eines Goldsolidus
Kaiser Anastasius' I. (491–518), das in einem breiten Schmuckrahmen mit gekordeltem Rand
und der gravierten Inschrift IVSTVS IONAS DEDIT JOHANNI LVTHERO ANNO 1526
gefasst ist (s. Abb. oben).[24] Der Reformator Justus Jonas (1493–1555), ein langjähriger enger
Freund Martin Luthers und 1525 auch sein Trauzeuge, war zum Zeitpunkt der Taufe als Propst
an der Wittenberger Schlosskirche und als Dekan an der dortigen Universität tätig. Für den
gebildeten Humanisten dürfte die spätantike Prägung ein hervorragendes und einzigartiges historisches Relikt gewesen sein. Philipp Melanchthon, für den Jonas Übersetzungen vornahm,
besaß eine systematisch angelegte Sammlung antiker Münzen. Er bezeichnete es selbst als ein
„wunderbares Vergnügen", „eine so verzweifelte Angelegenheit zu erforschen".[25] So ist es durchaus möglich, dass Jonas, durch Melanchthon angeregt, dieses besondere Taufgeschenk auswählte.
Es belegt den geistigen Horizont der Wittenberger Reformatoren, die ein breit gefächertes
humanistisches Bildungsinteresse verband.

Im Zusammenhang mit der Entfaltung der Individualität in der Renaissance und der volkstümlichen Verbreitung religiöser Bildwelten entwickelte sich im 16. Jahrhundert eine völlig neue Form des Patengeschenks: die persönliche Taufmedaille. Sie entstand in Deutschland erst ein halbes Jahrhundert nach der Porträtmedaille und ist zunächst offenbar ein Medium der begüterten und gebildeten Bürger. Gleichzeitig mit den erzgebirgischen Medaillen wurden Plaketten, die als reliefplastischer Motivschmuck ursprünglich an Taufbecken verwendet waren, in Abgüssen vervielfältigt.[26] Sie zählen jedoch nur bedingt zu den hier besprochenen Taufmedaillen, da sie verschiedene biblische Motive wie die Geburt des Johannes, die Anbetung der Hirten, die Passion, die Schöpfung, die sieben Tugenden und die Evangelisten, aber auch die Planetengötter und die Musen darstellen.

Im neuzeitlichen Nürnberg bestand der Brauch, als Taufgeschenk ein Dreipfennigstück an eine Kerze zu binden, was zur Bezeichnung „Kerzendreier" führte. Diese Münze war zunächst ein Sinnbild der Trinität. Im 18. Jahrhundert wurden in Nürnberg schließlich spezielle silberne Taufpfennige geprägt, deren Münzbild sich konkret auf die Taufhandlung bezog und dem ursprünglichen Dreier nur noch in Gewicht und Größe entsprach (Katalog-Nr. F 16).[27] Eine andere in den evangelischen Gebieten als Patengeschenk beliebte Münze war der Züricher „Patengulden". Diese Medaille im Gewicht eines halben Talers verwendete den Vorderseitenstempel der üblichen Münze aus dem Jahr 1622. Die Rückseite trägt die Inschrift LASSEND DIE KINDLIN ZV MIR KOM DAN IHREN IST DAS RYCH GOTTES. Fälschungen und Nachahmungen dieses Gepräges belegen seine weite Verbreitung.

Namhafte Medailleure wie Sebastian Dadler gestalteten seit der ersten Hälfte des 17. Jahrhunderts von Münzen unabhängige Medaillen, die in vielfältigster Weise von anderen Künstlern kopiert und nachgeahmt wurden. Bis heute ist kein systematischer Überblick über diese Taufmedaillen erarbeitet, so dass zu motivischer Vielfalt und regionaler Verbreitung noch keine gesicherten Schlüsse gezogen werden können. Konventionelle Darstellungen der Taufe Jesu im Jordan oder eines Säuglings in einem Taufbecken wie auf den Medaillen von Georg Hautsch und Philipp Heinrich Müller (Katalog-Nrn. F 12 und F 13) scheinen zu überwiegen. Ungewöhnlich und symbolisch eindringlich ist dagegen die Darstellung des schlesischen Medailleurs Johann Kittel, der eine Leiter aus dem Jordan in den Himmel ragen lässt, die der getaufte Mensch erklimmt (Katalog-Nr. F 17).

Parallel zu diesen Taufdarstellungen wurde es beliebt, exotische oder zumindest nicht am Ort umlaufende Münzen zu verschenken. Sie erhielten kostbare Etuis, um ihren symbolischen Wert zu erhöhen. Überliefert sind außerdem aufwändige Schatullen, in denen das Geldgeschenk zusammen mit Patenlöffeln und Patenbestecken präsentiert wurde.[28] Goldene Dukaten wurden häufig als Schmuck genutzt und an Halsketten getragen (Katalog-Nr. E 1).

In Mitteldeutschland fand zunächst der „Sophiendukat", den ursprünglich die sächsische Kurfürstin Sophia im Jahr 1616 auf die Geburt des Kurprinzen Johann Georg schlagen ließ, weite Verbreitung und erlebte eine lange Wirkungsgeschichte. Diese Privatmünze, die im eigentlichen Sinn keine Umlaufmünze, sondern eine Medaille im Münzgewicht ist, wurde in der Münzstätte Dresden auf Bestellung bis in das Jahr 1873 kontinuierlich geprägt. Allein in den Jahren von 1827 bis 1873 fertigte die Dresdner Münze 5.430 Exemplare.[29] Der kommerzielle Erfolg dieses sehr häufig als Schmuckstück verwendeten Gedenkzeichens führte u. a. in Nürnberg zu nah verwandten Medaillennachahmungen (Katalog-Nr. F 5).

Eine ebenso faszinierende Geschichte hat der „Harzer Tauftaler", der eine überaus große Popularität genoss. Unmittelbarer Anlass für die früheste Prägung dieses Münztyps dürfte die Taufe der ersten Enkelin des Herzogs Ernst I. (des Frommen) von Sachsen-Gotha, Anna Sophia, im Jahr 1670 gewesen sein. Zugeschrieben wird der Entwurf dem Gothaer Goldschmied und Stempelschneider Johann Christian Freund[30]; früher nahm man an, dass dieser Taler in Halle vom Münzmeister Hans Heinrich Friese geschlagen sein könnte.[31] Durch die Zusammenarbeit der Gothaer Münzstätte mit dem Eisleber Münzmeister Anton Bernhard Koburger entstand 1671 eine zweite Edition, nun mit neuen Stempeln in der Münze in Eisleben.[32] Dieser Taler fand schnelle Verbreitung im Harz. So sind erste datierte Prägungen aus dem Jahr 1696 bekannt, und aus dem Jahr 1697 ist überliefert, dass die Münzstätte in Zellerfeld pro Quartal 100 Stück geprägt und den bergbaulichen Gewerkschaften anstelle von Ausbeutetalern zur Auszahlung übergeben hat.[33] Mit dem Zellerfelder Münzmeister Rudolf Bornemann beginnt eine weitere, über 71 Jahre reichende Periode der Tauftalerprägung im Harz, die 1767 endet. Vermutlich handelt es sich bei diesen Schautalern um private Ausgaben der jeweiligen Münzmeister in Zellerfeld. Auch im Ostharz, in der Münze in Stolberg, dürften Tauftaler entstanden sein. Hier ist ein mit „W" signierter Prägestock erhalten, der dem Stempelschneider Rudolf Philipp Wahl zugeschrieben wird.[34] Die bis heute in vielen Exemplaren überlieferten Harzer Tauftaler stellen ein besonderes Phänomen in der mitteldeutschen Münzgeschichte dar. Abnutzungsspuren lassen vermuten, dass sie als Geld umliefen. Durch ihre Verwendung als Ausbeutemünzen – spezielle Gepräge aus einheimischem Bergsilber – haben sie jedoch eine besondere Bedeutung sowohl für die Bergleute als auch für die Finanziers des risikoreichen Harzer Bergbaues (Katalog-Nr. F 14).

Im Gegensatz zur langen Erfolgsgeschichte der Tauftaler blieben die fürstlichen Gedenkprägungen anlässlich von Tauffestlichkeiten seltene Zeugnisse des Familienstolzes und der Vergewisserung der Thronfolge (Katalog-Nr. 15). Mehrere Beispiele wie die Talerklippe auf das Armbrustschießen anlässlich der Taufe des sächsischen Prinzen August im Jahr 1614, des späteren letzten Administrators des Herzogtums Magdeburg, belegen das barocke Repräsentationsbedürfnis des Herrscherhauses. Die Rückseite der Klippe mit den vier Engeln in den Ecken und der nach Köhlers Übersetzung übertragenen Inschrift „Jedermann allhier gar leicht und sehr erfreulich siehet, dass die Raute angenehm unter diesen Schwerdtern blühet" zeigt die direkte Vermittlung der Botschaft.[35] Große und glänzende Tauffeste waren politische Bekenntnisse ersten Ranges, die sowohl die Nachbarterritorien als auch die Bevölkerung beeindrucken sollten. Die Gedenkmünzen wurden als Auswurfmünzen unter den Teilnehmern als bewusste Propaganda verteilt. Sie fanden in der Bevölkerung trotz der mythologischen Zitate oder dem antiken Sinnbild des Herkules für Mut und Tapferkeit nicht die innere Anteilnahme, die zu einer Adaption der Idee wie beim erwähnten Sophiendukaten führte. Dennoch spiegelt sich in dem herrschaftlichen Aufwand der Feierlichkeiten auch das bürgerliche Repräsentationsbedürfnis, das, wie oben angedeutet, durch verschiedenste Einschränkungen reglementiert werden musste.

In ähnlichem Zusammenhang sind die fürstlichen Medaillenprägungen auf die Geburt, den Familienzuwachs oder das erste Lebensjahr zu sehen, die im Katalog anhand mehrerer anhaltischer Beispiele vorgestellt werden. Die in diesen Arbeiten entworfene Familienikonographie ist ein spannendes Moment der Kunstgeschichte. Denn die Medaillenbilder zeigen mehr als nur das kulturelle Selbstverständnis der Auftraggeber. Die Medaille auf die Geburt des „Alten Dessauers" Leopold von Anhalt-Dessau stellt mit dem blühenden Orangenbaum die enge Verwandt-schaft zu dem politisch außerordentlich erfolgreichen Haus Oranien in den Mittelpunkt (Kata-log-Nr. F 8). Die Bedeutung, die der Taufe des fürstlichen Familiennachwuchses beigemessen wurde, ist auch daran erkennbar, dass mit der Gestaltung der kleinen Denkmale auf diese Ereig-nisse die berühmtesten Künstler der Zeit beauftragt wurden. Zu den produktivsten Medailleu-ren gehört der in Gotha tätige Christian Wermuth, der eine regelrechte Medaillenmanufaktur betrieb und ausführliche Angebotskataloge veröffentlichte. Während des Hochbarocks und Rokokos waren Medaillen vielleicht die am weitesten verbreiteten Kunstwerke, die das spieleri-sche und prunkliebende Lebensgefühl widerspiegeln (Katalog-Nrn. F 11 und F 15).

Im 19. Jahrhundert wird die Herstellung von Taufmedaillen industrialisiert. Große private Medaillenfabriken wie die Firma des Berliner Hofmedailleurs Daniel Friedrich Loos haben eine Vielzahl an religiösen Medaillen im Angebot, die neben der Taufe auch in Varianten für die Kon-firmation und andere Feste genutzt werden können. Der Einfluss der klassizistischen Gestal-tungsprinzipien führt zu akademisch-steif wirkenden Darstellungen, die allerdings in exzellenter Prägequalität geliefert werden (Katalog-Nr. F 18).

Der bekannte Bildhauer und Reformpädagoge Rudolf Bosselt, der von 1911 bis 1924 als Direk-tor die Magdeburger Kunstgewerbe- und Handwerkerschule leitete, sollte die vielleicht bekann-teste Taufmedaille des frühen 20. Jahrhunderts entwerfen (Katalog-Nr. F 20). Er reichte seinen von den Ideen des Jugendstils beeinflussten Medaillenentwurf zu einem vom Preußischen Kul-tusministerium ausgelobten Wettbewerb ein, der eine der frühesten staatlichen Initiativen zur Förderung der Medaillenkunst und zur Verbreitung des kleines „Monuments" Medaille als Objekt des privaten Gedenkens darstellt. Für die im Jahr 1898 ausgelobte Konkurrenz wurden immerhin 100 Entwürfe eingereicht.[36] Ein Ziel des Wettbewerbs war, wenig begüterten Familien, die keine individuelle Taufmedaille in Auftrag geben konnten, unabhängig von der Konfession den Kauf eines solchen Erinnerungszeichens zu ermöglichen. Die Berliner Prägeanstalt Ludwig Ostermann, die auch die Gravierungen des Namens und des Datums ausführte, bot die silberne Medaille für 18 und die bronzene Ausführung für 10 Mark an. Im Vergleich macht der damalige Preis von 80 Mark für die ebenfalls im Jahr 1899 erschienene Goethe-Medaille des Künstlers deutlich, welche Bedeutung diese staatliche Förderung für ärmere Familien hatte.[37] Zum Erfolg der Medaille trug sicherlich auch bei, dass sie vom Kultusministerium zur Präsentation an ver-schiedene Institutionen verschenkt wurde. Das Exemplar, das im Jahr 1903 die Stadt Halle erhielt, war unmittelbar in die Ausstellung des damaligen städtischen Museums einbezogen.[38] Trotz dieser Bemühungen gelang es nicht, die Idee einer allgemeinen Taufmedaille durchzu-setzen. Dennoch ist die Auslobung eines staatlichen Wettbewerbs zu diesem Zweck kulturge-schichtlich eine höchst interessante Initiative. Sie war offenbar der bewusste Versuch, in einer sich radikal wandelnden Lebensumwelt alte Traditionen zu bewahren.

Die deutsche Medaillenkunst des 20. Jahrhunderts prägten vor allem individuelle bildhaueri-sche Arbeiten von teilweise bestechender künstlerischer Qualität. Die konventionellen religiösen Motive verlieren sich fast völlig auch bei der Taufmedaille, die sich eher zu einer persönlichen Erinnerung an die Geburt entwickelte (Katalog-Nrn. F 21 und F 23). Als Material wird nun auch Porzellan und Böttgersteinzeug genutzt (Katalog-Nr. F 25). Einschneidende politische Ereignisse spiegeln sich direkt wider. Der Bildhauer Ludwig Gies gestaltete eine ganze Reihe von Medaillen in den Jahren des Ersten Weltkrieges, die militärische Symbole wie die den Säugling schützende Pickelhaube zeigen, und deren Inschriften „Geboren im Jahr des Weltkrieges" aus heutiger Sicht befremdlich wirken. Im Kriegsjahr 1916 fertigte der Leipziger Bildhauer Alf Thiele eine im Gegensatz dazu nur Freude und Familienstolz ausdrückende Medaille für sein Patenkind Heinz (Katalog-Nr. F 23).

Die im Katalog vorgestellten Taufmedaillen von Ludwig Gies aus dem Jahr 1920/21, von Max Esser aus dem Jahr 1924 und von Franziska Schwarzbach aus dem Jahr 1998 belegen jeweils individuell, dass sich die moderne und zeitgenössische deutsche Medaillenkunst von historischen Konventionen für die Taufmedaille, mit denen sich noch Rudolf Bosselt auseinandersetzen musste, völlig befreit hat. Jedes dieser drei Werke vermittelt gerade durch seinen privaten Charakter die innere Anteilnahme der Künstler.

Es ist zu hoffen, dass eine im Rahmen dieser Ausstellung angeregte erneute künstlerische Auseinandersetzung mit der Taufmedaille zu einer Renaissance dieser Form individueller Erinnerung führt.

Anmerkungen

1 Niemer, Gotthard: Das Geld. Ein Beitrag zur Volkskunde, Breslau 1930 (Wort und Brauch 21), S. 134.

2 Vgl. weitere Quellennachweise hierzu bei Schmitt, Christoph: Wenn das Geld brennt und der Pfennig heckt. Volkskundlich-numismatische Quellen aus Mecklenburg, in: Mecklenburgische Jahrbücher, 120. Jg. 2005, Hrsg. v. Verein für Mecklenburgische Geschichte und Altertumskunde, Schwerin, S. 95. • Außerdem Hatz, Gert: Münze und Volk, in: Beiträge zur Deutschen Volks- und Altertumskunde 16, 1972/1973, Museum für Hamburgische Geschichte, Hamburg 1973, S. 22.

3 Auf den direkten Zusammenhang weist hin: Cunz, Reiner: Zwischen Numismatik und Volkskunde: Eine Medaille als Geschenk zur Erstkommunion, in: Geldgeschichtliche Nachrichten 27. Jg., Mai 1992, Heft 149, S. 142, Fußnote 15.

4 Niemer, Gotthard: Das Geld. Ein Beitrag zur Volkskunde, Breslau 1930 (Wort und Brauch 21), S. 74, 132–151.

5 Geschichte der Errettung des Oberstadtschreibers Daniel Friese und seiner Familie, in: Geschichte Lehren und Lernen am Beispiel der Stadt Magdeburg, Hrsg. v. Otto-von-Guericke-Universität Magdeburg, Leipzig 1994, S. 44 f., hier zit. n. der gekürzten Fassung aus „Die Geschichte Sachsen-Anhalts im Zeitstrahl", Arbeitsmaterial des Institutes LISA, Halle 1998.

6 Kummer: Artikel Gevatter, Pate, Sp. 799, in: Hoffmann-Krayer, E. und Bächtold-Stäubli. H.: Handwörterbuch des deutschen Aberglaubens 3, Berlin und Leipzig 1929/1931.

7 Revidirte und nach denen neuern königlichen Edicten, Mandaten und Rescripten eingerichtete und vermehrte Kirchen-Ordnung im Hertzogthum Magdeburg, wie auch in der Graffschafft Manßfeld Magdeburgischer Hoheit. Sammt einem vollständigen Anhange derer von Anno 1680 bis 1739 publicirten Ordnungen, Edicten, Mandaten und Rescripten von Consistorial Kirch- Stiffter- Universität- Schul- Hospitalien- und Ehe- auch anderer Geistlichen Sachen, Magdeburg 1739, I, 16; zit. n. der Online-Fassung des Deutschen Rechtswörterbuches (DRW), Wörterbuch der älteren deutschen (westgermanischen) Rechtssprache der Forschungsstelle der Heidelberger Akademie der Wissenschaften.

8 Sammlung verschiedener von Zeit der publicirten Landes-Ordnung des Fürstenthums Altenburg ergangener und zu solcher gehöriger Gesetze, Verordnungen, Rescripten und Regulativen, Band 2, Altenburg 1775, 442; zit. n. der Online-Fassung des Deutschen Rechtswörterbuches (DRW), Wörterbuch der älteren deutschen (westgermanischen) Rechtssprache der Forschungsstelle der Heidelberger Akademie der Wissenschaften.

9 Preisangaben zit. n. Arnold, Paul: Führer durch die ständige Ausstellung des Münzkabinetts, Staatliche Kunstsammlungen Dresden, Dresden 1978, S. 37.

10 Der Stadt Magdeburg erneuerte Ordnung, Magdeburg 1654, Von Kind Tauffen, §§ 1–3.

11 Meinardus, Otto: Protokolle und Relationen des Brandenburgischen Geheimen Rathes aus der Zeit des Kurfürsten Friedrich Wilhelm, Leipzig 1917, Band VI (Publikationen aus den Königlich-Preußischen Staatsarchiven 89), 588; zit. n. der Online-Fassung des Deutschen Rechtswörterbuches (DRW), Wörterbuch der älteren deutschen (westgermanischen) Rechtssprache der Forschungsstelle der Heidelberger Akademie der Wissenschaften.

12 Hansmann, Liselotte und Kriss-Rettenbeck, Lenz: Amulett und Talisman, München 1966, S. 162 f. • Vgl. auch Niemer, Gotthard: Das Geld. Ein Beitrag zur Volkskunde, Breslau 1930, S. 59–61.

13 Münsterer, Hanns O.: Die Münze in der Volksmedizin, Teil 1, in: Medizinische Monatsschrift 6/1957, Stuttgart 1957, S. 385.

14 Dräger, Ulf: Der Münzfund von Söllichau, Kreis Gräfenhainichen (1988), in: Berliner Numismatische Forschungen 5, 1991, S. 73–83.

15 Cunz, Reiner: Zwischen Numismatik und Volkskunde: Eine Medaille als Geschenk zur Erstkommunion, in: Geldgeschichtliche Nachrichten 27 Jg., Mai 1992, Heft 149, S. 140–142.

16 Auf den Münzen der Antike kommen Taufdarstellungen nicht vor, lediglich Fruchtbarkeit (Fecunditas), Schwangerschaft und Geburt sind in römischen Münzbildern des 2. und 3. Jahrhunderts n. Chr. thematisiert, vgl. Holzmair, Eduard: Katalog der Sammlung Dr. Josef Brettauer, Medicina in Nummis, Wien 1937, S. 331 f.

17 Friedensburg, Ferdinand: Die Symbolik der Mittelaltermünzen, 2. und 3. Teil, Berlin 1922, S. 288f. • Vgl. Fiala, E.: Ceske Denary, Prag 1895, Nr. 16, Abb. 26; Nr. 11, Abb. 6; Nr. 17, Abb. 5.

18 Friedensburg, Ferdinand: Die Symbolik der Mittelaltermünzen, 2. und 3. Teil, Berlin 1922, Abb. Nr. 18, Denar Wladislaus II. von Böhmen, 1140–1158.

19 Maué, Hermann: Antike Themen auf erzgebirgischen Medaillen. Philipp Melanchthon und die ersten Schekelnachprägungen, in: XII. Internationaler Numismatischer Kongress Berlin 1997, Akten II, Berlin 2000, S. 1416.

20 Katz, Victor: Die erzgebirgische Prägemedaille des 16. Jahrhunderts, Prag 1931, S. 22, Katalog Nr. 389 (Nachahmung der Plakette von P. Flötner), Katalog Nr. 429 f. sowie Nr. 135 (Hieronymus Magdeburger).

21 A. a. O., Katalog Nr. 498, vgl. auch Katalog Nr. 501–503.

22 Vgl. u. a.: Domanig, Karl: Die deutsche Medaille in kunst- und kulturhistorischer Hinsicht, nach dem Bestande der Medaillensammlung des allerhöchsten Kaiserhauses, Wien 1907, Tafeln 77–80, frühester Taufpfennig für Anton Jenisch, 1560, Katalog Nr. 692, mit weiteren Beispielen aus den achtziger Jahren. • Kunzel, Michael: Geschichtsmedaillen und Plaketten aus der Sammlung des Deutschen Historischen Museums, Berlin 1996, Katalog Nr. 4, Taufpfennig für Johannes Drodendorf, Bayreuth 1589. • Bernhart, Max: Medaillen und Plaketten, 3., v. Tyll Kroha völlig neubearb. Aufl., München 1984, S. 143, Taufpfennig für Israel Hörmann, Kempten/Allgäu 1605. • Weber, Ingrid: Deutsche, Niederländische und Französische Renaissanceplaketten 1500–1650, München 1975, Katalog Nr. 440 f., Patenpfennig für Sabine Bachmaier 1590, hier noch weitere Beispiele aus dem frühen 17. Jahrhundert.

23 Katz, Victor: Die erzgebirgische Prägemedaille des 16. Jahrhunderts, Prag 1931, S. 22, Abb. 4, Taufmedaille für Maria Löffelholz, 1589, Exemplar des Wiener Münzkabinetts.

24 Museum für Kunst und Gewerbe Hamburg, Inv. Nr. 1953, 10, vgl. Jahrbuch der Hamburger Kunstsammlungen 5, 1960, S. 167–169.

25 Rhein, Stefan: „Ein wunderbares Vergnügen" – Philipp Melanchthon und die Münzen, in: Jürgen Blum, Wolf-Dieter Müller-Jahnke und Stefan Rhein, Melanchthon auf Medaillen 1525–1997, Ubstadt-Weiher, 1997, S. 11–19.

26 Weber, Ingrid: Deutsche, Niederländische und Französische Renaissanceplaketten 1500–1650, München 1975, Katalog Nr. 55, 57f., 73, 109, 198, 342–46.

27 Maué, Hermann: Münzen – Huldigungs-„Goldgulden", Paten-„Taler", Kerzen-„Dreier", Rechen-„Pfennig", in: Münzen in Brauch und Aberglauben, Germanisches Nationalmuseum Nürnberg, Mainz 1982, S. 179.

28 A. a. O., S. 180, Kat. Nr. 282f.

29 Arnold, Paul: Numismatica Coldiciensis, in: Jahrbuch der Staatlichen Kunstsammlungen Dresden, Beiträge und Berichte, Band 20, Dresden 1988, S. 11 f., Nr. 20.

30 Steguweit, Wolfgang: Geschichte der Münzstätte Gotha vom 12. bis zum 19. Jahrhundert, Weimar 1987, S. 70, Katalog Nr. 24.

31 Floros Katsouros nimmt an, dass solche Tauftaler im Oberharz bereits vor 1667 ohne Datum und Münzmeisterzeichen geprägt wurden, wofür es allerdings keinen Beleg gibt, vgl. Katsouros, Floros: Die datierten Tauftaler des Harzes, in: Geldgeschichtliche Nachrichten, Frankfurt/M., 18. Jg., Mai 1983, Nr. 95, S. 123.

32 Steguweit, Wolfgang: Geschichte der Münzstätte Gotha vom 12. bis zum 19. Jahrhundert, Weimar 1987, S. 75, Katalog Nr. 25.

33 Gatterer, Christoph Wilhelm Jakob: Anleitung den Harz und andere Bauwerke mit Nuzen zu bereisen, Göttingen 1790, 3. Teil, S. 307, § 279; hier zit. n. Katsouros, Floros: Die datierten Tauftaler des Harzes, in: Geldgeschichtliche Nachrichten, Frankfurt/M., 18. Jg., Mai 1983, Nr. 95, S. 123.

34 Der Prägestock des Stolberger Tauftalers ist seit 1792 im Inventar der Stolberger Münze nachweisbar, vgl. Friedrich, Karl: Die Münzen und Medaillen des Hauses Stolberg und die Geschichte seines Münzwesens, Dresden 1911, Kat. 1787a.

35 Zum Zweck der Klippenprägung vgl. Köhler, Johann David: Historische Münz-Belustigung, 21. Teil, Nürnberg 1749, Heft 25, 18. Juni 1749, S. 193–200, Talerklippe, die zum Gewinn des Armbrustschießens bestimmt ist.

36 Heidemann, Martin: Medaillenkunst in Deutschland von 1895 bis 1914, Berlin 1998 (Die Kunstmedaille in Deutschland 8), S. 47.

37 Losse, Vera: Rudolf Bosselt, Erneuerer der deutschen Medaillenkunst, Bildhauer und Reformpädagoge, Köln 1995 (Studien zum Kleinrelief, Schriften der Letter-Stiftung 4), S. 47.

38 Freyer, Kurt: Führer durch die Sammlung neuerer Gemälde und Bildwerke, Städtisches Museum für Kunst und Kunstgewerbe Halle, im Auftrag der Museumsdeputation verfasst, Halle 1913, Nr. 185.

ANTJE HELING-GREWOLLS

Patenbriefe

Bis zum Anfang des 20. Jahrhunderts war die Mitgliedschaft in einer der beiden großen Kirchen der Normalfall. Fast jedes Kind wurde getauft. Entsprechend war die Kindstaufe ein fester Bestandteil des kirchlichen, aber auch des gesellschaftlichen Lebens. Fast jeder Erwachsene stand einmal oder mehrmals Pate für ein Kind, war damit Zeuge der Taufhandlung und beauftragt, an der christlichen Erziehung des Kindes mitzuwirken. Die Patenschaft befestigte soziale Bindungen, sie wurde zum Teil sogar höher als die Verwandtschaft bewertet. So wundert es nicht, dass sich um die Kindstaufe ein reiches Brauchtum entwickelte, das heute weitgehend in Vergessenheit geraten ist.

Der Patenbittbrief oder Gevatterbrief enthielt die schriftliche Einladung oder Bitte zum Patestehen (Katalog-Nrn. G 2 – G 5, G 20 und G 22). Er ist seit dem 16. Jahrhundert bekannt.[1] Der Brief wurde nicht unbedingt vom Vater des Täuflings unterzeichnet und abgesandt, sondern häufig auch vom Pfarrer oder Küster, in der Lausitz auch vom Lehrer des Ortes.[2] Es ging um mehr als eine private Feier oder Beziehung: um einen kirchlichen Auftrag, ein kirchliches Ehrenamt, das verbindliche gesellschaftliche Beziehungen begründete.

Nicht zuletzt war mit dem Patenamt eine finanzielle Zuwendung verbunden. Die Paten überreichten dem Kind zur Taufe Geld, das so genannte Patengeld. Es ist seit dem 13. Jahrhundert bekannt. In manchen Gegenden trugen die Paten auch das Kirchengeld für die Taufe, die Kosten der Tauffeier und beschenkten die Hebamme.[3] Es folgten bis zur Konfirmation weitere Geschenke für das Kind. Im nordthüringischen Hohenstein wurden Gevatterkarten für jeden sichtbar ins Fenster gesteckt, um zu zeigen, dass man kürzlich schon ein Patenamt mit all diesen Verpflichtungen übernommen hatte.[4] So ist es verständlich, dass man das Patengeld häufig in obrigkeitlichen Verordnungen auf eine bestimmte Summe begrenzte. Viele sächsische Gemeinden beschränkten auch die Zahl der Paten, damit aus der Patenschaft nicht ein einträgliches Geschäft würde.[5] Ähnliche „Luxus-Verordnungen" gab es für die Kleidung und die Anzahl der Gäste und Gänge bei Hochzeiten und anderen Feiern.

Angesichts der Kosten, die dem Paten entstanden, und der oft großen Kinderzahl wundert es nicht, dass manche Eltern keine geeigneten Paten finden konnten. In diesem Fall konnte die Wahl der Paten auch durch den Pfarrer im Einvernehmen mit den Eltern erfolgen. Dabei sollte die Frist gewahrt werden, das Kind sechs Wochen nach der Geburt zu taufen. Bis ins 19. Jahrhundert gab es dazu obrigkeitliche Verordnungen, und säumige Eltern wurden gemahnt. Um 1900 wurde diese Frist in Sachsen nur noch in einigen Landgemeinden befolgt.[6]

Die Paten sollten in der Lage sein, an der christlichen Unterweisung des Kindes mitzuwirken. In der Gegend von Schneeberg sind Paten, die das Amt zum ersten Mal übernahmen, noch um 1900 vom Pfarrer einem Examen unterzogen worden.[7] Die Wahl der Paten war auch deshalb von Bedeutung, weil sie dem Volksglauben zufolge ihre Eigenschaften auf das Kind vererbten. Besonders ihr Verhalten während des Taufgangs wurde als Vorzeichen für den Charakter und das Geschick des Kindes gewertet und entsprechend mit Regeln bedacht. So sollten die Paten etwa frische Wäsche tragen, auf dem Weg nicht zu schnell gehen und sich nicht umsehen. Im Harz verrichteten die Paten vor der Taufe verschiedene handwerkliche Arbeiten, in denen das Kind später geschickt werden sollte.[8] In Thüringen waren ledige Paten auf dem Weg ins Taufhaus und anschließend in die Kirche besonders geschmückt: Männer trugen einen Strauß künstlicher Blumen mit roten Bändern an der Brust oder am Hut, Frauen einen Kranz oder Blumen im Haar.[9]

Ältere Patenbittbriefe drücken oft feierlich die Hochachtung vor dem Paten aus. Seit der Mitte des 18. Jahrhunderts gab es auch Vordrucke in Form eines Folio-Doppelbogens mit Text, Bild und Adressenfeld (Katalog-Nr. G 22) oder auch in Form einer kleinen Briefkarte. Solche Briefkarten wurden unter anderem in Leipzig und Meißen hergestellt; seit etwa 1860 waren sie am Rand mit christlichen Motiven verziert.

Zur Taufe überreichte der Pate dem Kind einen Brief mit seinen Glück- und Segenswünschen, auch mit Bibelversen und mahnenden Worten (Katalog-Nr. G 19). In diesen Patenbrief war das Geldgeschenk eingewickelt. Der älteste erhaltene deutsche Patenbrief, handschriftlich verfasst, stammt von 1593. Aus Sachsen sind Patenbriefe erst nach 1686 überliefert.[10] Zuvor verwendete man als Umhüllung des Patengeldes ein seidenes Beutelchen oder ein Döschen.

Im 17. Jahrhundert war der Brauch, Patenbriefe zu schreiben, zumindest im Bürgertum verbreitet; in den Vers-Sammlungen der Zeit sind gereimte Patenwünsche und Sinngedichte überliefert. Zugleich kamen die ersten gedruckten Patenbriefe auf.[11] Seit etwa 1750 nahm ihre Verbreitung zu und erreichte um 1830, in der Zeit des Biedermeier, einen Höhepunkt – alle sozialen Schichten und beide christlichen Konfessionen übergreifend. Dabei blieb der Brauch auf Deutschland und deutschsprachige Gebiete im Ausland begrenzt. Er ließ seit etwa 1850 nach und wurde um 1900 bereits als veraltet beschrieben;[12] dennoch fanden bis ins 20. Jahrhundert gedruckte Patenbriefe regionalen Absatz.

Stärker als andere Glückwunschkarten oder -briefe hatte der Patenbrief Erinnerungswert. Vom Taufpaten unterschrieben und datiert, glich er einem Dokument, diente als Taufbescheinigung und Geburtsurkunde, bis 1876 die Standesamtsregister eingeführt wurden (Katalog-Nr. G 10). Gedruckte Patenbriefe sind daher oft mit „Geburtsverzeichnis" betitelt. Üblicherweise standen mehrere Personen Pate, so dass jedes Kind mehrere Patenbriefe erhalten haben muss.[13] Ein Patenbrief wird jeweils nur von einem Paten unterschrieben. Dem entspricht die häufig dargestellte Taufszene, die jeweils nur einen statt der oft zwei oder drei wirklich anwesenden Paten zeigt.

Die gedruckten Patenbriefe gelangten zu erstaunlicher Vielfalt der Form und bildlichen Gestaltung. Sächsische Druckereien hatten daran den bedeutendsten Anteil. Die älteste Gruppe ist die der hochformatigen, kolorierten, teils vergoldeten Kupferstiche in Einblattform. Sie kamen hauptsächlich aus den Leipziger Druckereien „Gottfried Schulz", „Reinholds Buchdruck seel. Erben" und „Joh. Erasmus Kallenbach". Ein Bild in ornamentaler Rahmung – oft eine Taufhandlung in einer Kirche – nimmt den größten Platz ein; darunter die Verse und Platz für Datum und Unterschrift.

Später wurden solche Briefe in drei horizontale Felder eingeteilt, die man entsprechend faltete. Dies war schon der Übergang zu einer neuen Form des Patenbriefes, die sich seit der Mitte des 18. Jahrhunderts ebenfalls von Sachsen aus verbreitete: der kleinere Faltbrief, gedruckt als Kupferstich oder Holzschnitt, oft auch koloriert (Katalog-Nrn. G 7, G 8, G 9, G 10). Ein quadratisches Blatt, eingeteilt in ein quadratisches Mittelfeld und meist acht dreieckige oder auch vier längsrechteckige Seitenfelder, wird auf die Größe des Mittelfeldes zusammengefaltet. Außen befindet sich eine bildliche Darstellung, oft eine Taufhandlung oder die Taufe Jesu im Jordan; die Eckfelder der Außenseiten zeigen Szenen aus dem Leben Jesu oder die Tugenden. Auf der Innenseite sind nach dem Auffalten gedruckte Verse zu lesen, unterschrieben und datiert vom Paten.

Die ersten Faltbriefe in Deutschland wurden vermutlich vom Leipziger Drucker Johann Heinrich Schedler um 1730 hergestellt. Viele weitere Leipziger Kupferdrucker nahmen die Faltbriefform auf: so Jakob Steiner (1749–1760) und der Verlag Schreibers Erben (seit 1761, s. Katalog-Nr. G 8), außerdem Druckereien in Dresden, Halle (Katalog-Nr. G 7) und Grimma. Mit den Faltbriefen wurden die Patenbriefe eine je nach Druckaufwand und -qualität für jedermann erschwingliche Fabrik- und Massenware.

Schließlich kam eine dritte Form des Patenbriefes auf, die in der Zeit von 1860 bis 1880 vorherrschend wurde: das geklebte Briefchen oder Couvert mit einer Einlegekarte darin (Katalog-Nrn. G 11, G 12).[14] Diese Briefchen wurden hauptsächlich in Prag hergestellt, aber auch in der Papierfabrik Gustav Schroeder in Dresden, der Druckerei „R K & Co." (Robert Kathmann) in Leipzig (Katalog-Nr. G 14), in Merseburg, Halle, Hirschberg und Meißen.[15] Zwischen 1880 und 1914 wurden die Briefchen immer aufwändiger mit Silberprägung und Seidenmontierung ausgestattet, mit christlichen Symbolen, Gaze, Oblaten oder anderen Bildchen, sogar mit Wachskindchen versehen und verziert. Innen haben sie ein eigenes Täschchen für das Geldstück. Zu kaufen waren die Patenbriefe in Papier- und Buchhandlungen.[16]

Mit dem Patenbrief und seinem Inhalt sind vielerlei Brauchtum und Volksglauben verbunden. So wurde ihm eine besondere Schutzkraft für das Kind zugeschrieben. Das Patengeld durfte nicht ausgegeben, sondern sollte als Glücksgroschen aufbewahrt und erst beim Verlassen des Elternhauses übergeben werden. Um dem Kind für seine Zukunft Wohlstand zu verheißen, wurden nach Möglichkeit wertvolle blanke Schaumünzen, alte seltene Gold- oder Silbermünzen geschenkt. Im sächsischen Altenburg gab man 1876 die großzügige Summe von zwei bis drei Talern.[17]

In der Lausitz hielt man es für wichtig, dass die Münzen von unterschiedlichem Wert waren. Auch im Vogtland gab man möglichst drei Geldsorten: Gold-, Silber- und Kupfermünzen; weniger Wohlhabende ließen das Goldstück weg.[18] In Leipzig wurden alle Münzsorten, auch Pfennige gegeben: Noch 1918 wurde bei einer Leipziger Taufe ein Patenbrief mit 18 Geldsorten versehen und mit diesen geklappert.[19]

Auch mit symbolischen Geschenken waren Patenbriefe oft versehen: In Mittel-, Nord- und Ostdeutschland wurden Salz und Brotkrumen beigegeben, um allzeit genügend Nahrung zu wünschen oder zu verheißen. In der Lausitz gab man Jungen verschiedene Samenkörner und Mädchen eine eingefädelte Nähnadel sowie Leinsamen, aus dem Leinen bzw. Flachs gewonnen wurde. So wollte man deren spätere Tätigkeit in der Landwirtschaft oder im Haushalt unter glückliche Vorzeichen stellen.[20]

Der Patenbrief wurde entweder vor der Taufe, in der Kirche oder später zu Hause überreicht, mit der rechten Hand unters Kopfkissen gesteckt, ins Wickelband eingebunden oder auf die Brust des Kindes gelegt. Die Bräuche unterschieden sich regional. Man umwickelte und verschloss den Brief mit einem roten Band; in Reichenbach bekamen Mädchen ein rotes, Jungen ein grünes Band. In der Lausitz verwendete man einen roten Faden, der dem Kind anschließend ums Handgelenk gebunden wurde und/oder einen weißen Zwirnsfaden, mit dem das erste Hemd genäht wurde.[21]

Aus dem sächsischen Erzgebirge ist überliefert, dass der Pate den Brief in der Kirche mit der rechten Hand ins Wickelbett des Kindes steckte und dazu sprach: „Da, Kind, hast du das Deine! Lass jedem das Seine! Werde fromm und selig!" Der Brief musste zu Hause sofort und über dem Kopf des Kindes geöffnet werden – davon versprach man sich, dass das Kind früh sprechen lernt.[22] In Thüringen steckte der Pate nach der Rückkehr von der Taufe dem Kind den Patenbrief stillschweigend ins Taufkissen; das Geld hieß Wasch- oder Plappergeld, und man meinte, ohne dieses würde das Kind nicht sprechen lernen.[23]

Aufbewahrt wurde der Patenbrief im Gesangbuch oder in der Bibel. Kolorierte Einblattdrucke, aber auch Faltbriefe konnten gerahmt in der Stube aufgehängt werden (Katalog-Nr. G 14).

Anmerkungen

[1] Pieske, Christa: Das ABC des Luxuspapiers, Berlin 1984, S. 218.

[2] Pieske 1984, S. 219. • Drews, Paul: Das kirchliche Leben der Evangelisch-Lutherischen Landeskirche des Königreichs Sachsen, Tübingen und Leipzig 1902, S. 197.

[3] Reichhardt, Rudolf: Geburt, Hochzeit und Tod im deutschen Volksbrauch und Volksglauben, Jena 1913, S. 25.

[4] Reichhardt 1913, S. 17.

[5] Drews 1902, S. 197.

[6] Drews 1902, S. 196.

[7] Drews 1902, S. 197.

[8] John-Annaberg, Ernst: Aberglaube, Sitte und Brauch im sächsischen Erzgebirge, in: Mitteilungen des Vereins für Sächsische Volkskunde 3, 1903–05, S. 239. • Reichhardt 1913, S. 18f.

[9] Reichhardt 1913, S. 18.

[10] Pieske, Christa: Über den Patenbrief, in: Beiträge zur deutschen Volks- und Altertumskunde 2/3, 1958, S. 87.

[11] Pieske 1984, S. 219.

[12] Pieske 1958, S. 102f. und 117.

[13] Pieske, Christa: Späte Patenbriefe aus Berlin, Leipzig und Dresden, in: Volkskunst. Zeitschrift für volkstümliche Sachkultur 4, November 1979, S. 235.

[14] Pieske 1984, S. 219.

[15] Pieske 1958, S. 102.

[16] Pieske 1979, S. 235.

[17] John-Annaberg 1903–05, S. 240. • Ploss, Hermann Heinrich: Das Kind in Brauch und Sitte der Völker, Stuttgart 1876, Bd. 1, S. 212.

[18] Ploss 1876, Bd. 1, S. 212–215.

[19] Knab, A.: Über Taufmünzen, in: Mitteldeutsche Blätter für Volkskunde 1, 1926, S. 124.

[20] Ploss 1876, Bd. 1, S. 212–215. • Pieske 1958, S. 119f.

[21] Pieske 1958, S. 118. • Ploss 1876, Bd. 1, S. 213.

[22] John-Annaberg 1903–05, S. 240.

[23] Ploss 1876, Bd. 1, S. 212f.

CHRISTINA NEUSS

Reine Formsache? – Heines Taufe am 28. Juni 1825

DIE TAUFE*

Als sich im Mai 1825 ein „Israelit aus Düsseldorf" mit einem Taufgesuch bei Superintendent Grimm in Heiligenstadt meldet, ist der für ihn zunächst nicht mehr als ein von „jüdischen Eltern" abstammender Jurastudent aus Göttingen.[1] Die letzte „Proselytentaufe"[2] im Ort liegt für Pfarrer Grimm zu diesem Zeitpunkt mehr als zwei Jahre zurück. Er muss zunächst alle Formalitäten erfüllen, die von der preußischen Regierung für einen solchen Vorgang strikt vorgeschrieben werden. Neben dem Einholen sicherer Nachrichten und *schriftliche[r] Atteste* über den *unsträflichen Wandel* des Taufanwärters gehört dazu auch ein *vollständiger Unterricht in der christlichen Religion.*[3] Dieser war durch eine Verfügung des *Consistoriums der Provinz Sachsen* folgendermaßen in Regeln gefasst:

1. Der Aufnahme eines Proselyten in die christliche Kirche muß, wie sich von selbst versteht, ein gründlicher und genügender Unterricht in den Lehren der christlichen Religion vorangehen:

2. über die Zeit, wie lange dieser Unterricht dauern soll, kann zwar nichts allgemein festgesetzt werden, indem theils die äußern Verhältnisse des Proselyten, theils dessen Fähigkeiten, Bildung und schon erlangte Kenntniß der allgemeinen Religions-Wahrheiten zu berücksichtigen sind. Jedoch muß in jedem Falle der Geistliche, welcher einen Proselyten zur Taufe angenommen, auf Erfordern sich darüber ausweisen können, daß es möglich gewesen ist, in derjenigen Zeit, welche er auf den Unterricht verwandt hat, denselben zu vollenden;

3. obwohl es schicklich und vorzuziehen ist, daß die Taufe der Proselyten eben so, wie die Confirmation der jungen Christen, in der Regel öffentlich in der Kirche geschehe, so kann doch, wenn ein Proselyt im Hause getauft zu werden wünscht, ihm hierunter gewillfahrt werden;

4. die Taufe eines Proselyten mag in der Kirche oder im Hause geschehen: so muß in dem einen wie in dem ander Falle, vor derselben der Geistliche, welcher den Täufling unterrichtet hat, mit diesem die Unterredung halten, welche so einzurichten ist, daß die dabei Anwesenden sich daraus überzeugen können, ob der Täufling die erforderliche Einsicht in die christlichen Heilslehren erlangt hat.

5. Zu dieser Unterredung, welche mit dem Tauf-Actus verbunden, oder an einem der vorhergehenden Tage angestellt werden kann, sind außer dem Superintendenten, zu dessen Kirchsprengel der taufende Geistliche gehört, wenn an dem Orte, wo die Taufe geschieht, mehrere Prediger sind, auch diese, oder einige derselben einzuladen. Ist der Superintendent selbst der Täufer, so muß ein anderer im Orte wohnender oder benachbarter Superintendent ersucht werden, der Prüfung des Proselyten beizuwohnen. Wo jedoch ein Kirchen-Presbyterium besteht, genügt es, wenn dieses bei der gedachten Prüfung zugezogen ist, oder einige seiner Mitglieder dazu sendet.

Nach diesen Bestimmungen haben sich die Herren Geistlichen in vorkommenden Fällen auf das genaueste zu richten.

Magdeburg, den 4ten Januar 1820[4]

Grimm und Heine begegnen sich im Laufe des Verfahrens zur Taufvorbereitung nur zweimal. Schon beim zweiten Treffen am 28. Juni 1825 findet unmittelbar nach der Prüfung die Taufe auf Heines Wunsch in der Grimmschen Wohnung statt. Der als Taufzeuge hinzugezogene Superintendent Dr. Carl Heinrich Bonitz aus Langensalza[5] und Grimm sind sich darüber einig, dass Heine *in Hinsicht seiner Kenntniß von den Lehren des Christenthums vollkommen vorbereitet zur Aufnahme in die Gemeine der Christen und es sey kein Grund vorhanden, die Taufe ihm vorzuenthalten.*[6] Auch das notwendig eingeholte Leumundszeugnis konnte dem nichts *Nachteiliges* entgegensetzen: *Man beschreibt ihn als fleißig und rühmt sein Dichtertalent.*[7] Bei der Taufe erhält Heine schließlich auf eigenen Wunsch die Vornamen Christian Johann Heinrich[8]. Verwendet hat er stets nur letzteren.

Vorgeschichte und Annäherung

Damit ist die Taufe Heines jedoch noch nicht erklärt. Grimm bezeichnet zwar in der Taufansprache den Augenblick der Taufe als einen der *wichtigsten und feierlichsten* in Heines Leben. Doch lässt sich nicht von der Hand weisen, dass die Bedeutung der Taufe für Heine eher darin liegt – wie Grimm weiter ausführt und selbst als inneren Anlass für eine Taufe ablehnt –, dass *mit dem Bekenntniß der Lehre Jesu im christlichen Staate auch wichtige äußere Vorteile verknüpft sind.*[9] Heine steht im Juni 1825 unmittelbar vor dem Abschluss seines Jura-Studiums. Während seiner ohne merklichen Ehrgeiz betriebenen Studien hat er sich zwar nicht als brillanter Jurist entpuppt, doch will er sich zu diesem Zeitpunkt aus wirtschaftlichen Erwägungen durchaus noch die Option offen halten, die *Juristerey*, entweder im Staatsdienst, in einem akademischen Lehramt oder in einer freien Advokatur zur Sicherung seines täglichen Auskommens zu betreiben.[10]

Schon in seiner Studienzeit wird es jedoch durch die christlich-nationale Restauration ungetauften Juden absehbar unmöglich gemacht, akademische Lehr- oder Staatsämter zu übernehmen. Die kurzzeitige Liberalisierung durch den Code Napoléon ist spätestens mit der Aufhebung des Hardenbergschen Edikts im August 1822 beendet. Eine Universitätskarriere, ein öffentliches Amt oder die Eröffnung einer eigenen Anwaltskanzlei war von da an Angehörigen der beiden großen christlichen Konfessionen vorbehalten.[11] Beim Übertritt zum *Christenthume* sollten indes – entsprechend einem Ministerialerlass an alle preußischen Konsistorien – den Juden *gar keine Schwierigkeiten gemacht, viel mehr ihnen darin möglichst Vorschub geleistet* werden.[12]

In diesem Kontext, der seine beruflichen Möglichkeiten klar definiert, wird Heine unmittelbar auf die eigene Identität verwiesen – eine Angelegenheit, die Heines *Privatverhältnisse*[13] betrifft. Das nun erst recht geweckte Bewusstsein für die eigene jüdische Herkunft führt ihn noch in seiner Berliner Studienzeit zu Beginn der 1820er Jahre in den 1819 gegründeten „Verein für Cultur und Wissenschaft der Juden". In diesem Zusammenschluss jüdischer Akademiker – unter ihnen Eduard Gans (1797–1839), Moses Moser (1796–1838) und der später u. a. mit der Universität Halle-Wittenberg verbundene große jüdische Gelehrte Leopold Zunz (1794–1886) – wurde engagiert um eine „wissenschaftliche Aufarbeitung und philosophische Neubegründung des Judentums" gerungen, mit dem Ziel, die „dringend anstehende gesellschaftliche und religiöse Emanzipation der Juden zu befördern."[14] Im Umkreis dieses Vereins lehnt Heine die Taufe

Colla (sign. li. u.), Heinrich Heine
(ca. 1820–1825), Öl auf Elfenbein
(11,3 x 8,8 cm), Heinrich-Heine-Institut,
Düsseldorf

als Integrationsmittel in die christlich-bürgerliche Gesellschaft ab: *Aus meiner Denkungsart kannst Du es Dir wohl abstrahieren*, schreibt Heine am 27. September 1823 an Moses Moser, *daß mir die Taufe ein gleichgültiger Akt ist, daß ich ihn auch symbolisch nicht wichtig achte, und daß er in den Verhältnissen und auf der Weise, wie er bey mir vollzogen werden würde, auch für Andere keine Bedeutung hätte. [...] Für mich hätte er vielleicht die Bedeutung, daß ich mich der Verfechtung der Rechte meiner unglücklichen Stammesgenossen mehr weihen würde. Aber dennoch halte ich es unter meiner Würde und meine Ehre befleckend, wenn ich um ein Amt in Preußen anzunehmen, mich taufen ließe.*[15] Noch ist er nach seinen eigenen Worten ein „wasserdichter" Jude.[16] Andererseits erlebt Heine in der Berliner Salon-Gesellschaft – u. a. vermittelt durch die Person Rahel Varnhagens geb. Levin – den praktischen Lebensvollzug der Konversion.

In diesem Umfeld beginnt Heine mit einem in der deutschen Literatur bis dahin einzigartigen Projekt. Sein „Rabbi von Bacherach" sollte ein Roman werden, der auf der Grundlage intensiver Quellenstudien „den Prozeß einer historischen Bewußtwerdung des Judentums" – unter Einschluss der Antisemitismus- und Konversionsproblematik – beförderd.[17] Sein „Rabbi" sei somit ein Beitrag zur Bewältigung des deutschen „Judenschmerzes".[18] Heine geht damit einen eigenen Weg, heraus aus seiner assimilierten jüdischen Familientradition: *„Verwelke meine Rechte wenn ich deiner vergesse Jeruscholayim", sind ungefähr die Worte des Psalmisten, und es sind auch noch immer die meinigen*, schreibt Heine im Januar 1824 an Moses Moser.[19] Im Spiel mit Worten liefert Heine in dieser kurzen Briefsequenz eine treffende Verortung seiner augenblicklichen Verfassung. Seine „ungefähre" Psalmkenntnis entdeckt ihn als Dazugekommenen, nicht Thora-Sicheren; dagegen lässt er sich vom „noch immer" bergend in die Geschichte des Volkes Israel hineinnehmen. Mitten in diesem produktiven Unterwegs-Sein lässt Heine sich taufen, protestantisch.[20]

Heine gilt in der Öffentlichkeit – außer im „Verein für Cultur und Wissenschaft der Juden" – nicht als Jude, sondern als Christ.[21] Im Zugang zu seiner komplexen religiösen Identität spielt gewiss seit 1823 auch die Bekanntschaft mit einem Kreis von Menschen im Umfeld der Lüneburger St. Johanniskirche eine Rolle, die alle der evangelischen Kirche angehörten. In diesem Kreis, in dem Pietisten und liberale Protestanten zusammenkommen, ist Heine willkommen und geachtet. Auch wenn er diesem Kreis nicht lange angehört, so hat sich Heine während seines Lüneburger Zwischenaufenthaltes 1823/24 – in der „Residenz der Langeweile" – ein umfängliches Wissen über das Christentum und die lutherische Reformation erworben.[22] Später wird Heine über „seinen" Protestantismus bekennen: *Der Protestantismus war für mich nicht nur eine liberale Religion, sondern auch der Ausgangspunkt der deutschen Revolution, und ich gehörte der lutherischen Konfession nicht nur durch den Taufakt, sondern auch durch eine kämpferische Begeisterung an, die mich dazu brachte, an den Kämpfen dieser militanten Kirche teilzunehmen.*[23]

Immerhin steht Heines Übertritt zur evangelischen Kirche in einer sachlichen und gefühlten Kontinuität zu vorab geäußerten „religiös-philosophischen Überzeugungen im Zeichen europäischer und deutscher Aufklärung".[24] Protestantische Konversionen, wie sie damals von Juden häufig vorgenommen wurden, waren „auf der Grundlage der Aufklärung zukunftsorientiert", während Konversionen zum Katholizismus „aus dem Geist der Romantik kamen und sich der Tradition versicherten".[25]

Neben der Bewunderung für den Reformator Martin Luther hegt Heine in dieser Lebensphase auch eine eigenwillige, überwiegend politisch motivierte Sympathie für Christus, seinen *Wahlgott*, den er sich in unorthodoxer Weise aneignet.[26] Er sieht in ihm einen *unbotmäßigen Individualisten, einen Seelenverwandten und Verbündeten*[27] im Kampf für Freiheit und Menschenrechte: *Christus ... ist der Gott, den ich am meisten liebe ... weil er ... demokratisch gesinnt, keinen höfischen Ceremonialprunk liebt, weil er kein Gott einer Aristocratie von geschorenen Schriftgelehrten und gallonirten Lanzenknechten, und weil er ein bescheidener Gott des Volks ist, ein Bürger-Gott, un bon dieu citoyen. Wahrlich, wenn Christus noch kein Gott wäre, so würde ich ihn dazu wählen.*[28]

Freilich, weder Christus noch Luther lassen aus Heine wirklich einen Christen werden. Auch wenn die Superintendenten Grimm und Bonitz durch Heines Auftreten am Tag seiner Taufe wohl ehrlich überzeugt waren, ein neues Glied in der christlichen Gemeinde begrüßen zu können, so dürfte eher Heines spätere Beurteilung des Vorganges zutreffen: *Man kann seine Religion nicht wechseln. Man schwört die eine [sic!] ab, der man sich entfremdet hat, einer andern zuliebe, der man nie zugehören wird. Ich bin getauft, aber nicht bekehrt.*[29]

Zu seiner Taufe wird Heine zeitlebens keine tiefere Beziehung entwickeln können: *Quälend peinlich die ganze Taufaffäre.*[30] Das Versteckspiel um die Taufe, beginnend mit der Wahl des Ortes Heiligenstadt, in dem ihn im Gegensatz zu Göttingen niemand kennt, wirkt absurd. Seine Befürchtungen, er werde durch ein Bekanntwerden seiner Taufe nicht als Christ, sondern nur mehr als ein deutscher Jude gelten, muten paradox an, sind jedoch berechtigt. Die tatsächlichen Folgen seines Schrittes sind fatal: Er gilt jetzt als abtrünniger Jude und als opportunistischer Konvertit, er ist nun *bey Christ und Jude verhaßt*.[31] In dieser doppelten Isolation behauptet sich sein Selbstbewusstsein als jüdisch geborener deutscher Dichter, der sich anschickt, sich mit seinem Schicksal zu arrangieren: *Wie kann ich aus meiner Haut, die aus Palästina stammt! [...] Das Taufwasser von Langensalza [sic!] hat daran nichts verbessert, und der Ausdruck „ewiger Jude" hat tausendfache Bedeutung!*[32] Die von Heine mit der Taufe erhoffte Integration blieb ihm versagt. Der *nie abzuwaschende Jude,* wie Heine es selbst nennt, „würde ein Leben lang sein Begleiter sein und bestimmte selbst die posthume Wirkungsgeschichte."[33] Heine muss erfahren, dass „selbst gute soziale Voraussetzungen nicht ausreichen, die Zeichen, daß man ein Jude ist, unkenntlich werden zu lassen; (...). Diese Erfahrung drängt ihn, sein Judentum in den Zuschreibungen auch zu erkennen (...), ihnen zugleich aber durch literarische Selbstbestimmung zu entkommen."[34] Heines Taufe war nicht sein „Entree Billet zur europäischen Kultur"[35] – vielmehr sein Werk, ausgestellt vom „Rabbi" und anderen literarischen Figuren, nicht vom Superintendenten zu Heiligenstadt.

1844, im Pariser Exil, wird Heine einem Weggefährten aus der Berliner „Vereins"-Zeit, Ludwig Markus (1798–1843), einen bewegenden Nachruf („Denkworte") schreiben. Darin klingt auch die nicht verarbeitete eigene Taufe noch einmal an, zugleich ein mahnendes Wort über die Umstände, die solche Taufen provozieren: *Hütet euch, die Taufe unter den Juden zu befördern. Das ist eitel Wasser und trocknet leicht. Befördert vielmehr die Beschneidung, das ist der Glauben, eingeschnitten ins Fleisch; in den Geist läßt er sich nicht mehr einschneiden. Befördert die Zeremonie der Denkriemen, womit der Glaube festgebunden wird auf den Arm; der Staat sollte den Juden gratis das Leder dazu liefern sowie auch das Mehl zu den Matzekuchen, woran das gläubige Israel schon drei Jahrtausende knuspert. Fördert, beschleunigt die Emanzipation, damit sie nicht zu spät komme und überhaupt noch Juden in der Welt antrifft, die den Glauben ihrer Väter dem Heil ihrer Kinder vorzieht.*[36]

---

* Die Schale, über der Heinrich Heine der Überlieferung nach die Taufe empfing, ist im Katalogteil unter der Nummer Ca 7 beschrieben.

Anmerkungen

[1] Bericht des Superintendenten Grimm an die Regierung in Erfurt, aus den Heiligenstädter Akten aus dem Archiv der St. Martinsgemeinde, in: Ferdinand Schlingensiepen, Heinrich Heines Taufe in Heiligenstadt, Heiligenstadt 2000, S. 48.

[2] Mit dem Begriff „Proselyten" werden im antiken Judentum die „Hinzugekommenen", d. h. die zum Judentum übergetretenen „Fremden" bezeichnet. Im hier aufgeführten Zusammenhang wird als Proselyt ein konversionswilliger Jude bezeichnet. Vgl. auch Art. Proselyt/Proselytismus, in: Religion in Geschichte und Gegenwart, 4. Auflage, (= RGG⁴), Bd. 6, Tübingen 2003, Sp. 1717–1720.

[3] Bescheid der Regierung in Erfurt vom 31. 5. 1825 an Superintendent Grimm, in: Schlingensiepen 2000, S. 50.

[4] Verfügung des Konsistoriums in Magdeburg, den 4ten Januar 1820, in: Schlingensiepen 2000, S. 47 f. Vgl. hierzu auch Aring, Paul Gerhard: Christen und Juden heute – und die „Judenmission"? Geschichte und Theologie protestantischer Judenmission in Deutschland, dargestellt und untersucht am Beispiel des Protestantismus im mittleren Deutschland, Frankfurt a. M. 1987, S. 239–273, bes. S. 241 f.

[5] Bereits 1824 war die Verordnung aufgehoben worden, wonach bei der Prüfung eines jüdischen Taufanwärters, sollte der Täufer ein Superintendent sein, ein zweiter Superintendent hinzugezogen werden musste (siehe o.g. Verordnung Punkt 5). Grimm entscheidet sich hier formal offenbar für die gegenüber den Behörden „sichere Seite". • Vgl. Schlingensiepen 2000, S. 16.

[6] Antwortschreiben von Sup. Grimm an die Königlich Preußische Regierung vom 7. September 1825, in: Schlingensiepen 2000, S. 55.

[7] Brief von C. J. Ruperti, eingegangen am 15. 6. 1825, in: Schlingensiepen 2000, S. 54.

8 Taufbucheintrag, Archiv der Gemeinde St. Martini, Heiligenstadt, in: Schlingensiepen 2000, S. 45. • Auch die Vergabe von Namen bei der Taufe wird in einer Verordnung der Kirchenleitung deutlich reglementiert. Demnach *soll bei der Taufe … nur die Beilegung solcher Namen gestattet werden, welche entweder zu den bisher unter den Christen üblichen Taufnamen gehören, oder sollten sie neu gebildet werden, doch theils an sich einen Sinn, theils in ihrer Bedeutung nichts Anstößiges haben*; Kirchenkreisarchiv Mühlhausen, Akten der Superintendentur Mühlhausen, Sektion 4 Gruppe C-251: Taufnamen, Verordnung des Konsistoriums, 1816 Nov 12. • Eine interessante Hypothese zur Auswahl und Reihenfolge der Heineschen Vornamen entwickelt Schlingensiepen 2000, S. 46: „Als *Christianus* (als Christ) im *johanneischen* Verständnis, also als Ritter vom Heiligen Geist, ist Heinrich Heine (…) getauft worden." • Dass Heines Geburtsjahr im Taufbuch mit 1799 und nicht 1797 angegeben wird, sei hier nur am Rande erwähnt. Da das Archiv der kleinen Düsseldorfer jüdischen Gemeinde einem Brand zum Opfer fiel, steht das genaue Geburtsdatum Heines und seiner drei jüngeren Geschwister Charlotte, Gustav und Maximilian nicht fest. „Die Familientradition selber wollte im Übrigen das Rätsel um das Geburtsdatum offenbar ganz bewusst nicht exakt auflösen, denn immer war es für den Nachwuchs einer jüdischen Familie in einer nicht besonders freundlichen und verlässlichen Umwelt von Vorteil, das eine Mal ein wenig älter und ein anderes Mal ein wenig jünger zu sein." Kruse, Joseph Anton: Heinrich Heine, Leben, Werk, Wirkung, Frankfurt a. M. 2005, S. 14. • Den Rufnamen Harry, den Heine bei seiner Taufe abgelegt hatte, gebrauchte er wieder in seiner späteren Lebens- und Schaffensperiode ab 1850. Vgl. Windfuhr, Manfred: Rätsel Heine. Autorprofil – Werk – Wirkung, Heidelberg, 1997, S. 71.

9 Rede bei der Taufe des Proselyten Harry Heine, den 28. Juni 1825, Vormittags nach 10 Uhr, in: Schlingensiepen 2000, S. 61 f.

10 Vgl. u. a. Hauschild, Jan-Christoph/Werner, Michael: „Der Zweck des Lebens ist das Leben selbst", Heinrich Heine, Eine Biografie, Köln 1999, S. 90, vgl. auch S. 63 • sowie Kruse 2005, S. 30. Angemerkt sei hier, dass Heines berufliche Ambitionen auf ein Leben als Dichter mit seinen ersten Achtungserfolgen in Berlin und umfänglicheren Veröffentlichungen (1822 „Gedichte" im Verlag Maurer/Berlin; 1823 „Tragödien, nebst einem lyrischen Intermezzo" bei Dümmler/Berlin) stärker geworden sind. Parallel zu seiner Taufvorbereitung arbeitet Heine zudem am „Rabbi von Bacherach" (s. u.).

11 Vgl. Bauer, Alfredo: Die Stellung der Juden und Heines Übertritt zum Christentum, in: Heine-Jahrbuch 2000, 39. Jg., Stuttgart u. Weimar 2000, S. 184–191, S. 186 f. • Dazu auch Bartscherer, Christoph: „Dem Gotte meiner Wahl", Heine und das Christentum, in: Heine-Jahrbuch 2005, 44. Jg., Stuttgart u. Weimar 2005, S. 81–93, S. 83.

12 Vgl. Aring 1987, S. 242. In der ersten Hälfte des 19. Jahrhunderts gibt es noch keine rassische Beurteilung der Juden; ein getaufter Jude gilt demnach als ein Christ und ist der „Gemeinschaft der christlichen Preußen" willkommen. S. 243. • Vgl. auch Raddatz, Fritz J.: Taubenherz und Geierschnabel, Heinrich Heine. Eine Biographie, Zürich 1999, S. 98. • Die fatalen Folgen der rassischen Beurteilung getaufter Juden erörtert eindrücklich Sigrid Lekebusch in ihrem Beitrag: Christen jüdischer Herkunft – Glaubenszeugen?, in: „Ihr Ende schaut an …", Evangelische Märtyrer des 20. Jahrhunderts, hrsg. von Harald Schultze/Andreas Kurschat, Leipzig 2006, S. 195–204.

13 Den Begriff „Privatverhältnisse" bringt Heine zumeist dann ins Gespräch, wenn er auf seine Taufe oder sein Judentum anspielt. Von der Regel der „autobiographischen Offenheit" gibt es bei diesen Themen Ausnahmen. Vgl. Windfuhr 1997, S. 17 u. 57.

14 Jäger, Anne Maximiliane: „Ich bin jetzt nur ein armer todtkranker Jude …" – Zu Heines Judentum, in: Heine-Jahrbuch 2005, 44. Jg., Stuttgart u. Weimar 2005, S. 67–80, S. 69.

15 Heine an Moser, in: Heinrich Heine, Säkularausgabe der Werke, hrsg. von den Nationalen Forschungs- und Gedenkstätten der klassischen deutschen Literatur in Weimar und dem Centre National de la Recherche Scientifique in Paris, Band XX (= HSA XX), S. 113. Die spätere Kritik an der Taufe von Eduard Gans, der sich wegen einer Lehrstuhlbesetzung hatte taufen lassen, ist hinlänglich bekannt. In dieser Kritik, ein halbes Jahr nach seiner eigenen Taufe, klingt Verbitterung über den selbst vollzogenen Akt an. *Es wäre mir sehr leid wenn mein eigenes Getauftseyn Dir in einem günstigen Lichte erscheinen könnte. Ich versichere Dich, wenn die Gesetze das Stehlen silberner Löffel erlaubt hätten, so würde ich mich nicht getauft haben.* Heine an Moser im Dezember 1825, HSA XX, S. 227. • Vgl. hierzu auch das Gedicht „Einem Abtrünnigen", das in jenen Tagen entstand. U. a. bei Brieglieb, Klaus (Hrsg.): Heinrich Heine, Sämtliche Gedichte in zeitlicher Folge, Frankfurt a. M. und Leipzig 1997, S. 250.

16 Mit unübertrefflichem „Gespür für die Komik doppelsinniger Worte (mitgemeint ist die Resistenz gegen das Wasser der Taufe)" hatte Heine eineinhalb Jahre vor seiner eigenen Taufe den Begriff „wasserdichter Jude" geprägt. Zit. bei Kuschel, Karl-Josef: Gottes grausamer Spaß? Heinrich Heines Leben mit der Katastrophe, Düsseldorf 2002, S. 121.

17 Hauschild/Werner 1999, S. 88.

18 Ebd., S. 89.

19 HSA XX, S. 133. • Heine verwendet – recht textsicher – Psalm 137,5: Vergesse ich dich, Jerusalem, / so verdorre meine Rechte.

20 Auch der „Rabbi" entsteht parallel zu den Taufvorbereitungen. Vgl. Jäger 2005, S. 69. • Das erste Kapitel des „Rabbi" entstand zwischen Mai und Mitte Juli 1824. Das zweite Kapitel sowie erste Überlegungen für ein drittes wurden niedergeschrieben zwischen Mai/Juni und Oktober 1825. Vgl. Hauschild/Werner 1999, S. 89.

21 Vgl. Bartscherer 2005, S. 82. • Das in Heines Werk von Klaus Briegleb (1997) analysierte „Marranentum", die Haltung des Getauften, der „im Herzen jüdisch bleibt", findet in Heines kommunikativem Verhalten eine auffällige Analogie: Im Umfeld der jüdischen Freunde gibt sich Heine „als-ob-nicht" getauft und in der christlich bestimmten bürgerlichen Öffentlichkeit „als-ob-nicht" jüdisch. Zum „Geheimnis des neuzeitlichen Marranen" vgl. Briegleb, Klaus: Bei den Wassern Babels. Heinrich Heine. Jüdischer Schriftsteller in der Moderne, München 1997, S. 56. • Gewiss darf hinter diesem ambivalenten Verhalten anderes vermutet werden als ein oberflächlich-taktischer „Anpassungsopportunismus". Vgl. auch Kuschel 2002, S. 120.

22 Vgl. hierzu Kruse 2005, S. 28 und Schlingensiepen 2000, S. 30.

23 HSA XXI, S. 95. • Heine als „glühenden Verehrer Martin Luthers, dessen Bibelübersetzung er sich stets bediente, insbesondere, um Kirchen und Synagoge anzugreifen", beschreibt Pinchas Lapide, in: Heinrich Heine, der fremde Ketzer, in: Entfremdung leben, Gütersloh 1993, S. 114–131, S. 115. • In „Die Bäder von Lucca" (1829) lässt Heine seinen Herrn Hyazinth über die „protestantische Religion" sinnieren: *Die ist mir wieder zu vernünftig (…) und gäbe es in der protestantischen Kirche keine Orgel, so wäre sie gar keine Religion. Unter uns gesagt, diese Religion schadet nichts und ist so rein wie ein Glas Wasser, aber sie hilft auch nichts.* Heinrich Heine, Sämtliche Schriften, hrsg. von Klaus Briegleb, 2. Band (hrsg. von Günther Häntzschel), München 1997, S. 391–470, S. 428.

24 Kuschel 2002, S. 121.

25 Gössmann, zit. bei Kuschel 2002, S. 121.

26 Vgl. Bartscherer 2005, S. 88.

27 Ebd.

28 Heine, zit. bei Bartscherer 2005, S. 89. • Vgl. zu Heines Christus-Bild Lassek, Reinhard: Das zerrissene Herz, Jesus war für ihn der *göttliche Kommunist*: Heines ambivalente Haltung zur Religion, in: Zeitzeichen, Evangelische Kommentare zu Religion und Gesellschaft, 7. Jg., Febr. 2006, S. 49–51. • In Heines Spätphase (ab 1848) tritt Jesus fast ausschließlich als „Lazarus-Christus-Konfiguration" auf. Vgl. Bartscherer 2005, S. 88. • Zu Heines Christusbild insgesamt: Wirth-Orthmann, Sabine: Heinrich Heines Christusbild. Grundzüge seines religiösen Selbstverständnisses, Paderborn u. a. 1995.

29 Heine, zit. bei Bartscherer 2005, S. 83.

30 Kuschel 2002, S. 123.

31 HSA XX, S. 234.

32 Heine, zit. bei Bartscherer 2005, S. 83.

33 Kruse 2005, S. 30.

34 Briegleb 1997, S. 60.

35 Düsseldorfer Heine-Ausgabe, Band X (= DHA X), S. 313 (1830).

36 Heinrich Heine: Ludwig Markus. Denkworte, geschrieben zu Paris, den 22. April 1844, in: Heinrich Heine, Sämtl. Schriften, hrsg. von Klaus Briegleb, Bd. 5, München (dtv) 1997, S. 173–191, S. 185. • In der sog. „Späteren Note" (März 1854) heißt es zu diesem Thema (S. 189): *Die Juden dürfen endlich zur Einsicht gelangen, daß sie dann wahrhaft emanzipiert werden können, wenn auch die Emanzipation der Christen vollständig erkämpft und sichergestellt worden. Ihre Sache ist identisch mit der des deutschen Volks, und sie dürfen nicht als Juden begehren, was ihnen als Deutschen längst gebührte.*

A

TAUFSTEINE, BRONZETAUFEN
UND TAUFSTÄNDER

Die Abteilung A des Kataloges ist den historischen Taufsteinen, Bronzetaufen und Taufständern gewidmet. Die Katalognummern A 1 bis
A 22 geben Auskunft zu den einzelnen Stücken.
Übergreifende Beiträge dazu sind im Aufsatzteil
dieses Bandes an folgenden Orten zu finden: Peter
Poscharsky, *Der Ort der Taufe*, S. 21–27, Klaus
Fittschen, *Der Taufstein im Magdeburger Dom*,
S. 59–69, Renate Kroos, *Weihe der Heiligen Öle
und der Taufe nach dem Magdeburger Dom-Ordi-
narius*, S. 52–58, Hartmut Mai, *Taufsteine, Tauf-
becken und Taufständer, Geschichte und Ikonografie*,
S. 156–172, Bettina Seyderhelm, *Mittelalterliche
Bronze- und Metalltaufbecken*, S. 173–179. Zeit-
genössische Taufen werden in der Abteilung I des
Kataloges vorgestellt.   B. S.

A 1

TAUFSTEIN[1]

Aus der römischen Kaiserzeit
(ca. 100 n. Chr. und 2. Jh. n. Chr.)[2]

Porphyr aus den Steinbrüchen auf dem Mons
Porphyrites (Ägypten).
Gesamthöhe: 97,5 cm, Höhe der achteckigen
Basisplatte: 19,5 cm,
Durchmesser der Platte (= Abstand zwischen
den parallelen Kanten): 105 cm,
Länge einer Seite des Achtecks: 44,5 cm, Höhe des
eigentlichen Taufsteins: 79 cm, Durchmesser
(= Abstand zwischen den parallelen Kanten): 125 cm,
Länge einer Seite des Achtecks: 51,5–53,5 cm,
Höhe der achteckigen Zone 13,5 x 14 cm,
Tiefe des Beckens 29,8 cm,
Durchmesser des Bohrloches: 3,5 cm.

Dom zu Magdeburg

Der Taufstein stand von 1834 bis zu den nach dem
Zweiten Weltkrieg nötigen Restaurierungsarbeiten im Dom (1946–1955) weiter westlich unmittelbar auf dem Kirchenboden. Aus Anlaß der Versetzung an seinen gegenwärtigen Platz wurde das
zweistufige, achteckige Podest errichtet, das den
Taufstein höher heraushebt und seine Sichtbarkeit
steigert. Damit wurde ein Zustand wiederherge-
stellt, der schon vor der unter Leitung von Karl
Friedrich Schinkel zwischen 1826 und 1834 durch-
geführten Domsanierung bestanden hatte (erstmals 1698 in einer Abbildung dokumentiert, s.
nebenstehende Abb.).

Der Taufstein ist aus zwei Teilen zusammengesetzt, der achteckigen Basisplatte und dem sich
kelchartig erweiternden, ebenfalls achteckigen Becken; beide Teile gehören ursprünglich nicht zusammen (s. Beitrag Klaus Fittschen, *Der Taufstein
im Magdeburger Dom,* in diesem Katalog). Für die
Basisplatte läßt sich mit Hilfe des Profils (s. Abb.
8, S. 63) eine Entstehung um 100 n. Chr. sicher erschließen; das darauf stehende Becken ist dagegen
zeitlich nicht so genau einzuordnen, doch ist eine
Entstehung im 2. Jahrhundert n. Chr. wahrschein-

Älteste Darstellung des Taufsteins
von 1698, aus: Eigentliche Beschreibung
der Welt=berühmten Dom=Kirchen zu Magdeburg…
Von Einem Liebhaber der Antiquität. Magdeburg 1698

lich. Das im Zentrum des Beckens erkennbare
Bohrloch ist (zu einem nicht bekannten Zeitpunkt) mit Mörtel verschlossen worden. Ein solches Bohrloch befindet sich auch in der Basisplatte
(mündliche Mitteilung von Heinrich Apel, Magdeburg, der bei den Umsetzungsarbeiten dabei
war). Beide Teile haben demnach zu zwei verschiedenen antiken Brunnen gehört.

Die Basisplatte weist auf der Unterseite und an
den Profilen stärkere Zerstörungen auf und ist
nicht mehr vollständig erhalten. Das heute fehlende Segment ist, ebenso wie die beschädigte
Unterseite, für die Neuaufstellung in Kunststein

A 2
TAUFSTEIN

Ende 12./Anfang 13. Jahrhundert

ergänzt worden (S. 59, Abb. 1), da die ältere Ergänzung aus Ziegelbruch nicht übernommen werden konnte. Nach einer 1815 von J. F. W. Koch mitgeteilten „Sage" habe Tilly das heute fehlende Stück der Fußplatte abgeschlagen und als „Andenken" mitgenommen. Da aber die anderen Beschädigungen, zumal der Unterseite so aussehen, wie sie von anderen antiken Fundstücken bekannt sind, wird die Fußplatte bereits in beschädigtem Zustand nach Magdeburg gelangt sein.

Das auf der Basisplatte ruhende Becken ist dagegen nahezu unversehrt erhalten geblieben. Rings um das Bohrloch im Zentrum des Beckens ist eine Fläche (von ca. 20 cm Durchmesser) zu erkennen (S. 63, Abb. 7), die sich durch die grobe Pickung von der glatten Oberfläche des Beckens deutlich unterscheidet. Es ist bisher nicht gelungen herauszufinden, was diese nachträgliche Bearbeitung bezweckt hat und wann sie vorgenommen worden ist (s. auch S. 62–63).   K. F.

Anmerkungen

¹ Literatur: Eigentliche Beschreibung Der Welt-berühmten Dom-Kirchen zu Magdeburg / Dero Fundation, Raritäten und Zierraths / sammt einem vollständigen Catalogo aller gewesenen Ertz-Bischöffe / ihres Lebens / Regierung und Todes. Nebst etlichen Abrissen / was darinnen zu sehen / zum dritten mahl heraus gegeben von einem Liebhaber der Antiquität, Magdeburg 1698, Nr. 12 mit Abb. • Koch, J. F. W.: Der Dom zu Magdeburg, Magdeburg 1815, S. 80 f. Nr. 56. • Brandt, C. L.: Der Dom zu Magdeburg. Eine Jubelschrift zur Feier seiner 500jährigen Weihe, Magdeburg 1863, S. 82 f. • Delbrueck 1932, S. 173 ff. Abb. 75–76. • Gnoli 1971, S. 99 Abb. Q. • Schubert, Ernst: Der Dom in Magdeburg, Leipzig 1994, S. 90 mit Abb. • Bettauer 1995/96, S. 17 Nr. 4. 4a; 28. • Meckseper 1996, S. 180 Anm. 7 Taf. 2. • Meckseper 1997, S. 51 Anm. 6 Abb. 4. • Meckseper 2001, S. 367 Abb. 8. •·Peter 2001, S. 296 Abb. 4. • Sußmann, Michael: Der Dom zu Magdeburg, Passau 2002, S. 73 mit Abb. 37. • Quast, Giselher und Jürgen Jerratsch: Der Dom zu Magdeburg, München-Berlin 2004, S. 38 mit Abb. S. 35. • Brandl 2005, S. 91 Anm. 3 Abb. 4.

² Siehe auch den Beitrag von Klaus Fittschen, *Der Taufstein im Magdeburger Dom*, S. 59–69, mit weiteren Abbildungen.

Sandstein
Reparaturen mit Ziegel und Zementmörtel
Höhe: 63 cm, Durchmesser: 93 cm

Evangelische Kirchengemeinde St. Stephanus,
Westerhüsen
Kirchenkreis Magdeburg

Die im Mittelalter gegründete Dorfkirche St. Stephanus in Magdeburg-Westerhüsen¹ ist in ihrer Geschichte mindestens zweimal schwer zerstört worden. Das mittelalterliche Kirchenschiff ging im Dreißigjährigen Krieg unter und erfuhr 1726 eine durchgreifende Erneuerung.² Am 14. Februar 1945 wurde es bei einem Luftangriff nochmals zerstört und anschließend nicht wieder aufgebaut. Allein der mittelalterliche Turm, ein Sandsteinrelief, der Taufstein und eine Glocke von 1523 haben beide Katastrophen überstanden. Alle anderen Gegenstände der Ausstattung gingen verloren.³

A 3
TAUFBECKEN[1]

Um 1300

Bronze
Höhe: 110 cm, Durchmesser: 117 cm

Evangelische Kirche St. Martini, Halberstadt
Kirchenkreis Halberstadt

Der Turm ist von außen zu begehen. Der romanische Taufstein[4] steht heute in seinem Innern. Deutlich sind Brüche und Fehlstellen daran zu erkennen, die zweifellos in einem Zusammenhang mit den Zerstörungen der Kirche stehen. Das runde Becken steht zurzeit ohne Fuß oder Sockel nur mit kleinen Steinen abgestützt auf dem Boden auf. Sein enormer Durchmesser lässt daran denken, dass in diesem Taufstein nicht nur Kinder, sondern wohl auch noch Erwachsene getauft werden konnten. An der Beckenwandung ist ein Relief ausgearbeitet, das in zwei Reihen übereinander Rundbögen zeigt.

In der Ausstellung werden zwei mittelalterliche steinerne Taufen gezeigt, die heute nicht in der ursprünglich vorgesehenen Weise genutzt werden können. Die Gründe dafür sind vielfältig. Im Falle der St.-Stephanus-Kirche in Westerhüsen liegen sie in den Umständen der Kriegs- und Nachkriegszeit. B. S.

Anmerkungen

[1] Bergner, Heinrich: Beschreibende Darstellung der älteren Bau- und Kunstdenkmäler des Kreises Wanzleben, Halle a. d. S. 1912, S. 175–177.
[2] Eckardt Götz (Hrsg.): Schicksale deutscher Baudenkmale im zweiten Weltkrieg. Eine Dokumentation der Schäden und Totalverluste auf dem Gebiet der Deutschen Demokratischen Republik, Bd. 1, Berlin 1978, S. 270. • Der Evangelische Kirchenkreis Magdeburg und die Katholische Stadtpfarrerkonferenz Magdeburg (Hrsg.): Magdeburg und seine Kirchen, Magdeburg 1999, S. 74–75.
[3] Magdeburg und seine Kirchen 1999, S. 75.
[4] Bergner, Heinrich, Beschreibende Darstellung der älteren Bau- und Kunstdenkmäler des Kreises Wanzleben, Halle a. d. S. 1912, S. 176.

Das Taufbecken ist das älteste erhaltene Ausstattungsstück der 1186 erstmalig urkundlich erwähnten Pfarrkirche St. Martini, die ihre jetzige Gestalt im 12., 13. und 14. Jahrhundert angenommen hat. Noch am Ende des 19. Jahrhunderts hatte das Taufbecken in der Taufkapelle unter den Türmen am Westende des Mittelschiffs seinen Platz. Vor dem Zweiten Weltkrieg stand es mittig vor dem Altar. Danach wurde es im fünften Joch des nördlichen Seitenschiffs der Hallenkirche auf einem achteckigen, zweistufigen Steinpodest neu aufgestellt.

Das Taufbecken besaß einen „mit kostbarem Blattwerk, Distelkronen, Spitzen und Rosen" verzierten Aufsatz von sechs Metern Höhe, der um 1820 eingeschmolzen wurde.[2] Es vertritt einen besonders in Norddeutschland verbreiteten Typus mittelalterlicher Metalltaufen, mitunter durch reichen Bildschmuck ausgezeichnet. Diesen gotischen Werken gingen die noch romanischen figurenreichen Taufbecken der Zeit um 1230 in den Domen zu Hildesheim und Bremen voraus. Ihnen folgte als das bedeutendste Werk dieser Art das Taufbecken in der Marienkirche in Rostock von 1290.

In Halberstadt stützen den sich abwärts verjüngenden Kessel vier kniende Jünglingsgestalten mit ihren Köpfen. Sie halten nach unten geneigte Krüge in ihren Händen mit Darstellung des daraus fließenden Wassers. Damit verkörpern sie die vier Paradiesesströme (1. Mose 2,10–14), die ihrerseits auf das Taufwasser und die Reinigung des gefallen Menschen durch das „Wasserbad im Wort" (Epheser 5,26) hinweisen. Die Beckenwandung wird von zwei Streifen Palmettendekor, der untere schräg nach vorn geneigt, manschettenartig gesäumt. Unter je zwei krabbenbesetzten, durch Säulchen getrennten Wimpergen ist eine Bildfolge im Relief zu sehen, die anschaulich den Weg Christi von der Verkündigung an Maria bis zur Taufe im Jordan erzählt. Im Einzelnen zeigen die Bildfelder folgende biblische Szenen: Verkündigung an Maria, Begegnung von Maria und Elisabeth (Heimsuchung), Geburt, Verkündigung an die Hirten, Anbetung der Könige, Kindermord zu Bethlehem, Darbringung im Tempel, Flucht nach Ägypten, Taufe im Jordan.

In Halberstadt gibt es noch weitere wertvolle Taufbecken: im Dom, 1195 gestiftet von Bischof Gardolf, aus Rübeländer Marmor, getragen von vier ruhenden Löwen;[3] im Domschatz, Bronzebecken des 14. Jahrhunderts, ähnlich dem von St. Martini und mit der gleichen Szenenfolge wie dort;[4] in der Johanneskirche, Bronzebecken des 15. Jahrhunderts;[5] und in der Liebfrauenkirche, Bronzebecken, 1614 von Matthias Kipmann in Halberstadt gegossen. Der Bronzedeckel wird von einer Marienstatue bekrönt.[6]   H. M.

Die Konservierung dieser Taufe wurde durch Förderungen des Landes Sachsen-Anhalt (Landesverwaltungsamt) und der Kirchlichen Stiftung Kunst- und Kulturgut in der Kirchenprovinz Sachsen ermöglicht.

Anmerkungen

[1] Beschreibende Darstellung der älteren Bau- und Kunstdenkmäler der Kreise Halberstadt Land und Stadt, bearb. v. Dr. Oskar Doering, hrsg. v. d. Historischen Commission der Provinz Sachsen, H. XXIII, Halle a. d. S. 1902, S. 405 f. • Dehio-Handbuch, Sachsen-Anhalt I, 2002, S. 337 f. • Mundt, Albert: Die Erztaufen Nord-Deutschlands von der Mitte des XIII. bis zur Mitte des XIV. Jahrhunderts, Leipzig 1908. • Neumann, Helga: Die Kirchen in Halberstadt, Wernigerode 1997, S. 27–31.

[2] Lucanus, Wegweiser durch Halberstadt und Umgebung für Einheimische und Fremde, Halberstadt 1866², S. 62.

[3] Dehio-Handbuch, Sachsen-Anhalt I, S. 320 f.: „vermutlich niedersächsisch, von hervorragend schöner Gestaltung; der dreistufige Unterbau wohl aus der Zeit der gotischen Neuaufstellung."

[4] Hinz, Paulus: Gegenwärtige Vergangenheit, Dom und Domschatz zu Halberstadt, Berlin 1962, S. 195 f.

[5] Dehio-Handbuch, Sachsen-Anhalt I, S. 343: „am runden Fuß vier romanisch anmutende Löwenfiguren (zweitverwendet?)."

[6] Dehio-Handbuch, Sachsen-Anhalt I, S. 333.

A 4
TAUFBECKEN[1]

1369

auf ebenfalls runder Steinplatte stehen. Die Wandung umzieht oben und unten je ein Inschriftband. Dazwischen befindet sich ein Zyklus von Figurenreliefs, bezogen auf die Kreuzigung mit Maria und Johannes als ikonografische Mitte. Die Figuren lassen sich nur teilweise bestimmen.

Es handelt sich um Judas Thaddäus (mit Keule), Paulus (mit Schwert), Bartholomäus (mit Messer), einen Heiligen mit Patriarchenkreuz, sechs männliche Heilige mit Büchern, Johannes den Täufer, Petrus (mit Schlüssel), Bischof (mit Stab, Mitra und Buch).

Die beiden in der Inschrift genannten Personen Heyse Cendner und Heyne Becker sind offensichtlich 1369 amtierende Altarleute. Die Inschrift nennt zudem Herzog Magnus den Jüngeren von Braunschweig (1328–1373) als Stifter.[2]   H. M.

Die Konservierung dieser Bronzetaufe erfolgte mit Hilfe einer Förderung der Kirchlichen Stiftung Kunst- und Kulturgut in der Kirchenprovinz Sachsen.

Anmerkungen
[1] Beschreibende Darstellung der älteren Bau- und Kunstdenkmäler der Provinz Sachsen, Heft V: Kreis Sangerhausen, bearb. v. Julius Schmidt, Halle a. d. S. 1882, S. 76 f. • Dehio-Handbuch, Sachsen-Anhalt II, 1999, S. 764. • Köhler, Matthias: St. Ulrici in Sangerhausen, München, Berlin 1993, S. 15 u. 22 (Große Baudenkmäler, H. 458).
[2] Magnus I. der Fromme, Herzog zu Braunschweig und Lüneburg, in: Allgemeine Deutsche Biographie, 20. Bd., Leipzig 1884, S. 52–64 (P. Zimmermann). • Magnus II. mit der Kette (torquatus), Herzog zu Braunschweig und Lüneburg, ebenda S. 64–66 (P. Zimmermann).

Bronze
Höhe: ca. 55 cm, Durchmesser: 83 cm

Inschrift:
NACH GOTES GEBORT DRICZEN
HUNDERT IAR AN DEM NUON VND
SECHCZIGSTEN VON GNADE HERCZOGE
MAGNI DES IU[N]GERN VO[N]
BRUNSW[IGK] VN[D] ERBEIT DER
ALTER LUTH HEYSEN CENDNER VN[D]
HEYNE BECKER

Evangelische Kirche St. Ulrici, Sangerhausen
Kirchenkreis Sangerhausen

Die Kirche St. Ulrici, eine kreuzförmige romanische Basilika, zählt zu den bedeutendsten romanischen Sakralbauten Mitteldeutschlands. Das Taufbecken steht im nördlichen Querschiff. Der runde, sich nach unten leicht verjüngende Kessel wird von drei Klauenfüßen getragen, die

A 5
TAUFBECKEN[1]

1421
Ludolf Gropengheter aus Braunschweig

Bronze, vergoldet (in Resten vorhanden)
Höhe: 85 cm, Durchmesser: 85 cm

Inschrift am oberen Beckenrand:
anno domini mccccxxi iare per me ludolfus
ghropengheter wohnhaftich in brunschwik.
got mak en rik

Evangelische Kirche St. Katharinen, Salzwedel
Kirchenkreis Salzwedel

Zum Taufbecken gehörte auch ein Deckel. Er wurde 1697 bei Einschlag eines Blitzes zerstört.

Heute steht das Becken am Westende des Mittelschiffs. Zeitweilig befand es sich im Chorraum und im Westbau der Kirche. 1567 erhielt es einen achtseitigen, über drei Stufen zu betretenden Unterbau aus Sandstein mit reicher Renaissanceornamentik, der aus konservatorischen Gründen nicht mit in der Ausstellung gezeigt werden kann. Auf ihn wurde ein durch korinthische Säulen gegliedertes hölzernes Gitter mit Schnitzereien aufgesetzt. Sie zeigen Masken und möglicherweise Stifterporträts. Die Zwischenräume zwischen den Säulen nehmen gedrehte Bronzebaluster ein. Das Gitter ist gegenwärtig an den Seitenwänden der Kirche aufgestellt.

Der Gießer Ludolf Gropengheter und sein Sohn Heinrich schufen 1430 ähnliche Taufbecken für die Marienkirche und die Ulrichskirche in Halle.[2]

Dem Becken in St. Katharinen typologisch und ikonografisch eng verwandt ist das Bronzetaufbecken in der Stadtkirche St. Katharinen in Lenzen bei Ludwigslust, das 1486 von Heinrich Grawert aus Braunschweig geschaffen wurde. Vier Katharinenfiguren auf Löwenköpfen tragen das Becken, an dessen Wandung Apostelfiguren unter Arkaden zu sehen sind.[3]　　　　　H. M.

Das Taufbecken erhebt sich auf einer quadratischen Platte mit abgeschrägten Ecken. Die runde, sich nach unten verjüngende Kuppa wird getragen von einer Mittelstütze und vier nach hinten geneigten Figuren mit Krone, die immer die heilige Katharina, Schutzpatronin der Kirche, darstellen. Sie stehen auf kleinen Sockeln, die ihrerseits auf Löwenköpfen aufsitzen. Die Kuppa umzieht eine Rundbogenarkade mit Reliefs Christi und der Apostel.

Die Kirchliche Stiftung Kunst- und Kulturgut in der Kirchenprovinz Sachsen förderte die Maßnahmen zur Konservierung dieser Bronzetaufe.

Anmerkungen
[1] Dehio-Handbuch, Sachsen-Anhalt I, 2002, S. 801. • Roland, Pia: Kirchen in Salzwedel, Berlin 1987, S. 59–62 (= Das Christliche Denkmal, H. 131/132).
[2] Dieses Taufbecken befindet sich heute in der Wallonerkirche in Magdeburg.
[3] Dehio-Handbuch: Die Bezirke Neubrandenburg, Rostock, Schwerin, bearb. v. d. Arbeitsstelle für Kunstgeschichte, Berlin 1968, S. 196.

A 6

TAUFBECKEN

1429

Meister Tile

Bronze
Höhe: 83 cm, Durchmesser: 69 cm

Inschrift am unteren Randstreifen der Kuppa:
anno . d[omi]n[i] . m° cc°cc x°xix . in die . iacobi .
mester . tile . het . su . ge . mach . req[ui]esc[a]t .
in . pace +

Justus-Jonas-Kirche, Nordhausen
Kirchenkreis Südharz

In der Inschrift auf dem Becken sind der Meister
und das Jahr der Herstellung genannt. Als Wort-
trenner (hier durch „·" angegeben) stehen kleine
Relieffigürchen in folgender Ordnung:

(Adler des Johannes mit Spruchzettel) *anno*
(Maria mit Kind) *dn* (Figur eines Laien) *m°cc°cc*
(Bogenschütze) *x°xix* (Widder) *in die* (Mann im
Jagdanzug) *iacobi* (Adler) *mester* (Figürchen) *ge*

(Herodias mit dem Haupt des Johannes in einer
Schüssel) *mach* (Figürchen) *reqesct* (Adler greift
einen Löwen an) *in* (Mann, der einen Hasen an
einer über die Schulter gelegten Stange trägt) *pace*
(Adler) + .[1]

Die Kuppa wird getragen von einer Mittelstütze und vier bärtigen Männern in der Tracht
des 15. Jahrhunderts. An der Außenfläche der
Kuppa unter Arkaden in spätgotischen Formen
sind 16 Figuren im Relief zu sehen, davon
durch ihre Attribute gekennzeichnet: Paulus,
Johannes der Täufer, Pankratius, Petrus, Laurentius, Eustachius, Judas Thaddäus, Bartholomäus,
Gervasius, Thomas, Matthias, Jakobus d. Ä.,
Jakobus d. J.

Das Taufbecken wurde aus der 1945 zerstörten
Petrikirche in die 1949/50 nach Plänen von Otto
Bartning als Notkirche erbaute Justus-Jonas-
Kirche übertragen.   H. M.

Die Konservierung dieser Bronzetaufe erfolgte mit Hilfe einer
Förderung der Kirchlichen Stiftung Kunst- und Kulturgut in
der Kirchenprovinz Sachsen.

Anmerkungen
[1] Vgl. Beschreibende Darstellung der älteren Bau- und Kunstdenkmäler der Provinz Sachsen, Heft XI: Die Stadt Nordhausen, bearb. v. Julius Schmidt, Halle a. d. S. 1887, S. 154 f.
• Dehio-Handbuch, Thüringen, bearb. v. Stephanie Eißing,
Franz Jäger und anderen Fachkollegen, 1988, S. 909, 911,
907. • Doering, Oskar: Nordhausen, Augsburg 1929, S. 29,
48 (= Deutsche Kunstführer, hrsg. v. Adolf Feulner, Bd. 30).

A 7
TAUFBECKEN[1]

1464
Meister Bertram (?)

gungsgruppe und acht Heilige befinden. Zu identifizieren sind Johannes der Täufer, Magdalena und Stephan als Kirchenpatron.

Weiterhin steht ein bedeutender Taufstein in der Margarethenkirche (1587). Hier ruht die Kuppa auf einem Säulenfuß mit drei Engelsgestalten. Die Reliefs an der Wandung zeigen den Sündenfall, den heiligen Christophorus und die Taufe Christi, dazwischen als Karyatiden Mose, Johannes den Täufer und eine Frauengestalt.   H. M.

Die Konservierung dieser Taufe erfolgte mit Hilfe einer Förderung der Kirchlichen Stiftung Kunst- und Kulturgut in der Kirchenprovinz Sachsen.

Anmerkungen
[1] Dehio, Georg: Handbuch der Deutschen Kunstdenkmäler, Sachsen-Anhalt I, Regierungsbezirk Magdeburg, bearb. v. Ute Bednarz, Folkhard Cremer u. a., Berlin, München 2002, S. 40–43.
[2] Zit. n. Beschreibende Darstellung der älteren Bau- und Kunstdenkmäler der Provinz Sachsen und angrenzender Gebiete. Herausgegeben von der Historischen Commission der Provinz Sachsen, XXV. Heft Die Stadt Aschersleben, Halle a. d. S. 1904, S. 44 f.

Bronze
Höhe: ca. 83 cm, Durchmesser: ca. 116 cm

Inschriftband am Rand der Kuppa:
Qui crediderit et baptisatus fuerit salvus erit anno domini m° cccc° lxiiii Orate pro me magistri bertramo[2]

Stadtkirche St. Stephani, Aschersleben
Kirchenkreis Egeln

Das Taufbecken als Kelchtyp mit Tragfiguren steht im Chor in der Achse des Altars der spätgotischen Hallenkirche. Fuß, profilierter Schaft und Kuppa sind kreisförmig. Auf dem Fuß stehen drei Jünglinge, die mit ihren Häuptern die Kuppa stützen. Diese wird von neun Eselsrückenarkaden geschmückt, unter denen sich auf einem aus Vierpässen gebildeten Maßwerkband eine Kreuzi-

A 8
TAUFBECKEN[1]

1474

Bronze
Höhe: 124 cm, Höhe der Kuppa: 80 cm
Durchmesser: 121 cm

Inschrift am Beckenrand in gotischen Minuskeln:
Anno. Dmij. M.cccc.lxxiiii. ite. et. baptisate. in.
nomine. patris. et. filii. et. spiritus. sancti. amen.

Evangelische Kirche St. Marien, Stendal
Kirchenkreis Stendal

Die 1283 erstmals erwähnte Hauptpfarrkirche St. Marien wurde im 15. Jahrhundert als großräumige backsteingotische Hallenkirche weitestgehend neu errichtet. Für diese Kirche wurde auch 1474 das Taufbecken gegossen. Von 1474 bis 1828 stand es unter der Orgel auf der Westseite des Mittelschiffs, von 1828 bis 1844 im Chor und seitdem in der Taufkapelle. Diese wurde um 1470 als Marientidenkapelle an das Westjoch des Südschiffes angefügt.

Die breite kreisförmige Kuppa wird getragen von einem gedrungenen Schaft, der aus dem runden Fuß hervorgeht. An diesem Fuß sitzen vier menschliche Gestalten, die die Evangelisten bezeichnen; denn mit ihren Häuptern, die nach deren Symbolen gebildet sind, berühren sie die Kuppa. In den jetzt leeren Händen hielten sie vielleicht die Evangelienbücher. Die Kuppawände werden durch vorgesetzte, fialengeschmückte Tabernakel in Felder gegliedert. In diesen standen auf Konsolen und teilweise von krabbenbesetzten Kielbögen überfangen Maria und sechs weibliche Heilige. Ehemals komplett verloren, konnten inzwischen alle wieder an ihren Platz zurückkehren. In die Tabernakel selbst sind kleine Apostelfiguren eingefügt. Die lateinische Inschrift am abschließenden Gesims verweist auf die Jahreszahl 1474 und den Taufbefehl nach Matthäus 28,19 (s. o.).

Das Taufbecken umgab einst ein Holzgitter, das vermutlich im Zuge einer Erneuerung durch Hans Hund und seine Ehefrau Anna geb. Quirling 1688 gestiftet worden ist. An der Tür des Gitters stand eine Inschrift in Form eines lateinischen Chronostichons, das die Ausschmückung durch das Ehepaar Hund 1688 zum Gegenstand hatte. Auf der Innenseite wurde in deutschen Reimen ein Text hinzugefügt, der den Namen Hund mit einer Anspielung auf die Geschichte vom reichen Mann und armen Lazarus (Lukas 16,19–31) und einen Verweis auf die Taufgnade verknüpfte:
„Den eiter Lazari wischt ab ein Hund mit lekken. /
So sondert Herr Hanß Hund des Taufsteins alte flekken. /
Frau Anna Quirling auch beweiset das hiebei /
An stat des sündenkohts nur gülden gnade sei."

Außerdem befanden sich an den Außenseiten des Gitters die 12 Apostel „und allezeit zwischen drinnen ein Bild eines alten Kirchenlehrers oder Heiligen, unter welchen der pabst Gregorius M. mit der dreifachen Krone an der thüre stehet, die andere sein Leo, und noch zwei andere, derer namen nicht dabei stehen."[2]   H. M.

Die Konservierung dieses Bronzebeckens wurde ermöglicht durch Förderungen des Landes Sachsen-Anhalt (Landesverwaltungsamt) und der Kirchlichen Stiftung Kunst- und Kulturgut in der Kirchenprovinz Sachsen. Die Konservierung war bis zum Redaktionsschluss des Kataloges noch nicht abgeschlossen. Die Abbildung gibt daher einen Zwischenzustand wieder.

Anmerkungen
[1] Dehio-Handbuch, Sachsen-Anhalt I, 2002, S. 895. • Dolgner, Dieter: Die Marienkirche zu Stendal, Berlin 1975, S. 21 (= Das Christliche Denkmal, H. 93).
[2] Bekmann, Johann Christoph: Historische Beschreibung der Chur und Mark Brandenburg, Bd. 2, Berlin 1753, Sp. 54 f.

TAUFSTEIN

Um 1500 (?)

TAUFBECKEN[1]

1508
Heinrich Mente aus Braunschweig

> Sandstein
> Höhe: 65 cm, Durchmesser: 95 cm
>
> Evangelische Kirchengemeinde Nauendorf
> Kirchenkreis Halle-Saalkreis

Der Taufstein aus Nauendorf ist ein weiteres Beispiel für die hier gezeigten mittelalterlichen steinernen Taufen, die zurzeit nicht in der ursprünglich vorgesehenen Weise genutzt werden können. Im Verlauf der Recherchen für die Ausstellung kam der Hinweis auf ein Industriegelände im Saalkreis, auf dem das Stück in der hier abgebildeten Umgebung aufgefunden wurde. Der Stein stammt wohl aus der Zeit um 1500. Für die Ausstellung wurde er gereinigt. Er wird im Anschluss in die Kirche zurückkehren.   B. S.

> Bronze
> Höhe: 103 cm, Durchmesser: 103 cm
>
> Inschrift am Fuß ringsum laufend in erhabenen Minuskeln, die Worte durch Lilien getrennt:
> xvc . uñ . viii . dar . bi . hinric . mente . maecte . mi . de . mi . begript . of de . mine . de gha . tho . us . uñ . sie . opte . sine . wint . be dar . neen . ghebrec . so . come . tou . mi . un . segge . wat . mi . let."[2]
>
> Evangelische Kirche St. Stephan, Tangermünde
> Kirchenkreis Stendal

Die dreischiffige spätgotische, in Backstein ausgeführte Hallenkirche mit Westturmanlage, polygonalem Umgangschor und Pseudoquerhaus ersetzte nach 1377 schrittweise den romanischen Vorgängerbau. Das Taufbecken ist das älteste erhaltene Stück der liturgischen Ausstattung. Es steht heute wieder, wie schon einmal im 19. Jahrhundert, in

der so genannten Taufkapelle, die als Schöppen-
kapelle Ende 15./Anfang 16. Jahrhundert an den
südlichen Querarm angefügt worden war.

Das kelchförmige Taufbecken ist vom Fuß bis
zur Kuppa gerundet und durch reiche Profilierung abwechslungsreich gestaltet. Die Mitte der
Kuppa umzieht ein Schriftband in Latein, das die
Nennung von zwei Namen, wahrscheinlich die
der Stifter, mit der Taufverheißung Markus 16,16
verbindet: *„qui crederit et baptisatus fuerit salvus
erit hans bechker hans buscedel."* Unterbrochen
wird dieses in gravierten Minuskeln ausgeführte
Schriftband an vier Stellen durch gegossene Figuren, die auf Konsölchen stehen: Christus am
Kreuz (Corpus fehlt) zwischen Maria und Johannes, Maria mit dem Kind, Anna selbdritt und Stephanus als Kirchenpatron.

Zum Taufstein gehört heute eine Becken-
schlägerschale mit einem Durchmesser von 65 cm
(Katalog-Nr. Ca 2).   H. M.

Die Konservierung dieses Bronzebeckens wurde ermöglicht
durch eine Förderung der Kirchlichen Stiftung Kunst- und
Kulturgut in der Kirchenprovinz Sachsen.

Anmerkungen

[1] Die Kunstdenkmale der Provinz Sachsen, hrsg. v. Hermann
Giesau, Bd. 3: Kreis Stendal Land, bearb. v. Friedrich Hossfeld u. Ernst Lange, unter Mitwirkung v. D. Hermann Alberts, Burg b. M. 1933, S. 223 f. • Dehio-Handbuch, Sachsen-Anhalt I, 2002, S. 926. • Die Braunschweiger
Gießerfamilie Mente und die Tangermünder Taufe von
1508, in: Das alte Tangermünde 13 (6), 1037. • Findeisen,
Peter: Die Stephanskirche zu Tangermünde, Berlin 1976, S.
24 (= Das Christliche Denkmal, H. 103).

[2] Übertragung der Inschrift ins Hochdeutsche nach: Die
Kunstdenkmale der Provinz Sachsen (s. o.), S. 223 f.: „Wer
mich begreift (=antastet, tadelt) auf das Meine, der geh nach
Haus und sieh auf das Seine. Wenn es dort an nichts ge-
bricht, so komm zu mir und sage, was mir dabei fehlt. Oder
als Reim: Wer tadeln will das Meine / Der geh und schau /
das Seine / Findet er dort kein Gebrechen / Mag er von seinen Fehlern sprechen / Im Jahre 1508, Hat Heinrich Mente
mich gemacht."

Holz, Intarsien
Höhe: ca. 89 cm, Durchmesser oben: 66,8 cm

Inschrift:
WAHLICH / WAHRLICH / SAGE ICH / DIR
ES SEI / DANN DAS / 1594
JEMAND GE / BOREN WER / DE DER VOR /
MIR GEWES / EN NACH M / IR KOMMT

Kulturhistorisches Museum Magdeburg
(Inv.-Nr. 50 / Mö 359)

Der Herkunftsort des sechsseitigen Taufständers
ist unbekannt. Er wird in der Ausstellung im
Zusammenhang mit der Installation einer Taufgesellschaft gezeigt, die in ländlichen und städtischen Festtagstrachten des 19. Jahrhunderts dem
Besucher die Taufhandlung vorführt.

Architekturformen und Schmuckelemente verzieren den Renaissancetaufständer. Auf den Seitenflächen der Brüstung zeigen sich Blendbögen

Sandstein mit Alabasterreliefs,
teilweise farbig gefasst
Höhe: 1,21 m, Durchmesser Becken
über Eck: 1,17 m

Oberkirche Unser lieben Frauen,
Burg bei Magdeburg
Kirchenkreis Elbe-Fläming

mit Intarsien, die seitlich von Voluten gerahmt werden und mit einem Dreiecksgiebel abschließen.[1] Die flankierenden Eckpilaster stehen auf profilierten, verkröpften Postamenten und sind mit Diamantquadern besetzt. Ebenso verziert Beschlagwerkornament den Sockelbereich. Unterhalb des vorkragenden profilierten Abschlussgesimses sind ein Zahnschnitt und geschnitztes, stilisiertes Rankenwerk angebracht.

Die auf den Friesen ober- und unterhalb der Bögen umlaufende Inschrift verweist auf Bibelstellen aus dem Johannesevangelium 1–3, die theologisch Bezug auf die Taufe nehmen. Die religiösen Sprüche lassen sich eindeutig zuordnen, wurden aber frei gestaltet und zusammengefasst, wie es Ulrike Mathies auch an zeitgleichen Taufen im niedersächsischen Raum beobachtet hat.[2] Zugrunde liegen die Texte Johannes 3,5: „Wahrlich, wahrlich, ich sage dir: Es sei denn, dass jemand geboren werde aus Wasser und Geist, so kann er nicht in das Reich Gottes kommen." sowie Johannes 1,15: „Das ist er von dem ich sagte: Nach mir kommt einer, der über mir steht; denn bevor ich geboren wurde, war er schon da." Texte und Dekor sind gleichwertig behandelt.

Der Taufständer erfuhr vermutlich einige Veränderungen. So ist beispielsweise nicht anzunehmen, dass die geschlossene Deckplatte ursprünglich ist, da bei einem Taufständer in jedem Fall eine Aussparung zur Aufnahme der Taufschale zu erwarten ist. D. G.

Anmerkungen
[1] An drei Brüstungsseiten sind die Voluten verloren gegangen.
[2] Mathies, Ulrike: Die protestantischen Taufbecken Niedersachsens von der Reformation bis zur Mitte des 17. Jahrhunderts, Regensburg 1998, S. 98.

Der Taufstein gehört zur 1567 begonnenen Neuausstattung der Kirche, die ihren Höhepunkt in der Anschaffung von Altarretabel (1607), Kanzel (1609) und Taufstein (1608/ Deckel 1611) erreichte. Diese Ausstattungsstücke bilden zusammen ein künstlerisch und ikonografisch bedeutsames Ensemble aus dem Geist der lutherischen Orthodoxie.

Als Schöpfer des Altars ist inschriftlich der Magdeburger Bildhauer Michael Spieß belegt. Von ihm stammen möglicherweise auch Kanzel und Taufstein. Dieser hatte vor 1876 seinen Standort im Westjoch des Mittelschiffs. Über ihm schwebte ein hoher hölzerner Deckel, und ein Gitter umgab ihn. Bei der Versetzung ins Ostjoch des nördlichen Seitenschiffs 1876 wurde der Unterbau in den Boden eingesenkt, bei der Restaurierung 1960 wieder erhöht und auf ein breites oktogonales Podest gestellt. Deckel und Gittereinfassung sind verloren gegangen.

Der Taufstein ist in Anlehnung an die Kelchform und ausgehend vom Sechseck vom Fuß bis zur Kuppa in reich entwickelter Spätrenaissance ausgebildet. Sein Bildprogramm wurde wie auch das des Altars und der Kanzel vermutlich von Pfarrer Petrus Salichius entworfen. In den 1612 im Druck erschienenen Einweihungspredigten wurden die Programme vorgestellt und theologisch interpretiert.[2] Hier wird auch der Bildschmuck von Taufsteindeckel und -gitter mitgeteilt, der zusammen mit dem Taufstein eine beeindru-

ckende Gesamtschau der Bedeutung des Sakraments ergab. Salichius schreibt: „Was nu das Corpus, oder den Tauffstein an sich selbst anlanget / ist derselbige zwar auß groben Sandstein zierlich gemacht / aber in demselben sind rings umbher sechs schöne Biblische historien auß dem Alten vnd Newen Testament in Weissen Alabaster gar künstlich geschnitten / vnd mit Golde gar schön außgestaffiret / welche Historien sich gar fein auff die heilige Tauffe schicken."

Das sind die Sintflut mit der Rettung Noahs in der Arche (1. Mose 7 u. 8), der Durchzug Israels durchs Rote Meer (2. Mose 14), die Beschneidung Christi (gemäß 1. Mose 17), die Taufe Christi (Matthäus 3, Markus 1, Lukas 3), die Berufung und Annahme der Kinder durch Christus (Markus 10), die Aussendung der Jünger (Matthäus 28 und Markus 16).

Salichius weist weiter darauf hin, dass „zwischen den sechs Historien sechs Englische Bilder / vnd alltenhalben Englische angesichter mitvnter gesprenget / nicht allein zierhalben / sondern daß sie vns auch erinnern des schützes der lieben Heiligen Engel / welche sich vmb die Kirche vnd derselben gliedmassen her lagern / vnd eine fewrige Mawr Zach. 2. [Sacharja 2,9] Ja wie Fewrige Roß vnd Wagen vmb sie her sein 2. Reg.6. [2. Könige 6,17]". Das Gesims der Kuppa umläuft die Inschrift Markus 10,14 in der lateinischen Fassung.

Die Ikonografie des verlorenen Deckels zeigte auf der Innenseite die Taube des heiligen Geistes, auf seinem Gesims sechs musizierende Engel und darüber Christus am Kreuz. Salichius schreibt dazu: „Diß erinnert vns / worauff vnsere Tauffe gegründet sey / oder von wem sie die Krafft habe / nemblich / nicht von dem Prediger / der die Tauffe verrichtet sondern von vnserem lieben HERRN vnd Heyland Jesu Christo." Das Kreuz umgeben „vngeflügelte Kindlein mit den Instru

mentis Crucifixionis Christi". Darüber sind weitere sechs Engel mit Musikinstrumenten und Gesangbüchern angeordnet, die über den Sieg Jesu Christi jubeln, der als auferstandener Herr auf einer goldenen Weltkugel steht.

Das Taufsteingitter schmückten Gemälde mit den 12 Aposteln. Auf den Ecken waren sechs Tugendallegorien aufgestellt: Fides, Spes, Charitas, Prudentia, Iustitia und Temperantia. Wenn auch, wie aus der originalen Beschreibung zu ersehen ist, der Taufstein ohne das die Anlage ergänzende Zubehör überliefert ist, so kommt ihm unter denjenigen aus dem beginnenden 17. Jahrhundert zweifellos ein hervorragender Platz zu. Künstlerisch und ikonografisch gehören in sein Umfeld die Taufsteine in Wolfsburg-Vorsfelde (um 1600), Kroppenstedt (1609/10), Ranies bei Schönebeck (1610), Ladeburg (1607) und Berge bei Gardelegen (1610).

Am 15. Oktober 1933 wurde am Taufstein der Oberkirche die Schriftstellerin Brigitte Elisabeth Gertrud Reimann (geb. am 21. Juli 1933 in Burg, gest. am 20. Februar 1973 in Berlin) getauft.

H. M.

Die Konservierung dieses Taufsteines wurde ermöglicht durch Förderungen des Landes Sachsen-Anhalt (Landesverwaltungsamt) und der Kirchlichen Stiftung Kunst- und Kulturgut in der Kirchenprovinz Sachsen. Die Abbildung gibt einen Zwischenzustand der Konservierung wieder.

Anmerkungen

1 Beschreibende Darstellung der älteren Bau- und Kunstdenkmäler der Provinz Sachsen, H. XXI, Kreis Jerichow, bearb. v. Ernst Wernicke, Halle a. d. S. 1898: Kreis Jerichow I. S. 56. – Dehio-Handbuch Sachsen-Anhalt I, 2002, S. 135 f. • Meyer, Angelika: Oberkirche Unser lieben Frauen und Unterkirche St. Nikolai in Burg bei Magdeburg, München; Berlin 1993, S. 10 u. 12 (= Große Baudenkmäler, H. 443). • Ratzka, 1998, S. 55.

2 Salichius, M. Petrus: Fünff Christliche / vnd in Gottes Wort gegründete Predigten, Magdeburg 1612 (Exemplar in der Bibliothek des Predigerseminars Wittenberg).

A 13
Taufstein[1]

1609/1610

Sandstein und Alabaster
Höhe: 96 cm, Durchmesser: 77,5 cm

Evangelische Dorfkirche Berge
Kirchenkreis Salzwedel

Die Ende des 15. Jahrhunderts entstandene Saal-kirche erfuhr 1609/10 eine umfassende Neugestal-tung des Innenraums. Aus dieser Zeit stammen Altar, Kanzel und Taufstein.

Der aus dem Grundriss des Sechsecks ent-wickelte, an die Kelchform angelehnte Taufstein zeigt reiche manieristische Dekoration. Er steht im Westen der Kirche. An der Kuppa sind zwischen Rollwerksgrotesken Reliefs mit der Be-schneidung und der Taufe Christi sowie der Evangelisten eingefügt, darüber ein Fries mit

Engelsköpfen. Diese figürlich gestalteten Teile der Taufe stehen stilistisch in einer Verbindung mit der Magdeburger Bildhauerei der Zeit um 1600.

Der laternenförmige hölzerne Deckel ist auf 1610 datiert und z. Zt. nicht ausstellbar. Er trägt als umlaufende Inschriften Markus 10,14 und Markus 16,16 und wird von der Taube des heiligen Geistes bekrönt. H. M.

Die Konservierung dieses Taufsteins wurde ermöglicht durch Förderungen des Landes Sachsen-Anhalt (Landesverwaltungs-amt) und der Kirchlichen Stiftung Kunst- und Kulturgut in der Kirchenprovinz Sachsen.

Anmerkungen
[1] Dehio-Handbuch, Sachsen-Anhalt I, 2002, S. 95.

Holz (Eiche, Linde, Nadelholz), ungefasst
Taufe: Höhe 116 cm, Durchmesser: 86/93 cm
Deckel: Höhe 160 cm, Durchmesser max: 81 cm
Brüstung: Höhe 140 cm, Durchmesser: 246 cm

Evangelische Kirche Osterwohle
Kirchenkreis Salzwedel

Diese Taufe ist eine der wenigen erhaltenen, die sich bis heute in einem sie heraushebenden und gegen den Kirchenraum abtrennenden Gehege befindet, in dem bei der Taufe der Pfarrer und die Paten stehen. Die gesamte reiche Ausstattung des kleinen Kirchenraumes ist in unbehandeltem Holz um 1620 geschaffen worden und ist ein herausragendes Werk der Renaissance, in manieristischer Weise mit besonders schlanken und überlangen Figuren.

Auf einem achtseitigen Podium steht eine Schranke mit zierlichen Säulchen mit Pilastern an den Ecken, die Frauen- und Männerköpfe im Wechsel tragen. Das Gesims trägt Zierleisten mit Puttenköpfen. Die große, ornamental geschmückte runde Taufschale (Katalog-Nr. Ca 3) ist in das achteckige Becken eingelassen. Auch hier treten überlängte Hermen an den Ecken hervor. Es sind sieben Frauen, die vier aus der Antike stammenden Kardinaltugenden Mäßigkeit, Klugheit, Stärke und Gerechtigkeit, denen Papst Gregor der Große im sechsten Jahrhundert die drei Christlichen Tugenden Glaube, Liebe und Hoffnung (1. Korintherbrief 13,13) hinzufügte und alle sieben als die Gaben des Heiligen Geistes interpretierte. Weil bei diesem Taufbecken alles achteckig angelegt ist, ist zu ihnen ein Mann hinzu getreten. Vielleicht ist es das Porträt des unbekannten Stifters oder des Meisters, der die Taufe schuf. Alle Figuren weisen individuell gestaltete Köpfe und unterschiedliche Frisuren auf und sind teils bekleidet, teils nackt. Die Brüstungsflächen zeigen Muscheln, florale Motive und Diamantquaderung.

Ein hoher, mehrgeschossiger, von der Decke herabhängender Deckel bekrönt die Taufe. Auch er hat acht Seiten. Besonders treten die reichen Voluten hervor, neben denen Engelsköpfe und florale Darstellungen zu sehen sind. Über einem breiten Sockel erhebt sich eine schmale Laterne, in der Johannes der Täufer mit ausgestreckter rechter Hand Jesus tauft. Dieser ist etwas kleiner, weil er bis zu den Unterschenkeln im nicht sichtbaren Wasser steht. Er ist nur mit einem Lendenschurz bekleidet und kreuzt die Arme vor der Brust. Die Muskulatur seiner Beine ist sehr stark herausgearbeitet.

Auf dem Deckel sitzt ein Pelikan, der sich mit seinem Schnabel in die Brust hackt. Nach spätantiker Tradition hat er seine Jungen mit seinem Blut ernährt und gilt deshalb als Symbol für Christus.

Der Deckel ruhte ursprünglich direkt auf dem Becken und wurde nur zur Taufe heraufgezogen. Durch einen Mechanismus war er mit einem großen Jubelengel vor dem Altar verbunden, der sich beim Heben des Deckels herabsenkte. Dieser Engel trägt ein Spruchband mit der Inschrift GLORIA IN EXCELSIS DEO (Ehre sei Gott in der Höhe). Dies sangen nach dem Bericht im Lukasevangelium (2,14) die Engel bei der Geburt Christi. Der erhobene rechte Arm des Engels macht eine Aufmerksamkeit erheischende Bewegung. Sein langes, gegürtetes Gewand bauscht sich unten im Flug. Das von langen Haarsträhnen umflatterte Gesicht blickt freundlich, der Mund ist leicht geöffnet. Dieser Jubelengel ist ein Hinweis auf Gott Vater, der nach der Bibel nicht dargestellt werden soll (1. Mose 20,4). Christus ist in

der Taufdarstellung zu sehen, und auf seinen Opfertod weist der Pelikan hin. Das Wirken des Heiligen Geistes wird durch die Tugenden angedeutet. Somit verweist der Schmuck des Taufortes auf den dreieinigen Gott, auf den der Täufling getauft wird.

P. P.

Eine umfangreiche Konservierung dieser Taufanlage und des zugehörigen Engels wurde ermöglicht durch Förderungen des Landes Sachsen-Anhalt (Landesverwaltungsamt) und der Kirchlichen Stiftung Kunst- und Kulturgut in der Kirchenprovinz Sachsen. Großzügige Spenden gewährten auch Markus Rosam, Magdeburg und Mitglieder der Medizinischen Fakultät der Otto-von-Guericke-Universität Magdeburg. Wir danken zudem für weitere private Spenden.

Holz, farbig gefasst in Weiß, Schwarz, Türkisblau, Hellrot und Gold
Unterbau ohne Deckel: Höhe: 85 cm,
Breite: 118 cm, Tiefe: 93 cm
Deckel mit Figurengruppe: Höhe: 78 cm

Inschriften auf den sechs Seiten
Vorn:
Diesen Tauffstein / haben GOTT zu / Ehren und Herrn Frie: / derich Beyers / seel: gewesenen Raths:Käm: / ers und Gastwirths zu / Arnstadt Christlichen An: / dencken, auß seiner anhero ge: / thanen Stiftung, verferti: / gen Laßen, deßen hiernach benamte / Herren

Anno 1685 / Hr: Johannes / Nicolaus. / Hr: Christianus / Friedericus. / Hr: Johannes / Christophorus. / Beyer

Der HERR / Welcher die Wohlthat / der Menschen behält wie einen / Siegel Ring an seiner Rechten / Syr.17.18.) [sic!] vergelte diese Wohl= / that dem seel. Hrn. Beyer / in der Auferstehung der Ge / rechten mit reicher und statt= / licher Belohnung Luc.14.14/ Laße auch seinen Hrn. Söh= / nen und allen Ihrigen da= / für empfahen die vergeltung / des Erbes COL 1.12. das / Erbtheil der Heiligen im / Licht.

Hinten:
Wer da glaubet / und getaufft wird / der wird selig / werden, Wer aber / nicht glaubet, der / wird verdampt [sic!] / werden

Gehet hin, und / Lehret alle Völcker / und täuffet sie im / Namen des Vatters / und des Sohnes und / des Heiligen Geistes / Matth: 8 / Vers 19.

Warlch [sic!] , Wahrlich / ich sage dir, es sey / denn das Jemand / geboren werde auß / dem Wasser und / Geist, so kann er / nicht in das Reich / Gottes kommen.

Reparaturinschrift mit Bleistift im Innern:
V. Breier Maler 1898 / Arnstadt

Evangelische Kirche Kirchheim
Kirchenkreis Erfurt

Anno 1685.

Dr: Johannes
Nicolaus,
Dr: Christianus
Fridericus.
Dr: Johannes
Christophorus.
Beyer

Der breit ausladende hölzerne Taufständer steht über einem gedrückt sechseckigen, schwarz gefassten Sockelprofil. Die hölzerne Konstruktion darüber imitiert auf allen sechs Seiten eine Draperie aus weißem Tuch mit türkisfarbigen und roten Kanten. Dabei sind sämtliche Felder des Sechsecks wie Stoffe gestaltet, die oben leicht durchhängen und nach unten hin in Bögen „fallen". Die geschnitzten Stoffenden sind an den Ecken unter eingerollten Bäuschen in dicke Falten gelegt. In den Feldern sind die Inschriften angebracht, die sich einerseits ausführlich den Stiftern widmen, andererseits wichtige Stellen der Bibel zur Taufe nennen.

Den oberen Abschluss bildet ein vorgezogenes Gesims mit Zahnschnitt. Es leitet über zur Deckplatte, in der eine Öffnung für eine zugehörige ovale Zinnschale ausgespart ist.[1] Die Öffnung wird durch einen gestuften Deckel verschlossen, wenn der Taufständer nicht genutzt wird. Darüber erhebt sich eine vollplastische Figurengruppe mit einer Darstellung der Taufe Christi im Jordan. Die kräftige Gestalt des bärtigen Johannes im Fellumhang und Fahnenstange in der Hand nimmt sich eigenwillig aus neben der überaus zart gestalteten Figur Christi. Diese kniet mit einem weißen Lendentuch bekleidet vor Johannes.

Die gesamte Taufe erhielt in späterer Zeit eine Übermalung mit Ölfarbe. Die ältere Fassung schimmert jedoch an einigen Stellen, insbesondere im Bereich der Inschriften, noch durch. Eine Bleistiftnotiz unter dem Boden des Ständers weist darauf hin, dass die Übermalung 1898 durch einen Maler V. Breier aus Arnstadt erfolgte. In diesem Jahr wurde auch die Kirche in ihrem Innern überarbeitet und erhielt ein Deckengemälde des thüringischen Künstlers Ernst Liebermann.

B. S.

Die Konservierung dieser Taufe wurde ermöglicht mit maßgeblicher Hilfe der Kirchen- und Klosterstiftung Erfurt und einer Unterstützung der Kirchlichen Stiftung Kunst- und Kulturgut in der Kirchenprovinz Sachsen.

Anmerkungen

[1] Die Schale (nicht ausgestellt) stammt aus dem Jahr 1686 (Inschrift: „16 KIRHHEIM 86") und wurde der Stadtmarke (Rad) nach zu schließen in Erfurt gearbeitet. Einer der beiden kunstvoll gestalteten Griffe fehlt.

A 16
TAUFSTÄNDER[1]
Um 1697

Holz, farbig gefasst
Taufe Höhe: 87,5 cm, Durchmesser: 77,5 cm
Deckel Höhe: 100 cm, Durchmesser: 90 cm

Inschrift auf dem Deckelrand umlaufend:
Wer da glaubet und getaufft wird der wird seelig
werden, wer da aber nicht glaubet, der wird
verdammet werden. Marcii. am i6 Capittel.

Evangelische Kirche Hohenlobbese
Kirchenkreis Elbe-Fläming

Der hölzerne Taufständer der hochmittelalterlichen Dorfkirche von Hohenlobbese entstand im Rahmen einer grundlegenden Erneuerung der gesamten Kirchenausstattung gegen Ende des 17. Jahrhunderts. Über einem hohen achteckigen profilierten Fuß mit fallendem Karnies und eingezogenem Schaft wölbt sich eine stark gebauchte achteckige Kuppa mit sehr kleiner Öffnung für das Becken. Ihr Rand hat einen geraden Abschluss ohne Profil und bedarf zur Herstellung eines vollständigen Eindrucks deutlich des erhaltenen Deckels. Dieser ist ebenfalls achteckig und kuppelförmig gewölbt. Er hat einen geraden, oben und unten profilierten Rand mit umlaufender Inschrift. Über den acht Ecken sitzen gedrechselte Kugeln mit spitzen Aufsätzen. Dahinter spannen sich acht Profilleisten über die Kuppel des Deckels. Zwischen den Kugeln sind plastisch geschnitzte, symmetrisch angeordnete Akanthusblätter auf den Rand gesetzt. Auf der Deckelkuppel sitzt eine hölzerne Kugel über einem oktogonalen profilierten Aufsatz mit Diamantquaderung in den Feldern. An ihr ist oben ein Haken zum Aufhängen des Deckels befestigt.

Die heutige Farbfassung zeigt neben marmorierten Bereichen pflanzliche, d. h. vornehmlich Akanthusmotive. Diese kehren in den Schnitzereien am Deckel wieder. Die bekrönende Kugel ist blaugrundig mit achtzackigen Sternen bemalt.

Obgleich mit Ausnahme der Kugel auf dem Aufsatz alle Teile des Taufständers achteckig sind, entsteht angesichts der Kuppa mit ihrem Deckel der Eindruck zweier halbkugelförmiger Teile, die zusammengesetzt eine große Kugel bilden. Dieser unteren großen Kugel mit mineralischen und pflanzlichen Motiven in Bemalung und Schnitzwerk entspricht die obere kleinere sternenverzierte Kugel. Wenn die heutige Bemalung des Taufständers den originalen Zustand wiedergibt, so ist daran zu denken, dass an diesem Taufgerät eine bildliche Gegenüberstellung der Erd- und Himmelskugeln vorgenommen wurde.   B. S.

Die Konservierung des Taufständers wurde ermöglicht durch Mittel der Kirchlichen Stiftung Kunst- und Kulturgut in der Kirchenprovinz Sachsen.

Anmerkungen
[1] Dehio, Georg: Handbuch der Deutschen Kunstdenkmäler. Brandenburg, bearb. v. Gerhard Vinken et al., München/Berlin 2000, S. 456 f.

A 17
HOLZTAUFE[1]

1715
Christian Trothe aus Merseburg

Deckel. Er trägt seinerseits ein Gebilde in Form eines von Akanthusblättern eingefassten Deckelgefäßes, das als Untersatz einer Flammenvase dient. Eine sehr reizvolle barocke Schöpfung, die das Sakrament als göttliche Gabe unter Wirkung des heiligen Geistes bildnerisch gestaltet. H. M.

Die Konservierung dieser Holztaufe wurde ermöglicht durch eine Förderung des Kirchbauvereins Zschepen und der Kirchlichen Stiftung Kunst- und Kulturgut in der Kirchenprovinz Sachsen.

Anmerkungen
[1] Beschreibende Darstellung der älteren Bau- und Kunstdenkmäler der Provinz Sachsen, H. XVI: Kreis Delitzsch, bearb. v. Gustav Schönermark, Halle a. d. S. 1892, S. 198. • Dehio-Handbuch, Sachsen II: Regierungsbezirke Leipzig und Chemnitz, bearb. v. Barbara Bechter, Wiebke Fastenrath und Heinrich Magirius, München, Berlin 1998, S. 199.
[2] Landeshauptarchiv Sachsen-Anhalt, Außenstelle Wernigerode, Akte LHA SA, MD, Rep. H. Zschepen, Nr. 72.

Holz, geschnitzt, farbig gefasst
Gesamthöhe: 310 cm, Breite: 110 cm

Evangelische Kirche Zschepen
(Döbernitz-Zschepen)
Kirchenkreis Torgau-Delitzsch

Die Holztaufe entstand gleichzeitig mit dem Kanzelaltar für die 1715–1717 neu erbaute Kirche. Laut Vertrag sind diese von der Gemeinde gestifteten Ausstattungsstücke Werke des bedeutenden Merseburger Barockbildhauers Christian Trothe.[2]

Über einer achteckigen Platte fassen zwei auf Wolken kniende Kindengel das vasenförmige Taufgefäß. Vier geflügelte Engelsköpfe zieren den

A 18
TAUFSTEIN[1]

1837

Der spätklassizistische Taufstein wird allein durch seine Form bestimmt. Über einem flachen, vierseitigen, in der Mitte ansteigenden Fuß erhebt sich der aus Wülsten und Kehlungen bestehende Schaft. Er wird stufenartig bis zur blütenkelchförmigen Kuppa hoch geführt. Die sechszeilige Taufsteininschrift auf der Wandung belegt das Entstehungsdatum oder auch die Aufstellung der Taufe 1837. Der Förster Eduard Clauer, Bevollmächtigter des Patrons Graf von der Schulenburg – Hessler[2], hat ihn als Dank für die Genesung seiner Frau der Kirche gestiftet. Auf den Schöpfer des Taufsteines verweist die Inschrift auf dem Rand der Kuppa: „Fecit Poenicke" – hat Pönicke gemacht.[3]

D. G.

Anmerkungen

[1] Dehio-Handbuch Sachsen-Anhalt I, bearb. v. Ute Bednarz, Folkhard Cremer u. a., München, Berlin 2002, S. 502. Wernicke, Ernst: Beschreibende Darstellung der ältern Bau- und Kunstdenkmäler der Kreise Jerichow, Halle 1898, S. 285.

[2] Das Pfarrdorf Krüssau mit Rittergut ist bereits in der 2. Hälfte des 18. Jahrhunderts an die Grafen von der Schulenburg übergegangen. Vgl. dazu auch Acta specialia des Pfarramtes zu Crüssau CI. IV. Tit. IV. Archiv des Pfarrbereiches Grabow, Findbuch Nr. 202. Die Information über die Tätigkeit des Försters Clauer ist der Acta specialia des Pfarramtes zu Crüssau CI. III, TIT. I, Vol. IV. a. Kirchenumbauten, Umguß der Glocke zu Crüssau entnommen. Ebd. Findbuch Nr. 194. 1840–41. Dank gilt der Evangelischen Kirchengemeinde Krüssau, die meine Archivstudien vor Ort unterstützte.

[3] Laut Wernicke 1898, S. 285 ist die Inschrift „FECIT POENICKE IN LAVCHA" eingeschrieben, die aber von der Verfasserin nicht zu belegen ist.

Sandstein, gefasst
Höhe: 98 cm, Breite einer Fußseite: 63 cm,
Durchmesser Kuppa: 71 cm

Inschrift:
(auf dem Kupparand)
Fecit Poenicke
(auf der Kuppawandung)
Ehre und Dank Gott für die / Genesung
seiner Frau / von / Foerster Eduard Clauer /
in Crüssau / 1837

Evangelische Kirche Krüssau
Kirchenkreis Elbe-Fläming

A 19
TAUFSTÄNDER

Um 1864

ähnlichem Abschluss erhebt. Der profilierte Rand der flachen, weit ausladenden Kuppa ist mit einem plastischen Blütendekor verziert, das als Rapport umläuft. Der durchbrochene Unterhang zeigt Maßwerk in Form von Dreipässen sowie Blütenmotive. Den abnehmbaren, gewölbten Deckel verzieren symmetrisch angeordnete, stilisierte Blüten- und Rankenornamente, in die geflügelte Engelsköpfe eingefügt sind. Aus der Mitte des Deckels erhebt sich aus einer Art Blütenstängel ein lateinisches Kreuz mit Dreipassenden und Strahlenkranz. Ein ähnlicher Taufstein befindet sich in der Kirche zu Trajuhn. D. G.

Anmerkungen
[1] Akten im Kirchenarchiv der Stadtkirche Wittenberg. Die Archivstudien führte im Auftrag des Austellungsbüros Frau Elke Bujok durch.

Gusseisen, Ölanstrich, Vergoldungen
Höhe: 140/144 cm, Durchmesser: 70 cm

Evangelische Kirche Dietrichsdorf
Kirchenkreis Wittenberg

Vermutlich zeitgleich mit dem Bau der Kirche wurde dieser gusseiserne Taufständer angefertigt. Weder Quellen noch Literatur geben Auskunft über Künstler oder Stifter.[1] Eine genaue Datierung ist nicht möglich. Der Taufständer gehört noch der strengen klassizistischen Form an, nimmt in der Gestaltung der Kuppa jedoch historische Stilelemente auf, die der Zeit der Gotik und des 18. Jahrhunderts entlehnt sind. Er steht auf einem polygonalen Sockel, über dem sich ein schlanker, kannelierter Säulenschaft mit kapitell-

A 20
TAUFSTÄNDER

1904
Firma Dr. C. Ernst, Berlin

Eichenholz, geschnitzt, holzsichtig
Höhe: 93 cm, Durchmesser Fuß: 43 cm,
Durchmesser Kuppa: 59 cm

Evangelische Kirche Bensdorf
Kirchenkreis Elbe-Fläming

Der Taufständer, ein Produkt der Firma Dr. C. Ernst, Kunstanstalt für Kirchenschmuck Berlin, wurde 1904 für einen Preis von 75 Mark gefertigt und im Dezember des Jahres geliefert.[1] Ursprünglich sollte ein damals vorhandener Taufstein für den Einsatz einer achtseitigen Taufschale durch die Firma Dr. C. Ernst umgearbeitet werden. Eine Veränderung erwies sich jedoch als zu schwierig und zu kostspielig, so dass 1904 der neue Taufständer angefertigt wurde.[2]

Dieser knüpft in seiner Gestaltung an romanische Formen an. Er ist durchgängig sechsseitig und besitzt einen gestuften Fuß, der über geschweift eingezogene Seitenflächen zum Schaft hochgeführt wird. Die schmalen, reliefierten Felder des Schaftes sind in Form von hohen rundbogigen Blendarkaden gestaltet. Die Kuppa mit ausladendem Rand wird durch einen umlaufenden Rundbogenfries sowie durch einen Unterhang mit abhängenden dreipassförmigen Bogenverzierungen gegliedert, die in zapfenartigen Zierelementen enden. Als Dekor zeigen sich auf den Flächen des Unterhangs eingeschnittene Palmwedel. Aufgrund seiner Abmessungen und seines Materials ist der Taufständer, im Gegensatz zu früheren Taufbecken, entsprechend den liturgischen Erfordernissen und Platzverhältnissen im Kirchenraum an verschiedenen Orten einsetzbar.[3]   D. G.

Die Konservierung dieses Taufständers erfolgte mit finanzieller Unterstützung der Kirchlichen Stiftung Kunst- und Kulturgut in der Kirchenprovinz Sachsen.

Anmerkungen
[1] Vgl. Schreiben vom 5. Dezember 1904 VIII 1380, In: Akte A 19519 (AKPS Magdeburg); Schreiben vom 22. Dezember 1904, In: Acta des Pfarramtes zu Bensdorf betr. des Inventarium der Kirche und der Pfarre VIII/1. Bereits ein Jahr zuvor war die Erneuerung eines Tauftisches diskutiert worden. Vgl. dazu Schreiben vom 19. Dezember 1903 No 2917/03, vom 2. Januar 1904 No VII 3103, alle unpaginiert, In: Akte A 19519 (AKPS Magdeburg).

[2] Vorgesehen war eine Vergrößerung der Vertiefung zur Aufnahme der Taufschale. Vgl. dazu auch die Schreiben vom 1.12.1904, vom 22. Dezember 1904 und vom 12. Januar 1905, In: Acta des Pfarramtes zu Bensdorf betr. des Inventarium der Kirche und der Pfarre VIII/1. Dank gilt der Evangelischen Kirchengemeinde Bensdorf, die meine Archivstudien vor Ort unterstützte.

[3] Vgl. Mathies, Ulrike: Die protestantischen Taufbecken Niedersachsens von der Reformation bis zur Mitte des 17. Jahrhunderts. 1998. S. 13 ff.

A 21
TAUFSTÄNDER

1906

Holz, farbig gefasst in Weiß, Gold und Blau
Höhe: 90,5 cm, Breite Fuß: 47 cm,
Durchmesser Kuppa: 60 cm

Inschrift auf dem Fuß:
Gestiftet / von den Konfirmandinnen / Selma Raeck und / Lucie Baewert 1906

Evangelische Kirche Zitz
Kirchenkreis Elbe-Fläming

Der elegante, neobarocke hölzerne Taufständer gehört in eine im Kern spätromanische, um 1750 neu aufgeführte Dorfkirche. Die heutige Ausstattung entstand überwiegend zu Beginn des 20. Jahrhunderts.[1]

Die Taufe hat einen quadratischen profilierten Sockel mit herausgezogenen und abgeflachten Ecken und verkröpftem Profil. Den Schaft bildet eine blaue Säule mit weißem Fuß, Ring und schmalem Kapitell. Sie ist von vier weiß-goldenen hölzernen Stützen umgeben, deren Enden oben und unten in Voluten eingerollt sind. Darüber sitzt ein gebauchtes, weit ausladendes rundes Becken mit ausgezogenem, profiliertem Rand.

Der Taufständer kam zu einer Zeit in die Kirche, in der auch große Teile der übrigen Ausstattung erneuert wurden. Die Inschrift weist namentlich auf zwei Konfirmandinnen als Stifterinnen dieses Stückes hin. Wir müssen wohl davon ausgehen, dass die Finanzierung bei ihren Familien lag. Die Idee der Stiftung einer Taufe durch Konfirmandinnen ist dennoch sehr reizvoll, ist doch die Konfirmation ein bewusstes Bekenntnis der jugendlichen Konfirmanden zu ihrer Taufe, die sie zumeist im Säuglingsalter empfangen haben. B. S.

Anmerkungen

[1] Dehio, Georg: Handbuch der Deutschen Kunstdenkmäler. Brandenburg, bearb. v. Gerhard Vinken et al., München/Berlin 2000, S. 1169.

A 22
TAUFSTÄNDER

1936
Wilhelm Götze[1]

Holz, farbig gefasst
101 x 39,5 x 40,5 cm

Inschriften:
Lasset / die / Kind / lein / zu / mir / kommen
Vater Götze, Viesen, 1936

Evangelische Kirche Viesen
Kirchenkreis Elbe-Fläming

Der Taufständer der Kirchengemeinde Viesen ist in mehrfacher Hinsicht bemerkenswert. Schöpfer des Stückes war 1936 der Puppenspieler Wilhelm Götze, der bis in die fünfziger Jahre des 20. Jahrhunderts im brandenburgischen Wusterwitz gelebt hat und mit seinem Puppentheater im Land umherzog.

Wie es zur Ausführung des expressiven Taufständers kam, ist nicht überliefert.[2] Eine vorherige Abstimmung mit der Kirchengemeinde ist jedoch anzunehmen, da das Werk der älteren Taufschale angepasst ist. Ein Vergleich mit der Ausstattung der übrigen Kirche zeigt, dass der Schnitzer bei seiner Arbeit Vorbilder in der Viesener Kirche im Blick hatte. So nimmt die Gestaltung des Schaftes Elemente der Kanzel von 1686 auf. Bei der Ausformung der Gesichter mögen die Köpfe unter den Säulen am Barockaltar der Kirche Pate gestanden haben. In jedem Fall setzen sich aber in allen Teilen des Taufständers stilistische Eigenheiten seines Schöpfers durch.

Wilhelm Götze, oder „Vater Götze", wie er auch genannt wurde, wird als ein einfacher Mann geschildert, der wenig schrieb, in der Regel keine Rechnungen stellte und sich eher in Naturalien bezahlen ließ.[3] Marionetten von ihm werden heute im Stadtmuseum Bad Liebenwerda bewahrt. Die eigenwillige Geschichte seines Taufgerätes weckt Erinnerungen an literarische Parallelen. Theodor Storms Novelle „Pole Poppenspäler" (1874) mag in den Sinn kommen bei dem Gedanken daran, dass ein Puppenspieler es schnitzte.   B. S.

Die Konservierung dieses Taufständers wurde durch die Kirchliche Stiftung Kunst- und Kulturgut in der Kirchenprovinz Sachsen gefördert.

Anmerkungen
[1] Kreschel, Katharina und Bernstengel, Olaf: Brandenburger Originale. Der Puppenspieler Vater Götze. Der Barbier Fritze Bollmann. Brandenburger Museumshefte 2, Museum im Frey-Haus Stadt Brandenburg, Brandenburg 1993.
[2] Ein Rechnungsbuch aus Viesen für die Jahre 1920–1942 befindet sich in Wollin, eine Rechnung zum Taufständer ist darin nicht vorhanden. Die Kirchenbücher des Zeitraums November 1934 bis Januar 1947 gingen in Krieg und Nachkriegszeit verloren. Recherchen und Archivstudien zu diesem Stück führte Elke Bujok im Auftrag des Ausstellungsbüros durch.
[3] Mündliche Auskünfte über Wilhelm Götze und den Viesener Taufständer erteilten gegenüber Elke Bujok Frau Katharina Kreschel, Brandenburg, und Pfarrer Siegfried Lück, Wusterwitz.

B

Taufengel

Die Abteilung B des Kataloges ist den Taufengeln gewidmet. Die Katalognummern B 1 bis B 32 erläutern die ausgestellten Taufengel und die Engelsdarstellungen im Zusammenhang der Taufe. Ein übergreifender Beitrag zum Thema ist im vorderen Teil des Kataloges unter dem Titel Peter Poscharsky, *Taufengel*, S. 180–189, zu finden. Eine Zusammenstellung aller bis zum Redaktionsschluss dieses Kataloges im Gebiet der Evangelischen Kirche der Kirchenprovinz Sachsen ermittelten Taufengel gibt die Katalogabteilung K.

Die unter den Katalognummern B 1 bis B 32 vorgestellten Engel konnten in Vorbereitung auf die Ausstellung gesichert, konserviert und teilweise restauriert werden. Dafür danken wir allen Förderern und Spendern, ohne deren finanzielle Unterstützung dies nicht möglich gewesen wäre, sehr herzlich. Dort, wo Gewissheit über das Einverständnis zur namentlichen Nennung herrschte, haben wir Förderer und Spender gern im Katalog aufgeführt. Unser großer Dank gilt aber auch den vielen ungenannten Spendern der Aktion „Paten für Engel". Sie alle haben dabei geholfen, dass die Engel in die Ausstellung kommen und anschließend wieder in den Dienst ihrer Kirche zurückkehren können. Ein weiterer herzlicher Dank gilt den acht Mitgliedern des AUDAKS (Arbeitskreis zur Unterstützung der Arbeit der Kirchlichen Stiftung Kunst- und Kulturgut in der Kirchenprovinz Sachsen), die sich mit hohem Engagement und vielen kreativen Ideen ehrenamtlich für die Engel eingesetzt haben und auch in Zukunft weiter einsetzen wollen. B. S.

B 1

Engel bei der Taufe

1620

nen. Das Gesicht, von langen Haarsträhnen umflattert, blickt freundlich. Der Mund ist leicht geöffnet. Die Flügel haben sehr hohe Handschwingen. Er ist zusammen mit der ganzen, reichen Kirchenausstattung 1620 entstanden und wie diese immer ungefasst geblieben. Von den ausgestellten Engeln ist er der älteste und noch ganz in manieristischer Weise der Renaissance gestaltet.

Dies ist kein Taufengel, sondern ein Jubelengel (vgl. Peter Poscharsky, *Taufengel*, S. 183 f.), und ist doch auf einmalige Weise mit der Taufe verbunden. Die reich geschmückte Taufe steht direkt hinter dem Kircheneingang in einem Gehege. Wird der Taufdeckel angehoben, dann senkt sich dieser Engel herab. Hier ist zu sehen, dass die Taufengel in der Tradition der Jubelengel stehen.

P. P.

Die umfangreiche Konservierung dieses Engels und der zugehörigen Taufanlage wurde ermöglicht mit Hilfe großzügiger Spenden von Markus Rosam, Magdeburg, und Mitgliedern der Medizinischen Fakultät der Otto-von-Guericke-Universität Magdeburg. Weitere Förderungen gewährten das Land Sachsen-Anhalt (Landesverwaltungsamt) und die Kirchliche Stiftung Kunst- und Kulturgut in der Kirchenprovinz Sachsen. Wir danken auch für weitere private Spenden.

Holz, ungefasst
Größe: 120 cm

Inschrift: GLORIA IN EXCELSIS DEO

Evangelische Kirche Osterwohle
Kirchenkreis Salzwedel

Hoch oben, vor dem Altar, schwebt der schlanke Engel. In seiner linken Hand trägt er ein Spruchband mit der Aufschrift GLORIA IN EXCELSIS DEO (Ehre sei Gott in der Höhe). Das sangen die Engel bei der Geburt Jesu (Lukas 2,14). Sein erhobener rechter Arm macht eine Aufmerksamkeit heischende Bewegung. Sein langes, gegürtetes Gewand bauscht sich unten im Flug, hat nur ganz kurze Ärmel und lässt eine weibliche Brust erah-

B 2
TAUFENGEL

18. Jahrhundert

Holz, Reste farbiger Fassung
137 x 94 x 37 cm

Evangelische Kirche Meisdorf
Kirchenkreis Egeln

den Chormantel (*Pluviale*) erinnert, der seinerseits von der antiken *Lacerna* herkommt. Er wird durch eine Brosche in Form einer fünfblättrigen Rosette zusammengehalten, in deren Form das Wappen Luthers anklingt.   P. P.

Die Konservierung dieses Taufengels wurde aus Eigenmitteln der Gemeinde sowie Förderungen des Landes Sachsen-Anhalt (Landesverwaltungsamt) und der Kirchlichen Stiftung Kunst- und Kulturgut in der Kirchenprovinz Sachsen ermöglicht. Wir danken auch Frau Inge Hülße und einer Reihe von weiteren großzügigen privaten Spendern.

Der Engel fliegt fast senkrecht und trägt das Becken mit beiden Händen. Sein lächelndes Gesicht ist leicht nach links gerichtet. Es wird von langwellig herabfallendem Haar umgeben. Die ausgestreckten Flügel sind nicht in Hand- und Armschwingen unterteilt. Ein langes Untergewand reicht bis zu den Knöcheln. Über ihm sitzt ein kürzeres Oberwand mit breitem Gürtel. Die bis zu den Ellenbogen reichenden Ärmel sind an der Manschette mit einer zentralen Rosette verziert. Zusätzlich hat der Engel einen Mantel um, der an

B 3
TAUFENGEL

Um 1700

Holz, farbig gefasst
Länge: ca 155 cm

Evangelische Kirche St. Paulus, Wormsdorf
Kirchenkreis Egeln

Die rechte Hand des qualitätvollen Engels hält die Taufkanne schräg, um bildlich Wasser in das Becken zu gießen, das er in der linken hält. Der jugendliche Kopf ist erhoben, der Blick geht nach oben. Über dem langen gelben Untergewand trägt er ein mit goldenem Gürtel zusammengehaltenes bläuliches Obergewand mit langen Ärmeln. Die Aufschläge und der Kragen sind golden bemalt. Die großen Flügel sind sehr dicht und wirken besonders plastisch. Sie sind ausgebreitet und zeigen wie das Wehen der Gewänder, dass sich der Engel im Flug befindet. Dieser Taufengel ist denen in Ivenrode (Katalog-Nr. B 14) und Schwanefeld (Katalog-Nr. B 15) sehr ähnlich.   P. P.

Die Konservierung dieses Engels wurde mit der großzügigen Hilfe einer privaten Spenderin ermöglicht, die im „Andenken an die wertvolle Freundschaft mit Helmut" eine Patenschaft übernahm.

B 4
TAUFENGEL MIT ENGELENSEMBLE

1718[1]

Holz, farbig gefasst
Höhe: 108 cm

Evangelische Kirche Altenklitsche
Kirchenkreis Elbe-Fläming

Der jugendliche Taufengel balanciert das große muschelförmige Becken, in dem sich ein etwas kleineres Zinnbecken befindet, auf dem Kopf und stützt es nur ganz leicht mit den Fingerspitzen der rechten Hand. Die linke stützt sich auf das Knie. Das Gewand lässt die Unterarme frei und ist gegürtet. Der rechte Oberschenkel wird von einem Strumpfband mit Betonung seiner Mitte umfangen. Das Gesicht ist nach vorn gerichtet und wird von langem, herabwallendem Haar umrahmt.

Der Taufengel hat seinen Ort mitten vor dem Altar. An dessen Schmalseiten stehen je zwei Engel, welche die Gesichtszüge der Söhne des Stifters Baltzer Friedrich v. Katte (1647–1729) tragen. Sie legen sich paarweise die einander zugewandten Arme um die Schultern und haben vor sich ein Kniepult und eine Stütze für einen Kommunikanten.[2] Nach alter lutherischer Tradition erhält der Abendmahlsgast links (von der Gemeinde her gesehen) die Hostie, schreitet dann um den Altar hinten herum und bekommt rechts den Kelch gereicht.   P. P.

Wir danken dem Lions-Club Magdeburg, dem Lions-Club „Kaiser Otto der I." Magdeburg, Frau Christel Müller, Berlin und Frau Dr. Barbara Poittner, Roxheim, die mit großzügigen Förderungen die Konservierung der eindrucksvollen Engelsgruppe ermöglicht haben. Dank sei auch einer Reihe von weiteren Personen gesagt, die ebenfalls für die Restaurierung der Engel gespendet haben.

Da die Konservierungsmaßnahmen bis zum Redaktionsschluss des Kataloges nicht abgeschlossen waren, werden die Engel hier in einem Zustand während der Arbeiten abgebildet.

Anmerkungen

[1] Dehio, Georg: Handbuch der deutschen Kunstdenkmäler. Sachsen-Anhalt I, bearb. v. Ute Bednarz, Folkhard Cremer u. a., München; Berlin 2002, S. 12. • Nach einer handschriftlichen Notiz im Besitz der Familie von Katte, Wolfenbüttel könnte ein Bildschnitzer Adam Bockfleisch aus Stendal diese Engel geschaffen haben.

[2] Kommunikant = Teilnehmer am Abendmahl.

B 5
TAUFENGEL

Um 1700

Holz, Fassung verloren
Länge: 110 cm

Evangelische Kirche Buckau
Kirchenkreis Elbe-Fläming

dung lassen auf einen sehr guten Bildhauer als Verfertiger schließen.

Der Engel war stark zerstört, hatte den rechten Arm und die Flügel verloren. Auf Grund der Ähnlichkeit mit dem Taufengel in Bebertal wurde er nach holzkonservierenden Maßnahmen diesem entsprechend um Arme und Beine ergänzt sowie die Flügel nachgeschnitzt. Außerdem wurde ein tiefer Riss im Gesicht geschlossen. Auf eine neue Farbgebung wurde nach Absprache mit dem zuständigen Landesamt für Denkmalpflege bewusst verzichtet.   P. P.

Wir danken den Gruppen des Religionsunterrichts an der Internationalen Grundschule „Pierre Trudeau" in Magdeburg mit ihrer Lehrerin Gabriele Hornberger, dem Arbeitskreis zur Unterstützung der Arbeit der Kirchlichen Stiftung Kunst- und Kulturgut in der Kirchenprovinz Sachsen (AUDAKS), den Damen Almuth Zimmermann, Göttingen, und Gisela Oestern, Köln, Herrn Oliver Vorwald, Magdeburg, sowie zahlreichen weiteren Personen, die mit ihren Spenden die Restaurierung dieses Taufengels ermöglicht haben. Erhebliche Unterstützung erhielt der Engel auch durch mehrere fantasievolle Aktionen des Puppentheaters Magdeburg. Die Kirchengemeinde beteiligte sich mit einem Eigenanteil an den Kosten. Da die Holzergänzungsmaßnahmen an diesem Engel umfangreich und langwierig waren, konnten sie bis zum Redaktionsschluss des Kataloges nicht abgeschlossen werden. Der Engel wird daher hier in einem Zustand während der Arbeiten abgebildet, der deutlich den Fortschritt insbesondere der Schnitzarbeiten zeigt.

Der Kopf mit einer kurz geschnittenen, vom Flugwind bewegten Frisur ist nach links gewendet, der Mund leicht geöffnet. Über einem langen Untergewand, das am rechten Bein bis über das Knie geschlitzt ist, trägt der Engel ein etwa bis zum Knie reichendes Obergewand, dessen schmaler Kragen in der Mitte eine Rosette trägt. Es wird von einem gedrehten Gürtel zusammengehalten. Die Ärmel sind halb lang. Das Gesicht und die Gestaltung der den Körper umspielenden Gewan-

B 6
TAUFENGEL

Um 1700

Holz, farbig gefasst
116 x 126 cm

Evangelische Kirche Dahlen
Kirchenkreis Elbe-Fläming

In einem eleganten Schwung und einer seitlichen Drehung fliegt der Taufengel. Der hoch erhobene linke Arm, der einen von den Jubelengeln übernommenen Palmzweig trägt, gleicht die Bewegung der weit abgespreizten Beine aus, der leicht nach links geneigte Kopf ist dem sehr gut angepasst. Die rechte Hand hält das Becken in Form einer großen Muschel. Das Gesicht ist sehr fein gearbeitet, hat einen freundlichen Ausdruck und wird von vollem Haar gerahmt. Der aufmerksame Blick ist auf die Taufgesellschaft gerichtet. Die großen Flügel mit relativ wenigen Federn, langer

Handschwinge und nur kleiner Armschwinge, sind farblich stark gegeneinander abgesetzt. Die weißen Federn werden von bronzefarbigen gerahmt, deren Farbton dem des Engelshaares ähnlich ist. Die Bemalung ist restauratorisch gesichert und überarbeitet. Das Gewand wird nur von einem einzigen Träger über der linken Schulter gehalten. Auf dunkelblauem Grund sind kreisrunde Muster in der Farbe der Flügel zu sehen. Nicht nur die Beine sind vom Knie an frei, sondern auch der gesamtem Oberkörper. Die Brust ist entblößt und lässt in Verbindung mit dem Kopf und der Frisur erkennen, dass dieser Engel im Unterschied zu den meisten anderen eindeutig weiblich ist. Er hebt sich anderen gegenüber auch durch besondere Qualität hervor. In der künstlerischen Auffassung zeigt er große Ähnlichkeit mit dem Taufengel aus Lindenberg im Landkreis Barnim. Der Engel von Dahlen entstand vor 1711, denn im Taufbuch der Gemeinde findet sich in diesem Jahr eine ungelenke Zeichnung, die ihn wohl wiedergibt.   P. P.

Wir danken den Spendern der Aktion „Paten für Engel", insbesondere Frau Rosemarie Krause, Magdeburg, die mit ihrer Spende die Restaurierung dieses Taufengels ermöglicht hat.

B 7
TAUFENGEL

1710/1730 (?)

Holz, farbig gefasst
Höhe: 112 cm

Inschrift:
Joh. Jacob Pape // 1710/1730

derzeit Evangelische Kirche Tucheim
Kirchenkreis Elbe-Fläming

Der Kopf des Engels wird von einem breiten, dunkelbraunen Kranz bekrönt, der zur Mitte geflochten ist und unter dem die großlockigen, gewellten, blonden Haare hervorkommen. Das Gesicht hat ein leichtes Lächeln, der aufmerksame Blick ist in die Ferne gerichtet. Das rötliche Obergewand ist gegürtet und hat einen stark gebogten Saum mit bläulicher Borte, die sich nach oben zu einem breiten Kragen fortsetzt. Dieser trägt als In-

schrift den Stifternamen, darunter steht die Jahreszahl 1710 (eventuell auch als 1730 zu lesen). Ein Gürtel umschließt das bei den mitteldeutschen Taufengeln in dieser Art sonst nur noch in Schwanefeld (Katalog-Nr. B 15) vorkommende Gewand, unter dem sich die üblichen beiden Kleidungsstücke befinden: das eine bis zu den Knien reichend, das andere bis zum Knöchel. Dieses ist wie üblich um der Bewegungsfreiheit beim Gehen willen geschlitzt, so dass man das rechte Bein bis über das Knie sieht. Ein Strumpfband mit zentraler Rosette umfängt den Unterschenkel. Die Füße stecken in festen Schuhen. Die beiden Arme sowie der rechte Flügel und die Taufmuschel waren abgenommen, konnten aber im Zuge der Konservierung wieder am Engel befestigt werden. Die Federn sind weiß gefasst bis auf die obersten Deckfedern.

Auch wenn das textile Obergewand an eine Rüstung erinnert und das Schuhwerk sehr derb ist, zeigen doch die Rundungen der Brust an, dass es sich hier um einen weiblichen Taufengel handelt. P. P.

Die Konservierung dieses Engels wurde ermöglicht durch Spendenaktionen der Kirchengemeinde, Förderungen des Landes Sachsen-Anhalt (Landesverwaltungsamt) und der Kirchlichen Stiftung Kunst- und Kulturgut in der Kirchenprovinz Sachsen sowie viele private Spenden.
Da die Konservierungsmaßnahmen umfangreich und langwierig waren, konnten sie bis zum Redaktionsschluss des Kataloges nicht abgeschlossen werden. Der Engel wird daher hier in einem Zustand während der Arbeiten abgebildet.

B 8
TAUFENGEL

1. Hälfte 18. Jahrhundert

Holz, farbig gefasst
155 x 64 x 40 cm

Inschrift:
*Sei getreu bis in den Tod, so will ich dir die Krone
des Lebens geben*

Evangelische Kirche Wenzlow
Kirchenkreis Elbe-Fläming

Obergewand mit einem dezenten Muster. Wie fast bei allen Taufengeln bedecken die Ärmel nur die Oberarme. Die Fassung dieses Engels ist nicht die ursprüngliche. Im Gesicht, das zuletzt ebenso wie die Hände und Füße weiß bemalt war, wurde das Inkarnat während der Restaurierung jedoch wieder freigelegt. P. P.

Wir danken herzlich dem Ehepaar Barbara und Uwe Hübner, Lüneburg, das mit seiner großzügigen Spende die Restaurierung dieses Taufengels ermöglicht hat.

Der diagonal fliegende Engel hat große Flügel mit deutlich unterschiedenen Hand- und Armschwingen. Auf dem Muschelschloss sitzt eine Taube. Der aufmerksame Blick des Engels ist auf sie gerichtet. Der linke, hoch erhobene Arm trägt ein blau gefasstes Spruchband mit dem sonst an Taufengeln nicht vorkommenden Spruch *„Sei getreu bis in den Tod, so will ich dir die Krone des Lebens geben"* (Offenbarung 2,10). Über dem langen dunkelblauen Untergewand trägt der Engel ein bis über die Knie reichendes gegürtetes rotes

B 9
Taufengel

Um 1700
Bastian Heidekamp[1]

Holz, farbig gefasst
180 x 115 cm

Schlosskirche Ilsenburg
Kirchenkreis Halberstadt

Der ungewöhnlich große Taufengel blickt aufmerksam auf das muschelförmige Becken in der weit ausgestreckten linken Hand und streckt den rechten Arm weit nach außen. Er trägt ein langes, weißes Gewand, dessen Saum und Ärmelaufschläge golden gefasst sind. Dieselbe Farbe hat eine lange, um den Leib geschlungene Schärpe. Der Engel trägt Sandalen mit goldenen Spitzen und Strümpfe, welche die Zehen frei lassen. Die Flügel mit großen Handschwingen und kurzen Armschwingen sind im Wechsel in Gold, einem dunklen Grün und Dunkelrot bemalt. Ihre Rückseiten sind nicht durchgestaltet, sondern glatt und in einem hellen Blau bemalt. Die unbekleideten Körperteile haben heute eine dunkle Tönung, die auf eine Überfassung zurückzuführen ist. Die gelockte Frisur ist durch das Fliegen leicht verschoben.

Dieser Taufengel ist einer der wenigen, von denen wir den Bildhauer kennen. Es ist Bastian Heidekamp, der 1706 auch den Altar und die Kanzel in der Kirche angefertigt hat.

P. P.

B 10
Taufengel

Anfang 18. Jahrhundert

Die Konservierung dieses Engels wurde mit Hilfe einer Spendenaktion in Ilsenburg, Mitteln des Landes Sachsen-Anhalt (Landesverwaltungsamt) und der Kirchlichen Stiftung Kunst- und Kulturgut in der Kirchenprovinz Sachsen ermöglicht.

Anmerkungen

[1] Der Bildhauer und Kunsttischler Bastian Heidekamp war Anfang 18. Jh. in Osterode und Ilsenburg als Hoftischler des Grafen Ernst von Stolberg tätig. • Vgl. auch Thieme-Becker, Bd. 15/16, Leipzig 1999, S. 255.

Holz, farbig gefasst
130 x 40 cm

Evangelische Kirche Rodersdorf
Kirchenkreis Halberstadt

Der heranschreitende Taufengel hat seinen Blick aufmerksam auf das blütenförmige große Becken gerichtet, das er in der rechten Hand hält. Der linke Arm ist nach oben gewinkelt. Die Finger sind ausgestreckt, bis auf den Ringfinger und den kleinen Finger. Der leicht geneigte Kopf mit langem, herabwallendem Haar hat ein so ausdrucksvoll gestaltetes, jugendliches Gesicht, dass man es für ein Porträt halten möchte. Das bodenlange Untergewand ist bis über das Knie geschlitzt und

wird mit einer Rosette abgeschlossen. Das gegürtete Obergewand reicht bis etwa zu den Knien
und hat farblich abgesetzte Borten, auch an den
halblangen Ärmeln. Die Flügel sind im Zuge der
Konservierung neu gestaltet worden.[1] Obwohl der
Engel stehend aufgefunden wurde, zeigt ein starkes krampenförmiges Eisen zwischen den Schul-
terblättern, dass er ursprünglich als fliegender
Taufengel gedacht war. Nach der Restaurierung
wird er wieder herauf und herunter gezogen werden können.   P. P.

Die Konservierung und Restaurierung des Taufengels von Rodersdorf wurde ermöglicht durch eine großzügige Förderung
der Norddeutschen Landesbank (NORD/LB) zusammen mit
der Kreissparkasse Halberstadt, für die wir herzlich danken.

Anmerkungen
[1] Ein in mehrfacher Hinsicht sehr ähnlicher Engel befindet
sich im nahe gelegenen Hedersleben (Katalog- Nr. K 33).
Die Neugestaltung der Flügel geschah nach diesem Vorbild.

Holz, Fassung weitgehend verloren
130 x 70 cm

Evangelische Kirche Alleringersleben
Kirchenkreis Haldensleben-Wolmirstedt

Der fliegende Taufengel trägt das Becken in seiner
linken Hand. Der Blick des freundlichen Gesichtes ist mit einem leichten Lächeln nach vorn gerichtet. Das knöchellange Untergewand gibt den
stark angewinkelten rechten Unterschenkel frei.
Das kurze Obergewand wird von einem Gürtel
zusammengehalten, seine langen Ärmel sind bis
zum Ellenbogen hochgekrempelt.

  Im Laufe der Jahre hat der Engel seine ursprünglich vorhanden gewesene Farbfassung ver-

loren. Alten Inventarunterlagen ist jedoch zu entnehmen, dass ehemals folgende Inschrift auf dem
Flügel angebracht war: „S.L.V.V. 1739".[1] Es ist zu
vermuten, dass es sich dabei um die Initialen des
Stifters und das Jahr der Herstellung handelte.

P. P.

Wir danken dem Restaurator Herrn Reinhold Gonschior, der
diesen Engel in freiwilliger Arbeit restauriert hat.

Anmerkungen

[1] Akten der Erfassung des Kunst- und Kulturgutes in der
Evangelischen Kirche der Kirchenprovinz Sachsen ab 1970,
Kirchenamt der Evangelischen Kirche in Mitteldeutschland,
Standort Magdeburg.

Holz, farbig gefasst
Länge: 140 cm

Inschrift auf dem Spruchband:
BZE Verehr. V. OberAmptm. Wißmann // 1700

Evangelische Kirche St. Godoberti, Bebertal
Kirchenkreis Haldensleben-Wolmirstedt

Der jugendliche Taufengel in der Kirche zu Bebertal hängt inmitten einer Anzahl von Inschriften, die auf den drei westlichen Feldern der Empore angebracht sind.[1] Er trägt eine große Blüte
zur Aufnahme der Taufschale in beiden Händen.
Die Haltung seiner Flügel mit nur wenigen großen Federn deutet das Fliegen ebenso an wie die
Bewegung des Körpers, der Bausch des Gewandes
an den Unterschenkeln und die vom Flugwind
bewegte Frisur. Der Kopf ist seitwärts nach links
gedreht. Das lange Gewand hat goldene Borten
am Kragen sowie an den bis zum Ellenbogen
hochgekrempelten Ärmeln und ist heute noch wie
der gesamte Taufengel in seiner Originalfassung
erhalten. Über dem Engel türmen sich Wolken
auf, vor denen von oben eine Taube herabstößt,
von der goldene Strahlen nach unten ausgehen.
Dieses Symbol des Heiligen Geistes erinnert
daran, dass der Täufling den Heiligen Geist empfängt, auf den auch die dritte der wohl auf die
Taufe bezogenen Inschriften an der Empore hinweist. Die zweite Inschrift hält jedem, der an einer
Taufe teilnimmt, vor Augen, dass der Tod für alle,
die glauben, durch die Auferstehung Jesu überwunden ist. Das Glaubensbekenntnis ist ein wesentlicher Bestandteil der Tauffeier.

Obwohl der Taufengel durch eine Inschrift auf
einem Band in der Wolke auf das Jahr 1700
datiert ist, fand die erste Taufe an ihm bereits am
2. August 1698 statt, und am 1. September 1698

B 13

TAUFENGEL

1. Hälfte 18. Jahrhundert

wurde ein Sohn des Stifters Hermann Wißmann an ihm getauft.[2] Oberamtmann Wißmann hat nicht nur diesen Taufengel gestiftet, sondern auch den ähnlichen im nahegelegenen Nordgermersleben.[3] Eine enge Verwandtschaft besteht auch mit den Engeln von Ivenrode (Katalog-Nr. B 14), Schwanefeld (Katalog-Nr. B 15), Wormsdorf (Katalog-Nr. B 3) und Buckau (Katalog-Nr. B 5) (vgl. dazu den Artikel *Taufengel*, S. 180–189).

P. P.

Die Konservierung des Taufengels wurde ermöglicht durch eine Förderung der Öffentlichen Versicherungen Sachsen-Anhalt (ÖSA) und eine Spende eines Nachfahren Hermann Wißmanns, des ersten Stifters des Engels, Herrn Dr. Claus-Helmuth von Wissmann, Köln.

Anmerkungen

[1] Ehre sei // Gott in der Höhe // und Friede // auf Erden // und den Menschen // ein Wohlgefallen. (Lukas 2,14)
Jesus spricht : // Ich bin die Auferste- // hung und das Leben. // Wer an mich glaubet, // der wird leben, // ob er gleich stürbe. (Johannes 11,25)
Wenn aber jener, der Geist der Wahr- // heit kommen wird, // der wird euch in // alle Wahrheit // leiten. (Johannes 16,13)
[2] Archiv der Evangelischen Kirche der Kirchenprovinz Sachsen, Kirchenbuch Alvensleben Dorf. • Archivrecherchen führte im Auftrag des Ausstellungsbüros Elke Bujok durch.
[3] S. Katalog-Nr. K 54.

Holz, farbig gefasst
143 x 58 cm

Evangelische Kirche Glindenberg
Kirchenkreis Haldensleben-Wolmirstedt

Die Abbildung zeigt den Taufengel während seiner Restaurierung. Sein aufmerksamer Blick ist bei einer Taufe auf die ihn umgebende Taufgesellschaft gerichtet, in deren Mitte er mit weit ausgestreckten Armen das Becken hält, das in einen Kranz eingesetzt wird. Der Engel fliegt horizontal, aber mit starkem Schwung des Körpers. Der Oberkörper ist erhoben, ebenso die Beine, über denen das sehr lange Obergewand in voller Breite flattert. Das Obergewand reicht bis zu den Knien und hat lange, bis zu den Händen reichende Ärmel. Die Flügel haben lange Handschwingen und deutlich abgesetzte kurze Armschwingen.

P. P.

Wir freuen uns sehr, dass die finanziellen Mittel für die Konservierung dieses Engels im Februar mit maßgeblicher Hilfe des Lions-Clubs Ohrekreis und des Landes Sachsen-Anhalt (Landesverwaltungsamt) zusammengekommen sind und er bis zur Ausstellung konserviert werden konnte. Eine vollständige Konservierung und damit Abbildung des fertig bearbeiteten Engels war jedoch in der bis zum Redaktionsschluss des Kataloges zur Verfügung stehenden Zeit nicht mehr möglich.

B 14
TAUFENGEL

Um 1700

Die Gestaltung stimmt weitgehend mit dem Engel in Wormsdorf (Katalog-Nr. B 3) überein. Das lange Gewand ist gegürtet und grün überfasst. Die ursprüngliche Farbfassung wird nach den bisherigen Befunden Gold und Silber gewesen sein.

P. P.

Die Konservierung dieses Engels wurde ermöglicht durch Eigenmittel der Kirchengemeinde, eine großzügige private Spende und eine Förderung der Kirchlichen Stiftung Kunst- und Kulturgut in der Kirchenprovinz Sachsen.

Holz, farbig gefasst
170 x 115 x 130 cm

Evangelische Kirche Ivenrode
Kirchenkreis Haldensleben-Wolmirstedt

Der fliegende Engel ist dabei, aus der Kanne in der rechten Hand das Wasser in ein Becken zu gießen, das er in der linken vor sich trägt. In der Kanne ist das schon bis zum Rand gestiegene Wasser zu erkennen. Nur die Taufengel in Schwanefeld (Katalog-Nr. B 15) und Wormsdorf (Katalog-Nr. B 3) tragen ebenfalls eine Kanne.

Der Kopf mit dem jugendlichen Gesicht und Stirnlocken ist erhoben. Die Flügel unterscheiden sich mit den relativ wenigen, breit stehenden Federn von denen der meisten anderen Taufengel.

B 15
TAUFENGEL

Um 1700

Holz, farbig gefasst
120 x 80 x 60 cm

Evangelische Kirche Schwanefeld
Kirchenkreis Haldensleben-Wolmirstedt

Dieser Taufengel gehört zu den wenigen, die im Fluge aus einem Gefäß Wasser in das Becken gießen. Dieses ist eine sehr große Muschel, die in der linken Hand ruht. Der Kopf mit einem sehr jugendlichen Gesicht ist nach oben angehoben und leicht nach links gedreht. Die dichten Armschwingen der Flügel sind nicht viel kürzer als die Handschwingen. Über dem langen grünen Untergewand trägt der Engel ein rotes knielanges Obergewand und darüber noch ein drittes dunkelgrünes Gewand, das nur den Leib umschließt und an seinen Säumen abgerundet und golden abgesetzt ist. Es ähnelt dem des Taufengels in Tucheim (Katalog-Nr. B 7). Der Taufengel insgesamt hat Ähnlichkeiten mit denen in Ivenrode (Katalog-Nr. B 14) und Wormsdorf (Katalog-Nr. B 3).   P. P.

Wir danken Herrn Professor Dr. Christof Huth und Frau Dr. Andrea Friedl, Magdeburg sowie Pauline Heinemann (†), die mit ihrer Spende die Restaurierung dieses Taufengels ermöglicht haben.

B 16
TAUFENGEL

(Vor) 1669

Holz, farbig gefasst
Höhe: 110 cm

Evangelische Kirche Obhausen
Kirchenkreis Merseburg

Ein großes, schweres Taufbecken ruht auf einem Kissen, das ein kleiner Engel auf dem Kopf trägt. Er ist etwas größer als die kleinen Engel, die vor allem bei Renaissancetaufen am Fuß des tragenden Schaftes zu sehen sind.[1] Mit seiner linken Hand stützt er das Taufbecken und hat somit im Unterschied zu den genannten Engeln am Fuß älterer Taufsteine selbst eine tragende Funktion. Er hockt auf einem Felsstück, hat reiches Haar und ein freundliches Gesicht. Bis auf eine Schärpe

B 17
TAUFENGEL

Ende 17. Jahrhundert, Umgestaltung des
ursprünglichen Jubelengels in einen Taufengel für
die erhaltene Taufschale von 1687 im Jahr 1721

ist er nackt. Er hat nur ganz kleine Flügel und
macht mit seiner rechten Hand eine einladende
Gebärde.

Nach den in der Kirchengemeinde verwahrten
Unterlagen ist der Taufengel bereits 1669 in der
Kirche belegt.[2]   P. P.

Die Restaurierung dieses Taufengels wurde ermöglicht durch
Förderungen des Landes Sachsen-Anhalt (Landesverwaltungsamt) und der Kirchlichen Stiftung Kunst- und Kulturgut in
der Kirchenprovinz Sachsen.

Anmerkungen
[1] So etwa in Freyburg/Unstrut, um 1600 (abgebildet im Beitrag Hartmut Mai, *Taufsteine, Taufbecken und Taufständer –
Geschichte und Ikonografie*, Abb. 3).
[2] Pfarrarchiv Obhausen, freundliche Mitteilung aus der Kirchengemeinde.

Holz, farbig gefasst
Höhe: 80–100 cm

Evangelische Kirche Dorndorf
Kirchenkreis Naumburg-Zeitz

Der stehende Engel schreitet nach vorn. Sein
rechtes Bein ist bis zum Knie entblößt, das aus
dem hier geschlitzten langen, grünen Untergewand hervorschaut. Die Füße tragen die Zehen
frei lassende Sandalen. Das rötliche Obergewand,
zusammengehalten von einem farblich abgesetzten Gürtel mit großer Schließe, hat eine gelbe Innenseite, die am aufgeschlagenen unteren Ende

B 18
TAUFENGEL

1719

und oben zu sehen ist. Es wird nur von der rechten Schulter getragen und lässt links Schulter und Arm frei. Bei der Umarbeitung zum Taufengel wurden der linke Arm ganz und der rechte vom Ellenbogen an in einer ungelenken Weise erneuert. Das wurde vor allem an der anatomisch unrichtigen Haltung der Hände deutlich. Deshalb wurden diese Ergänzungen jetzt beidseitig abgenommen und erneuert. Auch der fehlende Kranz zum Halten der Taufschale konnte erneuert werden.

Die Umgestaltung von 1721 ist besonders deutlich am Kopf zu erkennen. Blickt man ihn von der Seite an, dann sieht man, dass das ursprüngliche Gesicht entfernt und dem Kopf ein neues „ideales" vorgesetzt wurde. Deutlich wird diese Veränderung auch an den Haaren. Die Frisur bedeckt nur den ursprünglichen Teil des Kopfes. Sie wurde nicht über das neue Gesicht verlängert, sondern dort wurde ein sehr breiter, weit nach vorn vorstoßender Blätterkranz aufgesetzt. Von den Flügeln hat sich nur der obere Teil des linken erhalten.

Die große und sehr schwere Taufschale aus Zinn mit der Anbetung der drei Weisen und den zwölf Aposteln ist inschriftlich 1687 in Freyburg/Unstrut geschaffen worden (s. Katalog-Nr. Cb 2). Die Umgestaltung des Engels fand 1721 im Zuge einer größeren Erneuerungsmaßnahme an der Kirche statt.

An diesem Engel wird deutlich, dass sich die Taufengel von den wesentlich älteren Jubelengeln herleiten (vgl. den Aufsatz von Peter Poscharsky, *Taufengel,* in diesem Katalog).　　　　P. P.

Die Restaurierung dieses Taufengels wurde durch eine großzügige private Spende ermöglicht, für die wir herzlich danken.

Holz, farbig gefasst
Höhe: 110 cm

Evangelische Kirche Flemmingen
Kirchenkreis Naumburg-Zeitz

Das große Becken wird vom Kopf des Engels getragen und nur mit den Fingerspitzen beider Hände in der Waage gehalten. Das linke Knie ruht auf einem kleinen Kissen, das rechte ist angewinkelt. Über dem langen Untergewand ist ein kurzes, gegürtetes Obergewand, dessen lange Ärmel durch das Anheben der Arme bis zum Ellenbogen herabgerutscht sind. Das freundlich

blickende Gesicht wird von kurzen Armen gerahmt. Die goldenen Flügel stehen senkrecht, in
Ruhestellung. Die Gewänder sind außen golden,
auf der Innenseite rot.

Auf das Becken ist ein Lesepult aufgesetzt, das
von den Flügeln eines Pelikans getragen wird, der
auf seinem Nest mit heute nur noch einem Jungen sitzt. Bei einem ganz ähnlichen Engel im nahe
gelegenen Schönburg (s. Katalog-Nr. K 93) im
gleichen Kirchenkreis sind drei Kücken im Nest,
in Kleingörschen (s. Katalog-Nr. K 66) im benachbarten Kirchenkreis Merseburg hat sich dagegen keines der Jungen erhalten. Der Pelikan hat
den Hals stark gebeugt und hackt sich in den
Leib, wie um mit seinem Blut seine Jungen zu er-
nähren. Deshalb wurde er schon seit frühchristlicher Zeit als ein Hinweis auf Christus gesehen.

Der Taufengel wurde 1719 von einem unbekannten Bildhauer in Naumburg geschaffen und
1731 farbig gefasst.[1]   P. P.

Wir danken Frau Margret Reichmann, Großburgwedel für die
Übernahme der großzügigen Patenschaft zur Restaurierung
dieses Taufengels.

Anmerkungen
[1] Pfarrarchiv der Moritzkirche Naumburg, Akte Flem-
mingen/Almrich: Geschichte und Kunst 1. • Archivrecherchen führte Frau Kathrin Ellwardt im Auftrag des Ausstellungsbüros durch.

Holz, farbig gefasst
160 x 140 x 60 cm

Evangelische Kirche Kistritz
Kirchenkreis Naumburg-Zeitz

Es überrascht, dass dieser kniende Engel wie
die fliegenden in der Vergangenheit hoch im
Kirchenraum schwebte und nur zur Taufe herabgelassen wurde. Die nicht in Hand- und Armschwingen unterteilten Flügel sind in Ruhestellung, das faltenreiche lange Gewand fällt nach
unten und flattert nicht wie bei den fliegenden.
Stünde er aber, wie die anderen knienden, auf
dem Boden, so wäre das Becken zur Taufe zu tief.
Es ist also anzunehmen, dass der Engel ursprüng-

lich auf einem kleinen Sockel auf dem Boden stand. Das Becken trägt er in der weit ausgestreckten rechten Hand, während er den linken Arm, wie um das Gleichgewicht zu halten, weit erhoben hat. Das besonders fein ausgearbeitete Gesicht mit leicht geöffnetem Mund ist ganz konzentriert auf das Becken ausgerichtet. Über der Frisur trägt der Engel einen breiten, golden gefassten Kranz. Das lange, gegürtete Gewand hat nur bis zu den Ellenbogen reichende Ärmel. Die rechte Hand hält unter dem Becken ein langes Tuch, das um den Unterarm geschlungen ist. Der Engel hat Sandalen und Strümpfe an. Im Unterschied zu den meisten anderen ist er nur in Weiß-Gold gefasst. Unter dieser Fassung sind aber noch Teile älterer Fassung erhalten.

Dieser besonders qualitätvolle Engel befindet sich in einer Kirche, in der noch zahlreiche andere Engel dargestellt sind. Am 10.10.1693 wurde an ihm als erstes Kind die Tochter Eva Christina des Ortspfarrers getauft. Die letzte Taufe am alten Taufstein hatte am 1.3.1693 stattgefunden.[1]   P. P.

Die Restaurierung dieses Taufengels wurde durch die großzügige Spende eines privaten Förderers ermöglicht, für die wir sehr danken.

Anmerkungen
[1] Kistritz, Kasualienregister, u. a. Taufen 1600–1700 (ohne Seitenzählung). • Die Archivstudien führte Frau Kathrin Ellwardt im Auftrag des Ausstellungsbüros durch.

Holz, farbig gefasst
Höhe: 190 cm

Evangelische Kirche Memleben
Kirchenkreis Naumburg-Zeitz

Mit weit erhobenen Flügeln fliegt der ungewöhnlich große Engel in fast senkrechter Haltung. Das linke Bein ist weit nach hinten ausgestreckt und macht dadurch, wie auch durch das wehende lange Gewand, die Bewegung deutlich. Das Becken trägt der Engel in der linken Hand und hat den Kopf ebenfalls nach links gewandt, während der rechte Arm hoch erhoben ist. Der Ärmel ist bis zum Oberarm zurückgefallen. Bei dem langen, gegürteten Gewand fällt der große Ausschnitt auf.

Die Konservierung dieses Taufengels wurde freundlicherweise ermöglicht durch eine Förderung der HypoVereinsbank, Leipzig. Da die Konservierungsarbeiten an diesem sehr großen Engel umfangreich und langwierig waren, konnten sie bis zum Redaktionsschluss des Kataloges nicht abgeschlossen werden. Der Engel wird hier daher in einem Zustand während der Arbeiten abgebildet.

Anmerkungen

[1] Wiesmann, Kurt: Beitrag zur Geschichte von Bucha, Memleben, Wohlmirstedt, Zeisdorf. Memleben 1996 (unveröffentlichtes Manuskript, gebunden, im Pfarrarchiv Nebra), S. 72 f., nennt Andreas Wirth als Stifter. • Im Pfarrarchiv Nebra: Kirchenbuch Memleben 1713–1799, S. 123, ist die Taufe eines Sohnes des Andreas Wirth für 1726 vermerkt. • Archivrecherchen führte Kathrin Ellwardt im Auftrag des Ausstellungsbüros durch.

Das rechte Bein liegt bis zum Oberschenkel frei, da das Gewand zur Erleichterung des Gehens geschlitzt ist. Um den rechten Unterschenkel ist ein Strumpfband geschlungen, das ebenso wie die Borten und ein Teil der Flügel und die Haare golden gefasst ist.

Dieser Taufengel ist unter denen im Kirchenkreis Naumburg-Zeitz der einzige uns überlieferte fliegende. Er wurde wohl im Zug einer größeren Umgestaltung des Kirchenraumes 1726 oder 1727 von Andreas Wirth gestiftet.[1]   P. P.

B 21
Taufengel

18. Jahrhundert

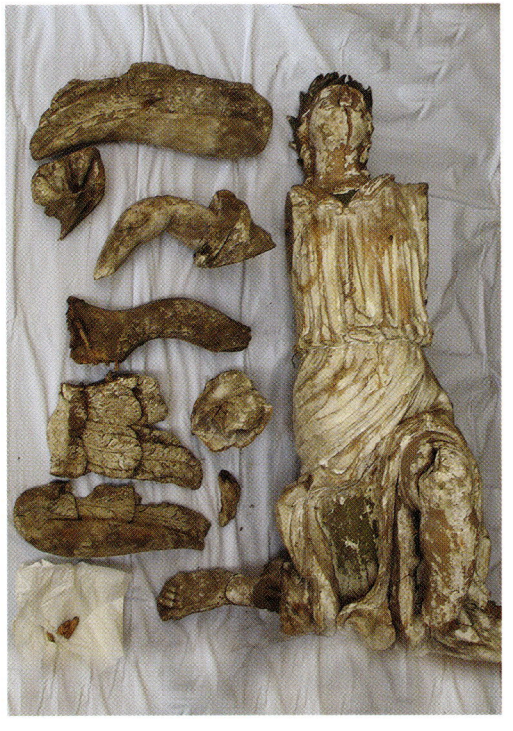

Holz, Reste einer farbigen Fassung
110 x 60 cm

Evangelische Kirche Pötewitz
Kirchenkreis Naumburg-Zeitz

Das Bild dieses Taufengels zeigt, wie er und viele andere aufgefunden wurden – mit separaten Armen, Flügeln und Füßen, und fast ohne Farbe. Manche der jetzt restauriert in der Ausstellung präsentierten Taufengel befanden sich in einem ähnlich desolaten Zustand, und manch anderer hofft noch auf Hilfe für die Restaurierung.

Der Kopf ist nach links oben gewandt, das Haar kommt seitlich unter einem Kranz hervor. Das lange Gewand ist gegürtet und vor dem linken Bein geschlitzt. Am Halsausschnitt ist ein Untergewand zu sehen, das noch einen Rest der grünen Bemalung zeigt. Das Obergewand war vermutlich weiß, die Borten waren alle golden.

Der Kopfhaltung nach ist dieser ein fliegender Taufengel. Dagegen spricht auch nicht das angezogene linke Bein, denn das kommt ähnlich auch bei anderen fliegenden Engeln vor, zum Beispiel in Alleringersleben (Katalog-Nr. B 11) und Wormsdorf (Katalog-Nr. B 3). P. P.

B 22
TAUFENGEL

Anfang 18. Jahrhundert

Holz, farbig gefasst
194 x 80 cm

Inschrift:
Lasset die Kindlein zu mir kommen

Evangelische Kirche Ostramondra
Kirchenkreis Sömmerda

Der stehende Engel hält mit dem hoch erhobenen linken Arm ein Spruchband mit der bei Taufengeln üblichen Inschrift Markus 10,14. Der Arm ist nackt, weil der Ärmel hochgerutscht ist. Das bodenlange Gewand hat keinen Gürtel. Eine lange, rote Schärpe hängt vor dem Leib und hinter dem rechten Arm weit herab. Das Gesicht ist jugendlich und blickt nach links. Das Haar wallt weit herab. Die linke Hand greift von oben in einen Kranz, der aber im Gegensatz zu den anderen Taufengeln nicht nach vorn gehalten wird, um das Becken aufzunehmen, sondern sich nach hinten zum Unterarm öffnet. Er steht schräg nach oben und liegt so flach an, dass man sich schwer vorstellen kann, dass sich in ihm ein Becken befunden hat. Aber oben auf dem Handrücken befinden sich zwei Löcher, in denen wohl ein kleiner Träger für das Becken befestigt war. Diese Besonderheit lässt die Frage aufkommen, ob dieser Engel wirklich ursprünglich als Taufengel geschaffen oder erst im Zuge des Kirchenbaues 1721 dazu umfunktioniert wurde. Dagegen spricht aber die auf die Taufe bezogene Inschrift des Spruchbandes, die bei Jubelengeln nicht vorkommt. Auch wäre ein stehender Jubelengel sehr ungewöhnlich. P. P.

Die Konservierung dieses Taufengels wurde ermöglicht durch Förderungen der Sparkassenstiftung Sömmerda, der Kirchen- und Klosterkammer Erfurt sowie Eigenmittel der Gemeinde.

B 23
TAUFENGEL

18. Jahrhundert

Holz, farbig gefasst
126 x 26 cm

Evangelische Kirche Bismark
Kirchenkreis Stendal

Knie an nach oben gebogen, das jugendliche Gesicht und der Kopf mit kurzen Haaren sind ebenfalls erhoben. Das kleine Haarnest über der Stirn findet sich ebenso bei gleichzeitigen Kinderfiguren.

P. P.

Die Konservierung dieses Taufengels wurde ermöglicht durch Eigenmittel der Gemeinde, eine Förderung des Landes Sachsen-Anhalt (Landesverwaltungsamt), Spenden von Leonhard Redlich, dem Ehepaar Gisela und Wilfried Blümner und dem Ehepaar Petra Hagemann und Bernhard Tangemann, alle Magdeburg. Wir danken auch weiteren Spendern für diesen Engel.
Da die Konservierungsmaßnahmen umfangreich und langwierig waren, konnten sie bis zum Redaktionsschluss des Kataloges nicht abgeschlossen werden. Der Engel wird daher hier in einem Zustand während der Arbeiten abgebildet.

Dieser Taufengel ist typisch für seine altmärkische Herkunft. Wie viele andere Taufengel im Kirchenkreis Stendal fliegt er ganz horizontal, mit weit ausgestreckten Armen, die das Becken tragen. Die Flugbewegung wird durch die kurzen, bewegten Flügel angedeutet und den starken Schwung des unteren Endes des langen, gegürteten weißen Gewandes mit grünem Gürtel und grünen Ärmelaufschlägen. Die Beine sind vom

B 24
TAUFENGEL

1. Hälfte 18. Jahrhundert

Holz, farbig gefasst
145 x 115 x 50 cm

Evangelische Kirche Jarchau
Kirchenkreis Stendal

Wir danken der Abteilung Restaurierung des Kulturhistorischen Museums Magdeburg, insbesondere Herrn Chefrestaurator Tilman Krause, Frau Vivien Harwart und Herrn Bernd Staschull, die die Bearbeitung dieses Taufengels übernommen haben. Spenden für Material, Transporte und eine Taufschale für den Engel trugen Schüler des Hegelgymnasiums sowie die Johanniter der Subkommende Magdeburg zusammen. Wir danken allen Beteiligten.

Anmerkungen
[1] Abschrift aus Pfarrchronik Jarchau Bd. II, S. 260/1748. Für die Mitteilung der Informationen aus der Pfarrchronik danken wir Herrn Pfarrer Werner Stender, Jarchau.
[2] „Der Taufengel wurde wieder hergestellt, mit Ölfarbe gestrichen und echt vergoldet." – Abschrift aus Pfarrchronik Jarchau Bd. II, S. 440/1849.

Wie viele andere im Kirchenkreis Stendal fliegt auch dieser Taufengel ganz horizontal. Die weit ausgestreckten Hände tragen ein großes Becken, über das hinweg der Engel auf die Menschen blickt, die bei der Taufe um das Becken stehen. Die Flügel haben große Handschwingen, die von den kurzen Armschwingen abgesetzt sind. Das lange Gewand hat einen schmalen, geöffneten Kragen und bis zu den Ellenbogen reichende Ärmel. Im Bauch- und Oberschenkelbereich ist es mit kostbar aussehenden, geschnitzten Schmuckstücken verziert. Die Haare sind kurz gelockt.

In der Pfarrchronik von Jarchau befinden sich zwei Notizen über diesen Taufengel. Die erste von 1748 verweist auf einen Posten in Höhe von 7 Groschen für einen Reif am Engel,[1] in der zweiten von 1849 wird auf eine Restaurierungsmaßnahme hingewiesen.[2]   P. P.

B 25
TAUFENGEL

1. Hälfte 18. Jahrhundert

Holz, farbig gefasst
140 x 35 x 40 cm

Evangelische Kirche Rengerslage
Kirchenkreis Stendal

Die Konservierung dieses Taufengels hat Iris Schönfelder im Rahmen ihrer Diplomarbeit an der Fachhochschule Hildesheim-Holzminden übernommen. Für die finanzielle Förderung dieser Maßnahme danken wir herzlich dem Ehepaar Brigitte und Dietmar Andrae, Magdeburg, sowie dem Land Sachsen-Anhalt (Landesverwaltungsamt).

Die Arme dieses besonders kleinen Taufengels sind weit auseinandergestreckt. Da die zugehörige Taufschale ebenfalls sehr klein ist, muss der Engel sie in nur einer Hand getragen haben. Der Kopf ist nach stark nach links gewendet. Die Flügel haben Handschwingen und zum Körper zu immer kleiner werdende Armschwingen. Der Gürtel des langen, unten flatternden Gewandes ist unter einem überhängenden Bausch nicht zu sehen. Die Ärmel sind, wie meist, bis über die Ellenbogen empor gestreift. Zwei goldene Bänder am Halsausschnitt werden von einem Knopf zusammengehalten.   P. P.

B 26
Taufengel

1. Hälfte 18. Jahrhundert

schwingen sind in Ruhestellung. Das Gewand reicht bis zu den nackten Füßen, die Ärmel bis zum Ellenbogen. Der Blick ist sehr aufmerksam auf das Taufgeschehen und die Lesung konzentriert. P. P.

Die Konservierung dieses Taufengels wurde ermöglicht durch eine Förderung des Landes Sachsen-Anhalt (Landesverwaltungsamt) und einen Eigenanteil der Kirchengemeinde.
Sie konnte bis zum Redaktionsschluss des Kataloges nicht vollständig abgeschlossen werden.

Holz, farbig gefasst
Höhe: 156 cm

Evangelische Kirche Schönhausen
Kirchenkreis Stendal

Gleich zwei Aufgaben hat dieser Engel: Mit der vorgestreckten rechten Hand trägt er das Taufbecken, und mit dem über die Schulter zurück gebogenen Arm hält er ein Lesepult, das auf seinem Rücken aufliegt. Er diente also auch bei den Lesungen im Gottesdienst. In dieser Weise ist die Kombination von Taufengel und Lesepult, die auch in Flemmingen (Katalog-Nr. B 18, Abb. ohne Lesepult) vorkommt, ungewöhnlich. Seine Flügel mit langen Hand- und kurzen Arm-

B 27
TAUFENGEL

1. Hälfte 18. Jahrhundert

Holz, farbig gefasst
128 x 84 cm

Evangelische Kirche Wollenrade
Kirchenkreis Stendal

Der Engel fliegt horizontal und trägt das Becken
in Muschelform mit beiden Händen. Sein Blick
ist auf das Becken gerichtet. Das Haar ist kurz
und anliegend. Über einem knöchellangen Gewand trägt er ein kürzeres zweites. Am Gürtel
befindet sich ein Ring, an dem er zur Taufe herab-
gezogen wurde. Die Flügel haben eng zusammen-
gelegte Federn und stehen seitlich ab. Das Gesicht
zeigt die Formen, die uns auch bei anderen
Engeln der Region begegnen. Seine zuletzt aufge-
tragene farbige Fassung aber ist außergewöhnlich:
Die Ausführung der Augen, der Wangen und des
Mundes erinnert stark an die Bemalung der Puppen von Käthe Kruse. Es ist daher davon auszugehen, dass diese Fassung aus dem 20. Jahrhundert
stammt.   P. P.

Wir danken Frau Ute Meier-Ewert, Glinde, für ihre hochher-
zige Spende, durch die die notwendige Konservierung dieses
Taufengels ermöglicht wurde.

B 28
TAUFENGEL

1720

Holz, farbig gefasst
128 x 50 cm

Inschrift auf der Vorderseite des Spruchbandes:
*Lasset die Kindlein Zu mir kommen, und wehret /
Ihnen nicht, den solcher ist das Reich Gottes.
Marc. 10.*
Rückseite: *Andreas und Engel Margaretha Mielze /
1720*

Evangelische Kirche Epschenrode
Kirchenkreis Südharz

Das Wehen des langen Untergewandes zeigt, dass
der Engel heranfliegt. Weit ist sein rechter Arm
ausgestreckt, der das muschelförmige Becken
trägt. Der linke Arm ist hoch erhoben und trägt
das Spruchband mit den Worten Jesu aus dem bei
der Taufe stets verlesenen Bericht von der Segnung der Kinder (Markus 10,13–16). Der Oberkörper des horizontal fliegenden Engels ist hoch
erhoben, die weit ausgestreckten Beine mit Sandalen und verzierten Strümpfen halten das
Gleichgewicht. Das knielange Obergewand hat
wie das lange Untergewand farblich abgesetzte
Borten. Um den Oberkörper ist eine lange

B 29
TAUFENGEL

1725/1736

Schärpe gewunden, die, von den Borten umwickelt, hinter dem Rücken ausschwingt. Das ist die reduzierte Form des antiken Palliums. Die relativ kurzen Flügel sind kompakt und nicht wie meist in Hand- und Armschwingen getrennt. Das von reichem, stark gewelltem Haar umspielte Gesicht ist fein gestaltet, der Blick ist auf die Muschel gerichtet. Die Farbgebung ist wohl nicht mehr die ursprüngliche.

Der Taufengel entstand vermutlich im Zusammenhang mit dem Kirchenneubau von 1719. Er wurde laut Inschrift gestiftet von Andreas und Engel Margaretha Mietze. „Engel" war im 18. Jahrhundert in dieser Region ein gebräuchlicher weiblicher Vorname und entspricht dem heute üblichen „Angela".   P. P.

Die Konservierung dieses Taufengels wurde ermöglicht durch eine großzügige Spende von Frau Ingrid Pflaumann, Hildesheim und eine Förderung der Kirchen- und Klosterkammer Erfurt.

Holz, farbig gefasst
Höhe: 150 cm

Evangelische Kirche Dommitzsch
Kirchenkreis Torgau-Delitzsch

Die Abbildung gibt den Taufengel vor seiner Restaurierung wieder. Er steht mit aufmerksam nach vorn gerichtetem Blick. Vermutlich trug er das Becken in der linken Hand. Sein Untergewand zeigt durch seinen seitlichen Schwung die leichte Schreitbewegung an. Das bis zu den Knien reichende Obergewand hat einen farblich abgesetzten seilförmig gedrehten Gürtel. Die senkrecht gehaltenen und mit ihren Federn eng zusammengelegten Flügel entsprechen der stehenden

Haltung des Engels. Die Haare liegen eng um den Kopf.

Der Engel wurde von der Witwe Magdalena des Zimmermanns Johann George Zschimmer gestiftet, der 1713 eine nicht erhaltene Taufschale gestiftet hatte.[1] 1736 wird der Engel im Inventar der Kirche aufgeführt. 1740 musste er repariert werden.[2] Nach 1799 war er nicht mehr im Gebrauch und wurde auf den Ratsstuhl versetzt.[3] Dann wurde er mit anderen Holzfiguren über dem Offiziersstuhl eingelagert, 1913 wieder entdeckt und nach einer Reinigung in der Sakristei aufgestellt. P. P.

Die Konservierung dieses Engels wurde ermöglicht durch eine großzügige private Spende, die Erträge aus einem Benefiz-Konzert der Brüder Martin und Thomas Rühmann und einem Benefiz-Konzert des Orthopädischen Quartetts zu Magdeburg, einen Eigenanteil der Kirchengemeinde sowie eine Unterstützung des Kirchenkreises Torgau-Delitzsch. Die finanziellen Mittel für die Arbeiten sind zu unserer Freude bis zum April 2006 zusammengekommen. So war es möglich, den Engel bis zum Ausstellungsbeginn zu konservieren. Eine Abbildung des fertig bearbeiteten Engels konnte jedoch bis zum Redaktionsschluss des Kataloges nicht mehr bereitgestellt werden.

Anmerkungen

[1] Inventarium der Kirche zu Dommitzsch Ao. 1736: „Ein alt zinnernes Taufbecken …" Die Archivstudien führte Kathrin Ellwardt im Auftrag des Ausstellungsbüros durch.
[2] Pfarrarchiv Dommitzsch: Jahr-Rechnung über Geld des Gottes-Kastens zu Dommitzsch, 1740.
[3] Pfarrarchiv Dommitzsch: Pfarr Buch I der Parochie Dommitzsch angelegt nach der Idee Sr. Hochwürden des Herrn Superind. D. Koch Von M. Ernst Christian Hofmann P. An: 1804. S. Seite 48 ff. (Abgeschrieben von Hermann Förster, Dommitzsch 2001): … *So ließ* [man] *ihn ganz in der Stille wegnehmen und auf das Rats-Chor als Schutzpatron setzen.*

Holz, farbig gefasst
Größe: 150 cm

Evangelische Kirche Elsnig
Kirchenkreis Torgau-Delitzsch

Mit Vorsicht und großer Konzentration trägt der Engel, wie der darauf gerichtete Blick zeigt, mit lang ausgestreckten Armen das große Becken in Form einer Muschel. Wie üblich zeigt das Muschelschloss auf seinen Körper, der fast senkrecht fliegt. Die Beine sind in Bewegung. Es sieht so aus, als würde der Engel langsam und feierlich heranschreiten. Das Gewand schwingt zurück und deutet die Bewegung damit ebenso an wie die leichte seitliche Neigung von Kopf und Körper

B 31
TAUFENGEL

1. Hälfte 18. Jahrhundert

und das gestufte Haar mit Mittelscheitel. Das lange Untergewand ist am rechten Bein bis über das Knie geschlitzt und hat dort eine Rosette. Die Füße tragen einfache Riemensandalen. Das gegürtete, nach der letzten Überfassung in einem lichten Grün gefasste Obergewand hat halblange Ärmel mit einer abschließenden breiten rötlichen Borte. Die Flügel fehlen.   P. P.

Die Konservierung dieses Taufengels wurde durch Spenden von Patienten und Mitarbeitern der Klinik für Herz- und Thoraxchirurgie an der Otto-von-Guericke-Universität Magdeburg, eine Spende der Vereinigten Domstifter zu Merseburg und Naumburg und des Kollegiatsstifts Zeitz, die Erträge aus zwei Benefiz-Veranstaltungen des Theaters an der Angel, Magdeburg, sowie einen Beitrag des Kirchenkreises Torgau-Delitzsch ermöglicht. Die Finanzierung der Arbeiten war zu unserer großen Freude seit Mai 2006 gesichert, und es konnte mit der Arbeit begonnen werden. So war es möglich, den Engel bis zum Ausstellungsbeginn zu konservieren. Bis zum Redaktionsschluss des Kataloges konnte jedoch eine Abbildung des fertig bearbeiteten Engels nicht mehr bereitgestellt werden.

Holz, farbig gefasst
Länge: 98 cm

Evangelische Kirche Salzfurtkapelle
Kirchenkreis Wittenberg

Der fliegende Engel hält in beiden Händen eine Muschel, die im Verhältnis zu den Ausmaßen ihres Trägers wesentlich größer ist als bei anderen Taufengeln. Seine Flügel dagegen sind klein und bestehen nur aus drei Reihen von wenigen Federn. Sie wirken sehr plastisch.

Ausdrucksstark ist das Gesicht mit dem sehr ernsten Blick. Das kurze Haar hat eine stark zurück schwingende Mitte und eine über dem Gesicht aufgeworfene Stirnlocke. Das vor dem rechten Bein geschlitzte lange Untergewand flattert ebenso wie das kürzere Obergewand. Dieses wird nur von der rechten Schulter getragen und lässt

B 32
BUNTGLASFENSTER[1]

1901 (?)
Firma Wilhelm Franke, Naumburg

die Brust frei. Dabei ist deutlich zu erkennen, dass dieser Engel männlich ist. Die breite Borte des Ärmels trägt einen verzierenden Knopf und ist golden wie die übrigen Randborten. Beide Gewänder sind blaugrün gefasst.　　　　P. P.

Wir danken Frau Livonia von Zanthier, Bonn, sowie einem weiteren privaten Spender für großzügige finanzielle Beiträge zur Konservierung dieses Taufengels.

Schwarzlot, Silbergelb, Schmelzfarben
auf Antik- und Überfangglas
282 x 94 cm

Inschrift:
Eins aber ist not. Maria hat das gute
Theil erwählet, /
das soll nicht von ihr genommen werden. Luc. 10.40.

Evangelische Kirche Poppel
Kirchenkreis Naumburg-Zeitz

Die Darstellung ist Teil einer Dreiergruppe von Glasmalereien, welche die südlichen Langhausfenster der evangelischen Kirche zu Poppel im Burgenlandkreis schmücken. Die Signatur im mittleren Fenster gibt die Naumburger Firma *W.*(ilhelm) *FRANKE / Inh. Dusberger* als Urheber der Stücke an. Sie gehören damit zu einer Reihe von Glasmalereien, welche die Firma Franke um die Jahrhundertwende für verschiedene Gotteshäuser der Evangelischen Kirche der Kirchenprovinz Sachsen schuf (vgl. z. B. Angern, Ev. Dorfkirche St. Moritz; Annarode, Ev. Kirche St. Anna). Aller Wahrscheinlichkeit nach sind die Fenster im Rahmen der Erneuerung des gotischen Kirchenbaus im Jahre 1901 entstanden.

Das Zentrum der Dreiergruppe bildet die detailreiche Darstellung der „Kreuzigung Christi", die von ornamental und figürlich gestalteten Glasmalereien mit den Hinweisen auf die beiden Sakramente der Evangelischen Kirche flankiert wird. Drei übereinander angeordnete geschwungene Perlbandmedaillons füllen die hochrechteckige Glasfläche aus. Während die beiden äußeren Medaillons farbige Blüten auf Akanthusblättern in Grisailletechnik zieren, sind die mittleren Bildfelder figürlichen Darstellungen vorbehalten. Auf Wolkenbändern treten die

Dreiviertelfiguren weißgekleideter Engelsgestalten mit ausgebreiteten Flügeln vor einem floral gestalteten Hintergrund auf. Der Kelch in der Hand des einen Engels weist auf das Sakrament des Abendmahles hin. Sein in der Ausstellung gezeigtes Pendant präsentiert Schale und Kanne als Zeichen für das Sakrament der Taufe. Dieselben Motive finden sich in gleicher Ausführung auch an den Fenstern der Ost- bzw. Nordseite der Angerner Moritzkirche und dürften somit zum Bildrepertoire der Firma Franke gehört haben. Eine schmale Leiste, gefüllt mit floralen Ornamenten, schließt als eine Art Rahmen die Glasfläche an den Außenkanten ab. An ihrer Innenseite läuft ein zweites Perlband entlang, das sich aus der Einfassung der Medaillons entwickelt. Die Zwischenräume füllen Grisaillemalereien von bündelweise angeordneten Akanthusblättern. Die untere Schmalseite des Buntglasfensters bildet eine Banderole, auf der die Worte aus dem Lukasevangelium zu lesen sind, mit denen Jesus während seines Besuches bei Maria und Martha in Bethanien Marias aufmerksames Zuhören lobt: *Eins aber ist not. Maria hat das gute Theil erwählet, / das soll nicht von ihr genommen werden* (Lukas 10, 42). In Form eines Gleichnisses wird der Betrachter an dieser Stelle daran erinnert, Gottes Wort zu hören.

Die Hintergründe für die Stiftung der drei Fenster sind bewegend: Nach Auskunft aus der Kirchengemeinde wurden sie von einem Ehepaar aus dem Ort gestiftet, dessen Kinder zuvor alle an der Schwindsucht gestorben waren. Die Stiftung war damit vermutlich auch mit dem Wunsch verbunden, die Erinnerung an die Familie in Poppel über den Tod hinaus lebendig zu halten.

Die Ausstattung der Poppelner Kirche mit historisierenden Buntglasfenstern im Zuge der Erneuerungsarbeiten von 1901 stellt dabei ein spätes Beispiel der traditionalistischen Gotikrezeption dar, von welcher Neubauten und Restaurierungen von Kirchenräumen vor allem im 19. Jahrhundert geprägt waren. P. M.

Die Präsentation des Fensters in der Ausstellung wurde ausnahmsweise möglich, da eine Konservierung aller drei Fenster und damit ein Ausbau vorgenommen werden musste. Die Förderung der erhaltenen Maßnahmen übernahmen die Ostdeutsche Sparkassenstiftung im Land Sachsen-Anhalt gemeinsam mit der Sparkasse des Burgenlandkreises, das Land Sachsen-Anhalt (Landesverwaltungsamt) und die Kirchliche Stiftung Kunst- und Kulturgut in der Kirchenprovinz Sachsen.

Anmerkungen
[1] Aman, Cornelia: Glasmalereien des 19. Jahrhunderts. Sachsen-Anhalt. Die Kirchen, Leipzig 2003, S. 352.

C

Taufschalen und -Kannen

Mit der Veränderung des Taufritus seit der Mitte
des 16. Jahrhunderts war ein vollständiges Untertauchen der Täuflinge nicht mehr erforderlich.
Der Katalogteil über die Taufschalen und -kannen
widmet sich den metallenen Geräten, die in der
Folge in den evangelischen Kirchen und Kapellen
in Mitteldeutschland an den vorhandenen großen
Taufbecken eingesetzt wurden. Auch neu geschaffene Taufständer, -steine und -engel erhielten separate Schalen und Kannen. Ausführliche Beiträge über die Herstellung und Verbreitung der
Beckenschlägerschalen und ihre Bildprogramme
sind im Aufsatzteil des Kataloges zu finden: Erhard Brepohl, *Die Beckenschläger und ihre Messingbecken,* S. 190–203, Ursula Zehm, *Zur Ikonografie der Beckenschlägerschalen,* S. 204–207.

Den Katalognummern zu den Zinn- und Silberschalen sind kürzere Einleitungstexte vorangestellt.   B. S.

Ca 1

BECKENSCHLÄGERSCHALE

2. Hälfte 15. Jahrhundert

Messing, getrieben, punziert
Durchmesser: 43 cm, Höhe: 6,3 cm

Evangelische Kirchengemeinde Hohenwarthe[1]
Kirchenkreis Elbe-Fläming

Das Becken mit steiler Wandung besitzt eine relativ breite Lippe, die mit Abschlägen von zwei unterschiedlichen Ornamentstempeln verziert ist. Im Spiegel befindet sich außen ein ebensolcher Blattkreis. Es folgt ohne eine weitere Abgrenzung ein Kreis aus kalligraphischen, gotischen Buchstaben ohne Sinnzusammenhang, der direkt an den ringförmigen Rand des Mittelmotivs stößt. Dargestellt ist die Verkündigung an Maria. Sie kniet rechts hinter einem Lesepult, an dessen Rückseite ein besticktes und mit Fransen verziertes Tuch herabhängt. Auf dem Pult liegt ein aufgeschlagenes Buch. Maria trägt über dem Kleid einen weiten Mantel, dessen Faltenwurf einen Teil des Bodens bedeckt. Das gewellte, offene Haar fällt ihr bis zu den Hüften herab. Sie hat die Arme vor dem Körper gekreuzt. Von links ist der Engel eingetreten

und sinkt auf die Knie. Er hat die Rechte im Redegestus erhoben und hält in der Linken ein Zepter, das von einer stilisierten Lilie bekrönt ist, aus der ein kleines Kreuz aufragt. Auf Maria zu schwebt die Taube des Heiligen Geistes mit Kreuznimbus. Von ihr gehen sieben Strahlen aus, die auf den Kopf der Jungfrau fallen. Zwischen dem Engel und Maria steht im Hintergrund ein zweihenkeliges Gefäß mit Blumen. Das Muster des Fußbodens, der die untere Hälfte des Bildfeldes einnimmt, ist aus Reihen kleiner sichelförmiger Abschläge gebildet.

Das Ereignis, das hier dargestellt ist, finden wir im Lukas-Evangelium im ersten Kapitel, Verse 26–38 geschildert: Der Engel trat hinein und sprach Maria an. Sie erschrak darüber und wunderte sich über seine Anrede „Gegrüßet seist du, Holdselige". Der Engel überbrachte ihr die Botschaft, daß Gott sie als Mutter seines Sohnes auserwählt habe; auf die Frage der Jungfrau, wie das geschehen könne, erwiderte er: „Der Heilige Geist wird über dich kommen und die Kraft des Höchsten wird dich beschatten, darum wird das Heilige, das von dir geboren wird, Gottes Sohn genannt werden", und Maria willigte ein mit den Worten: „Siehe, ich bin des Herrn Magd".

Der Künstler, der das Mittelbild des Beckens entwarf, kannte sicherlich zeitgenössische Darstellungen, entweder von Holzschnitten, Kupferstichen, Zeichnungen oder Gemälden. Er mußte diese teilweise sehr detailreichen Darstellungen auf das Wesentliche reduzieren. So deuten lediglich der gemusterte Fußboden und das Lesepult, vor dem Maria kniet, den Innenraum an. Das Buch auf dem Pult meint wohl ein Gebetbuch oder das Alte Testament mit der Stelle Jesaja 7,14, in der das Kommen des Messias prophezeit wird. Auf den Darstellungen der Verkündigung ist häufig ein trennendes Element zwischen dem Engel und Maria eingefügt, meistens – wie auch in diesem Fall – eine Blumenvase. Die von der Taube des Heiligen Geistes ausgehenden Strahlen zielen auf den Kopf Marias. Sie sind vielleicht ein Hinweis auf die Vorstellung, Maria habe durch das Ohr empfangen, das Wort sei in ihr lebendig geworden. Ihre demütige Haltung mit den gekreuzten Armen zeigt, daß sie ihre Berufung annimmt. Das Kreuz auf dem Zepter des Engels und der Kreuznimbus des Heiligen Geistes weisen auf die Passion Christi voraus.

Die Darstellung ist vermutlich in der zweiten Hälfte des 15. Jahrhunderts entstanden. Sie läßt sich vom Bildaufbau her recht gut mit einer Verkündigung auf einem Altarflügel des Meisters der Münchener Marientafel vergleichen,[2] die um 1450–1460 datiert wird.

Der Ständer für diese Taufschale besteht aus Eichenholz und wurde laut der darauf angebrachten Inschrift von „Christoffel Voigt und Christina Demkers Anno 1696 den 7. Octobr." gestiftet.[3] Ob die Schale, die zu diesem Zeitpunkt ungefähr zweihundert Jahre alt war, ebenfalls zu der Stiftung gehörte, oder ob sie sich bereits im Besitz der Kirche befand und nur der Taufständer für sie neu angefertigt wurde, ist nicht feststellbar.   U. Z.

Anmerkungen

[1] Literatur: Wernicke, Ernst: Beschreibende Darstellung der älteren Bau- und Kunstdenkmäler der Kreise Jerichow, (= Beschreibende Darstellung der älteren Bau- und Kunstdenkmäler der Provinz Sachsen, Heft 21), Halle 1898, S. 113. • Vergleichsliteratur: Walcher-Molthein, Alfred: Geschlagene Messingbecken, in: Altes Kunsthandwerk 1, 1927, Taf. 5 Abb. 10. • Harksen, Julie: Die geschlagenen Messingtaufbecken in anhaltischen Kirchen und Museen, in: Bernburger Kalender 13, 1938, Abb. 3–4. • Wentzel 1948, Abb. 5 (sehr ungewöhnlich wegen der Randgestaltung). • Germanisches Nationalmuseum Nürnberg. Führer durch die Sammlungen, München ²1980, Nr. 184. • Meckseper, Cord (Hrsg.): Stadt im Wandel. Kunst und Kultur des Bürgertums in Norddeutschland (1150–1650), Ausst. Braunschweig 1985,

Bd. 2, Stuttgart 1985, S. 826 f. Nr. 731 a - c. • Eberle 1996, S. 40 oben und Mitte rechts. • Eberle 2002, S. 38 ff. Nr. 15 und 16.

[2] Zürich, Kunsthaus, Inv. Nr. 2311, Außenseite des linken Flügels. • Vgl. Schiller, Gertrud: Ikonographie der christlichen Kunst, Bd. 1: Inkarnation, Kindheit, Taufe, Versuchung, Verklärung, Wirken und Wunder Christi, Gütersloh 1966, Abb. 119.

[3] Beschreibende Darstellung der älteren Bau- und Kunstdenkmäler der Kreise Jerichow. Bearb. v. Ernst Wernicke Halle 1898, S. 113.

Ca 2

BECKENSCHLÄGERSCHALE

4. Viertel 15. Jahrhundert

Messing, getrieben, punziert
Durchmesser: 59 cm, Höhe: 8 cm

Inschrift:
teuf Mt. III (fünfmal wiederholt)

Evangelische Kirche St. Stephan, Tangermünde[1]
Kirchenkreis Stendal

In das Taufbecken der St. Stephanskirche in Tangermünde ist mit Hilfe eines Holzrahmens eine Messingschale eingepaßt, die mit ihren 59 cm Durchmesser zu den größten dieser Art gehört.

Die schmale Lippe zeigt Abschläge eines Prägestempels. Die steile Wandung ist unverziert und geht leicht gerundet in den Spiegel über. Auf einen weiteren gestempelten Kreis folgt in siebenfachem Rapport die Halbfigur eines Engels mit lockigem Haar und ausgebreiteten Flügeln, die mit beiden Händen einen gotischen Wappenschild[2] hält. Unterhalb der Flügel befindet sich je ein schmales Band, das schlangenförmig gewunden ist. In jeder der Windungen erscheint ein sechsstrahliger Stern, so daß das Schlangenband vielleicht Wol-

ken am Himmel andeutet. Auf der leeren Fläche unterhalb der Engelflügel ist ebenfalls siebenmal das Symboltier des Evangelisten Lukas, der geflügelte Stier, wiederholt: Er steht mit erhobenen Flügeln in einem glatten Ring. Zwischen seinen Beinen zieht sich ein Schriftband hindurch, auf dem in gotischen Buchstaben „Sanctus Lucas" steht. Außen um den Ring des Lukas-Stieres ist jeweils ein Kranz von stilisierten Lilien eingeschlagen. Zwei konzentrische, schmale Ringe schließen einen gestempelten Schriftkreis ein, auf dem fünfmal wiederholt „teuf Mat. III" zu lesen ist und womit auf die in Matthäus 3,13–17 geschilderte Taufe Jesu Bezug genommen wird. An ihn schließen sich dreizehn erhabene Fischblasen an, die zusammen mit den drei konzentrischen Ringen und der kleinen runden Erhebung in der Mitte wie eine Blüte[3] wirken. Um den inneren Ring sind zusätzlich fünf Blütenblätter angedeutet, der schmale äußere weist eine Art Kerbschnitt auf.

Aufgrund der Schalenform, der mehrfach wiederholten Darstellung von Engel bzw. Lukas-Stier sowie des Schriftkreises mit seiner gotischen Zierschrift wird eine Datierung des Beckens in das letzte Viertel des 15. Jahrhunderts vertreten. U. Z.

Anmerkungen
[1] Literatur: Hermann Giesau (Hrsg.): Die Kunstdenkmale der Provinz Sachsen, Kreis Stendal, bearb. v. Friedrich Hossfeld und Ernst Haetge, Burg 1933, S. 227.
Vergleichsliteratur: Walcher-Molthein, Alfred: Geschlagene Messingbecken, in: Altes Kunsthandwerk 1, 1927, Taf. 9, Abb. 19. • Lockner 1982, Abb. 28 (zwei Schalen mit jeweils fünf Wiederholungen des Engel-Negativs, da die Schüsseln kleiner sind). • Ausst. Kat. Wawel 1000–2000, Katalog der Ausstellung in Krakau 2000, Nr. 680. • Zum Mittelmotiv vgl. Eberle 2002, S. 34 Nr. 9.
[2] Turniertartsche mit zwei Rippen; vgl. Nürnberg 1300–1550. Kunst der Gotik und Renaissance, Ausst. Kat. Nürnberg 1986, München 1986, S. 202.
[3] Das Motiv wird manchmal auch als Sonnenrad bezeichnet; Lockner nennt es schlicht „Fischblasendekor".

Ca 3
BECKENSCHLÄGERSCHALE

1. Hälfte 16. Jahrhundert

Messing, getrieben, punziert
Durchmesser: 62,5 cm, Höhe: 7,5 cm

Inschrift:
ICH BART GELUK ALZEIT
(fünfmal wiederholt)

Evangelische Kirchengemeinde Osterwohle[1]
Kirchenkreis Salzwedel

Das Becken besitzt eine schöne braune Patina, die ihm das Aussehen von Bronze gibt, doch zeigen die auf der Rückseite sehr gut zu erkennenden Hammerschläge, daß es sich um eine Treibarbeit in Messing handelt, nicht etwa um einen Bronzeguß. Die Grundform des Beckens wurde, wie man dort ebenfalls sehen kann, auf der Drehbank hergestellt.

Das Zentrum dieser Schale ist glatt belassen. Sie wird umschlossen von einem glatten Wulst, auf den ein schmaler, gekerbter Ring folgt. Um ihn schließt sich ein Kranz aus sechzehn Fischblasen (vgl. auch Katalog-Nr. Ca 2 Tangermünde). Zwischen zwei schmalen, glatten, konzentrischen Ringen ist ein kalligraphisch schöner, aber unleserlicher Schriftkreis aus gotischen Buchstaben eingeschlagen. Daran schließt sich in fünffacher Wiederholung die Inschrift: „ICH BART GELUK ALZEIT" (Ich bringe allzeit Glück) an. Es folgt ein sechsfach wiederholtes Motiv, das ein Zweigstück mit einem Blattstengel zeigt, aus dem ein umgekehrt herzförmiges Gebilde aufwächst, das oben Hals und Öffnung einer Vase zeigt. Aus dieser Öffnung sprießen symmetrisch zwei dünne Zweige nach links und rechts, die mit schwach sichtbaren kleinen Ringen besetzt sind, die Blumen oder Beeren andeuten sollen. Hinter dem Bauch des „Gefäßes" treten achsensymmetrisch zwei große, dreifach geteilte und mehrfach gelappte Blätter hervor, deren breite Mittelteile (ebenso wie die Innenseite der oberen Öffnung der Vasen) mit einem Rautenmuster verziert und deren Blattrippen deutlich herausgearbeitet sind. Daran schließt sich noch ein mit Prägestempel eingeschlagener Kreis an. Zwei weitere Zierkreise mit anderen Motiven sind auf der Lippe des Beckens angebracht. Zwischen diesen beiden Kreisen ist an einer Stelle ein Zeichen (sechsstrahliger Stern ohne Mitte) eingeschlagen.

Für den ornamentalen Dekor dieses Beckens lassen sich weder genaue Vorbilder noch Vergleichsbeispiele[2] beibringen. Die der Phantasie entsprungene Gestalt der Vase und die Verbindung mit vegetabilen Elementen verrät aber ihre Herkunft aus der Kunst der italienischen Renaissance. Besonders in der sogenannten Grotesk-Malerei des Raphaelkreises sind verwandte Motive anzutreffen. Sie gehen letzten Endes auf Vorbilder in der pompejanischen Malerei zurück. Das Becken wurde wegen der in der Inschrift zum Ausdruck kommenden guten Wünsche ursprünglich wohl für den profanen Bereich angefertigt und vielleicht als Geschenk bei einer Hochzeit

Ca 4

BECKENSCHLÄGERSCHALE

1. Hälfte 16. Jahrhundert

oder einem ähnlichen Anlaß überreicht. Vermutlich wurde es in der ersten Hälfte des 16. Jahrhunderts n. Chr. angefertigt. Das Becken wird erst später, als diese Geräte in privaten Haushalten aus der Mode kamen, in die Kirche gestiftet worden sein.   U. Z.

Anmerkungen
[1] Vergleichsliteratur: nicht bei Lockner 1982.
[2] Ein Beispiel für ebenfalls vasenartige Elemente, wenn auch nicht nach der gleichen Vorlage, abgebildet in Cord Meckseper: Stadt im Wandel. Kunst und Kultur des Bürgertums in Norddeutschland (1150–1650), Ausst. Braunschweig 1985, Bd. 2, Stuttgart 1985, S. 826 f. Nr. 731 c.

Messing, getrieben, punziert
Durchmesser: 39 cm, Höhe: 3,5 cm

Evangelische Kirchengemeinde Mücheln[1]
Kirchenkreis Merseburg

Die Schale gehört zum Typ IV (s. Beitrag Ursula Zehm, *Zur Ikonographie der Beckenschlägerschalen,* in diesem Katalog) mit gebördeltem Rand und Falten in der Wandung. Die Lippe ist mit zwei Kreisen aus Ornamentstempeln verziert. Das Mittelbild wird von einem Kreis aus gotischen Zierbuchstaben gerahmt. Es zeigt die Kundschafter Josua und Kaleb, die Mose zusammen mit anderen Männern ausgeschickt hatte, um das Land zu erkunden, das Gott seinem Volk verheißen hatte. Zum Beweis, wie fruchtbar das Land war, schnitten sie eine Rebe mit einer Traube ab, die so groß war, daß sie sie nur zu zweit an einer Stange tragen konnten.[2] In der christlichen Auslegung der Ereignisse des Alten Testaments wird diese Szene als ein Hinweis auf die Kreuztragung Christi gesehen, wobei die Traube Christus symbolisiert und die Stange das Kreuz.

Ca 5

BECKENSCHLÄGERSCHALE

1. Hälfte 16. Jahrhundert

Dieses Thema kommt auf Beckenschlägerschalen in drei Varianten vor, von denen die hier gezeigte mit den nach rechts schreitenden Männern den häufigeren Typus vertritt. U. Z.

Anmerkungen
[1] Vergleichsliteratur: Walcher-Molthein, Alfred: Geschlagene Messingbecken, in: Altes Kunsthandwerk 1, 1927, Taf. 7 Abb. 13. • Lockner 1982, S. 66 Abb. 99. • Lockner 1996, S. 2957 Abb. 9.
[2] 4. Mose 13,18.

Messing, getrieben, punziert
Durchmesser: 51,6 cm, Höhe: 9 cm

Inschrift:
(mit Punze auf der Außenseite der Schale eingeschlagen)
BEtRVS NVNBURG VON IVRENßeN
ANNO DOMINI 1641

Evangelische Kirchengemeinde Gorenzen[1]
Kirchenkreis Eisleben

Wie bei vielen Becken, die nicht sehr früh zu Sammlerstücken wurden, sondern bis heute ihren Dienst verrichten, ist auch dieses stark „verputzt", d. h. es sind durch regelmäßiges Putzen während der ungefähr 500 Jahre, die es bisher in Gebrauch war, viele Feinheiten der ursprünglichen Ausführung durch Abrieb verschwunden. Dies gilt vor allem für die erhabenen Stellen und betrifft besonders die Gesichter. In den Vertiefungen der Rückseite sind die Gesichtszüge dagegen noch deutlich zu erkennen (siehe Detailfoto).

Das Becken besitzt eine relativ breite Lippe, auf der zwei Kreise aus verschiedenen Ornamentstempeln eingeschlagen sind. Die Wandung ist glatt. In den Spiegel der Schale ist um das Mittelbild ein sechsfach wiederholtes Pflanzenmotiv eingeschlagen, das eine Distel darstellt: die voll erblühte mittlere Blüte wird von je einem stilisierten Blatt und einer kleinen Knospe flankiert. Die fünf Stengel wachsen aus einer flachen, nicht perspektivisch wiedergegebenen Basis. Die Flächen zwischen den Disteln sind mit einem frei getriebenen Zungenmotiv gefüllt. Ein gestempelter Blattkranz, der sich um den Rand des zentralen Bildes zieht, ist an einer Stelle unterbrochen, weil dort das Distelmotiv etwas zu weit nach innen gerückt worden ist.

Das Mittelbild zeigt innerhalb eines glatten Ringes die Madonna im Strahlenkranz. Maria steht frontal auf der nach unten offenen Mondsichel, aus der ein Gesicht im Profil herausschaut. Sie trägt ihren Sohn auf dem linken Arm und neigt ihm den Kopf zu. Bekleidet ist sie mit einem Mantel und einem langen Kleid mit röhrenförmigen Falten. Ihr Haar fällt offen herab. Hinter ihr befindet sich die Sonnenscheibe, von der Strahlen ausgehen, die abwechselnd glatt und gewellt sind. Zwei kleine Putten halten eine Krone über ihr Haupt.

In dieser Darstellung sind zwei Überlieferungsstränge zusammengeflossen. Mit Strahlengloriole und Mondsichel wird auf eine Stelle in der Offenbarung des Johannes (12,1) angespielt: Der Seher erblickte ein Weib, bekleidet mit der Sonne, den Mond unter ihren Füßen und auf dem Haupt eine Krone von zwölf Sternen. Dieses apokalyptische Weib wird von einem Drachen bedroht, der ihr Kind fressen will. Ihr Kind wird jedoch sofort nach seiner Geburt zu Gott entrückt, weshalb die Apocalyptica ohne Kind dargestellt ist. Sie wurde als Sinnbild der himmlischen und irdischen Kirche angesehen. In der mariologischen Exegese des späten Mittelalters wurde Maria immer mehr mit der Kirche gleichgesetzt, so daß schließlich auch die kosmischen Attribute der Apocalyptica auf sie übertragen wurden.

Abgesehen von den Engeln mit der Krone ähnelt die Darstellung der Madonna auf der Mondsichel der Himmelserscheinung auf dem Kupferstich „Johannes auf Patmos" von Martin Schongauer;[2] sie könnte damit noch im ausgehenden 15. Jahrhundert entstanden sein. Das ist wegen der nackten Putten jedoch ausgeschlossen, da Engel zu dieser Zeit immer bekleidet sind. Erst bei Dürer treten spärlicher bekleidete Engelchen auf.[3] Deshalb ist das Mittelmotiv wohl erst in der ersten Hälfte des 16. Jahrhunderts entstanden. Dies gilt dann auch für die Schale, obwohl sie gleichzeitig das „altertümliche" Element des mehrfach wiederholten trapezförmigen Motivs, verbunden mit freier Treibarbeit, zeigt.

Aber wieso befindet sich eine Darstellung der Gottesmutter in einer evangelischen Kirche? Im Gegensatz zu Reformierten und Calvinisten gab es bei den Lutheranern keinen Bildersturm und auch kein Bilderverbot, da nach dem Alten Testament nur die Anbetung der Bilder verboten war. So wurde beispielsweise 1619 anläßlich der Restaurierung eines vorreformatorischen Flügelaltars in Zittau der Mutter des Herrn die Überschrift gegeben „Maria honoranda, non adoranda" (Maria, zu ehren, aber nicht anzubeten).[4] Da Taufschalen, anders als Altäre, zu den Gebrauchsgegenständen (Adiaphora) gehören und kaum Gefahr laufen, zum Anbetungsobjekt zu werden, war die Darstellung hier akzeptabel. Eine Taufschale für eine lutherische Kirche wäre mit dieser Thematik sicher nicht in Auftrag gegebenen worden. Aber als vorreformatorischer Bestand oder – wie in diesem Fall – spätere Stiftung konnte sie unbeanstandet ihren Dienst tun.

Ca 6

BECKENSCHLÄGERSCHALE

1. Hälfte 16. Jahrhundert

Auf der äußeren Wandung der Schale ist mit Hilfe einer kleinen Punze eine spätere Inschrift eingeschlagen worden: „BEtRVS NVNBURG VON IVRENßeN⁵ ANNO DOMINI 1641" (Peter Nunburg von Gorenzen im Jahre des Herrn 1641). Es wird sich um die Stifterinschrift handeln, die Peter Nunburg anbringen ließ, als er im Jahre 1641, während des Dreißigjährigen Krieges, die Schale in die Kirche stiftete, deren vorherige Taufe vielleicht zerstört oder geplündert worden war. U. Z.

Anmerkungen

[1] Literatur: Beschreibende Darstellung der älteren Bau- und Kunstdenkmäler des Mansfelder Gebirgskreises, bearb. v. Hermann Grössler und Adolf Brinkmann, Halle 1893 (= Beschreibende Darstellung der älteren Bau- und Kunstdenkmäler der Provinz Sachsen und angrenzender Gebiete, 18. Heft. Der Mansfelder Gebirgskreis), S. 65.
Vergleichsliteratur: Lockner 1982, S. 66 ff. Abb. 105.
[2] Vgl. Hartmut Krohm und Jan Nicolaisen (Hrsg.): Martin Schongauer. Druckgraphik im Berliner Kupferstichkabinett, Berlin 1991, S. 117 Nr. 19 Abb. 33.
[3] Vgl. seinen Holzschnitt „Maria als Königin der Engel" von 1518 (Hütt, Wolfgang: Albrecht Dürer 1471–1528. Das gesamte graphische Werk, Hersching o. J., S. [1722]).
[4] Hasso von Poser und Groß-Naedlitz, s. v. Protestantische Kunst, in: Marienlexikon, hrsg. im Auftrag des Institutum Marianum Regensburg e. V. von Remigius Bäumer, Bd. 5, St. Ottilien 1993.
[5] Es handelt sich um eine ältere Schreibweise von Gorenzen: 1554 = Jorentz, 1565 = Jurentzen, 1641 (diese Schale) = Iurenßen.

Messing, getrieben, punziert
Durchmesser: 46,5 cm, Höhe: 6,5 cm

Evangelische Kirchengemeinde Bachra[1]
Kirchenkreis Sömmerda

Der Rand der Messingschale ist mit einem gestempelten Blattkranz verziert. Auf die glatte und recht steile Wandung folgen im Boden der Schale vier weitere Zierkreise um das Mittelmotiv, die jeweils durch einen leicht erhabenen konzentrischen Ring voneinander getrennt sind. Der äußere Kranz besteht aus gestempelten Blättern; es folgt ein Kranz aus stabförmigen Motiven, die entfernt an Balustradensäulchen erinnern. Der folgende Schriftkranz (unleserlich) zeigt verzierte gotische Buchstaben auf einem Hintergrund, der rautenförmig schraffiert ist. Es folgt ein weiterer mit Ornamentstempeln hergestellter Blattkranz.

Das Mittelmotiv bildet eine frontal stehende Madonna in königlicher Haltung mit dem Kind auf dem rechten Arm und einem in einem Kreuz endenden Zepter in der linken Hand. Sie steht auf einer nach oben gebogenen Mondsichel und ist von den Strahlen der hinter ihr zu denkenden Sonne umgeben, die abwechselnd gerade und gewellt sind. Maria ist in ein Kleid mit engem Mieder und einen von einer Schließe gehaltenen Mantel gekleidet. Sie hat offenes, über die Schultern herabfallendes, gelocktes Haar. Auf dem Kopf trägt sie eine Krone, dahinter erscheint ein Heiligenschein. Die hoheitsvolle Darstellung der Madonna mit dem Kind entspricht einem weitverbreiteten Typus. Der Kreuznimbus des Christuskindes weist auf seine künftige Passion hin, durch die es die Welt von ihren Sünden erlöst.

Zur Darstellung im Strahlenkranz vgl. Katalog-Nr. C 5 (Schale Gorenzen). Das Mittelmotiv ist vermutlich erst im ersten Viertel des 16. Jahrhunderts entstanden. Für das Motiv des Kreises aus Balustersäulchen gibt es bisher keine Vergleichsbeispiele; sie sind evtl. frei getrieben, aber eher ein spätes Motiv. Daher kann die Schale in die erste Hälfte des 16. Jahrhunderts datiert werden.

U. Z.

Anmerkungen
[1] Vergleichslit.: Lockner 1982, S. 66 ff. Abb. 103.

Messing, getrieben, punziert
Durchmesser: 44,6 cm, Höhe: 4,5 cm

Evangelische Kirche St. Martini, Heiligenstadt[1]
Kirchenkreis Mühlhausen

Die Blütezeit der verzierten Beckenschlägerschalen liegt zwischen 1450 und 1600 n. Chr. Durch die Teuerungen, Kriegseinwirkungen und eine mächtige Konkurrenz im ausgehenden 16. und der ersten Hälfte des 17. Jahrhunderts kam es vielerorts zu einem Niedergang des Beckenschlägerhandwerks (vgl. Aufsatz von Erhard Brepohl, *Die Beckenschläger und ihre Messingbecken*, S. 190–203, in diesem Katalog).[2] Doch gibt es auch aus dem 17. und 18. Jahrhundert Schalen, die aus dünnerem Messingblech bestehen und mit frei getriebenen Darstellungen verziert sind. Sie zeigen eine veränderte Form: die Lippe ist sehr breit, schräg ansteigend, und sie besitzen nur eine sehr niedrige Wandung. Typisch sind rautenförmige Motive auf der Lippe, die vielleicht einen Besatz mit Edelsteinen nachahmen sollen. Im Spiegel sind figürliche Darstellungen angebracht, häufig erscheinen hier die Traubenträger (Josua und Kaleb, vgl. Katalog-Nr. Ca 4) in zeitgenössischer Tracht.[3] Diese Schalen werden als niederländische Arbeiten angesehen.

Das Mittelbild der Schale aus Heiligenstadt zeigt jedoch den Sündenfall. Der Baum der Erkenntnis in der Mitte des Bildes besitzt einen kräftigen Stamm und ist von den Wurzeln bis zu den ersten Verzweigungen seiner Krone dargestellt. Adam und Eva, die mit deutlich kräftigeren Körpern wiedergegeben sind, als wir sie von den früheren Schalen kennen, stehen zu beiden Seiten des Baumes. Die Körper sind frontal wiedergegeben, die Köpfe jedoch im Profil, so daß sie einander anschauen. Eva hält mit der linken Hand über ihrem Kopf einen Apfel, einen weiteren bietet sie in der ausgestreckten Rechten Adam an, der mit seiner linken Hand danach greift. Die Schlange trägt im Maul einen Zweig, an dem ein weiterer Apfel hängt. Adam hat seinen rechten Arm angewinkelt und die Hand auf die Hüfte gestützt. Der Hintergrund ist mit stilisierten Pflanzen gefüllt. Das Mittelbild umgibt ein aus gestempelten Kreisen bestehender Ring.

Die Darstellung basiert auf dem 1. Buch Mose 3,1–6. Auf die Frage der Schlange, ob Gott ihnen verboten hätte, von allerlei Bäumen zu essen, erwidert Eva, sie äßen von den Früchten der Bäume, ausgenommen von dem in der Mitte des Gartens, dessen Früchte sie nicht einmal berühren sollten, damit sie nicht sterben. Die Schlange sagt jedoch, sie würden nicht sterben, sondern würden sein wie Gott und wissen, was gut und böse ist. „Und das Weib schaute an, daß von dem Baum gut zu essen wäre und daß er lieblich anzusehen und ein lustiger Baum wäre, weil er klug machte; und sie nahm von der Frucht und aß und gab ihrem Mann auch davon, und er aß." Darauf erkannten sie, daß sie nackt waren und machten sich einen Schurz aus Blättern, und als sie Gottes Stimme hörten, versteckten sie sich. Gott rief Adam heraus und warf ihm vor, von den verbotenen Früchten gegessen zu haben. Adam schob die Schuld auf Eva, die wiederum die Schlange beschuldigte. Gott bestrafte sie alle: die Schlange mußte fortan auf dem Bauch kriechen, Eva unter Schmerzen gebären und Adam im Schweiße seines Angesichts den Acker bestellen. Außerdem waren sie jetzt sterblich und wurden, damit sie nicht vom Baum des Lebens äßen und unsterblich würden, aus dem Garten Eden vertrieben.

Das Alte Testament ist nach christlichem Verständnis, wie es Augustinus einmal ausdrückte,

eine Verhüllung des Neuen und das Neue Testament die Erfüllung des Alten. In dieser sogenannten „Typologie" wird der Sündenfall mit der Verkündigung an Maria gleichgesetzt. Durch die Verkündigung wird Gottes Erlösungswerk in Gang gesetzt, das seine Erfüllung darin findet, daß durch Christi Tod am Kreuz die Sünde, die Adam und Eva begangen haben, ausgelöscht wird. Und da der Mensch durch die Taufe dieser Erlösung teilhaftig wird, ist dieses Thema für eine Taufschale besonders geeignet. Wohl auch deshalb ist der Sündenfall eines der häufigsten Themen der Beckenschlägerschalen. U. Z.

Die Überlieferung sagt, dass 1825 über dieser Schale Heinrich Heine getauft worden ist. Dazu siehe den Beitrag von Christina Neuß, *Reine Formsache? – Heines Taufe am 28. Juni 1825,* S. 235–241, in diesem Katalog.

Anmerkungen

[1] Vergleichsliteratur: Wiswe, Mechthild: Hausrat aus Kupfer und Messing, München 1979, S. 96, Abb. 117. • Lockner 1982, S. 73, Abb. 123.

[2] So wurde das Handwerk z. B. in Braunschweig nach einem stetigen Niedergang während des 16. Jahrhunderts, zu dem die übermächtige Konkurrenz aus Nürnberg vermutlich ebenso beigetragen hatte wie die vom Landesherrn Herzog Julius (reg. 1568–1589) in Bündheim eingerichtete Hütte (vgl. Bergholz, Gerda: Die Beckenwerkergilde zu Braunschweig, S. 49 ff.), bereits zu Beginn des 17. Jahrhunderts (von zwei kurzzeitigen Ausnahmen abgesehen) nicht mehr betrieben.

[3] Vgl. Lockner 1982, S. 73 Abb. 123.

Diana Grundmann

Taufgeräte aus Zinn

Die in den Kirchen der Kirchenprovinz Sachsen erhaltenen Zinngegenstände zeugen von einer regen Tätigkeit des Zinngießerhandwerks, die Formen von ihrer Vielfältigkeit. Die zinnernen Gegenstände reichen von schlichten unverzierten Taufkannen bis zu repräsentativen Kostbarkeiten, wie z. B. die Taufschalen Katalog-Nr. Cb 1 und Katalog-Nr. Cb 2 mit überreichen Gravuren, die die Kunstfertigkeit des jeweiligen Meisters widerspiegeln und sich in jener Zeit wohl an den Silbertreibarbeiten zeitgenössischer Goldschmiede orientierten.[1] Die in der Ausstellung gezeigten Gegenstände sind künstlerisch hochwertige Arbeiten, die einen Ausschnitt der Verwendungsvielfalt dieses silbrig-weiß glänzenden Metalls, seinen Formenreichtum und seine Bearbeitungsmöglichkeiten verdeutlichen.

Anders als Kupfer, Messing oder Silber wird Zinn aufgrund seiner Materialbeschaffenheit gegossen, seltener getrieben oder gehämmert. Für den Zinnguss fertigt man Hohlformen und Modelle aus Stein, Gips oder Metall an. Verziert wurden zinnerne Gegenstände durch verschiedene Techniken: Reliefdekor, Gravieren, Punzieren, Treiben, Schlagen und Vergolden, aber auch durch Ätzen, farbige Bemalung oder Intarsia.[2] Vor allem die Herstellung von Reliefzinn verlangte eine hohe künstlerische Geschicklichkeit des ausgebildeten Formenschneiders, der die fertigen Einzelformen dann dem Zinngießer übergab. Reiche Gravuren wurden von professionellen Stechern ausgeführt.[3]

Das reine Zinn ist für das Gussverfahren wenig geeignet und erfordert deshalb eine Legierung mit anderen Metallen, um es beim Guss geschmeidiger und als Endprodukt härter und haltbarer zu machen. Man unterscheidet drei Arten von Zinn: klares, lauteres Zinn mit einem geringen Zusatz von Kupfer, Messing oder Wismut, Probezinn mit

einer Beimengung von Blei,[4] das am häufigsten verwendet wurde, sowie das geringe Zinn mit sehr hohem Bleianteil, auch Mankgut genannt.[5] Nicht selten versuchten Zinngießer, dem Zinn viel des billigeren Bleis zuzusetzen und diese geringwertigere Ware profitabel zu verkaufen. Um diese unlauteren Methoden zu unterbinden, stellten die Zünfte Regelungen auf. Die Zinngießer wurden seit dem 16. Jahrhundert, mancherorts auch früher, verpflichtet, die von ihnen hergestellten Gegenstände mit Stadt- und Meistermarke zu stempeln. So konnten durch die Einführung des Markenwesens die Zusammensetzung von Metallen durch die Zunft kontrolliert und bei Betrug Strafen verhängt werden. Diese Zinnmarken – geprägte Stempel, die entweder gepunzt oder aufgelötet wurden, sind Qualitätszeichen und bürgen für die Echtheit des Gegenstandes. Das heißt aber nicht, dass markenlose Zinngeräte von minderer Qualität sind. Oft wurde bei kirchlichen Auftragsgegenständen oder bei privaten Aufträgen wohlhabender Bürger darauf verzichtet,[6] oder es handelt sich um eingeschmolzenes, wieder verwendetes Zinn. Seit dem 17. und 18. Jahrhundert gibt es als weitere Qualitätszeichen die Rosen-, die Kronen- und die Engelmarke, in Thüringen und Sachsen ein X (für zum Zehnten) sowie die Buchstaben CL (für clar und lauter).[7] Insbesondere das umfangreiche 7-bändige Werk von Erwin Hintze „Die deutschen Zinngießer und ihre Marken (1921–1931)" ermöglicht eine nähere Bestimmung von Zinnmarken und somit des Meisters und der Herkunft des Stückes.   D. G.

Anmerkungen

[1] Vgl. Hanisch, Anneliese: Europäisches Zinn. Leipzig 1989, S. 2.
[2] Vgl. dazu Mory, Ludwig: Schönes Zinn. München 1964, S. 23f. • Sterner, Gabriele: Zinn. Vom Mittelalter bis zur

Cb 1

Taufschale

1668
Leipzig

Gegenwart, Gütersloh 1985, S. 64 ff. • Nadolski, Dieter: Zunftzinn, Leipzig 1986, S. 52 ff.

3 Vgl. Haedeke, Hanns-Ulrich: Zinn sammeln. 1980, S. 15, dazu auch Mory, Ludwig: Schönes Zinn. 1961, S. 24.

4 Die Mischverhältnisse variieren zwischen 15 Teilen Zinn zu 1 Teil Blei und 6 Teilen Zinn zu 1 Teil Blei. Die berühmte „Nürnberger Probe" wird mit einem Anteil von 10 Teilen Zinn zu 1 Teil Blei legiert. Bemerkt sei auch, dass ein zu hoher Bleianteil aufgrund der Oxidbildung gesundheitsschädlich sein kann und auch deshalb die Einhaltung eines bestimmten Mischverhältnisses von Bedeutung war.

5 Haedeke, Hanns-Ulrich: Zinn. 2. Aufl. Leipzig 1974, S. 10 f.

6 Privat bestellte Arbeiten waren dem allgemeinen Marktverkehr nicht untergeordnet und bedurften deshalb keines Schaumeisters. Ebenso konnte die Herkunft der Gegenstände zügig festgestellt werden, um mögliche Beanstandungen vornehmen zu können. Vgl. dazu Mory, Ludwig: Schönes Zinn. München 1964, S. 29.

7 Haedeke 1990, S. 6.

Zinn, graviert
Durchmesser: 43,0 cm, Höhe: 3,5 cm

Inschrift oben auf der Fahne unter den Marken:
SAWINA FITCKIN (andere Lesart: FIECKIN) /
1668

Marken auf der Fahne: einmal Stadtmarke von Leipzig; zweimal Meistermarken mit Figur, darüber Buchstaben CO, darunter 13

Evangelische Stadtkirche St. Jacobi, Mücheln
Kirchenkreis Merseburg

Die zinnerne Schale ist mit überreichem Dekor versehen und wohl auf Bestellung angefertigt worden, da in der Regel der Zinngießer keinen Vorrat an gravierten Gegenständen aufbewahrte.[1] Auf eine Schenkung weist der Schriftzug „SAWINA FITCKIN" (andere Lesart: FIECKIN) hin.

Die dicht gefüllte Gravur, vor allem auf der Fahne und dem Steigbord, lässt die Ausführung durch einen Kupferstecher, Graveur oder Silberarbeiter erahnen, der ein hohes Maß an künstlerischem Talent mitbringen musste.[2] In der Behandlung des Materials und in seiner Form ist die Taufschale von der Goldschmiedekunst und von Messingarbeiten beeinflusst.

Verschiedene Techniken von Strichführungen, wie die durchgezogene Linie und das Flecheln, bewirken eine Bewegung der Gravur und lassen diese lebendiger und in einer stärkeren Fülle erscheinen. Blütenzweige aus typischen Barockblumen, wie die Tulpe, aber auch Granatäpfel, sind als Dekor am Steigbord zu sehen. Blattranken und eine Kartusche, durch die die Inschrift gesondert hervorgehoben wird, verzieren die Fahne. Über der Kartusche sind eine Stadt- und zwei Meistermarken nebeneinander eingestempelt. Nach Hintze weist die Stadtmarke auf eine Herkunft aus Leipzig hin.[3] Die beiden Meistermarken in Wappenschildform mit den Buchstaben C O, Figur und der Zahl 13 lassen sich nicht eindeutig zuordnen, wohl könnte es sich aber um den Zinngießer Christian Örnster d. Ä. handeln.[4] Eine sächsische Provenienz lässt sich durch die Zahl 13 belegen.[5]

Die Wahl des figürlichen Motivs im Spiegel der Taufschale ist von zentraler theologischer Bedeutung, weist es doch auf den Beginn der Heilsgeschichte hin. Dargestellt ist der Sündenfall, wie er in 1. Mose 3,1–24 geschildert wird. Als zentrale Mitte erhebt sich der Baum der Erkenntnis, um den sich die listige Schlange windet. Sie wendet ihren Kopf Eva zu, die rechts des Baumes steht und in ihrer linken Hand den Apfel hält. Erkennbar ist sie an ihrer leicht üppigen weiblichen Figur mit langen wallenden Haaren, die bis über ihre Schultern reichen. Links ist Adam in kräftiger Gestalt ohne Bart zu sehen, der seinen Blick Eva zuwendet und seine rechte Hand, wohl als Achtungszeichen, emporhebt. Ob sie bereits von der verbotenen Frucht gegessen haben, ist nicht eindeutig klar. Ihre Blöße ist zwar bedeckt, jedoch nicht mit dem üblich gestalteten Feigenblatt. Deshalb ist davon auszugehen, dass sie in ihrer jugendlichen Unschuld kurz vor dem Sündenfall dargestellt sind. Der Paradiesgarten wird durch die Rahmung aus Blüten und Blättern verdeutlicht, die sich neben Adam und Eva entlang des Spiegels bis zur Baumkrone ziehen. Mit der Schuld Evas beginnt die Erlösungsbedürftigkeit des Menschen. Dem Täufling wird die Erbsünde genommen, die durch Adam und Eva begangen wurde. Nicht zuletzt deshalb ist dieses Thema ein beliebtes Motiv für Taufschalen und tritt häufig auch bei Beckenschlägerschalen auf, wie die Katalog-Nr. Ca 7 dies belegt.   D. G.

Anmerkungen

[1] Vgl. Sterner, Gabriele: Zinn. 1985, S. 66.

[2] Hier zeigt sich exemplarisch die Arbeitsteilung im Handwerk. Die Herstellung der Zinngeräte sowie einfache Gravuren führte der Zinngießer selbst aus, reicheres Dekor der professionelle Stecher.

[3] Vgl. Hintze, Erwin: Die deutschen Zinngießer und ihre Marken. Band I, Leipzig 1921, S. 140 ff. • A. a. O., S. 322. Mit dem schon frühzeitig in Sachsen üblichen Dreimarkensystem wurde gleichzeitig die Legierung zum Zehnten, d. h. 1 Teil Blei zu 10 Teilen Zinn, gekennzeichnet. Dabei war es egal, ob die Stadt- oder die Meistermarke zweimal eingeschlagen wurde.

[4] Vgl. Hintze, Erwin: Die deutschen Zinngießer und ihre Marken. Band I, Leipzig 1921, S. 147 Nr. 769. • A. a. O., S. 150 Nr. 784. Der Sohn Christian Örnster d.J. trägt dieselben Initialen in seiner Meistermarke. Ebenso entsprechen die Lebensdaten von Christian Örnster d. Ä. der Entstehungszeit der Taufschale.

[5] Im Jahre 1614 wurde für das Kurfürstentum Sachsen eine einheitliche Zinngießerordnung erlassen, die alle bis dahin bestehenden lokalen Bestimmungen außer Kraft setzte. Nachfolgend mussten die Zinngießer die Zahl 13 in ihrer Meistermarke führen, die das vorangegangene Jahr als gekürzte Jahreszahl (1613) bezeichnet. Vgl. dazu die Ausführungen bei Haedeke 1990, S. 6. • Mory, Ludwig: Schönes Zinn. 1964, S.30.

Katalog-Nr. Cb 2

Cb 2

Taufschale

1687
Freyburg/Unstrut

> Zinn, gegossen, graviert
> Durchmesser: 45 cm, Höhe: 4,5 cm
>
> Inschrift:
> F.H. 1687
>
> Dorndorf, Evangelisches Kirchspiel Laucha
> Kirchenkreis Naumburg-Zeitz

Auf dem Rand der zinnernen Taufschale findet sich die Jahreszahl 1687 unter den gravierten Initialen F. H. und drei Stempeln, welche sie als Arbeit eines Freyburger Zinngießers ausweisen.[1] Die Initialen konnten nicht aufgelöst werden, insofern bleibt ungewiss, ob es diejenigen des Stifters oder des Herstellers sind; ersteres erscheint jedoch plausibler.

Gravuren, die durchaus qualitätvoll zu nennen sind, überziehen die ganze Oberseite der Schale. In der Mitte des Spiegels wurde ein rundes Bildfeld angelegt. Es enthält eine Darstellung der heiligen drei Könige vor Maria und dem Jesuskind. Einer von ihnen kniet vor der Gottesmutter nieder. Die beiden anderen stehen dahinter, ihre Gaben in den Händen haltend. Über der Szene leuchtet der Stern von Bethlehem.
Ringsherum ist der Spiegel durch radiale Grate in 18 Sektoren unterteilt. In den Feldern erscheinen die zwölf Apostel, jeweils zwei nebeneinander. Durch die Angabe der Namen und die ihnen beigegebenen Attribute sind sie eindeutig zu identifizieren. Die übrigen sechs Felder dazwischen füllen arabeskenartige Blatt- und Blumenornamente.

Den schmalen Rand der Schale schmückt ein umlaufendes Band aus jeweils vier über Kreuz angeordneten Blattformen in mandelförmigen Rahmungen.

Auf der Unterseite der Schale ist ein seltsam maskenartig anmutender Kopf eingraviert. Zwei Schlangenlinien deuten die Haare oder ein Kopftuch an. Eine der Linien endet in einem Ornament, das an ein Blatt erinnert. Diese Zeichnung könnte das Signum des Graveurs sein.

Über die Hintergründe der Stiftung bzw. Anschaffung der Zinnschale ist mangels archivalischer Nachweise nichts bekannt. Die Taufschale wird mit dem hölzernen Taufengel aus derselben Kirche (s. Katalog-Nr. B 17) in Verbindung gebracht, allerdings gibt es auch hierfür keine Belege. Die Größe, der Durchmesser beträgt 45 cm, und das hohe Gewicht wecken hingegen Zweifel, ob die Statik des Engels funktioniert hat, wenn dieser die schwere Schale in den Händen hielt.

K. E.

Anmerkungen

[1] Bergner, Heinrich: Beschreibende Darstellung der älteren Bau- und Kunstdenkmäler des Kreises Querfurt. Halle a. d. S. 1909, S. 54.

Cb 3
TAUFKANNE

1854

fläche ist durch ein Scharnier mit der Daumen-rast verbunden, die in Gestalt einer Deckelurne auf frühklassizistische Formen zurückgreift und nach Haedeke „bei den Krügen der 1. Hälfte des 19. Jahrhunderts anzutreffen" ist.[1] Der geschwungene, nicht ursprüngliche Henkel besteht aus Holz und wurde schwarz lackiert. Veränderungen erfuhr die Kanne auch im Fußbereich. Dadurch sind eventuelle Marken am Kannenboden nicht bestimmbar.   D. G.

Anmerkungen
[1] Zit. n. Haedeke 1990, S. 10.

Zinn, gegossen, graviert; Holz, lackiert
Höhe: 23 cm, Durchmesser: 9/11 cm,
Gewicht: 1100g

Inschrift:
1854; Taufkanne der Kirche Sankt Mücheln

Evangelische Kirchengemeinde St. Ulrich,
Mücheln
Kirchenkreis Merseburg

Die zinnerne Taufkanne mit Klappdeckel besitzt einen zylindrischen Kannenkörper mit Schnabel-ausguss, der nur zum Teil abgedeckt ist. Unter-halb des angesetzten Ausgusses mit schlichtem Umriss findet sich die gravierte Jahreszahl „1854". Seitlich auf der sonst glatten Gefäßwandung ist die Inschrift: „Taufkanne", gegenüberliegend „der Kirche Sankt Mücheln" zu lesen. Der abge-treppte, profilierte Deckel mit flacher Deckel-

Cb 4

TAUFSCHALE

Vermutlich um 1620

Anmerkungen

1 Vgl. Schubert, Karl H.: Die beiden Pfarrkirchen in der Stadt Sömmerda St. Bonifatius und SS. Petri et Pauli. Geschichte, Bauwerke und deren Ausstattung. 2. überarb. u. erw. Aufl. Sömmerda, 1999, S. 17 f., • Dehio: Thüringen 1998, S. 1149.

Zinn
Durchmesser: 65 cm, Höhe: 21 cm

Evangelische Kirchengemeinde St. Bonifatius,
Sömmerda
Kirchenkreis Sömmerda

Der sechsseitige Taufstein für die zinnerne Taufschale ist 1620 entstanden und wird dem Erfurter Bildhauer Hans Friedemann (auch Fridemann) d. J. zugeschrieben.[1] Die Taufschale entstand vermutlich zeitgleich. Sie kann mit ihrer zwölfseitigen gerippten Form in die Öffnung des Taufsteines eingepasst werden. Die halbkugelförmig hochgezogene Wandung schließt mit einer glatten, sehr schmalen zwölfseitigen Fahne ab. In der Mitte des Spiegels befindet sich eine knopfartige, runde Erhebung. Rückseitig ist die Schale mit einer Ritzung beschriftet: „Wilhelm Kühl […] Kirchenk […] Von 1903–1907". Marken sind nicht vorhanden. D. G.

Silberschalen und -kannen[1]

Mit der Veränderung des Taufritus seit der Mitte des 16. Jahrhunderts, bei dem nach und nach kein vollständiges Untertauchen der Täuflinge mehr erforderlich war, wurden in den evangelischen Kirchen und Kapellen kleinere Taufschalen in die vorhandenen großen Taufbecken eingesetzt, und Taufkannen kamen in Gebrauch. Auch neu geschaffene Taufständer, -steine und -engel erhielten separate Schalen und Kannen. Die aus der Zeit vor der Mitte des 17. Jahrhunderts überlieferten Geräte sind in der Mehrzahl aus Messing[2] oder Zinn[3] gefertigt. Zweifellos bedingt durch den Dreißigjährigen Krieg setzt die Überlieferung silberner Taufschalen und -kannen erst in der zweiten Hälfte des 17. Jahrhunderts verstärkt ein.

Für die Ausstellung konnten einige künstlerisch hervorragende Beispiele der Silberschmiedekunst für den Gebrauch zur Taufe in der Evangelischen Kirche der Kirchenprovinz Sachsen, heute Teil der Föderation Evangelischer Kirchen in Mitteldeutschland, zusammengetragen werden. Die Arbeiten aus der Barockzeit bilden dabei einen deutlichen Schwerpunkt. Unter ihnen sind sowohl Stiftungen fürstlicher Häuser als auch Beispiele für Zuwendungen aus der Bürgerschaft an die jeweilige Gemeinde zu finden. So verdanken die Merseburger Schale und Kanne (Katalog-Nrn. Cc 1 und Cc 2) und die Taufschale in Weißenfels (Katalog-Nr. Cc 4) ihre Entstehung den Entwicklungsimpulsen, die sich aus dem Repräsentationsbedürfnis der sächsischen Herzogtümer (Sekundogenituren) Sachsen-Weißenfels und Sachsen-Merseburg ergaben. Diese waren 1656 nach dem Tod des sächsischen Kurfürsten Johann Georg I. gegründet worden. Die Herzöge begannen in ihren Residenzen mit einer lebhaften Bautätigkeit und Kunstpflege, was ein Aufblühen der Kultur zur Folge hatte. Doch starben die sächsischen Nebenlinien bereits in der ersten Hälfte des

18. Jahrhunderts aus (Merseburg 1738, Weißenfels 1746), und die Herzogtümer fielen an Kursachsen zurück. Damit ging auch manches Stück der Ausstattung aus den Schlössern nach Dresden.[4] Die zur Taufe gestifteten Geräte sind jedoch in Weißenfels und Merseburg verblieben und werden bis heute genutzt.

Die beiden silbernen Taufschalen aus Halle (Katalog-Nrn. Cc 5 und Cc 6) zeigen, welche hervorragenden Leistungen im 17. Jahrhundert auch durch bürgerliche Initiativen anregt wurden. Das Gleiche gilt für die Naumburger Taufgarnitur aus Schale und Kanne mit ihrer bemerkenswerten Stiftungsgeschichte (Katalog-Nr. Cc 3).

Die Schöpfer der ausgestellten silbernen Taufgeräte der Barockzeit und des Rokoko sind nicht in allen Fällen zu ermitteln. Bekannt sind jedoch Goldschmiede wie Balthasar Lauch in Leipzig (1670 Meister), August Hosse in Halle (1657–1732), Johann Christian Burkhard oder Christian Babst (gestorben 1703) in Weißenfels sowie ein Meister „CB" und der Zerbster Meister „ID" (tätig um 1723/1752). Kurz vor der Wende zum 20. Jahrhundert schuf in Magdeburg Robert Lucke die jüngste der ausgestellten Silberschalen.

Alle genannten Goldschmiede trieben, ziselierten, gossen, gravierten, punzierten und vergoldeten das Silber für ihre Schalen und Kannen. In der Barockzeit und im Rokoko wählten sie dafür vielfach Formen, die denen der zur gleichen Zeit gearbeiteten profanen Gegenstände dieser Art entsprachen. So variierten sie den schon im 16. Jahrhundert für die Handwäsche an vornehmen Tafeln entwickelten Gerätetypus des Lavabo oder Lavoir, bestehend aus großen Prachtkannen und -becken.[5]

Die Bildprogramme der Taufschalen und der erhaltenen zugehörigen Kannen dagegen unterscheiden sich erheblich von diesen weltlichen

Parallelen. Deutlich lassen sie darauf schließen, dass sie mit den Auftraggebern und ihren theologischen Beratern abgestimmt worden sind. Sehr häufig wird die theologische Aussage noch durch ein oder mehrere Bibelzitate unterstrichen.

Die barocken Schalen zeigen sämtlich das Motiv der Taufe Christi im Jordan im Zentrum. Am Beispiel der Taufgarnitur im Merseburger Dom können theologische und repräsentative Überlegungen der Auftraggeber besonders gut nachvollzogen werden (Katalog-Nrn. Cc 1 und Cc 2): Neben das Motiv der Jordantaufe Christi im Boden der Schale tritt an der Kanne das für die reformatorische Auffassung der Kindertaufe bedeutende Bild der Kindersegnung Christi. Beide Darstellungen werden ergänzt durch eine zeitgenössische Taufe, bei der sich vermutlich die Auftraggeber selbst abbilden ließen. Hinzu kommt die Stifterinschrift.

In der Naumburger Taufgarnitur (Katalog-Nr. Cc 3), deren Schale und Kanne allerdings zeitlich versetzt in die St. Wenzelskirche gelangten, ist angesichts der ungewöhnlichen Vorgänge um die Stiftung eine theologische Beratung nicht sicher nachzuweisen. Auch hier wurde für die Schale das Motiv der Taufe Christi gewählt. Die Kanne zeigt mit der Verkündigung an die Hirten, der Anbetung des Kindes durch Maria, die Hirten und Engel und mit der Beschneidung Christi im Tempel ein umfangreiches ikonografisches Programm, das dem mancher barocker Taufsteine vergleichbar ist.[6] Es wird von einer weiteren Darstellung der Taufe Christi auf dem Deckel sowie Adlern und Pelikanen im Randwulst abgerundet.

Die Schalen in der Stadtkirche in Weißenfels und in der halleschen Moritzkirche haben im Zentrum wiederum das Bild der Taufe Christi im Jordan. Ihre Taufkannen sind leider verloren. Die erhaltene Kanne der St. Ulrichskirche in Halle er-gänzt die Darstellung der Jordantaufe Christi in der Taufschale (Katalog-Nr. Cc 5) um Bilder der Verkündigung und Geburt Christi.[7]

Die in ihrer heutigen Form wohl erst gegen Mitte des 18. Jahrhunderts vollendete, ornamental verzierte Taufgarnitur in Zerbst zeigt gegenüber dem Bildreichtum der älteren Schalen eine veränderte Auffassung. Eine theologische Aussage wird vornehmlich durch die Bibelstellen in den Inschriften vermittelt.

An der Kanne der Merseburger Garnitur fand sich das Bild einer zeitgenössischen Taufe. Derartige Darstellungen sind auf den Geräten des 17. Jahrhunderts selten, und im Kontext des Merseburger Beispiels ist der repräsentative Charakter des Bildes nicht zu übersehen. Einen ganz anderen Ansatz finden wir nun im Mittelbild der jüngsten Silberschale der Ausstellung aus dem Kirchenkreis Magdeburg (Katalog-Nr. Cc 8). Hier ist eine private Szene dargestellt, die wohl als ein Aufbruch der Familie mit dem Täufling zur Kirche zu lesen ist. Anstelle eines Themas der christlichen Ikonografie steht im Zentrum der Schale also das Bild einer „idealen" zeitgenössischen Familie. Die Taufschale spiegelt damit das gegenüber der Barockzeit gewandelte Verständnis der Taufe im 19., 20. und 21. Jahrhundert wider.

Aus Kirchenrechnungen und anderen Quellen wissen wir, wie viele Gegenstände im Laufe der Jahrhunderte verloren gegangen sein müssen. So wurden die barocken Taufgeräte aus der Marktkirche St. Marien in Halle oder die Taufkanne aus der halleschen St.-Moritz-Kirche während der kriegerischen Ereignisse 1806 gestohlen.[8] Die bewahrt gebliebenen Stücke legen jedoch Zeugnis davon ab, wie sehr die Gemeinden ihre Taufgeräte hüteten, sie nicht „versilberten" und sie sogar während kriegerischer Ereignisse besonders sorgfältig schützten.

Cc 1

TAUFSCHALE

1666

Anmerkungen

[1] Die Aufbewahrungsorte der bisher unpublizierten Silber-schmiedearbeiten werden aus Sicherheitsgründen zum Schutz der Gemeinden vor Diebstahl im Katalog durch An-gabe der zuständigen Kirchenkreise benannt. Wir bitten um Verständnis.

[2] Siehe die Beiträge von Erhard Brepohl, *Die Beckenschläger und ihre Messingbecken* (S. 190–203) und Ursula Zehm, *Zur Ikonographie der Beckenschlägerschalen* (S. 204–207) sowie die Katalog-Nrn. Ca 1 bis Ca 7, in diesem Katalog.

[3] Siehe den Beitrag von Diana Grundmann (S. 326 f.) sowie die Katalog-Nrn. Cb 1 bis Cb 4 in diesem Katalog.

[4] Vgl. Säckl, Joachim: Die barocke Residenz der Merseburger Albertiner, in: Katalog Merseburg 2004, S. 228. • Fischer 2001, S. 1.

[5] Seling, Helmut: Die Kunst der Augsburger Goldschmiede 1529–1868, Bd. 1, München 1980, S. 102 f.

[6] Vgl. dazu den Beitrag von Hartmut Mai, *Taufsteine, Tauf-becken und Taufständer – Geschichte und Ikonografie,* in diesem Katalog.

[7] Die Kanne wird nicht ausgestellt. Vgl. dazu Schönermark 1886, S. 216.

[8] Vogel 1931, S. 45.

Silber, vergoldet, getrieben, ziseliert und graviert
Durchmesser: 48,0 cm, Gewicht: 1842 g

Inschrift
Auf der Fahne:
CHZSGZSH (=Christiane Herzogin zu Sachsen
Gräfin zu Schleswig-Holstein)
ANNO 1666
Beschau- (ungedeutet)[1] und Meisterzeichen CB
im Dreipass[2] (auf der Fahne neben dem
Stiftermonogramm)
Auf der Rückseite des Spiegels Gewichtsangabe:
12 Marck 4 Loth[3]

Evangelische Domgemeinde Merseburg
Kirchenkreis Merseburg

Zwischen 1664 und 1668 gestaltete Herzog Christian I. von Sachsen-Merseburg im Zusam-menhang seiner dauerhaften Residenznahme in Merseburg den Dom zur Hofkirche um.[4] Herzog und Domkapitel bekamen eigene Bereiche, und an der dem Schloss zugewandten Nordseite der Kirche entstanden Bauten, die eine Einbeziehung des Gotteshauses in das Hofleben möglich mach-ten. Wesentliche liturgische Ausstattungsstücke wurden erneuert, darunter auch der Altar und der Taufstein.[5] In diese Zeit gehört die Stiftung der Taufschale und -kanne sowie zweier zugehöriger silberner Leuchter durch die Herzogin.[6]

Im Innern des leicht nach oben gewölbten Spiegels der Taufschale ist in erhabenem Relief die Taufe Christi im Jordan ausgearbeitet. Figuren, Wasser und Ufersaum sind sorgfältig charakteri-siert. Im Hintergrund stehen mehrere verschie-denartige Bäume. Rechts und links neben den Hauptfiguren begleiten zwei Engel die Szene. Einer von ihnen ist von der Seite gesehen und eigenartig statuarisch aufgefasst, der andere klei-ner mit zugewandtem Gesicht und lebendigerer

Bewegung. Beide Engel halten Tücher bzw. Stoffe in ihren Händen. Darin sind, wie seit dem Mittelalter in vielen Darstellungen der Taufe Christi im Jordan mit begleitenden Engeln, einerseits ein Trockentuch und andererseits das weiße Gewand oder „Westerhemd" zu erkennen, mit dem getaufte Christen nach dem Taufakt bekleidet wurden.[7]

Über der Szene stößt aus einem schön gestalteten Wolkenband zwischen zwei geflügelten Engelsköpfen die Taube des Heiligen Geistes nach unten. Darüber steht in einer Sonne die hebräische Inschrift „JAHWE".

Die Rahmung bildet eine große Kehle mit 32 eingetieften ovalen Feldern. In den Kartuschen rechts und links auf der Fahne sind das Stiftermonogramm und das Jahr der Stiftung eingraviert. Darüber hinaus sind um die Fahne herum abwechselnd jeweils Früchte und insgesamt sechs geflügelte Engelsköpfe durch schmale kurze Tücher miteinander verbunden. Die Engel in der Wolke wie die auf dem Rand der Schale sind alle individuell gestaltet: Ihre Blicke sind von jedem Standort aus stets auf die Szene im Mittelfeld gerichtet.

Die Inschrift auf der Rückseite bietet eine historische Gewichtsangabe. Diese bezieht sich jedoch nicht allein auf die Schale, sondern nennt ihr Gewicht zusammen mit dem der zugehörigen Kanne (Katalog-Nr. Cc 2), die die gleiche Angabe trägt und, wie Meister- und Beschauzeichen ausweisen, vom gleichen Goldschmied stammt. Das Meisterzeichen ist bei Rosenberg zwar aufgeführt, es ist jedoch keine Zuordnung vorgenommen worden.[8] In jüngerer Zeit hat man eine Verbindung zwischen den Merseburger Taufgeräten und einem Meister hergestellt, von dem in Weißenfels eine gemarkte Oblatendose überliefert ist.[9] Als Schöpfer dieser Dose wird jedoch in der Weißen-

felser Forschung[10] der Leipziger Goldschmied Caspar Bose vorgeschlagen, der bereits 1650 in Leipzig gestorben ist.[11] Es bleibt weiterer Forschungen vorbehalten herauszufinden, ob die genannte Zuweisung der Weißenfelser Dose aufrechterhalten werden kann.   B. S.

Anmerkungen

[1] Rosenberg 1923 II, S. 310, Nr. 3408, hier ungedeutet als „Beschauzeichen von 1666" bezeichnet.
[2] A. a. O., Nr. 3410.
[3] Diese historische Gewichtsangabe bezieht neben der Taufschale auch die zugehörige Taufkanne ein.
[4] Dies geschah in den Jahren 1664 bis 1668. Dazu Säckl, Joachim: Der Dom als Hofkirche der Herzöge von Sachsen-Merseburg, in: Katalog Merseburg 2004, S. 241.
[5] Darüber hinaus wurden die Orgel gebaut sowie mehrere Logen für die Angehörigen der fürstlichen Familie und eine Gruft angelegt.
[6] Nach freundlicher Auskunft der Domgemeinde Merseburg am 19.1.2006 befand sich das barocke Leuchterpaar bis in die siebziger Jahre des vergangenen Jahrhunderts noch im dortigen Dom. Seitdem war es der Gemeinde jedoch nicht mehr zugänglich. Auf Nachfragen erhielt sie während der DDR-Zeit die Auskunft, die Leuchter seien „sicher verwahrt". 2005 tauchte einer von ihnen auf einer Auktion auf. Die Kirchengemeinde versuchte vergeblich, die Versteigerung zu verhindern. Damit ist ein Teil des Ensembles im Merseburger Dom zur Zeit nicht mehr erlebbar.
[7] Siehe auch Katalog-Nrn. Cc 3, Cc 4 , Cc 5 und Cc 6.
[8] Rosenberg 1923 II, S. 310, Nr. 3408.
[9] Karin Heise in Katalog Merseburg 2004, S. 249.
[10] Fischer 2002, S. 40–41 und S. 134.
[11] A. a. O., S. 41.

Cc 2
Taufkanne

1666

Silber, vergoldet, getrieben, ziseliert, graviert,
gegossen, gedreht, geschraubt und gelötet
Höhe (mit Daumenrast): 26,8 cm
Durchmesser Deckel: 13,5 cm
Breite: 23,5 cm, Gewicht: 961 g

Inschrift:
(unterhalb der Tülle:)
CHZSGZSH (=Christiane Herzogin zu Sachsen
Gräfin zu Schleswig-Holstein)
1666
(auf dem Deckelrand beiderseits des
Deckelscharniers)
Beschau- (ungedeutet)[1] und Meisterzeichen CB
im Dreipass[2]
(auf der unteren Wölbung des Korpus)
12 Marck 4 Loth[3]

Evangelische Domgemeinde Merseburg
Kirchenkreis Merseburg

Die zur Taufschale Katalog-Nr. Cc 1 gehörige Kanne ist eine bemerkenswerte Arbeit desselben mitteldeutschen Goldschmieds. Sie ist mit figürlichen und ornamentalen Reliefs sowie mit gegossenen Elementen verziert. Der birnenförmige Korpus trägt über einem umlaufenden Kranz von breiten Blütenblättern zwischen Tülle und Henkel auf beiden Seiten je eine ovale szenische Darstellung im Relief. Jedes Oval wird von einem Engelskopf mit Nimbus bekrönt: Eines der Reliefs zeigt das in der reformatorischen Bildkunst für die Taufe zentrale Motiv der Kindersegnung Jesu als vielfigurige Szene zwischen gedrehten Säulen in einer Architektur.[4] Das Bild auf der anderen Seite gibt eine zeitgenössische Taufe in einem Innenraum wieder. Neben dem Pfarrer mit dem eng verschnürten Täufling auf den Armen stehen drei weitere Personen um einen Taufstein herum. Es ist anzunehmen, dass hier das herzogliche Paar von Sachsen-Merseburg dargestellt ist:[5] die Stifterin der Taufgeräte, Herzogin Christiane, und ihr Gemahl Herzog Christian I. in zeitgenössisch-modischem Kostüm. In der dritten Person ist wohl ein Pate zu sehen. Aus einer gewundenen Wolke über dem Taufstein kommt die Taube des Heiligen Geistes herab.

Unter dem Henkel und der Kannentülle befinden sich Früchte und Engelsköpfe. Auch Fuß und Deckel sind abwechselnd mit Fruchtbündeln und geflügelten Engelsköpfen verziert, die hier in halbkreisförmigen, leicht gewölbten Feldern angeordnet sind. Dieses Motiv zeigt Übereinstimmungen mit der Gestaltung auf dem Rand der zugehörigen Taufschale, doch sind diese Elemente anders als dort an der Kanne nicht miteinander verbunden, sondern durch die Feldeinteilung sogar getrennt. Der Rand des Deckels ist gewellt ausgebildet. Er war ursprünglich von einer Figur des kindlichen Christus mit der Weltkugel bekrönt.[6] Diese ist jedoch verloren und wurde durch einen flach gebuckelten Aufsatz ersetzt. Die Tülle ist schön geschwungen und mit einem Blatt- oder Schuppenmuster graviert. An der Öffnung oben endet sie in einem gegossenen Drachenkopf, durch dessen Maul das Wasser hindurchfließen kann. Der zierliche Henkel läuft beiderseits in Voluten aus, die Daumenrast ist V-förmig geteilt.

Nicht ganz gewöhnlich ist der vergleichsweise hohe Fuß der Kanne. Sein Schaft verbreitert sich zwischen Standfläche und Korpus noch einmal in einer Art flachem Nodus mit gewelltem, nach außen gezogenem Rand und Akanthusschmuck.

B. S.

Anmerkungen

[1] Rosenberg 1923 II, S. 310, Nr. 3408, hier als „Beschauzeichen von 1666" bezeichnet und ungedeutet.

[2] A. a. O., Nr. 3410.

[3] Diese historische Gewichtsangabe bezieht neben der Kanne die zugehörige Taufschale ein.

[4] Vgl. dazu auch Kat.-Nr. Da 1 (Gobelin Langenstein).

[5] So der Vorschlag von Karin Heise in Katalog Merseburg 2004, S. 249.

[6] Katalog Merseburg 2004, S. 249, mit weiterführender Literatur.

Silber, teilweise vergoldet, getrieben, graviert
Höhe: 4,6/6,5 cm, Breite: 52,3/44,7 cm

Inschriften:
Im Spiegel der Schale:
ACH LIEBER HERR JESU DEINE
HEILIGE TAUFFE KOMME UNS
ALLEN ZU GUTTE
Die überlieferte Inschrift „Vor Reich und Arm" auf
der Unterseite ist nicht mehr vorhanden.

Die Taufschale ist nachweislich eine Leipziger Arbeit. Der Goldschmied, der die qualitätvolle Treibarbeit fertigte, ist unbekannt, da keine Meistermarke existiert. Die in der älteren Forschung genannte Zuschreibung an den Naumburger Ratsjuwelier Peter Krügelstein[1] ist nicht gesichert und wahrscheinlich falsch; allerdings war Krügelstein zeitweise in Leipzig tätig.

Die Schale ist eine Stiftung des Naumburger Goldschmieds Heinrich Funcke, der sie „zu Leipzig machen" ließ und am 19. Januar 1671 der Kirchengemeinde übergab. Dafür wählte er einen ungewöhnlichen Weg, wie ein Chronikbericht des damaligen Kirchenvorstehers David Lipach überliefert: „Dieses Becken ist in der Kirchen gefunden worden, hat an der thür an dem Männer Stuhle sub No. 28 neben dem Bürgermeister Stuhle auff der Erden gelehnet, welches Adam Schmeisser Bürger und Hueffschmidt alhier frühe morgens, als es noch etwas dunkell gewesen, und Er sich in diesen Stuhl setzen wollen, gefunden."[2] Der scheinbar anonyme Spender ist der Gemeinde jedoch später bekannt geworden. Ein eingeklebter Zettel in Lipachs Chronik vermerkt seinen Namen.

Die nicht ganz kreisrunde, sondern leicht ovale Taufschale aus dünnem Silberblech zieren auf dem gewölbten Rand hoch aufgetriebene Blatt- und Blütenornamente. Der tiefe Spiegel zeigt als getriebenes Relief die Taufe Christi. In der Bildmitte steht Jesus im flachen Wasser des Flusses Jordan. Vom rechten Ufer aus gießt Johannes, mit einem Bein auf einem Felsen kniend, aus einer Schale das Taufwasser über dessen Kopf. Auf dem jenseitigen Ufer kniet ein Engel mit einem ausgebreiteten Tuch, hinter ihm haben sich elf kleinere, nur mit einem Lendentuch bekleidete Personen versammelt. Dichter Wald und Felsen begrenzen die Szene nach beiden Seiten. Aus dem Gewölk des Himmels sendet Gottvater die Taube des heiligen Geistes hinab. Darunter ist zu lesen: „ACH LIEBER HERR JESU DEINE HEILIGE TAUFFE KOMME UNS ALLEN ZUGUTTE."

Damit die neue Schale überhaupt gebraucht werden konnte, wurde im Februar 1671 eigens ein zinnerner Deckel für den mittelalterlichen Bronzetaufkessel der Kirche angefertigt, in dessen mittige Vertiefung die Schale gestellt wird. Dieser Zinndeckel ist erhalten und befindet sich nach wie vor auf dem Taufkessel in der Kirche. Er trägt als Inschriften verschiedene Bibelverse, die am Original zwar kaum noch lesbar, aber

Silber, teilweise vergoldet, getrieben, graviert
Höhe: 28 cm, Durchmesser: 13,2/14,8 cm (oben),
12,8 cm (unten), Gewicht: 1.034 g

Inschrift: *DEN 29. Sept. Ao. 1676*
(Unterseite des Stehrandes).
Der Zusatz: *Vor Reich und Arm* ist nicht
mehr vorhanden.

Evangelische Kirche St. Wenzel, Naumburg
Kirchenkreis Naumburg-Zeitz

durch Lipachs Chronik im Wortlaut überliefert sind.[3]

Die zugehörige Taufkanne stiftete die Familie Funcke fünf Jahre später. Als Stifterin wird Maria, Heinrichs Witwe, genannt. Da die Schenkung kurz nach dem Tod ihres Ehemannes erfolgte, könnte Heinrich die Kanne noch selbst in Auftrag gegeben haben. Familie Funcke wählte diesmal eine andere Variante des Versteckspiels. David

Lipach berichtet: „D. 29. Sept. Freytags am H. Michaelis Feste. Als der H. Ober-Pfarr auff die Canzel gegangen, hat auf der Canzel in einem winckel eine grose silberne Kanne von ein drey Nöseln gestanden, welche eine gutherzige Person zu dem silbernen Becken in dem Tauffsteine verehret. Auff der einen seitten stehet die historia von der geburth des H. Christi auff der andern seitten die historia von der Beschneidung des H. Christi. Unten am Fuß stehet auswendig Eines E. Raths Zeichen nemlichen Schlüssel und Schwerdt, und dabey des Goldschmidts der sie gemachet sein nahme mit zweyen Buchstaben gar klein als G.S. \ George Stein. Inwendig am Fuße stehet mit grosen lateinischen Buchstaben: VOR REICH UND ARM, benebenst der jahrzahl DEN 29. Sept. Ao. 1676."[4]

George Stein war Goldschmied in Naumburg und der „Sohn" (wohl Schwiegersohn) von Heinrich und Maria Funcke. Die Naumburger Stadtmarke findet sich oben auf dem Stehrand der Kanne. Die Meistermarke GS ist nicht mehr vorhanden, ebenso wenig die von Lipach zitierte Inschrift „Vor Reich und Arm". Die in der älteren Literatur verbreitete Zuschreibung der Taufkanne an Peter Krügelstein[5] trifft folglich keinesfalls zu.

Die Kanne besitzt eine gedrungene Krugform mit eingezogenem Fuß, aufgewölbtem Deckel und geschwungenem Henkel. In Treibarbeit findet sich darauf ein reiches Bildprogramm. Die Hauptszenen an den Seiten sind zum einen die Anbetung des neu geborenen Jesuskindes durch Maria, die Hirten und Engel, zum anderen die Beschneidung im Tempel. Dazwischen, unterhalb der Schneppe, verkündigt ein Engel die frohe Botschaft an die Hirten auf dem Felde. Oben auf dem Deckel erscheinen in der Mitte wiederum die Taufe Christi im Jordan, im Randwulst je zweimal ein Adler und ein Pelikan.   K. E.

Anmerkungen

[1] Bau- und Kunstdenkmäler 24: Kreis Naumburg, S. 260. • Schröder, A.: Zur Goldschmiedekunst in Naumburg. In: Naumburger Heimat Nr. 9 / 4. März 1936.
[2] Stadtarchiv Naumburg Ms 154: Manuale der Kirchen und des Gotteskastens zu St. Wenzel alhier zu Naumburg, darinnen allerhand Nachrichtungen von einem und dem andern, was bey Administration des verordneten Kirchen und Kastenvorstehers M. David Lipachs vorgelauffen, zu befinden, denen Successoribus zum besten mit allem Fleiße von ihm selbsten aufgezeichnet. Angefangen den 19. Maij Ao. 1668 biß 1680, fol. 158.
[3] Stadtarchiv Naumburg Ms 154, fol. 167.
[4] Stadtarchiv Naumburg Ms 154, fol. 558.
[5] Bau- und Kunstdenkmäler 24: Kreis Naumburg, S. 260. • Schröder, A.: Zur Goldschmiedekunst in Naumburg. In: Naumburger Heimat Nr. 9 / 4. März 1936.

Cc 4
Taufschale und -kanne
1681/zwischen 1692 und 1707

Silber, teilweise vergoldet, getrieben, graviert
Durchmesser: 57,3/58,4, Gewicht: 2.830 g

Inschriften:
„Dem Allerhöchsten zu Ehren hat die
Durchlauchtigste Fürstin und Frau, Frau
JOHANNA MAGDALENA, gebohrne und
vermählte Hertzogin zu Sachsen, Jülich, Cleve
und Berg dieses Tauff-Becken in die Stadt-Kirche
zu Weissenfelß machen lassen, A. 1681."
In den Medaillons auf dem Rand vier
Bibelsprüche:
„Diß ist mein Lieber Sohn an/ Welchem ich
Wohlgefallen habe./ Math. 3.V.17."
„Wer das glaubet und getaufft/ Wird, der wird
selig./ Marc. 16.V.16"
„Ihr seid alle Gottes Kinder, durch/ Den Glauben
an Christo Jesu denn/ Wie viel Euer getauft sind
die haben/ Christum angezogen. Gal. 3.V.27"
„Lasset die Kindlein zu mir kommen/ Und wehret
ihnen nicht, denn solcher/ Ist das Reich Gottes.
Marc. 10.V.14"

Silber, getrieben, graviert
Durchmesser: 11,5/11,7 cm (Boden)
Durchmesser: 21/21,7 cm (Öffnung)
Höhe: 25 cm, Gewicht: 840 g

Inschriften:
C. W. H. Z. S. J. C. U. B. E. U. W. W.
W. G. J. H. W. D. G.
= Christiane Wilhelmine Herzogin zu Sachsen,
Jülich, Cleve und Berg, Engern und Westphalen,
Weißenfels
Was Gott im Himmel will, das geschehe.

Evangelische Stadtkirche Weißenfels
Kirchenkreis Merseburg

Die große Silberschale, die für die Hauptkirche der sächsischen Residenzstadt Weißenfels gefertigt wurde, datiert aus dem Jahr 1681. Sie trägt keine klar erkennbare Stadt- oder Meistermarke, doch vermutlich handelt es sich um eine Leipziger Arbeit. Jens Fischer berichtet, er habe „bei genauer Untersuchung der Taufschale … eine Punzierung gefunden, die ich als ein - I - oder - L - identifizieren würde"; daraus folgert er, dass es sich um die Arbeit eines Leipziger Goldschmiedes handelt.[1]

Die Schale ist eine Stiftung der Herzogin Johanna Magdalena von Sachsen-Weißenfels, geb. Herzogin zu Sachsen-Altenburg (14. 1. 1656–22. 1. 1686). Anlass war die Stiftung des Taufsteins durch ihren Gemahl, Herzog Johann Adolph von Sachsen-Weißenfels (2. 11. 1649–24. 5. 1697, reg. ab 1680). Am 31. August 1681 soll die Schale der Stadtkirche übergeben worden sein.[2] Der neue Taufstein war bereits am 12. April jenes Jahres feierlich eingeweiht worden. Die Berichte darüber geben jedoch keine Auskunft, ob die Taufschale zu diesem Zeitpunkt schon vorhanden war oder nicht.[3] Damals besuchte der Hof noch die Gottesdienste in der Stadtkirche, denn die Kapelle im Schloss wurde erst 1682 eingeweiht.

Die runde Schale zeigt im Spiegel eine getriebene Darstellung der Taufe Christi. Johannes der Täufer, auf einem Felsen am Flussufer kniend, gießt aus seiner rechten Hand das Taufwasser über Jesus, der mit gekreuzten Armen im Fluss steht. Aus den Wolken darüber blickt Gottvater, die Weltkugel in der Linken, auf die Taufszene und sendet mit ausgestreckter rechter Hand die Taube des Heiligen Geistes herab. Links halten vier Engel Jesu Kleider und Tücher bereit, ein weiterer sitzt auf dem rechten Ufer. Auf einem Berg im Hintergrund ist das Weißenfelser Schloss Neu-Augustusburg zu erkennen, das zum Zeit-

punkt der Stiftung kurz vor der Fertigstellung stand.

Die silberne Taufkanne gehört, entgegen anders lautender Angaben,[4] ursprünglich nicht zu der Taufschale. Es handelt sich, wie aus der Inschrift hervorgeht, um eine Stiftung der Herzogin Christiane Wilhelmine, geb. von Bünau, der zweiten Gemahlin Herzog Johann Adolphs, die er am 3. 2. 1692 heiratete.

Jens Fischer betrachtet die Kanne als Stiftung des Herzogs von 1681. Davon ausgehend weist er eine ältere Zuschreibung der Kanne, welche die Meistermarke CB trägt, an den Weißenfelser Goldschmied Johann Christian Burkhardt zurück und schreibt sie dem Goldschmied Christian Babst zu. Sein Argument ist, dass Babst bereits 1680 das Weißenfelser Bürgerrecht erhielt, wohingegen Burkhardt sich erst 1704 mit der dortigen Goldschmiedeinnung verglich und vorher sein Handwerk in der Stadt nicht hätte ausüben dürfen.[5] Diese Beweisführung ist jedoch zurückzuweisen, da die Kanne nicht von Herzog Johann Adolph, sondern von dessen zweiter Gemahlin Christiane Wilhelmine gestiftet wurde. Damit ist sie in die Zeit zwischen der Vermählung des Paares im Jahr 1692 und Christiane Wilhelmines Tod 1707 zu datieren. Insofern käme auch Burkhardt als Schöpfer der Kanne durchaus in Frage.

Die schlichte, doch elegante Taufkanne kommt ohne figürliches Dekor aus. Den becherförmigen Kannenkörper gliedern umlaufende horizontale Bänder, ebenso den runden Fuß. Der in einer kühnen S-Form geschwungene Griff weist Ornamente nach Art des Ohrmuschelwerks auf. In eine Seite des Körpers sind Wappen und Inschrift graviert.

Diese Kanne, zu der ein Taufbecken mit gleich lautender Inschrift gehörte, war nicht für die Stadtkirche bestimmt, sondern für die Klosterkirche. In den dortigen Inventaren werden Kanne und Schale geführt. Als „Klosterkirche" bezeichneten die Weißenfelser das Gotteshaus des ehemaligen Clarissenklosters, das seit 1539 evangelisch war. Das Inventar der Klosterkirche von 1764 verzeichnet neben der Taufkanne auch das passende Taufbecken mit derselben Inschrift und dem sächsischen Herzogswappen.[6] In der Klosterkirche wurden die Kinder der Hofbediensteten getauft, dies erklärt das Interesse der Herzogin, die auch den Taufstein gestiftet hat.[7]

Zeitweise befand sich die Taufgarnitur in der Schlosskapelle auf der Neu-Augustusburg. Nach dem Aussterben der Linie Sachsen-Weißenfels im Jahr 1746, als der Ort seine Residenzfunktion verlor und die Schlosskapelle nicht mehr genutzt wurde, kamen die eigentlich der Klosterkirche gehörenden Ausstattungsstücke wieder dorthin zurück.[8] Später gelangten sie in die Stadtkirche.

Die Stadtkirche besaß laut Inventar bereits eine silberne Taufkanne, als das Becken gestiftet wurde. Es handelte sich um eine Stiftung der „Frau Gertraudt gebohrne Nauertin, H. Johann Fiedlers Bürger und Rathsverwandten, wie auch Seiffensieders alhier zu Weißenfels gewesene Haus Frau" aus dem Jahr 1630 oder 1632.[9] Diese Kanne ist nicht erhalten; sie wurde zusammen mit dem Taufbecken der Klosterkirche Anfang des 19. Jahrhunderts eingeschmolzen, um aus dem Silber eine neue Taufkanne herzustellen.[10] Seitdem werden die beiden hier präsentierten Stücke, Kanne und Becken, gemeinsam gebraucht.　　　　　K. E.

Anmerkungen

[1] Fischer, Jens: Geschichte der Weißenfelser Goldschmiede. Weißenfels 2003, S. 40.

[2] Fischer, Jens: Vasa Sacra der Stadtkirche St. Marien mit besonderer Betrachtung barocker Goldschmiedekunst in Weißenfels, in: 700 Jahre Stadtkirche St. Marien zu Weißenfels. Festschrift zum Kirchweihjubiläum am 14. September 2003, hrsg. v. Mathias Köhler, Weißenfels 2003, S. 39; der Nach-

weis, für den Fischer keinen Beleg angibt, konnte nicht aufgefunden werden.

[3] Stadtarchiv Weißenfels: Handschriftliche Chronik der Stadt Weissenfels und der angrenzenden Länder von Johann Christian Büttner. Abschrift im Stadtarchiv Weißenfels, S. 109. • Kirchengemeinde Weißenfels: Taufregister 1680–1699, fol. 22.

[4] Fischer (Goldschmiede) 2003, S. 39 und ders. (Vasa Sacra) 2003, S. 39. Die entsprechenden Quellen sind bereits mehrfach publiziert, zuletzt bei Köhler, Mathias, Barocke Frömmigkeit im Spiegel herrschaftlicher Repräsentation. Stiftungen der Weißenfelser Herzöge für die Kirchen ihrer Residenzstadt. – In: Festschrift 300 Jahre Schloß Neu-Augustusburg, 1660–1694. Residenz der Herzöge von Sachsen-Weißenfels. Weißenfels 1994, S. 69 f.

[5] Fischer (Goldschmiede) 2003, S. 39 f. und ders. (Vasa Sacra) 2003, S. 39.

[6] Stadtarchiv Weißenfels A II Nr. 3513: Inventarium bei hiesiger Stadtkirche an Büchern und sonstigen Geräthschaften 1711–1880.

[7] Stadtarchiv Weißenfels: Handschriftliche Chronik der Stadt Weissenfels und der angrenzenden Länder von Johann Christian Büttner. Abschrift im Stadtarchiv Weißenfels, S. 74.

[8] Inventarium der Fürstl. S. Schloß-Kirche auf der Neu-Augustusburg zu Weißenfels, 1746. Sächsisches Hauptstaatsarchiv Dresden 10025: Geheimes Konsilium, Loc. 5226.

[9] Stadtarchiv Weißenfels A II Nr. 3513: Inventarium bei hiesiger Stadtkirche an Büchern und sonstigen Geräthschaften 1711–1880.

[10] Archiv der Ev. Altstadtgemeinde Weißenfels: Inventar 1824.

Cc 5

TAUFSCHALE[1]

1682

Balthasar Lauch, Leipzig

Silber, vergoldet, getrieben, ziseliert,
gepunzt und graviert
Durchmesser: 65/65,5 cm
Durchmesser Spiegel: 38/39 cm, Höhe: 5,5 cm
Gewicht: 3.421,1 g
Meister- und Beschauzeichen auf dem
äußeren Rand der Fahne unten
Balthasar Lauch[2] und Leipziger Beschau[3]

Inschrift auf dem inneren Rand der Fahne:
*Dem Allerhöchsten GOTT zu Ehren und der Kirchen
zum Zierath hat Herr Christoff Sander, Raths
Verwandter und Pfänner 100 Rthl. und eine Gott
bekante Weibs Person 20 Rthl. Wie auch die Sel:
Fr. Margreta Hambsterin 32 Rthl. Und die Sel:
Fr. Catharina Heinin 35 Rthl. aus guten Gemüthe
zu diesen Silbern Gießkan und Tauffbecken Ver Ehrt,
das übrige aber die Kirche zu St. Ulrich alhier
in Halle Von ihren eignen Mitteln dazu gethan.
[hochgestellt][4] [nno] 1682.*

Inschriften in den Medaillons auf der Fahne:
*Dis ist mein Lieber Sohn an Welchem ich
Wohlgefallen habe, den solt ihr Hören.*
Matth: 3 (oben)
*Wer da Glaubet und getaufft Wird der wird Selig.
Wer aber nicht glaubet der wird Verdammet.*
Marc. 16 (rechts)
*Lasset die Kindlein zu mir kommen und Wehret
Ihnen nicht, denn solcher ist das Reich Gottes.*
Marc: 10 (links)
*Wir sind allzumal Gottes Kinder. Durch den
Glauben an Christo Jesu. Den wie viel Euer getaufft
sind. die haben Christum angezogen. Gal. 3 (unten)*

Marktkirchengemeinde Unser Lieben Frauen
Halle, aus St. Ulrich, Halle
Kirchenkreis Halle-Saalkreis

Im Innern des Spiegels der Schale hat der Goldschmied ein Relief mit der Taufe Christi im Jordan
durch Johannes erhaben ausgearbeitet. Beide Figuren sind durch einen Nimbus hervorgehoben.
Johannes hält ein Kreuz in der Hand. Auf der Mittelachse ist die Dreieinigkeit mit Christus, der
Taube des Heiligen Geistes und der in den Wolken darüber schwebenden Halbfigur Gottvaters
mit Zepter in der linken Hand betont. Damit
nimmt die Darstellung unmittelbar Bezug auf die
Taufformel, die stets im Namen des Vaters und des
Sohnes und des Heiligen Geistes gesprochen wird.
Links hinter Christus stehen dicht beieinander
zwei große Engel, zwei kleinere sitzen vor ihnen
auf dem Boden. Sie alle halten Tücher bzw. Stoffe
in ihren Händen. Darin sind, wie seit dem Mittelalter in Darstellungen der Taufe Christi im Jordan
mit begleitenden Engeln üblich, ein Trockentuch
und das weiße Gewand oder „Westerhemd" zu erkennen, mit dem Christen nach dem Taufakt bekleidet wurden.[4] Hinter den Engeln wachsen
Bäume mit schirmförmigen Kronen empor.

Rechts hinter Johannes stehen zwei orientalisch
gewandte beleibte Männer. Vor ihnen kniet ein

Cc 6

Taufschale[1]

1684/85
August Hosse, Halle

weiterer kleiner Engel neben einem Lamm. Die Szene wird von einem kreuzförmig umwundenen dicken Blattkranz gerahmt, auf dem vier Blüten verteilt sind.

Die Fahne der Schale ist umlaufend in drei Teile gegliedert: zwei schmale glatte Streifen rahmen einen breiteren in der Mitte, in dem in hohem Relief vier Inschriftenmedaillons zwischen zwölf stark plastisch hervortretenden Blüten und Blattwerk herausgetrieben sind. Der schmale Innenstreifen trägt eine Inschrift mit den Namen der Stifter und die Jahreszahl 1682, der äußere Streifen ist wellig ausgearbeitet. Die zugehörige Kanne[5] zeigt Bilder der Verkündigung und Geburt Christi.

Der Leipziger Goldschmied und Medailleur Balthasar Lauch war das bedeutendste Mitglied einer ursprünglich aus Quedlinburg stammenden Goldschmiedefamilie, die seit Ende des 16. Jahrhunderts in Leipzig ansässig war. 1682 schuf er eine Medaille auf Johann Olearius.[6]   B. S.

Anmerkungen

[1] Schönermark 1886, S. 215–216. • Vogel 1931, S. 45. • Schröder, Albert: Leipziger Goldschmiede aus fünf Jahrhunderten, Leipzig 1923, S. 51. • Rosenberg 1923, Bd. 2, S. 251, Nr. 3064 (mit älteren Erwähnungen). • Wipplinger 1973, S. 50–51, Abb. 55 und Anm. 133.

[2] Rosenberg 1923, Bd. 2, S. 251, Nr. 3064.

[3] Leipziger Beschau, Rosenberg 1923, Bd. 2, S. 236, wohl Nr. 2995.

[4] Siehe auch Katalog-Nrn. Cc 1, Cc 3, Cc 4 und Cc 6.

[5] Rosenberg 1923, S. 251, Nr. 3064. Das Stück ist nicht ausgestellt.

[6] Rosenberg 1923, Bd. II, Nr. 3057 und 3058. • Zu weiteren Arbeiten Fritz 2004, S. 489–490. • Vgl. auch Graul, Richard: Alte Leipziger Goldschmiede-Arbeiten und solche anderen Ursprungs aus Leipziger Besitz, Leipzig 1910.

Silber, teilvergoldet, getrieben, ziseliert und graviert
Durchmesser: 64/64,2 cm, Höhe: 6/6,1 cm
Breite der Fahne: 11,4/11,6 cm, Gewicht: 4.100 g

Inschriften:
Auf dem Rand um den Spiegel umlaufend:
Dieses Tauff-Becken und Kanne wozu Jungfr. Bland. Forwergin in ihrem lezten willen ao.1682. 200 thlr legiret haben ao. 1685 Die Hrn Kirchvat: und Acht Man der Kirch: zu St. Moritz. nahmentl. Hr. Raths M. Melch. Rädel, Hr. Bend. Lindener, Hr. Lic. Carl Reichelm, Hr. Joh. Gbh. Heckenberg, Hr. Balth. Hellriegel, Hr. Christo. Katsch, Hr. Sim. Joh. Hübener, Hr. Christi. Krull, Hr. Sam. Zancker und Hr. Carl Hase, verfertigen laßen und war damals / [Inschrift läuft nach innen weiter] *Pastor an dieser Kirchen Hr. Joh. Christi. Olear.[2] Welcher allen und ieden Täufflingen zuruffet Freuet Euch, daß Eure Nahmen im Himmel geschrieben sind.*

Inschriften in den Medaillons auf der Fahne:
Diß ist mein lieber Sohn an welchem ich Wohlgefallen habe. Math. 3 (oben)
Wer da gläubet und getaufft wird der wird Seelig werden. Marc. 16 (rechts)
Laßet die Kindlein zu mier kommen und wehret

1886 schrieb Gustav Schönermark anerkennend über die Taufschale der St. Moritzkirche in Halle: *Die Darstellung ist gut und wie das ganze Becken pomphaft.*[4] Angesichts seiner Bewertung der meisten anderen Gegenstände in der Kirche aus dieser Epoche, die vielfach mit *„barock und ohne Bedeutung"* oder ähnlich beschrieben sind, erfuhr also dieses bemerkenswerte Taufbecken selbst in einer Zeit, in der sich barocke Kunst keiner großen Wertschätzung erfreute, ein vergleichsweise freundliches Urteil.[5]

Im Innern des Spiegels der Schale ist in erhabenem Relief eine Darstellung der Taufe Christi im Jordan durch Johannes ausgearbeitet. Der Goldschmied hat keine der beiden Hauptfiguren durch einen Nimbus hervorgehoben. Johannes stützt sich mit der linken Hand auf ein Kreuz. Auf der Mittelachse ist die Dreieinigkeit mit Christus, der Taube des Heiligen Geistes in einem glatten Queroval und der in den Wolken sichtbaren Büste Gottvaters mit Zepter betont. Damit wird unmittelbar Bezug auf die Taufformel genommen, die stets im Namen des Vaters und des Sohnes und des Heiligen Geistes gesprochen wird. Links hinter Christus auf einer Art Wolke oder Felsmassiv begleiten zwei große und zwei kleine Engel die Szene. Sie halten Tücher bzw. Stoffe in ihren Händen. Darin sind, wie seit dem Mittelalter in Darstellungen der Taufe Christi im Jordan mit begleitenden Engeln üblich, ein Trockentuch und das weiße Gewand oder „Westerhemd" zu erkennen, mit dem getaufte Christen nach dem Taufakt bekleidet wurden.[6] Am linken Bildrand wächst ein Baum empor. Rechts hinter Johannes weisen zwei antikisch gewandete Männer auf das Taufgeschehen. Vor ihnen kniet ein Kind mit emporgestreckten Armen, hinter ihnen sieht man, flach angedeutet, eine Stadtsilhouette. Die Szene wird von einem schmalen Blattkranz gerahmt.

Auf dem Rand der Schale sind in hohem Relief die vier Inschriftenmedaillons zwischen zwölf stark plastisch hervortretenden Blüten und Blattwerk herausgetrieben. In der Anordnung der Figuren, des Schmuckes auf dem Rand und selbst in der Auswahl der Inschriften in den Medaillons ist zu erkennen, dass der Goldschmied August Hosse sich bei seiner Arbeit an der 1682 entstandenen Taufschale der St. Ulrichskirche in Halle orientierte, sie jedoch nicht in allen Details kopierte (Katalog-Nr. Cc 5). Man hat daher eine gewisse auch künstlerische Abhängigkeit Hosses von dem Vorbild des Leipziger Goldschmiedes Balthasar Lauch gesehen.[7] Es ist jedoch nicht unwahrscheinlich, dass die Auftraggeber von vornherein eine Schale bestellt hatten, die diesem kurz zuvor gearbeiteten Stück bewusst ähnlich sein sollte.

Die Moritzkirche war Pfarrkirche der Hallorenbruderschaft von der Saline. Auftraggeber der Goldschmiedearbeit war die Gemeinde. Eine ganze Reihe ihrer Mitglieder ist namentlich auf dem Rand der Schale genannt. Nach Vorverhandlungen mit einem uns unbekannten Goldschmied in Leipzig hatten sie am 1. Oktober 1684 mit August Hosse einen Vertrag über die Anfertigung der Taufschale geschlossen.[8] Die letzte Zahlung für die Arbeit erfolgte am 10. Dezember 1685.[9] Man beauftragte mit Hosse einen der produktivsten und schaffensfreudigsten halleschen Goldschmiede.[10] Die Taufschale der Moritzkirche ist das früheste von seiner Hand bekannte Werk.[11]

Anlass für die Stiftung dieser hervorragenden Arbeit war ein tragisches Familienschicksal. Wenige Jahre zuvor hatte die Pest in Halle gewütet. Im September 1681 hatte sie die Stadt erreicht und ließ erst 1683 langsam nach.[12] 1682 fielen der Seuche auch der Goldschmied Carl Forberg und seine gesamte Familie zum Opfer. Die jüngste Tochter war bei ihrem Tod gerade sechs Jahre alt.[13] Carl Forberg selbst starb am 27. November 1682 offenbar nur Stunden vor seiner ältesten zweiundzwanzigjährigen Tochter Blandina. Diese war nach den Eintragungen im Kirchenbuch die letzte der Familie. Am Tag vor ihrem Tod hatte sie vor dem „Pest Notario Hn. Johann Christoph Dannenhauer" ihr Testament aufgesetzt und „der Kirchen zu St. Moritz zweyhundert Thaler zu einem Silbernen Becken und Gießkanne welche von dem Acker sollten bezahlet werden" vermacht.[14] Beweggrund für die junge Frau war angesichts ihrer aussterbenden Familie vermutlich der Wunsch, mit ihrer Stiftung die Familie im Gedächtnis der Gemeinde zu erhalten. 1684 zahlte ein Erbe das Geld mit Zinsen aus,[15] und Blandina Forberg (oder wie in der Inschrift verzeichnet „Forwergin") wurde als Stifterin auf dem Rand

der Schale verzeichnet. Die Kirche erhielt in diesen schweren Jahren noch eine Reihe weiterer Vermächtnisse.[16]

Die ehemals zugehörige Taufkanne, ebenfalls von August Hosse gefertigt, ist verloren. Sie fiel möglicherweise den kriegerischen Ereignissen des Jahres 1806 zum Opfer. Bei der seitdem über lange Jahre mit der Schale zusammen genutzten Kanne handelt es sich ursprünglich um eine Abendmahlskanne, die der Moritzkirche 1683 gestiftet wurde.[17]

Die Taufschale kam 1973 nach Übergabe der Moritzkirche an eine katholische Gemeinde zusammen mit den evangelischen Gemeindegliedern in die Marktkirche. B. S.

Anmerkungen

1 Gedenkschrift an das siebenhundertjährige Jubelfest der St. Moritz-Kirche in Halle, Halle 1856, S. 55. • Schönermark 1886, S. 167–168. • Vogel 1931, S. 44. • Wipplinger 1973, S. 50–51.

2 Johann Christian Olearius (1646–1699) war damals Pfarrer an St. Moritz, seit 1685 Oberpfarrer an der Marktkirche Unser Lieben Frauen. Dazu Eisenmenger, Karsten: Die Pfarrer an der Marktkirche Unser Lieben Frauen – ein Streifzug, in: Sabine Kramer und Karsten Eisenmenger (Hrsg.): Die Marktkirche Unser Lieben Frauen zu Halle, Halle/S. 2004, S. 97–104.

3 Rosenberg 1923, Nr. 2324.

4 Schönermark 1886, S. 167.

5 Angesichts der vorzüglich gearbeiteten Taufschale der St. Ulrichskirche in Halle stellte Schönermark dagegen einen „geringen Kunstwerth dieses barocken Erzeugnisses…" fest, Schönermark 1886, S. 216.

6 Siehe auch Katalog-Nrn. Cc 1, Cc 3, Cc 4 und Cc 5.

7 Wipplinger 1973, S. 50. Zu weiteren Arbeiten Lauchs in der Kirchenprovinz Sachsen vgl. Fritz 2004, Katalog-Nrn. 321–323.

8 Marienbibliothek Halle, Archiv der Moritzkirche 436/1, Rechnungen. Kirchrechnung der Kirchen zu St. Moritz ab Anno 1680 … biß dahier 1681. 82. 83. 84. 85 undt 86. Die Archivstudien führte Kathrin Ellwardt im Auftrag des Ausstellungsbüros durch.

9 Marienbibliothek Halle, Archiv der Moritzkirche 436/1, Rechnungen ebd.

[10] Wipplinger 1973, S. 50. August Hosse wurde 1657 in Halle geboren, erwarb dort 1684 das Bürgerrecht und starb 1732.

[11] Vogel 1931, S. 44. Neben diversen Silberbechern, Deckelhumpen und anderen silbernen Gegenständen schuf Hosse 1708 auch eine Taufschale mit Kanne für die Marienkirche in Halle. Diese gingen jedoch 1806 verloren.

[12] Könnemann, Erwin und Autorenkollektiv: Halle. Geschichte der Stadt in Wort und Bild, Berlin 1983, S. 30–31. • Piechocki, Werner: Die Familie Händel in der Stadt Halle. II. Der Wundarzt Georg Händel (1622–1697), in: Händel Jahrbuch 36, 1990, S. 208–211.

[13] Marienbibliothek Halle, Archiv der Moritzkirche, Verstorbene 1674–1719, hier 1682: 4. Oktober Justina Forberg (41 Jahre alt), 13. Oktober Paul Forberg (16 Jahre alt), 6. November Maria Elisabeth Forberg (sechs Jahre alt), 27. November Carl Forberg (57 Jahre alt) und nach ihrem Vater am gleichen Tag Blandina Forberg (22 Jahre alt). Sie alle wurden während der Nacht begraben, wie es für die Toten der Pest üblich war. Die Schreibweise des Namens ist in den Quellen vielfältig variiert.

[14] In dem in der Marienbibliothek Halle bewahrten Extract aus ihrem Testament heißt es: Aus Jungfr. Blandinen, Carl Vorwergs [sic] seel. hinterlassenen Tochter Testamente, so sie am 26. Novembr. Vor dem Pest Notario Hn. Johann Christoph Dannenhauer auffgerichtet, Marienbibliothek Halle, Archiv der Moritzkirche, C. Aktenstücke, Nr. 7: Haupt Buch (fol. 223 f.).

[15] Marienbibliothek Halle, Archiv der Moritzkirche 436/1, Rechnungen. Kirchrechnung der Kirchen zu St. Moritz ab Anno 1680 … biß dahier 1681. 82. 83. 84. 85 undt 86: 228 thl. 12 g. Welche Jungf. Blandina Forwergin [sic] seel. In ihrem am 26 Novemb 1682 auffgerichteten Testamente der S. Moritz Kirchen zu einem silbernen Taufbecken und Gießkanne legiret, hat H. Gottfried Forwerg, alß dero Erbe, völlig abgeliefert, den 11 [Novemb]ris 1684.

[16] Gedenkschrift an das siebenhundertjährige Jubelfest der St. Moritz-Kirche in Halle, Halle 1856, S. 55.

[17] Fritz 2004, S. 490, Katalog-Nr. 322, Abb. 272, Nr. 447.

Silber, getrieben, ziseliert und graviert
52 x 71 cm
Gewicht 1.790 g

Inschriften:[2]
Mitte oben: *Der Kirche zur Heiligen Dreyfaltigkeit / Christus spricht / Lasset die Kindlein zu mir kommen und wehret / Ihnen nicht den solcher ist das Reich Gottes / Marci, am 10. Cap. v. 14.*

Links oben: *Anno 1697 / Von einem guten Freund in Leipzig / verehret worden.*
Rechts oben: *Anno 1698. / Gestohlen worden.*

Mitte unten: *Anno 1702 / Von der Kirche wieder / gemachet worden./ Anno 1742 / Von der Kirche zum / andernmahl ge- / machet worden.*

Marken (in der unteren Inschriftenkartusche): Beschau Zerbst im Oval,[3] Meisterzeichen ID im Queroval[4] sowie Feingehaltsangabe 10

Das Taufgerät stammt aus der 1683 bis 1696 nach Plänen von Cornelis Rychwaert errichteten evangelischen St. Trinitatiskirche in Zerbst. Dieser erste lutherische Kirchenneubau in Anhalt ist 1945 bei einem Luftangriff schwer beschädigt und 1951 bis 1967 wieder aufgebaut worden.[7] Die ursprüngliche historische Innenausstattung ist weitgehend verloren. Die Überlieferung des Taufgerätes ist daher von hohem Wert für die Gemeinde. In der Kirche hing ehemals ein Taufengel vor dem Altar von der Decke herab. Die Figur trug in ihren Händen eine versilberte hölzerne Schale, in die bei Taufen ein metallenes Becken und eine Kanne gestellt werden konnten.[8] Bereits 1770 wurde der Engel jedoch durch einen Tauftisch ersetzt. Bei dem Bombenangriff ging dieser wie auch der vermutlich beiseite gestellte Taufengel verloren.[9]

B. Aufsatz

1. Hälfte 18. Jahrhundert

Silber, getrieben, ziseliert, graviert und verschraubt
(Reparaturen mit Zinnlot)
Breite: 27 cm, Höhe: 10 cm, Gewicht: 595 g

Inschrift auf dem Rand umlaufend:
HILFF* DU *HEILIGE*DREYFALTIGKEIT*
WER DA GLAUBET [unter Lötstelle
fehlend „U"]ND GETAUFT WIRD DER
WIRD SELIG WERDEN MAR [unter
Lötstelle C XVI ?]
[unter Lötstelle VE] RS XVI

Marken (am Fußrand und im Schalenboden
jeweils):
Beschau-Zerbst im Oval,[5] Meisterzeichen ID im
Queroval[6] sowie Feingehaltsangabe 10

St. Trinitatiskirche Zerbst
Landeskirche Anhalts

Das silberne Taufgerät besteht aus zwei Teilen, einem großen flachen Becken und einem Aufsatz. Das untere Becken trägt eine Inschrift. Sie zeigt an, dass seine erste Stiftung 1697, also im Jahr nach der Vollendung des Kirchenbaus, erfolgte und gibt auch Hinweise auf den weiteren Verlauf der Geschichte. Danach ging das Becken bereits 1698 durch Diebstahl verloren. Aus älteren Nachrichten über die Kirche erfahren wir von einer dabei mitentwendeten Taufkanne.[10] Beide Stücke müssen 1702 neu geschaffen worden sein, und das große Silberbecken wurde 1747 abermals neu angefertigt. Aus dem Material der Kanne wurde zu einem in den Quellen nicht genannten Zeitpunkt der Aufsatz gefertigt.[11]

Das flache untere Silberbecken hat die Form einer riesigen querovalen Muschelhälfte, deren poliertes geschwungenes Gelenk oben wulstartig stark hervortritt und rechts und links mit je einem schneckenförmigen Ornament verziert ist. Sein schmaler profilierter Rand ist an acht Punkten eingezogen und auch um das Gelenk herumgelegt. Den acht Einziehungen entsprechen acht Rippen, die den Boden in Felder gliedern. In der Mitte der Muschel, leicht nach unten verschoben, ist ein glattes Oval in profiliertem Rahmen eingelassen. Es bietet Platz für den separaten Aufsatz, dessen Fuß hier eingepasst werden kann.

Die Felder zwischen den Rippen sind dicht mit plastisch getriebenem Bandelwerk überzogen. Naturnahe Akanthusformen durchdringen sich mit stilisierten naturfernen Formen. Davon abgehoben sind vier polierte und gerahmte Rokoko-Kartuschen, von denen drei oberhalb des Ovals für den Aufsatz und eine weitere unterhalb davon für die Inschriften ausgespart sind. Rechts und links der unteren Kartusche wölben sich zwei kleinere blanke Felder ohne Inschriften. Mit diesen verbunden sind zwei deutlich betonte Blüten-Fruchtgehänge. Die auch sonst in den Feldern stellenweise eingefügten Rosen, Passionsblumen und anderen Blüten sowie Trauben heben sich dagegen aus dem dichten Rankenwerk weniger klar heraus.

Das große Becken und der Aufsatz mit Fuß, Schaft und Schale sind zueinander passend gearbeitet. Der Aufsatzfuß wölbt sich reich verziert über einem ovalen Standring, der mit einem getriebenen Perlenornament, Blütenformen und angedeuteten Steinfassungen geschmückt ist. Er trägt eine Art länglichen, schräg gelegten Eierstab, dessen Hohlstäbe mit runden, die dazwischen liegenden Formen mit langen tropfenförmigen und wiederum runden kleinen Perlen verziert sind. Den Übergang zu einer polierten Fläche, einem glatten unteren und einem breiteren, nun achtfach gekerbten oberen Schaftstück bildet ein Rand aus getriebenen Perlen. Fuß und Schaft sind

aus einem Stück gefertigt und mit der separat gearbeiteten Schale verschraubt. Ihr Dekor wird
durch acht vertikale, bis zum Rand durchlaufende
Rippen gegliedert. Symmetrisch angeordnete
Akanthusranken mit eingehängten Blumen- und
Fruchtfestons sind auf den Wandungen der acht
gebauchten Felder zwischen den Rippen ausgearbeitet. Auf dem umlaufenden glatten Schalenrand
ist die Inschrift in Großbuchstaben eingraviert.

Keines der beiden Stücke zeigt szenische Darstellungen. Theologische Aussagen zur Taufe werden vor allem durch die auf dem Rand des Aufsatzes und in einer der Inschriftkartuschen des
Beckens eingravierten Bibelstellen gemacht.

Obgleich die deutliche Absicht erkennbar ist,
das Erscheinungsbild des Beckens und des Aufsat-

zes beispielsweise durch Ausarbeitung der Ranken
und Rippen aufeinander abzustimmen, und obgleich auch die Marken auf denselben Meister
hinweisen, sind im Gegenüber zwischen beiden
Stücken Unterschiede in der Ausführung zu be-
merken. So ist die Ziselierung des Rankenwerks
am Becken exakter und scharfkantiger ausgearbeitet als die des Aufsatzes, der weicher und lockerer
dekoriert ist. In der Ornamentik und in der Anordnung der Ranken weichen beide Teile ebenfalls
voneinander ab.

Die übereinstimmenden Marken weisen sicher
darauf hin, dass beide Stücke in der Werkstatt des
Zerbster Meisters „ID" gearbeitet wurden. Vermutlich geschah dies aber nicht zur selben Zeit.
Angesichts des stilistisch noch stärker der Barock-

zeit verpflichteten Dekors an der Schale des Aufsatzes ist zu vermuten, dass dieser aus dem Material der 1702 neu gefertigten Taufkanne zuerst gearbeitet wurde. Erst später wird der Goldschmied dann die untere Schale neu geschaffen haben. Über die möglichen Beweggründe für diese Verfahrensweise kann angesichts der Quellenlage und der Zerstörung auch der meisten anderen Ausstattungsgegenstände der Kirche kaum noch eine Aussage gemacht werden.

Den Stifter des ersten Taufgeräts nennt die Inschrift auf dem unteren Becken aus dem Jahr 1747: *Anno 1697 / Von einem guten Freund in Leipzig / verehret worden.* Es wird nicht deutlich, ob dieser Stifter Becken und Kanne gab, doch gedachte man seiner auch noch fünfzig Jahre später bei der Umarbeitung der Geräte. Da der Hinweis auf den guten Freund in Leipzig durch keinen Namen näher erläutert wird, können nur Vermutungen angestellt werden. Vielleicht ist eine Verbindung zu einem „Kaufmann Örtel in Leipzig" denkbar, der die Kirche der Chronik zufolge im Jahr 1700 mit einer Summe von 300 Talern bedachte.[12]   B. S.

Anmerkungen

[1] Literatur: Büttner Pfänner zu Thal, Franz Friedrich Ernst (Bearb.): Anhalts Bau- und Kunst-Denkmäler nebst Wüstungen, Bd. XVI, Kreis Zerbst, Dessau o. J. [1895], S. 449 und S. 451, Abb. 319. • Sickel, W.: Geschichte der St. Trinitatis-Kirche zu Zerbst, Festschrift zur 200jährigen Jubelfeier der Einweihung am 16. Oktober 1696, Zerbst 1896. Nach Auskunft der Kirchengemeinde am 26. April 2006 gingen alle ungedruckten Quellen zur Ausstattung der Kirche 1945 beim Angriff auf Zerbst verloren.

[2] Auf der Unterseite der Schale alte Inventarnummer mit Tusche: „75".

[3] Rosenberg 1923 III, S. 386, Nr. 4959, hier als „Beschauzeichen von 1723" bezeichnet.

[4] Rosenberg 1923 III, S. 387, Nr. 4962. Rosenberg führt Beispiele für Arbeiten des Zerbster Meisters mit dem Zeichen „ID" im Queroval auf, die Taufgarnitur aus der St. Trinitatiskirche ist jedoch nicht verzeichnet.

[5] Rosenberg 1923 III, S. 386, Nr. 4959.

[6] Rosenberg 1923 III, S. 387, Nr. 4962.

[7] Eckardt Götz (Hrsg.): Schicksale deutscher Baudenkmale im zweiten Weltkrieg. Eine Dokumentation der Schäden und Totalverluste auf dem Gebiet der Deutschen Demokratischen Republik, Bd. 1, Berlin 1978, S. 278 f.

[8] Sickel a. a. O., S. 24.

[9] Heute nutzt die Kirchengemeinde einen romanischen Taufstein, der nach Auskunft aus der Gemeinde aus Bergwitz stammt.

[10] Dazu und zu dem Diebstahl, bei dem auch ein silbernes Kreuz abhanden kam, Sickel a. a. O., S. 32.

[11] Sickel a. a. O., S. 32.

[12] Sickel a. a. O., S. 35.

Cc 8

TAUFSCHALE

1896
Robert Lucke

Silber, getrieben, ziseliert, gepunzt und graviert
Durchmesser: 36 cm
Durchmesser Medaillon: 12,5 cm
Durchmesser Fuß: 14,7 cm
Höhe: 5,0 cm, Gewicht: 1.010 g

Inschrift innerhalb der Darstellung im Spiegel
[über der Tür des Hauses]
Der Herr segne deinen Eingang und Ausgang

Inschrift auf der Rückseite
d.d.d. Carl Artur Schallehn, Magdeburg A.D. 1896
Siegrid Lübeck getauft am 8. Oktober 1896

Meisterzeichen und Marken auf der Unterseite
auf dem Rand der Fahne
Rob.[ert] Lucke
„28627“, „800“, „Mond“
[ein viertes Zeichen unleserlich]

Kirchenkreis Magdeburg [1]

Die große silberne Schale des Magdeburger Goldschmiedes Robert Lucke entstand im Jahr 1896
für eine damals in Magdeburg neu erbaute Kirche. Der Stifter Carl Artur Schallehn, das zuerst
in der Schale getaufte Kind Siegrid Lübeck und
der Goldschmied sind aus den Inschriften auf
dem Stück zu ermitteln.[2]

Die Schale steht auf einem flachen Fußring.
Die getriebene Darstellung in ihrem Spiegel unterscheidet sich grundlegend von den Bildern älterer Taufschalen, die in der Ausstellung gezeigt
werden. Während dort bevorzugt der Sündenfall,
die Verkündigung an Maria, die Kundschafter mit
der Weintraube oder in den barocken Silberschalen die Taufe Christi im Jordan zu sehen sind,
haben wir es hier mit einer Genredarstellung zu
tun. Aus dem Haus rechts im Bild tritt ein Eltern-
paar, die Mutter hält den Täufling auf dem Arm.
Sie werden von einer Gruppe von sechs Kindern
erwartet. Links davon steht ein älteres Paar, vermutlich die Großeltern, vor einer bewachsenen
Laube. Hinter der Szene tut sich eine Landschaft
mit Bäumen auf, an deren oberem Rand eine Kirche sichtbar wird. Auf dem Weg dorthin sieht
man ein weiteres Paar in Rückenansicht.

Die Darstellung zeigt eine Familie mit dem
Täufling beim Kirchgang. Das Bild drückt ein gegenüber vorangegangenen Jahrhunderten in
mehrfacher Hinsicht verändertes Verständnis aus:
Anstelle eines Themas der christlichen Ikonografie steht im Zentrum der Schale das Bild einer
„idealen" zeitgenössischen Familie. Zudem wird
nicht der eigentliche Taufakt, sondern der Weg
zur Kirche gezeigt. Schließlich weist die Darstellung der verschiedenen Generationen, die wohl
als Mitglieder einer Familie zu verstehen sind, darauf hin, dass die Taufe mehr als in den vorangegangenen Jahrhunderten nun als familiäre Angelegenheit angesehen wurde. Insbesondere deutet

Cc 9

TAUFSCHALE

1880
Berlin (?)

darauf die Anwesenheit der Mutter und der Großeltern hin. Sie fehlten in Zeiten, in denen vor allem die Paten, die Hebamme und mitunter der Kindsvater am Taufakt teilnahmen, der so frühzeitig stattfinden musste, dass die Wöchnerin nicht anwesend sein konnte.

Das Mittelbild ist separat gearbeitet und sauber eingesetzt. Auf dem Rand der Schale ist eine breite Weinlaubranke mit Trauben vor einem gepunzten Hintergrund eingraviert. B. S.

Anmerkungen

[1] Da dieses Stück bisher unpubliziert ist, wird der Herkunftsort aus Sicherheitsgründen durch Angabe des Kirchenkreises genannt.

[2] Archiv- und Literaturstudien im Auftrag des Ausstellungsbüros erbrachten keine Informationen zu diesem Stück.

Metallguss
Höhe mit Fuß: 7 cm, Durchmesser innen: 18 cm
Durchmesser außen: 41,5 cm

Monogramm/Datierung: *A.K. / 1880*

Privatbesitz, Magdeburg

Diese Metallguss-Taufschale aus dem Besitz der Familie Humbert aus Magdeburg wurde nach dem Vorbild einer Taufschale geschaffen, die nach Entwürfen des Berliner Architekten Karl Friedrich Schinkel in der zweiten Hälfte des 19. Jahrhunderts in Gold für das deutsche Kaiserhaus der Hohenzollern ausgeführt worden ist. Dass es sich dabei um ein Exemplar aus einer ganzen Reihe solcher Nachbildungen handelt, belegt zum Beispiel eine ähnlich gestaltete Schale, die sich in Bad Langensalza im Kirchenkreis Mühlhausen erhalten hat. Den Spiegel des Stückes schmückt ein Medaillon, das eine „Heilig-Geist-Taube" im Strahlenkranz zeigt. Damit kommt ein gängiges Schmuckmotiv zum Einsatz, welches sich in zahlreichen Variationen auf Taufschalen des 19. und frühen 20. Jahrhunderts nachweisen lässt. Die breite, eierstabgesäumte Fahne der Schale schmückt die vielfigurige Kombination einer Taufdarstellung mit dem Motiv des „Lasset die Kindlein zu mir kommen" (Matthäus 19,14), womit die beliebtesten Themen zur künstlerischen Gestaltung von Taufgeräten bzw. Taufgeschenken (vgl. z. B. Katalog-Nr. G 4) auf einem Stück zusammengefasst sind. Im Scheitel der Schale tritt die Gestalt Christi auf, welcher einem knienden nackten Knaben die Taufe spendet, über dem ein Engel eine Taufschale hält. Die Szene setzt sich in einer Vielzahl weiterer Engelsfiguren fort, die mit variierenden Gesten eine große Anzahl nackter sowie bekleideter Kinder und Säuglinge in den unterschiedlichsten Körperhaltungen auf Christus zuführen. Unregelmäßig angeordnete Pflanzenstauden, von denen sich beispielsweise Palmen und Schilfrohr näher bestimmen lassen, deuten einen räumlichen Hintergrund an. Die puttenartigen Aktdarstellungen der Kinder spiegeln dabei ebenso das Stilempfinden des Klassizismus wider, wie die antikisierenden Gewänder der Figuren oder die ausladenden Flügel der Engelsgestalten.

Von der langen Tradition der Taufschale zeugen die eingravierten Namen von 66 Kindern, in der Mehrzahl aus der Familie Humbert, die sich mit den dazugehörigen Taufdaten über Vorder- und Rückseite des Stückes verteilen. Der älteste Eintrag nennt *Lischen Humbert* als ersten Täufling, die mit Datum vom *16. 12. 1880* die Taufe im Entstehungsjahr der Schale empfing. Als jüngstes Glied in der Kette der Täuflinge ist *Albrecht Gustav Tonn* verzeichnet, dessen Taufdatum mit dem *29. 05. 2005* angegeben wird. Mit dem namentlichen Eintrag der Getauften und ihres Taufdatums auf der Schale wird hier ein Brauch auf das Taufgerät übertragen, der vor allem auch für Taufkleidchen belegt ist (vgl. z. B. Katalog-Nr. Da 18).

Daneben repräsentiert das Stück exemplarisch die Geschichte einer Familie im geteilten Deutschland. Ein Teil der Familie verließ in der zweiten Hälfte des 20. Jahrhunderts die DDR und trug das Familientaufkleid aufgrund einer bevorstehenden Taufe bei sich. Bei der Rücksendung an die in Mitteldeutschland verbliebenen Verwandten verschwand das Kleid auf dem Postweg und ist bis heute verloren. P. M.

D

TEXTILIEN

Wie in nahezu allen Bereichen menschlichen Lebens spielen auch bei der Taufe textile Gegenstände eine wichtige Rolle. In der Ausstellung werden Stücke gezeigt, die der Bekleidung der Täuflinge und der Festgesellschaft bei der Taufe dienten. Eine Reihe der ausgestellten Taufkleider sind bis heute in Gebrauch. Darüber hinaus ist es im Zusammenhang der Ausstellungsvorbereitung gelungen, einen Bildteppich, der in einer engen Verbindung zu einem Taufort gestanden haben muss, konservieren zu lassen. Dadurch ergab sich die einmalige Gelegenheit, ein solches Stück im Magdeburger Dom ausnahmsweise zu zeigen. Schließlich kann anhand von historischen Puppen in Täuflingstrachten deutlich gemacht werden, wie stark die Taufe beispielsweise im 19. und frühen 20. Jahrhundert auch im Bewusstsein der Kleinsten verankert war. Der Beitrag von Thomas Ruppel, *Zum Erscheinungsbild ländlicher Taufgesellschaften während des 19. Jahrhunderts im Magdeburgischen,* findet sich im nachfolgenden Katalogteil. Ein Übersichtsartikel von Bettina Seyderhelm, *Die Bekleidung der Täuflinge,* ist im Aufsatzteil dieses Bandes auf den Seiten 208–221 zu finden. B. S.

Da 1
Gewebter Bildteppich
(Gobelin)[1]
„Christus segnet die Kinder"

Nach 1540[2]
Vermutlich nach einer Vorlage von Georg Pencz
(um 1500–1550)

Wolle gewebt, Spannfäden aus Hanf
Leinenrückwand mit Stabaufhängung
Höhe: 145 cm, Breite: 112 cm

Evangelische Kirchengemeinde Langenstein
Kirchenkreis Halberstadt

Der Bildteppich zeigt im Zentrum Christus, umgeben von drei Frauen mit sieben Kindern. Rechts steht einer der Jünger, der die Frau vor ihm am Arm fasst und zurückziehen will.

Die Mütter und Kinder sind in der modischen Kleidung und Haartracht der Mitte des 16. Jahrhunderts dargestellt. Die Handlungen aller Personen werden differenziert wiedergegeben. Christus hat eines der Kinder auf dem Arm und küsst es. Sein Kopf ist von einem Nimbus mit Strahlenkranz umgeben. Zu seinen Füßen reckt sich ein kleines Mädchen mit Puppe zu ihm empor. Am linken unteren Bildrand spielt ein Junge mit seinem Steckenpferd, eine kniende Frau mit einem eng eingewickelten Neugeborenen fasst seine Hand, dahinter wird eine stillende Mutter sichtbar.

Über dem Kopf Christi wächst ein Apfelbaum auf, der als Baum der Erkenntnis gedeutet werden kann. Hinter dem Jünger steht ein Tor, im Bildhintergrund Häuser und Türme.

Das gesamte Bild ist in beigen, braunen, blauen und blaugrünen Farben gehalten. Es wird von einer umlaufenden breiten Borte aus großen Früchten, Trauben, Blättern und Blüten gerahmt.

Die dargestellte Szene geht auf eine Erzählung zurück, die in drei der vier Evangelienbücher der Bibel beschrieben ist. Danach werden Kinder von ihren Müttern zu Christus gebracht. Die Jünger wollen sie abweisen, doch Christus entgegnet ihnen: „Lasset die Kinder zu mir kommen und wehret ihnen nicht, denn solcher ist das Reich Gottes. Wahrlich ich sage euch: Wer nicht das Reich Gottes annimmt wie ein Kind, der wird nicht hineinkommen." (Lukas 18,15–17, siehe auch Matthäus 19,13–15 und Markus 10,13–16).

Die Kindersegnung Christi, von der aus dem Mittelalter nur wenige Darstellungen überliefert sind, hatte für die Reformation besondere Bedeutung: Gegenüber den Wiedertäufern illustrierte sie das biblische Argument für die Kindertaufe und machte zugleich die lutherische Auffassung vom Glauben als göttlicher Gnade anschaulich.[3] Die frühesten datierten Gemälde der Kindersegnung von Lukas Cranach d. Ä. stammen aus dem Jahr 1538.[4] In der Folge gehörte das Thema im 16. Jahrhundert zunächst zu den häufigsten Kirchenbildthemen der Cranach-Werkstatt. Schnell wurde es dann im protestantischen Norden Deutschlands und in der niederländischen Malerei des 16. und 17. Jahrhunderts aufgegriffen und variiert.[5] Einen weiteren quantitativen Höhepunkt erlebte das Thema im 19. Jahrhundert.

Der Bildteppich in Langenstein ist nicht das einzige Beispiel für die Übertragung des Motivs in die Bildwirkerei des 16. Jahrhunderts. Die grafische Sammlung des Museums der Bildenden Künste in Leipzig bewahrt eine um 1540 datierte Federzeichnung von der Hand Lukas Cranachs d. J.[6] Eine darauf vorgenommene Quadrierung weist darauf hin, dass sie ein Entwurf für einen Bildteppich ist. Für das hier beschriebene Stück ist sie jedoch als direkte Vorlage auszuschließen. Zwar finden sich auch in der Leipziger Zeichnung die Motive der stillenden Mutter und des Kusses Christi, jedoch unterscheidet sich die figurenreiche und gedrängte Komposition des Blattes insge-

stein[10] oder als Taufkesseldecke gedient hat,[11] ist schwer zu entscheiden. Angesichts seines engen thematischen Zusammenhanges mit der evangelischen Auffassung der Kindertaufe ist jedoch eine Verbindung zu einem Taufort sehr wahrscheinlich.   B. S.

Der Teppich konnte im Vorfeld der Ausstellung mit Mitteln der Kirchlichen Stiftung Kunst- und Kulturgut in der Kirchenprovinz Sachsen konserviert werden.

samt sehr von der des Langensteiner Teppichs. Für ihn kann hier eine andere Vorlage vorgeschlagen werden. Der Maler, Kupferstecher und Holzschneider Georg Pencz (um 1500–1550) schuf nach 1540 einen kleinen Kupferstich mit der Darstellung der Kindersegnung, der mit wenigen Abweichungen alle Details der Komposition und der einzelnen Motive vorgibt: die stillende Mutter, den Jungen mit dem Steckenpferd, die kniende Frau mit dem Säugling, den Kuss Christi und auch die Mutter mit den beiden Kindern und den Jünger am rechten Bildrand.[7] Unterschiede finden sich lediglich in der Haar- und Kleidermode und in der Versetzung des Themas in einen Innenraum. Der Ausblick in die Landschaft durch ein Fenster hinter den Figuren zeigt jedoch wiederum einen Baum in der Mitte sowie Häuser und Türme im Hintergrund.

Darüber, wo der Langensteiner Bildteppich angefertigt wurde, kann derzeit noch keine Aussage gemacht werden, da die Bildwirkerei des 16. Jahrhunderts in Mitteldeutschland noch der weiteren Erforschung bedarf.[8] Zentren lagen damals in Kurhessen und Kursachsen, aber auch in der Markgrafschaft Brandenburg und in Niedersachsen gab es entsprechende Werkstätten.[9]

Ob der Teppich, wie vorgeschlagen wurde, ursprünglich als Wandschmuck hinter einem Tauf-

Anmerkungen
[1] Literatur: Doering, Oskar (Bearb.): Beschreibende Darstellung der älteren Bau- und Kunstdenkmäler der Kreise Halberstadt Land und Stadt, Halle/S. 1902, S. 76, • Katalog Meißen 1955, Nr. 106.
[2] Um die Mitte des 20. Jahrhunderts wurden konservierende Maßnahmen an dem Teppich vorgenommen. Dabei sind insbesondere in den Randzonen Ergänzungen und Reparaturen ausgeführt worden (freundliche Mitteilung der Restauratorin Evemarie Schaper, Stendal).
[3] Dazu auch Katalog Hamburg 1983, S. 241, Nr. 114.
[4] Katalog Torgau 2004, S. 134, Nr. 180.
[5] Vgl. Friedländer/Rosenberg 1932, Nr. 179 und Nr. 291. Sehr bekannt ist das große Tafelgemälde Lukas Cranachs d. Ä. in der St. Wenzelkirche in Naumburg.
[6] Leipzig, Museum der bildenden Künste, Grafische Sammlung, Inv.-Nr. NI 16, abgebildet in Katalog Berlin 1983, S. 375, F 7. Zur Nutzung ebd.
[7] Georg Pencz: Kupferstich nach 1540, 7,9 x 11,7 cm, Hamburger Kunsthalle Kupferstichkabinett, Inv.-Nr. 11921, siehe Abb. auf dieser Seite.
[8] Freundliche Auskunft von Barbara Pregla, Landesamt für Denkmalpflege und Archäologie in Sachsen-Anhalt, am 6. April 2006.
[9] Jaques, Renate: Deutsche Textilkunst in ihrer Entwicklung bis zur Gegenwart, Berlin 1942, S. 213–219.
[10] So der Vorschlag in Katalog Meißen 1955, Nr. 106.
[11] Doering, Oskar (Bearb.), Beschreibende Darstellung der älteren Bau- und Kunstdenkmäler der Kreise Halberstadt Land und Stadt, Halle/S. 1902 , S. 76.

Da 2

Taufausstattung

bestehend aus Jäckchen und Mützchen, Taufsäckchen (?), Steckkissenbezug und ein paar Müffchen

1791

Seide, bemalt, handgenäht, Spitze
Länge des Steckkissens: 73,5 cm, Breite: 54 cm
Deutschland, Thüringen

Staatliche Museen zu Berlin
Stiftung Preußischer Kulturbesitz
Museum Europäischer Kulturen
(Inv. Nr. MEK I (27 H) 441/ 1988 a-e)
(Stiftung Albert Schorr)

Die uns überlieferte Taufausstattung der Prinzessin Gunteria Friederike Charlotte Albertina zu Sondershausen 1791, vermutlich eine Tochter von Fürst Günther Friedrich Karl I. von Schwarzburg-Sondershausen (1760–1837)[1] besteht aus fünf Teilen, von denen zumindest vier Teile direkt zueinander passen.

Grundmaterial aller Objekte ist weiße Seide, die gewachst und bemalt ist. Die Bemalung wurde mit Gouachefarben vorgenommen, ist in Form von Rosenblüten und -blättern ausgeführt und folgt den Formkanten der Ausstattungsteile. Da nahezu alle textilen Flächen mit rosa Seide unterfüttert sind, schimmert die gesamte Ausstattung in der Farbe Rosa.

Der Steckkissenbezug hat die Form eines Rechtecks und ist nach oben abgerundet.[2] Er ist mit rosa Taft unterfüttert und doppellagig genäht, um das Einbringen einer festen Unterlage oder eines Kissens darin zu ermöglichen. Die obere Hälfte der Fläche ist mit einer gefältelten Seidenborte verziert. Seitlich der Steckkissenfläche sind je drei sechs cm breite und 70 cm lange seidene Bindebänder angenäht. Diese ermöglichen das stabile und zugleich optisch attraktive Einbinden des Säuglings, an-

lässlich der Taufe und zu anderen festlichen Gelegenheiten.

Das Ensemble aus Jäckchen und Mützchen ist für ein sehr kleines Kind gefertigt. Das Jäckchen ist trapezförmig geschnitten und für den Verschluss mit hellen seidenen Bindebändern versehen. Das dazugehörige Mützchen ist sehr klein und im Nacken leicht eingehalten, um die Passform zu verbessern. Der Rand ist mit Seidenband eingefasst und mit zarter Klöppelspitze verziert. Innen ist es zusätzlich mit weißem Leinen gefüttert.

Das zur Taufausstattung gehörende Taufsäckchen hat eine quadratische Grundform, ist ebenfalls aus Seide gefertigt und mit rosa Seide unterfüttert. Die Bemalung ziert den gesamten Rand. Mit den seitlichen Bändern aus Seide, die am oberen Rand des Säckchens in einem Tunneldurchzug laufen, lässt sich die Weite regulieren bzw. der Säugling darin etwas fixieren.

Die Form der Ausstattung hebt sich deutlich ab von den zuvor gebräuchlichen Tüchern und Bändern, in denen die Kinder in ländlichen Regionen bis in die erste Hälfte des 19. Jahrhunderts fest gewickelt bzw. „gefatscht" wurden.[3] Denn „das uns heute noch geläufige lange weisse Taufkleidchen mit Ärmeln für die Kindstaufe ist nicht über das 18. Jahrhundert hinaus in die Vergangenheit zu verfolgen. […] bis dahin wurden die Säuglinge gefatscht, d. h. mit einer Bandage vom Hals bis zu den Füßen einschließlich der Arme fest umwickelt. Solange waren auch die Taufkleider (zumindest) zweiteilig […] ein Säckchen nahm den kleinen Körper wie ein Paket auf …"[4] Formal spiegelt deshalb diese Taufausstattung, die nur noch ein kleines Säckchen zur Aufnahme des Unterkörpers des Säuglings enthält, den Wandel wider, wie mit Säuglingen anlässlich der Taufe und im Alltag umgegangen wurde. Zeitgenössische Schilderungen für Mitteleuropa belegen, dass ab dem Ende des 18. Jahrhunderts dieser Wandel einsetzt. In England war das Wickeln der Kinder als „Fatschenkinder" bereits Ende des 18. Jahrhunderts abgelegt worden. In den deutschen Regionen beginnt sich nur schrittweise eine bewegungsfreundliche Bekleidung und Bedeckung durchzusetzen, die den neuen Auffassungen zu Kindern und Kindheit, wie sie z. B. von Rousseau verfochten wurden, folgten.[5]

Zu diesen formalen Kriterien der Kleinkinderausstattung setzt sich parallel eine andere Farbgebung für die Taufkleidung durch. Vor allem in den wohlhabenden bürgerlichen Schichten setzte sich ab dem 18. Jahrhundert die Farbe Weiß durch, da „Weiß als Farbe sittlicher Reinlichkeit reserviert" war und „für jenen Personenkreis, der gewillt war, oder wo von vornherein die Situation vorlag, sich Regeln sittlicher Reinlichkeit zu fügen", in Anspruch genommen wurde.[6]

Taufausstattungen spiegelten natürlich die soziale Position der Familien wider.

Diese wertvolle Taufausstattung entspricht der zeitgenössischen Mode und ist von der englischen Mode beeinflusst. Sie lässt den Schluss zu, dass hier bereits moderne Ansichten zum Umgang mit dem Kleinkind gehandhabt wurden. Das Jäckchen, in Kombination mit dem Taufsäckchen ermöglicht dem darin fixierten Kind Bewegungsspielraum im Oberkörper. Der im Taufsäckchen steckende Unterkörper des Kindes erhält wiederum durch diese Fixierung eine Stabilisierung. Die Sicherung des Kindes auf der Steckkissenfläche, die durch Rosshaar oder Wolle ausgefüttert und gefestigt ist, erfolgt mittels der an den Seiten jeweils angenähten drei breiten Seidenbänder, die sich über dem Körper (vermutlich) zu großen Schleifen schließen lassen. Das Auflegen und Einbinden des Säuglings auf ein Steckkissen schafft anlässlich der Taufe oder zu anderen festlichen Gelegenheiten eine gute Unterlage und damit Sicherheit für das Kind.

Steckkissen werden im 19. Jahrhundert und bleiben bis in die Mitte des 20. Jahrhunderts die auch zur Taufe bewährte Tragevorrichtung für Kleinkinder. Das gilt insbesondere zu festlichen Anlässen, wenn die Kinder beschaut und weitergereicht werden.

Kostbare Materialien, mit einer modernen Bemalung versehen, signalisieren standesgemäße und moderne Auffassungen des Adelshauses Schwarzburg-Sondershausen zwischen 1790 und 1810. Zeitgenössische farbige Stoffbemalungen finden sich ebenso auf Vergleichsobjekten, die ebenfalls auf den Zeitraum zwischen 1790 und 1810 zu datieren sind.[7] Blumen- und Rankenmotive finden sich neben zeitgenössischer Bildsymbolik, wie dem Altar der Freundschaft, den Engeln und vielen floralen Elementen.　　J. P. / D. N.-K.

Anmerkungen
1 Vgl. Hirschler, Christa; Hahnemann, Ulrich: Das Fürstliche Haus Schwarzburg-Sondershausen, Werl 2004, S. 13 • Die konkrete Datierung und Zuordnung des Objektes ist durch einen dem Objekt beigegebenen Zettel möglich und zeigt zudem den Stellenwert, den die Taufausstattung im historischen Gedächtnis der Adelsfamilie von Schwarzburg-Sondershausen hatte.
2 Siehe Abbildung. Dieses Stück konnte wegen seiner Größe aus konservatorischen Gründen nicht mit ausgestellt werden.
3 Vgl. Gantner, Theo: Geburt – Taufe – Kleinkind, in: Schweizer Volkskunde, Korrespondenzblatt der Schweizerischen Gesellschaft für Volkskunde, 59. Jg., H. 2, Basel 1969, S. 12 f. • Plessen, Marie–Louise von: Zwei Jahrtausende Kindheit, Köln 1979, S. 54 f. • Burhenne, Verena: Kein Kinderspiel. Das erste Lebensjahr, Münster 1994, S. 100 f.
4 Müller, Heidi; Nixdorff, Heide: Weisse Westen, Rote Roben. Von den Farbordnungen des Mittelalters zum individuellen Farbgeschmack, Berlin 1983, S. 93. Siehe auch den Beitrag Bettina Seyderhelm, *Die Bekleidung der Täuflinge,* in diesem Katalog.
5 Vgl. Anm. 3.
6 Müller/Nixdorff 1983, S. 93.
7 Vgl. MEK I (33 X 94) sowie ein gelbes Seidenkleid aus dem Adelshaus derer von Struensee aus Schöneiche bei Berlin. Diese Objekte sind zwischen 1799 und 1810 entstanden. Mit ihrer Bemalung spiegeln sie die damals modischen Verfahren zur Verzierung von Textilien wider.

Da 3
TRAGEKLEID ALS TAUFKLEID

Um 1800/1820/Grundmaterial 18. Jahrhundert

Baumwolle/Leinen, bestickt; Seidenband
Länge: 65 cm, Breite: 40 cm
Brandenburg, Ländecken, Wiepersdorf

Staatliche Museen zu Berlin
Stiftung Preußischer Kulturbesitz
Museum Europäischer Kulturen
(Inv. Nr. MEK I (27 H 14 N) 20/ 1954)

Das von Hand aus vielen schmalen Schnitteilen zusammengenähte trapezförmige Tragekleid ist aus einem naturfarbenen, rosagestriften Baumwollstoff gefertigt. Dieser Stoffgrund ist mit einem feinen weißen Leinen unterlegt und zudem über die gesamte Fläche in rot-violettem Seiden- und Leinengarn bestickt. Die Stickerei ist in Stiel-, Platt- und Knötchenstich ausgeführt. Neben dieser üppigen barocken Stickerei zieren zwei hellblaue

Seidenbandrosetten die Kleiderfront. Diese sind am runden Halsausschnitt sowie im Zentrum der Kleiderfront angebracht. Das gesamte Kleid ist mit einem weißen Schleierleinen abgefüttert und mit einem Monogramm, einem großen „L" in blauem Kreuzstich, versehen. Das Kleid, dessen Kanten mit einem schmalen Leinenbändchen eingefasst sind, ist hinten offen. Es ist keine Verschlussmöglichkeit (mehr) erkennbar.

Die Art der kleinteiligen Stückelung des Oberstoffes, der Grad der Abnutzung des Grundstoffes und daran ausgeführte kleine Reparaturen sowie die Ausführung der Stickerei lassen auf eine Zweitverwendung des Materials schließen.[1] Die Ornamentik der Stickerei, in Flechtbändern, Blumenbouquets, Blüten und Nelken, ist dem Rokoko zuzuordnen. Dieser Befund unterstützt die These, dass das Taufkleid aus dem wertvollen Restmaterial eines bestickten Kleidungsstückes aus dem 18. Jahrhundert gefertigt wurde. „Nelken und Rosen waren Vorbild für die stilisiert-graphisch der Fläche verbundenen Blüten, die lose verknüpft eine aufsteigende Ranke an beiden Besatzstreifen bilden […] das bläuliche Rot […] verleiht der im übrigen eher volkstümlichen Stickerei einen festlichen Charakter."[2]

Die Verwendung des Kleides als Taufkleid ist nicht direkt überliefert. Die sehr edlen Materialien sowie die Schnittkonstruktion, die ein sehr eng gearbeitetes Oberteil aufweist und die Nutzung für einen kleinen Säugling passend erscheinen lässt, können als Hinweis darauf dienen. J. P./ D. N.-K.

Anmerkungen
[1] Vgl. Mühlbächer, Eva: Europäische Stickereien vom Mittelalter bis zum Jugendstil. Aus der Textilsammlung des Berliner Kunstgewerbemuseums, Bestandskatalog XX des Kunstgewerbemuseums, Berlin 1995, S. 156, Obj. Nr. 189. Die Autorin weist hier auf die Bewahrung vergleichbarer wertvoll bestickter Besatzteile hin.
[2] Ebd.

Da 4
KLEINKINDERHÄUBCHEN, TAUFHÄUBCHEN

Um 1820/40

Silberlahn, Seidengarn, gehäkelt, gestickt und
Maschinentüllspitze
Deutschland, Thüringen

Staatliche Museen zu Berlin
Stiftung Preußischer Kulturbesitz
Museum Europäischer Kulturen
(Inv. Nr. MEK I (24 F) 452/1988)
(Stiftung Albert Schorr)

Das Kinderhäubchen aus metallisch glänzenden
und farbigen Garnen ist vermutlich mit halben
Stäbchen gehäkelt, was auch als schräger tunesi-
scher Flechthäkelstich oder Strickhäkelei[1] bezeichnet wird. Am Oberkopf des Häubchens finden
sich, die Kopfform betonend, radial verlaufende
Streifen in lila und gelb, die sich aus einem zentralen Punkt entwickeln.[2] Den Mützenrand zieren
aufgestickte Blütenmuster, in Kreuzstich ausgefer-
tigt. Aus einer gelben Blütenranke entfalten sich
Blätter in diversen Grüntönen sowie vielfarbige
Blüten, die in den Farben Gelb, Orange, Rot und
in Goldtönen leuchten und deren Kelche sich

z. T. öffnen.[3] Das ganze Häubchen ist mit einer
festen Häkelkante aus gelbem Seidengarn abgeschlossen. Eine umlaufende Spitzenrüsche aus
maschinellem Tüll, wohl eine Zutat um 1900,
umrahmt den Mützenrand. Das Kleinkinderhäubchen ist mit weißer Seide gefüttert und weist
Reste zweier abgeschnittener Bindebänder auf.

Es gehörte zur Ausstattung der Nachkommen
im fürstlichen Haus zu Schwarzburg-Sondershausen.[4] Die Kostbarkeit der Materialien sowie die
aufwändige Verarbeitung weisen auf die sozialen
Bezüge, in welchem das oder die Kind/er, das/die
ein solches Häubchen getragen hat/haben und
aufgewachsen ist/sind, hin.

Seine Verwendung für einen Täufling ist nicht
gesichert, zumal es in der Kopfgröße eher für ein
größeres Kleinkind passen würde. Die festliche
Ausstattung jedoch verweist auf einen wohlhabenden sozialen Hintergrund als auch auf seine
Nutzung im Rahmen von festlichen Anlässen.[5]

J. P. / D. N.-K.

Anmerkungen
[1] Dillmont, Therese de: Encyclopaedie der weiblichen Handarbeiten, Dornbach (Elsass), o. J. (um 1890), S. 255.
[2] Anleitungen für diese Gestaltung einer Form finden sich in
einschlägigen Büchern für weibliche Handarbeiten immer
wieder; so auch in Dillmont, ebenda, S. 222 f.
[3] Für die Gestaltung derartiger Muster wurden auch Stickmustervorlagen genutzt. Vgl. auch Müller, Heidi: Rosen,
Tulpen, Nelken. Stickvorlagen des 19. Jahrhunderts aus
Deutschland und Österreich, Berlin 1977.
[4] Hirschler, Christa; Hahnemann, Ulrich: Das Fürstliche
Haus Schwarzburg-Sondershausen, Werl 2004, S. 14.
[5] Vgl. Kevill-Davies, Sally: Yesterdays Children. The antique
and history of childcare, Suffolk 1991, S. 177 ff.

Da 5
ERSTLINGSSCHUHE, TAUFSCHUHE

1836

Baumwolle, Seide, Leder
Länge: 11 cm, Breite: 4 cm, Höhe: 3,5 cm
Norddeutschland (?)

Staatliche Museen zu Berlin
Stiftung Preußischer Kulturbesitz
Museum Europäischer Kulturen
(Inv. MEK I (27 H) 205/ 1964)

Die flachen Kleinkinderschuhe, deren Spitzen eine gerade Form aufweisen, lassen sich über dem Rist mit zwei mittig an den Kanten angesetzten Bindebändern schließen. Das Obermaterial besteht aus einem Baumwollstoff, der bestickt ist. Eine zurückhaltende Kreuzstichstickerei aus Seidengarn zeigt auf dem leinenbindigen Baumwollgrund, der durch den natürlichen Alterungsprozess nachgedunkelt ist, das Motiv einer Frau mit Blume sowie einzelne Blüten. Darin finden sich folgende Farben: Gelb, Grün und Blau in Schattierungen sowie Rot, Rotbraun und Grau. Die Schuhe sind innen mit hellbraunem, vermutlich ehemals hellem Seidentaft gefüttert. Eine Zwischenlage, wohl aus Papier oder einem dünnen Leder, stabilisiert die Schuhform. Die Ausschnittkanten sind mit einem ca. fünf Millimeter breiten, jetzt hellbraunen Seidenbändchen eingefasst. Das Material gleicht den Schuh-Bindebändern.

An der Ferse, dem Gelenk und der Spitze ist die ca. zwei Millimeter starke braune Ledersohle mit Kreispunzen versehen. Auf einem der Schuhe findet sich der Vermerk „13. Oktober 1836", der mit schwarzer Tinte auf die Sohle aufgetragen wurde.

Es ist nicht überliefert, worauf sich dieses Datum konkret bezieht. Es könnte das Geburtsdatum des Kindes ebenso sein wie der Tag, an dem das Kind seine ersten Schritte ging. Den ersten Schuhen von Kleinkindern wird in der Kulturgeschichte oftmals ein hoher symbolischer Wert zuerkannt. Sie stehen für die ersten eigenständigen Wege des Kindes und den Gewinn seiner Selbstständigkeit. Deshalb werden sie oft aufgehoben, da sonst das Kind „nicht alt werden würde".[1]

J. P. / D. N.-K.

Anmerkungen

[1] Handwörterbuch des deutschen Aberglaubens, hrsg. von Hanns Bächtold-Stäubli. Bd. VII, Berlin und Leipzig 1935/36, S. 1319, Abschnitt: Die ersten Schuhe eines Kindes…

Da 6
ERSTLINGSSCHUHE, TAUFSCHUHE (?)

1830/1831

Ziegenleder, Seidenbrokat, Leinenfutter
Länge: 12,3 cm, Breite: 4,5 cm, Höhe: 6,0 cm
Deutschland, Thüringen

Staatliche Museen zu Berlin
Stiftung Preußischer Kulturbesitz
Museum Europäischer Kulturen
(Inv. Nr. MEK I (27 I) 446/ 1988a,b)
(Stiftung Albert Schorr)

Die Schuhe sind aus Seidenbrokat und Leder gefertigt.

Das wertvolle Material prägt den ersten Blick auf die Schuhe. Der Schuhkorpus besteht aus altrosafarbenem Seidenrips mit eingewebten Blumenmotiven in den Farben Blau, Grün, Weiß, Gelb, Rostrot sowie Silberlahnfäden. Die in der Form spitz zulaufenden Kleinkinderschuhe sind über dem Rist mit angeschnittenen, bogenförmigen Ristbändern über einer breiten Zunge durch Seidenbänder zu schließen. Diese ca. einen Zenti-

meter breiten und 22 cm langen Bänder aus blauer Seide sind durch zwei handgenähte Ösen geführt und zu einer Schleife gebunden. Die Ausschnittkanten, Ristbänder sowie die Fersennaht sind mit dem gleichen, ca. einen Zentimeter breiten blauen Seidenband eingefasst.

Eine zwei Millimeter starke braune Ledersohle gibt dem Schuh eine stabile Form. Die Sohlen sind in der vorderen Hälfte keilförmig angeschliffen, wodurch sie biegsamer und rutschfester sind. Braunes Leder sorgt für die Versteifung der Ferse. Die Decksohle und das hintere Futter bestehen aus hellem weichem Leder.

Die abgebildeten Schuhe werden auf einem angehängten Schildchen als „die ersten Schuhe […] des Prinzen Johann Carl Günther zu Schwarzburg-Sondershausen" (1830–1909)[1] beschrieben. Eine direkte Zuordnung zum Anlass der Taufe ist nicht zwingend nachvollziehbar, wenn auch möglich.

Wohlhabende soziale Schichten einschließlich der Familien von Adel sahen in einer kompletten und prunkvollen Ausstattung ihrer Nachkommen durchaus ein Statussymbol. Auf den zeitgenössischen Abbildungen finden sich kaum Schuhe als Ausstattungsbestandteil.[2]

Erst seit dem Ende des 19. Jahrhunderts wird in Modezeitungen auf komplette Taufausstattungen hingewiesen, wozu dann auch „Baby-Schuhe" gehören.[3]   J. P. / D. N.-K.

Anmerkungen
[1] Hirschler, Christa; Hahnemann, Ulrich: Das Fürstliche Haus Schwarzburg-Sondershausen, Werl 2004, S. 14.
[2] Schriftlich fixierte Taufausstattungen nennen das Attribut Schuhe nur sehr selten, da sie eigentlich erst zu einem späteren Zeitpunkt von dem Kleinkind benötigt werden. Besonders in wohlhabenden Familien finden sie sich jedoch unter den Erstausstattungen. Vgl. Kevill-Davies, Sally: Yesterdays Children. The antique and history of Childcare, Suffolk 1991, S. 174 ff.
[3] Vgl. Illustrierte Zeitung für Mode und Handarbeit, 1900/1901, Nr. 21, S. 158/159; s. a. Katalog Wertheim (Reprint) 1904, S. 66.

Da 7
Tragekleid als Taufkleid

1840–1860

Baumwolle, gestrickt, mit Glasperlen in
verschiedener Größe
Länge: 54 cm, Breite: 57 cm
Mitteldeutschland

Staatliche Museen zu Berlin
Stiftung Preußischer Kulturbesitz
Museum Europäischer Kulturen
(Inv. Nr. MEK N (27M) 514/ 1998)

Das 54 cm lange Tragekleid hat einen trapezförmigen Schnitt mit einem Schlitz im Rückenbereich. Die Form wird durch eingezogene Bändchen unterstützt. Ein 15 mm breites naturfarbenes Seidenband und ein rosafarbenes Satinband lassen eine Raffung des kurzen Oberteils des Kleides an Halsausschnitt und Taille zu und werden im Rücken zur Schleife gebunden.

Das Kleid ist glatt rechts aus hellem Baumwollgarn (heute etwas vergilbt) gestrickt.[1] Neben den im Strickgrund verteilten kleinen Blumenmustern mit Perlen, die sich wie „Streublümchen" darüber verteilen, weist das Kleid eine sieben Zentimeter breite Blütenbordüre am unteren Kleiderrand sowie eine eineinhalb Zentimeter breite Blumenranke an den Ärmelbündchen auf.[2] Die beiden langen Ärmel sind gerade angesetzt, von Hand angenäht und am Bündchen mit einer vier Zentimeter breiten und gerüschten Batistspitze besetzt. Die Durchzugsbändchen, die sich ehemals in der an den Ärmelbündchen eingestrickten Lochkante befanden, fehlen.

Das Kleinkinderkleid, welches aus der Sammlung Rumpf[3] stammt, kann durchaus als Taufkleid Verwendung gefunden haben. Gesichert ist dies jedoch nicht. Angenommen, es wurde als Taufkleid getragen, dann wird das Taufkind bereits fünf bis sechs Monate alt gewesen sein.

In der Mitte des 19. Jahrhunderts war es üblich, die kleinen Kinder bis zu einem Jahr bzw. bis zu den ersten Lauffertigkeiten mit so genannten Tragekleidern auszustatten. Diese waren je nach sozialem Stand und finanziellem Hintergrund mit mehr oder minder kostbaren Materialien bzw. Ausstattungen versehen und konnten sowohl zur Taufe als auch zu anderen festlichen Anlässen den Kindern angezogen werden.

Das aufwändig gearbeitete Kinderkleid, aus weißer Baumwolle und mit bunten Perlen gestrickt, präsentiert modisch zeitgenössische Orientierungen.[4]

J. P. / D. N.-K.

Da 8

KLEINKINDERHÄUBCHEN, TAUFHÄUBCHEN

Um 1840–1860

Anmerkungen

1 Dillmont, Therese de: Encyclopaedie der weiblichen Handarbeiten, Dornbach (Elsass), o. J. (um 1890), S. 223.

2 Für die Gestaltung derartiger Muster wurden auch Stickmustervorlagen genutzt. Vgl. auch MEK 33 W 209 vom Stickmusterverlag Julius Brühl Sohn/Berlin, No. 1919.

3 Die Sammlung kulturhistorischer Objekte des Japanologen Friedrich (Fritz) Rumpf befindet sich im Stadtmuseum Potsdam.

4 Pazaurek, Gustav E.: Glasperlen und Perlen-Arbeiten in Alter und Neuer Zeit, Darmstadt 1911, S. 18.

Baumwolle/Glasperlen, gestrickt,
Garnitur: Spitze, geklöppelt, Seide
12 x 18 cm
Deutschland

Staatliche Museen zu Berlin
Stiftung Preußischer Kulturbesitz
Museum Europäischer Kulturen
(Inv. Nr. MEK N (24 H) 1/1997, 210)

Der Haubenkörper, gestrickt aus naturfarbenem Baumwollgarn und bunten, unterschiedlich großen Glasperlen in den Farben Blau, Rot und Rosa sowie Hell- und Dunkelgrün, weist eine intensive Farbigkeit und Pracht auf.[1] Der vordere Mützchenrand, der fast ein wenig die Form einer kleinen Schute aufnimmt und das Gesicht des Kindes umrahmt, ist durch eine einen Zentimeter breite Klöppelspitze verziert. Im Nacken ist diese Spitze ausgespart.

Die Bindebänder aus Seide sind nicht mehr komplett vorhanden. Den rechten Häubchenrand ziert eine kleine rosafarbene Schleife am Fixpunkt des Bindebandes. Am linken Häubchenrand ist eine kleine Rosette aus Klöppelspitze zur Zierde angenäht.

Der Größe nach zu urteilen scheint es nicht zwangsläufig ein Taufhäubchen gewesen zu sein, jedoch wurde es als ein Häubchen für festliche Zwecke genutzt.[2]

Der gestrickte Haubenboden ist durch einen achtzackigen Stern gestaltet, der in strahlend hellblauen Perlen durch aneinander gefügte Dreieckformen entsteht.[3] Das Häubchen besitzt zudem eine dreieinhalb Zentimeter breite eingestrickte Perlenborte. Rosen in verschiedenen Rottönen winden sich mit Blätterwerk in Hell- und Dunkelgrün um das gesamte Häubchen.[4] Zudem zieren kleine blaue Perlen symmetrisch den gesamten Strickgrund.

Da 9
KLEINKINDERHÄUBCHEN,
TAUFHÄUBCHEN

Um 1880–1900

Die festliche, aufwändige Fertigung aus den empfindlichen wie kostbaren Materialien lässt die Vermutung zu, dass es sich hier um eine Kopfbedeckung handelt, die zu festlichen Anlässen für Kleinkinder genutzt wurde.   J. P. / D. N.-K.

Anmerkungen
[1] Pazaurek, Gustav E.: Glasperlen und Perlen-Arbeiten in Alter und Neuer Zeit, Darmstadt 1911, S. 18, Abb. 30.
[2] Vgl. Kevill-Davies, Sally: Yesterdays Children. The antique and history of childcare, Suffolk 1991, S. 177 ff.
[3] Dillmont, Therese de: Encyclopaedie der weiblichen Handarbeiten, Dornbach (Elsass), o. J. (um 1890), S. 223.
[4] Für die Gestaltung derartiger Muster wurden auch Stickmustervorlagen genutzt. Vgl. auch MEK D (33 W 168); Müller, Heidi: Rosen, Tulpen, Nelken. Stickvorlagen des 19. Jahrhunderts aus Deutschland und Österreich, Berlin 1977.

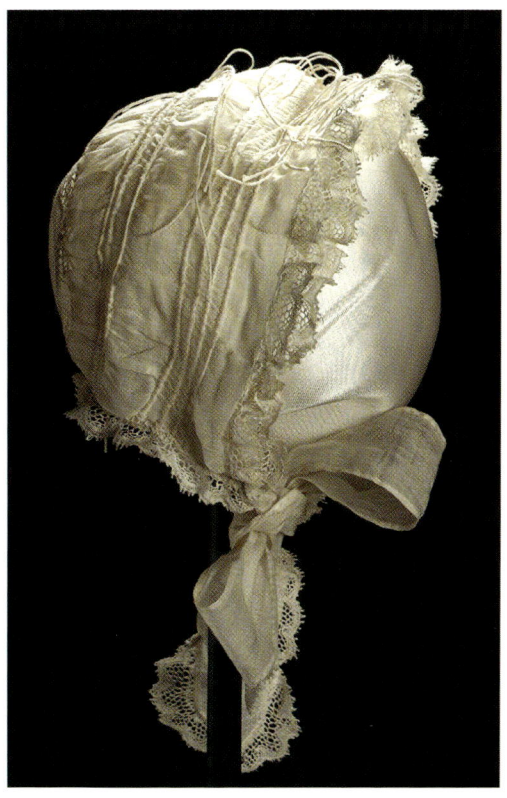

Baumwollbatist/Klöppelspitze
10 x 18 cm
Deutschland

Staatliche Museen zu Berlin
Stiftung Preußischer Kulturbesitz
Museum Europäischer Kulturen
(Inv. Nr. MEK N (24 H) 1.1994, 15209)

Der Haubenkörper besteht aus zartem weißen Baumwollbatist. Darin eingearbeitet sind einmal drei und einmal vier Tunneldurchzüge, in denen schmale Baumwollbänder verlaufen, um die Kopfweite des Häubchens regulieren zu können. Diese Bändchen werden am oberen Kopf zu

Da 10
TRAGEKLEID, TAUFKLEID (?)

Um 1900/1910

Schleifen gebunden und drücken deshalb nicht
auf den Kopf des Kindes. Ein Doppelvolant aus
ca. zwei Zentimeter breiter Klöppelspitze ziert
den Mützenrand und umrahmt damit das Gesicht
des Kindes. Die Bindebänder sind ebenfalls aus
Baumwollbatist und an den Rändern abgerundet
und mit wenigen Handstichen gesäumt.

Das Häubchen stammt aus einem Konvolut
vier gleichartiger, jedoch in der Kopfgröße variierender Kleinkinderhäubchen. Die festliche, aufwändige Fertigung aus den empfindlichen wie
kostbaren Materialien sowie die Größe des Häubchens lassen die Vermutung aufkommen, dass es
sich um eine Kopfbedeckung handelt, die zur
Taufe genutzt wurde.   J. P. / D. N.-K.

Baumwolle, Glasperlen, gestrickt
Länge: 55 cm, Breite (Rocksaum): 50 cm
Deutschland

Staatliche Museen zu Berlin
Stiftung Preußischer Kulturbesitz
Museum Europäischer Kulturen
(Inv. Nr. MEK I (27 H) 121/ 1965)

Das von Hand gefertigte Kleid für Kleinkinder ist
aus weißer, feiner Baumwolle in einem Stück gestrickt. Ein über die gesamte Fläche reichendes
Lochmuster in Blütenform gibt der Oberfläche
eine schöne Struktur.[1] Das Kleid weist einen zwölf
Zentimeter langen Verschluss am Rücken auf. Das
kurze Oberteil kann durch eingezogene Bänd-

Es gibt zwei Hinweise, die die Vermutung stützen, dass es als Taufkleid genutzt wurde. Zum einen ist es ein Hinweis aus der Erwerbungsgeschichte[4] und andererseits zeigen zeitgenössische Kataloge[5] vergleichbare Schnittmuster und Materialhinweise.   J. P. / D. N.-K.

Anmerkungen

[1] Dillmont, Therese de: Encyclopaedie der weiblichen Handarbeiten, Dornbach (Elsass), o. J. (um 1890), S. 214.

[2] Pazaurek, Gustav E.: Glasperlen und Perlen-Arbeiten in alter und neuer Zeit, Darmstadt 1911, S. 16 ff.

[3] Für die Gestaltung der Perlenmuster wurden immer wieder Stickvorlagen als Inspiration genutzt. Vgl. Müller, Heidi: Rosen, Tulpen, Nelken. Stickvorlagen des 19. Jahrhunderts aus Deutschland und Österreich, Berlin 1977; Vgl. auch Inv. Nr. MEK D (33 W 167) 617/84 Stickmustervorlage Nr. 23, worauf gleichartige Rosenmuster aufgedruckt und handkoloriert sind.

[4] Das Kleid war eine Extraanfertigung in der Familie. Perlen einzustricken, verband sich mit dem Anspruch einer nicht alltäglichen Nutzung. Das Kleid ist zudem sehr gut erhalten.

[5] Vgl. Katalog Wertheim (Reprint) 1904, S. 66.

chen, die durch das Lochmuster an Halsausschnitt und Taille verlaufen, gerafft und geschlossen werden. Die kurzen Puffärmel sind direkt angestrickt. In den Rocksaum ist ein 15 mm schmales weißes Leinenband von innen angenäht. An der Passe zum Halsausschnitt, an den Ärmelrändern sowie am Rocksaum wurden kleine bunte Glasperlen[2] eingestrickt. Eine ca. sechs Zentimeter breite biedermeierlich anmutende Rosenranke in Rot, Rosa, Dunkel- und Hellgrün ziert den Saum des Kleides.[3] Um die Ärmelbündchen ist eine 15 mm breite Blütenranke aus Glasperlen eingestrickt, während Halsausschnitt und Taillendurchzug sowie die Saumkante mit einem in grünen Perlen ausgeführten Rautenband verziert sind. Sie verleihen dem Kleid einen festlichen Charakter.

Da 11
KLEINKINDERHÄUBCHEN,
TAUFHÄUBCHEN (?)

Nach 1900

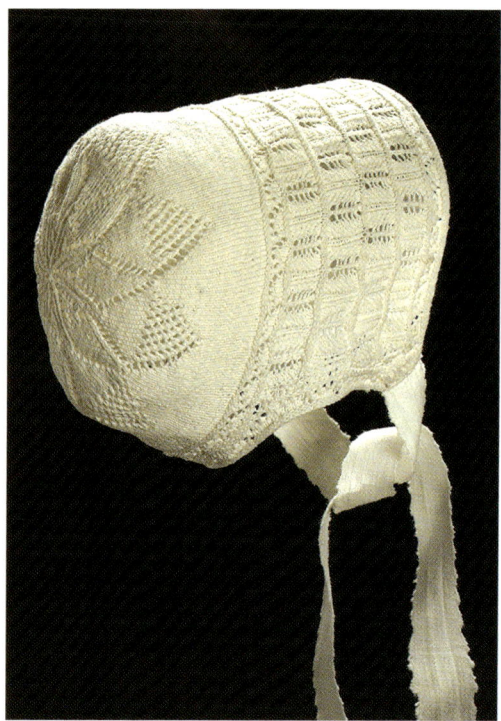

Baumwolle, gestrickt und gewebt
10 x 19 cm, Bändchen: 21 cm
Deutschland

Staatliche Museen zu Berlin
Stiftung Preußischer Kulturbesitz
Museum Europäischer Kulturen
(Inv. Nr. MEK N (24 F) 1/ 1994, 15218)

Der Haubenkörper ist aus hellem Baumwollgarn rundgestrickt[1] und weist keine Naht auf. Den Haubenboden zieren gestrickte Rauten, die ein Sternenmuster ergeben. Am vorderen Rand verlaufen vier Musterreihen in Lochstrickmuster nebeneinander, die dem Häubchen eine zweckmäßige Form für den Kopf des Kindes geben. Das Häubchen wird mit zwei seitlich angenähten hellen Baumwollbändern unter dem Kinn des Kindes geschlossen.

Die Form und das Material des Kleinkinderhäubchens entsprechen den zeitgenössischen Vorstellungen für Babyausstattungen. Eine Nutzung zur Taufe wäre gut möglich gewesen, da das Häubchen für einen relativ kleinen Kopf gearbeitet ist und seine helle Farbigkeit durchaus dem um 1900 gültigen Zeitgeschmack entspricht, der die Farbe Weiß für Taufkleidung vorgibt.[2]

J. P. / D. N.-K.

Anmerkungen
[1] Dillmont, Therese de: Encyclopaedie der weiblichen Handarbeiten. Dornbach (Elsass), o. J. (um 1890), S. 222 f.
[2] Vgl. Das Buch der Wäsche. Ein Leitfaden zur zeit– und fachgemäßen Herstellung von Haus- Bett- und Leibwäsche, sowie zu deren gründlicher Behandlung und Pflege, Verlag der Deutschen Moden Zeitung, Leipzig o. J. (ca. 1900).

Da 12

TAUFDECKE

Um 1910

Baumwolle, weiß, Maschinenspitze
103 x 114 cm
Deutschland

Staatliche Museen zu Berlin
Stiftung Preußischer Kulturbesitz
Museum Europäischer Kulturen
(Inv. Nr. MEK N (24 H) 1/1994, 15190)

Die Taufdecke aus baumwollener Spitze weist eine grobe tüllähnliche Struktur auf, und die Musterung wirkt wie eingewebt. Sie hat eine nahezu quadratische Form, und ihr Rand ist gebogt und mit schmalem Flechtband maschinell eingefasst.

Das Mittelmotiv zeigt einen schwebenden, segnenden Engel auf einer Wolke und darüber einen leitenden Stern über dem Kopf des Engels; ergänzt durch weitere kleine Sterne im Textilgrund. Die Einfassung des Mittelmotivs ist durch eine Weinlaubranke gestaltet und darum gliedert sich eine symmetrisch angelegte und gebogte Laubranke. Diese nimmt an den vier Ecken jeweils ein Kreuz auf, welches aus einem Blütenkelch, worin

sich das Herzmotiv findet, wächst. Der äußere Rand der Taufdecke ist durch ein gleichmäßig angeordnetes Blumenrankenmuster gestaltet. Der Blick wird auf sprießende Blüten, die aus einem vielblättrigen Spross erwachsen, und auf die umlaufend verbundenen Ranken, die seitlich miteinander verbunden sind, gelenkt.[1]

Der Gebrauch des im Inventar des Museums Europäischer Kulturen als Taufdecke geführten Objekts findet in der einschlägigen Literatur selten Erwähnung und ist auch in diesem Falle nicht eindeutig nachgewiesen. In der Sekundärliteratur finden sich wenige Hinweise zur Nutzung derartiger Objekte.[2] Es ist deshalb zu vermuten, dass Decken dieser Art einerseits zum Verhüllen des Täuflings vor dem eigentlichen Taufakt genutzt wurden. Andererseits wurden diese Textilobjekte als Abdeckung für die Taufbecken genutzt; insbesondere nach dem Prozess der völligen Ablösung der Taufengel durch Taufbecken.

Die Taufdecke ist im Bestand des Museums Europäischer Kulturen kein Einzelstück. In der Sammlung finden sich mehr als 25 vergleichbare Objekte. Auch das unterstützt den offensichtlich verbreiteten Gebrauch solcher Decken im Rahmen von Taufhandlungen im mitteldeutschen Raum.   J. P. / D. N.-K.

Anmerkungen

[1] Die Formensprache und Bildsymbolik könnte auf ein einschlägiges Bibelzitat verweisen, welches mitunter im Rahmen von Taufhandlungen gebraucht wird: „Ich bin der Weinstock und Ihr seid die Reben, wer in mir bleibt und ich in ihm, der bringt viel Frucht; denn ohne mich könnt Ihr nichts tun". (Johannes 15,5)

[2] Es ist möglich, dass diese textilen Objekte zum Verhüllen des Täuflings vor dem eigentlichen Taufakt benutzt wurden. Vgl. auch grafische Darstellungen, wie z. B. „Eine Hebame, dass Kind zur Hl. Taufe tragendt", Augsburg 1725. Aus: Kleidungsarten der Stadt Augsburg 1725, Tafel 24. Lipperheidesche Kostümbibliothek/Kunstbibliothek der SMB-

SPK • Ebenso liegt eine Verwendung zum Abdecken des Taufbeckens, wie es sich schrittweise im 19. Jahrhundert in Ablösung der Taufengel wieder durchsetzte, nahe. Vgl. auch Rauls, Wilhelm: Die Taufe in der Geschichte der Evangelisch-lutherischen Landeskirche in Braunschweig, in: Jahrbuch der Gesellschaft für niedersächsische Kirchengeschichte, Bd. 73, 1975, S. 77 • Vgl. Hinweis auf ein „weißes Überhängetuch", in: Wiswe, Mechthild: Geburt und Taufe im Volksleben der Vergangenheit, Braunschweigische Heimat, Zeitschrift für Natur- und Heimatpflege, Landes- und Volkskunde, Geschichte, Kunst und Schrifttum Ostfalens, 68. Jg., H.2/3, Braunschweig 1982, S. 47.

Länge: 45 cm, Breite: 40 cm
(Ärmel – Ärmel, Saum – Saum)

Dieses naturfarbene, vielleicht auch etwas vergilbte Taufkleid ist kurzärmelig und mit Spitzenrüschen verziert. Die Spitzen finden sich in zwei Reihen an den Ärmeln sowie in Saumnähe, wo sie wellenförmig aufgenäht wurden. In Höhe von etwa 25 cm wurde die gleiche Spitze zweimal gegeneinander genäht. Das Oberteil des Kleidchens ist auf der Vorderseite mit sechs, am Rücken mit vier Biesen verziert. Als Verschluss diente eine ca. 20 cm lange Druckknopfreihe am Rücken.

Das Taufkleidchen wurde von einem Pfarrer zur Verfügung gestellt, dem es anonym in einem kleinen Päckchen vor die Tür gelegt wurde. Dabei befand sich lediglich ein kleiner Zettel mit folgendem Inhalt:

„Sehr geehrter Herr Pfarrer,
das ist das Taufkleid meines
Vaters von 1901. Es tut mir weh,
käme es in den Müll.
Freundliche Grüße"   F. B.

Da 14

TAUFKLEID

Um 1910

Da 15

TAUFKLEID

1911

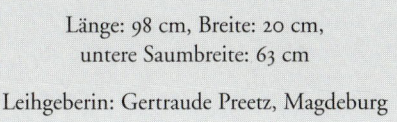

Länge: 90 cm, Breite: 50/52 cm

Leihgeber: Damian Schittkow, Magdeburg

Länge: 98 cm, Breite: 20 cm,
untere Saumbreite: 63 cm

Leihgeberin: Gertraude Preetz, Magdeburg

Die Passe dieses ärmellosen Taufkleides wird durch eine sieben Zentimeter breite hellblaue Baumwoll-Spitze mit Rosenmotiv gebildet, die raglanförmig zusammengenäht ist.

Daran ist ein Rock aus hellblauer Seide angekräuselt. Das Taufkleid kann im Rücken im Bereich der Passe durch zwei Druckknöpfe geschlossen werden.

Das Kleid ist handgenäht und stammt aus den Jahren um 1910. F. B.

Das in einem recht schlichten Schnitt aus weißer Baumwolle geschneiderte kurzärmelige Taufkleid stammt aus dem Jahre 1911 und wirkt durch seine gold-gelben Stickereien. Diese wurden mit Stielstich aufgestickt. So wurden die Saumabschlusskanten mit einfachen goldgelben Linien betont.

Besonders augenfällig aber ist die große Abbildung auf der Vorderseite. In der Mitte eines großen aufgestickten Kreuzes von 23 cm Breite und 60 cm Länge befindet sich eine Taube mit Nimbus über drei Wellenlinien – der heilige Geist als wichtiges Taufsymbol.

Das Taufkleid kann im Rücken durch eine 19 cm lange Knopfleiste geschlossen werden, darunter ist es offen. F. B.

Da 16
TAUFKLEID

Um 1915

Länge: 97 cm, Breite (Ärmel-Ärmel): 35 cm, untere Saumbreite: ca. 90 cm

Leihgeberin: Gertraude Preetz, Magdeburg

Das aus sehr feinem Baumwollgewebe genähte Taufkleid mit Spitze in Kleeblatt- und Wellenmotiven hat Puffärmelchen mit einem schmalen Rüschenabschluss. Die eingenähte Spitzenpasse ist von einem breiten Spitzenrüschenrand eingefasst, der Halsausschnitt schließt ebenfalls mit einer Spitzenkante ab, durch die ein Bändchen gezogen ist, mit dem sich die Ausschnittweite im Nacken regulieren lässt. Unter der Rüschenpasse wurde ein ca. sechs Zentimeter breites Stoffstück stark angekräuselt angenäht; hier ist unter der Rüsche ein kleines Marienmedaillon verborgen. Es hat eine Größe von 15 x 10 mm und könnte von seiner Form her ursprünglich ein Anhänger gewesen sein. In einer silbernen Einfassung wird an der Vorderseite ein weißes Marienbild aus Glas oder Stein gehalten, auf der Rückseite ist ein M mit einem darauf befindlichen Kreuz, umgeben von 12 Sternen (aus der Apokalypse in der Offenbarung) dargestellt.

Etwa 15 cm unterhalb des Halsausschnittes ist das Rockteil stark angekräuselt, ebenfalls mit einem Bändchendurchzug. 50 cm unter dem Rockansatz wechseln jeweils zwei horizontale Biesenstreifen und eine Spitzenreihe, die ca. drei Zentimeter breit ist. Nach der dritten Biesenreihe ist im Abstand von fünf Zentimetern eine neun bis zehn Zentimeter breite wellenförmige Spitze als Saumabschluss angenäht.

Auf der Rückseite setzen sich die Passenrüschen der Vorderseite entsprechend fort. Zwischen Halsausschnitt und Rockansatz finden sich neben der Rückenöffnung je drei Längsbiesen im Abstand von acht Millimetern.

Das im Rückenoberteil 36 cm vom Halsausschnitt aus offene Taufkleidchen ist durch die Bändchendurchzüge am Hals und Rockansatz zu regulieren und zu schließen.

Dieses Kleidchen wurde um 1915 aus dem Hochzeitskleid der Täuflingsmutter genäht. Sie vererbte es an ihre Tochter mit der Maßgabe weiter, dass alle Kinder der Familie darin getauft werden sollten. So gelangte es in den 1960er Jahren aus Mitteldeutschland in die Vereinigten Staaten und wurde eigens für die Ausstellung zurückgebracht.   F. B.

Da 17
TAUFKLEID

1939

rock wurde aus hellblauem Futterstoff gefertigt. Etwa 72 cm unterhalb der Passe findet sich eine umgenähte Saumkante, auf der Röschen aus weißem Voile mit hellblauen Blättern aus Futterstoff appliziert sind. Der untere Saumabschluss des Taufkleides ist wellenförmig, hier wurde die gleiche Spitze, wie sie das Oberteil besitzt, angekräuselt. Verschlossen wurde das Kleid, das man dem Täufling wie eine Schürze vorgebunden hat, lediglich durch ein Bändchen hinten am Halsausschnitt.

Dieses offensichtlich handgenähte Taufkleid stammt nach Auskunft der Leihgeberin aus dem Jahr 1939. F. B.

Länge: 108 cm, Breite (Ärmel-Ärmel): 26 cm, untere Saumbreite: 30/110 cm

Leihgeberin: Gertraude Preetz, Magdeburg

Das ärmellose Taufkleid besitzt eine Passe aus Netzstoff, die Abschlüsse der Armlöcher und der Rundhalsausschnitt sind durch eine schmale Spitze gesäumt. Der Anschluss des Rockteils wird von einer großen hellblauen Schleife überdeckt. Der Oberstoff des Rockes besteht aus dem gleichen Netzstoff wie die Passe, der kürzere Unter-

Da 18

TAUFKLEID MIT
EINGESTICKTEN NAMEN

1939

Orange, die der Jungen in Hellblau. Als erste wurde Anneliese Wernicke am 2. 6. 1939 in diesem Kleidchen getauft, ihr folgten 26 weitere Täuflinge aus der Familie.

Dieser Stoffstreifen sowie der Halsausschnitt, Saum und Ärmelansatz sind von einer schmalen, ca. einen Zentimeter breiten Baumwollspitze eingefasst. Das Taufkleid ist durch ein einfaches ärmelloses Unterkleid aus dem gleichen Baumwollmaterial gefüttert. Im Rücken ist es offen, besitzt oben aber eine 10 cm lange Druckknopfleiste zum Verschließen des Kleides.   F. B.

Länge: 80 cm, Breite (Ärmel-Ärmel): 30 cm,
untere Saumbreite: 70 cm
Baumwolle, weiß

Leihgeberin: Helga Nowak, Halle

Das Oberteil dieses Taufkleides mit Rundhalsausschnitt besteht aus einer Passe sowie Puffärmelchen. Vom Kragen bis zum Saum ist ein nach unten breiter werdender trapezförmiger Stoffstreifen eingesetzt. Dieser ist am Rand mit aufgestickten Blütenranken in rosa, hellblau und grün in Platt-, Stiel- und Knötchenstich verziert. Auf diesem Stoffstreifen wurden die Namen und Taufdaten der in diesem Taufkleid getauften Täuflinge eingestickt – die der Mädchen in Rosa oder

Da 19
TAUFKLEID

1966

lange Knopfleiste mit vier Knöpfen zum Verschließen. Zu diesem Taufkleid gehört ein Taufmützchen, das aus den gleichen Materialien genäht wurde. Sein Unterstoff besteht aus Futterseide, als Obermaterial diente wieder der Tüll, der hier stark gerafft ist.

Am 14. August 1966 wurde das erste Kind der Leihgeberin in diesem Taufkleid getauft.　F. B.

Länge (Überkleid): 110 cm lang, Länge
(Unterkleid): 65 cm,
Unterkleid, untere Saumbreite: 55 cm

Leihgeberin: Gertraude Preetz, Magdeburg

Dieses ärmellose Taufkleid, das die Täuflingsmutter aus dem Tüll ihres Brautschleiers selbst genäht hat, hat eine Passe aus Polyamid. Armausschnitte und der Rundhalsausschnitt sind mit Rüschen aus Polyamidspitze eingefasst. An das Oberteil ist ein zweischichtiges Rockteil angekräuselt. Der längere Oberrock besteht aus Tüll und ist unten ungesäumt, der kürzere Unterrock ist aus Futterseide gefertigt. Das Taufkleid ist im Rücken offen, nur oben findet sich eine kleine zehn Zentimeter

Da 20 und Da 21
Taufkleidung für Zwillinge

Ende 20. Jahrhundert

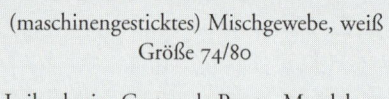

(maschinengesticktes) Mischgewebe, weiß
Größe 74/80

Leihgeberin: Gertraude Preetz, Magdeburg

An dieser Stelle werden ein Taufanzug und ein Taufkleidchen aus der Gegenwart gezeigt, in denen ein Zwillingspärchen getauft wurde.

Taufanzug

Dieser zweiteilige Taufanzug für einen Jungen wurde aus weißem Stoff mit maschinengefertigter Lochstickerei (65 % Polyester, 35 % Baumwolle) in der Größe 74 genäht. Es handelt sich hierbei also um ein industriell angefertigtes Exemplar.

Das Oberteil besitzt lange Puffärmel, es ist ca. 65 cm breit (Ärmel – Ärmel) und etwa 30 cm lang (Schulter – Saum). Der Saum ist durch eine sieben Zentimeter breite angekräuselte Rüschen-

kante, ebenfalls aus Lochstickerei-Stoff, verziert. Auf die Passe aus einfachem weißem Stoff sind ein Hase und der Schriftzug „always be happy" in Weiß eingestickt. Am Kräuselsaum darunter ist eine hellblaue Schleife befestigt; ebensolches Schleifenband ist auch durch die Lochstickerei auf den Ärmeln gezogen.

Im Rücken kann das Oberteil durch zwei Knöpfe an einer 15 cm langen Knopfleiste verschlossen werden. Durch die Kräuselung der Ärmelenden mit Gummiband entstanden hier Rüschen, ebenso ist der Halsausschnitt von einer schmalen Lochstickerei-Rüsche eingefasst.

Das Unterteil in Form einer „Pumphose" besteht aus dem gleichen Material wie das Oberteil, durch den Bund ist ein Gummiband gezogen, ebenso werden die Beinenden durch einen Gummi gekräuselt; dadurch entstehen hier wie an den Ärmelenden Rüschen. Diese Hose wirkt sehr voluminös, sie ist etwa 35 cm breit und 28 cm lang.

Taufkleid

Dieses Taufkleid bekam das Mädchen bei seiner Taufe angezogen. Es ist aus weißem Stoff mit maschineller Lochstickerei in Blüten- und Blättermotiven und geometrischen Formen zum Taufanzug passend gefertigt worden. Es ist davon auszugehen, dass das Material dem des Taufanzuges gleich ist (65 % Polyester, 35 % Baumwolle). Das Kleidchen ist 50–55 cm breit und 47 cm lang.

Es hat einen Rundhalsausschnitt sowie kurze Puffärmelchen. An den gekräuselten Rockansatz ist eine rosa Schleife genäht, hier setzt auch der Tüll-Unterrock an, der mit einem rosa Satin-Band (gleiches Material wie die Schleife) abschließt und etwa die gleiche Länge wie der Oberrock hat. Der Saum des Oberstoffs endet in einer wellenförmigen Lochstickerei-Kante. Im Rücken kann dieses Taufkleidchen durch einen zehn Zentimeter langen Reißverschluss geschlossen werden. F. B.

vermutlich Leinengarn, gestrickt
13 x 11 cm

Leihgeber: Rolf Schrader, Magdeburg

Das aus naturfarbenem Garn gearbeitete Taufhäubchen wurde vom Hinterkopf aus gestrickt. Hier bildete sich durch die Maschenzunahmen eine Sternform, die schließlich in ein Zopf- und Lochmuster übergeht. Die so entstandenen Zöpfe werden durch Zickzacklinien in Lochmustern unterteilt. Sie enden kürzer im Nacken und länger über der Stirn des Täuflings. An den Rändern ist das Häubchen von einer kraus gestrickten Kante eingefasst, in die auch ein Durchzug für ein (nicht mehr erhaltenes) Bändchen eingearbeitet ist.

Mit diesem Taufhäubchen wurden die Geschwister Peter (1933), Brigitte (1936) und Rolf (1940) Schrader getauft. F. B.

Da 23
TAUFHÄUBCHEN – GESTRICKT

Um 1871

vermutlich Leinengarn, gestrickt, Perlen
16 x 13 cm

Leihgeber: Familie Thielecke, Hundisburg

Dieses Taufhäubchen wurde aus weißem Garn sehr aufwändig gearbeitet. Mit der Strickarbeit wurde am Hinterkopf begonnen, und durch die Maschenzunahmen innerhalb eines Lochmusters bildete sich hier eine siebenzackige geschwungene Sternform. Die Zahl Sieben ist in diesem Zusammenhang außergewöhnlich, da bei anderen Häubchen acht- oder mehrstrahlige Sterne zu finden sind. Die Sternzacken sind durch eingestrickte blaue Perlen verziert. In den zwischen den Zacken entstandenen Zwickeln entstanden wiederum durch eingestrickte blaue und goldene Perlen Blütenformen. An diesen Stern schließt sich, unterbrochen durch drei links gestrickte Reihen, eine sechs Zentimeter breite Spitzenkante an, die aus von Lochmustern abgegrenzten Rhomben besteht. Diese Rhomben sind ebenso mit jeweils 5 eingestrickten Perlen verziert, die mittlere ist in Gold gehalten. Im Nacken endet dieser Spitzen-

streifen bereits nach eineinhalbfachem Rapport, über der Stirn wiederholt sich das Rhombenmuster viermal.

Daran schließt sich um das Gesicht, ebenfalls zwischen drei links gestrickten Reihen eingefasst, eine zwei Zentimeter breite perlenbesetzte Bordüre an, und außen bildet eine schmale Lochmusterkante den Abschluss, durch die möglicherweise ursprünglich ein Bändchen zum Verschließen gezogen werden konnte. Heute sind am Häubchen mit wenigen Handstichen zwei Baumwollbänder angebracht.

Gefertigt wurde dieses Häubchen nach Angabe der Leihgeber um 1870 für die 1871 geborene Marie.   F. B.

Da 24
Charakterbaby, Babypuppe, Täufling (?)

Nach 1900/10

Puppe: Biskuitporzellan, Pappmaché, Masse
Ausstattung: Baumwolle, genäht, bestickt,
gehäkelt, gestrickt, Kunstseidenbänder
Länge: Körper 30 cm, mit Ausstattung: 40 cm
Deutschland, Thüringen

Staatliche Museen zu Berlin
Stiftung Preußischer Kulturbesitz
Museum Europäischer Kulturen
(Inv. Nr.: MEK D (35 A 54) 108/ 1981)

Die umfangreiche Ausstattung der Puppe, die komplett in Weiß[1] gehalten ist, besteht, gemessen an dem Nutzungszusammenhang, aus der Kleidung sowie einem Körbchen. Den Puppenkörper bedecken eine Windelhose und eine Nabelbinde aus Molton, ein gestrickter Strampelanzug und ein gehäkeltes Lätzchen sowie ein Tragekleid. Das Mützchen ist ebenso gestrickt. Alle Kleidungsteile sind aus Baumwolle, ergänzt durch kunstseidene Bänder. Das Tragekleidchen, das im Rücken offen ist, wird durch das ineinander verschlungene Leibchen mit Hilfe der Bänder geschlossen. Auf dem Bauch der Puppe werden sie als Zierschleife geschlossen. Das Tragekleid ist an der Vorderseite in Höhe der Taille in Falten gelegt und umlaufend mit einem Langettenstich umsäumt. Zum Klei-

dersaum findet sich eine helle Kreuzstichstickerei.[2] Es ist anzumerken, dass die Puppenausstattung nicht die originäre sein muss, sondern später eventuell nach zeitgenössischem Geschmack ergänzt wurde.[3]

Zur Puppe erwarb das Museum einen kleinen Weidenkorb mit Textilbespannung. Dieses Zubehör gehört nicht direkt zur Puppenausstattung, ist jedoch dem Nutzungszusammenhang entnommen.

Die Charakterpuppe von Simon & Halbig von ca. 1900 kann, gemessen an der Ausstattung, als Täufling bezeichnet werden. Ihr Kopf besteht aus Porzellan und ihr Körper aus Pappmaché und Masse. Das Gesicht, mit charakteristischen Zügen eines Babys bemalt, und eine kleine Perücke, die zum Teil schon ausfällt, erzeugen die kindliche Vorstellung eines verkleinerten Säuglings.

Im Nacken des Puppenkopfes ist der Hersteller Simon & Halbig mit der Produktnummer 126 28 vermerkt.[4] Die Charakterpuppen der Thüringer Puppen-Herstellerfirma Simon & Halbig gehörten zwischen 1869 und 1920 zu den herausragenden Produkten auf diesem Markt. Simon & Halbig stellte auch Puppen-Köpfe für andere Firmen her. 1920 wurde die Firma vom Puppenhersteller Kämmer & Reinhardt übernommen.

J. P. / D. N.-K.

Anmerkungen

[1] Um 1900 hatte sich die Farbe Weiß längst für die Taufe durchgesetzt. • Vgl. auch: Müller, Heidi/Nixdorff, Heide: Weiße Westen, Rote Roben. Von den Farbordnungen des Mittelalters zum individuellen Farbgeschmack, Berlin 1983, S. 92.

[2] Dillmont, Therese de: Encyclopaedie der weiblichen Handarbeiten, Dornbach (Elsass), o. J. (um 1890), S. 78 ff. Puppenausstattungen dienten häufig als Arbeitsmuster für die Ausübung von Handarbeiten. Auch heranwachsende Kinder wurden gern anhand dieser Stücke an Handarbeitstechniken herangeführt.

Da 25
Babypuppe, Charakterbaby, Täufling

Um 1920

[3] Ausstattungen für Puppen folgten oft dem Vorbild für die „Erstlingsausstattungen", wie sie um 1900 bereits von Zeitschriften, Warenhauskatalogen usw. angepriesen wurden. Vgl. auch Katalog Wertheim (Reprint) 1904, S. 66.

[4] Die Puppenherstellerfirma kennzeichnete die unterschiedlichen Kollektionen durch Nummern. Die 100er-Nummern bezeichneten die Kollektion der Charakterköpfe.

Puppe: Porzellankopf, Massekörper, bemalt, Kunsthaarperücke / Ausstattung: Baumwolle
Länge Körper: 23,5 cm, mit Ausstattung: 42 cm
Deutschland

Staatliche Museen zu Berlin
Stiftung Preußischer Kulturbesitz
Museum Europäischer Kulturen
(Inv. Nr. MEK D (35 A 101) 332/ 1990)

Die kleine Babypuppe der Thüringer Herstellerfirma Heubach Köppelsdorf, auch als „Charakterbaby" oder „Täufling" bezeichnet, ist durch die Ausstattung als Täufling erkennbar.[1] Die Puppe selbst, deren Kopf aus Porzellan und deren Körper aus Masse besteht, sowie Bemalungen für die Gestaltung des Gesichtes aufweist, hat eine typische

Säuglingshaltung. Die blonde Kunsthaar-Perücke ist nachträglich hinzugefügt worden. Der Puppenkopf weist im Nacken einen Hersteller nach: Heubach Köppelsdorf, No. 320.13/0.

Den Puppenkörper umfängt eine Ausstattung. Diese besteht aus weißer Puppenkleidung und einem Steckkissen. Zur Kleidung gehört ein weißes Baumwolljäckchen, gestrickt, und darüber trägt die Puppe ein langes weißes Tragekleid/Taufkleid aus baumwollenem Molton. Diese Stücke sind mit der Maschine genäht. Das Tragekleidchen, das im Rücken geschlitzt ist und durch das ineinander geschlungene Leibchenteil geschlossen wird, ist als langes Kleid ausgeführt. Die gekreuzten Bindebänder aus einfachem Wäscheband werden auf der Vorderseite zu einer Schleife gebunden. Der Rockteil des Trage- bzw. Taufkleides ist in der Taille geriehen und abgesteppt. Zum Saum hin findet sich eine Borte hellblauer Kreuzstichstickerei. Die Puppe trägt auf dem Kopf eine kleine Haube aus gehäkelter weißer Baumwolle mit dem typischen achtzackigen Stern auf dem Haubenboden.

Der Täufling liegt auf einem kleinen Steckkissen, das dem Nutzungszusammenhang zuzuordnen ist. Aus weißer Baumwolle genäht und mit einer ca. zwei Zentimeter breiten Klöppelspitze verziert, transportiert das Ensemble ein Bild des zeitgenössischen Umgangs mit Säuglingen und Täuflingen, nur im Miniaturformat. Es ist zu vermuten, dass die Puppenausstattung nach Vorlagen in einem privaten Haushalt genäht wurde.

Seit den 1880er Jahren hatte sich das weiße Taufkleid, mehr oder minder ausgeziert durch eine spezielle Stoffwahl oder mit Stickereien und anderem Zubehör gestaltet,[2] durchgesetzt. Warenhäuser und Kataloge boten divers ausgestattete und deshalb preislich differenzierte Taufkleidung an.[3] Ebenso offerierten die Modezeitungen schon seit der zweiten Hälfte des 19. Jahrhunderts Schnitte und Anregungen für Taufkleidung. Diese wurde in vielen Familien selbst gefertigt. Ebenso setzte es sich fort, dass diese Taufausstattungen und -kleider für mehrere Kinder oder sogar über mehrere Generationen genutzt wurden.

J. P. / D. N.-K.

Anmerkungen

[1] Die Puppenherstellerfirma Heubach Köppelsdorf (bei Sonneberg) wurde 1887 gegründet. Ihre Produkte waren folgendermaßen gekennzeichnet: „EH" oder „Heubach Köppelsdorf".

[2] Zeitgenössische Modevorlagen und Schnitthinweise waren die Grundlage und Orientierung für die Anfertigung von Tauf-, Säuglings- und somit durchaus auch Puppenausstattungen. Vgl. Vorlagen aus der Lipperheideschen Kostümbibliothek, z. B. der Bazar, 1. Juli 1881 (Lipp. zB 116); Die Modenwelt, 1. Oktober 1890 (Lipp. zB 148); Illustrierte Frauenzeitung, 1. Mai 1907 (Lipp. zB 149).

[3] Katalog Wertheim (Reprint) 1904, S. 66.

Thomas Ruppel

Zum Erscheinungsbild ländlicher Taufgesellschaften während des 19. Jahrhunderts im Magdeburgischen

Es mag schon sehr verwundern, dass nicht mehr genau rekonstruiert werden kann, wie eine ländliche Taufgesellschaft hierzulande im 19. Jahrhundert gekleidet gewesen ist. Aber die Überlieferung und die Auswertung der Quellen, wie erhalten gebliebener Kleidungsstücke, zeitgenössischer Abbildungen und Beschreibungen, reicht nicht mehr aus, um diese Frage präzise zu beantworten.

Allgemein bekannt ist, dass sich die Landbevölkerung im Verlaufe der zweiten Hälfte des 18. Jahrhunderts in den meisten Regionen Deutschlands einen einheitlichen Kleidungsstil mit landschaftsspezifischen Bestandteilen zugelegt hatte, so auch hier im Herzogtum Magdeburg. Als auslösende wesentliche Faktoren dieser Entwicklung gelten gestiegenes Selbstbewusstsein und Selbstdarstellungsbedürfnis der Bauern in Folge größerer wirtschaftlicher Unabhängigkeit von der Obrigkeit.

Diese als Volkstracht titulierte regionalspezifische ländliche Festtagskleidung hatte in der ersten Hälfte des 19. Jahrhunderts ihre Blütezeit und ist dann in der zweiten Hälfte des 19. Jahrhunderts in vielen Gegenden wieder außer Gebrauch gekommen, so auch in der Magdeburger Börde. Als letzte Träger sind ältere Herrschaften auf Fotografien der Zeit zwischen 1870 und 1880 mit trachtartigen Kleidungsstücken wie Schnabelhauben und Tausendfaltenröcken bzw. zweireihig geknöpften Westen verewigt, die einer Generation angehörten, die um 1800 geboren (und getauft) worden ist. Ansonsten hatte der ganz allgemein gestiegene Wohlstand, der aus einem Zusammenwirken von in der Börde großflächig eingeführtem Zuckerrübenanbau, der beginnenden Industrialisierung und einer rationellen Modernisierung der Landwirtschaft in der zweiten Hälfte des 19. Jahrhunderts erwuchs, zu einem modernen Lebensstil geführt, so dass schon die folgende Generation sich der normalen bürgerlichen Kleidungsmode bedient hat, wie auf entsprechenden Fotografien zigfach zu belegen ist.

Die eingangs geschilderten Unsicherheiten müssen ganz einfach berücksichtigt werden, wenn nun dennoch versucht werden soll zu skizzieren, wie eine ländliche Taufgesellschaft in der ersten Hälfte des 19. Jahrhunderts, also in der Franzosen- und der anschließenden Biedermeierzeit, gekleidet war.

Zu solch freudigem Anlass wie einer Kindstaufe, die wenige Tage bzw. innerhalb der ersten zwei Wochen nach der Geburt stattfand, waren alle Beteiligten auf jeden Fall festlich herausgeputzt.[1]

Zur ländlichen Taufgesellschaft, die am Kirchgang mit dem Täufling teilnahm, gehörten die Paten und eine möglichst große Gruppe extra hierzu eingeladener Frauen, die als so genannte „Schwanzgevattern" den Abschluss des Taufzuges vom Elternhaus zur Kirche bildeten.

Der Täufling selbst wurde dabei, wenn es sich um ein Mädchen handelte, von der Ehefrau des männlichen Paten getragen bzw. von seiner Mutter, sofern er noch ledig war.

Einen Jungen trug die jüngere der Frauen der beiden männlichen Paten.

In manchen Orten hatten dagegen die Frau des Pastors oder des Dorfschulmeisters das Kind zur Taufe zu tragen.

Üblich waren im 19. Jahrhundert drei Taufpaten, bei Jungen zwei männliche und eine weibliche, und bei Mädchen umgekehrt zwei weibliche und ein männlicher.[2]

Übrigens sollen sehr oft jüngere Leute als Paten fungiert haben.

Weitere Teilnehmer an der eigentlichen Taufe werden nicht genannt. Ob aber nicht dennoch der Kindsvater mit anwesend war? Doch wird die-

Die Abbildung zeigt einen Taufzug aus dem 19. Jahrhundert, eingerichtet mit ländlichen und städtischen Festtagstrachten.

Rechts im Bild: Trachten aus der Magdeburger Börde (Leihgaben des Börde-Museums Burg Ummendorf)
Links im Bild: Trachten aus der Altmark (Leihgaben des Freilichtmuseums Diesdorf/Altmark)
In der Bildmitte: Festtagskleid aus Berlin (Leihgabe der Staatlichen Museen zu Berlin, Preußischer Kulturbesitz,
Museum Europäischer Kulturen); Täufling mit Steckkissen, Taufkleid (vgl. Katalog-Nr. Da 16);
Taufhäubchen (vgl. Katalog-Nr. Da 22); Taufständer (vgl. Katalog-Nr. A 11); Taufschale (vgl. Katalog-Nr. Cb 4).

ser auch bei der sich anschließenden Tauffeier als nur randlich beteiligt dargestellt. Der Tauffeier gesellten sich zusätzlich noch weitere Familienangehörige, Freunde, Bekannte und Nachbarn als so genannte Fressgevattern hinzu.

Wie in einer Quelle aus der Zeit um 1760 ausdrücklich vermerkt, haben sich die Taufen bei den besser gestellten Voll- und Halbspännern gegenüber den Feiern bei den schlechter gestellten Kossaten, Handwerkern und Arbeitsleuten nicht im Ablauf, sondern nur in der Zahl der Gäste, also in der Größe der Taufgesellschaft und im Aufwand unterschieden. Auch die Festtagskleidung der schlechter Situierten dürfte eher an den verwendeten Stoffen und Schmuckbesätzen erkennbar gewesen sein als in der Art (Form, Schnitt, Zahl) der getragenen Kleidungsstücke.

Die Festtagskleidung der Mädchen und Frauen wurde durch gemusterte Seiden- und bunt bedruckte Baumwollstoffe geprägt, welche zudem durch Besätze aus farbigen Seidenbändern aufgelockert und belebt wurde. Leichte Schuhe aus Stoff mit Ledersohlen und helle Woll- oder Baumwollstrümpfe, Tausendfaltenröcke und Schürzen gleicher Länge, die das ungefältelte Rockvorderteil weit umschlossen, über einem Leibchen getragene Mieder mit Schnür- oder Bänderverschluss, ein großes dreieckig getragenes Schultertuch mit Fransenborte und farbiger floraler Stickerei verziert, mehrstrangige Perlenhalsketten oder schwere Bernsteinketten und eine Schnabelhaube, die auf Stirn und an den Schläfen in Spitzen auslief, mit einfarbigem Seidenband besetzt war und oft einen bestickten Haubenboden aufwies und von der lange Seidenbänder auf dem Rücken herabhingen, bildeten ihren „Staat".

Die Kleidung der Männer bediente sich nur bei der Weste bzw. dem Bostdauk genannten ähnlichen Vorläufer ebenfalls der gemusterten Seidenstoffe. Die mantelartigen langen Röcke wie auch kurzen Jacken, die stattdessen von jungen Burschen bevorzugt worden sein sollen, waren aus schwarzem, blauem oder hellem Wolltuch oder Leinenstoff gemacht. Beide, kragenlos und vorne sowie an den Ärmeln mit Aufschlägen versehen, waren mit vielen glänzenden Metallknöpfen in eng gesetzten Reihen geschmückt und mit leuchtend rotem Wollstoff gefüttert. Unter der Weste trug man ein Leinenhemd mit kurzem Stehkragen. Um den Hals wurde ein dunkles Seiden- oder Wolltuch geschlungen. Auf dem Kopf trug man zunächst noch den Dreitimpenhut, später einen rauhaarigen Zylinder. Bei jungen Männern war auch die fellbesetzte Brägenmütze ein beliebter Bestandteil der Festtagskleidung. Die Kniebundhose war meist aus Leder gefertigt. Wollstrümpfe und lederne Halbschuhe bzw. Stiefel mit großen Metallschnallen bildeten die Beinkleidung.[3]

Als Taufgeschenke der Paten waren Kleidungsstücke üblich.[4]

Männlichen Täuflingen schenkten ihre Paten Röcke, die so groß waren, dass sie bis zum vierten oder fünften Lebensjahr getragen werden konnten. Sie waren wie die der Erwachsenen aus Wolltuch genäht. Von ihrer Patin erhielten sie ein besticktes Leinenhemd.

Weibliche Täuflinge wurden von den Patinnen mit Rock und Mieder und von ihrem Paten mit einem bestickten Leibchen aus Nessel-, Leinen- oder Baumwollstoff beschenkt.

Trotz der eingangs gemachten Einschränkungen entsteht so von einer ländlichen Taufgesellschaft der ersten Hälfte des 19. Jahrhunderts im Magdeburgischen vor unseren Augen das Bild einer dem Leben zugewandten, selbstbewussten familiären Gruppe der dörflichen Gemeinschaft.

Im weiteren Verlauf des 19. Jahrhunderts wird ein eigener Kleidungsstil der bäuerlichen Landbevölkerung zunächst noch fortgeführt, spätestens ab etwa 1840 aber nähert sich die Kleidung der Modeentwicklung schon etwas an. Schnabelhauben, Schultertücher und Tausendfaltenröcke bleiben weiterhin markante Bestandteile der Frauenkleidung. Die nun oft langärmligen Mieder haben einen Haken-Öse-Verschluss, sind mit einem capeartigen Überwurf versehen und mit Rüschen und Kordelborten verziert. Bei den Obermaterialstoffen herrschen nun Woll- und Seidenmischgewebe sowie farbig bedruckte Kattune vor.

Die Festtagskleidung der Männer hat sich dagegen kaum verändert. Die für die ersten Jahrzehnte des 19. Jahrhunderts aufgeführten Kleidungsstücke bleiben zunächst weiterhin aktuell.

Am Ende der Ära des spezifischen ländlichen Kleidungsstils, das in der Magdeburger Börde schon in den 1860er und 1870er Jahren sich abzeichnete, haben die Männer offenbar rascher bürgerliche Mode übernommen, während Frauen, insbesondere der älteren Generation, noch einige Zeit der einen oder anderen überkommenen Bekleidungstradition Raum gegeben haben.

Ab um 1880 dürfte sich die Taufgesellschaft auf dem Lande, was ihre Kleidung anbetrifft, nicht mehr von derjenigen der Städte unterschieden haben. Hier wie dort folgte man der allgemeinen Modeentwicklung. Durch die gestiegene Prosperität der Region sogar recht konsequent, wovon in Familienalben vielfach erhaltene Porträtfotografien der „Gründerzeit" vom Ende des 19. Jahrhunderts ein beredtes Zeugnis ablegen.

Anmerkungen

[1] Garke, Wilhelm: Geburt und Taufe, Hochzeit und Tod im Volksbrauch und Volksglauben des Magdeburger Landes, Veröffentlichungen der Gesellschaft für Vorgeschichte und Heimatkunde des Kreises Calbe, Heft 3, Schönebeck 1930, S. 24.

[2] Konkret überliefert sind diese Regelungen jedoch nur durch den Atzendorfer Pfarrer Carstedt für die Zeit um 1760: Samuel Benedikt Carstedt, Atzendorfer Chronik, bearb. v. Eduard Stegmann, Geschichtsquellen der Provinz Sachsen und des Freistaates Anhalt, Neue Reihe Band 6, Magdeburg, 1928, S. 115–120.

[3] Zur genaueren Beschreibung siehe: Ruppel, Thomas und Vogel, Sabine: Ländliche Festtagskleidung aus dem 19. Jahrhundert in der Deuregio Ostfalen, Die Magdeburger Börde, Band 10, Ummendorf 1998.

[4] Wiederum konkret nur für Atzendorf um 1760 überliefert (vgl. Anm. 2).

E

TAUFGESCHENKE

Es darf angenommen werden, dass der Brauch, zur Taufe Geschenke zu machen, sehr alt ist. Die Abteilung E des Kataloges ist den Taufgeschenken gewidmet. Die Katalognummern E 1 bis E 21 geben Auskunft zu einzelnen Stücken. Übergreifende Beiträge dazu sind im Aufsatzteil dieses Bandes zu finden: Christine Lehmann, *Altmärkisches Taufbrauchtum und der Atlas der deutschen Volkskunde*, S. 106–121 und Kathrin Ellwardt, *Taufe zwischen Familienfest und Policey-Ordnung*, S. 94–105.

Einen ganz eigenständigen Bereich der Taufgeschenke bilden die Patenmedaillen, die in der nachfolgenden Katalogabteilung F vorgestellt werden.   B. S.

E 1

TAUFDUKAT

Spätes 17./erste Hälfte 18. Jahrhundert
Deutsch, vermutlich Nürnberg

Gold, geprägt
Sekundär zur Prägung mit angelöteter
Öse und Kette ergänzt
Durchmesser: 2,1 cm

Umschrift: *Wer glaubt und getauft wird –
der wird selig werden.*
Rückseite: Inschrift in acht Zeilen, darüber
und darunter je eine Rosette, Inschrift: *mein/
pat gedenck/ bey dem Geschenck/ der Christen pflicht/
vergiß ia nich't/ was ich versprach/ und kam
[kom?]ihm/ nach*

Privatbesitz, Magdeburg

Die Vorderseite der Medaille zeigt eine Taufhandlung unter der mit Strahlen umgebenen Taube des
Heiligen Geistes. Darunter stehen vier Erwachsene in antiker Tracht an einem Taufbecken, über
das ein Säugling gehalten wird.

Ein vergleichbarer, lediglich in der Inschrift der
Vorderseite variierender Taufdukat wurde in der
Sammlung Goppel-Plum-Holler auf das 18. Jahr-
hundert datiert.[1] Jedoch erinnert die Form der

Buchstaben an Inschriften aus der Mitte des
17. Jahrhunderts, so dass eine Prägung dieses
Taufdukaten an der Wende vom 17. zum 18. Jahrhundert eher wahrscheinlich erscheint. Das Motiv
der Taufhandlung ist stilistisch mit Medaillen
von Georg Hautsch (tätig 1683–1712 in Nürnberg, vgl. Katalog-Nr. F 12) vergleichbar.

Der allgemeine Brauch, an bedeutende wiederkehrende Feste, vor allem Taufen, Hochzeiten
und Geburtstage mit einer Medaille bleibend zu
erinnern, führte zu einem breiten Angebot an
Entwürfen von Medailleuren. Diese thematischen
Ereignismedaillen ließen sich universell mit den
populären Festlichkeiten verknüpfen. Der Verzicht auf eine Datierung oder eine individuelle Inschrift sowie die Technologie der Prägung ermög-
lichte ein vielfältiges und für den Interessenten
preiswertes Angebot. Kommerziell erfolgreiche
Entwürfe bekannter Künstler wurden häufig kopiert und nachgeahmt. Diese Massenproduktion
für den künstlerisch anspruchsloseren und wenig
begüterten Käufer führte jedoch auch zu einer
Verflachung des künstlerischen Niveaus in der
Medaillenkunst. U. D.

Anmerkungen
[1] Sammlung Marie Luise Goppel, Dr. Plum, Holler. Joa-
chimsthaler Medaillen, Reformation, Liebe und Ehe, Krieg
und Frieden, Münzen von Baden und vielen Ländern, Literatur: Auktionskatalog Münchner Münzhandlung Karl
Kreß (Otto Helbing Nachf.), 115. Versteigerung, München
1960, Nr. 1075.

E 2

SPARBÜCHSE

Um 1890
Deutschland, Leipzig

menstrauß aus zwei Blumen und Zweig, mit einer Schleife gebunden. Ursprünglich war die Dose mit einem Henkel versehen. Auf dem Boden befindet sich neben einer gestempelten „4", der Materialstempel „800" und der Herstellerstempel „H. Loewenson". Bei der Spardose handelt es sich vermutlich um ein Patengeschenk für Magdalena Kranz (1883–1962). J. R.

Silber, graviert
Höhe: 9 cm, Durchmesser: 6 cm

Staatliche Museen zu Berlin
Stiftung Preußischer Kulturbesitz
Museum Europäischer Kulturen
(Kat.-Nr. 46 B 98)

Zylindrischer, sich nach oben verjüngender Behälter aus Silber in Form eines Deckelkruges mit zweistufigem Fußring. Das Gefäß ist mit einem gewölbten Klappdeckel mit Einwurfschlitz und einer Hängevorrichtung für ein Schloss versehen. Geschmückt ist die Spardose mit zwei gegenständig angeordneten Gravuren: (1) ein Engel hält mittels eines horizontalen Stabs ein mit Bändern und Blüten verziertes Wappen, das die ineinander verschlungenen Initialen „MK" trägt. (2) Blu-

E 3
BEISSRING FÜR SÄUGLING

1891
Deutschland, Berlin

Bein, gedrechselt
Durchmesser: 5,5 cm

Staatliche Museen zu Berlin
Stiftung Preußischer Kulturbesitz
Museum Europäischer Kulturen
(Kat.-Nr. 54 K 3 MEK)

Schlichter, acht Millimeter breiter beiger Ring ohne Verzierung.   J. R.

E 4
PATENBECHER

Um 1890
Deutschland/Berlin

Porzellan, bemalt
Höhe: 11 cm, Durchmesser Kuppa: 9,7 cm
Durchmesser Fuß: 7,5 cm

Staatliche Museen zu Berlin
Stiftung Preußischer Kulturbesitz
Museum Europäischer Kulturen
(Kat.-Nr. 8 U 15)

Kelchartiger Becher. Außen und innen weiß glasiert. Glockenförmige, leicht gerippte Kuppa mit etwas nach außen gewölbtem Rand. Innenrand mit einem etwa drei Zentimeter breiten Goldband versehen. Außendekor: umlaufendes Band aus goldfarbenem übereinander liegendem Doppelblatt, jeweils durch ein an den Enden gebogenes Strichelement getrennt. Darunter jeweils gemalte blaue Blüten Vergissmeinnicht, ergänzt durch ein zartes goldfarbenes wolkenförmiges Strichdekor. Die Bauchung oberhalb des Fußes ist durch drei umlaufende goldene Bänder unterschiedlicher Breite und Form hervorgehoben. Oberhalb der Bauchung befindet sich der in schablonierter Goldschrift aufgemalte Widmungshinweis: „Zum Patengeschenk". Der eingeschnürte, ausgestellte, hohle Standfuß ist leicht gerippt und ebenfalls durch jeweils ein Goldband dekoriert.   J. R.

E 5
PATENBECHER

Um 1900
Deutschland/Berlin

meinnicht mit goldenen Blättern), das sich auf der Rückseite der Kuppa wiederholt. Unter dem Bildnis befindet sich der Widmungsspruch in schablonierter Goldschrift: „Zum Patengeschenk", eingefasst durch jeweils zwei schmale goldene Malstriche. Fuß durch zwei schmale, umlaufende goldene Farbstriche strukturiert.

J. R.

Porzellan, bemalt
Höhe: 12 cm, Durchmesser Kuppa: 8,7 cm
Durchmesser Fuß: 7,0 cm

Staatliche Museen zu Berlin
Stiftung Preußischer Kulturbesitz
Museum Europäischer Kulturen
(Kat.-Nr. 8 U 16)

Pokalartiger Becher mit glockenförmiger Kuppa mit leicht ausgestelltem Rand und eingeschnürtem und ausgestellten, weich abgestuftem, hohlem Standfuß. Innen und außen weiß glasiert. Der innere obere Rand schließt mit einem etwa ein Zentimeter breiten Goldrand ab. Außendekor: Auf der Kuppa: Porträt von zwei Kindern in farbigem Lithographiedruck auf der Glasur, beidseitig eingerahmt durch zwei formgleiche Blumendekors (drei blaue Blüten Vergiss-

E 6

PATENTELLER

Um 1900
Deutschland

farbe verwendet. In Dekor und Schrift weist das Objekt starke Parallelen zum Patenteller (1/1994,9798) auf, insbesondere durch das asymmetrische Strichdekor. Der Fahnenrand ist gewellt und durch einen breiten goldfarbenen Strich nach außen begrenzt. J. R.

Porzellan, glasiert, handbemalt,
Schrift in Schablonenmalerei
Höhe: 4,5 cm, Durchmesser: 23,5 cm

Staatliche Museen zu Berlin
Stiftung Preußischer Kulturbesitz
Museum Europäischer Kulturen
(Inv.-Nr. 1/1994,9790)
(Sammlung Gertrud Weinhold)

Tiefer Teller. Innen und außen weiß glasiert. Im Spiegel der Verweis auf den Verwendungszweck: „Von meiner Pathe". Steigbort und Fahne sind in acht gleiche Segmente durch Strichlinien unterteilt, in denen jeweils ein Wort des Spruchs: „Du / Sollst / Glauben / Hoffen / Lieben" – eingebettet in ein asymmetrisches feines Goldliniendekor. In den drei übrigen Feldern folgen deren symbolische Umsetzung: Herz / Anker / Kreuz / – im floralen Blumendekor von roten Rosen und blauen Vergissmeinnicht. Bis auf den Blumenschmuck wurde für die Dekoration eine Gold-

E 7

PATENTELLER

Um 1900
Deutschland

Porzellan, glasiert, bemalt
Höhe: 4,5 cm, Durchmesser: 24,6 cm

Staatliche Museen zu Berlin
Stiftung Preußischer Kulturbesitz
Museum Europäischer Kulturen
(Inv.-Nr. I/1994,9797)
(Sammlung Gertrud Weinhold)

Tiefer Teller. Weiß glasiert. Im Spiegel in goldener schablonierter Schrift die Widmung: „Zum Pathengeschenk", umrandet von einem dekorativen Rosendekor mit rosa Blüten und goldfarbenen, länglichen Stielen und Blättern in offener Formästhetik. Dasselbe Dekor zieht sich auch über die gesamte Fahne, deren Randabschluss gewellt und mit einem goldenen Malstrich eingefasst ist. Beide Blumenbänder sind durch ein breites beiges und durch zwei goldene Farbstriche eingefasstes Band getrennt, das die obere Hälfte des Steigbords und den untersten Teil der Fahne einnimmt.   J. R.

E 8

PATENTELLER

Um 1900
Deutschland

Porzellan, glasiert, bemalt
Höhe: 4,3 cm, Durchmesser: 24 cm

Staatliche Museen zu Berlin
Stiftung Preußischer Kulturbesitz
Museum Europäischer Kulturen
(Inv.-Nr. I/1994,9798)
(Sammlung Gertrud Weinhold)

Tiefer Teller in weißer Grundglasur, darauf Handbemalung. Im Spiegel befindet sich der Geschenknachweis in Goldschrift: „Von meiner Pathin". Symmetrisch zum Spiegel und im gleichen Abstand zueinander sind zu den vier Seiten vier durch einen Goldrand begrenzte Ovale aufgemalt, die im Spiegel beginnen und über den Steigbord bis zum Rand der Fahne reichen. Im oberen Oval steht in goldener Schrift der Sinnspruch: „Du sollst Glauben, Hoffen, Lieben". In den drei anderen Ovalen findet sich die symbolische Umsetzung dieses Spruchs: Im rechten Oval das christliche Kreuz für den Glauben, im unteren Oval ein Anker für das Hoffen und im linken

GESCHENKSET ZUR TAUFE

Um 1900
Deutschland, Berlin

Oval das Herz für die Liebe. Alle drei Symbole sind durch ein Blumendekor eingerahmt. Der Rand ist gewellt und gold umrandet. Die Räume zwischen den Ovalen auf der Fahne sind mit Blumen geschmückt.

Auf der Rückseite des Tellers befindet sich die Marke des Herstellers in blauer Farbe: zwei dreiblättrige Kleeblätter, deren Stiele sich kreuzen. In den dabei entstehenden Abgrenzungen sind die Buchstaben „JCT" eingebracht.   J. R.

Silber, vergoldet, geprägt, graviert
Schachtelmaß: Höhe: 6 cm, Breite: 12,5 cm,
Tiefe: 16 cm

Staatliche Museen zu Berlin
Stiftung Preußischer Kulturbesitz
Museum Europäischer Kulturen
(Inv.-Nr. 699/1985)

Dreiteiliges Taufgeschenk in der dafür gefertigten Originalschachtel, bestehend aus einem silbernen Trinkbecher, einem Serviettenring und einem Löffel. Der Trinkbecher in Form eines Pokals ist innen vergoldet. Im oberen Bereich der Kuppa umschließt ein profiliertes, geprägtes, umlaufendes, ornamentales Band eines Pflanzenmotivs mit einzelnen Blüten in der fließenden Ästhetik des Jugendstils das Objekt. Darunter sind die Initialen des Täuflings graviert „KH". In derselben Technik wurde der zu beiden Seiten nach außen ausladende Serviettenring gefertigt, in dessen Mitte das ornamentale Blütenband läuft, innen versilbert. Löffel in Spatenform, Silber, Kopf vergoldet. Der Stil ist durchbrochen und gibt so eine Blüte im Jugendstil frei. Zusätzlich wurde dem Geschenkkarton ein nunmehr getrockneter Myrtenzweig beigefügt. Die Schachtel ist außen mit einem grau-weiß asymmetrisch gemusterten Textil beklebt. Innen ist sie im Deckel ausgepolstert und mit einer beigen Kunstfaser ausgeschlagen. Die Geschenkobjekte sind in einer ausgearbeiteten Formunterlage, die mit einem grauen Samt überzogen und einer umlaufenden hellen Kordel eingefasst ist, eingebracht.

Das Taufgeschenk gehörte Frau Krause-Hecht aus Berlin-Dahlem.   J. R.

Silber, graviert
Durchmesser: 4,7 cm, Höhe: 3,4 cm, Gewicht: 12 g

Inschrift:
(graviert auf der Außenseite)
„IM"

Leihgeberin: Rotraud Bense, Magdeburg

Der Serviettenring aus 800er Silber hat eine leicht konkav eingezogene Wandung mit eingraviertem Blumen- und Blattdekor. Das Monogramm „IM" für Ilse Matthies, den Namen des Täuflings, getauft in der Johannis- oder Lutherkirche[1] zu Magdeburg ist schauseitig in eine rechteckige Kartusche eingeschrieben. Das ornamentale Rankenwerk der Initialen ist eine typische Gestaltungsweise jener Zeit. Umrahmt wird die Inschrift von einem Blumenbündel. Die gebördelten Ränder werden von Perlstabschnüren und gravierten wellenförmigen Ornamentbändern begleitet. Gestempelt mit „Halbmond, Krone und 800". Ein Herstellerhinweis ist nicht vorhanden. Ursprünglich gehörte dazu ein Becher, der verloren gegangen ist.   D. G.

Anmerkungen
[1] Nach Angabe der Leihgeberin sind keine Unterlagen vorhanden. Eine eindeutige Aussage über den Taufort ist deshalb nicht möglich.

E 11
SERVIETTENRING

Um 1907

Messing, versilbert, graviert
Durchmesser: 4,5 cm, Höhe: 3,9 cm,
Gewicht: 30g

Inschrift:
(graviert auf der Außenseite)
Buchstaben AG

Leihgeber: Stephan-Michael Giebe, Mühlhausen

Hans Christian am 3. September 1911 in der St. Georgikirche zu Mühlhausen getauft. Unklar ist, ob die Serviettenringe sich bereits in Familienbesitz befanden und jeweils für die Täuflinge graviert worden sind oder ob ein späterer Nachkauf erfolgte.   D. G.

Der runde Serviettenring in floralen, vegetabilen Formen des Jugendstils zeigt auf seiner Wandung je zwei Rundmedaillons, die durch ein umlaufendes Band aus stilisierten Lorbeerzweigen verbunden sind. In einem Medaillon ist ein nach links gewandtes, weibliches Profilbildnis mit hochgebundenen, geschwungenen Haaren eingeschrieben. Die fließende Linienform der Haartracht nimmt Bezug auf die Medaillonrahmung, tritt sogar über diese hinaus. Gegenüberliegend zeigt sich eine gravierte Inschrift. Die rankenartig gestalteten Initialen beziehen sich auf den Täufling Anna Luise Giebe. Zu diesem Serviettenring gibt es ein Gegenstück mit den Initialen „HG" für Hans Christian Giebe, dem Bruder von Anna Luise Giebe und Vater des Besitzers, der nicht mit ausgestellt ist. Anna wurde am 7. April 1907 und

E 12

SERVIETTENRING

Um 1907

Silber, graviert
Durchmesser: ca. 4,6 cm, Höhe: 3,3 cm,
Gewicht: 14 g

Inschrift:
(graviert auf der Außenseite)
Anni

Leihgeber: Stephan-Michael Giebe, Mühlhausen

Der Serviettenring aus 800er Silber zeigt ein ver-
haltenes klassizistisches Dekor. Vier Mäander-
ornamente mit durchhängenden Blattgirlanden,
die seitlich aufgehängt sind und in einer Tuch-
draperie enden, verzieren rapportartig die Wandung. Zusätzlich ist der Schriftzug „Anni" für
Anna Giebe, den Namen des Täuflings, eingraviert. Der gebördelte Rand ist profiliert. Gestempelt mit „Krone, 800 und Halbmond". Über die
Herkunft kann keine Aussage getroffen werden.
Zusammen mit Katalog-Nr. E 11 und einem
weiteren Serviettenring, der nicht ausgestellt ist,
gehört er zu den Patengeschenken für ein und
denselben Täufling.   D. G.

E 13

SERVIETTENRING

Um 1922
Württembergische Metallwarenfabrik (WMF)

Alpacca, innen vergoldet, graviert
Durchmesser: 4,5 cm, Höhe: 3,4 cm
Gewicht: 28 g

Inschrift:
(graviert auf der Außenseite)
ES

Leihgeber: Stephan-Michael Giebe, Mühlhausen

Entgegen der sonst üblichen zylindrischen Form
besitzt dieser Serviettenring einen ungewöhnlichen geschweiften Körper und zeigt in seinem
Dekor noch Züge des Jugendstils. Die wellenförmigen Ränder werden von Ährenbündeln
begleitet, die in vier strohhalmartigen Linien ent-
langführen und durch gekreuzte Bänder zusammengehalten werden. Auf der Wandung befinden sich die gravierten Initialen „ES" für Erna
Stein, der Mutter des Besitzers, die am 9. Oktober
1922 geboren wurde. Gestempelt mit Firmen- und
Warenkennzeichen am oberen und unteren Rand:
„N, WMF (im Rechteck), I/o" sowie „g".[1] D. G.

Anmerkungen
[1] Vgl. Denhardt 1993, S. 200. • Sammlung Karl H. Bröhan
1990, S. 546 ff. • Haslam 1995, S. 316.

E 14
SERVIETTENRING

1966

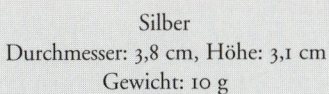

Silber
Durchmesser: 3,8 cm, Höhe: 3,1 cm
Gewicht: 10 g

Aus den Taufgeschenken von Cornel Dirk
Behrends, der kurz vor seiner Konfirmation
verstarb.

Leihgeberin: Benita Behrends, Magdeburg

Der schlichte Serviettenring mit gekehlt eingezo-
gener Wandung wird durch einen mittigen Profil-
ring mit Kerbung gegliedert. In seiner Form ist er
zugleich als Eierbecher gedacht. Er wurde dem
Täufling Cornel Dirk Behrends anlässlich seiner
Taufe am 27. Februar 1966 im Magdeburger Dom
von der Patin geschenkt. Am Rand gestempelt
mit „M 800". D. G.

E 15
ZWEI RASSELN

1. Viertel 20. Jahrhundert

Alpacca, 2004 durch einen Juwelier neu versilbert
Höhe mit Öse: 6,4 cm, Durchmesser: 3,6 cm
Gewicht: 18 g

Leihgeber: Stephan-Michael Giebe, Mühlhausen

Die beiden Rasseln gehören zu den sehr selten
erhaltenen Beispielen für Tauf- und Patengeschenke dieser Art. Sie stammen aus Familienbesitz in Mühlhausen. Über den Hersteller gibt es
keinen Hinweis.

Die hufeisenförmige Rassel hat auf beiden Seiten unterhalb des Bogens eine reliefierte Katzen-
kopfdarstellung in Vorderansicht. Der Zierrand
im oberen Bereich zeigt als Dekor ein Ornamentband. Ein gestuftes Zwischenglied schafft den
Übergang zur Öse.

Die tropfenförmige Rassel ist im unteren Teil
stark kugelförmig ausgebildet. Ein Reliefdekor
aus vegetabilen Formen und stilisiertem Blattwerk mit Beerendolden verziert beidseitig deren
Wandung und wird in feinen ausschwingenden
Linien um den Korpus geführt. Durch ein ge-
flochtenes Band in der Öse können die Rasseln
gehalten werden. Beide gestempelt auf der Öse
„ALPACCA". D. G.

E 16
TAUFBECHER

1921
Deutschland, Berlin

Metall, versilbert, vergoldet, geprägt, graviert
Höhe: 8 cm, Durchmesser Kuppa und Henkel:
9 cm, Durchmesser Fuß: 6 cm

Staatliche Museen zu Berlin
Stiftung Preußischer Kulturbesitz
Museum Europäischer Kulturen
(Kat.-Nr. 54 K 79)

Leicht konischer Becher auf einer schmalen, ein-gezogenen Standwulst. Kantig, geschwungener Henkel mit eingraviertem Band in Jugendstil-form. Der Henkel ist angelötet. Das Gefäß ist außen versilbert und innen vergoldet. Das Dekor besteht aus einem geprägten Kinderkopf im Sei-tenprofil, eingepasst in eine gleichpaarige Verzie-rung in dreieckiger Form mit Jugendstilblüten. Darunter befindet sich der eingravierte Vorname des Täuflings in Schreibschrift „Erika". Taufge-schenk für Erika Rohloff, geboren 1921 in Berlin-Wilmersdorf.   J. R.

E 17
TAUFLÖFFEL[1]

1937

Metall, versilbert, Randleiste mit gerollten Enden,
mittig kleine Blüte. Gravur auf dem Griff:
D T (Besitzermonogramm). Stempel: BG, 100.
Länge: 21,5 cm, Gewicht: 73 g

Privatbesitz

Im Besitz der Familie befinden sich insgesamt drei versilberte Esslöffel, die wohl dem acht Wochen alten Täufling Fritz Dieter Tornow aus Diesdorf an-lässlich seiner Taufe am 22.8.1937 in der Klosterkir-che Diesdorf, Altmarkkreis Salzwedel, geschenkt wurden. Alle drei Stücke haben die normale Be-steckgröße damaliger Zeit, sind aber jeweils unter-schiedlich gestaltet und in zwei Fällen ungraviert. Sie ergänzen nicht das in der Familie gebräuchliche Tafelsilber, d. h. wurden anscheinend nach dem persönlichen Geschmack des Schenkenden aus dem im Geschäft angebotenen Sortiment ausge-wählt. Als Taufpaten waren zwei Onkel des Jungen und drei Frauen, darunter eine noch ledige Tante des Kindes, bestellt. Wer von diesen Paten welchen Löffel schenkte, ist heute nicht mehr zu erfahren. Aufgrund der Verschiedengestaltigkeit ist aber davon auszugehen, dass sie von drei verschiedenen Personen geschenkt wurden. Da die zugehörigen Aufbewahrungsschachteln fehlen, ist nicht be-kannt, wo die Löffel zu welchem Preis gekauft wur-den. Die Löffel sind heute bei festlichen Anlässen als Vorlegelöffel in Gebrauch.   Ch. L.

Anmerkungen
[1] Vgl. Katalogbeitrag: Lehmann, *Altmärkisches Taufbrauch-tum und der Atlas der deutschen Volkskunde.*

E 18
PATENLÖFFEL

Um 1950

Silber, graviert
Länge: 17,8 cm, Gewicht: 38 g

Privatbesitz, Magdeburg

Zur Taufe des späteren Bischofs der Evangelischen Kirche der Kirchenprovinz Sachsen, Axel Noack, am 9. April 1950 in Briesnitz, Kreis Niesky, wurde ihm dieser Patenlöffel aus 800er Silber geschenkt. Es handelt sich um einen klassischen Löffel in der Größe eines Esslöffels, bei dem auf übermäßiges Dekor verzichtet wurde. An eine oval gebildete Laffe schließt sich ein Stiel mit vertiefter Randprofilierung an. Auf dem geschweift eingezogenen, spitzförmig zulaufenden Stielende ist das Monogramm „AN" für Axel Noack eingraviert, auf der Rückseite desselben finden sich die Initialen „F.B." für den Namen des Paten sowie das Datum der Taufe „9. 4. 50", ein Ostersonntag. Gestempelt mit „Halbmond, Krone und 800 (BS)". Der Hersteller ist durch Abrieb der Schrift nicht eindeutig bestimmbar.   D. G.

E 19
PATENLÖFFEL

Um 1966
Silberwarenfabrik Gebrüder Köberlin, Döbeln

Silber, graviert
Länge: 13,5 cm, Gewicht: 20g

Aus den Taufgeschenken von Cornel Dirk Behrends, der kurz vor seiner Konfirmation verstarb.

Leihgeberin: Benita Behrends, Magdeburg

Der schlichte, schlanke Löffel hat eine ovale Laffe und einen flachen, dünnen Stiel, der sich zum Ende hin mandelförmig verbreitert und mit einer Spitze abschließt. Das untere Drittel des Stieles ist mit einem dezent reliefierten ornamentalen Dekor sowie der Gravur „Cornel", dem Namen des Täuflings, verziert. Seitlich am Stiel setzt sich vom Dekor bis zur Laffe eine schmale profilierte Vertiefung fort. Der Löffel orientiert sich in seiner Gestaltung an ältere Musterformen, wie Perlstab oder Ähre. Rückseitig gestempelt mit „800, Halbmond, Krone" und Herstellerhinweis „zwei gekreuzte Fahnen mit GK", der Silberwarenfabrik Gebrüder Köberlin in Döbeln.[1] Der Patenlöffel war ein Geschenk der Urgroßmutter des Täuflings und als Kinderesslöffel in Gebrauch.
                D. G.

Anmerkungen

[1] Vgl. Haslam, Malcom: Marks & Monograms. The Decorative Arts 1880–1960. German Metalwork & Jewellery, revised and enlarged edition, 1995, S. 307. Für die telefonische Auskunft zur Firmengeschichte danke ich dem Stadtarchiv Döbeln.

E 20
TAUFLÖFFEL

2002
Fa. Robbe & Berking, Flensburg.
Stempel: R&B, [Mammut], 150.

Alpacca, versilbert, Griff mattiert
Länge: 15 cm, Gewicht: 43 g

Auf der Vorderseite eine stilisierte Mädchenfigur
in Rock und Bluse im Flachrelief, darunter
runde Gewichtsuhr mit maschinengravierten
Geburtsdaten
JULIANE, 5.56 Uhr, 22. 8. 2002, 50 cm, 3445 g.

Privatbesitz

Der kleinformatige, den Maßen eines modernen
Kinderbestecks entsprechende Löffel wird im
Sortiment der 1874 gegründeten Silberwaren-
manufaktur Robbe & Berking als „Geburtslöffel
für Mädchen" geführt. In einer Zeit, in der
längst nicht mehr alle Neugeborenen getauft
werden, nehmen die vom Hersteller vorgesehenen Angaben nur noch auf die Geburt des Kindes Bezug. Juliane Caroline Lehmann bekam
diesen Löffel mit sieben Wochen anlässlich
ihrer Taufe am 13.10.2002 in der Klosterkirche
Diesdorf, Altmarkkreis Salzwedel, von den Großeltern geschenkt.

Der Löffel zeigt deutlich den Widerspruch
zwischen traditionellem Geschenkbrauch und
modernem Alltagsleben. Da das als wertvoll angesehene Material mit der Zeit oxidiert, erfordert
der Löffel einen erhöhten Pflegeaufwand, der
in den meisten Haushalten heute nicht mehr
leistbar ist. Ch. L.

E 21
TAUFBECHER MIT HENKEL

1966
M.H. Wilkens & Söhne, Hemelingen b. Bremen

Silber
Höhe: 6,7 cm, Durchmesser: 5,5 cm, Gewicht: 86 g

Aus den Taufgeschenken von
Cornel Dirk Behrends, der kurz vor seiner
Konfirmation verstarb.

Leihgeberin: Benita Behrends, Magdeburg

Der Silberbecher, ein Patengeschenk an Cornel
Dirk Behrends anlässlich seiner Taufe am 27. Februar 1966 im Magdeburger Dom ist von schlichter Gestalt. Über einer runden Standfläche erhebt
sich der zylindrische Gefäßkörper mit leicht geschwungen ausgestelltem Lippenrand. Auf seiner
Wandung sind die Walt Disney Figuren Micky
Mouse und Donald Duck dargestellt. Der Band-
henkel ist C-förmig gebogen. Am Gefäßboden
der Herstellerhinweis „WILKENS".[1] D. G.

Anmerkungen
[1] Vgl. Denhardt 1993, S. 173. • Prinz 1993, S. 110.

F

PATENGELD UND TAUFMEDAILLEN

Das Patengeld hatte für den Täufling Zeit seines Lebens eine erhebliche symbolische Bedeutung – nur in ausgesprochenen Notsituationen wurde es ausgegeben. Wie Ulf Dräger in seinem Beitrag *Patengeld und Taufmedaillen. Zeugnisse der Volkskultur und bildenden Kunst,* S. 222–230, schreibt, durfte bei Reisen und anderen heiklen Unternehmungen ein „Tauftaler" als Glückssymbol nicht fehlen. Die Katalognummern F 1 bis F 26 stellen derartige Stücke vor. B. S.

F 1
PLAKETTE

Um 1525–1535
Peter Flötner

Kupfer, versilbert, galvanoplastische Replik,
Ende 19. Jahrhundert
Höhe: 46 mm, Breite: 103 mm

Stiftung Moritzburg Halle/Saale
Kunstmuseum des Landes Sachsen-Anhalt
(Inv. LMK 6963)

Die Plakette mit der Darstellung der Taufe Christi stammt von Peter Flötner, der um 1493 in Thurgau geboren wurde und zunächst in Augsburg und später in Nürnberg wirkte. Vermutlich hielt er sich auch in Italien auf. Das Wirken Peter Flötners war vielfältig. Er schuf u. a. Zeichnungen, Holzschnitte und Plaketten. Flötner starb 1546.[1]

Die Plakette zeigt die Taufe Christi in einer reich gestalteten Landschaft. Christus steht im Jordan. Johannes der Täufer gießt ihm aus einer Schale Wasser über den Kopf. Der Fluss schlängelt sich durch bewaldetes Gebiet und führt zu einer Stadt. Im Hintergrund sind Berge zu sehen. Am Himmel, direkt über Jesus, sieht Gott aus einer Wolke und schickt die Taube des Heiligen Geistes herab.

Die reichhaltige Landschaftsdarstellung ist charakteristisch für Peter Flötner. Die Trauerweide im Vordergrund ist in seinen Landschaften häufig zu finden. Um eine perspektivische Darstellung zu erreichen, sind die Elemente im Vordergrund plastischer gestaltet als jene im Hintergrund. Die antike Gewandung der Figuren ist typisch für die Gestaltung der Renaissance.[2]

Die Darstellung des bei der Taufe betenden Christus geht unmittelbar auf die Erzählung im Lukasevangelium zurück. Die axiale Anordnung Gottvaters, der Taube und Jesu weist auf die Trinität und zeigt damit den bedeutungsvollsten Augenblick der Taufe an.[3]

Ingrid Weber datiert in ihrem Korpus der deutschen, niederländischen und französischen Renaissanceplaketten die Arbeit in die Jahre zwischen 1525 und 1535.[4]

N. B.

Anmerkungen
[1] Vgl. Kaufmann, Georg: Die Kunst des 16. Jahrhunderts, Propyläen Kunstgeschichte, Bd. 8, Berlin 1970, S. 247.
[2] Vgl. Lange, Konrad: Peter Flötner. Ein Bahnbrecher der deutschen Renaissance, Berlin 1897, S. 158–161 und Tafel VI/8.
[3] Vgl. Engelbrecht Kirschbaum (Hrsg.): Lexikon der christlichen Ikonographie, Bd. 4, Freiburg 1994, S. 253.
[4] Vgl. Weber, Ingrid: Deutsche, Niederländische und Französische Renaissanceplaketten 1500–1650, München 1975, S. 57, Kat. Nr. 34.1.

F 2

MEDAILLE

Spätes 16. Jahrhundert
Nickel Milicz und Werkstatt/Erzgebirge

Viktor Katz ordnet diese Taufmedaille der Werkstatt Nickel Miliczs zu. Dieser war seit 1545 in der Münzstätte in Joachimsthal tätig. Bei der Gestaltung von Medaillen ließ sich Milicz von graphischen Werken, z. B. von Hans Sebald Beham inspirieren. So verweist Katz bei der Taufmedaille als Vergleichsbeispiel auf Behams Titelblatt der Deutschen Bibel von 1533.[3]   N. B.

Silber, geprägt
Durchmesser: 34 mm

Inschriften:
Vs: HIC · EST · FILIVS · MEVS · DILEC · IN ·
QVO · MIH · COMPLA · LV3
Rs: CHRISTVS · CIRCVMCI · EST · VT ·
IMPLE · IVSTICI · MAT z{gespiegelt}· [3]¹·

Stiftung Moritzburg, Halle/Saale
Kunstmuseum des Landes Sachsen-Anhalt
(Inv. LMK 5512)

Anmerkungen
[1] Vgl. Katz, Viktor: Die erzgebirgische Prägemedaille des 16. Jahrhunderts, Prag 1932, S. 207, Nr. 429.
[2] Ebd., S. 11 ff.
[3] Ebd., S. 156–161 und S. 207, Nr. 429.

Die Medaille zeigt auf der Vorderseite die Taufe Christi im Jordan durch Johannes den Täufer. Im Hintergrund ist eine Stadt dargestellt. Am Himmel blickt Gottvater aus einer Wolke herab. Die Umschrift lautet übertragen: Das ist mein geliebter Sohn, an diesem habe ich Gefallen gefunden. Die Rückseite zeigt die Beschneidung Christi.

Die Medaille stammt aus einer erzgebirgischen Werkstatt. Wegen der reichen Silbervorkommen ließen sich dort viele Goldschmiede nieder, die u. a. Medaillen fertigten. Medaillen mit vielfältigen biblischen Motiven waren weit verbreitet. Sie wurden zu einem regelrechten volkstümlichen Kunstobjekt. Zu verschiedensten Anlässen, so zur Geburt oder Taufe, wurden die Medaillen verschenkt. Die biblischen Darstellungen nahmen Bezug auf den entsprechenden Anlass.[2]

F 3
TALERKLIPPE
AUF DAS ARMBRUSTSCHIESSEN
ANLÄSSLICH DER TAUFE DES
PRINZEN AUGUST VON SACHSEN

1614

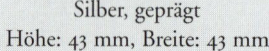

Silber, geprägt
Höhe: 43 mm, Breite: 43 mm

Inschriften:
Vs: IOHAN : GEORG : D : G : DVX · SAXON ·
ARCHIM · E · EL · // CHRISTVS SCOPVS
VITAE MEAE
Rs: IN GLADIIS · FLORET RVTA · ITA ·
AMOENA SVIS ·

Stiftung Moritzburg Halle/Saale
Kunstmuseum des Landes Sachsen-Anhalt
(Inv. LMK 3436)

F 4
TALERKLIPPE
AUF DIE TAUFE
DES PRINZEN
CHRISTIAN VON SACHSEN

1615

Silber, geprägt
Höhe: 43 mm, Breite: 43 mm

Inschriften:
Vs: IOHANN : GEORG : D : G : DVX SAX :
ARCHIM : ET ELEC · // CHRISTVS SCOPVS
VITAE MEAE
Rs: IN GLADIIS FLORET RVTA ITA
AMOENA SVIS ·

Stiftung Moritzburg Halle/Saale
Kunstmuseum des Landes Sachsen-Anhalt
(Inv. LMK 25186)

Diese Talerklippen wurden als Gedenkmünzen während der Armbrustschießen, die anlässlich der Taufen der Prinzen August im Jahr 1614 und des Prinzen Christian 1615 stattfanden, ausgegeben. Auf der Vorderseite der Klippen ist das Brustbild des Kurfürsten Johann Georg, des Vaters der beiden Prinzen, dargestellt. Eine Umschrift rahmt das Bildnis. In den vier Ecken steht eine weitere Umschrift: CHRISTUS SCOPUS VITAE MEAE, Christus meines Lebens Ziel. Die Rückseiten der Klippen zieren die kurfürstlichen Schwerter und eine Raute. Darüber ist der Kurhut zu sehen. Die Umschrift der Rückseite lautet übertragen: Die angenehme Raute blühet also

unter ihren Schwertern. Engelsköpfe sind in den vier Ecken dargestellt. Die Umschrift beinhaltet ein Chronogramm, das jeweils das Taufjahr angibt. Die entsprechenden Buchstaben sind größer dargestellt.[1]

Diese beiden Talerklippen belegen den herrschaftlichen Brauch, zu bestimmten Ereignissen Geschenkgepräge auszugeben.[2] Kurfürst Johann Georg hatte anlässlich der Taufen der Prinzen jeweils Ritterspiele stattfinden lassen. Bei einem Armbrustschießen wurden jene Klippen in verschiedenen Werten gängiger Münzen unter den Teilnehmern verteilt.[3]

N. B.

F 5
SOPHIENDUKAT

1616

Anmerkungen

[1] Vgl. Tentzel, Ernst Wilhelm: Saxonia Numismatica – Lineae Albertinae, Frankfurt, Leipzig, Gotha 1714, S. 406ff und S. 411.

[2] Vgl. Maué, Hermann: Münzen – Huldigungs-„Goldgulden", Paten-„Taler", Kerzen – „Dreier", Rechen-„Pfennig", in: Münzen in Brauch und Aberglaube – Schmuck und Dekor – Votiv und Amulett – politische und religiöse Selbstdarstellung, Ausst. Kat., Germanisches Nationalmuseum Nürnberg, Mainz 1982, S. 178.

[3] Vgl. Tentzel, S. 408.

Gold, geprägt; mit Kette des 18. Jahrhunderts
Durchmesser: 23 mm
vermutlich Prägung des 18. Jahrhunderts

Inschriften:
Vs: WOL DEM DER FREVD AN SEIN KIND :
ERLEBT
Rs: HILF DV HEILIGE DREYFALTIGKEIT 1616

Stiftung Moritzburg Halle/Saale
Kunstmuseum des Landes Sachsen-Anhalt
(Inv. LMK 25197)

Der Sophiendukat ist die bekannteste Münze der Kurfürstin Sophia von Sachsen (1568–1622). Die Vorderseite, von einer Umschrift gerahmt, zeigt die gekreuzten Kurschwerter und darüber den Kurhut. Über den Kurschwertern ist das Monogramm CS, Churfürstin Sophia, zu sehen. Die Darstellung der Rückseite hat die Dreifaltigkeit zum Thema. Das Auge Gottes ist von Strahlen umgeben. Darunter sind die Buchstaben IHS (für Iesus Hominum Salvator oder Jesus, Heiland, Seligmacher) platziert. Die Dreifaltigkeit, die hier bildlich dargestellt ist, wird auch in der Umschrift genannt. Kurfürstin Sophia hat den Dukaten im Jahr 1616 für ihren Sohn Johann Georg I. als Geschenk prägen lassen. Wegen der Umschrift der Vorderseite war der Sophiendukat in der Folgezeit als Patengeschenk sehr beliebt. Bis ins Jahr 1873 prägte die Dresdner Münze den Sophiendukaten auf Bestellung nach. Die Umschrift der Vorderseite variiert. Statt der ursprünglichen Worte AN SEINEN KINDERN, ist hier auch AN SEIN KIND zu finden.[1]

Dieser Sophiendukat wurde an einer Kette befestigt, so dass er um den Hals getragen werden konnte. Die Verwendung des Dukaten als Schmuckstück belegt seine Wertschätzung: Ihm wurde durchaus die Bedeutung eines Amulettes zugeschrieben.   N. B.

Anmerkungen
[1] Vgl. Arnold, Paul: Numismatica Coldiciensis. Numismatische Erinnerungen an Kurfürstin Sophia von Sachsen, in: Jahrbuch der Staatlichen Kunstsammlungen Dresden, Beiträge, Berichte 1988, Bd. 20, Dresden 1988, S. 11 f. vgl. Tentzel, Ernst Wilhelm: Saxonia Numismatica – Lineae Albertinae, Frankfurt, Leipzig, Gotha 1714, S. 295 ff.

F 6
PATENPFENNIG FÜR REBECCA MILLERIN
2. Hälfte 16. Jahrhundert, datiert 1599
deutsch, vermutlich sächsisch

Kupfer, gegossen
Durchmesser: 46 mm

Vorderseite: MARTINVS LVTHERVS.
Brustbild nach halbrechts
Rückseite: Im Feld gravierte Inschrift in zwölf Zeilen: Nata est / REBECA MILLERIN / Anno 1599.10 Nouem: / Ich habe einen guten kampf gekem / pffet ich habe den Lauff volendet / ich habe glauben gehalten. Hinfort / ist mir beigeleget die kron der gerech / tigkeit weliche mir der herr an ienem / tage der gerechte Richter geben wird / nit mir aber allein sondern auch allen / die seine Erscheinung lieb haben / 2. Timotaei.4.
(Signatur: M 385)

Dieser Patenpfennig gehört zu den frühen Beispielen persönlicher deutscher Patenpfennige. Es ist der einzige bekannte Patenpfennig mit einem Bildnis des Reformators Martin Luther aus dem 16. Jahrhundert. Keine andere historische Persönlichkeit dürfte so häufig in Bildwerken porträtiert worden sein. Luthers erstes gesichertes Medaillenbild stammt aus dem Jahr 1521. Im Verlauf der Reformation wird er ab den frühen dreißiger Jahren auf Medaillen als „Prophet Deutschlands" bezeichnet. Dieser Patenpfennig belegt, dass neben den bekannten süddeutschen und österreichischen Beispielen die Form des individuellen Gedenkzeichens auch in den evangelischen Ländern in Gebrauch war. Der Patenpfennig stammt

F 7

TALERKLIPPE AUF DAS

BÜCHSENSCHIESSEN ZU DRESDEN

ANLÄSSLICH DER EINSEGNUNG
DES SPÄTEREN KURFÜRSTEN
JOHANN GEORG IV. VON SACHSEN

1669

aus der Sammlung des bekannten Numismatikers Richard Julius Erbstein, der als Direktor des Königlichen Münzkabinetts, des Grünen Gewölbes und der Porzellan-Sammlung in Dresden wirkte.[1] Somit liegt die Vermutung nahe, dass der Patenpfennig ursprünglich aus Sachsen stammt. Im Zusammenhang mit der Taufe ist neben dem Wittenberger Patenpfennig lediglich eine gegossene Medaille aus dem frühen 17. Jahrhundert bekannt, auf deren Rückseite eine Taufszene dargestellt ist.[2]   Klaus-Peter Brozatus/U. D.

Anmerkungen

[1] Sammlung Erbstein, Auktionskatalog Adolph Hess Nachf. Frankfurt/Main, 1910, Nr. 18590.
[2] Schnell, Hugo: Martin Luther und die Reformation auf Münzen und Medaillen, München 1983, S. 118, Nr. 12; Exemplar aus der Sammlung Adolf Bruns, Leihgabe des Niedersächsischen Landesmuseums im Kestner-Museum Hannover.

> Silber, geprägt
> Höhe: 43 mm, Breite: 43 mm
>
> Inschriften:
> Vs: Johann Georg der Vierte, Herzog zu Sachse(n), J.C. u(nd) B.
> Rs: M.D.C.LXIX // Büchsenschiessen beij der Chur-Prinzl(ichen) Einsegnung // AB INCUNABULIS
>
> Stiftung Moritzburg, Halle/Saale
> Kunstmuseum des Landes Sachsen-Anhalt
> (Inv. LMK 4706)

Die Talerklippe wurde während des Büchsenschießens zu Dresden, das anlässlich der Taufe Johann Georgs IV. (hier als Einsegnung bezeichnet) stattfand, ausgegeben. Die Vorderseite nennt in der Umschrift den Namen Johann Georgs und dessen Titel, deren Wappen in den vier Ecken zu sehen sind. Die Initialen sind in der Mitte dargestellt. Die Rückseite der Klippe zeigt als Sinnbild für den Thronfolger den jungen Herkules in der Wiege. In seinen Händen zerdrückt er zwei Schlangen. Über der Wiege sind die Worte AB INCUNABULIS, von Kindheit an, zu lesen. Diese Darstellung ist von einer Umschrift umgeben, die an das im Jahr 1669 stattgefundene Büchsenschießen anlässlich der Einsegnung erinnert. Die Talerklippe hat Kurfürst Johann Georg II. zum Gedenken an seinen Enkel fertigen lassen. Insgesamt sollen 800 derartige Talerklippen geprägt worden sein.[1]

Von Bedeutung ist die Darstellung des Herkules. Dem Mythos nach hat Herkules als Säugling zwei Schlangen, die ihn töten sollten, erwürgt. Herkules ist weiter durch zwölf sagenhafte Taten, den Dodekathlos, bekannt. Aufgrund dieser Leistungen gilt Herkules als Sinnbild von Kraft, Mut und Tapferkeit. Herkules verkörpert damit Eigenschaften, die auch Herrscher dieser Zeit gern auf sich bezogen.[2]

Die Darstellung des jungen Herkules auf der Talerklippe Johann Georgs IV. ist in diesem Sinne zu interpretieren. So sollten auch hier herrschaftliche Charakterzüge wie Kraft, Mut und Tapferkeit eines späteren Kurfürsten repräsentiert werden und dies, wie die Inschrift sagt, von Kindheit an. N. B.

Anmerkungen
[1] Vgl. Tentzel, Ernst Wilhelm: Saxonia Numismatica – Lineae Albertinae, Frankfurt, Leipzig, Gotha 1714, S. 566ff.
[2] Vgl. Irmscher, Johannes: Lexikon der Antike, Leipzig 1984, S. 230f.

Monogrammist HR, Hans Ridder (?), Johann Christoph Reteke (?)

Silber, geprägt
Durchmesser: 45 mm

Inschriften:
Vs: LEOPOLDUS / D · G · PRINCEPS AN/HALTINUS · COMES ASC · / D · SERV · ET BERNB · NA/TUS IN ARCE · DESSAVI/ENSI · DIE · 3 · IULY · H · 6M / ANNO / MDCLXXVI
Rs: TANDEM

Stiftung Moritzburg Halle/Saale
Kunstmuseum des Landes Sachsen-Anhalt
(Inv. LMK 32220 und 32222)
(Sammlung der Stadt Bernburg)

Die Gestaltung der Vorderseiten dieser Medaillen ähnelt sich. Die Inschriften, die den Anlass der Medaillen angeben, sind jeweils ober- und unterhalb durch ein Motiv gerahmt. Die Geburtsmedaille zeigt über der Inschrift einen Engelskopf, während die Medaille auf das erste Lebensjahr Leopolds von Blumen- und Fruchtmotiven umgeben ist. Die Inschriften sind durch Bänder verziert. Die Rückseiten unterscheiden sich entsprechend der Entstehungsanlässe der Medaillen. Der

F 9

MEDAILLE AUF DAS ERSTE LEBENSJAHR LEOPOLDS VON ANHALT-DESSAU

1677

Monogrammist R. Reuss (?)

Silber, geprägt
Durchmesser: 35 mm

Inschriften:
Vs: LEOPOLDO / PRINCIPI ANHALTINO /
PRINCIPI IUVENTUTIS / POSTQUAM III·
IULY / ANNO / MDCLXXVII / EXPLEVISSET
FELICITER / ANNUM · OMNIS SUBDITUS /
OCTU AGIES MULTIS AD / CLAMAT VOTIS
Rs: DAT SERPENS PUGNAE, DAT APIS
PRAESAGIA MENTIS ·

Stiftung Moritzburg Halle/Saale
Kunstmuseum des Landes Sachsen-Anhalt
(Inv. LMK 32224)
(Sammlung der Stadt Bernburg)

symbolisieren die sechs Kinder Henriettes. Die Inschrift TANDEM nimmt Bezug auf die sehnlichst gewünschte Geburt eines weiteren männlichen Nachkommen, denn der erstgeborene Prinz Friedrich Casimir starb bereits in seinem Geburtsjahr 1665. Die Identität des Medailleurs, der sich mit seinen Initialen HR verewigt hat, ist noch nicht geklärt. Genannt werden z. B. der Lübecker Hans Ridder oder der Hamburger Johann Christoph Reteke. Es gibt vier Ausgaben der Geburtsmedaille. Sie unterscheiden sich durch die Schrift und die Verzierung der Vorderseite. Die Medaille auf das erste Lebensjahr Leopolds, die von einem Medailleur namens Reuss geschaffen worden sein könnte, zeigt den jungen Herkules in einer angedeuteten Landschaft, wie er die Schlangen tötet. Weiter wird er von einem Bienenschwarm attackiert. Nach der Tötung der Schlangen wurden Herkules starke körperliche Kräfte nachgesagt. Die Bienen verhalfen ihm zu hohem geistigen Talent.[2]

Die Darstellung der Rückseite hat keinen genealogischen Symbolgehalt. Hier wird vielmehr auf herrschaftliche Charakterzüge verwiesen. Nicht zuletzt durch die Eigenschaften Kraft und Geist, wie sie Herkules verkörpert, sollten sich spätere Herrscher auszeichnen. So auch Leopold von Anhalt-Dessau. N. B.

oberste Teil der Geburtsmedaille zeigt eine strahlende Wolke mit den hebräischen Buchstaben des Wortes JAHWE. Dominierend ist die Schale mit ihren zwei Henkeln und dem daraus herauswachsenden Orangenbaum. Unter dem obersten Rand der Schale ist die Inschrift TANDEM, unter dem Fuß ist die Signatur HR zu lesen. Der Orangenbaum weist auf die Herkunft Leopolds. Seine Mutter Henriette Catharina stammt aus dem Haus Oranien. Die sechs Orangen an dem Baum

Anmerkungen
[1] Vgl. Wipplinger, Eva: Der Tod – nicht der Krieg hat ihn besiegt. Medaillen auf den Fürsten Leopold von Anhalt-Dessau, in: Fürst Leopold I. von Anhalt-Dessau (1676–1747). Der Alte Dessauer, Ausst. Kat., Museum für Naturkunde und Vorgeschichte Dessau, Museum für Stadtgeschichte Dessau, Museum Schloss Mosigkau Dessau, Dessau 1997, S. 119 f.

MEDAILLE AUF DIE GEBURT
VON FRIEDRICH AUGUST II.
VON SACHSEN

1696
Johann Kittel

Silber, geprägt
Durchmesser: 33 mm

Inschriften:
Vs: ALBERTVS ANIMOSVS DV: SAX: NAT · 27
IUL 1443 // ELECTORUM / PARENS
Rs: FRID AVG EXOPTATVS · EL · S · HAER ·
N $\frac{7}{17}$ OCT · 1696 // FIRMATA SVC/CESSIO ·

Stiftung Moritzburg, Halle/Saale
Kunstmuseum des Landes Sachsen-Anhalt
(Inv. LMK 3932)
(Sammlung Philipp Konstantin
von Stolberg-Wernigerode)

Die Taufmedaille zeigt auf der Vorderseite das Brustbild des Kurfürsten Albrecht von Sachsen. Albrecht trägt ein Gewand mit einem Pelzkragen. Er wird in einem fortgeschrittenen Alter gezeigt, wie an den Falten der Stirn und der Wangen zu erkennen ist. Die Umschrift gibt sein Geburtsdatum, den 27. Juli 1443, an. Unter dem Bildnis steht übertragen: Vater der Kurfürsten. Auf der Rückseite ist ein eingewickeltes, auf einem Kissen liegendes Kind dargestellt, das auf den Kurschwertern ruht. Das Bild zeigt den Thronfolger Friedrich August II, der am 17. Oktober 1696 geboren wurde. Unter dem

Kind ist zu lesen: FIRMATA SVCCESSIO, gefestigte Nachfolge.[1]

Mit der Taufmedaille wird auf die Kontinuität der Nachfolge der albertinischen Linie verwiesen. Der Stammvater Albrecht wird auf der Vorderseite dargestellt. Damit sollen zweifellos die weit zurückreichenden Wurzeln der Familie verdeutlicht werden. Die Medaille feiert die Geburt des neuen Stammhalters Friedrich August II., der den Fortbestand der Familie sichert.

Die Zuschreibung der unsignierten Arbeit an den Medailleur ist umstritten. Karl Wilhelm Daßdorf nennt Christian Wermuth.[2] In Cordula Wohlfahrts Werkverzeichnis der Arbeiten Wermuths fand die Medaille jedoch keine Aufnahme.[3] Peter Hannig sieht den Medailleur Johann Kittel als Autor der Medaille an.[4]   N. B.

Anmerkungen
[1] Vgl. Tentzel, Ernst Wilhelm: Saxonia Numismatica – Lineae Albertinae, Frankfurt, Leipzig, Gotha 1714, S. 694 f. Tentzel gibt hier als Geburtsjahr Friedrich Augusts II. 1706 an.
[2] Vgl. Daßdorf, Karl Wilhelm: Numismatisch-historischer Leitfaden zur Übersicht der Sächsischen Geschichte, Dresden 1801, S. 114, Nr. 1050.
[3] Vgl. Wohlfahrt, Cordula: Christian Wermuth. Ein deutscher Medailleur der Barockzeit - a German medallist of the Baroque age, London 1992.
[4] Vgl. Arnold, Paul und Hannig, Peter: Medaillenkunst am Hofe August des Starken, in: Barock und Klassik. Kunstzentren des 18. Jahrhunderts in der Deutschen Demokratischen Republik, Schallaburg 1984, S. 136, Kat. Nr. I.194.

F 11
MEDAILLE AUF DIE GEBURT DES PRINZEN FRIEDRICH VON SACHSEN-GOTHA

1699
Christian Wermuth

Silber, geprägt
Durchmesser: 32 mm

Inschriften:
Vs: FAVENTIBVS ASTRIS
Rs: FRIDERIC` · / DVX SAXONIAE / LINEAE
GOTHANAE / TERTIVS / NATVS GOTHAE /
D · XIV · APRIL · MDCIC · / SOLE TAVRVM /
PERCVRRENTE · / VT FOECVNDITATIS /
EX SIDERE COELESTI / ITA PACIS / EX
NOMINE / PATERNOAVITO / SPEM
SVMMAM / PRAEBET ·
Rand: PATRE FRIDERICO DVCE SAXO–
GOTHANO · MATRE MAGDALENA
AVGVSTA PRINC ANH SERVEST ·

Stiftung Moritzburg, Halle/Saale
Kunstmuseum des Landes Sachsen-Anhalt
(Inv. LMK 30362)
(Sammlung der Stadt Bernburg)

Prinz Friedrich von Sachsen-Gotha wurde am 14. April 1699 im Sternzeichen des Stieres geboren. So zeigt die Vorderseite der Medaille das Sternbild des Stieres am nächtlichen Himmel. Auch die Inschrift der Rückseite nimmt Bezug auf das Sternzeichen. Die Eltern Friedrichs werden in der Randschrift genannt. Auf der Rückseite der Medaille sind die Initialen des Medailleurs Christian Wermuth zu sehen.[1]

Christian Wermuth wurde am 16. Dezember 1661 in Altenburg geboren und starb am 3. Dezember 1739. In Dresden und Sondershausen durchlief er eine Ausbildung zum Medailleur und Münzeisenschneider. Am Hofe des Herzogs von Sachsen-Gotha und Altenburg war Wermuth seit 1687 als Hofmedailleur tätig. Für das Herzogtum Sachsen-Gotha fertigte er 195 Medaillen. Er gehört zu den produktivsten Medailleuren seiner Zeit.[2]

Die Darstellung der Medaillenvorderseite ist in ihrer Komposition sehr ausgewogen. Die Wolke zieht sich von der rechten Hälfte der Medaille um den Stier herum in die Höhe, nimmt die Umschrift auf und lässt diese wiederum um den Kopf des Stieres zur rechten Seite laufen. Die kleinen Sterne sind dezent in den Hintergrund gerückt. Cordula Wohlfahrt wies bereits auf die besondere „Feinteiligkeit und Detailliebe"[3] Christian Wermuths hin. Neben dieser sind zwei weitere Medaillen Wermuths auf die Geburt des Prinzen Friedrich entstanden.[4]
                                                    N. B.

Anmerkungen
[1] Vgl. Mann, Julius: Anhaltische Münzen und Medaillen vom Ende des XV. Jahrhunderts bis 1906, Hannover 1907, S. 76, Nr. 296.
[2] Vgl. Wohlfahrt, Cordula: Christian Wermuth. Ein deutscher Medailleur der Barockzeit – a German medallist of the Baroque age, London 1992, S. 13 ff.
[3] Ebd., S. 50.
[4] Ebd., S. 181.

F 12

TAUFMEDAILLE

Ohne Jahr
Georg Hautsch

Silber, geprägt
Durchmesser: 28 mm

Inschriften:
Vs: HIER AVCH DIE SEELE REIN
Rs: HIER WIRD DER LEIB ALLEIN //
2 · BVCH DER KÖNIG / CAP 5 ·

Stiftung Moritzburg, Halle/Saale
Kunstmuseum des Landes Sachsen-Anhalt
(Inv. LMK 21531)

Jordan wieder gesund werden. Die Schriftquelle für die Erzählung ist unter der Darstellung angegeben.

Die auf der Taufmedaille dargestellten Szenen der Taufe und der Reinigung Naamans sind typologisch aufeinander bezogen. Thema ist jeweils eine Reinigung: Der Geschichte einer Reinigung von einer Krankheit im Alten Testament steht die durch die Taufe erfolgende Reinigung von der Erbsünde im Neuen Testament gegenüber.

N. B.

Anmerkungen
[1] Vgl. Forrer, L.: Biographical Dictionary of Medallists, Bd. 2, London 1904, S. 441.

Die Taufmedaille stammt von dem Nürnberger Medailleur Georg Hautsch. Seine genauen Lebensdaten sind nicht bekannt, doch war er nachweislich von 1683 bis 1712 in Nürnberg tätig.[1]

Eine Taufszene ist auf der Vorderseite der Medaille dargestellt. Der Täufling wird von dem Taufenden im Arm gehalten, dessen Hand im Segensgestus erhoben ist. Auf der linken Seite des Taufbeckens stehen drei weitere Personen. Am Fuß des Beckens befindet sich die Signatur Georg Hautschs, G. H. Über der Taufszene ist der Heilige Geist von Strahlen umgeben, so dass sich mit der obigen Inschrift die Form eines Auges ergibt. Im Hintergrund ist eine Stadt angedeutet. Die Rückseite der Taufmedaille zeigt mit der Reinigung Naamans eine Geschichte aus dem Alten Testament. Der Feldherr Naaman war an Aussatz erkrankt und sollte durch siebenmaliges Baden im

F 13
TAUFMEDAILLE

Ohne Jahr, 2. Hälfte 17. Jahrhundert
Philipp Heinrich Müller

Silber, geprägt
Durchmesser: 48 mm

Inschriften:
Vs: Das Blut Jesu Christi des Sohns Got//tes
mach//et uns rein von aller Sunde i Joh i
Rs: Ich gieng für dir über, und sahe dich in
deinem Blut ligen, und sprach zu dir du solt leben
Ez:16

Stiftung Moritzburg, Halle/Saale
Kunstmuseum des Landes Sachsen-Anhalt
(Inv. LMK 9995)
(Sammlung Philipp Konstantin
von Stolberg-Wernigerode)

Die Medaille gestaltete Philipp Heinrich Müller. Er wurde am 2.10.1654 in Augsburg geboren. Müller absolvierte eine Ausbildung zum Silberschmied und Ziseleur. Später widmete er sich der Medaillenkunst. In der Nürnberger Münze Caspar Gottlieb Laufers und Friedrich Kleinerts, in der auch Georg Hautsch tätig war, übte er sein Handwerk aus. Müllers Arbeiten wurden von seinen Zeitgenossen hoch geschätzt. Er schuf viele Medaillen religiösen Inhalts zu verschiedenen Anlässen. Müller starb 1719.[1]

Die Medaille zeigt auf der Vorderseite eine von der Umschrift umgebene Taufszene. Ein Liturg hält ein kleines Kind mit seinem linken Arm über ein Taufbecken, dessen Sockel die Signatur des Medailleurs angibt. Rechts hinter dem Taufbecken ist Christus am Kreuz dargestellt. Aus der Seitenwunde fließt Blut, welches der Liturg mit seiner rechten Hand auffängt. Zwischen Jesus und dem Taufenden ist der Heilige Geist dargestellt. Über diesem blickt Gottvater aus einer Wolke. Sein Gesicht ragt so in die Umschrift hinein, dass es von seinem Namen flankiert wird. In der linken Hand hält er den Reichsapfel, seine rechte Hand weist auf den Taufenden. Das Motiv der Rückseite stellt den Inhalt der Umschrift bildlich dar. Die Worte stammen aus dem Buch des Propheten Ezechiel des Alten Testaments.

Die Medaille ist ein kleines Kunstwerk, das für den freien Markt ohne konkreten Auftrag produziert wurde.
N. B.

Anmerkungen
[1] Vgl. Forrer, L.: Biographical Dictionary of Medallists, Bd. 4, London 1904, S. 196–205. Bei Max Bernhardt sind die Lebensdaten mit 1655–1718 angegeben. Vgl. Bernhardt, Max: Medaillen und Plaketten. Ein Handbuch für Sammler und Liebhaber, München 1984, S. 74.

F 14
Tauftaler auf die Taufe
Anna Sophias
von Sachsen-Gotha

1670

Johann Christian Freund zugeschrieben

Silberprägung
Durchmesser: 44–45 mm

Inschriften:
Vs: im Feld: DAS IST / MEIN / LIEBER /
SOHN / DEN SOLT IHR HÖREN. / SIHE
DAS IST GOTTES LAMB / DAS DER WELT
SÜN/DE TREGT. JOH. 1 / MIR GEBÜHRET
ALLE GERECHTIGKEIT / ZU ERFÜLLEN /
MATTH.3.
Umschrift: TAUFET SIE IM NAMEN DES
VATERS UND DES SOHNES DES H GEISTES
M. 28.19.
Rs: im Feld: GOTT VATER / DURCH DIE
TAUF, ZUM KIN/DE NIMT MICH AUF.
GOTT / SOHN MIT SEINEM BLUT, MACHT
MICH GE/RECHT V GUT, GOTT H. GEIST
ZEUCHT / EIN MEIN LEHRER TROST ZU
SEYN, / BISS AVSS DER EITELKEIT, ICH /
KOMM ZUR EWIGKEIT, GAL. / 3.26.27 TIT.
3.5.6.7.:1. PET. 3.2.1./ GOTHA. 1670
Umschrift: WER GLAVBT VND GETAVFT
WIRD DER WIRD SELIG WERDEN MARCI.
16.16

Gotha, Stiftung Schloss Friedenstein:
Münzkabinett

Die Medaille wurde anlässlich der Taufe Anna Sophias von Sachsen-Gotha, der ersten Tochter Herzog Friedrichs, in Gotha geprägt. Auf der Vorderseite ist die Taufe Christi durch Johannes d. T. im
Jordan dargestellt. Darüber steht der von Strahlen
umgebene hebräische Name Gottes mit der
Taube. Das Feld ist durch eine Umschrift abgesetzt. Die Rückseite zeigt eine Inschrift, die das
Taufjahr Anna Sophias angibt.[1]

Ausgehend von diesem Tauftaler wurden ungefähr ein Jahrhundert lang in Mitteldeutschland
ähnliche Taufmedaillen, zunächst in Eisleben,
auch in Stolberg und vermutlich in weiteren
Münzstätten im Münzgewicht des Reichstalers gefertigt. Das Motiv der Taufe Christi sowie die Inschriften wurden übernommen, erfuhren jedoch
kleine Veränderungen. So wurde z. B. dem Kreuz
eine Fahne hinzugefügt und die Strahlen regelmäßiger nebeneinander gesetzt. Die Anordnung der
Inschriften variiert. Die datierten Tauftaler stammen durchweg aus der braunschweigischen
Münzstätte Zellerfeld.[2] Es sind auch Abschläge in
Gold und in mehrfachem Talergewicht bekannt.

Diese Medaillen zeugen von dem Brauch, beliebte Taufmedaillen in geänderter Form nach-
zuprägen und als private Patengeschenke zu verwenden.[3]

U. D.

Anmerkungen
[1] Vgl. Steguweit, Wolfgang: Geschichte der Münzstätte Gotha
vom 12. bis zum 19. Jahrhundert, Weimar 1987, S. 158.
[2] Vgl. Katsouros, Floros: Die datierten Tauftaler des Harzes,
in: Gesellschaft für Internationale Geldgeschichte, Gemein-
nützige Forschungsgesellschaft e.V. (Hrsg.): Geldgeschichtliche Nachrichten, 18. Jg., Nr. 95, Frankfurt am Main 1983,
S. 123–132.
[3] Vgl. Maué, Hermann: Münzen – Huldigungs-„Goldgulden“, Paten-„Taler“, Kerzen – „Dreier“, Rechen-„Pfennig“,
in: Münzen in Brauch und Aberglaube – Schmuck und
Dekor – Votiv und Amulett – politische und religiöse
Selbstdarstellung, Ausstellungskatalog Germanisches Nationalmuseum Nürnberg, Mainz 1982, S. 179.

F 15
MEDAILLE FÜR ANHALT-ZERBST
AUF DIE GEBURT
DES PRINZEN IMMANUEL

1709
Christian Wermuth

Silber, geprägt
Durchmesser: 52 mm

Inschriften:
Vs: FRIDERICVS D ·G ·DVX SAX ·ET
MAGDAL ·AVGUSTA PR ·ANH
Rs: IMMANVEL NATIS PROPE QVINQVE SIT
IMMANVELI // SEXTO SIT COSTAE SIT
FRIDERICE TIBI · // PS·128·V·4· / SIC
PROAVITA MANET · SEROS
BENEDICTIONATOS / IM(M)ANVEL
PRINCEPS SAXO GOTHAN⁹ / NAT⁹ 5 APR
RENAT ·6· APR· / OBLAT⁹ D· 17·MAY ·

Stiftung Moritzburg, Halle/Saale
Kunstmuseum des Landes Sachsen-Anhalt
(Inv. LMK 30368)
(Sammlung der Stadt Bernburg)

Die Taufmedaille schuf Christian Wermuth auf
die Geburt des Prinzen Immanuel. Dessen Eltern,
Herzog Friedrich von Sachsen-Gotha und Mag-
dalene Auguste von Anhalt-Zerbst, zieren die Vorderseite. Sie sind im Profil zu sehen und einander
gegenübergestellt. Herzog Friedrich trägt einen
Harnisch und einen Mantel, die Herzogin ein
Kleid und eine Kette. An den Armabschnitten
sind die Initialen Christian Wermuths zu sehen.
Die Umschrift der Rückseite beginnt an der linken Seite der Strahlenmandorla, umzieht diese

und läuft dann weiter am Rand entlang. Im unteren Teil findet sich eine weitere Inschrift. Mittig
ist die Herzogsfamilie dargestellt. Auf der rechten
Seite sitzt die Herzogin auf einem Thron und hält
den Neugeborenen in ihren Armen. Vor Magdale-
lene Auguste sind ihre Kinder aufgereiht. Auch
die bereits verstorbenen Kinder sind dargestellt.
Sie tragen ein Kreuz in der Hand. Das vorderste
Kind der ersten Reihe weist mit seiner rechten
Hand auf den Vater. Dieser steht in römischer
Feldherrenkleidung vor einem Thron, der mit
dem herzoglich-sächsischen Wappen verziert ist,
und zeigt auf seine Frau und die Kinder.[1]

Hier werden unmittelbar dynastische Interessen deutlich: Herzog Friedrich von Sachsen-
Gotha führt seine Nachkommen vor und beweist
damit, dass der Fortbestand der Herrschaft durch
seine Familie gesichert ist.   N. B.

Anmerkungen
[1] Vgl. Wohlfahrt, Cordula: Christian Wermuth. Ein deutscher Medailleur der Barockzeit – a German medallist of the
Baroque age, London 1992, S. 279, Nr. 09005. • Vgl. Mann,
Julius: Anhaltische Münzen und Medaillen vom Ende
des XV. Jahrhunderts bis 1906, Hannover 1907, S. 79,
Nr. 308. • Vgl. Tentzel, Wilhelm Ernst: Saxonia Numismatica – Lineae Ernestinae, Dresden 1705, S. 890 f.

Katalog-Nr. F 15

F 16

TAUFPFENNIG

1. Hälfte 18. Jahrhundert
deutsch

Silber, geprägt
Durchmesser: 15 mm

Inschriften:
Vs: DIS IST MEIN LIEBER SOHN
Rs: CHRISTVS EMANVEL

Stiftung Moritzburg, Halle/Saale
Kunstmuseum des Landes Sachsen-Anhalt
(Inv. LMK 11673)

Die Taufe Christi ist auf der Vorderseite der Medaille in Größe eines Pfennigs zu sehen. Im Jordan steht Christus, der seine Arme vor der Brust gekreuzt hat. Johannes der Täufer, mit Kreuzstab, befindet sich zur Rechten Jesu. Johannes hebt seinen rechten Arm über dessen Haupt. Über der Szene ist die von Strahlen umgebene Taube des Heiligen Geistes dargestellt. Ein Baum befindet sich im Hintergrund. Auf der Rückseite ist die von der Umschrift umgebene Darstellung Christi als Salvator mundi zu erkennen. Die Bezeichnung Christi als Emmanuel geht auf Jesaja 7,14 aus dem Alten Testament zurück. Dort wird über eine Jungfrau gesprochen, die ein Kind gebären und dieses Emmanuel nennen wird. Auf diese Worte des Propheten Jesaja wird in Matthäus 1,23 in Bezug auf die Geburt Christi durch die Jungfrau Maria verwiesen.[1]   N. B.

Anmerkungen
[1] Vgl. Kirschbaum, Engelbert (Hrsg.): Lexikon der christlichen Ikonographie, Bd. 1, Freiburg 1968, S. 390.

F 17

TAUFMEDAILLE

Ohne Jahr, 1. Hälfte 18. Jahrhundert
Johann Kittel

Silber, geprägt
Durchmesser: 48 mm

Inschriften:
Vs: WER DA GLAUBET UND GETAUFT
WIRD. MAR. 16
Rs: LASSET DIE KINDLEIN ZU MIR
KOMMEN.

Stiftung Moritzburg, Halle/Saale
Kunstmuseum des Landes Sachsen-Anhalt
(Inv. LMK 9994)
(Sammlung Philipp Konstantin
von Stolberg-Wernigerode)

Der Breslauer Medailleur Johann Kittel wurde 1656 in Namslau geboren und starb am 25. November 1740 in Breslau. Die frühesten Medaillen, die seine Signatur K. oder I.K. zeigen, sind in das Jahr 1681 datiert.[1]

Die Taufmedaille zeigt die Signatur I.K. am Fuße des Kreuzes, das am Ufer eines Flusses, wohl des Jordans, steht. Aus dem Fluss ragt eine Leiter, die an den Querbalken des Kreuzes gelehnt ist und in den Himmel führt. Von Wolken umrahmt, sieht man am Ende der Leiter einen Strahlenkranz. Auf der Leiter steigt ein Mensch hinauf. Über diesem fliegt die von Strahlen umgebene Taube des Heiligen Geistes. Die Darstellung führt die der Umschrift fehlenden Worte aus dem Markusevangelium bildlich weiter. „Wer glaubt und sich taufen lässt, wird gerettet"[2] Diese Darstellung

F 18

TAUFMEDAILLE

Ohne Jahr, 1. Hälfte 19. Jahrhundert
Medaillenfabrik von Gottfried Loos, Berlin

versinnbildlicht demnach die durch die Taufe erfolgte Aufnahme in die Gemeinschaft mit Gott und die damit einhergehende Befreiung von der Sünde. Auch die Umschrift der Rückseite der Taufmedaille wird bildlich umgesetzt.   N. B.

Anmerkungen
[1] Vgl. Forrer, L.: Biographical Dictionary of Medallists, Bd. 3, London 1904, S. 168.
[2] Alfons Deissler; Anton Vögtle (Hrsg.): Neue Jerusalemer Bibel, Markusevangelium 16,16, Freiburg im Breisgau 2000, S. 1457.

Silber, geprägt
Durchmesser: 38 mm

Inschriften:
Vs: DEIN LEBENLANG HABE GOTT VOR AUGEN UND IM HERZEN // TOB 4 v 6
Rs: DER / HERR / SEI MIT DIR // ER / LEITE DICH / AUF / EBENER / BAHN

Stiftung Moritzburg, Halle/Saale
Kunstmuseum des Landes Sachsen-Anhalt
(Inv. LMK 5515)

Die Taufmedaille zeigt auf ihrer Vorderseite einen Altar, der auf einem in die Tiefe gehenden Fußboden steht. Eine mit langen Fransen versehene Decke ist in großen Falten über den Altar gelegt. Auf diesem ist ein Buch, die Bibel, zu sehen. Sie liegt geöffnet auf einem Lesepult, so dass sich ein Blick hinein ergibt. Hinter der Bibel ist ein Kruzifix zu sehen. Vom Kreuzungspunkt der Balken gehen Strahlen aus. Vom linken Rand zieht sich die Umschrift bis zum rechten Rand der Medaille um die Darstellung herum. Die Rückseite zeigt den von zwei im unteren Teil der Medaille verbundenen Palmenzweigen umschlossenen Vers.

Das Stück stammt aus der Medaillenfabrik Gottfried Bernhard Loos. Diese wurde 1776 durch Daniel Friedrich Loos als Medaillengeschäft und -vertrieb gegründet. Unter der Leitung von Gottfried Loos (1822 bis 1843) entwickelte

Ohne Jahr, spätes 19. Jahrhundert
Medaillenfirma Wilhelm Mayer, Stuttgart

sich das Geschäft zu einer eigenen Prägeanstalt und Vertriebsfirma. Unter verschiedenen Leitern bestand die Medaillenfabrik bis zum Zweiten Weltkrieg.[1]

Die Motive der Taufmedaille finden sich auch auf anderen Gelegenheitsmedaillen, die unter Daniel Friedrich Loos gefertigt wurden. So zeigen eine Konfirmationsmedaille auf der Rückseite sowie eine Taufmedaille auf ihrer Vorderseite den mit einer Decke versehenen Altar und das Kreuz.[2] Eine weitere Medaille zeigt auf der Rückseite dieselbe Anordnung der Inschrift und des Palmenkranzes.[3] So ist zu vermuten, dass sich Gottfried Bernhard Loos bei der Gestaltung der Medaille von den vorhandenen Stempeln seines Vaters anregen ließ oder diese selbst verwendete.

Die Medaille zeigt eine typisch klassizistische Gestaltung, die sich von der dekorativen Fülle der Barockmedaille bewusst abgrenzt.   N. B.

Anmerkungen
[1] Vgl. Steguweit, Wolfgang: Kunst und Technik der Medaille und Münze. Das Beispiel Berlin (Die Kunstmedaille in Deutschland, Bd. 7), Berlin 1997, S. 181–187.
[2] Vgl. Sommer, Klaus: Die Medaillen des Königlichen Preussischen Hof-Medailleurs Daniel Friedrich Loos und seines Ateliers, Osnabrück 1981, S. 159, Kat. Nr. B 10 und S. 156, Kat. Nr. B 3.
[3] Ebd., S. 195, Kat. Nr. B 74/1.

Zinn, geprägt
Durchmesser: 38 mm

Inschrift:
Rs: Zur / heiligen Taufe // von dein:

Stiftung Moritzburg, Halle/Saale
Kunstmuseum des Landes Sachsen-Anhalt
(Inv. 5518)

Die Vorderseite der Medaille zeigt die Taufe Christi im Jordan. Johannes steht am Ufer des Flusses. Hinter ihm ist eine Landschaft dargestellt. Die Rückseite teilt den Anlass mit. In zwei verzierten Feldern sind Räume für die Gravur des Taufdatums bzw. den -paten vorgesehen. Unten ist ein Engelskopf zu erkennen. Ein Blätterkranz fasst das Ganze ein.

Die Medaille wurde in der Metallwarenfabrik und Kunstprägeanstalt Wilhelm Mayer in Stuttgart geprägt, die ihren Namen im Jahre 1896 noch einmal änderte. Mit den gefertigten Medaillen konnte die Firma viele Kunstpreise gewinnen. Im Zweiten Weltkrieg wurde die Fabrik zerstört.[1] Die vorliegende Medaille ist ein typisches industriell hergestelltes Gedenkzeichen des Historismus.
                                    N. B.

Anmerkungen
[1] Vgl. Zeitz, Joachim: Die Medaillen des Hauses Baden, Bd. 2, Freiburg im Breisgau 1987, S. 311.

F 20

TAUFMEDAILLE DES
PREUSSISCHEN STAATES

1899
Rudolf Bosselt

Bronze, geprägt
Durchmesser: 60 mm

Inschrift:
Vs: LASSET DIE KINDLEIN / ZU MIR /
KOMMEN

Stiftung Moritzburg, Halle/Saale
Kunstmuseum des Landes Sachsen-Anhalt
(Inv. LMK 5519)
(1903 Schenkung des Königlichen preußischen
Ministeriums des Kultus der Stadt Halle)

Im Jahr 1899 rief das Königliche preußische Kultusministerium einen Wettbewerb zur Gestaltung einer Taufmedaille aus. Anliegen dieses Wettbewerbs war die sowohl vom Staat als auch von Kunsthistorikern gewünschte Belebung der Medaillenkunst in Deutschland. Vorgaben für die Gestaltung waren, dass ein Motiv den Bezug zur Taufe herstellen sollte und Raum für Gravuren vorhanden ist. Gewinner des Wettbewerbs war Rudolf Bosselt (1871–1938).[1]

Die Vorderseite seiner Medaille zeigt den thronenden Christus. Auf ihn läuft ein kleines Kind zu, das von seiner Mutter am Gängelband gehalten wird. Christus streckt seine Hände dem Kind entgegen. Dieses streckt seine Hände seinerseits nach Christus aus. Die gebeugten Haltungen Christi und der Mutter entsprechen dem

Rund der Medaille. Im Podest ist der Name des Künstlers zu lesen. Durch die Andeutung eines Fußbodens ist die Darstellung von der Inschrift getrennt. Die Rückseite ist durch reiche Ornamentik gekennzeichnet. In der Mitte ist ein mit Flechtbandornamenten versehenes Kreuz, an dessen oberen Ende die Taube in einer Draufsicht zu sehen. Umrahmt wird das Kreuz von einem Ornamentband, in das seitlich zwei Engel eingefügt sind. Durch die Form des Kreuzes und den Rand ergeben sich zwei für Gravuren gedachte Flächen.

Die Ornamentik der Rückseite weist auf einen Einfluss des englischen Jugendstils. Rudolf Bosselt mied bei der Medaille Elemente, die eine tiefenräumliche Wirkung hervorrufen. Die Figuren sind in Profilansicht gegeben, auf eine Gestaltung des Hintergrundes wurde verzichtet. Im Gegensatz zu anderen Teilnehmern des Wettbewerbs stellte Bosselt den Taufakt selbst nicht dar. Mit den Motiven des Kreuzes, der Taube und der Engel sind dennoch Elemente traditioneller Taufdarstellungen präsent.[2] Insbesondere steht aber das Bildmotiv der Kindersegnung in einem engen Zusammenhang zur Taufe.[3]

Mit diesem Wettbewerb wurde Rudolf Bosselt in ganz Deutschland bekannt. Er leitete später die Kunstgewerbeschule in Magdeburg.[4]

Seine Arbeit kann als eine der ersten modern gestalteten Medaillen überhaupt angesehen werden, die im Rahmen eines offiziellen Auftrags entstanden. Sie markiert damit die Abwendung von den klassizistischen Gestaltungsgrundlagen in der deutschen Medaillenkunst.   N. B.

Anmerkungen
[1] Vgl. Losse, Vera: Rudolf Bosselt. Erneuerer der deutschen Medaillenkunst, Bildhauer und Reformpädagoge, Köln 1995, S. 61.

F 21

GEBURTSMEDAILLE

1908
Maximilian Dasio

2 Ebd., S. 61ff.
3 Siehe Katalog-Nr. Da 1.
4 Vgl. Losse, Vera: „Er kann nicht anders als in Bildern denken" – Zu Leben und Werk des Medailleurs, Bildhauers und
Kunstpädagogen Rudolf Bosselt (1871–1938), in: Rudolf
Bosselt. Bildhauer und Medailleur 1871–1938, Ausst. Kat.,
Institut Mathildenhöhe Darmstadt (Hrsg.), Darmstadt
1994, S. 33, Kat. Nr. 13 und S. 16 ff.

Bronze, gegossen
Durchmesser: 62 mm

Inschriften:
Rs: · DAS · GANZE · / · LEBEN · GLVCK / ·
VND SEGEN ·
Randpunze: C. POELLATH

Stiftung Moritzburg, Halle/Saale
Kunstmuseum des Landes Sachsen-Anhalt
(Inv. LMK 7117)

Ein bekränztes Kind, das Füllhörner unter seinen
Armen trägt, ist auf der Vorderseite der Geburtsmedaille dargestellt. Es läuft auf einem angedeuteten Boden nach rechts. Auf der Rückseite befindet sich mittig ein durch Bänder eingefasstes
Gravurfeld. Auf diesem steht eine Ente. Unter
dem Feld ist die Inschrift zu lesen.[1]

Die Darstellung der Vorderseite steht mit dem
Spruch der Rückseite in Zusammenhang. Die
reich bestückten Füllhörner symbolisieren Wohlergehen. Die rückseitige Inschrift nennt Glück
und den Segen.   N. B.

Anmerkungen

1 Vgl. Weber, Ingrid S.: Maximilian Dasio 1865–1954.
Münchner Maler, Medailleur und Ministerialrat, Ausst.
Kat., Staatliche Münzsammlung München, München 1985,
S. 35, Kat.-Nr. 13. • Vgl. Dräger, Ulf: Deutsche Kunst-
medaillen des 20. Jahrhunderts aus der Sammlung des Lan-
desmünzkabinetts Sachsen-Anhalt, Ausst. Kat., Staatliche
Galerie Moritzburg, Landeskunstmuseum Sachsen-Anhalt,
Halle/Saale 1996, S. 130, Kat.-Nr. 20.

F 22
MEDAILLE „GEBOREN IM JAHR DES KRIEGES"

1915
Ludwig Gies

Bronze, gegossen
Durchmesser: 57 mm

Inschriften:
Vs: GEBOREN IM JAHRE D· WELTKRIEGES
Randpunze: C. POELLATH
SCHROBEN(HAUSEN)

Stiftung Moritzburg, Halle/Saale
Kunstmuseum des Landes Sachsen-Anhalt
(Inv. LMK 36779)

Die Medaille gehört zu einer Serie von Geburtsmedaillen, die Ludwig Gies für die im Ersten Weltkrieg geborenen Kinder fertigte. Ein pausbäckiger Säugling in einem Steckkissen ist auf der Vorderseite der Medaille zu sehen. Das Kissen liegt auf einer in die Tiefe gehenden Fläche. Hinter dem Kind steht ein Schwert, an dessen Griff ein Tuch geknotet ist, das sich zur Fläche hin ausbreitet. Über dem Kind befindet sich ein achtstrahliger Stern. Die Darstellung wird von der Inschrift umgeben. Die unterste Seite des angedeuteten Bodens dient als Begrenzung der Inschrift und lässt damit Raum für die Signatur des Künstlers. Auf der Rückseite ist ein viereckiges Feld zur Aufnahme einer Gravur vorhanden. Über diesem befindet sich ein Stern, an dem eine Girlande befestigt ist, die über das Gravurfeld

geschwungen ist. Weitere kleine Sterne zieren die Rückseite.[1]

Ludwig Gies schuf um 1910 seine ersten Medaillen. Geboren am 3. September 1887 in München, ließ er sich zunächst zum Metalltreiber und -ziseleur ausbilden. Er studierte an der Königlichen Akademie der Bildenden Künste in München und wurde später Professor an der Berliner Unterrichtsanstalt am Kunstgewerbemuseum und an der Preußischen Akademie der Künste. Gies schuf viele Medaillen, die den Ersten Weltkrieg zum Thema haben.[2]

Die Geburtsmedaille nimmt direkt auf das aktuelle Zeitgeschehen Bezug. Bernd Ernsting schrieb über die Serie der Geburtsmedaillen, dass „die Assemblage von Waffen und Geschossen zum Stillleben […] in seiner Diskrepanz zur friedlichen Befindlichkeit des Neugeborenen ein Gefühl der Verunsicherung"[3] hervorruft.   N. B.

Anmerkungen
[1] Vgl. Ernsting, Bernd: Ludwig Gies. Meister des Kleinreliefs, Köln 1995, S. 174, WVZ 80.
[2] Ebd., S. 125f.
[3] Ebd., S. 174.

F 23
GEBURTSMEDAILLE FÜR
DAS PATENKIND HEINZ

1916
Alf Thiele

Steinmetz und studierte an der Kunstakademie in Leipzig und in München. Als Lehrkraft war Thiele an der Kunstgewerbeschule in Leipzig in der Abteilung Plastik tätig. Er starb 1957.[1]   N. B.

Anmerkungen
[1] Vgl. Dräger, Ulf: Deutsche Kunstmedaillen des 20. Jahrhunderts aus der Sammlung des Landesmünzkabinetts Sachsen-Anhalt, Ausst. Kat., Staatliche Galerie Moritzburg, Landeskunstmuseum Sachsen-Anhalt, Halle/Saale 1996, S. 156, Kat.-Nr. 162.

Bronze, gegossen
Durchmesser: 86 mm

Inschriften:
HURRA // ICH BIN / GEBOREN / 1·9 · // 1· 6
// SEINEM · LIEBN · PATENKINDE · HEINZ
THIELE · V · ALF THIELE ·

Stiftung Moritzburg, Halle/Saale
Kunstmuseum des Landes Sachsen-Anhalt
(Inv. LMK 22535)

Die Geburtsmedaille zeigt ein sehr plastisch dargestelltes Kind auf einem Grund, das Schellen in den Händen trägt. Durch die tanzende Bewegung des Knaben könnte man glauben, die Klänge der Schellen zu hören. In der Höhe des linken Knies ist das Geburtsjahr zu lesen. Der Pate, zugleich Schöpfer dieser Medaille, hat sich in der Umschrift verewigt. Seine Signatur findet sich am rechten Fuß des Knaben.

Alf Thiele wurde 1886 in Leipzig geboren. Er absolvierte eine Lehre zum Holzbildhauer und

F 24
GEBURTSMEDAILLE

1920/21
Ludwig Gies

Silber, gegossen
Höhe: 39 mm, Breite: 36 mm

Inschriften:
Rs: IN GOTTES GEWALT HABEN WIR ES
GESTALT

Stiftung Moritzburg, Halle/Saale
Kunstmuseum des Landes Sachsen-Anhalt
(Inv. LMK 36639)

Auf der Vorderseite der Medaille ist expressiv-dekorativ ein nackter Knabe dargestellt, der in einem Nachen sitzt. Der Knabe hat die Arme ausgebreitet und schaut den Betrachter mit großen Augen an. Im linken oberen Teil der Medaille ist eine Sonne zu sehen, darunter die Signatur des Künstlers. Die Umschrift auf der Rückseite, deren Beginn durch das Herz markiert wird, umgibt eine kleine quadratische Fläche.

Die Fahrt des Kindes auf dem Wasser symbolisiert den beginnenden Lebensweg. Bernd Ernsting ist der Meinung, dass das Motiv auf den ersten Blick an die Aussetzung Moses denken lässt, aber diese Assoziation beim Anblick der Sonne wieder in Vergessenheit gerät.[1]   N. B.

Anmerkungen
[1] Vgl. Ernsting, Bernd: Ludwig Gies. Meister des Kleinreliefs, Köln 1995, S. 246, WVZ 208.

F 25
TAUFMEDAILLE FÜR WOLFRAM E. A. ESSER

1924
Staatliche Porzellanmanufaktur Meißen
Max Esser (?)

Böttgersteinzeug, gedrückt
Durchmesser: 45 mm

Inschriften:
Vs: 16 · NOV · 1924
Rs: Dieses Kindleins / Name / soll / Wolfram
Erdmann / August / Esser / sein

Stiftung Moritzburg, Halle/Saale
Kunstmuseum des Landes Sachsen-Anhalt
(Inv. LMK 36723)

Auf der Vorderseite ist eine exzellent modellierte Taube zu sehen. Sie sitzt auf einer Schale. Deren Rand und der Kopf sind von Strahlen umgeben. Lediglich durch diese Motive wird der religiöse Kontext deutlich. Unter der Schale ist das Taufdatum vermerkt. Die Rückseite zeigt die Inschrift. Der Name des Kindes ist durch Strahlen eingefasst.

Die Taufmedaille wurde in verschiedenen Ausführungen gefertigt. So wurden manche Medaillen mit einem Goldrand verziert.[1] In ähnlicher Ausführung wurde eine Geburtsmedaille für Wolfram Erdmann August Esser gefertigt.[2]

An der Staatlichen Porzellanmanufaktur Meißen war von 1919 bis 1926 der Tierbildhauer und Kunsthandwerker Max Esser (1885–1945) tätig.[3] Die Namensgleichheit des Täuflings und des Künstlers, der im Entstehungsjahr der Medaille in

F 26

TAUFMEDAILLE FÜR
FRANCA WILDHAGEN

1998
Anna Franziska Schwarzbach

Meißen tätig war, lässt die Vermutung aufkommen, dass Max Esser die Taufmedaille für den möglichen Verwandten Wolfram Erdmann August gefertigt hat. N. B.

Anmerkungen
[1] Vgl. Scheuch, Karl: Medaillen aus Porzellan der Staatlichen Porzellan-Manufaktur Meißen, Bd. 4, Gütersloh 1995, S. 29 f., Kat. Nr. 1992.
[2] Ebd., Kat. Nr. 1991.
[3] Vgl. Bake, Kristina: Kunsthandwerk und Design. Porzellan. Bestandskatalog Erste Hälfte 20. Jahrhundert, Bd. 2, Staatliche Galerie Moritzburg Halle, Landeskunstmuseum Sachsen-Anhalt, hrsg. v. Rita Gründig und Ulf Dräger, Halle/Saale 1997, S. 52.

Bronze, gegossen
Durchmesser: 93 mm

Stiftung Moritzburg, Halle/Saale
Kunstmuseum des Landes Sachsen-Anhalt
(Inv. LMK 36319)

Die Künstlerin experimentierte bei dieser Arbeit mit einer offenen Form, die – durch ein sehr dünnes Modell im Wachsausschmelzverfahren gegossen – eine zufällig wirkende, fast archaische Form zeigt. Motiv der Medaille ist das Gesicht eines Säuglings, Franca Wildhagen. Die Schultern sind erahnbar. Die Augen des Kindes sind geschlossen, der Mund ist leicht geöffnet. Untergrund, Kopf und Körper des Kindes gehen unmittelbar ineinander über.[1] Dadurch scheint es, als würde sich das Kind in diesem Augenblick aus dem Untergrund herausbilden. Somit erinnert die Medaille eher an die Geburt als an die Taufe.

F 27
TAUFMEDAILLE FÜR
ELSA LIPPOLD

2006
Anna Franziska Schwarzbach

Anna Franziska Schwarzbach wurde 1949 in Rittersgrün im Erzgebirge geboren. Nach dem Studium der Architektur an der Kunsthochschule in Berlin wirkte sie zunächst als Architektin, begann sich jedoch 1975 mit der Skulptur zu beschäftigen und ist seitdem als freie Künstlerin tätig.[2]

N. B.

Silber, gegossen
Durchmesser: 8,6 cm

Privatbesitz, Potsdam

Anmerkungen

[1] Vgl. Steguweit, Wolfgang; Heidemann, Martin; Brenner, Friedrich: Die Kunstmedaille in Deutschland. 1995–1998, mit Nachträgen seit 1990 (Die Kunstmedaille in Deutschland, Bd. 10), Berlin 1999, S. 192, Kat.-Nr. 260. • Vgl. Steguweit, Wolfgang: XXVII FIDEM 2000–Internationale Medaillenkunst (Die Kunstmedaille in Deutschland, Bd. 12), Berlin, Weimar 2000, S. 53 und 74, Kat.-Nr. 50.

[2] Vgl. Steguweit, Wolfgang; Heidemann, Martin; Brenner, Friedrich: S. 189.

Im Mittelbild der Medaille ist das Porträt des Täuflings modelliert. Allein der Kopf ist zu sehen. Der Blick aus den weit offenen Augen des kleinen Mädchens erfasst den Betrachter ganz. Seitlich unter seinem Kinn ist eine Decke angedeutet, in die es eingewickelt ist. Ein unterbrochenes Perlband fasst die Szene ein. Die Rückseite der Medaille ist glatt und leicht gewölbt.

Die Taufe des Kindes in der St. Thomaskirche in Magdeburg-Pechau wurde auf den 18. Juni 2006 festgesetzt. Sein Taufspruch lautet: *Siehe, ich habe dir geboten, dass du getrost und unverzagt seist … denn der Herr, dein Gott, ist mit dir in allem, was du tun wirst* (Josua 1,9).

B. S.

G

ARCHIVALIEN UND ANDERE GEGENSTÄNDE AUS PAPIER

Die Abteilung G des Kataloges umfasst das Feld der Taufarchivalien. Unter den Nummern G 1 bis G 25 werden archivalische Zeugnisse zum Thema Taufe aus verschiedenen Sammlungszusammenhängen vorgestellt.

Am Anfang steht eines der ältesten Kirchenbücher Mitteldeutschlands (Katalog-Nr. G 1), in dem unter den Aufzeichnungen über kirchliche Amtshandlungen auch Taufen eingetragen sind. Einen großen Raum nehmen sodann mit den Nummern G 2 bis G 14 die Patenbriefe beziehungsweise Patenbittbriefe ein, deren geschichtlicher Entstehung und Entwicklung sich der Beitrag „Patenbriefe" von Antje Heling-Grewolls, S. 231–234 widmet.

Die Patengeschenkbriefchen, die unter der Nummer G 19 vorgestellt werden, zeugen vom Brauch, zu besonderen Anlässen, wie beispielsweise auch zur Taufe, kleine Geschenke zu machen, der sich bis auf den heutigen Tag erhalten hat. Ist es in diesem Zusammenhang bis in die Gegenwart üblich, silberne Gegenstände wie Rasseln (Katalog-Nr. E 15), Spardosen (Katalog-Nr. E 2), Becher (Katalog-Nrn. E 16, E 21) oder Löffel (Katalog-Nrn. E 17 bis E 20) zu verschenken, die gleichzeitig als Gebrauchsgegenstand und Wertanlage fungieren, so sind spätestens seit dem 13. Jahrhundert auch einzelne Münzen als Taufpräsente nachgewiesen. Zur Aufnahme dieser Geldgeschenke dienten couvertartige Papierumschläge, die, in den meisten Fällen künstlerisch aufwendig gestaltet, neben den Münzen oft auch Spruchkärtchen mit persönlicher Widmung enthielten.

Zeigte sich im Bereich der Pateneinladungen seit dem späten 18. Jahrhundert eine Tendenz zur immer aufwendigeren Gestaltung, die bis in die zweite Hälfte des 19. Jahrhunderts anhält (Katalog-Nr. G 2 bis G 5), so ist gegen Ende des 19. Jahrhunderts eine gegenläufige Entwicklung zu beobachten. Es entstehen serienmäßige Drucke in Form kleiner Kärtchen, wie sie unter der Nummer G 20 zu sehen sind, die meist in einem künstlerisch gestalteten Rahmen den oft gleichlautenden, vorgedruckten Einladungstext aufnehmen. Wie bei den Beispielen aus Hohendodeleben (Katalog-Nrn. G 2, G 3), Großbadeleben (Katalog-Nr. G 4) und Badeleben (Katalog-Nr. G 5) werden dabei der Name des Paten, das Geschlecht des Kindes sowie Tauftermin und Taufort in die dafür vorgesehenen Aussparungen eingetragen. Damit sind die Vorläufer heutiger Einladungskarten entstanden, welche für den jeweiligen Anlass bereits den passenden Text vorformuliert haben.

Die Entwicklung, die Ende des 19. Jahrhunderts mit der Entstehung seriell gefertigter Kärtchen mit der Aufforderung zur Übernahme des Patenamtes ihren Anfang nahm, setzte sich in der ersten Hälfte des 20. Jahrhunderts in der bis in die Gegenwart anhaltenden Gewohnheit fort, zu den verschiedensten Anlässen Einladungskarten und andere Artikel unterschiedlichster Form und Größe, wie Tischkärtchen (Katalog-Nr. G 21) oder Geburtsanzeigen (Katalog-Nr. G 24) mit thematisch passenden Motiven zu verwenden, wie sie in den Nummern G 21 und G 23 vorgestellt werden. Im Falle von Tauffeiern traten dabei meist Darstellungen von Säuglingen und Kleinkindern an die Stelle der bisher oft üblichen religiösen Symbolik (Katalog-Nr. G 20). P. M.

Kemberg 16. Jahrhundert
(Eintragungen von 1586 bis 1642)

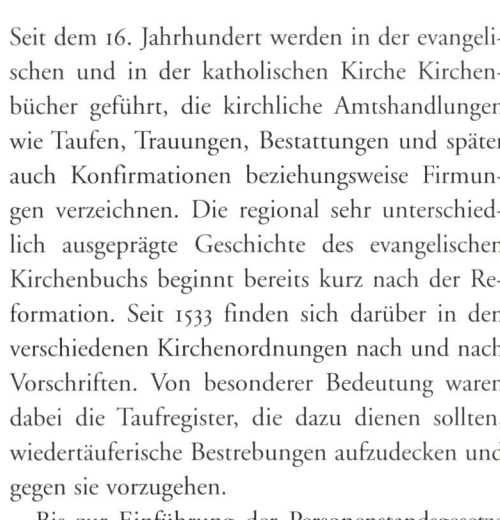

Einband aus Pergament, gewonnen aus Resten
einer mittelalterlichen Handschrift
Reste von Lederverschlüssen, Fadenbindung,[1]
Etikett: Tinte auf Papier
34,5 x 11,5 x 5,5 cm

Evangelische Kirchengemeinde Kemberg
Kirchenkreis Wittenberg

Seit dem 16. Jahrhundert werden in der evangelischen und in der katholischen Kirche Kirchenbücher geführt, die kirchliche Amtshandlungen
wie Taufen, Trauungen, Bestattungen und später
auch Konfirmationen beziehungsweise Firmun-
gen verzeichnen. Die regional sehr unterschiedlich ausgeprägte Geschichte des evangelischen
Kirchenbuchs beginnt bereits kurz nach der Reformation. Seit 1533 finden sich darüber in den
verschiedenen Kirchenordnungen nach und nach
Vorschriften. Von besonderer Bedeutung waren
dabei die Taufregister, die dazu dienen sollten,
wiedertäuferische Bestrebungen aufzudecken und
gegen sie vorzugehen.

Bis zur Einführung der Personenstandsgesetze
im Deutschen Reich in der zweiten Hälfte des 19.
Jahrhunderts und damit der Einrichtung der Stan-
desämter waren diese Register, die in den Pfarräm-
tern geführt wurden, die einzigen als Personen-
standsregister nutzbaren Unterlagen. Aus diesem
Grund wurden im Laufe der Jahrhunderte auch
immer wieder neue staatliche Vorschriften erlassen.

Heute sind Kirchenbücher vor allem als eine
wichtige Quelle für die Genealogie im Bewusstsein. Die Kriegswirren und Verwüstungen des
Dreißigjährigen Krieges haben jedoch dazu geführt, dass die Überlieferung der meisten Kirchenbücher überwiegend erst in der zweiten
Hälfte des 17. Jahrhunderts einsetzt.

G 2

PATENEINLADUNG

Hohendodeleben, 1786

Das hier gezeigte Kemberger Exemplar gehört zu den seltenen Stücken, die aus dem 16. Jahrhundert erhalten geblieben sind. Der Pergamenteinband besteht aus einem Teil einer wiederverwendeten mittelalterlichen Handschrift. Eine Beschriftung, die nachträglich über die Handschrift auf den Buchrücken geklebt wurde, gibt Auskunft darüber, dass in diesem Buch das Taufregister der Jahre 1586 bis 1598, das Trauregister von 1586 bis 1642 und das Sterberegister von 1586 bis 1598 geführt wurde. B. S.

Anmerkungen
[1] Freundliche Auskunft von Frau Adelheid Ebel, Pfarramt Kemberg.

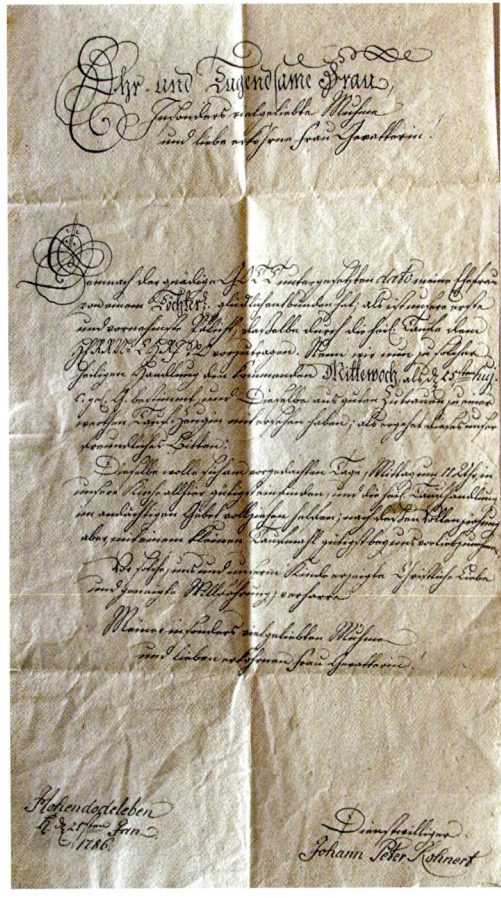

Tinte auf Papier
32 x 39 cm

Börde-Museum Burg Ummendorf

Wie die Aufschrift auf der gesiegelten Umschlagseite erkennen lässt, richtet sich die vorliegende Einladung aus dem Jahr 1786 an Frau *Anna Elisabetha geb. Wallstaben* aus Hohendodeleben, die als *des Weyland ehrengerechten Christian Traeher gewesener / Halbszäuner und Einwohner allhier nachgelassene Witwe* näher identifiziert wird.

Das Schreiben selbst beginnt mit der formelhaften Anrede: *Ehr- und Tugendsame Frau / Insonders vielgeliebte Musein / liebe erkohrene Frau Gevatterin!*, mit der die Adressatin bereits auf der Umschlagseite angesprochen wurde. Anschließend wird mit den Worten: *Demnach der gnädige GOTT untergesetzten dato meine Ehefrau / von einem Töchterchen glücklich entbunden hat, also ist es unsere erste / und vornehmste Pflicht, dasselbe durch die heil. Taufe ihm / HERRN – CHRISTO vorzutragen*, der Anlass des Schreibens genannt. Es folgen der Tauftermin und der Grund der Einladung. So heißt es: *Wenn wir nun zu solcher / heiligen Handlung den kommenden Mittewoch, also den 25 ten huj. / c. gol. G. bestimmt, und Dieselbe aus guten Zutrauen zu einer / werthen Taufzeugin mit vorsehen haben, also ergehet dieses unser / freundliches Bitten:* Nun wird die eigentliche Aufforderung zur Übernahme des Patenamtes ausgesprochen, indem der Autor des Schreibens fortfährt: *Dieselbe wolle sich am vorgedachten Tage, Mittag um 11 Uhr, in / unsere Kirche allhier gütigst einfinden, und die heil. Taufhandlung im andächtigen Gebet vollziehen helfen;* Mit dem Satz: *nach dieser Vollziehung / aber, mit einem kleinen Taufmahl gütigst bey uns vorliebnehmen*, folgt die Einladung zur anschließenden Feier. Der Verfasser des Schriftstücks, der sich in der Unterschriftenzeile als *Johann Peter Kohnert* zu erkennen gibt, verleiht am Ende der Einladung seiner Hoffnung auf Entsprechung dieser Bitte Ausdruck, wenn er schreibt: *Für solche, uns und unserem Kinde erzeigte christliche Liebe / und geneigte Willfahrung, verharre / Meiner insonders vielgeliebten Musein / und lieben erkohrenen Frau Gevatterin! / Dienstwilliger / Johann Peter Kohnert.* In der abschließenden Anrede greift er dabei wieder auf die feststehende Formel zurück, mit der die Adressatin sowohl bereits auf der Umschlagseite, als auch zu Beginn des Schreibens angesprochen wurde. Mit der Angabe von Ort und Datum der Abfassung endet die Einladung.

Mit der handschriftlichen Ausführung des Schreibens, bei der als einzige Zierde – nach dem Vorbild mittelalterlicher Handschriften – die ornamentale Behandlung einzelner Wörter und Buchstaben eingesetzt wird, steht die Hohendodelebener Pateneinladung des Jahres 1786 am Anfang einer kontinuierlichen Entwicklung von Aufforderungen zur Übernahme des Patenamtes, die bis in unsere Zeit hinein eine Vielzahl ähnlicher Schriftstücke unterschiedlichster Technik und Gestaltung hervorgebracht hat (vgl. auch Katalog-Nrn. G 4, G 5, G 8, G 13 etc.)   P. M.

G 3

PATENEINLADUNG

Hohendodeleben, 1811

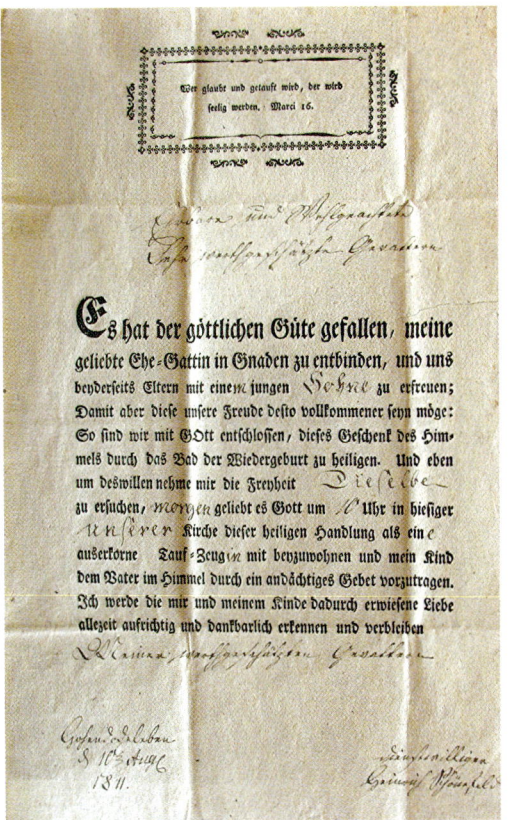

Druckerschwärze auf Papier, Tinte
32 x 40,5 cm

Börde-Museum Burg Ummendorf

Im Falle der vorliegenden Pateneinladung aus dem Jahr 1811 nennt die Umschlagseite, deren Siegel nur noch anhand der Wachsreste auf dem Papier nachweisbar ist, die *Ehrbare und Tugendsame Frau / Anne Elisabeth Michaelis geb. Kohnert* aus Hohendodeleben als Empfängerin des Schreibens. Wie am Beispiel der Hohendodelebener Einladung des Jahres 1786 (vgl. Katalog-Nr. G 2)

wird auch hier noch eine nähere Identifikation der Adressatin vorgenommen, wenn es anschließend heißt: *des nachbarl. Einwohners Lößathen und Schmiedemeisters / Herrn Christian Michaelis Ehefrau.*

Anders als bei der handgeschriebenen Pateneinladung des Jahres 1786 handelt es sich bei dem Schriftstück aus dem Jahr 1811 jedoch um einen mechanisch gefertigten Vordruck, in dessen vorgegebenen Text lediglich noch die Anrede des Paten, das Geschlecht des Kindes sowie Datum und Uhrzeit der Tauffeier eingetragen werden mussten. So beginnt die Einladung mit den handgeschriebenen Worten: *Ehrbare und Viehlgeachtete / Sehr werthgeschätze Gevatterin.* Nun folgt der vorgedruckte Text mit den entsprechenden Einfügungen: *Es hat der göttlichen Güte gefallen, meine / geliebte Ehe-Gattin in Gnaden zu entbinden, und uns / beyderseits Eltern mit einem jungen Sohne zu erfreuen; / Damit aber diese unsere Freude desto vollkommener seyn möge: / So sind wir mit GOtt entschlossen, dieses Geschenk des Him- / mels durch das Bad der Wiedergeburt zu heiligen. Und eben / um deswillen nehme mir die Freyheit Dieselbe / zu ersuchen, morgen geliebt es Gott um 10 Uhr in hie- / siger / unserer Kirche dieser heiligen Handlung als eine / auserkorne Tauf-Zeugin mit beyzuwohnen und mein Kind / dem Vater im Himmel durch ein andächtiges Gebet vorzutragen. / Ich werde die mir und meinem Kinde dadurch erwiesene Liebe / allzeit aufrichtig und dankbarlich erkennen und verbleiben.* Die abschließenden Zeilen sind wieder handschriftlich ausgeführt: *Meiner werthgeschätzen Gevatterin / dienstwilliger / Heinrich Schönfeld / Hohendodeleben / den 10ten August / 1811.*

Beschränkte sich die künstlerische Gestaltung des Textes von 1786 noch auf eine zierhafte Behandlung einzelner Wörter und Buchstaben, so ist dem Exemplar von 1811 eine Art Briefkopf vorgesetzt, der in Form eines Bibelzitats aus dem 16. Kapitel des Markusevangeliums den Inhalt des Schriftstücks andeutet. In einem kastenförmigen Rahmen aus einem doppelten Ornamentband, der an den Längs- und Schmalseiten durch weitere, floral wirkende Ziermotive akzentuiert wird, weist der Vers *Wer glaubt und getauft wird, der wird / seelig werden,* auf die Heilsbedeutung des Taufsakramentes hin. Der ausgewählte Spruch aus der Heiligen Schrift gehört dabei zum gängigen Repertoire von Bibelversen, welche verstärkt im Laufe des 19. Jahrhunderts bei der Gestaltung von Taufschalen und Taufbecken Verwendung fanden (vgl. z. B. Wittenberg, Schlosskirche).

Mit der Ausführung der Aufforderung zur Übernahme des Patenamtes aus dem Jahr 1811 ist ein neuartiger Typus von Pateneinladungen entstanden, der vor allem in der zweiten Hälfte des 19. Jahrhunderts in immer aufwändigerer Form zum Einsatz kommt (vgl. z. B. Katalog-Nrn. G 4, G 5).   P. M.

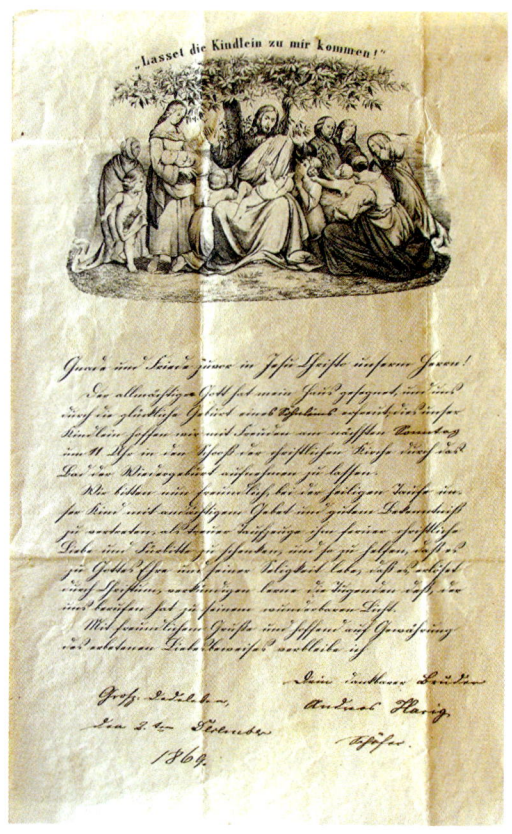

Druckerschwärze auf Papier, Tinte
33,5 x 40,5 cm

Börde-Museum Burg Ummendorf

Die Schrift auf der Umschlagseite mit dem zur Hälfte erhaltenen Siegel weist *den Schäfer G(eor)g H. Harig* als Empfänger der Pateneinladung aus. Nach dem Muster der beiden Schriftstücke aus Hohendodeleben (vgl. Katalog-Nrn. G 2, G 3) wird Georg Harig im Folgenden als *mein werther Bruder und Gevatter* näher beschrieben.

Lässt das Schriftbild im Falle der vorliegenden Aufforderung zur Übernahme des Patenamtes auf den ersten Blick wieder eine handschriftliche Ausführung vermuten, wie sie das Hohendodelebener Beispiel des Jahres 1786 zeigt, so beweisen die mit Punkten gekennzeichneten Leerstellen im Text, zusammen mit der kräftigeren Farbigkeit der dort eingesetzten Worte, dass es sich auch beim Großbadelebener Exemplar um einen mechanisch gefertigten Vordruck nach der Art des Hohendodelebener Stückes aus dem Jahr 1811 handelt. Wie das Hohendodelebener Pendant des Jahres 1811 beginnt demnach auch das Schriftstück aus Großbadeleben mit einer handgeschriebenen Zeile, wobei statt der Anrede des Paten der Segenswunsch *Gnade und Friede zuvor in Jesu Christo unserm Herrn!* ausgesprochen wird. Der vorgegebene Text mit den entsprechenden Ergänzungen schließt sich an: *Der allmächtige Gott hat mein Haus gesegnet, und uns / durch die glückliche Geburt eines Söhnleins erfreut; dies unser / Kindlein hoffen wir mit Freuden am nächsten Sonntag / um 11 Uhr in den Schoß der christlichen Kirche durch das / Bad der Wiedergeburt aufnehmen zu lassen. / Wir bitten nun freundlich, bei der heiligen Taufe un- / ser Kind mit andächtigem Gebet und gutem Bekenntniß / zu vertreten, als treuer Taufzeuge ihm ferner christliche / Liebe und Fürbitte zu schenken, und so zu helfen, daß es / zu Gottes Ehr und seiner Seligkeit lebe, daß es, erlöset / durch Christus, verkünden lerne die Tugenden deß, der / uns berufen hat zu seinem wunderbaren Licht. / Mit freundlichem Gruße und hoffend auf Gewährung / des erbetenen Liebesbeweises verbleibe ich / Dein dankbarer Bruder / Andreas Harig / Schäfer / Groß-badeleben / den 2ten Dezember / 1869.*

Ähnlich der Hohendodelebener Pateneinladung von 1811 ist auch das vorliegende Stück mit einem Vers aus der Heiligen Schrift überschrieben, der sich thematisch in das Umfeld der Taufe einordnen lässt. Mit dem Ausspruch *„Lasset die Kindlein zu mir kommen!"* (Markus 10,14/Lukas 18,16) wird an dieser Stelle ein Bibelzitat verwendet, das, wie das Textstück des Markusevangeliums, welches das Hohendodelebener Schreiben des Jahres 1811 aufweist, an vielen Taufgeräten besonders des 19. Jahrhunderts zu finden ist. An die Stelle des ornamental gestalteten Rahmens, mit welchem der Bibelvers auf der Pateneinladung aus Hohendodeleben eingefasst ist, tritt im vorliegenden Beispiel ein Kupferstich, der in starker Anlehnung an den vor allem in der zweiten Hälfte des 19. Jahrhunderts für religiöse Sujets vorherrschenden Stil der Nazarener eine Illustration des darüber angeordneten Bibelzitates darstellt.   P. M.

G 5
PATENEINLADUNG
Badeleben, 1874

Druckerschwärze auf Papier, Tinte
28,5 x 45,5 cm
„Magdeburg, Verlag von C. Schnibotz"

Börde–Museum Burg Ummendorf

Die vorliegende Pateneinladung, die 1874 in Badeleben ausgestellt wurde, richtet sich dem Namenszug auf der Umschlagseite zufolge an den *Schuhmachermeister H. Grope.*

Wie bei den Stücken aus Hohendodeleben bzw. Großbadeleben, die auf die Jahre 1811 bzw. 1869 datiert sind (vgl. Katalog-Nrn. G 3, G 4), handelt es sich auch in diesem Fall um einen maschinell gefertigten Vordruck, wobei die individuellen Angaben zu Täufling, Tauftermin und Taufort in die Aussparungen des laufenden Textes eingetragen sind. Wie der Großbadelebener Auf-

forderung zur Übernahme des Patenamtes ist auch dem Exemplar aus Badeleben die, diesmal gedruckte, Segensformel *Gnade und Friede / zuvor in Jesu Christo unsrem Herrn!* vorangestellt. Ebenso entsprechen die anschließenden Worte: *Der barmherzige Gott / hat mein Haus gesegnet und uns durch die Geburt eines Sohnes / am 21. September erfreut (…)* beinahe wörtlich den Anfangszeilen des Stückes aus Großbadeleben. Obgleich sich im weiteren Textverlauf keine auffälligen Übereinstimmungen mehr finden, erscheint die Vermutung plausibel, dass es sich bei diesen einleitenden Worten um feststehende Formeln handelt, die im mitteldeutschen Raum normativen Charakter besaßen. Weiter heißt es: (…) *wofür wir seiner Güte von Herzensgrun- / de Dank sagen. Wir sind nun entschlossen, will's Gott unser Kind- / lein am nächsten Freitag um 10 Uhr / in hiesiger Kirche / zur heiligen Taufe zu bringen, auf daß der Herr es in diesem selig- / machenden Bade von der angeerbten Sünde reinige und als ein Kind / Gottes in Seine heilige Kirche aufnehme; und bitten freundlich, / die Güte haben zu wollen bei dem heiligen Sakrament unser / Kind mit gläubigem Gebet und gutem Bekenntniss vertreten und / dasselbe auch fernhin durch Gebet, Ermahnung und christlichen / Beistand bei seinem Heiland erhalten helfen. / In christlicher Liebe und unter Anwünschung der göttlichen / Gnade / verbleibe ich / Krüger / Badeleben / den 22ten September 1874.*

War bereits bei den Pateneinladungen aus Hohendodeleben und Großbadeleben (vgl. Katalog-Nrn. G 2, G 3, G 4) eine Zunahme der künstlerischen Gestaltung aufgefallen, die sich von der zierhaften Behandlung einzelner Wörter und Buchstaben (vgl. Katalog-Nr. G 2), über die ornamentale Rahmung eines Bibelzitates (vgl. Katalog-Nr. G 3) bis zu dessen figurenreicher Illustra-

auf dass gleichwie Christus ist / auferwecket von den Todten, durch / die Herrlichkeit des Vaters, als- / so sollen auch wir in einem neu- / en Leben wandeln (Römer 6,4). Das Bildfeld unterhalb des Textblockes wird von der Genredarstellung einer Taufgesellschaft in Festtagskleidung ausgefüllt.

P. M.

tion (vgl. Katalog-Nr. G 4) steigerte, so ist der Textblock des Badelebener Exemplars in ein aufwändiges Rahmensystem mit einer Folge von vier Kupferstichen eingepasst. Ein Geflecht aus stilisiertem Astwerk, aus dessen Zweigen Blätter, Blüten und Weintrauben hervorwachsen, bildet die Einfassung, welche oberhalb des Textes in drei Dreiecksgiebeln ausläuft. Sowohl ober- und unterhalb des eigentlichen Schreibens, als auch zu dessen beiden Seiten stellen detailreich ausgeführte, bäuerlich-naiv wirkende Bildszenen einen thematischen Bezug zur Feier der Taufe her: Im oberen Giebel wird dem Betrachter mit der „Taufe Christi im Jordan" der Ursprung des Taufsakramentes vor Augen gestellt. In die linke Rahmenseite ist eine Darstellung der „Kreuzigung Christi" eingefügt. Unterhalb des Bildes weist auf einem Schriftband ein Auszug aus dem Römerbrief mit den Worten *Wisset ihr nicht dass alle, / die wir in Jesum Christi ge- / taufet sind, die sind in seinen / Tod getauft?* (Römer 6,3) auf die Verbindung zwischen Taufe und Kreuzestod Christi hin. Auf der gegenüberliegenden Seite bildet die Darstellung der „Auferstehung Christi" das Pendant zur „Kreuzigung". Wieder ist es ein Zitat aus dem Römerbrief, welches, unterhalb des Bildes auf einem Schriftband angebracht, den Bezug zwischen dem Sakrament der Taufe und der Auferstehung herstellt. So heißt es: *So sind wir je mit ihm begra- / ben durch die Taufe in den Tod /*

G 6
PATENBRIEF[1]

1811

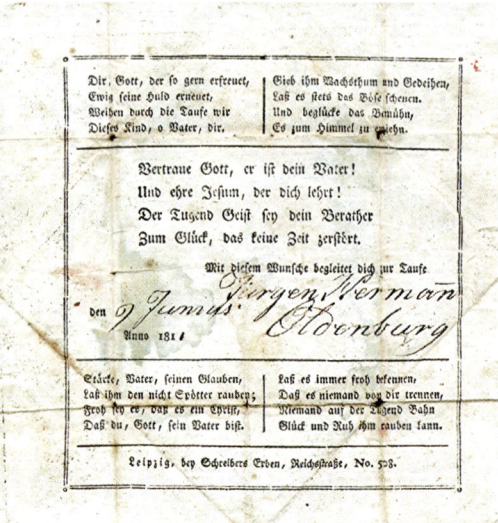

Büttenpapier, kolorierter Kupferstich: Leipzig, bey
Schreibers Erben, Reichsstraße, No. 508.
In geschlossenem Zustand Taufszene und
Darstellung der vier Tugenden,
halb geöffnet Darstellung der vier Evangelisten,
geöffnet dann vorgedruckte Textseite mit
handschriftlichen Ergänzungen.
geschlossen: 8,2 x 8,2 cm, geöffnet: 16,2 x 16,5 cm.

Herkunft unbekannt, Privatbesitz

burt zu vermerken. Die Taufe fand möglicherweise zum angegebenen Datum statt, der Ort aber
ist unbekannt. Ungewöhnlich detailliert ist der
Hersteller genannt, was im Allgemeinen äußerst
selten der Fall war.[3] Er gab die Jahreszahl dementsprechend vor, dass der Patenbrief nur zwischen
1810 und 1819 verwendet werden konnte.[4] Patenbriefe übermittelten die Glückwünsche des Paten
an den Täufling und dienten auch als Umschlag
für ein Geldgeschenk.[5]   Ch. L.

Anmerkungen
[1] Vgl. Beitrag: Christine Lehmann, *Altmärkisches Taufbrauchtum und der Atlas der deutschen Volkskunde,* in diesem
Katalog.
[2] Vgl. Lange 1994, S. 95.
[3] Pieske 1983, S. 219.
[4] Vgl. Lange 1994, S. 95: Faltbrief aus dem sächsischen Waldenburg von 1803.
[5] Pieske 1983, S. 219.

Das gereimte, aus vier Versen bestehende Bittgedicht um das weitere Wohlergehen des Täuflings
und seine christliche Lebenseinstellung wird ergänzt durch einen Vers, in dem das Kind selbst
aufgefordert wird, sich zu Gott zu bekennen.
Dann folgen die teils vorgedruckten und handschriftlich ergänzten Zeilen: „Mit diesem Wunsche begleitet dich zur Taufe / Jürgen Herman Oldenburg / den 9 Junius Anno 1811." Wie auch aus
der Literatur bekannt,[2] war es nicht vorgesehen,
den Namen des Täuflings und den Tag seiner Ge

G 7
Patenbrief (Faltbrief)

Ausgestellt: Kleinkugel, Saalkreis, 1817
Holzschnitt, koloriert

17 x 19 cm
Hersteller: Schubert, Halle

Staatliche Museen zu Berlin
Stiftung Preußischer Kulturbesitz
Museum Europäischer Kulturen
(33 G 35)

Das nahezu quadratische Blatt ist auf der Vorderseite durch Linien gerahmt und eingeteilt in ein quadratisches mittleres Bildfeld und acht kleinere dreieckige Felder mit konzentrisch angeordneten Bildern. Es wurde entsprechend dieser Einteilung auf die Größe des Mittelfeldes zusammengefaltet, auf dem eine Taufszene mit dem Pastor, den Eltern, einem Paten und dem Kind zu sehen ist. Das Taufbecken ist mit einem Tuch verkleidet, im Hintergrund ist das die Taufe umschließende Taufgitter zu sehen. Die Szene überfangen Wolken, in denen die Taube des Heiligen Geistes schwebt.

Seit der Mitte des 18. Jahrhunderts nimmt die Vielfalt der für das Mittelfeld der Faltbriefe gewählten Themen deutlich ab. Die Taufszene ist die am häufigsten vorkommende Darstellung (vgl. auch G 8, 9 und 10). Auch in der kunstvollen Ausschmückung der Faltbriefe vollzog sich – mit deren zunehmender Beliebtheit – um diese Zeit eine Wendung zur volkstümlichen Vereinfachung.

In den umgebenden Feldern sind weibliche Figuren mit Attributen dargestellt, die die christlichen Tugenden personifizieren: oben die Liebe (Caritas) mit einem Kind auf dem Arm, links der Glaube (Fides) mit einem Kreuz und einem Kelch, unten die Hoffnung (Spes) mit einem Anker. Diese drei christlichen Tugenden wurden häufig durch eine weitere aus der Gruppe der Tugenden ergänzt: die Geduld (Patientia), hier rechts dargestellt mit einem Lamm.

In den äußeren Eckfeldern folgen vier Hauptszenen aus dem Leben Christi: die Geburt, der Einzug in Jerusalem, die Kreuzigung und die Auferstehung. Die Darstellungen sind lieblos koloriert.

Auf der Rückseite, die beim Auffalten zum Vorschein kommt, ist ein Glück- und Segenswunsch in vier Strophen vorgedruckt. Handschriftlich hat die Patin vermerkt: *Geboren 9ten September 1817, getauft 13ten September 1817. Pathe Rosina Elimann.*

Die Schubert'sche Kupferdruckerei in Halle gab wenig später – seit 1824 – auch Patenbriefe in Briefchenform heraus. A. H.-G.

Lit.: Pieske, Christa: Über den Patenbrief, in: Beiträge zur deutschen Volks- und Altertumskunde 2/3, 1958, S. 94 und 102.

G 8
PATENBRIEF (FALTBRIEF)

Ausgestellt: Bischofswerda, Kr. Bautzen, 1818

Kupferstich, koloriert
16 x 16 cm
Hersteller: Schreibers Erben, Leipzig

Staatliche Museen zu Berlin
Stiftung Preußischer Kulturbesitz
Museum Europäischer Kulturen
(33 G 162)

Die Aufteilung der Vorderseite in Felder entspricht den anderen Faltbriefen. In der Mitte ist wiederum die Taufe eines Kindes dargestellt, hier im Augenblick der Taufhandlung, gerahmt von zwei Säulen. Der Pastor hält das Kind mit dem Gesicht nach unten über eine Taufe in Pokalform. Sie ist im Stil des ausgehenden 18. Jahrhunderts mit Blattwerkgirlanden u. a. ornamentiert und detailgenau dargestellt. Die umstehenden Eltern und der Pate sind nach der zeittypischen Mode für die gehobene Gesellschaftsschicht gekleidet. Oben ist in Wolken die Dreifaltigkeit dargestellt: Gottvater,

Christus und die Taube als Symbol des Heiligen Geistes.

Die biblischen Szenen in den umgebenden Eckfeldern sind in einer bestimmten Reihenfolge zu lesen: Im inneren Kreis ist der Übergang vom Alten zum Neuen Bund thematisiert, beginnend mit dem Sündenfall unten, darauf folgen links und rechts Johannes der Täufer und die Verkündigung an Maria und oben die Taufe Jesu im Jordan durch Johannes den Täufer. Im äußeren Kreis folgen Szenen aus dem Leben Jesu, beginnend links oben mit Maria, die das Jesuskind hält; dann folgen rechts herum die Flucht nach Ägypten, die Kreuzigung und die Auferstehung. Die Rückseite ist mit gedruckten Versen und dem handschriftlichen Eintrag der Patin und Großmutter versehen: *Johanna Christiane verwitwete Guste als Grossmutter, d. 7. Dezember 1818.* Der Brief war mit einem roten Siegel verschlossen.   A. H.-G.

G 9
PATENBRIEF (FALTBRIEF)

Ausgestellt: Kleinkugel, Saalkreis, 1827

Paten: *Christian Gottlieb Walther Kleinkugel den 14. Januar. Anno 1827.*

Der Kupferdrucker Gottfried Hofmann in Waldenburg hatte schon in der zweiten Hälfte des 18. Jahrhunderts Kupferstiche gedruckt, die der Faltung entsprechend in drei horizontale Felder geteilt waren, eine Übergangsform von den hochformatigen Kupferstichen zu den Faltbriefen. Die Erzeugnisse von Hofmann gingen über Sachsen und Schlesien weit hinaus. Holzschnitt-Faltbriefe (vgl. Katalog-Nr. G 7) waren nicht so verbreitet wie Kupferstich-Faltbriefe. A. H.-G.

Lit.: Pieske, Christa: Über den Patenbrief, in: Beiträge zur deutschen Volks- und Altertumskunde 2/3, 1958, S. 100 f.

Holzschnitt, koloriert
15 x 15 cm
Hersteller: Carl Gotthilf Hofmann, Waldenburg

Staatliche Museen zu Berlin
Stiftung Preußischer Kulturbesitz
Museum Europäischer Kulturen
(33 G 32)

Der Faltbrief ist wie der vorige in Bildfelder aufgeteilt, die umgefaltet werden. In der Mitte steht auch hier eine Taufszene in der üblichen Form mit dem Pfarrer, den Eltern, dem Kind und einer Patin. Darüber ist die Dreifaltigkeit dargestellt: Gottvater, Sohn und Heiliger Geist. Die inneren Eckfelder zeigen wichtige Szenen aus dem Leben Jesu, beginnend links: Maria mit dem Kind, die Taufe Jesu, Kreuzigung und Auferstehung. In den äußeren Eckfeldern sind die vier Evangelisten dargestellt.

Auf der Innenseite stehen gedruckte Wünsche in Reimform und der handschriftliche Eintrag des

G 10
Patenbrief (Faltbrief)

Ausgestellt: Unruhstadt, Kr. Bomst / Posen, 1829

Kupferstich, koloriert
16 x 16 cm

Staatliche Museen zu Berlin
Stiftung Preußischer Kulturbesitz
Museum Europäischer Kulturen
(33 G 36)

als Geburtsurkunde ausweist: *Das Kind ist geboren den* [handschriftlich: *9 ten / Julii Morgens*] *| um* [*6 ½*] *Uhr, | es wurde getauft in* [*der hiesigen evangelischen Kirche*] *| Das Kind erhielt bey der Taufe die Namen:* [freibleibend] *| und ist das* [*1*] *te Kind aus der* [*ers*]*ten Ehe seines Vaters. – Dem wahren Christen strahlt zum Lohne | Hier durch die Taufe eingeweiht, | Des ew'gen Lebens goldne Krone | Im Lichte der Unsterblichkeit. - Bei diesem aufrichtigen Wunsche denke oft an* [*deinen treuen Taufzeugen | B W Eschel | Unruhstadt | d*[*en*] *14ten Julii* [*18*]*29.* Darunter folgen zwei gedruckte Bibelverse.

A. H.-G.

Der Faltbrief weist die gleiche Aufteilung wie die vorigen auf. Die Taufszene in der Mitte entspricht dem beschriebenen Typus, über ihr ist statt der Dreifaltigkeit das Auge Gottes dargestellt. Die inneren Eckfelder zeigen vermutlich die personifizierten Tugenden Glaube, Liebe, Hoffnung, wenngleich die Attribute nicht eindeutig verteilt sind. Sie sind hier ergänzt worden durch einen knienden betenden Mann im oberen Feld, der hier vielleicht für den später erwachsenen und an den Tugenden sich orientierenden Täufling steht. In den äußeren Eckfeldern sind die vier Evangelisten dargestellt.

Die Rückseite enthält außer Versen einen formularartigen Vordruck, der den Patenbrief auch

G 11
PATENBRIEF (BRIEFCHEN MIT EINLEGEKÄRTCHEN)

Ausgestellt: Quasnitz, Kr. Leipzig, 1840

Lithographie, koloriert
7,2 x 9,9 cm

Staatliche Museen zu Berlin
Stiftung Preußischer Kulturbesitz
Museum Europäischer Kulturen
(33 G 298)

schriftlich: *an Deine / Pathe Friedrich August Matthes / Quaßnitz] den [6 Januar] 18[40]*.

Dieser Patenbrief ist ein frühes Beispiel für die auf den Faltbrief folgende Briefchenform. Auf den Briefchen werden die genaueren Eintragungen zum Beruf des Paten immer seltener. Es findet sich auch nur selten ein Herstellername, denn die Briefchen sind nicht mehr Erzeugnis eines Handwerksmeisters, sondern der Massenfabrikation.

A. H.-G.

Der Umschlag zeigt unter der Überschrift *Erinnerung* die kolorierte Darstellung eines Engels mit Lilien im Arm und eines Kindes, des Täuflings. Links ist ein Tempel mit Rosen und der Aufschrift *Tugend* dargestellt. Rechts schüttet ein kleinerer, über einem mit Blumen gefüllten Kandelaber schwebender Engel ein Füllhorn aus: *Der Friede Gottes sey mit Dir*. Die rückwärtigen Laschen des Umschlags sind mit Rankenornament verziert.

Auf dem Einlegekärtchen stehen die gedruckten Verse: *Auch Dir, o Kind, gab Gott dies Leben / Nicht bloß für diese kurze Zeit; / Er hat Dir heute Kraft gegeben, / Zu säen für die Ewigkeit; / Und wirst Du guten Samen streun, / Schön wird einst dort die Aernte seyn. - Hierbei denke oft* [hand-

G 12
PATENBRIEF (BRIEFCHEN MIT ZWEI EINLEGEKÄRTCHEN)

Ausgestellt: Zeitz, 1853

Prägedruck, koloriert, farbige Steine
8 x 12 cm

Staatliche Museen zu Berlin
Stiftung Preußischer Kulturbesitz
Museum Europäischer Kulturen
(33 G 271)

Nichts deinen Frieden trübe, / das ist das stille Gebet / Deines Taufzeugen / [handschriftlich: F. M Müller / Zeitz, den 27 Feb / 1853]. Die Karte des anderen Paten enthält den Vers: *Du bist, mein Pathchen, nun geweiht, / Dich künftig Christ zu nennen. / Vergiß es nie mit Redlichkeit / Durch Thaten zu bekennen; / Denn nicht der Name, nur die That / Ist deines Glückes ächte Saat.* [handschriftlich: *Hierbei denke oft / an Deinen Pathen / Christ. Stengel. / Zeitz / den 27ten Febr. / 1853*]. A. H.-G.

Der kleine Umschlag zeigt auf der Vorderseite eine grüne, rot umrandete Fläche mit geprägten, rot und in Bronze kolorierten Blüten und Ranken. Sie sind mit mugeligen, opaken Steinen besetzt. In einem weißen Mitteloval ist die Taufe Christi im Jordan dargestellt, ebenfalls geprägt und koloriert. Der Umschlag ist ein frühes Beispiel für die in den 1850er Jahren eingeführte Prägetechnik, die neue Gestaltungsmöglichkeiten für die Patenbriefe bot. Figürliche Darstellungen wie hier die Taufe Christi im Jordan wurden später durch kleine christliche Symbole abgelöst.

Dazu gehören zwei mit Versen bedruckte Einlegekärtchen der beiden Paten. Das eine enthält die gedruckten Verse: *Deine Bahn durch dieses Lebens Auen / Ebne Dir des Herzens stilles Glück, / Und voll Friede, Freude und Vertrauen / Sieh am späten Ziel auf sie zurück. – Daß dieser Wunsch sich an Dir, liebes Kind, erfülle, / der Himmel Deines Geschicks immer wolkenlos / und heiter sei und*

G 13

PATENBRIEF[1]

1864

Umschlag, ohne Herstellerangabe, weißes
Lackpapier, vergoldete Netz- und Rankenprägung
mit blauer Hinterlegung, auf der Vorderseite
Medaillon mit der Inschrift: Wachse und gedeihe!
Rückseitig vier allegorische Darstellungen (Kreuz,
Herzen, Buch, Kelch).
Maße: geschlossen 6,6 x 9,2 cm,
geöffnet 14,1 x 19,1 cm.
Einlegezettel, unregelmäßig beschnittenes
Hadernpapier, Druckrand aus schwarzem
Mäandermuster, vorgedruckter Text mit
handschriftlichen Ergänzungen.
5,1 x 7,9 cm.

Herkunft unbekannt, Privatbesitz

Auf dem kleinformatigen Einlegezettel stehen
lediglich dieselben Zeilen, wie sie schon 1811 (s.
Katalog-Nr. G 6) oder 1851[2] gedruckt wurden:
„Vertraue Gott, er ist Dein Vater!/ Und ehre
Jesum, der Dich lehrt!/ Der Tugend Geist sei
Dein Berather/ Zum Glück, das keine Zeit zer-
stört." Weiter heißt es, handschriftlich ergänzt:
„Mit diesem Wunsche begleitet Dich zur Taufe/
Johann Gottlieb Hartenstein/ den 10. Juli. 1864."
Unbekannt bleiben Name und Geburtstag des
Täuflings, Taufort und Hersteller des Patenbriefes. – Im altmärkischen Jarchau/Altkreis Stendal,
ist es für das 17. Jahrhundert belegt, dass ein
Patentaler im gefalteten Patenbrief zur Taufe verschenkt wurde.[3] Die Klappen des Umschlags wurden bei Benutzung oft mit Siegellack verschlossen.[4] Sofern in der AdV-Umfrage für die Altmark
überhaupt ein Taufgeschenk angegeben wurde (in
50% der Nennungen), beinhaltete es im Raum
zwischen Osterburg und Stendal 1932 bzw. schon
früher auch Geld. Für den Raum Seehausen-Sten-
dal ist mehrmals genannt, dass das Geld ins Steckkissen (Geestgottberg, Seehausen, Wendemark,
Klein Schwechten), früher auch in die Windeln
(Schönfeld) bzw. in die Wiege (Schönhausen) gelegt wurde.   Ch. L.

Anmerkungen
[1] Vgl. Beitrag: Christine Lehmann, *Altmärkisches Taufbrauchtum und der Atlas der deutschen Volkskunde,* in diesem
Katalog.
[2] Vgl. Hörandner 1979, S. 240.
[3] AdV 1932: 075–28–2bu.
[4] Pieske 1983, S. 219.

G 14
DREI PATENBRIEFE (BRIEFCHEN),
GERAHMT

Ausgestellt: Umgebung von Lübeck,
Schleswig-Holstein, 1888

Ornamentiertes Papier, Oblaten, Spitze, Medaille
Umschläge: 1) 10,7 x 7 cm; 2) 11,8 x 8,3 cm;
3) 10,5 x 6,8 cm
Einlegeblätter: 1) 18 x 11,6 cm; 2) 17,2 x 10,5 cm;
3) 18 x 10,4 cm
Hersteller: R K & Co. (Robert Kathmann & Co),
Leipzig

Staatliche Museen zu Berlin
Stiftung Preußischer Kulturbesitz
Museum Europäischer Kulturen
(33 G 398)

In einem schwarzen Holzrahmen befinden sich drei Patenbrief-Umschläge. Auf der Rückseite sind die drei zugehörigen, mit gedruckten Versen und Ornamenten versehenen auseinandergefalteten Einlegeblätter aufgeklebt.

Der linke Umschlag ist außen mit geprägtem, hellblau und in Bronze gedrucktem Ornament verziert. Darauf ist eine Blüte aus Plissee, Gaze und Bändchen montiert, in deren Mitte eine Medaille mit einem Jesusbild und der Inschrift: *Zur Erinnerung an die heilige Taufe.*

Der mittlere Umschlag hat einen hellblau und in Bronze bedruckten und geprägten Rand mit der Inschrift *Halt fest im Glauben.* Darauf befestigt ist eine Oblate mit einem Rosenkranz und einem Engel.

Der Umschlag rechts ist ebenfalls geprägt, mit Bronzedruck verziert und mit Gazeschlaufen beklebt. Auf die vom Druck frei gelassene Mitte ist eine kleine Oblate mit einem Engelskopf montiert. Es fehlt eine die Enden der Gaze verdeckende Rahmung der Oblate.

Auf dem linken Einlegeblatt befindet sich unten der Herstellervermerk: *Eigenthum u. Verlag von R K & Co., Leipzig.* Die Überschrift *Zum Andenken* enthält die Initiale A, reich verziert mit Engeln und Bändern mit der Aufschrift *Glaube / Hoffnung / Liebe.* Die Verse sind unterschrieben von *August Krackow / den 2 December 1888.* Auf dem mittleren Blatt sind in einer Ornamentrahmung zwei Engelchen dargestellt; unter dem Titel *Zur Erinnerung* folgen kurze Verse sowie die Unterschrift *August S.tt..* ohne Datum. Das rechte Blatt zeigt die gleichen Engel, aber andere Verse ohne Überschrift; es ist unterzeichnet von *Anna Katharina Frei… / 18…*

Diese Beispiele zeigen im Vergleich zu Katalog-Nr. G 12, dass die Ausgestaltung der Briefchen seit den 1870er Jahren reicher und komplizierter wurde. Sie wurden maschinell in Prägetechnik und mit Bronzedruck hergestellt und von Hand mit Gaze und Oblaten beklebt. Diese Techniken der Gestaltung haben sie mit anderen Erzeugnissen der Luxuspapier-Industrie gemein, mit Glückwunschkarten, Heiligenbildchen, Ball-Orden u.ä. Aufschriften, wie hier der Hinweis auf die Taufe, waren nicht selbstverständlich.

A. H.-G.

Lit.: Pieske, Christa: Über den Patenbrief, in: Beiträge zur deutschen Volks- und Altertumskunde 2/3, 1958, S. 102. – Pieske, Christa: Späte Patenbriefe aus Berlin, Leipzig und Dresden, in: Volkskunst. Zeitschrift für volkstümliche Sachkultur 4, November 1979, S. 231.

G 15
Tauferinnerung, gerahmt
(Patendank)

1854

Holz, Hinterglasmalerei
32,4 x 27,2 cm

Staatliche Museen zu Berlin
Stiftung Preußischer Kulturbesitz
Museum Europäischer Kulturen
(33 G 209 / 1963)

In einer gold gestrichelten Rahmung stehen ge-
reimte Dankesworte des Patenkindes an die
Paten. Unter der gold vom restlichen Text abge-
setzten Überschrift *Hochgeehrtester Herr und Frau
Pathe* folgen auf blauem Grund in silbernen
Buchstaben die Verse: *Ich lag noch in der Wiege /
Mir selbst noch unbewusst / Mein Fuß kannt keine
Stiege / Mein Herz nicht Freud und Lust / In jenen
ersten Tagen Ward ich / Zum Heiligthum, / Auf dei-
nen Arm getragen / Zum großen Christenthum /
Womit soll ich es lohnen / was Du an mir gethan die
Dankes- / pflicht soll in mir wohnen So lang ich le-*

*/ bend denken kann Ihr stets Dankba- / rer Pathe. /
Christine Elise Goepfert 1854.*

Das Patenkind hat als Mädchen, vielleicht als
Konfirmandin, diese Verse (ab-)geschrieben und
sie den Paten geschenkt oder auch im eigenen
Haus als Erinnerung aufgehängt.

A. H.-G.

G 16
KASTENBILD MIT GEDÄCHTNISKRANZ

1872

Gemischte Stoffe, Collagetechnik
Höhe: 45,5 cm, Breite: 45,5 cm, Tiefe: 7,5 cm
Deutschland, Ernstroda

Staatliche Museen zu Berlin
Stiftung Preußischer Kulturbesitz
Museum Europäischer Kulturen
(Kat.-Nr.: 55 B 1)

Verglaster Holzkasten mit einem textilen Blumen-kranz aus gestanzten rosafarbenen Blüten, über-wiegend Rosen, und grünen Efeublättern mit Glimmer belegt. Den unteren Kranzteil schmückt eine rosa Seidenschleife. Der Kranz bildet den Rahmen für ein handgeschriebenes Trauergedicht. Der innen blau bemalte Kasten ist mit einer Glas-scheibe abgeschlossen, auf der in der Technik der Hinterglasmalerei die Form des mit einem profi-lierten, goldenen Rahmen versehenen Kastens durch ein blaues Quadrat aufgenommen wurde; nach innen hingegen durch ein Rund, das die Form des Kranzes aufnimmt und den Blick auf ihn freigibt. Um die runde Sichtöffnung steht in schablonierter Goldschrift der Widmungsspruch: „Zur Erinnerung an unser am 30. / Juni 1872 verstorbenes Söhnchen Carl Heinrich Schart. / Verehrt von seinen Taufpathen". Die quadratische Form ist durch einen umlaufenden doppelten Goldstreifen unterstrichen. Die offenen Ecken sind durch eine schablonierte, stilisierte Blüte aus-gefüllt. Die Glasscheibe selber ist durch einen schlichten schwarzen Holzrahmen gehalten.

Das Trauergedicht selber hat den folgenden Wortlaut: „Ein Blümchen schön und wunderbar / Hienieden unsre Freude war / Da kam ein Bot' von Gott gesandt / Und trug die Blum ins beß're Land. / Die Rose stand in Sturm und Grauen; / Jetzt steht sie in des himmels Auen; / Der Gärtner hub sie früh schon aus, / Entrückte sie dem Er-denhaus. / Ach, mußtest Du so früh erblassen, / Uns einsam auf der Erde lassen; / Vor Schmerz uns fast das Herze bricht, / Doch Gott ist unsre Zuversicht. / Hat uns der Tod nun auch geschie-den, / Und bleibt uns bitt'rer Schmerz hienie-den, / Ein Trost, der kann uns nicht entgehen: / Der Trost: „Es gibt ein Wiedersehen!"

Dieses Kastenbild steht in der Tradition der privaten Erinnerungskultur und stellt im weiteren Sinne eine Verbindungslinie zu den im öffent-lichen Raum präsentierten Totenkränzen dar.

J. R.

G 17

ERINNERUNGSKARTE
AN DIE TAUFE

1895

Papier, geprägt, gestanzt, Goldprägedruck
Höhe: 14 cm, Breite: 10 cm
Deutschland

Staatliche Museen zu Berlin
Stiftung Preußischer Kulturbesitz
Museum Europäischer Kulturen
(Kat.-Nr.: 54 K 12)

zentraler Stelle steht im Goldprägedruck der Widmungsverweis: *„Erinnerung an d. 13. März 1895".* Darüber ist ein farbiger Blumenstrauß aus Vergissmeinnicht eingeprägt. Auf der rechten Innenseite und der Rückseite der Karte ist ein selbstverfasstes Gedicht „Sang an Liebigs" der Paten auf den Täufling und dessen Familie abgedruckt, das vermutlich auch zum Vortrag gekommen ist.   J. R.

Karte zur Erinnerung an die Taufe der Tochter Johanna Liebig am 13. März 1895.

Hochformatige, beige Klappkarte mit einem gestanzten, asymmetrisch gezackten Rand. Die vordere Seite der Karte ist am Rand etwas zurückgenommen. Den linken Rand der Vorderseite schmückt eine durchbrochene Zierleiste. An

G 18
TAUFBESCHEINIGUNG

Dresden-Blasewitz, 1946

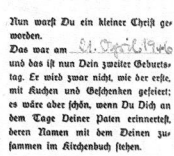

Nun warst Du ein kleiner Christ ge=
worden.
Das war am 21. April 1946
und das ist nun Dein zweiter Geburts=
tag. Er wird zwar nicht, wie der erste,
mit Kuchen und Torte gefeiert;
es wäre aber schön, wenn Du Dich an
dem Tage Deiner Paten erinnertest,
deren Namen mit dem Deinen zu=
sammen im Kirchenbuch stehen.

Bestell-Nr. Kg 350, Entwurf Chr. Rietschel,
C. Aurig, Dresden=Blasewitz. — So 0100 h III 11 4 20 652 1423

Auch über dir, liebe
Christa Hesseli
hat sich durch die heilige Taufe
der Himmel aufgetan

Weißt Du eigentlich, daß Du
zweimal im Jahr Geburtstag
hast? Das hast Du Dir doch schon
immer gewünscht!
Zuerst wurdest Du Deinen Eltern ge=
schenkt als ein ganz kleines Mensch=
lein. Du bekamst ein Hemdchen und
ein Jäckchen an und wurdest in ein
warmes Bettchen gesteckt. Darauf schrieb
man Dich als neuen Bürger des Staates
auf dem Rathaus in ein großes Buch
ein. Das war Dein Geburtstag, den Du
selber kennst und den Deine Eltern,
Geschwister, Großeltern, Onkel und
Tanten wissen. Du freust Dich jedes
Jahr auf seine Wiederkehr. Es ist der
10. Juni 1945
Nach ein paar Wochen oder Monaten
zog man Dir aber ein noch viel schö=
neres Kleidchen an. Du wurdest in die
Kirche getragen und hörtest zum ersten
Mal die Orgel.

Deine Paten

[handschriftliche Einträge]

versprachen dem Herrn Jesus, Die zu
helfen, daß Du ihn kennen lernst und
lieb gewinnst. Dann wurde ihm, dem
treusten Freund der Kinder, Dein Name
genannt:

[handschriftliche Einträge]

Du fühltest Wasser auf Deinem Köpfchen
und eine gute große Hand strich darüber.
Der Herr Pfarrer

[handschriftlicher Eintrag]

hielt Dich in der

[handschriftlicher Eintrag]

Kirche in

[handschriftlicher Eintrag]

getauft.

Druckerschwärze/Tinte auf Papier
15,2 x 10 cm

Monogramm: *CR*
Bestell=Nr. Kg 350, Entwurf Chr. Rietschel, /
C. Aurig, Dresden=Blasewitz,
Zc 0100 h III 11/4 20 652 1423

Leihgeberin: Christa Hessely, Salzwedel

Die Taufbescheinigung aus dem Besitz der Salzwedeler Künstlerin Christa Hessely ist in Form
einer Klappkarte gestaltet, wie sie seit der Mitte
des 19. Jahrhunderts zu besonderen Anlässen beliebt war (vgl. Katalog-Nrn. G 17, G 25), und
deren Gebrauch bis in die heutige Zeit fortdauert.

Auf der Vorderseite des Stückes illustriert eine
Darstellung in der Art eines Holzschnittes den
Anlass, dem die Karte gewidmet ist: Im Zentrum
des Bildes ist vor einem leicht bewölkten Himmel
auf einer Blumenvase ein Kinderwagen mit einem
Säugling zu sehen. Die lange Wagendecke lässt lediglich Kopf und Arme des Kindes frei. Vögel
und Schmetterlinge beleben die Szene, die von
einer halb sichtbaren Sonne mit ausladenden
Strahlen beschienen wird. Das Monogramm *CR*
zwischen den Vorderrädern des Kinderwagens

weist die Komposition als Entwurf der Künstlerin
Chr. Rietschel aus, die auch im Zusammenhang
mit der Bestellnummer auf der Rückseite der
Karte genannt wird. Unterhalb der Darstellung
deutet der Schriftzug: *Auch über dir, liebe / Christa
Hesseli / hat sich durch die heilige Taufe / der Him-
mel aufgetan* noch einmal auf den Grund des
Schreibens hin.

Der Text auf den Innenseiten des Stückes richtet sich mit der Erklärung der theologischen Bedeutung der Taufe in der Art einer Katechese direkt an den Täufling. Dabei wird nicht nur das
neutestamentarische Bild von der Taufe als „geis-
tige Wiedergeburt" (Titus 3,5) thematisiert, sondern auch Informationen zum Täufling wie dessen Geburtsdatum, Taufpaten oder Taufort
genannt. So heißt es: *Weißt Du eigentlich, daß Du
/ zweimal im Jahr Geburtstag / hast? Das hast Du
Dir doch schon / immer gewünscht! / Zuerst wurdest
Du Deinen Eltern ge= / schenkt als ein ganz kleines
Mensch= /lein. Du bekamst ein Hemdchen und /
ein Jäckchen an und wurdest in ein / warmes Bettchen gesteckt. Darauf schrieb / man Dich als neuer
Bürger des Staates / auf dem Rathaus in ein großes
Buch / ein. Das war Dein Geburtstag, den Du / selber kennst und den Deine Eltern, / Geschwister,
Großeltern, Onkel und / Tanten wissen. Du freust*

Geschenkbriefchen mit Spruchkarte
und sechs Münzen
Gotha, 1843

Dich jedes / Jahr auf seine Wiederkehr. Es ist der / 10. Juni 1945. / Nach ein paar Wochen oder Monaten / zog man Dir aber ein noch viel schö= / neres Kleidchen an. Du wurdest in die / Kirche getragen und hörtest zum ersten / Mal eine Orgel. / Deine Paten / Frieda Zomder / Lotte Zimmermann / Erwin Ilgner / versprachen dem Herrn Jesus, Dir zu / helfen, daß Du ihn kennen lernst und / lieb gewinnst. Dann wurde ihm, dem / treuesten Freund der Kinder, Dein Name genannt: Christa Ella / Friederike Irma Hesseli. / Du fühltest Wasser auf Deinem Köpfchen / und eine gute große Hand strich darüber. / Der Herr Pfarrer / W. Sauberzweitz [?] / hatte Dich in der St. Marien / Kirche in Salzwedel getauft. Der Text fährt auf der Rückseite der Karte fort: Nun warst Du ein kleiner Christ ge= / worden. / Das war am 21. April 1946 / und das ist nun Dein zweiter Geburts= / tag. Er wird zwar nicht, wie der erste, / mit Kuchen und Geschenken gefeiert; / es wäre aber schön, wenn Du Dich an / dem Tage Deiner Paten erinnertest, / deren Namen mit dem Deinen zu= / sammen im Kirchenbuch stehen.   P. M.

Tinte/Druckerschwärze auf Papier
7,5 x 11 cm (Umschlag)
7,5 x 9,5 cm (Spruchkarte)
2,5 cm /2 cm /1,6 cm (Durchmesser der Münzen)

Stiftung Moritzburg Halle/Saale
Kunstmuseum des Landes Sachsen-Anhalt

Auf der Vorderseite des Umschlages wird mit den kunstvoll ausgeführten Worten Andenken / an dem Tag der Weyhe in den / Christenbund der Anlass des Geschenkes genannt. Es handelt sich dabei um einen Ausspruch, der im gleichen Zusammenhang an weiteren ähnlichen Stücken zu finden ist (Katalog-Nr. G 13). Der Schriftzug wird von einem Rahmen aus verflochtenen Blattkränzen eingefasst, der an den Ecken von der Darstellung je einer stilisierten Blüte in gesondertem Schmuckrahmen unterbrochen wird. Die dreieckigen Felder der aufklappbaren Rückseite zieren an den Schmalseiten ornamentale Blüten, die mit Hilfe von zwei Punkten voneinander getrennt sind. Darunter läuft, ebenso wie an der Längsseite des Dreiecks, ein Schmuckband aus stilisierten

Blättergirlanden entlang. Den Zwischenraum füllen dekorativ angeordnete Punkte unterschiedlicher Größe aus. Die Spitzen der Dreiecksfelder weisen eine diagonal verlaufende Schraffierung auf, so dass im geschlossenen Zustand eine rautenförmige Ornamentfläche im Zentrum des Umschlages entsteht.

Auf der Spruchkarte im Inneren des Umschlages wird der Täufling in Versform auf die heilsfördernde Wirkung der Taufe hingewiesen. So heißt es: *Aufgenommen durch die Weihe / In den Bund der Christenheit, / Lebe fromm und halte Treue / Deinem Mittler jederzeit. / O, dann grünt auch Deine Jugend, / Schuldlos ist des Kindes Sinn, / Und als Segen Deiner Tugend / Bleibt Dir himmlischer Gewinn.* Nach der Ermahnung *Erwäge dessen Inhalt und denke an …* folgt die handschriftliche Widmung des Paten mit den Worten: *Dich innigst-liebende Pathe J. Tauber.* Der Textblock wird von einem Rahmen eingefasst, der sich aus abwechselnd angeordneten stilisierten Blüten bzw. Blättern zusammensetzt. Unter der Widmung des Paten sind außerhalb der Rahmung Geburts- und Taufdatum mit Ort angegeben.

Neben der Spruchkarte enthält das Geschenkbriefchen sechs Münzen unterschiedlicher Größe, wobei es sich bei der größten unter ihnen um einen „Berliner Dreier" handelt. Die Vorderseite des Geldstücks zeigt den preußischen Adler mit Zepter und Reichsapfel in den Klauen auf einem Wappenschild, das von einer Bügelkrone mit aufgesetztem Kreuz bekrönt wird. In der Umschrift ist *90 EINEN THALER* zu lesen. Auf der stark abgegriffenen Rückseite lassen sich die ersten und letzten beiden Buchstaben des Wortes „Pfennige" entziffern. Ein Prägedatum ist nicht zu erkennen.

Die vier bis auf das Prägedatum identisch gearbeiteten kleineren Münzen stellen „Berliner Pfennige" dar, weshalb ihre Vorderseite ebenfalls das preußische Königswappen in der Art des „Berliner Dreiers" schmückt. Die Umschrift lautet *300 EINEN * THALER.* Auf der Rückseite ist im oberen Bereich die Bezeichnung *SCHEIDE MÜNZE* eingeprägt. Darunter ist der Wert des Geldstücks mit *1 / PFENNING* angegeben. Unter der Wertangabe ist das Prägedatum 1822 zu lesen. Der unterhalb des Datums mit Hilfe einer Linie abgetrennte Buchstabe „S" weist aller Wahrscheinlichkeit nach auf den Ort der Prägung hin. Die übrigen „Berliner Pfennige", die zur Ausstattung des Taufgeschenkes gehören, weisen die Jahreszahlen 1837, 1840 sowie 1841 auf.

Die kleinste der sechs Münzen lässt sich anhand von Wappen und Aufschrift als „Dresdner Halbgroschen" identifizieren. So zeigt die Vorderseite auf einem kronengeschmückten Schild das sächsische Königswappen, das sich aus einem diagonal verlaufenden Rautenkranz auf quergestreiftem Grund zusammensetzt. Die dazugehörige Umschrift informiert mit dem Schriftzug ** K.*(öniglich) *S.*(ächsische) *SCHEIDE = MÜNZE * 1843*, über Herkunft, Art und Prägedatum des Stückes. Die Aufschrift der Rückseite gibt mit der Bezeichnung *NEU = / GROSCHEN* den Typ des Geldstücks an, während darunter, wiederum durch eine waagrechte Linie getrennt, mit *5 / PFENNI / G* der Münzwert genannt wird.

GESCHENKBRIEFCHEN

Ohne Ort, nach 1830 (?)

Prägedruck auf Papier
11,5 x 7,8 cm

Börde-Museum Burg Ummendorf

Das Geschenkbriefchen, von dem weder Zeit noch Ort der Herstellung überliefert sind, schmückt eine separat aufgeklebte Vorderseite mit dreifacher Rahmung. Zuäußerst ist eine spitzen-ähnliche Einfassung angebracht, an deren Innenseite ein schlichter Goldrand entlang läuft. Den innersten Rahmen bildet ebenfalls eine schmale Goldlinie, die in den Ecken von einem barockisierenden Ornament unterbrochen wird. Das Zentrum der Karte dominiert ein aufwändig gestaltetes Blumenarrangement mit integrierter Vase im Biedermeierstil, was eine Entstehungszeit nach 1830 vermuten lässt. Auf dem Gesteck, das sich unter anderem aus Rosenblüten und Efeuranken zusammensetzt, ruht ein bauchiges Kissen, an dessen Ecken Zierquasten angebracht sind. Darauf liegt ein Buch mit vergoldetem Deckel, als dessen Hauptschmuck ein Medaillon mit einem Blumenbouquet fungiert. Öffnet man den Buchdeckel, so sind zwischen barock anmutenden Ornamenten die Worte *Zum / Andenken* zu lesen. Das ebenfalls herunterklappbare Blumenmotiv verbirgt ein ovales Medaillon mit floral gestalteter Rahmung, das zwischen geschwungenen Ornamenten nach barockem Vorbild den zierhaft behandelten Schriftzug *DER / HERR / segne und behüte / DICH* trägt.

Als einziger Schmuck der auffaltbaren Rückseite dient ein aufgeklebtes Kreuz im Goldprägedruck, das an Stelle eines Siegels als Verschluss des Kuverts fungiert. Während zwischen den Kreuzbalken ein ornamenthaft gestalteter Strahlenkranz eingefügt ist, tragen die Kreuzenden stilisierte Blätter.

GESCHENKBRIEFCHEN

Ohne Ort, ohne Jahr

Druckerschwärze / Tusche auf Papier 6,5 x 10 cm
Börde-Museum Burg Ummendorf

Die Vorderseite des undatierten Geschenkbriefchens unbekannter Herkunft ist nach dem Vorbild mittelalterlicher Maßwerkfenster mit einem Netz aus gotisierenden Drei- und Vierpässen im Goldruck überzogen, wobei in der Mitte ein Queroval mit geschwungenen Rändern ausgespart ist. Darin ist in goldenen Buchstaben die Widmung *Am Tage der Weihe / in den / Christenbund* zu lesen, die bereits auf dem Gothaer Stück zu finden war. Ein Kranz von acht handgemalten Rosenblüten mit je vier Blätter umgibt den Schriftzug. Auch die ornamentale Rahmung des Ovals erfuhr durch eine spätere Kolorierung der Ecken sowie der Zentren der beiden Längsseiten eine zusätzliche Betonung.

Die vier Felder der verschließbaren Rückseite zeigen in Entsprechung zur Kuvertvorderseite goldene Dreipassornamente nach dem Vorbild der Gotik, die in Form eines Dreiecks angeordnet sind.   P. M.

G 20

EINLADUNGSKÄRTCHEN

Langenweddingen, 1871

köpfe, die von Blumenranken umgeben sind. In der Mitte der oberen Längsseite thront zwischen zwei Rosenblüten das „Auge Gottes" im dreieckigen Strahlenkranz. Ihm gegenüber, ebenfalls von zwei Rosenblüten eingefasst, weisen Kreuzstab, Herz und Anker vor einem Lorbeerkranz auf die christlichen Tugenden Glaube, Liebe und Hoffnung hin. An den beiden Schmalseiten erinnert ein Kelch, über dem eine Hostie im Strahlenkranz angeordnet ist, an das Sakrament des Abendmahles. Ein zweiter, geschwungener Rahmen mit gotisierendem Ornamentband trennt die Zierleiste vom Textblock ab.

Prägedruck auf Papier, Tinte
7 x 10 cm

Börde–Museum Burg Ummendorf

In der vorliegenden Pateneinladung vom 13. Juli 1871 bittet *Chr*(istia)*n Plümeike Herr*(n) *Christian Otto*, die Patenschaft für seinen Sohn zu übernehmen, dessen Geburtsdatum mit dem *5. d*(ieses) *M*(ona)*ts* angegeben ist. Als Taufdatum nennt er den *16. d*(ieses) *M*(ona)*ts*. Der Text der Karte beginnt nach der Zeile für den Namen des Paten mit den Worten: *(…) werden ergebenst gebeten bei der Taufe / meine… mir am … geborenen / … den … um / … Uhr in … als / Zeuge gütigst gegenwärtig zu sein.* Mit Ort und Datum der Ausfertigung und der Unterschrift des Absenders endet das Schreiben.

Der Rahmen der Einladung ist, unter einem mehrfach geschweiften Goldrand, mit religiösen Motiven im Goldprägedruck geschmückt: Die vier Ecken des Stückes zieren geflügelte Engels-

EINLADUNGSKÄRTCHEN

Althaldensleben, 1892

Druckerschwärze auf Papier, Tinte
10 x 13 cm
Nr. 4, HAMBURG. RAUHES HAUS.

Börde–Museum Burg Ummendorf

Den Typus einer Einladungskarte, wie er Ende des 19. Jahrhunderts im „Rauhen Haus" in Hamburg gefertigt wurde, stellt das beidseitig bedruckte Beispiel aus Althaldensleben dar, welches am 16. Februar 1892 ausgestellt wurde. Der eigentliche Textblock wird von einem schlichten Rahmen aus zwei schmalen Linien eingefasst, in dessen Ecken, unter stilisierten Blüten, je ein Bibelvers angegeben ist. Wiesen in den Schreiben aus Hohendodeleben (vgl. Katalog-Nr. G 3), Großbadeleben (vgl. Katalog-Nr. G 4) und Badeleben (vgl. Katalog-Nr. G 5) noch einzelne Verse aus der Heiligen Schrift auf die Bedeutung des

Taufsakramentes hin, so wird nun die Kenntnis der zu den Versangaben gehörenden Aussagen vorausgesetzt. Der Auswahl der Bibelstellen liegt dabei das für Taufen gängige Repertoire zu Grunde, wenn beispielsweise links oben mit *Marc. 10, 14. 15.* („Lasset die Kindlein zu mir kommen") ein Spruch ausgewählt wird, der bereits 1869 auf der Großbadelebener Taufeinladung (vgl. Katalog-Nr. G 4) Verwendung fand. Der Hinweis auf *Röm. 6, 3. 4.* („So sind wir je mit ihm begraben durch die Taufe in den Tod, auf dass gleichwie Christus ist auferwecket von den Toten durch die Herrlichkeit des Vaters, also sollen auch wir in einem neuen Leben wandeln."), der in der linken unteren Ecke angebracht ist, findet sich zum Beispiel 1874 auch auf dem Stück aus Badeleben (vgl. Katalog-Nr. G 5).

Das eigentliche Einladungsschreiben beginnt mit dem Satz: *Um Uebernahme einer getreuen Pathenstelle (…)*, der in der Art einer Überschrift den Anlass des Schriftstücks angibt. Diese Worte werden in der folgenden Zeile aufgegriffen und weitergeführt, wenn es im Folgenden heißt: *(…) bei meinem mir am 2. II. d(ieses) J(ah)r(e)s geborenen Sohne, welcher / am nächsten Sonnabend d(en) 20. II. cr. Nachmittag um 1 ſi Uhr in / hiesiger u(n)s(erer) Kirche durch das Sakrament der heiligen Taufe dem / dreieinigen Gott übergeben und damit der christlichen Kirche einverleibt werden soll, / bittet Sie in dem herzlichen Vertrauen, daß Sie den lieben Täufling sowohl jetzt / mit Gebet und gutem Bekenntniß vertreten, als auch fernhin helfen werden, / ihn zu Gottes Ehre und zu seiner Seligkeit aufzuerziehn, / Ihr / dankbar ergebener / H. Hoffmeister.* Außerhalb des Rahmenfeldes sind auf einer eigenen Freizeile Ort und Datum der Abfassung angegeben. Darunter bietet ein Vordruck mit den Worten *Ihre… liebe… … ersuchen wir, an unserer häuslichen Festfeier / freundlichst theilnehmen zu*

wollen die Möglichkeit, noch weitere Gäste derselben Familien zu den Tauffeierlichkeiten einzuladen.

Die Rückseite der Pateneinladung dominiert, ebenfalls von einem schlichten Rahmen eingefasst, die detailreiche Darstellung eines Taufzuges, wie er in ähnlicher Form bereits das Badelebener Exemplar von 1874 (vgl. Katalog-Nr. G 5) schmückte. Flankiert wird das Bild von zwei Auszügen aus der Heiligen Schrift, die ebenfalls von schmalen Linien gerahmt sind. Links wird der „Taufauftrag" aus dem Matthäus-Evangelium (Matthäus 28,19) zitiert, während auf der rechten Seite die Sätze aus dem 16. Kapitel des Markusevangeliums stehen (*Wer da glaubet und getauft wird, / der wird selig werden; wer aber nicht / glaubet, der wird verdammt werden*), die bereits auf dem Schriftstück aus Hohendodeleben des Jahres 1811 (vgl. Katalog-Nr. G 3) als „Überschrift" zu finden sind. Unterhalb des Bildes lässt der Ausspruch aus dem Römerbrief *Freuet euch mit den Fröhlichen!* (Römer 12,15) den Festcharakter einer Tauffeier anklingen.

EINLADUNGSKÄRTCHEN

Walsleben, 1898

> Prägedruck auf Papier, Tinte
> 6,5 x 10 cm
>
> Börde-Museum Burg Ummendorf

Die beiden identisch gearbeiteten Kärtchen, die beide im Jahr 1898 in Walsleben ausgestellt wurden, weisen zwei unterschiedliche Tauffeiern als Anlass auf. Während in dem einen Exemplar, datiert auf den 28. April 1898, *Frl. Kätchen Otto* von *W. Meleher u. Frau* für den 1. Mai um die Patenschaft für einen Sohn mit dem Geburtsdatum des 4. Aprils gebeten wird, richten *W. Klemm u. Frau* am 20. Oktober die Bitte um Übernahme des Patenamtes für ihre am 4. Oktober geborene Tochter an *Frl. Margarethe Otto*. Als Taufdatum wird in diesem Fall der 23. Oktober angegeben.

Der gleichlautende Text der Stücke entspricht dem Wortlaut des Exemplars aus Langenweddingen.

Der Zierrahmen der Karten setzt sich, unter einem geschwungenen Goldrand, aus mehreren religiösen Symbolen zusammen: Während in den oberen Ecken als Hinweis auf den Heiligen Geist je eine Taube schwebt, bleiben die unteren Ecken, wie im Fall der Langenweddinger Einladung, geflügelten Puttenköpfen vorbehalten. Im Zentrum des oberen Bereichs ist zwischen zwei Sternen das „Auge Gottes" in einem Strahlenkranz angeordnet. Die Mitte der gegenüberliegenden Längsseite nimmt, ebenfalls von zwei Sternen flankiert, ein lateinisches Kreuz ein, das auf einem aufgeschlagenen Buch liegt, mit dem wohl die Bibel gemeint ist. Auf der linken Schmalseite deutet eine Kanne den Ritus der Taufe an. Als Pendant dazu weisen rechts die Gesetzestafeln mit den „Zehn Geboten" auf die elementarsten Grundlagen eines christlichen Lebens hin. Als Trennung zwischen Schmuckrahmen und Text fungiert eine geschweifte Blumengirlande, die aus gruppenweise gebündelten Rosenblüten besteht, welche von Blättern mit vereinzelten weiteren Blüten gehalten werden.

EINLADUNGSKÄRTCHEN

Ohne Ort, ohne Jahr

Prägedruck auf Papier, Tinte
6,5 x 10 cm

Börde-Museum Burg Ummendorf

Das undatierte Kärtchen unbekannter Herkunft stellt ein verhältnismäßig schlichtes Exemplar einer Pateneinladung dar, deren künstlerische Gestaltung eine Entstehung um die Jahrhundertwende nahe legt. Mit dem selben Wortlaut, den auch die entsprechenden Stücke aus Langenweddingen und Walsleben wiedergeben, wird *Fräulein Emma Wallstab* von *Gustav Lasacher* gebeten, am *28. November* um *2 Uhr* als Patin der Taufe seiner Tochter beizuwohnen, deren Geburtsdatum mit dem *24. Okt(o)b(e)r* angegeben ist. Der Name Wallstab, an den auch die Hohendodelebener Einladung von 1786 (vgl. Katalog-Nr. G 2) adressiert ist, lässt eine regionale Zuordnung des Schriftstücks in die Umgebung von Hohendodeleben sinnvoll erscheinen.

Der Zierrahmen ist wie im Falle des Langenweddinger Pendants im Goldprägedruck ausgeführt. Die Ecken des mehrfach geschweiften Goldrandes füllen stilisierte Rosenblüten mit Blattwerk aus. Die gleichen Rosenblüten akzentuieren auch die Zentren der beiden Längsseiten. Zwischen den Rosenblüten stellen feingearbeitete Blätterranken mit unregelmäßig eingestreuten Blüten eine Verbindung her. Ein gotisierendes Ornamentband trennt, wie bei der Karte aus Langenweddingen, Schmuckrahmen und Textblock voneinander ab. P. M.

G 21
TISCHKÄRTCHEN

Ohne Ort, ohne Jahr

Vierfarbendruck auf Papier, Tinte
11,5 x 5,5 cm

Börde-Museum Burg Ummendorf

Das undatierte Tischkärtchen unbekannter Herkunft ist in Form eines Wickelkindes in einem weißen Steckkissen mit Rüschenbesatz gestaltet. Es greift dabei auf eine künstlerische Tradition zurück, die spätestens seit den sogenannten „Fatschen–Kindern" des 18. Jahrhunderts bekannt ist. Der obere Teil mit der Kinderdarstellung ist herausziehbar. Auf weißem Hintergrund liegt ein gelocktes Baby. Es trägt ein weißes Kleid mit Rüschenkragen, das um den Bauch von einem farbigen Band zusammengehalten wird. Die rechte Hand ist an die Brust gelegt, die Linke spielt mit einer Rassel. Zwei aufgedruckte, ebenfalls farbige Bänder, die in der Mitte zu Schleifen zusammengebunden sind, deuten die Fixierung des Säuglings an. Zwischen den beiden Bändern gibt der handgeschriebene Namenszug *Herr / Dr. Krumhoff* die Identität des Tischgastes an.

TISCHKÄRTCHEN

Ohne Ort, ohne Jahr

Vierfarbendruck auf Papier, Tinte
7,5 x 10,5 cm

Börde-Museum Burg Ummendorf

Auch im Falle dieses querrechteckigen Tischkärtchens sind Zeitpunkt und Ort der Entstehung unbekannt. Im Zentrum der oberen Längsseite ist ein mit Blüten besteckter Blätterkranz angebracht, in dessen Mitte mit einem farbigen Band die Darstellung eines Säuglings auf einem weißen Kissen mit Rüschenbesatz befestigt ist. Das Kind ist in ein weißes Tuch eingeschlagen. Das Hemd mit den hochgeschlagenen Ärmeln, das spitzengeränderte Lätzchen und das gehäkelt wirkende Häubchen sind in der gleichen Farbe ausgeführt. Die nackten Füße des Kindes reichen mit dem unteren Teil des Kissens unter dem Kranz hindurch in die Schreibfläche der Karte hinein. Diese wird von einer schmalen Linie eingefasst, die ihren Anfang in stilisierten Blätterranken zu beiden Seiten des Säuglings nimmt und in den unteren Ecken des Tischkärtchens in eckigen Voluten ausläuft. Als Name des Gastes ist handschriftlich *Frau Elisabeth Kärsten* eingetragen.

G 22
Einladung zur Taufe
(Doppelblatt) / Patenbittbrief

Ausgestellt: Groß Salze, Halbe, 1800

Tischkärtchen

Ohne Ort, ohne Jahr

Vierfarbdruck auf Papier, Tinte
5 x 12 cm

Börde-Museum Burg Ummendorf

Anders als bei den vorangegangenen Beispielen ist die Abbildung des Säuglings im Fall des vorliegenden Tischkärtchens, dessen Herkunft und Entstehungszeit nicht überliefert sind, an der linken Seite des Stückes angebracht. Es wird ein Wickelkind gezeigt, das mit einem mehrfach geschnürten Band mit einer Schleife in einem weißen Steckkissen mit gerüschten Rändern befestigt ist. Lediglich der Oberkörper des Säuglings mit dem weißen, kurzärmligen Hemdchen und dem spitzenbesetzten Kragen ist zu sehen. Der rechte Arm ist angewinkelt, die linke Hand hält eine Rassel. Das weiße Häubchen mit dem Lochmuster zieren zwei blütenartige Gebilde. Das Kopfteil wird durch ein Kissen erhöht, dessen linke untere Ecke mit angehängter Quaste zu erkennen ist. Den Gast, für dessen Platz das Kärtchen bestimmt war, bezeichnen die handgeschriebenen Worte *Herr / Wilhelm Peters.*   P. M.

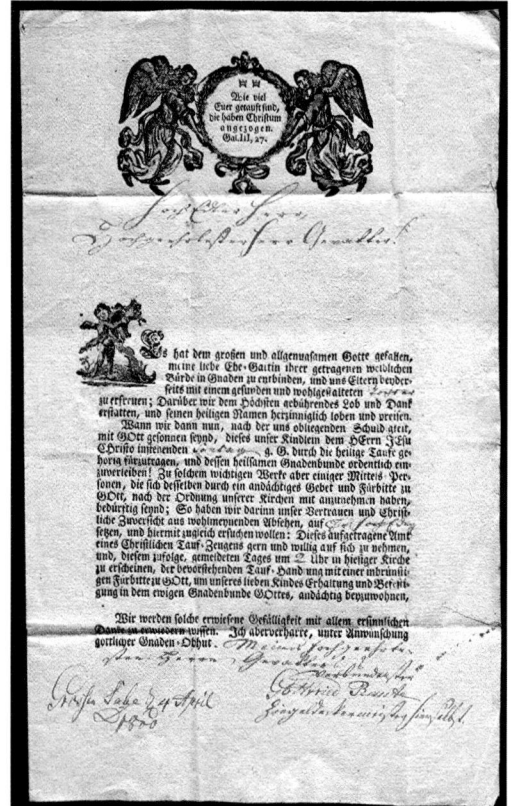

Druck, mit kolorierten Holzschnitten
Höhe: 32 cm

Staatliche Museen zu Berlin
Stiftung Preußischer Kulturbesitz
Museum Europäischer Kulturen
(33 G 259)

Das gefaltete und ursprünglich versiegelt gewesene Doppelblatt ist auf der Außenseite adressiert an den Paten des zu taufenden Kindes, den *königl. Grenzbereuter Herrn Joseph Roschütz … Grossen Salze.* Der genannte Beruf des Paten bestand darin, zu Pferde die Grenze zu kontrollie-

ren, um die illegale Einfuhr von Waren zu verhindern.

Im Inneren sind zwei Engel dargestellt, die
einen Kranz halten mit der Inschrift: *Wie viel
Euer getauft sind, die haben Christum angezogen.
Gal. III, 27.* Darunter ist der feierlich und hoch-
achtungsvoll formulierte Text vorgedruckt, beginnend mit einer Engelsdarstellung als Initiale. Der
Text wurde vom Vater des Kindes, einem Dachde-
ckermeister, handschriftlich mit der Anrede, dem
Termin für die Taufe sowie der Unterschrift ver-
vollständigt:

[Handschriftlich: *Hochedler Herr, / Hochgeehrtester Herr Gevatter!*] *Es hat dem großen und allge-
nugsamen Gotte gefallen, / meine liebe Ehe=Gattin
ihrer getragenen weiblichen / Bürde in Gnaden zu
entbinden, und uns Eltern beyder= / seits mit einem
gesunden und wohlgestalteten* [*Tochter*] */ zu erfreuen; Darüber wir dem Höchsten gebührendes Lob
und Dank / erstatten, und seinen heiligen Namen
herzinniglich loben und preisen. / Wann wir dann
nun nach der uns obliegenden Schuldigkeit / mit
GOtt gesonnen seynd, dieses unser Kindlein dem
HErrn JEsu / CHristo instehenden* [*Sondag*] *g. G.
durch die heilige Taufe ge= / horig fürzutragen, und
dessen heilsamen Gnadenbunde ordentlich ein= /
zuverleiben! Zu solchem wichtigen Werke aber einiger Mittels=Per= / sonen, die sich desselben durch
ein andächtiges Gebet und Fürbitte zu / GOtt, nach
der Ordnung unserer Kirchen mit anzunehmen
haben, / bedürftig seynd; So haben wir darinn unser
Vertrauen und Christ= / liche Zuversicht aus wohl-
meynenden Absehen auf* [unleserlich] *setzen, und
hiermit zugleich ersuchen wollen: Dieses aufgetra-
gene Amt / eines christlichen Tauf=Zeugens gern und
willig auf sich zu nehmen / und, diesem zufolge,
gemeldeten Tage um* [*2*] *Uhr in hiesiger Kirche /
erscheinen, der bevorstehenden Tauf=Handlung mit
einer inbrünsti= / gen Fürbitte zu GOtt um unseres*

*lieben Kindes Erhaltung und Befestigung in dem
ewigen Gnadenbunde GOttes, andächtig beyzuwohnen. / Wir werden solche erwiesene Gefälligkeit mit
allem ersinnlichen / Danke zu erwiedern wissen. Ich
aber verharre, unter Anwünschung göttlicher Gna-
den=Obhut* [*Meines hochgeehrte= / sten Herrn Ge-
vatters / verbundenster / Gottfried Bante / Ziegelde-
ckermeister hierselbst / Grossen Salze d 4 April /
1800.*]
                                                      A. H.-G.

G 23
TAUFEINLADUNG

Stemmern, 1936

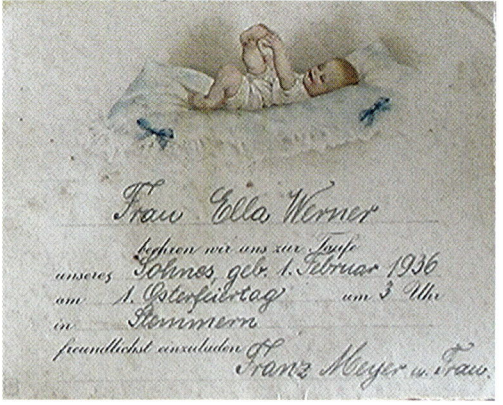

Vierfarbdruck auf Papier, Tinte
9 x 11,5 cm

Börde-Museum Burg Ummendorf

Die Darstellung eines barfüßigen Säuglings in
kurzärmligem weißen Hemd und kurzer weißer
Hose bildet den einzigen Schmuck der Einladungskarte. Das Kind liegt auf einem weißen Kissen mit gerüschtem Rand, das mit zwei hellblauen
Schleifchen bestückt ist. Sein rechtes Bein ist angehoben, die linke Hand greift nach dem großen
Zeh. Unter der Abbildung ist in die Leerzeile
Frau Ella Werner als Empfängerin des Schreibens
eingetragen. Mit den Worten *(…) beehren wir uns
zur Taufe / unseres Sohnes, geb. 1. Februar 1936 /
am 1. Osterfeiertag um 3 Uhr / in Stemmern / freundlichst einzuladen*, werden im Folgenden der Anlass
der Einladung, das Geschlecht des Kindes sowie
sein Geburtsdatum, Termin, Uhrzeit und Ort
der Tauffeier genannt. Mit der Angabe des Absenders in der untersten Freizeile schließt der Text.

P. M.

G 24
GEBURTSANZEIGE

für <u>Gustav</u> Theodor Theile
1992

Einfarbdruck: beiges Papier mit grüner Schrift
Höhe: 30 cm, Breite: 22 cm
Deutschland, Gnadau

Staatliche Museen zu Berlin
Stiftung Preußischer Kulturbesitz
Museum Europäischer Kulturen
(Kat.Nr.: 54 K 81)

Der Anzeige vorangestellt ist ein Zitat von Nikolaus Ludwig von Zinzendorf, dem Begründer der
Herrnhuter Brüdergemeinde, das auf die Achtung
gegenüber dem Kind, die Taufe und Prinzipien
der Kindererziehung abzielt. „Kinder sind kleine
Majestäten, die Taufe ist ihre Salbung. Und sie

sollten von Stund' an nicht anders traktiert werden als ein geborner König."

Es folgen die Angaben zum Kind, mit dem Hinweis auf den Geburtstag, die Körpergröße und das Gewicht und die Anzahl der Geschwister: „Habt ihr schon gehört? Bei uns ist Majestät Nummer 3 geboren worden: Gustav Theodor Theile! Es war am 1. Adventssonntag, dem 29. November. Der Prinz mass 53 cm und wog 3410 g.", sowie der Verweis auf die Absender: „Als solchermaßen geehrte und königlich beschenkte grüssen Euch Christian und Annette mit Charlotte und Margareta."

Unterhalb des Textes dekoriert ein stilisiertes Herz als Blüte mit Andeutung eines Stiels das Blatt, das am unteren Rand die Adresse der Absender enthält.

Gustav Theodor Theile ist das dritte von vier Kindern des Ehepaares Annette und Christian Theile. Sie sind Mitglieder der Herrnhuter Brüdergemeine. Christian Theile war zum Zeitpunkt der Geburt des dritten Kindes Pfarrer in der Gemeinde Gnadau bei Magdeburg.   J. R.

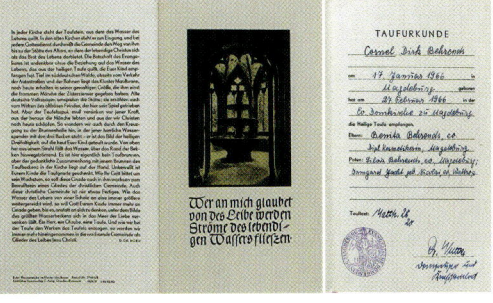

Druckerschwärze/Tinte auf Papier
20,5 x 12 cm

Taufurkunde von Cornel Dirk Behrends, der kurz vor seiner Konfirmation verstarb.

Leihgeberin: Benita Behrends, Magdeburg

Die Taufurkunde aus Magdeburg steht in Gestaltung und Ausführung exemplarisch für eine Vielzahl vergleichbarer pfarramtlicher Taufbestätigungen. In Form einer Klappkarte ausgeführt, wird die Umschlagvorderseite von der Abbildung des mittelalterlichen Brunnens im Kreuzgang des Zisterzienserklosters Maulbronn bestimmt, der thematisch auf das darunter stehende Bibelzitat (Joh 7,38) Bezug nimmt, und so mit einer transzendentalen Deutung des Wassers eine Verbindung zum Sakrament der Taufe herstellt. Davon ausgehend weist der Text auf der Rückseite der Karte auf die symbolischen und theologischen Dimensionen von Taufstein und Taufsakrament hin.

Die Innenseite der Urkunde bleibt den persönlichen Daten des Täuflings vorbehalten. Außer Name und Geburtsdatum des Kindes werden an dieser Stelle Taufdatum, Taufort sowie Eltern, Taufpaten und Tauftext angegeben. Siegel der Pfarrgemeinde und Unterschrift des Liturgen machen den amtlichen Charakter des Schriftstücks deutlich.   P. M.

H

Bilder von Taufgesellschaften

Während die Taufe Christi im Jordan als Urbild des Taufsakramentes seit jeher zum festen Themenkanon aller Gattungen der christlichen Kunst gehörte, welche sie dem Betrachter auf Wandgemälden, Reliefs, Altarbildern und liturgischen Geräten aller Art vor Augen führte, sind Genredarstellungen von Taufhandlungen seltener überliefert.

Im Regelfall blieb in früheren Jahrhunderten eine bildliche Schilderung der Taufe auf herausragende Persönlichkeiten wie Heilige (vgl. Aufsatz von Bettina Seyderhelm *Die Bekleidung der Täuflinge*, Abb. 2) oder Herrscher beschränkt.

Erst mit dem Aufkommen der Fotografie und ihrer Entwicklung zum allgemein zugänglichen Massenmedium konnten sich Darstellungen von Tauffeiern aus allen Bevölkerungsschichten als dokumentationswürdige Höhepunkte des Lebens etablieren. P. M.

H 1
TAUFFOTO

Arnsnesta 1910

Halogensilber auf Papier
8 x 12 cm

Privatbesitz, Arnsnesta

Die Aufnahme der festlich gekleideten Taufgesellschaft stammt aus dem Besitz von Frau Elfriede Sachse († 29. 09. 2005) aus Arnsnesta, das dem brandenburgischen Teil der Evangelischen Kirche der Kirchenprovinz Sachsen zuzuordnen ist. Sie entstand 1910 vor dem Haus der Arnsnestaer Familie Blüthgen, dem Geburtshaus der Mutter von Frau Sachse. Anlass des Fotos war die Taufe von Frau Grete Heutsehel, geborene Blüthgen, die über dem Taufstein der Kirche zu Arnsnesta (vgl. Beitrag Hartmut Mai, *Taufsteine, Taufbecken und Taufständer – Geschichte und Ikonografie*, Abb. 1) vollzogen wurde.

Sechs Personen in der zeitgenössischen Festtagstracht der Region sind zu sehen: In der Mitte des Bildes, durch den Türrahmen im Hintergrund akzentuiert, haben zwei Frauen in schwarzen, bodenlangen Kleidern Aufstellung genommen, von denen die Ältere das Kissen mit dem Täufling in den Armen hält. Der aufwändige Kopfschmuck in der strengen Hochsteckfrisur

identifiziert sie als Patinnen des Kindes. Mit der Kennzeichnung ihres Amtes anhand der Festtagstracht stehen die Dargestellten in einer langen Tradition, die vor allem in ländlichen Gebieten Familienstand und gesellschaftliche Aufgabe mit Hilfe besonderer Kleidungsstücke oder Attribute zum Ausdruck brachte (vgl. Aufsätze von Christine Lehmann, *Altmärkisches Taufbrauchtum und der Atlas der deutschen Volkskunde* und Thomas Ruppel, *Zum Erscheinungsbild ländlicher Taufgesellschaften während des 19. Jahrhunderts im Magdeburgischen.*). Der Täufling selbst ist nicht zu erkennen. Lediglich die gehäkelte weiße Taufdecke im Bildzentrum gibt seine Position an. Die Gruppe der Patinnen wird von je einem jungen Ehepaar flankiert. Während die Herren mit schwarzem Anzug, passendem Hut, Krawatte und weißen Handschuhen bekleidet sind, tragen die Frauen bodenlange Kleider mit Kragen und gerüschtem Saum. Der Blumenstrauß, mit dem die Frauen ausgestattet sind, unterstreicht den festlichen Charakter der Tauffeier. Im Falle der Dame in der linken Bildhälfte handelt es sich um Frau Emma Günther, geborene Blüthgen, die ältere Schwester des Täuflings und Mutter von Elfriede Sachse.   P. M.

H 2
TAUFDARSTELLUNG

Rudolf Schäfer 1929

Druckerschwärze auf Papier
13,5 x 7,7 cm

Monogramm: *RS.*

Privatbesitz

Die Genredarstellung einer Taufhandlung gehört
zu einer Reihe von Kupferstichen, die der Maler
und Graphiker Rudolf Schäfer (1878–1961) zur
Illustration einer Ausgabe des *Kleine*[n] *Katechis-*

mus D. Martin Luthers schuf, welche im Jahre
1929 in Potsdam erschien.

Den Vordergrund der holzschnittartigen Darstellung nimmt die Taufgesellschaft ein, die sich,
neben dem Säugling, auf ein Figurenpersonal von
drei Personen beschränkt. Die rechte Bildhälfte
bleibt dem Pfarrer vorbehalten, der, mit Talar bekleidet, im Profil zu sehen ist. In der linken Hand
hält er die aufgeschlagene Gottesdienstordnung,
während die rechte im Segensgestus erhoben ist.
Durch diese Handhaltung stellt er die Verbindung zum Täufling her, der, zusammen mit zwei
weiteren Personen, die linke Hälfte des Bildes aus-
füllt. Das Kind wird dem Betrachter in Frontalan-
sicht präsentiert und so als eine der Hauptfiguren
des Geschehens gekennzeichnet. Bekleidet mit
einem langen Taufkleid liegt es auf einem Kissen
in den Armen einer Frauengestalt in Festtagstracht, mit der wohl die Patin des Säuglings gemeint ist. Möglicherweise könnte es sich dabei jedoch auch um die Mutter des Kindes handeln,
wobei in der männlichen Person, die als Brustbild
links hinter der im Profil gezeigten Frauenfigur
auftritt, dann der Vater des Täuflings zu vermuten
wäre.

Gibt Rudolf Schäfer die eigentliche Taufhand-
lung im Vordergrund in Form einer Genredarstellung wieder, so setzt sich der Hintergrund des Bil-
des aus mehreren Elementen mit symbolischem
Charakter zusammen: Die Bildmitte dominiert
eine zylinderförmige Kaskade, über deren drei
Schalen sich Wasser ergießt. Schäfer setzt auf diese
Weise nicht nur das Bild des „Taufbrunnens" sze-
nisch um, sondern weist gleichzeitig auch auf eine
Stelle aus dem Johannesevangelium hin, in der
Jesus sagt: „… Aus seinem Inneren werden
Ströme von lebendigem Wasser fließen" (Johan-
nes 7,38). Die Weltkugel mit dem aufgesetzten
Kreuz, die als Spitze des Brunnens dient, ist in

diesem Zusammenhang als Hinweis auf Christus zu verstehen, dem dieser Ausspruch zugeschrieben wird. Oberhalb der Kaskade schwebt im Strahlenkranz die Taube des Heiligen Geistes, die wohl ebenfalls als bildliche Umsetzung der oben angeführten Stelle des Johannesevangeliums zu werten ist. Denn dort heißt es weiter: „Damit meinte er den Geist, den alle empfangen sollten, die an ihn glauben" (Johannes 7,39).

Wie der größte Teil des malerischen und graphischen Schaffens Rudolf Schäfers zeichnet sich auch die vorliegende Darstellung durch eine historisierend-traditionalistische Ausführung aus, die, im Gegensatz zu den expressionistischen Strömungen vieler zeitgenössischer Werke, noch stark dem Stilempfinden der nazarenischen Kunst verpflichtet ist.[1]   P. M.

Anmerkungen

[1] Zu Rudolf Schäfer neuerdings: von Poser, Renata: Rudolf Schäfer. Kirchenausstattungen. Religiöse Malerei zwischen Bibelfrömmigkeit und Pathos, Regensburg 1999.

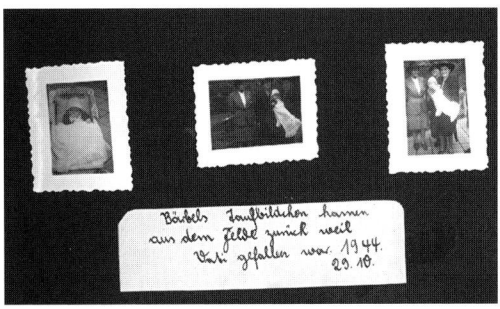

Halogensilber auf Papier, Tinte
4,2 x 3,2 cm

Leihgeber: Bernd Hellmund, Westerhausen

Die Fotos aus dem Besitz von Bernd Hellmund aus Westerhausen gehören zu einer Reihe von Aufnahmen, die anlässlich der Taufe von Frau Bärbel Ebenau (* 14. 10. 1943), geborene Hofmann, der Mutter von Herrn Hellmund, entstanden. Die Taufe wurde etwa drei Monate nach der Geburt des Kindes im Januar 1944 in der Erfurter Sankt-Andreas-Kirche vollzogen.

Auf dem rechten Foto ist der Täufling im weißen Taufkleid mit passendem Mützchen in der Mitte des Bildes auf den Armen seiner Mutter, Frau Lucie Thiel, damals verheiratete Hofmann, zu sehen. Dahinter haben zwei weitere Damen Aufstellung genommen, deren Identität jedoch nicht mehr geklärt werden kann. Möglicherweise handelt es sich um die Paten des Kindes, denen traditionell ein Platz auf Erinnerungsfotos im Zusammenhang der Taufe zukommt (vgl. Katalog-Nr. H 1). Auch könnte es sich um die Großmütter des Täuflings handeln. Die festliche Kleidung der dargestellten Personen weist auf den feierlichen Charakter des Anlasses hin.

Eine handschriftliche Notiz auf der entsprechenden Seite des Fotoalbums, in dem die Aufnahme aufbewahrt wird, zeugt von der tragischen Geschichte des Bildes. Mit den Worten: *Bärbels Taufbildchen kamen / aus dem Felde zurück weil / Vati gefallen war.* wird der Kriegstod des Kindsvaters, Herrn Rudi Hofmann, beklagt. Das ebenfalls unterhalb des Fotos notierte Datum *1944. / 29. 10.* gibt das Sterbedatum von Herrn Hofmann an.

Der historische Hintergrund der Taufaufnahme von Frau Bärbel Hofmann steht exemplarisch für das Schicksal vieler Familien und Kinder, die als Folge des Zweiten Weltkrieges Angehörige oder nahestehende Personen verloren.   P. M.

I

... UND TAUFE GEHT WEITER – MODERNE TAUFGERÄTE

Angesichts der seit 2004 ansteigenden Zahlen der Taufen in der Kirchenprovinz Sachsen darf der Titel der Ausstellung „Tausend Jahre Taufen in Mitteldeutschland" für den sich hier anschließenden Teil des Kataloges mit den Worten „und Taufe geht weiter" fortgeführt werden.

Die Taufe steht ebenso für Tradition wie für Erneuerung. Mit dem Taufakt werden Kinder oder Erwachsene als neue Glieder in die Gemeinde aufgenommen und können sie künftig mitgestalten und prägen. Sie werden dabei nicht selten über Taufsteinen, Taufständern oder aus Taufengeln getauft, über und mit denen bereits Generationen ihrer Vorfahren die Taufe empfingen. In mancher Kirche aber fehlt ein solches überliefertes Taufgerät, andere Gotteshäuser werden neu gebaut und müssen ausgestattet werden.

Wenn ein neues Stück gebraucht wird, verwendet die Gemeinde heute wie zu allen Zeiten Sorgfalt auf seine Auswahl und Gestaltung. Die Erfahrung lehrt, dass Taufgeräte vielleicht viele hundert Jahre lang genutzt werden. So tun einige der Taufen, die in der Ausstellung gezeigt werden, ihren Dienst bereits seit sechshundert oder siebenhundert, der Porphyrtaufstein des Magdeburger Domes gar seit über eintausend Jahren. Die historischen Geräte machen deutlich, wie sich Menschen zu allen Zeiten mit der Taufe und damit auseinandergesetzt haben, wie sie ausgestaltet werden kann.

Die nun im Magdeburger Dom präsentierten modernen Taufgeräte zeigen, wie vielfältig die Möglichkeiten der Gestaltung durch zeitgenössische Künstler sind. Drei Taufbecken, ein Taufdeckel und die acht Entwürfe für einen Wettbewerb zur Gestaltung eines modernen Taufengels, den die Kunststiftung des Landes Sachsen-Anhalt gemeinsam mit dem Projektteam der Ausstellung „Tausend Jahre Taufen in Mitteldeutschland" 2005 und 2006 vorbereitet hat, bieten einen Eindruck davon. Thomas Leu, der Gewinner des Wettbewerbes, wird seinen Engel im Anschluss an die Ausstellung im Magdeburger Dom in die Wettiner Stadtkirche einbringen.   B. S.

Ia 1
Taufsteindeckel

1965
Heinrich Apel, Magdeburg

Bronze
Höhe: ca. 70 cm

Egeln, ehem. Klosterkirche Marienstuhl

Heinrich Apel schuf das pyramidenförmige Kunstwerk im Jahre 1965 als Aufsatz des historischen Renaissancetaufsteins der ehemaligen Klosterkirche Marienstuhl, der auf das Jahr 1605 datiert wird.

Seilartig geflochtene Zierleisten teilen den Deckel in vier dreieckige Felder, auf denen in Form von Hochreliefs Begebenheiten aus der christlichen Heilsgeschichte wiedergegeben sind, die sich mit der Taufe und ihrer Bedeutung in Verbindung bringen lassen: Die Chronologie beginnt mit einer Darstellung von Adam und Eva im Paradies,

deren Sündenfall als Ursache der Erbsünde gilt (1. Mose 3,1–24), von welcher der Mensch nach christlichem Verständnis durch den Vollzug der Taufe befreit wird. Das Zentrum des Bildfeldes bestimmen die lagernden Gestalten der ersten Menschen, die mit Feigenblättern ihre Blöße bedecken. Den Paradiesgarten deutet Apel mit Hilfe verstreuter Blüten an, zwischen denen links ein steigender Hirsch, rechts ein Pfau mit geschlossenem Rad das Paar der Ureltern flankieren. In der Spitze des Dreiecks weist die segnende Hand Gottes, welche aus einer Wolke erscheint, auf den Akt der Schöpfung hin. Die rechts anschließende Szene zeigt den Durchzug des Volkes Israel durch das „Rote Meer", wie er im Buch Exodus geschildert wird (2. Mose 14, 21–25). Links unten ist die Gestalt des Mose im langen Gewand und mit langem Bart zu sehen. Während er sich mit der rechten Hand auf einen Stock stützt, ist die linke zur Teilung der Wassermassen erhoben. In der rechten Bildhälfte stehen in Rückenansicht dargestellte Figuren in verschiedenen Körperhaltungen stellvertretend für die Gemeinschaft der Israeliten, die trockenen Fußes das „Rote Meer" durchzieht. Die Fluten des Meeres bringt Heinrich Apel mit Hilfe angedeuteter Wellen, zwischen denen vereinzelte Fische angeordnet sind, zum Ausdruck. An dieser Stelle wird dem Betrachter vor Augen gestellt, dass die Taufe den Menschen aus der Knechtschaft der Sünde befreit, ebenso wie Gott das Volk Israel aus der ägyptischen Knechtschaft befreit hat. Den folgenden Abschnitt des Taufdeckels schmückt eine Darstellung Moses mit den Gesetzestafeln. Auf einer Wiese, die mit Hilfe stilisierter Staudengewächse angedeutet wird, sitzt er dominierend in der Bildmitte. In der Rechten hält er die Tafeln mit den „Zehn Geboten", die Linke ist in einer lehrenden Geste erhoben. Seine Ermahnung gilt der Gruppe der fünf Personen, die

tion mittelalterlicher Taufbecken ähnlicher Thematik, wie sie sich beispielsweise in der Marienkirche zu Stendal (Katalog-Nr. A 8) oder der Halberstädter Martinikirche (Katalog-Nr. A 3) erhalten haben. In der formelhaften Reduktion der einzelnen Szenen auf wenige, zentrale Elemente steht der Egelner Taufsteindeckel dabei als charakteristisches Beispiel in der Reihe der plastischen Werke seines Schöpfers.

Der Magdeburger Bildhauer Heinrich Apel wurde 1935 in Schwaneberg (Börde) geboren. Nach einer Ausbildung an der Kunsthochschule Burg Giebichenstein in Halle ist er seit 1959 als freischaffender Bildhauer in Magdeburg tätig. Er schuf zahlreiche Bronzetüren, Brunnen, Standbilder, Medaillen, Kleinplastiken und Bilder. Seine Werke befinden sich u.a. in Berlin, Dresden, Magdeburg, Halle, Klostermansfeld, Naumburg und Worms. Apel beteiligte sich auch mit hohem Engagement am Wiederaufbau der Dome in Magdeburg, Halberstadt, Stendal und der Stiftskirche Quedlinburg. P. M.

sich, stellvertretend für alle Gläubigen, in variierenden Körperhaltungen im Halbkreis um ihn versammelt haben. Auf diese Weise wird an die Einhaltung von Gottes Geboten erinnert, die sich als Verpflichtung aus dem Empfang der Taufe ergibt. Das abschließende Relief zeigt die Arbeit im Weinberg des Herrn, von der ein Gleichnis im Matthäusevangelium berichtet (Matthäus 21,28–32), und zu der jeder Christ durch die Taufe aufgerufen ist. Die linke Seite der Darstellung beherrscht ein Weinstock, neben dem ein Sämann seiner Tätigkeit nachgeht. Die rechte Ecke füllen drei Hühner aus, die beim Aufpicken von Körnern gezeigt werden. Eine vollplastisch gearbeitete stilisierte Lilie dient als Spitze des Deckels.

Mit der szenischen Umsetzung einzelner heilsgeschichtlicher Ereignisse in Form bronzener Hochreliefs stellt sich Heinrich Apel in die Tradi-

Ia 2

TAUFSTÄNDER

1973
Helmut Griese, Erfurt

Stahl, schwarz lackiert; Kupfer, gehämmert
Höhe: 91 cm; Durchmesser: 45,5 cm

Gemeindezentrum Philipp Melanchthon
der Ev. Kaufmannsgemeinde Erfurt
Kirchenkreis Erfurt

Für das Gemeindezentrum „Philipp Melanch-thon" der Evangelischen Kaufmannsgemeinde Erfurt entwarf er im Zuge der Neugestaltung 1972/73 eine einheitliche sakrale Innenausstat-tung, bestehend aus Altar, Lesepult, Standkreuz und Taufständer, allesamt Kunstschmiedearbei-ten, die durch zeitloses, klares Design geprägt sind.

Der Taufständer zeichnet sich in seiner Gestal-tung durch die Zusammensetzung von geometri-schen Grundformen aus, die im Werk von Griese immer wieder variiert und kombiniert werden. Die Standfläche besteht aus zwei flachen runden gestuften Scheiben. Der zylindrische Schaft wird ringartig durch drei lang gestreckte, symmetrisch angeordnete Metallstreben eingefasst, die an ihren oberen Enden miteinander verbunden sind. Die gehämmerte Kuppa ist schalenförmig gearbeitet. Trotz des Verzichtes auf Dekoration - allein die Form und das Material sind bestimmend - wird die Bedeutung des Sakraments der Taufe betont.

D. G.

Anmerkungen
[1] Ein Beispiel für Abendmahlsgerät ist im Katalog: Schätze aus Erfurter Kirchen, Erfurt 1992, S. 118, aufgeführt. Seit 1991 gestaltet er ausschließlich profanes Gebrauchssilber wie Gefäße, Dosen und Service.
[2] Informationen zu weiteren Lebensdaten und Werkausstel-lungen von Helmut Griese auf der Homepage des Verban-des bildender Künstler Thüringens www.vbkth.de sowie unter www.feihkunst.de.

Der 1925 geborene Helmut Griese spezialisierte sich nach seiner Ausbildung an der Burg Giebi-chenstein in Halle/Saale als Metallgestalter auf kirchliches Kunstgut.[1] Zunächst als Mitarbeiter beim Kirchlichen Bauamt Magdeburg und bei den Kirchlichen Werkstätten in Erfurt tätig, grün-dete er 1956 seine eigene Werkstatt, die noch heute in Familienbesitz ist. Durch öffentliche Ausstellungen und Werkbestand in Kirchen und verschiedenen Museen der Welt fand er auch in-ternationale Anerkennung.[2]

Ia 3
„QUELLSTEIN" (TAUFSTEIN)

2002
Bernd Pielemeier, Seggerde

Material:
Eiszeitlicher skandinavischer Geschiebefindling
aus Quarzit,
Angolanischer Labrador und Sandstein
Länge: 185 cm, Breite: 134 cm, Höhe: ca. 80 cm

Leihgabe des Künstlers aus Seggerde

Bernd Pielemeier schuf seinen riesigen „Quell-
stein" als „Wasserstein" in einem weiteren Sinn.
Für ihn kann er in einem Gartenraum als dem
„Raum, der uns möglicherweise vom Paradies ge-
blieben ist" stehen, er kann aber auch „als ein
Taufstein der Gegenwart", als ein „Quellstein"
Anfang und Ursprung anzeigen.[1]

Als Taufstein entdeckte ihn Pfarrer Klaus Ingelmann, Weferlingen. Er rief das Ausstellungsteam
nach Seggerde und demonstrierte anschaulich,
wie gut ein Liturg die Taufe mit dem Kind im
Arm auf dem Rand sitzend vornehmen kann.
Noch gibt es jedoch keine Gemeinde, die diese
Möglichkeiten nutzt.

Streng genommen besteht der „Quellstein" aus
zwei Steinen, die auf einem kleinen Sandsteinso-
ckel ruhen. Ein unterer großer Findling ist so bearbeitet, dass er einen kleineren aufsitzenden Stein
wie eine geöffnete Hand trägt. Er ist nicht mit

Bildern oder Reliefs verziert, die dem Betrachter
die Geschichte der Taufe erzählen, doch kann er
für sich als ein Gleichnis betrachtet werden. So
wie die Taufe Christen in aller Welt verbindet, so
sind hier zwei Kontinente miteinander verbunden. Der große Findling kommt aus Nordeuropa.
Er wurde im Braunkohletagebau in der Lausitz
bei Cottbus gefunden. Der von ihm gehaltene
Labrador stammt aus Afrika.

Bernd Pielemeier, Jahrgang 1956, reiste nach
seiner Ausbildung zum Steinbildhauer mehrmals
zu längeren Arbeitsaufenthalten nach Italien und
in die Türkei. Er lebt und arbeitet in Seggerde,
Sachsen-Anhalt, und beteiligte sich bereits wiederholt an Ausstellungen.   B. S.

Anmerkungen
[1] Schreiben Bernd Pielemeier vom 9. März 2006.

Ia 4
TAUFBECKEN

2000
Anna Franziska Schwarzbach, Berlin

Bronze
Gießer: Roman Becher, Starywoda
(Westböhmen, Tschechische Republik)

Höhe: 95 cm
Durchmesser Becken: ca. 95 cm (unregelmäßig)
Durchmesser Relief im Boden der Schale: 31 cm

Leihgabe der Künstlerin aus Berlin

Im Jahr 2000 hat Anna Franziska Schwarzbach eine Bronzetaufe geschaffen, die mit ihrem Fuß, dem Schaft und einem weit ausladenden Becken grundsätzliche Elemente der kelchförmigen mittelalterlichen Metalltaufen zeigt. Es werden aber Unterschiede deutlich, die nicht nur stilistisch, sondern auch in der Auffassung vom gegossenen Taufbecken überhaupt begründet sind.

Das Stück steht auf einer gegenüber dem Becken vergleichsweise kleinen dreieckigen Fußplatte mit abgeflachten Ecken. Darüber erheben sich ein schmaler, dreifach getreppter neuneckiger Sockel und ein glatter säulenförmiger Schaft. Auf

den Stufen des Sockels sitzen zwei weibliche Figuren, die an die Tragfiguren mittelalterlicher Bronzetaufen erinnern. Hier stützen sie jedoch das Becken nicht. Es ist drehbar gelagert, also gegenüber dem fest stehenden Sockel beweglich. Die Formen der Fußplatte, des Sockels und des Schaftes sind noch nicht endgültig, die Künstlerin versteht sie in ihrer derzeitigen Erscheinung als Entwurf. So wäre es auch durchaus denkbar, noch eine dritte Figur auf die Stufen zu setzen.

Die Kuppa ist im Wachsausschmelzverfahren und hohl gegossen. Ihre Wandung ist nahezu aufgelöst von den stark plastisch ausgearbeiteten Leibern elf „lauschende[r], sehende[r], flüsternde[r], in sich hineinhörende[r] Schöpfungskinder",[1] die ineinander verschlungen sind. Damit steht diese zeitgenössische Bronzetaufe in ihrer plastischen Auffassung nordeuropäischen romanischen Steintaufen[2] näher als mittelalterlichen Bronzetaufen, deren plastischer Schmuck, ob mitgegossen oder nachträglich befestigt, immer die Beckenwandungen ergänzt und nicht durchdringt. Die Schale der Taufe von Anna Franziska Schwarzbach ist eine selbstständige Plastik, die als Becken nutzbar ist. Ein Deckel ist nicht vorgesehen.

Die Öffnung ist rund und nach innen stufenförmig gebildet. Auf dem Boden nimmt der Betrachter ein Relief wahr. Die Künstlerin hat den Riesen Christophorus dargestellt, wie er Christus in Gestalt eines Kindes durch das Wasser trägt.[3] Der Legende nach wurde Christus auf dem Rücken seines kräftigen Trägers nahezu unerträglich schwer. Schließlich offenbarte er sich ihm als Schöpfer und Herr der Welt. Am anderen Flussufer angekommen, taufte er den Riesen und ließ zur Bestätigung seiner Worte den Stab des Christophorus ergrünen.[4] Die Vielschichtigkeit der Legende kann an dieser Stelle nicht im Einzelnen erläutert werden. Ergänzend sei nur darauf hingewiesen, dass Christophorus ausgezogen war, um nur dem stärksten Herrn der Welt zu dienen. Vom König über den Kaiser und den Teufel gelangt er zu Christus, als selbst der Teufel einem Wegkreuz ausweichen muss.[5]

In der Ikonografie historischer Taufen ist die Figur des Christophorus sonst kaum geläufig. Darstellungen dieses Heiligen sind an Taufbecken nur dort zu erwarten, wo Christophorus Patron der Kirche ist. Er gehört zu den 14 Nothelfern und wurde gegen Dürre, Hagel, Unwetter und später gegen jegliche Gefahr angerufen. Insbesondere aber soll er vor dem plötzlichen und vor allem dem „unbußfertigen" Tod bewahren, also dem Tod ohne Beichte und Sakrament. Da Taufen jedoch seit dem Mittelalter lange Zeit möglichst in den ersten Lebenstagen eines Kindes vorgenommen wurden, lag die Darstellung dieses Heiligen im Zusammenhang der Taufe nicht nahe.[6]

Im Zeitalter des Autoverkehrs stieg seine Beliebtheit stark an. Viele Menschen führen ein Bild des Christophorus in ihrem Auto mit. In der Gegenwart werden Menschen aller Altersgruppen getauft. Die Traditionen des Mittelalters sind nicht mehr so stark im Blick und so kann im 21. Jahrhundert auch ein Heiliger, der nach der Legende durch Christus getauft wurde, dessen Name „Christusträger" bedeutet und in dessen Geschichte mit dem Flussübergang grundsätzlich Wasser eine wichtige Rolle spielt, im Bildprogramm einer Taufe vorkommen.

Anna Franziska Schwarzbach hat sich seit 1981 mehrfach mit der Aufgabe befasst, Becken für die Taufe zu schaffen. Dabei entstanden sowohl Gipsmodelle, als auch steinerne, eiserne und bronzene Taufen. Eine davon gehört seit Januar 2000 zur Ausstattung der Kirche in Berlin Hohenschönhausen.[7] Das Modell einer anderen Taufe wurde

1987 in der Sommerausstellung in der Martini-Kirche in Halberstadt gezeigt.[8] Zu weiteren biografischen Angaben siehe Katalog-Nr. F 26.

B. S.

Anmerkungen

[1] Inventarblatt zu dieser Taufe, Mitteilung der Künstlerin Januar 2006.

[2] In der Kirchenprovinz Sachsen sei auf die Taufe der Unterkirche in Burg verwiesen. Zu den romanischen Steintaufen in Nordeuropa Drake, Colin 2002, vgl. etwa Abb. 35, 128, 134, oder 135.

[3] Anna Franziska Schwarzbach wurde nach eigener Aussage zu dieser Gestaltung angeregt, als sie einmal den groß gewachsenen österreichischen Künstler Alfred Hrdlicka mit einem zierlichen Kind auf dem Arm sah.

[4] Lexikon der Christlichen Ikonographie 1994, Bd. 5, Sp. 496 –508.

[5] A. a. O., Sp. 497.

[6] Freundliche Auskunft von Renate Kroos, München am 14. April 2006.

[7] Siehe dazu Anna Franziska Schwarzbach: Eine Idee wird durch zwei Jahrzehnte getragen, in Katalog Anna Franziska Schwarzbach, Dresden o. J. (2000), S. 46, und daselbst Seyderhelm, Bettina: Aufträge und Wettbewerbe für Kirchen, S. 41–42.

[8] Anna Franziska Schwarzbach, ebd.

Manon Bursian
Ines Janet Engelmann[1]

Der Wettbewerb zur Gestaltung eines Taufengels – das erste Initiativprojekt der Kunststiftung des Landes Sachsen-Anhalt

Die Ausstellung zur tausendjährigen Tradition der christlichen Taufe in Mitteldeutschland war der Kunststiftung des Landes Sachsen-Anhalt ein willkommener Anlass, das sakrale und spirituelle Erbe unserer Region in einen spannungsvollen Dialog mit der modernen Kunst treten zu lassen. Ein großer Teil der überaus reichen Ausstellung widmet sich den Taufengeln, einem fast vergessenen Bestandteil des Taufgeräts. Die kirchliche Taufzeremonie nimmt Bezug auf die neutestamentliche Überlieferung von der Taufe Jesu im Jordan, bei der der Geist Gottes „wie eine Taube" auf ihn herabkam. Diese bereits zeichenhafte Verknappung der Interpretation der Taufe wird im kirchlichen Ritus am Taufstein nochmals in gesteigerter Abstraktheit symbolisiert. Demgegenüber vermitteln Engelskulpturen in der Taufzeremonie auf sehr anschauliche Weise den Gedanken des Weiterwirkens des Geistes Gottes in der Gegenwart. Diese Anschaulichkeit entspricht den Bedürfnissen einer ihre Ursprungstraditionen nachvollziehenden Gemeinde und erklärt auch, weshalb sich besonders Kinder für die Figuren begeistern. Heutzutage ist die Integration von Taufengeln in die Liturgie eher unüblich, ja mitunter unmöglich, da die historischen Skulpturen, die die Zeitläufe überdauerten, häufig für einen liturgischen Gebrauch zu versehrt sind.

Die Kunststiftung des Landes Sachsen-Anhalt initiierte im August 2005 einen Wettbewerb, in dem der beste künstlerische Entwurf eines gegenwärtigen Taufengels gekürt werden sollte. Der Wettbewerb, das erste Initiativprojekt der neu gegründeten Stiftung, sollte die historischen und sakralen Traditionen der Taufe mit einer künstlerischen Neuinterpretation der Engelsfigur verbinden. Von den eingereichten Entwürfen wurde deshalb eine kreative Verbindung der Funktion, welche die Skulptur im liturgischen Gebrauch der Gemeinde haben sollte, und der ästhetischen Funktion eines modernen, nach eigenen Gesetzen gestalteten Kunstwerkes im Kirchenraum erwartet. Für eine moderne Variante eignet sich die Figur des Taufengels deshalb hervorragend, weil seine Darstellung nicht kanonisiert ist. Deutlich wird dies bereits in den verschiedenen tradierten Haltungen: So gibt es vertikal oder horizontal von der Decke herabschwebende, aber auch kniende und stehende Engelsfiguren.

Dementsprechend offen waren die Vorgaben in Bezug auf Gestalt und Ausführung des Taufengels. In der Ausschreibung zum Wettbewerb, die im August 2005 national und international erfolgte, wurden lediglich historisierende Entwürfe ausgeschlossen; es wurde vielmehr besonderer Wert auf die zeitgemäße Interpretation des Taufengels gelegt, der sich nach Ende der Magdeburger Ausstellung zum liturgischen Gebrauch in einer Kirchgemeinde eignen sollte.

Unter den vielen Gemeinden, die sich um die Aufstellung des Taufengels beworben haben, fiel die Wahl auf die Wettiner Evangelische Stadtkirche St. Nikolai. Die größte und älteste Kirche des Ortes wurde im 12. Jahrhundert im romanischen Stil errichtet, später gotisch umgestaltet und im 16. Jahrhundert von Grund auf umgebaut. Sorgsam und behutsam wurde und wird dort mit aus der Vergangenheit überlieferten Details wie Wandmalereien umgegangen, was die Auswahlkommission ebenso überzeugte wie die Großzügigkeit und Schönheit des Raumes und nicht zuletzt die Begeisterung, die in der Kirchgemeinde Wettin für das Projekt zu spüren war. Denn im engen Miteinander mit der Gemeinde – das war eine weitere Bedingung des Wettbewerbs – sollte der Gewinner seinen Entwurf dann umsetzen.

Nach dem Aufruf, sich mit diesem lange nicht mehr bearbeiteten Thema zu beschäftigen, bewarben sich 161 Künstler aus Deutschland und dem europäischen Ausland. Eine Jury wählte in Wettin aus den eingereichten Entwürfen acht Kandidaten – vier Künstlerinnen und vier Künstler – aus. Die Ausgewählten wurden aufgefordert, das Modell eines Taufengels herzustellen und als anonymisierten Entwurf bis zum Dezember 2005 einzureichen. Die Vorstellungen der Künstler, wie ein Taufengel des 21. Jahrhunderts aussehen kann, waren überaus verschieden. Wie erhofft wurden für die Umsetzung ganz unterschiedliche Materialien vorgeschlagen – Bronze, Holz, Drahtgewebe, Glas und Aluminiumguss.

Die Endauswahl fand im Januar im Magdeburger Kirchenamt statt. Als Juroren fungierten der Künstler Heinrich Apel und Bischof Axel Noack aus Magdeburg, der Kunsthistoriker und -kritiker Michael Freitag und die Architektin Professor Brigitte Häntsch aus Berlin, der Kultusminister des Landes Sachsen-Anhalt, Professor Dr. Jan-Hendrik Olbertz, die Kunsthistorikerin und Direktorin der Stiftung Moritzburg Halle, Dr. Katja Schneider, und die Künstlerin Dagmar Varady-Prinich, jeweils aus Halle, der Kunsthistoriker und Theologe Professor Peter Poscharsky aus Nürnberg, der Pfarrer der Wettiner Evangelischen Kirchgemeinde St. Nikolai, Andreas Schuster, sowie das Gemeindeglied Dr. Adelheid Solf, beide Wettin, und die Schülerin am Wettiner Burg-Gymnasium Nelly Stein aus Dessau. Eingehend wurde jedes Modell diskutiert, seine Vor- und Nachteile sorgfältig gegeneinander abgewogen. Sehr schnell kristallisierten sich drei Favoriten heraus: die Entwürfe von Christiane Budig, Sylvia Hagen und Thomas Leu fanden die meiste Zustimmung. Schließlich einigte sich die Jury darauf, dem Taufengel aus Drahtgewebe von Thomas Leu den ersten Preis zuzusprechen.

Als die Entscheidung der Wettiner Kirchgemeinde mitgeteilt und das Modell vorgestellt wurde, stieß die Wahl auf ausgesprochen große Zustimmung. Da jedoch auch die anderen eingereichten Entwürfe ihren jeweils eigenen Reiz haben, hofft die Kunststiftung des Landes Sachsen-Anhalt, dass sich während der Taufausstellung andere Gemeinden für einen der noch nicht vergebenen Engel interessieren und diesen für ihre Kirche in Absprache mit der Künstlerin oder dem Künstler realisieren lassen.

Anmerkungen

[1] Manon Bursian ist Direktorin der Kunststiftung des Landes Sachsen-Anhalt, Dr. Ines Janet Engelmann die Kuratorin des Wettbewerbs zur Gestaltung des Taufengels.

Ib 1

TAUFENGEL

2006
Thomas Leu

Modell (ohne Abbildung):
Drahtgeflecht
Figur: 25 x 25 x 30 cm[1]

Ausführung (mit Abbildung):
Drahtgewebe
160 cm

Thomas Leu bewarb sich mit einem schwebenden Engel aus genähtem Drahtgeflecht, dem Material, das in gröberer Qualität auch für die endgültige Realisierung verwendet wurde. Die Gestalt ist durch den Stil des Barock, der Zeit, als die ersten Taufengel entstanden, angeregt: Die Flügel sind gefiedert, das Haupt ist erhoben, das Gewand lang, es wirft ob seiner Üppigkeit Falten. Leu wählte außerdem die am häufigsten überlieferte Position des Schwebens. Diese stark an der Tradition orientierte Formgebung wird gebrochen durch die netzartige Struktur des verwendeten Materials, die sich auch im Cyberspace findet: Darin ist „der 3 D-Draht-körper die einfachste Form der räumlichen Darstellung", so der Künstler. Tradition und Gegenwart werden synthetisiert: Durch das Metall-geflecht erhält die liebliche Gestalt eines Barocken-gels eine fast technoide Anmutung.

Reizvoll ist das gewählte Material auch deshalb, weil seine Gitterstruktur das Dahinterliegende sichtbar lässt und die glänzende Oberfläche des Drahtes das Licht reflektiert. Da der Engel nicht starr verankert wird, bewegt er sich bei der leichtesten Luftbewegung. Der Raumhintergrund wechselt sanft, Licht und Schatten changieren. So gewinnt der Betrachter permanent neue Eindrücke, selbst wenn er passiv auf der Stelle verharrt. Die Figur verströmt Leichtigkeit, Anmut und hat eine Transparenz, welche die Transzendenz eines Engels, seine Eigenart als „Schwellenwesen" erahnen lässt.

Der Taufengel soll über dem alten Taufstein der Kirche platziert werden, um die stetig fortge-setzte Tradition der Taufe offensichtlich werden zu lassen.

Das Modell von Thomas Leu überzeugte die Jury am meisten. Besonders hervorgehoben wurde u. a. der außerordentlich gut gelungene Dialog zwischen Alt und Neu – zum einen zwischen Form und Material, zum anderen zwischen dem historischen Kirchenraum und dem zeitgenössischen Kunstwerk.

Thomas Leu, geboren 1964 in Halle, wo er lebt und arbeitet. 1983–1985 Schmiede- und Gürtlerausbildung in Magdeburg, Thale und Halle, anschlie-ßend bis 1990 Studium an der Hochschule für Kunst und Design – Burg Giebichenstein Halle, 1990–1991 Aufbaustudium Metallskulptur, seitdem freiberuflich tätig. Im Jahr 2000 1. Preis im Kunstwettbewerb für den Thüringer Landtag in Erfurt. Zahlreiche Skulpturen für den öffentlichen Raum, so entstanden 1996 „Spannungsfeld" für die MEAG-Hauptverwaltung in Halle (EnviaM) und „Spanten" für das Wasserstraßenneubauamt in Magdeburg, 1997 eine Skulptur für den Kohnseji-Tempel Osaka (Japan), 2001–03 „Raumklammer", eine Brückenskulptur für die neue Viergelindenbrücke Rostock, 2005 „High Tech Fruit" für das IPK Gatersleben und 2006 das Kreuz für die Stiftskirche in Quedlinburg.

Leus oft monumentale Metallplastiken bestechen durch die durchdachte Wahl des jeweiligen Materials. Häufig wird der Hintergrund bewusst mit einbezogen und ist integraler Bestandteil des jeweiligen Werkeindrucks. I. J. E.

Die Kunststiftung des Landes Sachsen-Anhalt dankt der Firma Haver & Boecker. Drahtweberei und Maschinenfabrik aus Oelde sehr herzlich, dass sie das Material für die Realisierung des Taufengels kostenfrei zur Verfügung stellte.

Anmerkungen
[1] Maße der Modelle: immer en face, jeweils die größte Ausdehnung von Höhe, Breite, Tiefe in Zentimeter.

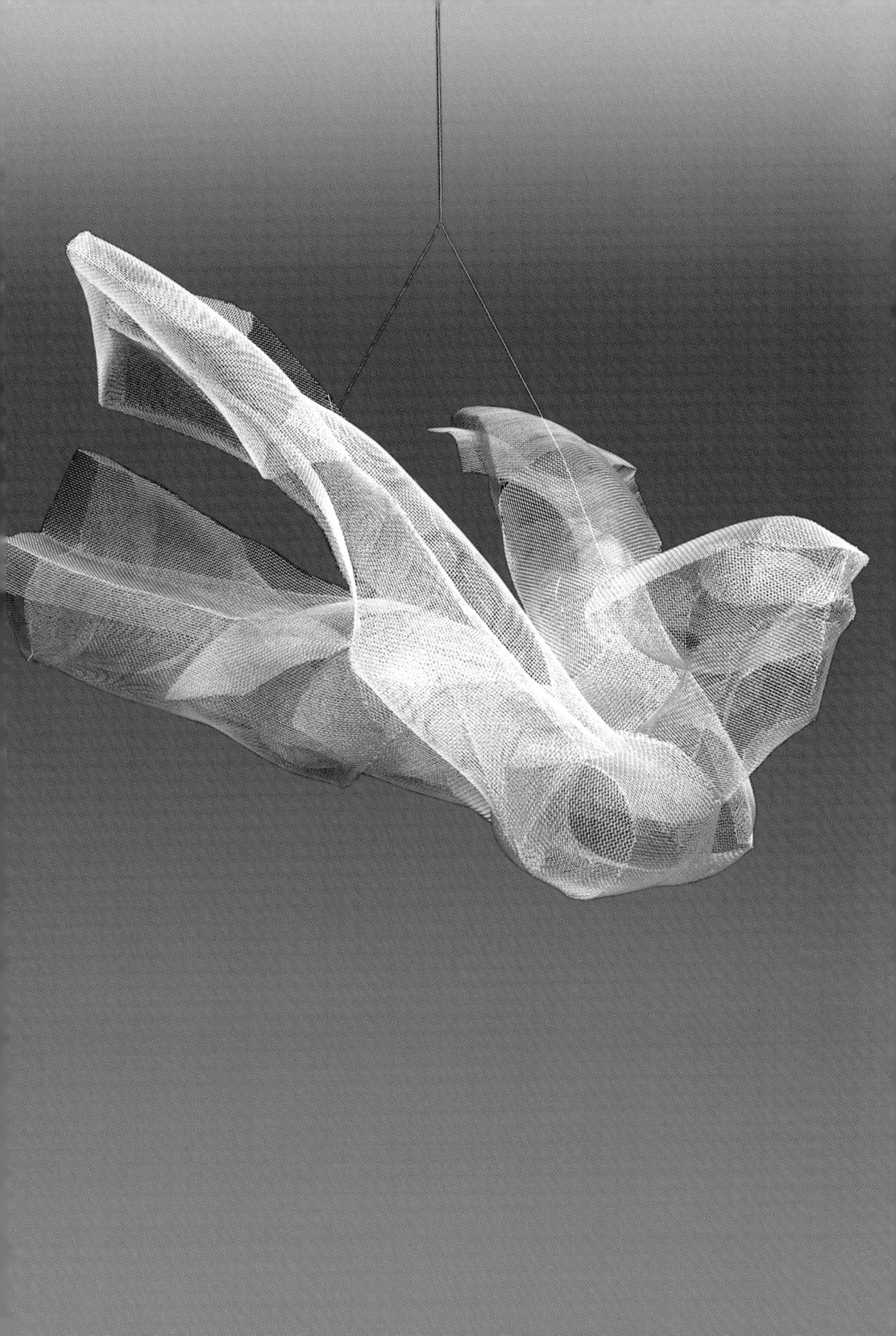

Ib 2
Entwurf für einen Taufengel

Christiane Budig

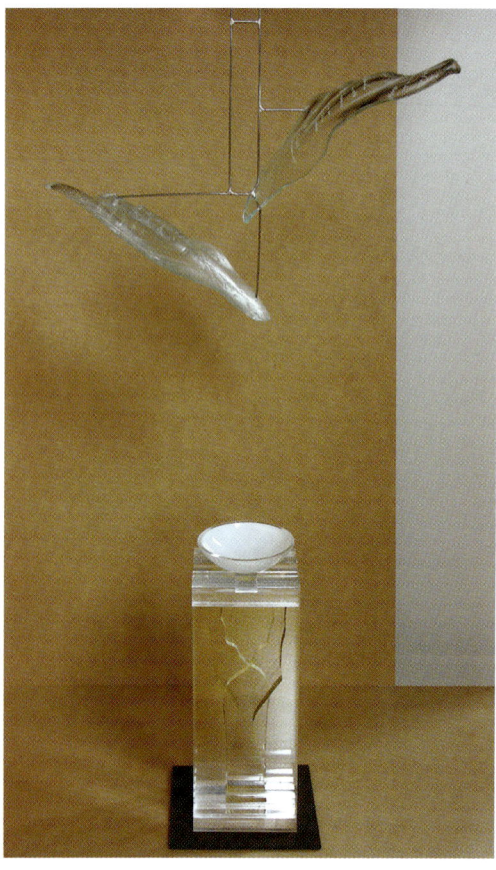

Das Modell der Halleschen Glaskünstlerin Christiane Budig ist zweiteilig. Glasflügel mit eingearbeiteten, naturalistisch wirkenden Strukturen des Gefieders schweben herab. Auf die Schwingen, die bei dem realisierten Objekt während der Taufe herabgelassen werden können, sollten mit der Gemeinde ausgewählte Sprüche eingraviert werden. Die Flügel symbolisieren die Gewissheit von Gottes Schutz und der von ihm ausgehenden Geborgenheit. Sowohl das Fragmentarische der leicht wirkenden Gestaltung als auch die strahlende, sich durch den variierenden Lichteinfall ändernde Anmutung regen die Phantasie an. Erst in der Vorstellung des Betrachters und damit für jeden in anderer, nicht in Worte zu fassender Form entsteht der Engel als reines Geistwesen.

Unter den schwebenden Objekten befindet sich als stilistisch völlig anders gestaltetes Pendant der Sockel, auf dem das weiße und damit Reinheit symbolisierende Taufbecken ruht. Seine Ausführung war in mundgeblasenem Überfangglas vorgesehen. Der Sockel besteht aus fünf unterschiedlich starken vertikalen Scheiben. Aus zwei der inneren sind Formen geschnitten, deren Ränder golden – in der Farbe göttlichen Lichts – leuchten. Sonst Unsichtbares wird durch die Blattgoldauflage augenfällig. Sichtbar werden zwei stark stilisierte Hände, deren Haltung an eine geöffnete Knospe erinnert. Sie drücken in zärtlicher Geste die Sicherheit der Nähe Gottes aus, die der defizitären Welt Trost spendet.

Durch die Zweiteilung in oben und unten, Himmlisches und Irdisches wird der Taufengel zum Mittler zwischen Transzendentem und Immanentem, zwischen Unendlichkeit und Endlichkeit – durch ihn fließt göttliche Wirklichkeit zur irdischen Welt. Die Taufschale ist das Verbindungsglied. In ihr findet das Bad der Wiedergeburt und Erneuerung statt.

Modell:
Float-, Acryl- und Überfangglas, Blattgold,
Stahldraht, MDF-Platten
Gehäuse: 79,5 x 60,3 x 35 cm, Flügel jeweils:
19,5 x 7 x 3 cm, Sockel: 20 x 8 x 8 cm,
Taufschale Durchmesser: 8,5 cm

Geplante Ausführung:
Kristall- und mundgeblasenes Überfangglas,
Glasscheiben, Blattgold, Metallrahmen; für
die Aufhängung: Edelstahlgestänge, zwei Stahlseile
und Winden
Höhe der Flügel jeweils: 100 cm, Sockel:
40 x 40 x 100 cm, Taufschale Durchmesser: 35 cm

Ib 3
Entwurf für einen Taufengel

Klaus Hack

Christiane Budig, geboren 1969 in Luckenwalde. Lebt und arbeitet in Halle. 1994–2002 Studium an der Hochschule für Kunst und Design – Burg Giebichenstein Halle. Seitdem freischaffend. 2003 Teilnahme an Ausstellungen in der Kunsthalle Marburg und im Museum für Angewandte Kunst Frankfurt (Main), Personalausstellung in der Halleschen Galerie Marktschlösschen und 1. Preis des Jutta Cuny-Franz Memorial Award in Düsseldorf. 2004 Ausstellungsbeteiligung im MAD-Museum New York und Einzelausstellung in der Stiftung Moritzburg Halle. Seit dem gleichen Jahr Lehrauftrag an der Martin-Luther-Universität Halle. 2005 Stipendium der Elbe-Saale Sparkasse Bernburg.

Budig bearbeitet verschiedenste Glasmaterialien in den dafür geeigneten Techniken. Häufig entstehen ihre bestechend schönen und hintergründigen Objekte in Kombination mit anderen Stoffen wie Metallen, Gummi, Holz oder Dachpappe.   I. J. E.

Modell:
Holz, weiß gefasst
98 x 30 x 30 cm

Geplante Ausführung:
Holz, weiß gefasst, Glasschale zum Einlegen
in das Taufbecken
Höhe: 190–230 cm

Die Skulpturen des Holzbildhauers Klaus Hack faszinieren durch die Spannung zwischen Archaisch-Primitivem und fast Feinem, zwischen Rohem und Zartem. Auch die Gestalt seines Taufengels vereint diese nur scheinbar antipodischen Gestaltungsweisen: Roh und beinah grob sind Arme, Flügel und Kopf, den ein Schmuck ziert, der sich klarer Deutung entzieht – ist es Zeichen seiner Würde, ein Nimbus? Roh wirkt die Skulptur ebenso durch die ungeglättete Oberfläche, die Hack auch bei seinen ausgeführten Figuren so belässt. Die Erinnerung an den Prozess der Bearbeitung des Holzstammes schwingt in den heftigen Spuren von Säge und Stemmeisen nach. Das bodenständige Material wird nicht durch die weißen, an Reinheit erinnernden Farbspuren verborgen, vielmehr betont.

Gebrochen wird der Eindruck des Rohen und Schlichten durch die recht fein durchbrochene, durchlässige Oberfläche des Gewandes. Vor Manieriertheit bewahrt die Unregelmäßigkeit der Stege. Der darunterliegende Korpus wird durch das Kleid zugleich verborgen und enthüllt.

Kraftvoll und statuarisch ist diese Figur, präsent durch die groß gearbeiteten, beinah symmetrischen Grundformen. Beinah – denn leichte Unregelmäßigkeiten stören sie bewusst, so dass der Gestaltung nichts Schematisches, Erstarrtes anhaftet.

Fern jeglicher zeitlichen Eingebundenheit und Begrenztheit erinnert der Engel an rituelle Figuren Primitiver und assoziiert die Macht und Kraft religiöser Gewissheiten. Er hat zwar nichts von einem lieblichen, dafür alles, was einen mächtigen, zuverlässigen Engel auszeichnet, der absolute Standhaftigkeit ausstrahlt. Das Modell lässt erahnen, welch kraftvolle und zeitlose Würde das ausgeführte Werk haben würde.

Klaus Hack, geboren 1966 in Bayreuth. Lebt und arbeitet in Seefeld (Brandenburg). Studierte 1989–1991 an der Akademie der Bildenden Künste in Nürnberg, anschließend bis 1995 an der Berliner Hochschule der Künste. Neben zahlreichen Ausstellungsbeteiligungen im In- und Ausland seit 1996 jährlich mehrere Einzelausstellungen u. a. 1996 im Berliner Georg-Kolbe-Museum, 1997 im Offenburger Museum im Ritterhaus, 1998 im Museum Junge Kunst, Frankfurt (Oder), 1999 Galerie Rothe, Frankfurt (Main), 2001 im Bremer Gerhard Marcks Haus und der Münchener Galerie Marie-José van de Loo, 2002 im Kunstverein Emdstetten, 2003 im Reutlinger Städtischen Kunstmuseum Spendhaus, 2004 in der Städtischen Kunstsammlung und dem Kunstverein Schweinfurt, in der Erfurter Kunsthalle und dem Landesmuseum für Kunst- und Kulturgeschichte Oldenburg, 2005 in der Galerie Epikur, Wuppertal.

Neben seinen teils archaisch, teils filigran wirkenden Holzskulpturen widmet sich Hack der Graphik, z.B. in Tuschezeichnungen und in ungewöhnlich großen Holzschnitten. Diese Arbeiten stehen in engem Zusammenhang zu seinem bildhauerischen Werk, das wegen seiner individuellen Formensprache mühelos seinem Autor zugeordnet werden kann.

I. J. E.

Ib 4
Entwurf für einen Taufengel

Sylvia Hagen

Modell:
Terrakotta; Sockel: Gips
40,5 x 23 x 36 cm; Sockel: 20 x 20 x 26 cm

Geplante Ausführung:
Bronze, z. T. weiß patiniert; Sockel: Sandstein
Höhe: Engel: 120 cm, Sockel: ca. 60 cm

Sylvia Hagen entschied sich für einen Engel, der gerade auf der Erde anzukommen scheint. Herabgeschwebt landet er wie der Verkündigungsengel in einem Kniefall. Das eine Bein gebeugt, hält er in seiner Linken die Taufschale, die Rechte ist erhoben zum Segnen und Eingießen des geweihten Wassers, Symbol des Wachsens und der Hoffnung.

Durch die aufgerissenen Oberflächen erscheint jedes einzelne der Glieder wie ein Fragment, die in ihrer Kombination den Taufengel ergeben. Dadurch erscheint er zum einen verletzlich, zum anderen raumgreifend, mächtig und sehr dynamisch, so, als flattere das Gewand um den zu seiner Mission herangeeilten Himmelsboten.

Seine Flügel zeichnen ihn als verbindenden Mittler zwischen Gott und Mensch aus.

Die Ausführung ist in Bronze vorgesehen, wobei, wie im Modell angedeutet, das Gewand als Symbol der Reinheit in weißer Patina aufgebracht werden soll.

Sylvia Hagen, geboren 1947 in Treuenbrietzen, lebt und arbeitet in Werbeck. Nach abgebrochenem Studium der Medizin war sie 1971–1976 für Bildhauerei an der Kunsthochschule Berlin-Weißensee immatrikuliert. Seit 1976 freiberuflich tätig. Seit 1979 regelmäßig Einzelausstellungen und Ausstellungsbeteiligungen u. a. in Berlin, Görlitz, Neubrandenburg, Ahrenshoop, Schwerin, Frankfurt (Oder), Frankfurt (Main), Hamburg, Düsseldorf, Magdeburg, Dresden, Köln. Arbeiten befinden sich im Berliner Märkischen Museum, im Potsdam-Museum, in der Neubrandenburger Kunstsammlung, in der Magdeburger Nationalen Sammlung der Plastik Kloster Unser Lieben Frauen, im Görlitzer Städtischen Museum und in weiteren Sammlungen.

Hagen widmet sich sowohl der Plastik – bevorzugt in Terrakotta und Bronze – als auch der Skulptur in Holz und Stein. Häufig wirken ihre Arbeiten wie Fragmente, wie Torsi – harsch und widerborstig und dennoch wie verwundet, versehrt. I. J. E.

Ib 5
ENTWURF FÜR EINEN TAUFENGEL

Anne Haring

Modell:
Bronze, Pappe, MDF-Platten
26,5 x 7 x 5,5 cm; Bodenplatte: 84 x 84 cm

Geplante Ausführung:
Bronze, hellgoldbraun patiniert; Altarplatte
der Wettiner Kirche
die Höhe ist so anzupassen, dass die Taufschale
eine Höhe von 90 cm hat

„Einen Engel mitten unter uns" plante Anne Haring. Wie sie in ihrem Modell zeigt, soll die realisierte Plastik zwischen den Stühlen der Wettiner
Kirche ihren Platz haben. Das schlichte, menschlich wirkende Wesen scheint nackt und dennoch
bekleidet – fehlen doch die Geschlechtsmerkmale.

Der Engel steht ruhig und in sich gekehrt da:
Durch die geschlossenen Augen ist er ab- und anwesend zugleich. Völlig gelöst ist auch die Haltung seiner Hände, doch sind die Handflächen
bewusst nach oben gedreht, was der allgemeinen
Entspanntheit des Körpers widerspricht. Diese
aktive Bewegung vermittelt Offenheit. Das flügel-
lose Wesen, das deshalb an die ersten Engel in der
christlichen Kunst erinnert, soll als ausgeführte
Plastik während der Taufzeremonie eine aus zwei
Flügeln gebildete Taufschale in den Händen halten. Ansonsten hätte sie zu seinen Füßen gelegen.
Das Kunstwerk hätte dann jeglichen liturgischen
Bezugs entbehrt.

Die Figur sollte so über dem Sprung der alten
Wettiner Altarplatte verankert werden, dass der
Eindruck erweckt worden wäre, sie schwebe und
überbrücke damit den Riss. Durch entsprechende
Beleuchtung sollten die Füße einen deutlichen
Schatten werfen, wodurch die exzeptionelle, nur
durch wunderbare Überwindung der Schwerkraft
mögliche Haltung betont worden wäre.

Ib 6
Entwurf für einen Taufengel

Jörg-Tilmann Hinz

Anne Haring, geboren 1961 in Hamburg, lebt und arbeitet in Saarbrücken. 1980–1986 Studium an der Düsseldorfer Kunstakademie, 1984–1985 Stipendium der Cité Internationale des Arts in Paris. Anschließend Umzug nach Darmstadt und Beginn der Ausstellungs- und Wettbewerbstätigkeit sowie bildhauerische Auftragsarbeiten. 1990 Ausbildung zur Bauzeichnerin, anschließend freie Mitarbeit in verschiedenen Architekturbüros. 1997 Jakob-Felsing-Preis für Bildhauerei der Darmstädter Volksbank eG. 1999–2004 Lehre für Zeichnen und Fotografie an der TU Darmstadt. 2002 Umzug nach Saarbrücken, dort seit 2004 Lehrtätigkeit an der Volkshochschule. Neben zahlreichen Ausstellungsbeteiligungen Einzelschauen u. a. 1988 im Künstlerbahnhof Messel, 1991 in der Werkstatt Galerie Dieburg, 1994 im Berliner Kunstverein Friedrichstadt sowie im Darmstädter Künstlerkeller, 1996 in der Magdeburger Galerie Himmelreich und der Galerie Netuschil Darmstadt, 1997 im Dominikanerkloster Worms sowie der Kunsthalle Darmstadt, 2001, 2002 und 2006 in der Galerie Hanstein, Saarbrücken.

Seit 1980 ist die Figur im Raum zentrales Thema in Harings bildhauerischer Arbeit, die sie als Güsse in Eisen, Bronze und Schichtenkeramik ausführt. In ihr eröffnet sich die Frage nach einem körperhaften Dasein und ihrer Präsenz im Raum. Die Bedeutung der figürlich-plastischen Form wird zunehmend reduziert zugunsten der aufrecht stehenden, ungestischen menschlichen Figur. I. J. E.

Der Engel von Jörg-Tilmann Hinz schwebt als
überaus schlankes Wesen über dem Taufbecken.
Seine Gesichtszüge sind nicht ausformuliert, doch
wirkt die Geste der Arme und Hände freundlich
und einladend. Der in die Kirche Eintretende soll
sich durch die realisierte Skulptur empfangen und
aufgenommen fühlen. Die Flügel sind auf dünne
Platten reduziert, die auf einer Seite jeweils in
zwei Spitzen auslaufen. Um die gestreckte Gestalt
herum finden sich vier schlanke, strahlenartige
Stäbe. In der Umsetzung für die Kirche teilvergoldet geplant, symbolisieren sie die Materialisierung
des Geistes im Licht, der auch das Undurchdring-
bare – die Kirchendecke – durchbricht und über-
windet. Die Stäbe weisen auf die Taufe und den
Täufling. Der historische Taufstein sollte in das
Werk integriert und lediglich mit einer neu gefertigten Metallschale versehen werden, um auf die
Kontinuität des Sakraments hinzuweisen.

*Jörg-Tilmann Hinz, geboren 1947 in Halberstadt,
lebt und arbeitet in Domnitz. 1965–1967 Ausbildung zum Gold- und Silberschmied, anschließend
bis 1972 Studium an der Hochschule Burg Giebichenstein Halle. Seit 1975 eigene Werkstatt. 1986
Preisträger der IV. Internationalen Quadriennale
des Kunsthandwerks, 1991/92 Stipendium des Landes
Sachsen-Anhalt, anschließend der Stiftung Kultur-
fonds Berlin. Seit 1995 Arbeit an kinetischen Objekten und zahlreiche großformatige Projekte für den
öffentlichen Raum, die u. a. in Halle (Saale), Magdeburg, Dessau, Eisenach, Erfurt, Leipzig, Stendal,
Jena, Celle, Essen und Berlin zu sehen sind. 1998 erster Preisträger im internationalen Stahl- und Skulp-
turenwettbewerb Greiz sowie 2003 im Wettbewerb
zur Gestaltung eines Kreuzes für den Hochaltar des
Magdeburger Doms.*

*Hinz widmet sich Stahlskulpturen, kinetischen
Objekten, Mobiles und Arbeiten im öffentlichen
Raum. Sie sind gewöhnlich stark abstrahierend.
Neben monochromen Arbeiten stehen solche, in
denen er durch leuchtende Farben Akzente setzt.*

I. J. E.

Ib 7

Entwurf für einen Taufengel

Anna-Kavata Mbiti

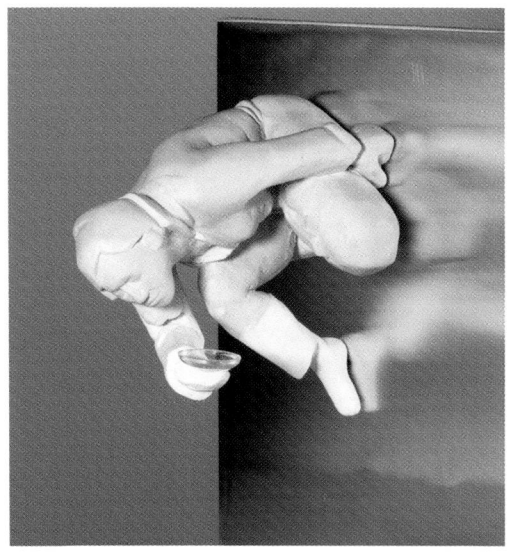

Modell:
Gips, OSB-Platte mit Aluminiumfolie, Plastik
Gehäuse: 40 x 32 x 32 cm, Figur: 21 x 15 x 21 cm

Geplante Ausführung:
Bronze
Länge: 100–130 cm

Das Modell eines weiblichen Engels reichte Anna-Kavata Mbiti ein. Schlicht gekleidet in einen Hosenanzug ohne Details, der in der großen Ausführung wie ein edles Seidengewand wirken wird, die Jacke von einem Gürtel zusammengehalten, das offene Haar sanft über den Nacken und eine Schulter fallend, erscheint das gütige und freundliche Wesen mit ebenmäßigen Zügen. Das Außergewöhnliche ihres Seins wird bei der jungen Frau nicht durch Flügel offensichtlich, sondern durch ihre Haltung: Den irdischen Regeln, also auch der Schwerkraft enthoben hockt, sitzt sie an der Kirchenwand – sie ist ihr Sockel. Als dienstbares Geistwesen reicht sie die Taufschale dar: Bei der

Realisierung in Originalgröße soll das hochglanzpolierte Gefäß das Ornament des Bogens aufnehmen, der Chorraum und Langhaus der Wettiner Kirche voneinander trennt. Das unbekleidete Inkarnat soll bei der Bronzeausführung mit etwas hellerer Patina hervorgehoben werden.

Anna-Kavata Mbiti, 1976 geboren in Nyon (Schweiz), lebt und arbeitet in Berlin. Ab 1996 Studium der Bildhauerei an der Universität für Angewandte Kunst in Wien, 2000 Wechsel an die Universität der Künste in Berlin. 2002 beendete sie ihre Ausbildung, seitdem Stipendien und Preise. 2003 Arbeitsaufenthalt in Japan. Ab 2003 regelmäßige Teilnahme an Gruppenausstellungen in Deutschland und der Schweiz, 2004 Gustav-Weidanz-Preis und Personalausstellung in der Stiftung Moritzburg Halle, Kunstmuseum des Landes Sachsen-Anhalt. Seit 2005 Lehrauftrag an der Berliner Universität der Bildenden Künste.

Mbiti schafft sowohl Plastiken als auch Skulpturen in traditionellen und modernen Materialien. Ausgehend von Recherchen in Deutschland vertiefte sie während eines Japanaufenthalts ihre Auseinandersetzung mit den Gestalten von Sumo-Ringern. Sie erfasst diese kraftvoll, teilweise überlebensgroß in Holz und Acrystal. Selbst kleine Arbeiten beeindrucken durch ihre außerordentliche Präsenz. I. J. E.

Ib 8
Entwurf für einen Taufengel

Hans Scheib

Der Taufengel von Hans Scheib wirkt sehr zart. Die Schwingen, deren Gefieder durchgearbeitet ist, werden von einem überaus schlanken, nackten Körper getragen. Die kleinen knospenden Brüste erinnern an ein adoleszentes Mädchen, das Haupt – besonders in der Detailarbeit – jedoch an einen Knaben. Der Gesichtsausdruck des androgynen Wesens ist ernst, meditativ. Unter den Lidern treten die Augäpfel deutlich hervor – die geschlossenen Augen scheinen zu sehen, das ganze Wesen scheint konzentriert auf den sicher gewussten Fluss der göttlichen Energie. Ein sanftes, kaum merkliches Lächeln umspielt die Lippen. Durch die leichte Neigung des Kopfes nach unten in Richtung des außergewöhnlich großen Taufbeckens, in das ein weiteres, herausnehmbares Gefäß aus Edelstahl eingefügt werden sollte, nimmt dieser Engel an der Zeremonie teil, ist bei der Taufe anwesend und durch die geschlossenen Augen doch ganz bei sich selbst.

Hans Scheib, geboren 1949 in Potsdam, aufgewachsen in Berlin, wo er heute lebt und arbeitet. 1971–1976 Studium an der Hochschule für Bildende Künste in Dresden. Seitdem freiberuflich in Berlin tätig. 1986 Ausstellung im Berliner Haus am Waldsee, 1989 im Pariser Goethe-Institut. 1995 Kunstförderpreis der Akademie der Künste, Berlin. 2000 Ausstellung im Artforum Helsinki; 2001 Mitglied der Freien Akademie der Künste, Hamburg. 2004 Studienaufenthalt in der Villa Romana, Florenz, und in Tblissi. 2005 Bautzener Kunstpreis und Teilnahme an der 2. Internationale Beijing.

Scheib widmet sich überwiegend Plastik und Skulptur. Seine stark expressiven Figuren, die er aus dem Holz herausschält, überraschen oft durch ihre außergewöhnlichen, ja abenteuerlichen Haltungen. Häufig werden sie in grellen Farben gefasst. Einen viel ruhigeren, geschlosseneren Eindruck vermitteln seine Bronzen, obgleich er auch hier mit unkonventionellen Posen experimentiert. I. J. E.

Modell:
Bronze; Detail: Gips mit Blattgold (ohne Abb.)
33 x 10 x 12,5 cm; Detail: 40,7 x 31,5 x 31 cm

Geplante Ausführung:
Bronze, goldgelb glänzend poliert; Edelstahl
Figur bis zum Scheitel: 175 cm,
Flügel entsprechend höher

K

Liste der in der Evangelischen Kirche der Kirchenprovinz Sachsen bis zum Redaktionsschluss ermittelten Taufengel

bearbeitet von Rüdiger Muschke, Diana Grundmann und Friederike Börngen mit Unterstützung von Barbara Hübner

Erstmalig erfolgt mit diesem Katalog eine Aufstellung aller bisher bekannten Taufengel in der Evangelischen Kirche der Kirchenprovinz Sachsen. Hierbei wurden sowohl schwebende, kniende und stehende Taufengel als auch Taufständer mit figuraler Stütze in Form eines Engels und Assistenzengel zu Taufständern aufgelistet. Im Hinblick auf die Begrifflichkeiten zu Taufsteinen, Taufständern und Taufengeln empfehlen sich die Aufsätze von Hartmut Mai, *Taufsteine, Taufbecken und Taufständer – Geschichte und Ikonografie*, S. 156–172 und Peter Poscharsky, *Taufengel*, S. 180–189 in diesem Katalog. Alle in der Ausstellung gezeigten Taufengel werden zudem im Katalogteil noch einmal detailliert erläutert.

Die in den Listen aufgeführten Taufengel sind nach Kirchenkreisen geordnet, innerhalb derer eine alphabetische Zuordnung der Kirchen erfolgt. Jeder noch vorhandene Taufengel ist abgebildet und durch eine kurze Zusammenfassung der wichtigsten Daten erläutert: Nach der fortlaufenden Nummerierung sind der Kirchenkreis sowie der Herkunftsort der Taufengel benannt. Darunter sind Angaben zu Datierung, Material und Größe aufgeführt. Aufgrund der unterschiedlichen Gestaltungsformen der Taufengel wurden Länge bzw. Höhe sowie Breite bzw. Flügelspannweite, in einigen Fällen auch der Durchmesser, angegeben. Alle Maßangaben sind Zirka-Maße, da in den meisten Fällen die Taufengel schwer zugänglich sind. Fehlende Angaben wurden durch den Wortlaut „nicht bekannt" bzw. durch einen Querstrich gekennzeichnet. Taufengel, über deren Verbleib keine Angaben ermittelt werden konnten, sind in der Liste ohne Abbildung aufgeführt.

D. G.

K 1
KKRs Bad Liebenwerda
Ahlsdorf
Taufengel, schwebend
Anfang 18. Jahrhundert
Holz, farbig gefasst
–
–

K 7
KKRs Bad Liebenwerda
Schlieben
Taufengel, kniend
inschriftlich datiert 1765
Sandstein, Holz, farbig gefasst
207 cm
84 cm (Durchmesser)

K 2
KKRs Bad Liebenwerda
Elsterwerda
Taufengel-Fragment, stehend
18. Jahrhundert
Holz
140 cm
60 cm

K 8
KKRs Egeln
Badeleben
Taufengel, stehend
2. Hälfte 17. Jahrhundert
Holz, gefasst
122 cm
–

K 3
KKRs Bad Liebenwerda
Hirschfeld
Taufengel, schwebend
barock
Holz, z. T. ergänzt, farbig gefasst
162 cm
80 cm

K 9
KKRs Egeln
Harbke
Taufengel-Fragment
18. Jahrhundert
Holz
–
–

K 4
KKRs Bad Liebenwerda
Kauxdorf
Taufengel-Fragment, schwebend
17./18. Jahrhundert
Holz
–
–

K 10
KKRs Egeln
Hötensleben
2 Taufengel, stehend
nicht bekannt
Holz, farbig gefasst
–
–

K 5
KKRs Bad Liebenwerda
Kolochau
Taufengel-Fragment, schwebend
17./18. Jahrhundert
Holz, gefasst
134 cm
72 cm

K 11
KKRs Egeln
Meisdorf
Taufengel-Fragment, schwebend
18. Jahrhundert
Holz
137 cm
94 cm

K 6
KKRs Bad Liebenwerda
Proßmarke
Taufengel, schwebend
17. Jahrhundert
Holz
150 cm
120 cm

K 12
KKRs Egeln
Schadeleben
Taufengel, schwebend
17./18. Jahrhundert
Holz, farbig gefasst
–
–

K 13
KKRs Egeln
Schneidlingen
Taufengel-Fragment
nicht bekannt
Holz
150 cm
56 cm

K 19
KKRs Elbe-Fläming
Buckau
Taufengel-Fragment
um 1700
Holz
110 cm
–

K 14
KKRs Egeln
Wormsdorf
Taufengel, schwebend
um 1700
Holz, farbig gefasst
155 cm
–

K 20
KKRs Elbe-Fläming
Dahlen
Taufengel, schwebend
um 1700
Holz, farbig gefasst
126 cm
–

K 15
KKRs Eisleben
Großleinungen
Taufengel-Fragment, schwebend
17./18. Jahrhundert
Holz
140 cm
43 cm

K 21
KKRs Elbe-Fläming
Dretzel
Taufengel, schwebend
Mitte 18. Jahrhundert
Holz, farbig gefasst
160 cm
120 cm

K 16
KKRs Eisleben
Stempeda
Taufengel, schwebend
um 1730
Holz, farbig gefasst
–
–

K 22
KKRs Elbe-Fläming
Drewitz, heute Tucheim
Taufengel, stehend
inschriftlich 1710 (?)
Holz, farbig gefasst
112 cm
–

K 17
KKRs Eisleben
Uftrungen
Taufengel, stehend befestigt
1. Hälfte 18. Jahrhundert
Holz, Ölmalfarbe
116 cm
57 cm

K 23
KKRs Elbe-Fläming
Hohenziatz
Taufengel-Fragment
17./18. Jahrhundert
Holz
104 cm
–

K 18
KKRs Elbe-Fläming
Altenklitsche
Taufengel, kniend
1718
Holz
108 cm
–

K 24
KKRs Elbe-Fläming
Kalitz
Taufengel-Fragment, stehend
barock
Holz
140 cm
–

K 25
KKRs Elbe-Fläming
Scharteucke
Taufengel, schwebend
1711
Holz, farbig gefasst
130 cm
77 cm

K 31
KKRs Halberstadt
Göddeckenrode
Taufengel-Fragment, schwebend
17./18. Jahrhundert
Holz, farbig gefasst
100 cm
–

K 26
KKRs Elbe-Fläming
Wenzlow
Taufengel, schwebend
1. Hälfte 18. Jahrhundert
Holz, farbig gefasst
155 cm
40 cm

K 32
KKRs Halberstadt
Groß Quenstedt
2 Taufengel stehend neben Taufe
nicht bekannt
Holz, farbig gefasst
104 cm
63 cm

K 27
KKRs Erfurt
Erfurt-Bischleben
Taufengel, schwebend
18. Jahrhundert
Holz, farbig gefasst
180 cm
120 cm

K 33
KKRs Halberstadt
Hedersleben
Taufengel, schwebend
barock
Holz, farbig gefasst
190 cm
109 cm

K 28
KKRs Halberstadt
Dardesheim
Taufengel-Fragment
17./18. Jahrhundert
Holz
–
–

K 34
KKRs Halberstadt
Hoppenstedt
Taufengel, schwebend
1691 erworben
Holz, farbig gefasst
150 cm
60 cm

K 29
KKRs Halberstadt
Dedeleben
2 Taufengel, kniend
nicht bekannt
Holz
70 cm
48 cm

K 35
KKRs Halberstadt
Huy-Neinstedt
2 Taufengel, Taufschale haltend
nicht bekannt
Holz, farbig gefasst
70 cm
122 cm (Gesamtbreite)

K 30
KKRs Halberstadt
Emersleben
2 Taufengel stehend neben Taufe
vermutlich 1742
Holz, farbig gefasst
115 cm
78 cm

K 36
KKRs Halberstadt
Ilsenburg
Taufengel, schwebend
um 1700
Holz, farbig gefasst
188 cm
70 cm

K 37
KKRs Halberstadt
Quedlinburg
Taufengel, schwebend
1693
Lindenholz, farbig gefasst
155 cm
130 cm

K 43
KKRs Halberstadt
Wernigerode
Taufengel, schwebend
17./18. Jahrhundert
Holz, farbig gefasst
–
–

K 38
KKRs Halberstadt
Rodersdorf
Taufengel, schwebend
Anfang 18. Jahrhundert
Holz, farbig gefasst
130 cm
40 cm

K 44
KKRs Halberstadt
Westerburg
Taufengel, stehend
17./18. Jahrhundert
Holz
–
–

K 39
KKRs Halberstadt
Silstedt
Taufengel, schwebend
um 1710
Holz, farbig gefasst
–
–

K 45
KKRs Halberstadt
Wülperode
Taufengel, schwebend
17./18. Jahrhundert
Holz, farbig gefasst
–
–

K 40
KKRs Halberstadt
Veltheim
Taufengel, schwebend
18. Jahrhundert
Holz, farbig gefasst
165 cm
80cm

K 46
KKRs Haldensleben-Wolm.
Alleringersleben
Taufengel-Fragment
1. Hälfte 18. Jahrhundert
Holz
130 cm
70 cm

K 41
KKRs Halberstadt
Wasserleben/St. Salvatoris
Taufengel, schwebend
17./18. Jahrhundert
Holz, farbig gefasst
–
–

K 47
KKRs Haldensleben-Wolm.
Bebertal
Taufengel, schwebend
inschriftlich datiert 1700
Holz, farbig gefasst
142 cm
165 cm

K 42
KKRs Halberstadt
Wasserleben/St. Sylvestri
Taufengel, schwebend
1723
Holz, farbig gefasst
145 cm
70 cm

K 48
KKRs Haldensleben-Wolm.
Eschenrode
Taufengel, schwebend
um 1710
Holz, farbig gefasst
135 cm
69 cm

K 49
KKRs Haldensleben-Wolm.
Glindenberg
Taufengel, schwebend
1. Hälfte 18. Jahrhundert
Holz
110 cm
50 cm

K 55
KKRs Haldensleben-Wolm.
Schwanefeld
Taufengel, schwebend
um 1700
Holz, farbig gefasst
120 cm
80 cm

K 50
KKRs Haldensleben-Wolm.
Hermsdorf
Taufengel-Fragment
vermtl. 2. Hälfte 17. Jahrhundert
Holz
149 cm
52 cm

K 56
KKRs Haldensleben-Wolm.
Vahldorf
Taufengel-Fragment
um 1700
Holz
–
–

K 51
KKRs Haldensleben-Wolm.
Hödingen
Taufengel, schwebend
1725
Holz, farbig gefasst
–
–

K 57
KKRs Halle-Saalkreis
Neutz
Taufengel, schwebend
barock
Holz, farbig gefasst
112 cm
70 cm

K 52
KKRs Haldensleben-Wolm.
Hörsingen
Taufengel, schwebend
1683
Lindenholz, farbig gefasst
–
–

K 58
KKRs Halle-Saalkreis
Niemberg
Taufengel, kniend
19. Jahrhundert
Bronzeguss, nach B. Thorvaldsen
–
–

K 53
KKRs Haldensleben-Wolm.
Ivenrode
Taufengel, schwebend
um 1700
Holz, farbig gefasst
170 cm
115 cm

K 59
KKRs Halle-Saalkreis
Sietzsch
Taufengel-Fragment, schwebend
1720
Holz
140 cm
40 cm

K 54
KKRs Haldensleben-Wolm.
Nordgermersleben
Taufengel, schwebend
1698
Holz, farbig gefasst
–
–

K 60
KKRs Henneberger Land
Dillstädt
Taufengel
18. Jahrhundert
Holz, farbig gefasst
120 cm
65 cm

K 61
KKRs Merseburg
Braunsbedra/Gnadenkirche
Taufengel, kniend
um 1770
Holz, farbig gefasst
–
–

K 67
KKRs Merseburg
Merseburg (im Museum)
Taufengel, stehend
nicht bekannt
Holz
82 cm
33 cm

K 62
KKRs Merseburg
Braunsbedra/Erlöserkirche
Taufengel, kniend
nicht bekannt
Stein
88 cm
33 cm , 86 cm

K 68
KKRs Merseburg
Obhausen
Taufengel, stehend
vermtl. Ende 17. Jahrhundert
Holz, steinsichtig gefasst
110 cm
27,5 cm (Flügelspanne)

K 63
KKRs Merseburg
Daspig
Taufengel, stehend
um 1730
unbekannt, farbig gefasst
111 cm
47 cm

K 69
KKRs Merseburg
Pörsten
Taufengel, stehend, Pelikanpult
18. Jahrhundert
Holz
132 cm
42 cm

K 64
KKRs Merseburg
Geusa
Taufengel, schwebend
1705
Holz, farbig gefasst
120 cm
–

K 70
KKRs Merseburg
Uichteritz
Taufengel, kniend
um 1650
Lindenholz, farbig gefasst
124 cm
46 cm

K 65
KKRs Merseburg
Hornburg
Taufengel, schwebend
barock
Holz, farbig gefasst
–
–

K 71
KKRs Mühlhausen
Bollstedt
Taufengel, stehend
1732
Holz
145 cm
30 cm

K 66
KKRs Merseburg
Kleingörschen
Taufengel, stehend, Pultaufsatz
1737
Holz, farbig gefasst
120 cm
45 cm

K 72
KKRs Mühlhausen
Burg Bodenstein
Taufengel, schwebend
1910
Holz, farbig gefasst
–
–

K 73
KKRs Mühlhausen
Kirchohmfeld
Taufengel, schwebend
vermutlich 1670
Holz, farbig gefasst
150 cm
–

K 79
KKRs Naumburg-Zeitz
Altenroda
Taufengel, schwebend
18. Jahrhundert
Holz, farbig gefasst
174 cm
–

K 74
KKRs Mühlhausen
Oberdorla
Taufengel, stehend, Pultaufsatz
nicht bekannt
Holz, farbig gefasst
149 cm
36 cm

K 80
KKRs Naumburg-Zeitz
Burgscheidungen
Taufengel, stehend, Pultaufsatz
nicht bekannt
Holz
158 cm (mit Pult)
45 / 47 cm

K 75
KKRs Mühlhausen
Oberdorla
Taufengel, stehend
um 1900
Alabaster
105 cm
36 cm

K 81
KKRs Naumburg-Zeitz
Dorndorf
Taufengel, stehend
Ende 17. Jh., umgestaltet 1721
Holz, farbig gefasst
138 cm
71 cm

K 76
KKRs Mühlhausen
Tastungen
Taufengel, schwebend
barock
Holz, farbig gefasst
180 cm
120 cm

K 82
KKRs Naumburg-Zeitz
Flemmingen
Taufengel, kniend, Pultaufsatz
1719
Holz, farbig gefasst
110 cm
58 cm

K 77
KKRs Mühlhausen
Wehnde
Taufengel, schwebend
18. Jahrhundert
Holz, farbig gefasst
140 cm
90 cm

K 83
KKRs Naumburg-Zeitz
Gößnitz
Taufengel-Fragment, kniend
17./18. Jahrhundert
Holz
110 cm
–

K 78
KKRs Mühlhausen
Wintzingerode
Taufengel, schwebend
1701
Holz, farbig gefasst
120 cm
70 cm

K 84
KKRs Naumburg-Zeitz
Kistritz
Taufengel, kniend
1693
Holz, farbig gefasst
108 cm
70 cm

K 85
KKRs Naumburg-Zeitz
Kleinhelmsdorf
Taufengel, kniend, Pultaufsatz
barock
Holz, farbig gefasst
133 cm (mit Pult)
50 cm

K 91
KKRs Naumburg-Zeitz
Schellsitz
Taufengel
1. Hälfte 18. Jahrhundert
Holz, farbig gefasst
93 cm
76 cm

K 86
KKRs Naumburg-Zeitz
Krössuln
Taufengel-Fragment
17./18. Jahrhundert
Holz
90 cm
55 cm

K 92
KKRs Naumburg-Zeitz
Schleberoda
Taufengel, stehend
1708
Holz, farbig gefasst, lackiert
132 cm
–

K 87
KKRs Naumburg-Zeitz
Memleben
Taufengel, schwebend
wohl 1726/1727
Holz, farbig gefasst
190 cm
–

K 93
KKRs Naumburg-Zeitz
Schönburg
Taufengel, kniend, Pultaufsatz
1690
Holz, farbig gefasst
150 cm (mit Pult)
59 cm

K 88
KKRs Naumburg-Zeitz
Millingsdorf
Taufengel
barock
Holz, farbig gefasst
89 cm
–

K 94
KKRs Naumburg-Zeitz
Tromsdorf
Taufengel, kniend
17./18. Jahrhundert
Holz, farbig gefasst
104 cm
64/68 cm

K 89
KKRs Naumburg-Zeitz
Poppel
Taufengel, stehend
nicht bekannt
Holz, farbig gefasst
100 cm
46 cm

K 95
KKRs Salzwedel
Bombeck
Taufengel-Fragment, schwebend
17. Jahrhundert
Holz, gefasst; alte Fassung: rot
95 cm
40 cm

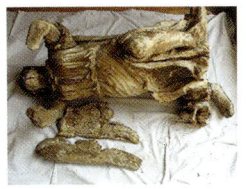

K 90
KKRs Naumburg-Zeitz
Pötewitz
Taufengel-Fragment
18. Jahrhundert
Holz
110 cm
60 cm

K 96
KKRs Salzwedel
Brunau
Taufengel-Fragment, schwebend
17./18. Jahrhundert
Holz
128 cm
–

K 97
KKRs Salzwedel
Cheinitz
Taufengel, schwebend
barock
Holz, farbig gefasst
–

K 103
KKRs Salzwedel
Hagenau
Taufengel, schwebend
17./18. Jahrhundert
Holz, farbig gefasst
140 cm
95 cm

K 98
KKRs Salzwedel
Dambeck
Taufengel, schwebend
barock
Holz, farbig gefasst
110 cm
–

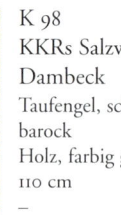

K 104
KKRs Salzwedel
Jeebel
Taufengel, schwebend
barock
Holz, farbig gefasst
–

K 99
KKRs Salzwedel
Dannefeld
Taufengel, schwebend
E. 17./Anf. 18. Jahrhundert
Holz, farbig gefasst
150 cm
40 cm

K 105
KKRs Salzwedel
Jeetze
Taufengel, schwebend
1717
Holz, farbig gefasst
140 cm
95 cm

K 100
KKRs Salzwedel
Estedt
Taufengel, schwebend
1724
Holz, farbig gefasst
140 cm
130 cm

K 106
KKRs Salzwedel
Kerkau
Taufengel, schwebend
17./18. Jahrhundert
Holz, farbig gefasst
–

K 101
KKRs Salzwedel
Gehrendorf
Taufengel, schwebend
nicht bekannt
Holz
–
–

K 107
KKRs Salzwedel
Klein Gartz
Taufengel, schwebend
barock
Holz, farbig gefasst
130 cm
110 cm

K 102
KKRs Salzwedel
Groß Gerstedt
Taufengel-Fragment, schwebend
17./18. Jahrhundert
Holz
130 cm
40 cm

K 108
KKRs Salzwedel
Langenapel
Taufengel, schwebend
barock
Holz, farbig gefasst
90 cm
80 cm

K 109
KKRs Salzwedel
Lindstedt
Taufengel, schwebend
barock
Holz, farbig gefasst
160 cm
60 cm

K 110
KKRs Salzwedel
Osterwohle
Taufengel, schwebend
1620
Holz
120 cm
–

K 111
KKRs Salzwedel
Seebenau
Taufengel, schwebend
17./18. Jahrhundert
Holz, farbig gefasst
88 cm
78 cm

K 112
KKRs Salzwedel
Zichtau
Taufengel, schwebend
1779
Holz, farbig gefasst
123 cm
149 cm

K 113
KKRs Sömmerda
Günstedt
Taufengel-Fragment
17./18. Jahrhundert
Holz
130 cm
45 cm

K 114
KKRs Sömmerda
Leubingen
Taufengel, stehend
17./18. Jahrhundert
Holz, farbig gefasst
158 cm
96 cm

K 115
KKRs Sömmerda
Ostramondra
Taufengel, stehend
Anfang 18. Jahrhundert
Holz, farbig gefasst
194 cm
80 cm

K 116
KKRs Sömmerda
Wenigensömmern
Taufengel, kniend, Lesepult
1. Hälfte 18. Jahrhundert
Holz
108 cm
82 cm

K 117
KKRs Sömmerda
Wundersleben
Taufengel, stehend
vermutlich um 1720
Holz, farbig gefasst
146 cm
–

K 118
KKRs Stendal
Aulosen
Taufengel, schwebend
um 1730
Holz, farbig gefasst
110 cm
70 cm

K 119
KKRs Stendal
Behrend
Taufengel, schwebend
um 1720
Holz, farbig gefasst
–
–

K 120
KKRs Stendal
Berkau
Taufengel, schwebend
um 1710
Holz, farbig gefasst
138 cm
83 cm

K 121
KKRs Stendal
Bindfelde
Taufengel, schwebend
barock
Holz, farbig gefasst
–

K 127
KKRs Stendal
Döbbelin
Taufengel, schwebend
nicht bekannt
Holz
85 cm
–

K 122
KKRs Stendal
Bismark
Taufengel, schwebend
18. Jahrhundert
Holz, farbig gefasst
126 cm
26 cm

K 128
KKRs Stendal
Erxleben/b.Osterburg
Taufengel, schwebend
1713–1741
Holz, farbig gefasst
–

K 123
KKRs Stendal
Boock
Taufengel, schwebend
um 1710 / 20
Holz, farbig gefasst
115 cm
54 cm

K 129
KKRs Stendal
Falkenberg (im Museum)
Taufengel-Fragment, schwebend
1693
Holz
115 cm
35 cm (ohne ganze Flügel)

K 124
KKRs Stendal
Borstel (im Museum)
Taufengel-Fragment, schwebend
1740
Holz
124 cm
46 cm

K 130
KKRs Stendal
Hämerten
Taufengel, schwebend
barock
Holz
–

K 125
KKRs Stendal
Briest (in Tangerhütte)
Taufengel, schwebend
um 1720
Holz, farbig gefasst
130 cm
65 cm

K 131
KKRs Stendal
Hohengöhren
Taufengel, schwebend
17./18. Jahrhundert
Holz, farbig gefasst
–
–

K 126
KKRs Stendal
Buchholz
Taufengel, schwebend
1708
Holz, farbig gefasst
130 cm
–

K 132
KKRs Stendal
Hohenwulsch
Taufengel, schwebend
um 1740
Holz, farbig gefasst
–

K 133
KKRs Stendal
Jarchau
Taufengel, schwebend
1. Hälfte 18. Jahrhundert
Holz, farbig gefasst
141 cm
117 cm

K 139
KKRs Stendal
Krevese
Taufengel, schwebend
um 1745
Lindenholz, farbig gefasst
180 cm
100 cm

K 134
KKRs Stendal
Käcklitz
Taufengel, schwebend
barock
Holz
130 cm
75 cm

K 140
KKRs Stendal
Langensalzwedel
Taufengel, schwebend
barock
Holz, farbig gefasst
–
–

K 135
KKRs Stendal
Klein Möringen
Taufengel, schwebend
barock
Holz, farbig gefasst
–
–

K 141
KKRs Stendal
Neukirchen
Taufengel, schwebend
um 1751
Holz, farbig gefasst
185 cm
110 cm

K 136
KKRs Stendal
Klein Schwechten
Taufengel, schwebend
um 1720
Holz, farbig gefasst
140 cm
–

K 142
KKRs Stendal
Neulingen
Taufengel, schwebend
Anfang 18. Jahrhundert
Holz, farbig gefasst
120 cm
90 cm

K 137
KKRs Stendal
Klein Beuster
Taufengel, schwebend
um 1740
Holz, farbig gefasst
110cm
80 cm

K 143
KKRs Stendal
Polkau
Taufengel, schwebend
1. Hälfte 18. Jahrhundert
Holz, farbig gefasst
108 cm
–

K 138
KKRs Stendal
Kleinwulkow
Taufengel, schwebend
um 1700
Holz farbig gefasst
120 cm
60 cm

K 144
KKRs Stendal
Rengerslage
Taufengel, schwebend
1. Hälfte 18. Jahrhundert
Holz
125 cm
67 cm

K 145
KKRs Stendal
Rohrbeck
Taufengel-Fragment, schwebend
barock
Holz, gefasst (nicht original)
–
–

K 151
KKRs Stendal
Staffelde
Taufengel, schwebend
Anfang 18. Jahrhundert
Holz, farbig gefasst
–
–

K 146
KKRs Stendal
Röxe (im Museum)
Taufengel-Fragment, schwebend
1740
Holz
102 cm
76 cm

K 152
KKRs Stendal
Stapel
Taufengel, schwebend
barock
Holz, farbig gefasst
150 cm
58 cm

K 147
KKRs Stendal
Sanne
Taufengel, schwebend
um 1730
Holz
135 cm
60 cm

K 153
KKRs Stendal
Uchtenhagen
Taufengel, schwebend
um 1721
Holz, farbig gefasst
–
–

K 148
KKRs Stendal
Schönebeck (Altmark)
Taufengel, schwebend
1715
Holz, farbig gefasst
140 cm
50 cm

K 154
KKRs Stendal
Walsleben
Taufengel, schwebend
1. Hälfte 18. Jahrhundert
Holz, farbig gefasst
–
–

K 149
KKRs Stendal
Schönfeld
Taufengel, schwebend
um 1725
Holz, farbig gefasst
134 cm
80 cm

K 155
KKRs Stendal
Wanzer
Taufengel, schwebend
17./18. Jahrhundert
Holz
105 cm
30 cm

K 150
KKRs Stendal
Schönhausen
Taufengel, stehend
1. Hälfte 18. Jahrhundert
Holz
156 cm
–

K 156
KKRs Stendal
Wollenrade
Taufengel, schwebend
um 1715
Holz, farbig gefasst
–
–

K 157
KKRs Südharz
Bösenrode
Taufengel, stehend
17./18. Jahrhundert
Holz, farbig gefasst
128 cm, 83cm (Sockel)
66 cm

K 163
KKRs Südharz
Herreden
Taufengel, schwebend
um 1700
Holz, farbig gefasst
120 cm
100 cm

K 158
KKRs Südharz
Epschenrode
Taufengel, schwebend
um 1720
Holz, farbig gefasst
128 cm
56 cm

K 164
KKRs Südharz
Immenrode
Taufengel, schwebend
um 1700
Holz, farbig gefasst
114 cm
120 cm

K 159
KKRs Südharz
Friedrichsthal
Taufengel, stehend befestigt
17./18. Jahrhundert
Holz, farbig gefasst
160 cm
100 cm

K 165
KKRs Südharz
Kleinbodungen
Taufengel, schwebend
1. Hälfte 18. Jahrhundert
Holz, farbig gefasst
167 cm
–

K 160
KKRs Südharz
Großbodungen (i. Museum)
Taufengel-Fragment, schwebend
17./18. Jahrhundert
Holz
166 cm
–

K 166
KKRs Südharz
Kleinwerther
Taufengel, schwebend
barock
Holz, farbig gefasst
–
–

K 161
KKRs Südharz
Haferungen
Taufengel, schwebend
um 1727
Holz, farbig gefasst
163 cm
–

K 167
KKRs Südharz
Limlingerode
Taufengel, schwebend
Mitte 18. Jahrhundert
Holz, farbig gefasst
130 cm
70 cm

K 162
KKRs Südharz
Hainrode
Taufengel, schwebend
17./18. Jahrhundert
Holz, farbig gefasst
130 cm
90 cm

K 168
KKRs Südharz
Neustadt/a.Harz
Taufengel, schwebend
um 1700
Holz, farbig gefasst
116 cm
100 cm

K 169
KKRs Südharz
Petersdorf
Taufengel, stehend
barock
Holz, farbig gefasst
100 cm
43 cm

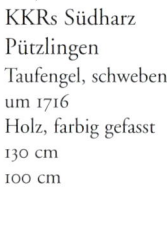

K 170
KKRs Südharz
Pützlingen
Taufengel, schwebend
um 1716
Holz, farbig gefasst
130 cm
100 cm

K 171
KKRs Südharz
Trebra
Taufengel, schwebend
18. Jahrhundert
Holz, farbig gefasst
–
–

K 172
KKRs Südharz
Zwinge
Taufengel, schwebend
um 1750
Holz, farbig gefasst
160 cm
165 cm

K 173
KKRs Torgau-Delitzsch
Dommitzsch
Taufengel, stehend
1725/1736
Holz
150 cm
–

K 174
KKRs Torgau-Delitzsch
Elsnig
Taufengel, schwebend
1. Hälfte 18. Jahrhundert
Eichenholz, farbig gefasst
125 cm
59 cm

K 175
KKRs Torgau-Delitzsch
Sprotta
Taufengel, stehend
Anfang 17. Jahrhundert
Holz
97 cm
44 cm

K 176
KKRs Wittenberg
Friedersdorf
Taufengel, schwebend
barock
Holz, farbig gefasst
–
–

K 177
KKRs Wittenberg
Salzfurtkapelle
Taufengel, schwebend
1. Hälfte 18. Jahrhundert
Holz, farbig gefasst
110 cm
48 cm

Bis zum Abschluss der Arbeiten am Katalog konnten folgende ehemals vorhandene Taufengel noch recherchiert, aber nicht aufgefunden werden. Die Einordnung richtet sich nach Kirchenkreisen; innerhalb dieser erfolgt eine alphabetische Ordnung.

KKrs. Bad Liebenwerda: (K 178) Prösen/Dorfkirche

KKrs. Egeln: (K 179) Schwaneberg/St. Lambertus

KKrs. Eisleben: (K 180) Erdeborn/St. Bartholomäus, (K 181) Freist/Kirche Heilig Kreuz

KKrs. Elbe-Fläming: (K 182) Grüningen/Dorfkirche, (K 183) Ringelsdorf/Dorfkirche, (K 184) Rogäsen/Dorfkirche

KKrs. Halberstadt: (K 185) Osterode/Dorfkirche, (K 186) Halberstadt/Kirche unbekannt

KKrs. Haldensleben-Wolmirstedt: (K 187) Emden/St. Georg, (K 188) Üplingen/Dorfkirche

KKrs. Henneberger Land: (K 189) Dietzhausen/Dorfkirche

KKrs. Magdeburg: (K 190) Olvenstedt

KKrs. Merseburg: (K 191) Göhritz/St. Kiliani, (K 192) Roßbach/Kirche, (K 193) Starsiedel/Dorfkirche

KKrs. Mühlhausen: (K 194) Lengefeld/St. Johannes

KKrs. Naumburg-Zeitz: (K 195) Markröhlitz/Dorfkirche

KKrs. Salzwedel: (K 196) Butterhorst/Kapelle, (K 197) Kahrstedt/Dorfkirche, (K 198) Kaulitz/Dorfkirche, (K 199) Siepe/Dorfkirche, (K 200) Vienau/Dorfkirche

KKrs. Stendal (K 201) Badingen/Dorfkirche, (K 202) Bellingen/Dorfkirche, (K 203) Grassau/Dorfkirche, (K 204) Höwisch/Dorfkirche, (K 205) Klein Rossau/Dorfkirche, (K 206) Lüderitz/Kirche Mariae Beatae Virginis

KKrs. Südharz: (K 207) Etzelsrode/Dorfkirche, (K 208) Großwerther/Dorfkirche, (K 209) Nordhausen/ St.Blasii-Petri-Nicolai, (K 210) Stöckey/Dorfkirche

KKrs. Halle-Saalkreis: (K 211) Gollma/Dorfkirche

KKrs. Wittenberg: (K 212) Rackith/Dorfkirche

- Prof. Dr. Dr. h. c. Arnold Angenendt, Münster
- Friederike Börngen, Magdeburg F. B.
- Prof. Dr. Erhard Brepohl, Bad Doberan
- Klaus-Peter Brozatus, Gera K.-P. B.
- Nelly Bünger, Halle N. B.
- Manon Bursian, Halle
- Prof. Dr. Peter Cornehl, Hamburg
- Ulf Dräger, Halle U. D.
- Dr. Kathrin Ellwardt, Karlsruhe K. E.
- Dr. Ines Janet Engelmann, Halle I. J. E.
- Prof. Dr. Klaus Fittschen, Wolfenbüttel K. F.
- Prof. Dr. Christian Grethlein, Münster
- Diana Grundmann, Magdeburg D. G.
- Dr. Antje Heling-Grewolls, Kronshagen
  A. H.-G.
- Prof. Dr. Benedikt Kranemann, Erfurt
- Dr. Dr. h. c. Renate Kroos, München
- Christine Lehmann, Diesdorf Ch. L.
- Prof. Dr. Hartmut Mai, Leipzig H. M.
- Patrick Melber, Magdeburg P. M.
- Dr. Dagmar Neuland-Kitzerow, Berlin
  D. N.-K.
- Christina Neuß, Magdeburg
- Jeannette Pfeiler, Berlin J. P.
- Prof. Dr. Josef Pilvousek, Erfurt
- Prof. Dr. Peter Poscharsky, Nürnberg P. P.
- Prof. Dr. Klaus Raschzok, Neuendettelsau
- Dr. Thomas Ruppel, Ummendorf T. R.
- Jane Redlin, Berlin J. R.
- Dr. Bettina Seyderhelm, Magdeburg B. S.
- Prof. Dr. Jörg Ulrich, Halle
- Dr. Ursula Zehm, Wolfenbüttel U. Z.

Zur Evangelischen Kirche der Kirchenprovinz Sachsen gehören der größte Teil des Landes Sachsen-Anhalt, große Bereiche im Freistaat Thüringen mit Erfurt und dem Südharzgebiet sowie Teile Sachsens und Brandenburgs. Sie zählt zu den deutschen Landeskirchen mit dem reichsten Bestand nicht nur an Kirchengebäuden, sondern auch an künstlerischer Ausstattung in ihren Gotteshäusern.

Diese Karte zeigt die einzelnen Kirchenkreise. Sie soll dem Leser des Kataloges bei der Orientierung helfen und die Zuordnung der bei jedem Ausstellungsstück genannten Herkunftsorte erleichtern.

Abbildungsnachweis

Apel, Heinrich, Magdeburg: A1

Bähre, Susann, Magdeburg: S. 63

Bildarchiv Inventarisierung der Kirchenprovinz Sachsen, Foto: Seyderhelm, Bettina: S. 59, S. 63, S. 183, A9, A14, B6, B20, B21, B29, B32, Ca5, F15, Ia3

Bildarchiv Inventarisierung der Kirchenprovinz Sachsen, Foto: Muschke, Rüdiger: S. 83, S. 163, S. 165, S. 182, A2, A3, A4, A5, A6, A7, A8, A10, A11, A12, A13, A15, A16, A18, A19, A20, A21, A22, B1, B2, B3, B4, B7, B8, B9, B10, B11, B13, B14, B15, B16, B17, B18, B22, B23, B24, B25, B27, B28, B31, Ca1, Ca6, Cb3, Cc7, Cc8, Cc9, Da1, Da13, Da14, Da15, Da16, Da17, Da18, Da19, Da20, Da21, Da22, Da23, S. 391, E1, E10, E11, E12, E13, E14, E15, E17, E18, E19, E20, E21, F 27, G2, G3, G4, G5, G6, G13, G19, G20, G21, G23, G25, Ia1, Ia2

Bildarchiv Preußischer Kulturbesitz, Berlin: Da1

Brandl, Heiko, Halle/S.: S. 61

Brepohl, Erhard, Bad Doberan: S. 200, S. 201 Abb. 5, Abb. 6, S. 202 Abb. 7, Abb. 8, S. 203

Brockhage, Paul, Schwarzenberg: B5

Brozatus, Klaus-Peter, Gera: F6

Dräger, Ulf, Halle/S.: F1, F2, F3, F4, F5, F7, F8, F9, F10, F11, F12, F13, F14, F16, F17, F18, F19, F20, F21, F22, F23, F24, F25

Ebel, Neithard, Kemberg: G1

Gnoli, Raniero: Marmore romana (1971): S. 60, S. 62

Hausbuch 1965, Blatt 94 v: S. 193 Abb. 1

Heinrich-Heine Institut, Düsseldorf: S. 237

Hellmund, Bernd, Westerhausen: H3

Hentze, Reinhard, Halle/S.: Ib2, Ib3, Ib4, Ib5, Ib6, Ib7, Ib8

Hessely, Christa, Salzwedel: G18

Historische Gesangbuchsammlung Kirchenamt Magdeburg: S. 137

Industriefoto Dieck: Titelfoto, S. 214, B12, Ca2, Ca3, Ca4, Ca5, Ca7, Cb1, Cb2, Cb4, Cc1, Cc2, Cc3, Cc4, Cc5, Cc6

Kath, Bettina, Leipzig: A17

Kropatscheck, Gerhard (Hrsg.), Kleiner Katechismus des D. Martin Luther, Potsdam 1929: H2

Kunstverlag Peda Gregor: A1

Landeshauptarchiv Sachsen-Anhalt: S. 99

Leu, Thomas, Halle/S.: Ib1

Lutherhaus Wittenberg: Taufbüchlein Frontispiz: „Martin Luther, Das Taufbüchlein verdeutscht, aufs neu zugerichtet Zwickau: Wolfgang Meyerpeck um 1530"

Mai, Hartmut, Leipzig: S. 164

Marmi Colorati: Kat. Ausst. Rom 2002/3, Nr. 103: S. 61

Maxfield - Peacock: S. 60

Museum für Kunst und Gewerbe, Hamburg: S. 225

Nachlass Frau Sachse, Arnsnesta: H1

Nehrkorn-Stege, Christina, Dresden: B19, B20

Schwarzbach, Anna Franziska, Berlin: F26, Ia4

Staatliche Museen zu Berlin, SBK, Kunstgewerbemuseum: S. 210

Staatliche Museen zu Berlin – Stiftung Preußischer Kulturbesitz – Museum Europäischer Kulturen, Foto: Steiß, Sandra: Da3, Da7, Da10, Da24, Da25, E6, E7, E8, G15

Staatliche Museen zu Berlin – Stiftung Preußischer Kulturbesitz – Museum Europäischer Kulturen, Foto: Franz-Scarciglia, Ute: Da2, Da4, Da5, Da6, Da8, Da9, Da11, Da12, E2, E3, E4, E5, E9, E16, G7, G8, G9, G10, G11, G12, G14, G16, G17, G22, G24

Ständebuch 1975: S. 193 Abb. 2 (siehe Amann 1975)

von Veltheim, Mechthild: Helmstedt, Kloster Marienberg: S. 211

Vonderau Museum Fulda: S. 37

Weigel, Christoff 1698: S. 195 Abb. 3

Bildnachweis für Katalogteil K:

Bildarchiv Inventarisierung der Kirchenprovinz Sachsen, Foto: Muschke, Rüdiger

Bildarchiv Inventarisierung der Kirchenprovinz Sachsen, Foto: Seyderhelm, Bettina

Dietzsch, Paul-Uwe, Bremen

Hübner, Barbara, Lüneburg

Nehrkorn-Stege, Christina, Dresden

Pohl, Antje, Sylzhayn

Seidel, Bodo, Rohr

Auswahlbibliografie

Wiederholt zitierte Literatur ist abgekürzt mit dem Namen des Autors und dem Erscheinungsjahr angegeben,
bei Ausstellungskatalogen mit Ausstellungsort und -jahr.

Quellenschriften und Hilfsmittel

AdV
Atlas der deutschen Volkskunde [Wossidlo-Archiv der Universität Rostock].

Agende EKU
Agende für die Evangelische Kirche der Union, Bd. 2, Berlin und Bielefeld 2000.

Agende für die Evangelische Kirche der Union, Band II, Witten 1964.

Agende für die evangelische Kirche in den Königlich Preußischen Landen. Mit besonderen Bestimmungen und Zusätzen für die Provinz Sachsen, Berlin 1829.

Agende für die Evangelische Landeskirche, 2. Teil, Kirchliche Handlungen, Berlin 1895.

Agende für die evangelisch-lutherische Landeskirche des Königreichs Sachsen, Leipzig 1881.

Agende für Evangelisch-Lutherische Kirchen und Gemeinden, Band III: Die Amtshandlungen, Teil 1: Die Taufe, hrsg. v. der Kirchenleitung der Vereinigten Evangelisch-Lutherischen Kirche Deutschlands. Neu bearb. Ausg. 1988. Hannover ²1999, S. 58, 100–102.

Amman 1975
Amman, Jost: Das Ständebuch. 133 Holzschnitte mit Versen von Hans Sachs und Hartmann Schopper, hrsg. v. Manfred Lemmer, Leipzig ⁵1975.

BSLK
Bekenntnisschriften der evangelisch-lutherischen Kirche, Göttingen, 3. Aufl., 1956.

Evangelische Bekenntnisse, Bekenntnisschriften der Reformation und neuere Theologische Erklärungen, 2 Bde., Bielefeld 1997.

Evangelisches Gesangbuch (EG), Berlin 1993.

Evangelisches Gottesdienstbuch, Agende für die Evangelische Kirche der Union und für die Vereinigte Evangelisch-Lutherische Kirche Deutschlands, Berlin 2000.

Hausbuch 1965
Treue, Wilhelm et al.: Hausbuch der Mendelschen Zwölfbrüderstiftung zu Nürnberg. 2 Bde., München 1965.

Hufnagel, Wilhelm Friedrich (Hrsg.): Liturgische Blätter, 1. Band, 1. Sammlung, Erlangen 1796.

Ignatius an die Epheser, in: Die Apostolischen Väter. Griechisch-deutsche Parallelausgabe, neu übers. u. hrsg. v. Andreas Zimmermann und Henning Paulsen, Tübingen 1992, S. 178–191.

Lentz 1747
Lentz, Samuel: Anweisung zu einer Chronicke der Alt-Märkischen Haupt-Stadt Stendal, so viel sich davon in gedruckten und ungedruckten Schrifften gefunden hat, Halle 1747.

Ordinarius ecclesie Magdeburgensis, Staatsbibliothek Preußischer Kulturbesitz, cod. theol. lat. qu. 113.

Ordnung des kirchlichen Lebens der Evangelischen Kirche der Union, hrsg. von der Evangelischen Kirche der Union (EKU), Berlin 1999.

Schuderoff, Jonathan (Hrsg.): Journal für Veredelung des Prediger- und Schullehrerstandes, des öffentlichen Religionskultes und des Schulwesens, 1. Jahrgang, I. Band, 3. Stück, Altenburg 1802 und 2. Band, II. Band, 3. Stück, 1803.

Schulze 1900
Schulze, Ernst: Chronik der Stadt Cloetze. Nachrichten aus der Umgegend von Cloetze und dem Drömling nebst einer Geschichte des ehem. hannoverschen Amtes Cloetze, Cloetze 1900.

Taufbuch, Agende für die Evangelische Kirche der Union, Bd. 2, Berlin, Bielefeld 2000.

Tertullians ausgewählte Schriften, Bd. 1, Bibliothek der Kirchenväter 7, Kempten 1912.

Traditio apostolica. Apostolische Überlieferung, übers. u. eingeleitet von Wilhelm Geerlings, Fontes Christiani 1, Freiburg u. a. 1991.

WA
D. Martin Luthers Werke, kritische Gesamtausgabe, Weimar 1883 ff.

Weigel 1698
Weigel, Christoph 1698: Abbildung der Gemein-Nützlichen Hauptstände. Von denen Regenten und ihren So in Friedens= als Kriegs=Zeiten zugeordneten Bedienten an biß auf alle Künstler und Handwerker nach Jedes Ambts= und Beruffs=Verrichtungen meist nach dem Leben gezeichnet und in Kupfer gebracht etc., Regensburg 1698.

Artikel, Monografien, Aufsätze

Angenendt, Arnold: Bonifatius und das Sacramentum initiationis. Zugleich ein Beitrag zur Geschichte der Firmung, in: Thomas Flammerer, Daniel Meyer (Hrsg.), Liturgie im Mittelalter. Ausgewählte Aufsätze zum 70. Geburtstag (Ästhetik – Theologie – Liturgik 35). Münster 2004.

Angenendt, Arnold: Das Frühmittelalter. Die abendländische Christenheit von 400–900, Stuttgart ³2001.

Angenendt, Arnold: Das geistliche Bündnis der Päpste mit den Karolingern (754–796), Historisches Jahrbuch 199 (1980), S. 1–94.

Angenendt, Arnold: Kaiserherrschaft und Königstaufe. Kaiser, Könige und Päpste als geistliche Patrone in der abendländischen Missionsgeschichte (Arbeiten zur Frühmittelalterforschung 15), Berlin/New York 1984.

Angenendt, Arnold: Ludger. Missionar-Abt-Bischof im frühen Mittelalter, Münster 2005.

Apel, Margarete und Christian Tegtmeier: Taufengel, Kirchberg 2000.

Aring, Paul Gerhard: Christen und Juden heute – und die Judenmission?, Frankfurt a. M. 1987.

Arnold 1980
Arnold, Klaus: Kind und Gesellschaft in Mittelalter und Renaissance. Beiträge und Texte zur Geschichte der Kindheit, in: Schriften zur Entwicklung und Erziehung im Kleinkind- und Vorschulalter, Reihe B, Bd. 2, Paderborn 1980.

Badenscheer, Friedrich: Taufengel in Niedersachsen, Celle 1972.

Barlett, Robert: Die Geburt Europas aus dem Geist der Gewalt. Eroberung, Kolonisierung und kultureller Wandel von 950–1350, München 1998 <dt.>. (Engl.: The making of Europe. Conquest, Colonization and Culture change, 950–1350, London 1993).

Bärsch, Jürgen: Prozession – Ausdruck bewegter Liturgie. Liturgietheologische und -pastorale Überlegungen zu einem integralen Bestandteil christlichen Gottesdienstes, in: George Augustin, Alfons Knoll, Michael Kunzler, Klemens Richter (Hrsg.): Priester und Liturgie. FS Manfred Probst zum 65. Geburtstag, Paderborn 2005, S. 277–296.

Barth, Friedrich Karl; Grenz, Gerhard; Horst, Peter: Gottesdienst menschlich. Eine Agende, Wuppertal 1990.

Barth, Gerhard: Die Taufe in frühchristlicher Zeit, Neukirchen-Vlyn ²2002.

Bartmann, Dominik (Hrsg.): Anton von Werner: Geschichte in Bildern, München 1993.

Beddies 2000
Beddies, Thomas: Beckenwerkerhandwerk in Braun-

schweig, in: Martin Kitzinger, Handwerk in Braunschweig, Braunschweig 2000, S. 105–121.

Beelte 1962
Beelte, Herbert: Die Form und Gusstechnik der Bronzewerke in Schleswig Holstein, in: Nordelbingen 31, 1962, S. 105–125.

Bettauer 1995/96
Bettauer, Walter: Der ottonische Dom in Magdeburg. Spolienaufmaß und Ansätze zur Rekonstruktion, ungedruckte Diplomarbeit Universität Hannover 1995/96.

Bieritz 2004
Bieritz, Karl-Heinrich: Liturgik, Berlin, New York 2004.

Blank, Reiner, Christian Grethlein (Hrsg.): Einladung zur Taufe – Einladung zum Leben. Konzept für einen tauforientierten Gemeindeaufbau. Entwickelt im Gemeindekolleg der VELKD, 2 Bde., Stuttgart 1993/95.

Blaschke, Karlheinz: Geschichte Sachsens im Mittelalter, München 1990.

Bock 1991
Bock, Hartmut: Brauchtum und Traditionen, in: H. Bock, I. Fischer, P. Fischer, F. Rattey: Die nordwestliche Altmark – eine Kulturlandschaft, Wittingen und Gifhorn 1991, S. 149–188.

Bock, Hartmut; Fischer, Peter: Essen und Trinken in der nordwestlichen Altmark, Jübar 1988.

Boockmann, Hartmut: Über Schrifttafeln in spätmittelalterlichen Kirchen, in: DA 40 (1984), S. 210–224.

Brandl 2005
Brandl, Heiko: Magdeburger Spolien im mittelalterlichen Sachsen, in: Harald Meller und Wolfgang Schenkluhn (Hrsg.): Aufgedeckt. Ein neuer ottonischer Kirchenbau am Magdeburger Domplatz, Halle 2005, S. 91–103.

Braune, Wilhelm: Althochdeutsches Lesebuch, Tübingen ¹⁷1994.

Brecht 1986
Brecht, Martin: Martin Luther Bd. 2, Ordnung und Abgrenzung der Reformation 1521–1532, Stuttgart 1986.

Brenk, Beat: Spätantikes und frühes Christentum, Berlin 1985.

Brepohl 1987
Brepohl, Erhard: Theophilus Presbyter und die mittelalterliche Goldschmiedekunst, Leipzig 1987.

Brodkorb, Clemens: Bistum Merseburg, in: Erwin Gatz (Hrsg.): Die Bistümer des Heiligen Römischen Reiches von ihren Anfängen bis zur Säkularisation, Freiburg i. Br. 2003, S. 437–448.

Burhenne, Verena: Kein Kinderspiel. Das erste Jahr, 1994 (Katalog zur gleichnamigen Ausstellung).

Charakteristische Meinungen 1838
Charakteristische Meinungen und Gebräuche altmärkischer Landleute in der Gegend zwischen Salzwedel und Diesdorf, in: Altmärkisches Intelligenz- und Leseblatt 39 (1838), S. 308–310.

Claude, Dietrich: Geschichte des Erzbistums Magdeburg bis in das 12. Jahrhundert, 2 Teile, Köln und Wien 1972 und 1975.

Constable, Giles: The ceremonies and symbolism of entering religious life and taking the monastic habit, from the fourth to the twelfth century, in: Segni e riti nella chiesa altomedievale occidentale, 11–17 aprile 1985 (SSAM 33,1), Spoleto 1987, S. 771–834.

Cornehl, Peter: „Die Welt ist voll von Liturgie". Studien zu einer integrativen Gottesdienstpraxis, hrsg. von Ulrike Wagner-Rau, Stuttgart u. a. 2005.

Cornehl, Peter: „Mit allen Wassern gewaschen"? – Mit zu vielen Klischees getauft! Integrative Taufpraxis, alte und neue Tauflieder, in: Auf dem Weg ins Leben – Lieder zur Taufe, Zeitschrift der Gemeinsamen Arbeitsstelle für Gottesdienstliche Fragen der Evangelischen Kirche in Deutschland, 03/2005, 19. Jahrgang, S. 4–21.

Cornehl, Peter: Art.: Taufe, praktisch-theologisch, in: Theologische Realenzyklopädie 32 (2001), S. 734–741.

Cornehl, Peter: Evangelischer Gottesdienst von der Reformation bis zur Gegenwart (Gottesdienst VIII), in: Theologische Realenzyklopädie 14 (1985), S. 54–85.

Cunz, Reiner: Zwischen Numismatik und Volkskunde: Eine Medaille als Geschenk zur Erstkommunion, in: Geldgeschichtliche Nachrichten, 27. Jg., Mai 1992, Heft 149.

Danneil 1842
Danneil, Johann Friedrich: Kirchengeschichte der Stadt Salzwedel, Halle 1842.

De Cuveland 1991
De Cuveland, Helga: Der Taufengel. Ein protestantisches Taufgerät des 18. Jahrhunderts. Entstehung und Bedeutung. Mit einem Katalog nordelbischer Taufengel, Hamburg 1991.

De Cuveland, Helga und Ernst: Taufengel in Schleswig-Holstein, Hamburg 1978.

Deckers, Daniel: Gerechtigkeit und Recht. Eine historisch-kritische Untersuchung der Gerechtigkeitslehre des Francisco de Vitoria (1483–1546) (Studien zur theologischen Ethik 35), Fribourg 1991.

Deeg, Alexander: Gottesdienst in Israel, Gegenwart – Liturgie als intertextuelles Phänomen, in: LJ 54, 2004, S. 34–52.

Dehio, Georg: Handbuch der Deutschen Kunstdenkmäler, Brandenburg, bearb v. Gerhard Vinken u. a., München, Berlin 2000.

Dehio, Georg: Handbuch der Deutschen Kunstdenkmäler, Der Bezirk Magdeburg, Berlin 1974.

Dehio, Georg: Handbuch der Deutschen Kunstdenkmäler, Sachsen-Anhalt I, Regierungsbezirk Magdeburg, bearb. v. Ute Bednarz, Folkhard Cremer u. a., München, Berlin 2002.

Dehio, Georg: Handbuch der Deutschen Kunstdenkmäler, Sachsen-Anhalt II, Regierungsbezirke Dessau und Halle, bearb. v. Ute Bednarz, Folkhard Cremer, Hans-Joachim Krause u. a., München, Berlin 1999.

Dehio, Georg: Handbuch der Deutschen Kunstdenkmäler, Thüringen, bearb. v. Stephanie Eißing, Franz Jäger u. a., München, Berlin 1998.

Dehn, Günther: Die Amtshandlungen der Kirche, Stuttgart 1950.

Delbrueck 1932
Delbrueck, Richard: Antike Porphyrwerke, Berlin, Leipzig 1932.

Denhardt 1993
Denhardt, Annette: Das Metallwarendesign der Württembergischen Metallwarenfabrik (WMF) zwischen 1900 und 1930. Historismus Jugendstil Art Deco, Form und Interesse Bd. 41, Münster, Hamburg 1993.

Die Stadt Erfurt: Dom, Severikirche, Peterskloster, Zitadelle, bearb. v. Karl Becker, Margarethe Brückner u. a., Burg 1929 (Die Kunstdenkmale der Provinz Sachsen, 1. Bd.).

Domay, Erhard (Hrsg.): Taufe. Gottesdienste, Ansprachen, liturgische Texte, Ideen zur Gestaltung, Gottesdienst Praxis Serie B, Gütersloh 2004.

Domdey-Knödler, Helga: Silber, Battenberg Antiquitäten-Kataloge, Augsburg 1995.

Domsgen, Michael: Familie und Religion. Grundlagen einer religionspädagogischen Theorie der Familie, Leipzig 2004.

Drake 2002
Drake, Colin Stuart: Romanesque fonts of northern Europe and Scandinavia, Woodbridge (Suffolk, England) 2002.

Drescher 1985
Drescher, Hans: Zur Gießtechnik des Braunschweiger Burglöwen, in: Der Braunschweiger Löwe, Hrsg. v. Gerd Spieß, Braunschweig 1985 (Braunschweiger Werkstücke 62), S. 289–428.

Drescher 1989
Drescher, Hans: Zeichnerische Konstruktion plastischer Figuren durch „Magdeburger" Gießer im 12. Jahrhundert. Ein Beitrag zur Form- und Gießtechnik des Mittelalters, in: Ernst Ulmann (Hrsg.): Der Magdeburger Dom. Ottoni-

sche Gründung und staufischer Neubau, Leipzig 1989, S. 107–118.

Drescher 1992
Drescher, Hans: Glocken und Glockenguss im 11. und 12. Jahrhundert, in: Katalog Speyer 1992, S. 405–419.

Drescher 1993/1
Drescher, Hans: Zur Herstellungstechnik mittelalterlicher Bronzen aus Goslar. Der Marktbrunnen, der neugefundene Bronzevogel, der Greif vom Kaiserhaus und der Kaiserstuhl, in: Martin Gosebruch und Frank N. Steigerwald (Hrsg.): Goslar. Bergstadt – Kaiserstadt in Geschichte und Kunst (Schriftenreihe der Kommission für Niedersächsische Bau- und Kunstgeschichte bei der Braunschweigischen Wissenschaftlichen Gesellschaft 7), Göttingen 1993.

Drescher 1993/2
Drescher, Hans: Zur Technik bernwardinischer Silber- und Bronzegüsse, in: Katalog Hildesheim 1993, Bd. 1, S. 337–351.

Drews 1902
Drews, Paul: Das kirchliche Leben der Evangelisch-Lutherischen Landeskirche des Königreichs Sachsen, Tübingen/Leipzig 1902.

Dušek, Sigrid u. a. (Hrsg.): Ur- und Frühgeschichte Thüringens. Ergebnisse archäologischer Forschung in Text und Bild, Stuttgart 1999.

Eberle 1996
Eberle, Martin: Bestandskatalog der Sammlung Unedler Metalle, Museum für Kunsthandwerk, Grassimuseum Leipzig, Leipzig 1996.

Eberle 2002
Eberle, Martin: in: Wiewelhowe, Hildegard (Hrsg.): Sanfter Glanz und Patina. Kostbares Gerät aus Bronze, Messing, Kupfer, Eisen. (Kunstgewerbesammlung der Stadt Bielefeld, Stiftung Huelsmann) Bielefeld 2002

Eberle 2003
Eberle, Martin: Schönheit der „unedlen" Metalle, in: Weltkunst 73 (1), 2003.

Eggers, Hans: Deutsche Sprachgeschichte, Bd. 1: Das Althochdeutsche und das Mittelhochdeutsche, Reinbek/Hamburg 1986.

Ehrensperger, Alfred: Die Theorie des Gottesdienstes in der späten deutschen Aufklärung (1770–1815), Zürich 1971.

Eichler, Claus und Gisela und Christian Tegtmeier: Taufengel in der Altmark, Evangelisch-Lutherische Kirchengemeinde Kirchberg, 2004.

Elias, Norbert: Über den Prozeß der Zivilisation, 2 Bde., Frankfurt a. M. ⁶1978.

Fechtner, Kristian: Kirche von Fall zu Fall. Kasualpraxis in der Gegenwart – eine Orientierung, Gütersloh 2003.

Felmy, Karl Christian: Die orthodoxe Theologie der Gegenwart. Eine Einführung, Darmstadt 1990.

Felten 2004
Felten, Franz J.: Zur Einführung in die Vortragsreihe: Bonifatius – Apostel der Deutschen. Mission und Christianisierung vom 8. bis ins 20. Jahrhundert, in: Franz J. Felten (Hrsg.): Bonifatius – Apostel der Deutschen. Mission und Christianisierung vom 8. bis ins 20. Jahrhundert (Mainzer Vorträge 9), Stuttgart 2004, S. 11–32.

Fischer 1986
Fischer, Peter: Die Volkstrachten der Altmark – Aus der Arbeit des Danneil-Museums in Salzwedel, in: Magdeburger Blätter, Jahresschrift für Heimat- und Kulturgeschichte im Bezirk Magdeburg 1986, S. 83–92.

Fischer 2002
Fischer, Jens H.: Geschichte der Weißenfelser Goldschmiede Teil 1, Von den Anfängen bis zum Ende des Herzogtums Sachsen-Weißenfels, Weißenfels 2002.

Fried, Johannes: Der Weg in die Geschichte. Die Ursprünge Deutschlands bis 1024, Berlin 1998.

Friedensburg, Ferdinand: Die Symbolik der Mittelaltermünzen, 2. und 3. Teil, Berlin 1992.

Friedländer/Rosenberg 1932
Friedländer, Max J. und Rosenberg, Jakob: Die Gemälde von Lucas Cranach, Berlin 1932.

Gantner, Theo: Geburt – Taufe – Kleinkind, Ausstellungskatalog zur gleichnamigen Ausstellung, Basel 1969.

Garke 1930
Garke, Wilhelm (Bearb.): Geburt und Taufe, Hochzeit und Tod im Volksbrauch und Volksglauben des Magdeburger Landes auf Grund von Fragebogen und gedruckten Quellen, Schönebeck/Elbe 1930 (Veröffentlichungen der Gesellschaft für Vorgeschichte und Heimatkunde des Kreises Calbe, 3).

Gatz, Erwin (Hrsg.): Die Bistümer des Heiligen Römischen Reiches von ihren Anfängen bis zur Säkularisation, Freiburg i. Br. 2003.

Gehne 1912
Gehne, F.: Volksbräuche und Volksglaube in der Altmark, in: K. Lehrmann, W. Schmidt (Hrsg.): Die Altmark und ihre Bewohner, Beiträge zur altmärkischen Volkskunde, Bd. 2 (Stendal 1912), S. 137–322.

Germanisches Nationalmuseum Nürnberg (Hrsg.): Martin Luther und die Reformation in Deutschland, Frankfurt a. M. 1983.

Gnoli 1971
Gnoli, Raniero: Marmora romana, Rom 1971 (²1988).

Götze 1873
Götze, Ludwig: Urkundliche Geschichte der Stadt Stendal, Stendal 1873.

Grethlein, Christian: Taufpraxis heute, Gütersloh 1988.

Grethlein, Christian; Günter Ruddat (Hrsg.): Liturgisches Kompendium, Göttingen 2003.

Haedeke, Hanns-Ulrich: Sächsisches Zinn. Aus einer Glauchauer Sammlung, Die Schatzkammer 42, Leipzig ⁴1990.

Haedeke, Hanns-Ulrich: Zinn. Zentren der Zinngießerkunst von der Antike bis zum Jugendstil, Leipzig ²1974.

Handwörterbücher zur deutschen Volkskunde, Abteilung I: Aberglaube: Handwörterbuch des deutschen Aberglaubens Bde. I, II, III, IV, V und IX, Berlin 1931 ff.

Haslam 1995
Haslam, Malcolm: Marks & Monograms. The Decorative Arts 1880-1960. German Metalword & Jewellery, revised and enlarged edition, o. O. 1995.

Heidemann 1996
Heidemann, Susanne: Johannes me fudit. Drei Goldschmiedearbeiten im Quedlinburger Schatz und das Taufbecken in Altenkrempe/Ostholstein, in: Niederdeutsche Beiträge zur Kunstgeschichte 35, 1996, S. 25–41.

Heinemeyer, Karl: Bonifatius in Mitteldeutschland, in: Uwe Schierz u. a. (Hrsg.): Bonifatius. Heidenopfer, Christuskreuz, Eichenkult, Erfurt 2004.

Hellwig 1967
Hellwig, Barbara: Ghert Klinghe. Ein norddeutscher Erzgießer des 15. Jahrhunderts, in: Quellen und Darstellungen zur Geschichte Niedersachsens Bd. 69, Hildesheim 1967.

Henkys, Jürgen: „Christ, unser Herr, zum Jordan kam" (EG 202). Luthers Lied unter dem Blickwinkel der Liturgie, des Kleinen Katechismus und der Dessauer Taufpredigt, in: Auf dem Weg ins Leben – Lieder zur Taufe, Zeitschrift der Gemeinsamen Arbeitsstelle für Gottesdienstliche Fragen der Evangelischen Kirche in Deutschland, 03/2005, 19. Jahrgang, S. 69–80.

Higounet, Charles: Die deutsche Ostsiedlung des Mittelalters, München 1990.

Hintze, Erwin: Die deutschen Zinngießer und ihre Marken, Leipzig 1921–1931.

Hölscher, Lucian: Geschichte der protestantischen Frömmigkeit in Deutschland, München 2005.

Hörandner 1979
Hörandner, Edith: Biedermeierliche Taufbriefe. Typus – Motive – Spruchgut, in: Volkskunst 2 (1979), S. 237–240.

Huber, Wolfgang: Kirche in der Zeitenwende. Gesellschaftlicher Wandel und Erneuerung der Kirche, Gütersloh ²1999.

Hubert, Hans: Der Streit um die Kindertaufe. Eine Darstellung der von Karl Barth 1943 ausgelösten Diskussion um die Kindertaufe und ihre Bedeutung für die heutige Tauffrage, Frankfurt a. M. 1972.

Huschner 2003
Huschner, Wolfgang: Transalpine Kommunikation im Mittelalter. Diplomatische, kulturelle und politische Wechselwirkung zwischen Italien und dem nordalpinen Reich (9.–11. Jahrhundert), Hannover 2003.

Jäschke, Kurt-Ulrich: Die Gründungszeit der mitteldeutschen Bistümer und das Jahr des Concilium Germanicum, in: Helmut Beumann (Hrsg.): Festschrift für Walter Schlesinger Bd. 2 (Mitteldeutsche Forschungen 74/2), Köln/Wien 1974, S. 71–136.

John-Annaberg 1903–05
John-Annaberg, Ernst: Aberglaube, Sitte und Brauch im sächsischen Erzgebirge, in: Mitteilungen des Vereins für Sächsische Volkskunde 3, 1903-05.

Jordahn, Bruno: Der Taufgottesdienst im Mittelalter bis zur Gegenwart, in: Leiturgia. Handbuch des evangelischen Gottesdienstes, Bd. V, Kassel 1970, S. 349–638.

Josuttis, Manfred: Religion als Handwerk. Zur Handlungslogik spiritueller Methoden, Göttingen 2002.

Josuttis, Manfred: Segenskräfte. Potentiale einer energetischen Seelsorge, Gütersloh 2000.

Katalog Augsburg 2005
Hoffmann, Carl A.; Johanns, Markus; Kranz, Annette; Trepesch, Christof und Zeidler, Oliver: Als Frieden möglich war. 450 Jahre Augsburger Religionsfrieden, Begleitband zur Ausstellung im Maximilianmuseum Augsburg, Regensburg 2005.

Katalog Berlin 1983 (1)
Kunst der Reformationszeit, Katalog der Ausstellung im Alten Museum Berlin 1983, Berlin 1983.

Katalog Berlin 1983 (2)
Nixdorff, Heide und Heidi Müller: Weiße Westen – Rote Roben. Von den Farbordnungen des Mittelalters zum individuellen Farbgeschmack, Museum für Völkerkunde und Museum für Deutsche Volkskunde, Berlin 1983.

Katalog Berlin 1983 (3)
Peter Bloch (Hrsg.): Bronzen. Von der Antike bis zur Gegenwart, Katalog einer Ausstellung der Stiftung Preußischer Kulturbesitz Berlin aus den Beständen ihrer staatlichen Museen, Berlin 1983.

Katalog Braunschweig 1985
Meckseper, Cord (Hrsg.): Ausstellungskatalog Stadt im Wandel. Kunst und Kultur des Bürgertums in Norddeutschland 1150–1650, Bde. I–IV, Stuttgart/Bad Cannstadt 1985.

Katalog Erfurt 1993
Schätze aus Erfurter Kirchen. Ausstellungskatalog, Erfurt 1992.

Katalog Hamburg 1983
Hofmann, Werner (Hrsg.): Luther und die Folgen für die Kunst, Katalog der Ausstellung in der Hamburger Kunsthalle 1983, München 1983.

Katalog Hildesheim 1993
Brandt, Michael und Eggebrecht, Arne (Hrsg.): Bernward von Hildesheim und das Zeitalter der Ottonen, Katalog der Ausstellung Hildesheim 1993, 2 Bde., Hildesheim/Mainz 1993.

Katalog Kiel 2000
Schilling, Johannes (Hrsg.): Glauben. Nordelbiens Schätze 800–2000, Neumünster 2000.

Katalog Köln 1972
Rhein und Maas: Kunst und Kultur 800–1400, 2 Bde., Ausstellungskatalog, Köln 1973.

Katalog Magdeburg 2001 (1)
Puhle, Matthias (Hrsg.): Otto der Große. Magdeburg und Europa, Ausstellung Kulturhistorisches Museum Magdeburg, Magdeburg 2001.

Katalog Magdeburg 2001 (2)
Seyderhelm, Bettina (Hrsg.): Goldschmiedekunst des Mittelalters. Im Gebrauch der Gemeinden über Jahrhunderte bewahrt. Katalog der Ausstellung in Magdeburg, Quedlinburg und Wittenberg, Dresden 2001.

Katalog Meißen 1955
Alte Kunst in Sachsen (1350–1550), Katalog der Ausstellung in der Albrechtsburg zu Meißen, herausgegeben von der Lucas-Cranach-Kommission der Deutschen Akademie der Künste, Meißen 1955.

Katalog Merseburg 2004
Heise, Karin; Holger Kunde und Helge Wittmann (Hrsg.): Zwischen Kathedrale und Welt. 1000 Jahre Domkapitel Merseburg, Katalog Petersberg 2004.

Katalog Nürnberg 2002
Quasi Centrum Europae. Europa kauft in Nürnberg 1400–1800, Ausstellung Germanisches Nationalmuseum, Nürnberg 2002.

Katalog Speyer 1992
Das Reich der Salier 1024–1125, Katalog zur Ausstellung des Landes Rheinland-Pfalz in Speyer 1992, veranstaltet vom Römisch-Germanischen Nationalmuseum, Forschungsinstitut für Vor- und Frühgeschichte in Verbindung mit dem Bischöflichen Dom- und Diözesanmuseum Mainz, Sigmaringen 1992.

Katalog Stuttgart 1977
Hausherr, Reiner (Hrsg.): Die Zeit der Staufer. Geschichte. Kunst. Kultur. Katalog der Ausstellung Stuttgart 1977, Bde. 1–4, Stuttgart 1977. Bd. 5, Stuttgart 1979.

Katalog Tokyo 2004
The National Museum of Western Art, die Evangelische Kirche der Kirchenprovinz Sachsen, die Kirchliche Stiftung Kunst- und Kulturgut in der Kirchenprovinz Sachsen und The Western Art Foundation (Hrsg.): Kelche. Goldschmiedekunst des Mittelalters aus Evangelischen Kirchen Ostdeutschlands. Katalog der Ausstellung im National Museum of Western Art, Tokyo 2004.

Katz, Victor: Die erzgebirgische Prägemedaillen des 16. Jahrhunderts, Prag 1931.

Klek, Konrad: Erlebnis Gottesdienst. Die liturgischen Reformbestrebungen um die Jahrhundertwende unter Führung von Friedrich Spitta und Julius Smend, Göttingen 1996.

Knab, A.: Über Taufmünzen, in: Mitteldeutsche Blätter für Volkskunde 1, 1926, S. 124.

Kölzer, Theo: Bonifatius und Fulda. Rechtliche, diplomatische und kulturelle Aspekte, in: Archiv für mittelrheinische Kirchengeschichte 57 (2005), S. 25–53.

Kranz, Christiane: Der umstrittene Taufengel, in: monumente, hrsg. Deutsche Stiftung Denkmalschutz, Bonn 1993, Nr. 5/6.

Kretschmar, Georg: Die Geschichte des Taufgottesdienstes in der alten Kirche, in: Leiturgia. Handbuch für den Evangelischen Gottesdienst 5, Kassel 1970.

Kroos 1970
Kroos, Renate: Niedersächsische Bildstickereien des Mittelalters, Berlin 1970.

Kunst vom Jugendstil zur Moderne (1889–1939). Sammlung Karl H. Bröhan, Band IV, Berlin 1990.

Kurze, Dietrich: Christianisierung und Kirchenorganisation zwischen Elbe und Oder, in: Wichmann Jahrbuch des Diözesangeschichtsvereins Berlin, NF 1 (1990/91), S. 11–30.

Kurzwelly, Albrecht: Der Silberschatz der Halloren: kritisches Verzeichnis, Halle 1905.

Ladner, Gerhard B.: Handbuch der frühchristlichen Symbolik. Gott. Kosmos. Mensch, Stuttgart/Zürich 1992.

Lange, Ulrike: Glauben daheim. Zeugnisse evangelischer Frömmigkeit – Zur Erinnerung. Zimmerdenkmale im Lebenslauf, Ausstellungskatalog, Kassel 1994.

Langel, Martina: Der Taufort im Kirchenbau unter besonderer Berücksichtigung des Kirchenbaus im Erzbistum Köln nach 1945, Siegburg 1993.

Laubach, Hans-Jürgen: Das deutsche protestantische Tauflied von der Reformation bis zur Gegenwart, Bamberg 1971.

Lehmann, Edgar; Schubert, Ernst: Dom und Severikirche zu Erfurt, Leipzig 1988.

Leighton 1972
Leighton, Albert: Transport and Communication in Early Medieval Europe AD 500–1100, New Abbot 1972.

Lekebusch, Sigrid: Christen jüdischer Herkunft – Glaubenszeugen?, in: Harald Schultze; Andreas Kurschat (Hrsg.): „Ihr Ende schaut an …" Evangelische Märtyrer des 20. Jahrhunderts, Leipzig 2006.

Lengeling, Emil Joseph: Die Taufwasserweihe der römischen Liturgie. Vorschlag zu einer Neuformung, in: Liturgie. Gestalt und Vollzug, hrsg. v. Walter Düring, München 1963.

Lexikon der Christlichen Ikonographie 1994 = Lexikon der Christlichen Ikonographie, Hrsg. v. Engelbert Kirschbaum und Wolfgang Braunfels, Bd. 1–8, Freiburg 1994 (Sonderausgabe).

Lockner 1977 (1)
Lockner, Hermann P.: Das Handwerk der Beckenschläger. Zu den in Negative geschlagenen Messingschüsseln des 15. und 16. Jahrhunderts, in: Kunst und Antiquitäten, H.1, 1977, S. 24–30.

Lockner 1977 (2)
Lockner, Hermann P.: Oft kopiert und nie erreicht, in: Kunst und Antiquitäten, H. 4, 1977, S. 37–41.

Lockner 1982
Lockner, Hermann P.: Messing. Ein Handbuch über Messinggerät des 15.–17. Jahrhunderts, München 1982.

Lockner 1996
Lockner, Hermann P.: Beckenschläger-Schüsseln. 100-jährige Forschung. Ein Lösungsvorschlag, in: Weltkunst, Heft 22, 1996, S. 2953–2957.

Löhr, Alfred: Bremer Silber. Von den Anfängen bis zum Jugendstil, Handbuch und Katalog zur Sonderausstellung vom 6. Dezember 1981 bis 18. April 1982 im Bremer Landesmuseum, Bremen 1982.

Löwe, Heinz: Pirmin, Willibrord und Bonifatius. Ihre Bedeutung für die Missionsgeschichte ihrer Zeit, in: Knut Schäferdiek (Hrsg.): Kirchengeschichte als Missionsgeschichte. Bd. 2, München 1978, S. 192–226.

Lübke, Christian: Die Ausdehnung ottonischer Herrschaft über die slawische Bevölkerung zwischen Elbe/Saale und Oder, in: Katalog Magdeburg 2001 (1), Bd. 1: Essays, S. 65–74.

Ludowici, Babette: Frühe Christen im östlichen Sachsen, in: Magdeburg 1200, Mittelalterliche Metropole, Preußische Festung, Landeshauptstadt. Die Geschichte der Stadt von 805 bis 2005, hrsg. v. Matthias Puhle, Stuttgart 2005, S. 37.

Lutze 2000
Lutze, Klaus: Der Bremer Gießer Goteke Klinghe und sein Bronzetaufbecken in Boston, in: Niederdeutsche Beiträge zur Kunstgeschichte 39, 2000, S. 9–28.

Lynch, Joseph H.: Godparents and Kinship in Early Medieval Europe, Princeton/New Jersey 1986.

Mai, Hartmut: Der Evangelische Kanzelaltar – Geschichte und Bedeutung, Halle/S. 1969.

Malgouyres 2003
Malgouyres, Philippe: Porphyre. La pierre pourpre des Ptolémées aux Bonaparte, Kat. Ausst. Paris 2003.

Martin 1959
Martin, Lothar: Brauchtum bei der Taufe, in: Zender, Matthias (Hrsg.): Atlas der deutschen Volkskunde, Neue Folge, Marburg 1959, S. 673–752.

Martini, Britta: Sprache und Rezeption des Kirchenliedes. Analysen und Interviews zu einem Tauflied aus dem Evangelischen Gesangbuch, Göttingen 2002.

Marx, Harald; Ingrid Müssinger (Hrsg.): Cranach, mit einem Bestandskatalog der Gemälde in den staatlichen Kunstsammlungen Dresden (Ausstellungskatalog Chemnitz 2005), Köln 2005.

Mathies 1998
Mathies, Ulrike: Die protestantischen Taufbecken Niedersachsens von der Reformation bis zur Mitte des 17. Jahrhunderts, Regensburg 1998 (Adiaphora. Schriften zur Kunst und Kultur im Protestantismus, hrsg. v. Hasso von Poser und Groß-Naedlitz im Auftrage des Landeskirchenamtes der Ev.-luth. Landeskirche Hannovers).

Maué, Hermann: Münzen – Huldigungs-„Goldgulden", Paten-„Taler", Kerzen-„Dreier", Rechen-„Pfennig", in: Münzen in Brauch und Aberglauben, Germanisches Nationalmuseum Nürnberg, Mainz 1982.

Maxfield/Peacock 2001
Maxfield, Valerie und David Peacock: The Roman Imperial Quarries. Survey and Excavation at Mons Porphyrites 1994–1998, Vol. I: Topography and Quarries, London 2001.

Meckseper 1996
Meckseper, Cord: Antike Spolien in der ottonischen Architektur, in: Joachim Poeschke: Antike Spolien in der Architektur des Mittelalters und der Renaissance, München 1996, S. 179–196.

Meckseper 1997
Meckseper, Cord: Die antiken Spolien in Magdeburg, in: Harmen Thies (Hrsg.): Romanik in Niedersachsen, Symposion an der Technischen Universität Carolo-Wilhelmina, Braunschweig 17.–20. März 1993, Braunschweig 1997, S. 51–68.

Meckseper 2001
Meckseper, Cord: Magdeburg und die Antike. Zur Spolienverwendung im Magdeburger Dom, in: Katalog Magdeburg (1), 2001, S. 367–380.

Meißner 1996
Meißner, Helmuth: Taufengel in Oberfranken (Colloquium Historicum Wirsbergense, Zwischengabe 1996), Bamberg 1996.

Meller 1925
Meller, Simon: Peter Vischer der Ältere und seine Werkstatt, Leipzig 1925.

Mellinghoff, Gerhard (Hrsg.): Die Taufe. Entwürfe, Erfahrungen, Predigten, Gebete, Dienst am Wort, Die Reihe für Gottesdienst und Gemeindearbeit 53, Göttingen 1994.

Mende 1983
Mende, Ursula: Die Bronzetüren des Mittelalters. 800-1200, München 1983.

Messner, Reinhard: Die vielen gottesdienstlichen Untersuchungen und die eine liturgische Tradition. Liturgiewissenschaft zwischen historischer und systematischer Theologie, in: Helmut Hoping, Birgit Jeggle-Merz (Hrsg.): Liturgische Theologie. Aufgaben systematischer Liturgiewissenschaft, Paderborn 2004.

Meyer-Immensen 1992
Meyer-Immensen, Adolf: „Saufen und Fressen bis in den dritten Tag". Klagen des Klötzer Amtsschreibers über zu üppige Tauffeiern, in: Altmark-Blätter, Heimatbeilage der Altmark-Zeitung 3. Jg., Nr. 22 (30.10.1992), S. 85–86.

Meyer-Wendisch 1929
Meyer-Wendisch, Karl: Wenn in der Altmark Taufe ist, in: Unsere Altmark, Heimatbeilage zum Salzwedeler Wochenblatt v. 23.8.1929.

Mory, Ludwig: Schönes Zinn. Meister, Stile, Formen, München, 2. erw. Aufl. 1964.

Mühlbächer, Eva: Europäische Stickereien, Berlin 1995.

Mulders, Alfons: Missionsgeschichte. Die Ausbreitung des katholischen Glaubens, Regensburg 1960.

Mundt 1908
Mundt, Albert: Die Erztaufen Norddeutschlands von der Mitte des XIII. bis zur Mitte des XIV. Jahrhunderts, Halle/S. 1908.

Nadolski, Dieter: Zunftzinn. Formenvielfalt und Gebrauch bei Fest und Alltag des Handwerks, Leipzig 1986.

Neuß, Erich: Die Gründung des Erzbistums Magdeburg und die Anfänge des Christentums im erzstiftischen Südterritorium (Saalkreis), in: Franz Schrader (Hrsg.): Beiträge zur Geschichte des Erzbistums Magdeburg (Studien zur katholischen Bistums- und Klostergeschichte 11), Leipzig 1969, S. 45–86.

Nixdorff 1983
Nixdorff, Heide: Das weiße Taufkleid, in: Katalog Berlin 1983 (2), S. 93.

Ohler 1988
Ohler, Norbert: Reisen im Mittelalter, München ²1988.

Otte, Heinrich: Handbuch der kirchlichen Kunst-Archäologie des Deutschen Mittelalters, fünfte Auflage in Verbindung mit dem Verfasser bearbeitet von Ernst Wernicke, 2 Bde., Leipzig 1883.

Padberg, Lutz E. von: Art.: Mission, Missionar, Missionspredigt, in: RGA 20 (2002), S. 81–89.

Padberg, Lutz E. von: Bonifatius – Missionar und Reformer, in: Felten 2004, S. 33–53.

Padberg, Lutz E. von: Die Christianisierung Europas im Mittelalter, Stuttgart 1998 (Reclam Universal-Bibliothek 17015).

Padberg, Lutz E. von: Die Inszenierung religiöser Konfrontationen. Theorie und Praxis der Missionspredigt im frühen Mittelalter (Monographien zur Geschichte des Mittelalters, Bd. 51), Stuttgart 2003.

Padberg, Lutz E. von: Mission und Christianisierung. Formen und Folgen bei Angelsachsen und Franken im 7. und 8. Jahrhundert, Stuttgart 1995.

Patze, Hans; Walter Schlesinger (Hrsg.): Geschichte Thüringens Bd. 1, (Mitteldeutsche Forschungen 48/1), Köln 1968.

Paul, Eugen: Geschichte der christlichen Erziehung, Bd. 1, Freiburg i. Br. u. a. 1993.

Pazaurek, Gustav E.: Glasperlen und Perlen-Arbeiten in alter und neuer Zeit. Darmstadt 1911.

Peter 2001
Peter, Michael: Otto der Große, Magdeburg und die Antike, in: Antike Welt 32, 2001, 295–298.

Peters 1994
Peters, Albrecht: Kommentare zu Luthers Katechismen, Bd. 5: Die Beichte. Die Haustafel. Das Traubüchlein. Das Taufbüchlein, Göttingen 1994.

Petersen, Friederich, Romanische Taufsteine in Ostfriesland, Leer 1997.

Pieske 1958
Pieske, Christa: Über den Patenbrief, in: Beiträge zur deutschen Volks- und Altertumskunde 2/3, 1958.

Pieske 1979
Pieske, Christa: Späte Patenbriefe aus Berlin, Leipzig und Dresden, in: Volkskunst. Zeitschrift für volkstümliche Sachkultur 4, November 1979.

Pieske 1983
Pieske, Christa: Das ABC des Luxuspapiers. Herstellung, Verarbeitung und Gebrauch 1860 bis 1930, Berlin 1983 (Schriften des Museums für Deutsche Volkskunde Berlin, Band 9).

Pieske 1984
Pieske, Christa: Das ABC des Luxuspapiers, Berlin 1984.

Pilvousek, Josef: Christen in Thüringen – thüringische Christen?, in: Heimat Thüringen 11 (2004) H. 1, S. 16–17.

Plessen, Marie Louise v.: Zwei Jahrtausende Kindheit, Köln 1979.

Ploss 1876
Ploss, Hermann Heinrich: Das Kind in Brauch und Sitte der Völker, Stuttgart 1876, Bd. I.

Pohlmann 1925
Pohlmann, Alfred: Vom Aberglauben bei kirchlichen Handlungen in der Altmark. Ein Beitrag zur altmärkischen Kulturgeschichte, Stendal 1925.

Poscharsky, Peter: Die Kanzel. Erscheinungsform im Protestantismus bis zum Ende des Barocks. Gütersloh 1963.

Prinz 1993
Prinz, Susanne: Bestecke des 20. Jahrhunderts. Vom Tafelsilber zum Wegwerfartikel. München 1993.

Raschzok, Klaus: Der Taufstein: Ein Weg durch Zeit und Kirchenraum, in: ders.: Gemeinschaft der Heiligen. Ein Nördlinger geistlicher Bilderbogen. Beiträge zur künstlerischen Ausstattung der Nördlinger St. Georgskirche und der Spitalkirche zum Heiligen Geist, Nördlingen 1998.

Ratzka 1998
Ratzka, Thomas: Magdeburger Bildhauer um 1600, Mahlow 1998.

Rauls 1975
Rauls, Wilhelm: Die Taufe in der Geschichte der Evangelisch-lutherischen Landeskirche in Braunschweig, in: Jahrbuch der Gesellschaft für niedersächsische Kirchengeschichte, 73. Band, Blomberg/Lippe 1975, S. 55–81.

Reichhardt 1913
Reichhardt, Rudolf: Geburt, Hochzeit und Tod im deutschen Volksbrauch und Volksglauben, Jena 1913.

Reinheckel, Günter: Sächsisches Zinn des 16. und 17. Jahrhunderts, Leipzig 2003.

Reinheckel, Günter: Sächsisches Zinn im Museum für Kunsthandwerk Dresden, hrsg. v. Staatliche Kunstsammlung Dresden, Dresden 1983.

Rhein und Maas: Kunst und Kultur 800–1400 , Bd. 2: Berichte, Beiträge und Forschungen zum Themenkreis der Ausstellung und des Katalogs, Köln 1973.

Richter, Olaf: Anamnesis – Mimesis – Epiklesis. Der Gottesdienst als Ort religiöser Bildung, Leipzig 2005 (Arbeiten zur Praktischen Theologie 28).

Ristow, Sebastian: Frühchristliche Baptisterien (Jahrbuch für Antike und Christentum, Ergänzungsband 27), Münster 1998.

Roosen, Rudolf: Taufe lebendig. Taufsymbolik neu verstehen, Hannover 1990.

Rosenberg 1923
Rosenberg, Marc: Der Goldschmiede Merkzeichen, Bde. I–IV, Frankfurt/M. ³1923.

Röthlisberger, Hugo: Kirche am Sinai. Die Zehn Gebote in der christlichen Unterweisung (SDGSTh 19), Zürich 1965.

Ruppel, Thomas und Vogel, Sabine: Ländliche Festtagskleidung aus dem 19. Jahrhundert in der Deuregio Ostfalen. Begleitpublikation zur gleichnamigen Sonderausstellung im Börde-Museum Burg Ummendorf 14. 11. 1998 bis 14. 2. 1999, Börde-Museum Burg Ummendorf 1998.

Sammlung Karl H. Bröhan
Kunst vom Jugendstil zur Moderne (1889–1939), Sammlung Karl H. Bröhan, Bd. IV, Berlin 1990.

Schauerte, Franz: Der heilige Wigbert, erster Abt von Fritzlar. Sein Leben und Wirken und seine Verehrung, Paderborn 1895.

Schauplätze 2003
Schauplätze der Kindheit. Kleine große Welten aus vier Jahrhunderten. Journal zur Ausstellung im Museum für Kunst und Gewerbe Hamburg, 11. April bis 13. Juli 2003 (ohne Seitenzählung).

Schepers, Wolfgang: Ausstellungskatalog des Kunstmuseums Düsseldorf. Zinn, Düsseldorf 1981.

Schieffer, Rudolf: Der Gottesmann aus Übersee. Die christliche Botschaft öffnet eine größere Welt, in: Archiv für mittelrheinische Kirchengeschichte 57 (2005) S. 11–24.

Schilling 1988
Schilling, Margarete: Glocken. Gestalt. Klang. Zier, Dresden 1988.

Schlee 1954
Schlee, Ernst: Der Gebrauch des Taufzeuges (Kasseltüchs) in Schleswig-Holstein, in: Die Heimat 8, 1954, S. 218–223.

Schlingensiepen, Ferdinand: Heinrich Heines Taufe in Heiligenstadt, Heiligenstadt 2000.

Schmidt, Berthold: Das Königreich der Thüringer und seine Eingliederung in das Frankenreich, in: Die Franken. Wegbereiter Europas (Vor 1500 Jahren. König Chlodwig und seine Erben) Bd. 1, Mainz 1996, S. 285–297.

Schmidt-Lauber, Hans-Christoph; Michael Meyer-Blanck, Karl-Heinrich Bieritz (Hrsg.): Handbuch der Liturgik. Liturgiewissenschaft in Theologie und Praxis der Kirche, vollst. neu bearb. u. erg. Aufl. Göttingen 2003.

Schönermark 1886
Schönermark, Gustav (Bearb.): Beschreibende Darstellung der älteren Bau- und Kunstdenkmäler der Provinz Sachsen und angrenzender Gebiete herausgegeben von der Historischen Commission der Provinz Sachsen, Neue Folge, Erster Band, Die Stadt Halle und der Saalkreis, Halle/S. 1886, Nachdruck herausgegeben vom Landesamt für Denkmalpflege Sachsen-Anhalt in Verbindung mit der Historischen Kommission für Sachsen-Anhalt Band 7, Halle 1997.

Schrader, Franz: Auf dem Weg durch die Zeit. Beiträge zur Geschichte der Kirche in Sachsen-Anhalt, Paderborn 1994.

Schrader, Franz: Stadt, Kloster und Seelsorge, Beiträge zur Stadt-, Kloster- und Seelsorgegeschichte im Raum der mittelalterlichen Bistümer Magdeburg und Halberstadt. Gesammelte Aufsätze (= Studien zur Katholischen Bistums- und Klostergeschichte 29), Leipzig 1988.

Schröder 1925
Schröder, W.: Vom Aberglauben im Hansjochenwinkel und anderswo in 3 Teilen, Teil 1, Berlin 1925.

Schulz, Frieder: Initiatio christiana. Evangelische Marginalien zu einer katholischen Darstellung der Feiern zur Eingliederung in die Kirche. Gottesdienst der Kirche. Handbuch der Liturgiewissenschaft, Teil 7,1, in: Alw 33, 1991.

Schulze 1969
Schulze, Eduard: Beiträge zur Volkskunde der Altmark, Bremen 1969.

Schulze 2004
Schulze, Ingrid: Lucas Cranach d. J. und die protestantische Bildkunst in Sachsen und Thüringen. Frömmigkeit, Theologie, Fürstenreformation. Bucha bei Jena 2004.

Schwier, Helmut: Art. Liturgie, Praktisch-Theologisch, in: Religion in Geschichte und Gegenwart (RGG), 4. Auflage, Bd. 5, Tübingen 2002, S. 439 f.

Seelig 1989
Seelig, Lorenz: Modell und Ausführung in der Metallkunst, München 1989 (Bildführer des Bayerischen Nationalmuseums 15).

Simon, Michael: Taufe, Patenwahl und Namensgebung, Münster 1989.

Simon/Schürmann 1994
Simon, Michael; Schürmann, Thomas: Ein Kapital für sich – der Atlas der deutschen Volkskunde, in: Zeitschrift für Volkskunde Bd. 90 (1994), S. 230–237.

Soeffner, Hans-Georg: Gesellschaft unter Baldachin. Über die Labilität von Ordnungskonstruktionen, Weilerswist 2000.

Spieß 1954
Spieß, Werner: Beckenwerkergilde zu Braunschweig. Werkstücke aus Museum, Archiv und Bibliothek der Stadt Braunschweig, Band 17, Braunschweig 1954.

Steinwachs 2000
Steinwachs, Albrecht: Evangelische Stadt- und Pfarrkirche St. Marien Lutherstadt Wittenberg, Spröda 2000.

Sterner, Gabriele: Zinn. Vom Mittelalter bis zur Gegenwart, Gütersloh 1985.

Stüfen, Helga: Zur Entwicklung der Kinderkleidung, Berlin 1996 (unveröff. MS).

Stuhlmann, Rainer: Kindertaufe statt Säuglingstaufe – ein Plädoyer für den Taufaufschub, in: Pastoraltheologie 80 (1991), S. 184–204.

Teuchert 1986
Teuchert, Wolfgang: Taufen in Schleswig-Holstein. Taufen in Stein, Bronze und Holz vom Mittelalter bis zur Gegenwart, Heide in Holstein 1986.

Thormann, Dagmar: Silber und Zinn aus Windsheim. Kirchliche Zinn- und Goldschmiedearbeiten vom 16. bis zum 19. Jahrhundert, Bad Windsheim 1991.

Todd, Malcolm: Die Zeit der Völkerwanderung, Darmstadt 2002.

Turner, Victor: Das Ritual. Struktur und Anti-Struktur. Aus dem Englischen und mit einem Nachwort v. Sylvia M. Schomburg-Scherff. Frankfurt/M. 2000.

Voigt 1956
Voigt, Wilhelm: Altmärkisches Brauchtum im Lebenslauf, in: Der Altmarkbote, Kulturblätter für Stadt und Land, Heft 5 (Januar 1956), S. 66–69.

Wache 1966
Wache, Luise: Die Täuflingstrachten in Österreich, München 1966.

Wagner-Rau, Ulrike: Segensraum. Kasualpraxis in der modernen Gesellschaft (Praktische Theologie heute 50) Stuttgart u. a. 2000.

Wahle, Stephan: Gottes-Gedenken. Untersuchungen zum anamnetischen Gehalt christlicher und jüdischer Liturgie (Diss. masch., Kath.-Theol. Fakultät Bonn), Bonn 2005.

Weber, Ingrid: Deutsche, Niederländische und Französische Renaissanceplaketten 1500–1650, München 1975.

Weber-Kellermann, Ingeborg: Der Kinder neue Kleider, Frankfurt/Main 1985.

Weber-Kellermann, Ingeborg: Die Kinderstube, Frankfurt/Main 1991.

Wentzel 1948
Wentzel, Hans: s. v. Beckenschläger, in: Reallexikon zur deutschen Kunstgeschichte, Bd. 2, München 1948.

Werkzeuge des Glaubens. Handbuch der Inventarisierung in den evangelischen Landeskirchen Deutschlands, herausgegeben von der Arbeitsgemeinschaft Inventarisierung in der Evangelischen Kirche in Deutschland (EKD), Regensburg 2004.

Werner, Matthias: Iren und Angelsachsen in Mitteldeutschland. Zur vorbonifatianischen Mission in Hessen und Thüringen, in: Heinz Löwe (Hrsg.): Die Iren in Europa im frühen Mittelalter. Bd. 1, Stuttgart 1982, S. 239–318.

Wipplinger 1973
Wipplinger, Eva, Hallesche Goldschmiedekunst, Diss. masch. Halle 1973.

Wiswe 1982
Wiswe, Mechthild: Geburt und Taufe im Volksleben der Vergangenheit. Zu einer Sonderausstellung im Braunschweigischen Landesmuseum, Braunschweig 1982 (Veröffentlichungen des Braunschweigischen Landesmuseums, 30; Braunschweigische Heimat, Jg. 1982), S. 33–50.

Wiswe 1985
Wiswe, Mechthild: Anmerkungen zur Frage nach den Herstellungsorten von Messingbecken, in: Cord Meckseper (Hrsg.), Stadt im Wandel (Ausstellungskatalog), Stuttgart-Bad Cannstatt 1985.

Wiswe 1989
Wiswe, Mechthild: Tradition im Taufkleid, in: Braunschweigisches Landesmuseum, Informationen und Berichte 1/1989, S. 2–6.

Wolfram, Herwig: Die Germanen, München ⁵2000.

Woschitz, Karl Matthäus: Fons vitae – Lebensquell. Sinn- und Symbolgeschichte des Wassers. Freiburg/Br. 2003 (Forschungen zur europäischen Geistesgeschichte 3).

Zender 1959
Zender, Matthias (Hrsg.): Atlas der deutschen Volkskunde, Neue Folge. Erläuterungen zur 1. Lieferung, Karte NF 1–12. Marburg 1959.

Bibliografische Information der Deutschen Bibliothek
Die Deutsche Bibliothek verzeichnet diese Publikation in der
Deutschen Nationalbibliografie; detaillierte bibliografische
Daten sind im Internet über <http://dnb.ddb.de> abrufbar.

1. Auflage 2006
© 2006 Verlag Schnell & Steiner GmbH, Leibnizstraße 13,
93055 Regensburg
Umschlaggestaltung: grafica, Regensburg
Gesamtherstellung: Erhardi Druck GmbH, Regensburg

Hardcover
ISBN-10: 3-7954-1895-x
ISBN-13: 978-3-7954-1895-3

Efalinband mit Schutzumschlag
ISBN-10: 3-7954-1893-3
ISBN-13: 978-3-7954-1893-9

Weitere Informationen zum Verlagsprogramm erhalten Sie
unter: www.schnell-und-steiner.de